聖賢之道

湯一介

戊子年夏

紫陽學脈

陳來題
己未孟夏

新编国学基本教材

李耐儒 ◎ 主编

左传选读 上

张 华 ◎ 编注

上海财经大学出版社

图书在版编目(CIP)数据

左传选读:全2册/张华编注. —上海:上海财经大学出版社,2018.9
(新编国学基本教材)
ISBN 978-7-5642-3019-7/F·3019

Ⅰ.①左… Ⅱ.①张… Ⅲ.①中国历史-春秋时代-编年体
Ⅳ.①K225.04

中国版本图书馆 CIP 数据核字(2018)第 090590 号

□ 项目统筹　台啸天
□ 责任编辑　台啸天　杨　闯
□ 书籍设计　张启帆

左传选读
(上 下)

张　华　编注

上海财经大学出版社出版发行
(上海市中山北一路 369 号　邮编 200083)
网　　址:http://www.sufep.com
电子邮箱:webmaster @ sufep.com
全国新华书店经销
上海雅昌艺术印刷有限公司印刷装订
2018 年 9 月第 1 版　2018 年 9 月第 1 次印刷

890mm×1240mm　1/32　25.375 印张(插页:5)　548 千字
印数:0 001-3 000　定价:92.00 元

"新编国学基本教材"编辑委员会

总顾问

郭齐勇　武汉大学国学院院长　教授

学术指导

沈渭滨　秋霞圃书院首任院长　复旦大学历史系教授
王家范　华东师范大学终身教授
葛剑雄　复旦大学历史系教授
骆玉明　复旦大学中文系教授
杨国强　华东师范大学历史系教授
李佐丰　中国传媒大学文学院教授
梁　涛　中国人民大学国学院教授
赵　林　澳门科技大学特聘教授
温伟耀　香港中文大学客座教授
汪涌豪　复旦大学中文系教授
傅　杰　复旦大学中文系教授
朱青生　北京大学历史学系教授
王　博　北京大学哲学系教授
李天纲　复旦大学哲学学院教授
徐洪兴　复旦大学哲学学院教授
徐志啸　复旦大学中文系教授

林安梧　台湾慈济大学教授
周建忠　南通大学文学院教授
张　觉　上海财经大学人文学院教授
张新科　陕西师范大学文学院教授
鲍鹏山　上海开放大学传统文化研究所教授
刘　强　同济大学中文系教授
陈乔见　华东师范大学哲学系副教授
蔡志栋　上海师范大学副教授
朱　璐　上海财经大学副教授

统筹
孙劲松　向　珂

主编
李耐儒

编委（以姓氏笔画为序）
毛文琦　介江岭　可延涛　白　坤　刘乃溪
刘　舫　孙义文　李宏哲　李　凯　张二远
张　华　张　旭　张志强　张　琰　余雅汝
陆有富　房春草　须　强　赵立学　姜李勤
施仲贞　姚之均　徐　骆　晏子然　黄晓芳

本册编注
张　华

总　序

秋霞圃书院创办有年,在民间推动国学普及工作,志在以独立之精神、自由之思想为宗旨,促进古今中外文化思想与学术的交流,为中华民族文化的复兴而尽心尽力。其志可嘉,其行可感!

近年,秋霞圃书院耐儒兄主持编撰"新编国学基本教材"。本套国学教材集复旦大学、武汉大学、南开大学、中山大学、华东师范大学、上海师范大学等名牌院校的二十多名青年学人,采各种版本的国学读本之长,广泛吸取中小学一线语文教师的教学经验,精心编撰,是中小学生比较理想的国学读本,也是便于教师们使用的、较为系统的国学教材。

读本的篇目有:《弟子规》《三字经》《千字文》《千家诗选读》《幼学琼林》《诗词格律》《唐诗选读》《宋词选读》《论语(上)》《论语(下)》《史记选读(上)》《史记选读(下)》《大学 中庸》《诗经选读》《孟子(上)》《孟子(下)》《左传选读(上)》《左传选读(下)》《颜氏家训选读》《老子 庄子选读》《墨子 荀子 韩非子选读》《汉魏六朝诗文选》《唐宋文选》《礼记选读》《楚辞选读》《声律启蒙》《笠翁对韵》。每册有指导性概述,有经典原文,有对原文的注释与译文(赏析),并配上文史链接(延伸阅读)、思考讨论等,图文并茂,准确生动,具有可读性与系统性。

梁启超先生说过,《论语》《孟子》等经典"是两千年国人思想的总源泉,支配着中国人的内外生活,其中有益身心的圣哲格言,一部分久已在我们全社会形成共同意识,我们既做这社会的一分子,总要彻底了解它,才不致和共同意识生隔阂"。这就是说,"四书"等经典表达了以"仁爱"为中心的"仁、义、礼、智、信"等中华民族的核心价值观念,这是中国古代老百姓的日用常行之道,人们就是按此信念而生活的。

中国文化的大传统与小传统是打通了的。国学具有平民化与草根性的特点。中国民间流传着的谚语是:"勿以善小而不为,勿以恶小而为之";"老吾老以及人之老,幼吾幼以及人之幼";"积善之家,必有余庆;积不善之家,必有余殃"。这些来自中国经典的精神,透过《弟子规》《三字经》《百家姓》《千字文》《千家诗》等蒙学读物及家训、族规、乡约、谱牒、善书,通过大众口耳相传的韵语故事、俚曲戏文、常言俗话,成为"百姓日用而不知"的言行规范。

南宋以后在我国与东亚的民间社会流传甚广、深入人心的朱熹《家训》说:"事师长贵乎礼也,交朋友贵乎信也。见老者,敬之;见幼者,爱之。有德者,年虽下于我,我必尊之;不肖者,年虽高于我,我必远之。""人有小过,含容而忍之;人有大过,以理而谕之。勿以善小而不为,勿以恶小而为之。"又说:"勿损人而利己,勿妒贤而嫉能。勿称忿而报横逆,勿非礼而害物命。见不义之财勿取,遇合理之事则从……子孙不可不教,童仆不可不恤。斯文不可不敬,患难不可不扶。"朱子说此乃日用常行之道,人不可一日无也。应当说,这些内容来源于诗书礼乐之教、孔孟之道,又十分贴近大众。它内蕴着个人与社会的道德,长期以来成为百姓的生活哲学。

王应麟的《三字经》开宗明义:"人之初,性本善。性相近,习相远。苟不教,性乃迁。教之道,贵以专。"这就把孔子、孟子、荀子关于人性的看法以简化的方式表达了出来。儒家强调性善,又强调人性的养育与训练。

清代李毓秀的《弟子规》总序说:"弟子规,圣人训。首孝悌,次谨信。泛爱众,而亲仁,有余力,则学文。"以下分成"入则孝""出则悌""谨而信""泛爱众而亲仁"等几部分。这些纲目都来自《论语》。《弟子规》中对孩童举止方面的一些要求,如站立时昂首挺胸、双腿站直,见到长辈主动行礼问好,开门关门轻手轻脚,不用力甩门等,这些规范都是文明人起码应有的,是尊重他人而又自尊的体现。又如:"晨必盥,兼漱口,便溺回,辄净手。冠必正,纽必结,袜与履,俱紧切。""斗闹场,绝勿近,邪僻事,绝勿问。将入门,问孰存,将上堂,声必扬。""用人物,须明求,倘不问,即为偷。借人物,及时还,后有急,借不难。"这都是有助于文明社会的建构的,是文明人的生活习惯,也是今天社会公德的基础。

朱柏庐在《朱子治家格言》起首的一段说:"黎明即起,洒扫庭除,要内外整洁;既昏便息,关锁门户,必亲自检点。一粥一饭,当思来处不易;半丝半缕,恒念物力维艰。"这些都是平实不过的道理,体现到一个人身上就是他的家教。旧时骂人,说某某没有家教,那是很重的话,让其全家蒙羞。我们不是要让青少年一定要做多少家务,而是要他们从小学就动手打理好自己与家庭的事情,不要过分依赖父母、依赖他人,能够自己挺立起来,培养责任意识。同时,让他们知道一粥一饭、半丝半缕都是辛劳所得,我们要懂得去尊重家长与别人的劳动。如果我们真的有敬畏之心,就知道珍惜,不应该浪费。

南开中学的前身天津私立中学堂成立于1904年10月,老校长严范孙亲笔写下"容止格言":"面必净,发必理,衣必整,纽必结。头容正,肩容平,胸容宽,背容直。气象:勿傲,勿暴,勿怠。颜色:宜和,宜静,宜庄。"这四十字箴言来自蒙学,又是该校对学生容貌、行止的基本要求。校内设整容镜,师生进校时都要照镜正容色。后来张伯苓先生治校,坚持了这些做法。

蔡元培先生在留德期间撰写了《中学修身教科书》,该书被商务印书馆于1912年至1921年间共印行了十六版,他还为赴法华工写了《华工学校讲义》,两书影响甚大,今人将其合为《国民修养二种》一书。蔡先生在民国初年为中学生与赴法劳工写教科书,重视社会基层的公民教育。蔡先生的用心颇值得我们重视,他从孝敬父母谈起,创造性地转化本土的文化资源,特别是以儒家道德资源来为近代转型的中国社会的公德建设与公民教育服务。

现今南京夫子庙小学的校训是"亲仁、尚礼、志学、善艺"。我认为这是非常好的。对孩童、少年的教育,首先是培养健康的心性才情,从日常生活习惯,从待人接物开始,学会自重与尊重别人。

我们今天强调成人教育,因为仅有成才教育是不够的,成才教育忽略了我们作为完整的人、健康的人所必需的一些素养,它在人格养成方面几乎是空白的。这不是大学教育才有的问题,而是幼儿园、中小学教育就该关注的。培养青少年的性情,需要家庭、学校、社会的配合。

国学当中有很多修身成德、培养君子人格的内容。中国古典的教育,其实就是博雅教育。传统的教育并不是道德说教,也不是填鸭式满堂灌的教育,而是春风化雨似的,让学生在点滴中有所收获并自己体验,如诗教、礼教、乐教等。

我觉得应该让孩子们处在良好的文化氛围中。家长、老师们要以身作则、言传身教,这对孩子们影响很大。家长、老师们有义务端正自己的言行,尤其在孩子们面前。要培养孩子分辨是非的能力,多在性情教育上下功夫,关注孩子的心理健康,多与孩子交流,洞察他们的情感,并做正确的引导。现在一些家长做不到以身作则,他们撒谎骗人,打骂斗狠,不尊重老人,这些都会给孩子的成长烙下负面的印记。

我们也希望同学们能趁着年轻记性好,多读些经典,最好能背诵一些,其中的意思以后可以慢慢领悟。南宋思想家陈亮说过:"童子以记诵为能,少壮以学识为本,老成以德业为重……故君子之道不以其所已能者为足,而尝以其未能者为歉,一日课一日之功,月异而岁不同,孜孜矻矻,死而后已。"

本丛书所收经典与蒙学读物中有很多圣哲格言,都足以让我们受用终身。我们一直希望能有多一些的国学经典进入中小学课堂,至少让"四书"进入教材。我们希望能多一些国文课,让中小学生能接受到系统的传统语言与文化教育。中华民族有很多优根性,更需大大弘扬。

是为序。

郭齐勇
癸巳春于珞珈山

弟子训

一、怀真善之本,爱父母、爱师友、爱国家、爱民族、爱人类、爱地球上的万物。珍惜生命、健康、亲情和时间。

二、每日诵读经典十分钟,每周必有一日研习国学,以此成为生活的习惯。

三、学以致用,知行合一,以磨炼来坚定自己的意志,以反省来修养自己的性情。意志与性情将会决定自己将来的学业与事业之一切。

四、追求广博的智识,对中外文化有了解,对社会事业有贡献。

五、经常锻炼身体,培养劳作的兴趣和艺术的修养。

六、学会谦让,经常说"您好""对不起""谢谢",是我们最基本的教养。

七、生活衣食器用当俭朴,不攀比、不崇侈;给需要帮助的人提供力所能及的帮助。

八、学会自己的事情自己做;允诺的事情,要尽力做到。

九、逐渐养成独立的人格,思想不盲从;如果内心有信仰,要坚卓而恒久。

十、任何时候都充满自信,在力行中实现自己追求的美好理想。

目 录

总　序 ……………………………………………………… 001

弟子训 ……………………………………………………… 001

概　述 ……………………………………………………… 001

第一章　鲁隐公　　　　　　　　　　　　　　　010

郑伯克段于鄢 ………………………………………… 010

石碏谏宠州吁 ………………………………………… 023

大义灭亲 ……………………………………………… 028

臧僖伯谏观鱼 ………………………………………… 033

善不可失，恶不可长 ………………………………… 039

郑庄公戒饬守臣 ……………………………………… 042

第二章　鲁桓公　　　　　　　　　　　　　　　049

臧哀伯谏纳郜鼎 ……………………………………… 049

| 季梁谏追楚师 | 055 |
| 以讳事神 | 063 |

第三章　鲁庄公　　075

曹刿论战	075
宋南宫万之勇	082
五世其昌	087
俭,德之共也;侈,恶之大也	093
国将兴,听于民	098

第四章　鲁闵公　　103

庆父不死,鲁难未已	103
宴安鸩毒,不可怀也	111
玩物丧志	115

第五章　鲁僖公　　126

齐桓公伐楚盟屈完	126
宫之奇谏假道	135
晋国骊姬之乱	143
齐桓下拜受胙	151
欲加之罪,何患无辞	156
秦晋韩之战	158

量力而动，其过鲜矣	182
子鱼论战	184
晋公子重耳之亡	189
虽有小忿，不废懿亲	216
展喜犒师	222
晋楚城濮之战	226
烛之武退秦师	255
秦晋殽之战	262

第六章　鲁文公　　280

华而不实，怨之所聚	280
郑子家告赵宣子	283
季文子谏纳莒仆之辞	289

第七章　鲁宣公　　302

宋城者讴	302
晋灵公不君	304
王孙满对楚子	318
晋楚邲之战	324
谢扬守信	364
易子而食，析骸以爨	369
结草报恩	372

概　述

《左传》其书

　　《左传》是《春秋左氏传》的简称，又名《左氏春秋》，是解释《春秋》的一部著作，与《春秋公羊传》《春秋穀梁传》合称"《春秋》三传"。

　　《春秋》是春秋时期鲁国的史书，共一万六千余字，战国和两汉的人都认为《春秋》的作者是鲁国的孔丘。《孟子·滕文公下》云："孔子成《春秋》而乱臣贼子惧。"《史记·孔子世家》记载："孔子作《春秋》，笔则笔，削则削，子夏之徒不能赞一辞。"《史记·十二诸侯年表》亦云："是以孔子明王道，干七十余君，莫能用，故西观周室，论史记旧闻，兴于鲁而次春秋，上记隐，下至哀之获麟，约其辞文，去其烦重，以制义法，王道备，人事浃。"但近代的学者大多认为《春秋》不过是鲁国历代史官递修而成的国史。春秋末年，礼崩乐坏，史官和乐师流散四方，官府的典籍也随之散亡出去，学术下移，孔子因而有机会把《鲁春秋》作为教材传授给弟子。《春秋》记载了自鲁隐公元年（公元前722年）至鲁哀公十六年（公元前479年）共二百四十余年间发生在鲁国及其他诸侯国的重大事件。《春秋》是一部编年体史书,以鲁国十二位君主(隐公、桓公、庄公、闵公、僖公、文公、宣公、成公、襄公、昭公、定公、哀公)在位时间先后为次记事,年分季,季分月,月分日,日系事,秩序井然。《春秋》全文行文非常简略,一条只记一事,条目之间互不关联,只有纲目,不叙述事件的发展过程,缺乏具体的描写,且含义隐晦,后人有"春秋笔法"的说法。所谓"春秋笔法",是指《春秋》的每一个用字都寓有褒义或贬义,即"寓褒贬于一字之间"。

《左传》是我国第一部叙事详细的编年体史书,它继承了《春秋》的体例,以鲁国国君顺序编排,记叙自鲁隐公元年(公元前722年),迄于鲁哀公二十七年(公元前468年)长达二百五十多年的历史,而且取材范围更广,记述更为详细丰富,有系统,有条理,有分析,有评论,首尾完整,内容涉及春秋时期社会生活的方方面面,展现了一幅幅生动多彩的历史画卷,"由一国之史书扩大为全中国之史书"。东汉桓谭的《新论》说:"《左氏》经之与传,犹衣之表里相持而成,经而无传,使圣人闭目思之,十年不能知也。"《春秋》若无《左传》详载其事,许多历史事实只能湮没在历史长河之中。

相传《左传》作者是春秋末年鲁国史官左丘明,作者的本名和时代皆不明了,成为后世聚讼不决的问题。《史记·十二诸侯年表序》记载:"鲁君子左丘明,惧弟子人人异端,各安其意,失其真,故因孔子史记,具论其语,成《左氏春秋》。"《论语·公冶长》云:"子曰:'巧言、令色、足恭,左丘明耻之,丘亦耻之。匿怨而友其人,左丘明耻之,丘亦耻之。'"首次出现左丘明之名,说明左丘明至少是与孔子同时之人,然而《左传》记事到孔子卒后数十年,关于《左传》的传授系统,《左传杜注序正义》引刘向《别录》云:"左丘明授曾申,申授吴起,起授其子期,期授楚人铎椒。"吴起生当战国中期之前,是卫国的左氏中人。"其书可能为创始于左丘明,而最后成书于吴起,故称《左氏春秋》,兼取人名与地名之义。古书多以此取名者,如三家《诗》《齐诗》《鲁诗》皆以地名,《韩诗》则以人名,《左氏春秋》之取名,亦属此类。其书好作预言,在战国中上期以前者多应验,在其后者则多不应验,其记事亦止于战国上期,故成书时代不能更迟于中上期。关于本书的作者和成书年代,这是较为合理的推断"(王树民《中国史学史纲要》)。"从《左传》本身的内容和先秦著作成书的一般情况来考察,我们以为《左传》很可能是由鲁国历代的史官用口头传诵的方式来解说《春秋》,经过若干年代的提炼和增补而逐渐丰富起来,这当中还采汇了列国的国史资料和其他文籍。到了战国初年,才有弟子根据老师的口传,有意识地按《春秋》的体例和纲目写成传记"(陈世铙《左传选译》)。学界亦多认为其成书于战国初期,非出自一人之手。

《春秋》三传

《春秋》三传皆为编年体史书。《公羊传》是齐国的公羊高受传于子夏,再传其子,子孙口耳相传,到汉景帝时,由公羊高的玄孙公羊寿与齐人胡母生合写成书;《穀梁传》至何时何人始著为书,史记不详,据《汉志》注,只知始承传者是鲁国的穀梁子。颜师古注,穀梁子名喜,桓谭《新论》以为名赤,王充《论衡》以为名置,阮孝绪《七录》以为名俶。四名何者为是,难以考证。

《春秋》三传各有侧重。《左传》通过记述春秋时期的具体史实来说明《春秋》的纲目;《公羊传》重在阐释《春秋》所谓的"微言大义",用问答的方式解经;《穀梁传》以语录体和对话体为主来注解《春秋》,是研究儒家思想从战国时期到汉朝演变的重要文献。

《春秋》三传各具魅力。比如,《左传·僖公二年》与《穀梁传·僖公二年》中共有"虞师、晋师灭夏阳"一节,对此,今人周聘侯评论如下:"左氏纪荀息谋甚略,而穀梁则详之;左传纪宫之奇之谏甚详,穀梁则略之。人详我略,人略我详,此即行文之良法也。"《穀梁传》不因袭《左传》,变化即其特点,周聘侯又云:"荀息料事处,独此篇最为曲尽,牵马操璧自戏得妙,俱算上乘文字,尤见结构精神。"清人吴楚材也曾评论如下:"全篇总是写虞师主灭夏阳,笔端清婉,迅快无比。中间'玩好在耳目之前'二段,尤异样出色。"又如《穀梁传·成公二年》载"齐国佐盟晋师"一段,写齐国佐理直气壮、大义凛然,终以三寸之舌,胜百万之兵的故事,语言之精炼,情节之生动,令人叹为观止。《穀梁传》有不同于《左传》的魅力。同样,《公羊传》也有不同于《左传》之处。如《左传·宣公二年》载"晋灵公不君,从台上弹人,而观其避丸"的事。《公羊传》也记载了这件事,但情节和《左传》完全不同。比如,《公羊传·宣公二年》记载了"晋赵盾弑其君夷皋"的故事,对此,清代评论家林云铭说:"叙事处,把一个暴君、一个贤臣、三个义士,无数面目声口,一齐活现,此传神妙笔,一部史记蓝本也。"《公羊传》也有其独特的魅力。

《左传》篇幅长达十八万余字,内容丰富,记事详明,议论深刻,文辞典雅,体大思精,堪称一部全面反映春秋时期政治、经济、军事、外交、农业、科技、文化、典制、风俗习惯、天文星象、山川地理、神话传说等社会生活方方面面的百科全书,是保存春秋时代历史资料最系统、最丰富的典籍,也是研究春秋时期社会历史的重要文献。《春秋公羊传》和《春秋穀梁传》通篇设为问答体,重在揭示《春秋》所谓"微言大义",不注重叙述史实。《左传》解释《春秋》,以叙事为主,通过历史事实的记述,让人们理解《春秋》的内涵,旨在补史之阙,同时说明笔法,开创了以史实解经的先河,故其史学价值远远高于《公羊传》《穀梁传》。这种以史实说话的解经方式,对于理解《春秋》的微言大义,更有说服力,对后世的经学研究产生了很大影响。

汉代,《左传》被列为儒家经典;唐太和年间,唐文宗下令将《左传》与《易》《书》《诗》《周礼》《仪礼》《礼记》《公羊传》《穀梁传》《论语》《孝经》《尔雅》等典籍一起镌刻上石,立于太学,称为《十二经》;宋代,又加列《孟子》一书,合称《十三经》。因此,《左传》作为儒家经典之一备受推崇,历代研究著作汗牛充栋,充分彰显了其重要的经学价值、史学价值。

朱自清说:"《左传》不但是史学的权威,也是文学的权威。"(《经典常谈·春秋三传第六》)《左传》上承《尚书》《春秋》,变大纲性体例为叙事性文体。《左传》涉及历史人物一千四百多人,叙写军事行动四百八十多次,叙事形象生动,人物刻画栩栩如生,充分注意到了语言技巧、逻辑修辞乃至谋篇布局,调动了多种形象化的叙事手段,在文学和语言方面取得了辉煌的成就。《左传》作者善于用极其简洁的语言记述纷繁复杂的战争,善于通过语言和行动描写塑造鲜明的人物形象,对外交辞令的描写更是曲回有致、动人心弦、引人入胜。《左传》语言堪称先秦书面语的典范,对后世书面语言尤其是文学语言产生了极为深远的影响。我们现在仍在使用的许多成语、谚语、名言警句都出自《左传》,如"多行不义必自毙"(隐公元年)、"骄奢淫逸,所自邪也"(隐公三年)、"俭,德之共也;侈,恶之大也"(庄公二十四年)、"兄弟虽有小忿,不废懿亲"(僖公二十四年)、"人谁无过,过而能改,善莫大焉"(宣公二年)、"民生在勤,勤则不匮"(宣公十二年)、"为政者不赏私劳,不罚私怨"(昭公五年)、"居安思危。思则有备,有备无患"(襄公十

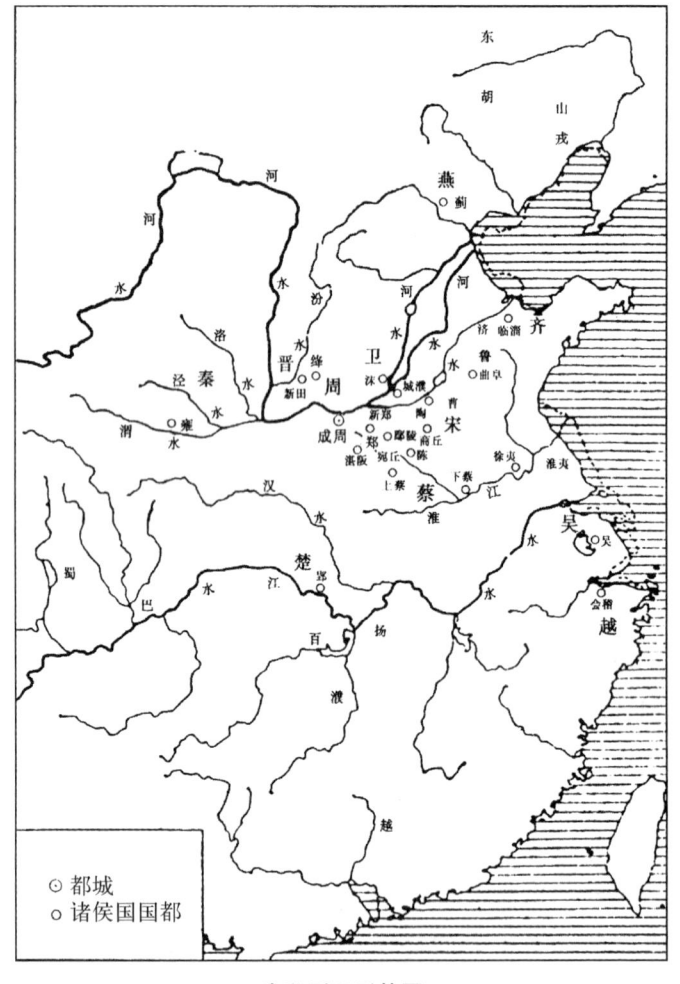

春秋列国形势图

一年),等等,体现了传统文化中影响深远的价值观,以及中华民族生生不息的精神追求。因此,《左传》不仅是一部优秀的编年体史书,同时也是一部杰出的历史散文著作。《左传》篇章为历代文选选录者甚多。《左传》以其高超的叙事艺术、写人技巧以及雍容典雅、幽默机智的外交辞令,对后世史传文学乃至传统文化都产生了深远的影响。

历代研究《左传》者甚众,研究著作浩若繁星,主要注本有:晋杜预《春秋经传集解》,唐孔颖达为其作《疏》,再附上唐陆德明《经典释文》中的《左传音义》,就成了《十三经注疏》中的《春秋左传正义》,这是现存最早的、流传最广的《左传》注本;另有,晋杜预、宋林尧叟合注、唐陆德明音义《春秋左传杜林合注》,晋杜预注、清姚培谦补辑《春秋左传注补辑》,清顾炎武《左传杜注补正》等,这三部著作都是对杜预注本的补充。近人杨伯峻《春秋左传注》是最新、最详备的注本,有沈玉成《左传译文》,杨伯峻、徐提《白话左传》《春秋左传词典》及陈克炯《左传详解词典》与之相配,为读者研读《左传》提供了极大的便利。

本书说明

孔子曰:"知之者不如好之者,好知者不如乐之者。"(《论语·雍也》)法国启蒙思想家卢梭也曾指出:"问题不在于教他各种学问,而在于培养他爱好学问的兴趣,而且这种兴趣充分增长起来的时候,教他以研究学问的方法。"(《爱弥儿》)诚然,兴趣是最好的老师,对学习有着神奇的内驱动作用,能变无效为有效,化低效为高效。成书于两千多年前的《左传》,在时代背景、语言表达、思想内容等方面都与今天相去甚远,如何让广大读者对其产生阅读兴趣,进而登堂入室,是本书编选首先面对的一个问题。基于这一目的,我们选取了《左传》中故事性较强的片段共计九十篇,并以大家耳熟能详的历史事件、成语故事、名言警句等为题。作为题目的历史事件、成语故事、名言警句本身简洁精练、形象生动、耐人寻味、传播久远,不失为连接读者和作品的桥梁和纽带,可以消弭横亘于《左传》文本与当代读者之间的陌生感,引导读者在对成语故事和名言警句来源的探索中,追源溯本,渐入佳境,知其然并知其所以然,最终达到爱读、乐读、进而领悟经典之美的目的。

为了保证体例的完整和上、下册篇幅的相对均衡,上册节选自鲁隐公至鲁宣公,共四十一篇,下册节选自鲁成公至鲁哀公,共四十九篇,每一篇的编撰依次为选文、注释、译文、文史链接及思考讨论五个部分。

本书采用杨伯峻《春秋左传注》为底本,在广泛借鉴现有研究成果的基础上对选文进行了简要注释和翻译,力求为读者阅读扫除文字和文化背景上的障碍。根据选文内容,在译文之后附有"文史链接"和"思考讨论"。"文史链接"或长或短,或梳理脉络、介绍背景,或抛砖引玉、引发深思,或上下勾连、延伸阅读。"思考讨论"设计一两道思考题,以启发读者深入学习和探索,做到"文虽尽,思不止"。全书最后附有《春秋时期周王世系表(公元前770年—前441年)》《春秋时期鲁侯世系表(公元前796年—前468年)》《〈左传〉所见典故性成语简表》(三百二十四个)及《〈左传选读〉重要历史人物小传》(一百五十一则)等四个附录,以供读者阅读时参考。需要指出的是,本书所选篇目是《左传》中颇具代表性的部分经典片段,仅为观山一隅,更多的"美景"有待读者进一步开卷观览、细心品味。本书倘能引起读者诸君一点儿好奇心和阅读欲,编者幸莫大焉。

现在能见到的《左传》选本颇多,各类选本编选标准不尽相同,各有创获,对本书的编撰多有启发。本书的编撰参考了许多前贤时彦的研究成果,还得到了陕西师范大学文学院张新科教授和上海秋霞圃书院李耐儒院长的关心和指导。本书的责任编辑台啸天副编审仔细阅读了书稿,并提出了可贵的修改意见。在此,一并致以诚挚的谢意!

由于编者水平有限,本书错漏之处在所难免,敬请广大读者批评指正!

第一章 鲁隐公

郑伯克段于鄢

初[1],郑武公娶于申[2],曰武姜[3],生庄公及共叔段[4]。庄公寤生[5],惊姜氏[6],故名曰寤生,遂恶之[7]。爱共叔段,欲立之[8]。亟请于武公[9],公弗许[10]。

注释

[1]初:当初,这是回溯往事时的说法。 [2]郑武公(?—公元前744年):名掘突。郑,国名,在今河南新郑一带,姬姓。申:国名,在今河南南阳一带,姜姓。 [3]武姜:郑武公所娶之妻,以郑武公的谥号"武"与其娘家姓"姜"合而为名。 [4]庄公(公元前757—前701年):名寤生。共(gōng)叔段:共是国名,在今河南辉县,叔是排行,名段。因其后来逃亡至共,故称共叔段。 [5]寤生:寤古同"牾(wǔ)",寤生即逆生,指生产

时婴儿脚先出来,属于难产。　[6]惊:使动用法,使姜氏惊。
[7]遂恶(wù)之:因此厌恶他。遂,连词,因而。恶,厌恶。
[8]爱共叔段,欲立之:省略主语"武姜",意为武姜喜欢共叔段,想立共叔段为太子。　[9]亟(qì):屡次。请:请求。
[10]弗许:不同意。

译文

当初,郑武公从申国娶妻,名叫武姜,生了庄公和共叔段。庄公出生时脚先出来,这使姜氏感到惊恐,因此给他取名叫"寤生",并因此讨厌他。姜氏喜爱共叔段,要立共叔段为太子,屡次向武公请求,武公不答应。

及庄公即位[1],为之请制[2]。公曰:"制,岩邑也[3],虢叔死焉[4]。佗邑唯命[5]。"请京[6],使居之,谓之京城大叔[7]。祭仲曰[8]:"都,城过百雉,国之害也[9]。先王之制:大都不过参国之一;中,五之一;小,九之一[10]。今京不度,非制也[11],君将不堪[12]。"公曰:"姜氏欲之,焉辟害[13]?"对曰:"姜氏何厌之有[14]?不如早为之所[15],无使滋蔓[16]!蔓,难图也[17]。蔓草犹不可除[18],况君之宠弟乎[19]?"公曰:"多行不义,必自毙[20],子姑待之[21]。"

注释

[1] 及庄公即位：到了庄公做国君的时候。及，介词，到。即位，君主登上君位。　　[2] 请制：请求以制为领地。制，地名，又名虎牢关，在今河南荥(xíng)阳西北。　　[3] 岩邑：险要的城池。岩，险要。邑，人所聚居的地方。　　[4] 虢(guó)叔死焉：东虢国的国君死在那里。虢，指东虢，古国名，在今河南陕县东南，为郑国所灭。焉，介词兼指示代词相当于"于是""于此"。[5] 佗(tā)邑唯命：别的地方，听从您的吩咐。佗，同"它"，指示代词，别的，另外的。唯命，听你的。　　[6] 京：地名，在今河南荥阳东南。因共叔段住在京，故称"京城大叔"。　　[7] 大(tài)叔：大，同"太"。　　[8] 祭(zhài)仲：郑国大夫。　　[9] 都，城过百雉(zhì)，国之害也：都邑的城墙边长超过了三百丈，就会是国家的祸害。都，《左传·庄公二十八年》"凡邑有宗庙先君之主曰都"，指次于国都而高于一般邑等级的城市。雉，古代城墙的丈量单位，长三丈高一丈为一雉。　　[10] "先王"句：指当时城市规模的制度：一般大城市的城墙，不得超过国都城墙之长的三分之一；中等城市的城墙，不得超过国都的五分之一；小城市的城墙，不得超过国都的九分之一。先王，前代君王。参，同"三"。[11] 不度：不合法度。非制也：不是先王定下的制度。[12] 不堪：受不了，控制不住。　　[13] 焉辟害：哪里能逃避祸害。辟，同"避"。　　[14] 何厌之有：有何厌，哪里会满足。[15] 早为之所：早点给他(共叔段)安排个地方。　　[16] 无使滋蔓(zī màn)：不要让他滋长蔓延。无，通"毋(wú)"。[17] 图：除掉。　　[18] 犹：尚且。　　[19] 况：何况。

[20] 多行不义，必自毙：多做不义的事，必定自己垮台。自毙，自取灭亡。毙，本义倒下去、垮台。　　[21] 姑：姑且，暂且。

译文

等到庄公即位，姜氏为共叔段请求制地作为封邑，庄公说："制地是地势险要的地方，虢叔死在那里。其他地方都可以听命。"姜氏改而请求京城，让共叔段住在那里，称为京城太叔。大夫祭仲对庄公说："凡属都邑，城墙周围的长度超过三百丈，就是国家的祸害。先王规定的制度：大的城邑，不能超过国都的三分之一；中等的，不得超过五分之一；小的，不能超过九分之一。现在京城的城墙不合规定，这不是应有的制度，您会受不了的。"庄公说："姜氏要这样，我哪能避免祸害呢？"祭仲回答说："姜氏怎么能满足？不如及早加以安排，别让祸根滋长蔓延，一经蔓延就难于对付了。蔓延的野草尚且不能铲除干净，何况是您受宠的兄弟呢？"庄公说："多做不合情理的事情，必定自己垮台。你姑且等着吧！"

既而大叔命西鄙、北鄙贰于己[1]。公子吕曰[2]："国不堪贰，君将若之何[3]？欲与大叔，臣请事之[4]；若弗与，则请除之[5]，无生民心[6]。"公曰："无庸[7]，将自及[8]。"大叔又收贰以为己邑[9]，至于廪延[10]。子封曰[11]："可矣。厚将得众[12]。"公曰："不义，不暱[13]。厚将崩[14]。"

注释

[1] 既而：不久。鄙(bǐ)：边邑，边境上的城邑。贰于己：一方面听命于庄公，一方面听命于自己。贰，两属。　[2] 公子吕：字，子封，郑国大夫。　[3] 堪：承受。若之何：对它怎么办？之，指"大叔命西鄙、北鄙贰于己"这件事。　[4] 欲与大(tài)叔：如果想把国家交给共叔段。与，给予。臣请事之：那么请允许我去侍奉他。事，动词，侍奉。　[5] 除之：除掉他。[6] 无生民心：别让老百姓多心，产生叛逆的念头。生民心，使动，使民生二心。　[7] 无庸：不用。庸，通"用"，一般出现于否定式。　[8] 将自及：将危害自身。　[9] 收贰以为己邑：把西部、北部边境地区收为自己的领邑。贰，指原来贰属的西鄙、北鄙。以为，"以之为"的省略。　[10] 廪(lǐn)延：地名，在今河南延津北。　[11] 子封：公子吕的字。　[12] 厚将得众：势力雄厚，就能得到更多的百姓。众，指百姓。　[13] 不暱(nì)：不亲近人。暱，同昵，亲近。　[14] 崩：垮掉。

译文

不久，太叔命令西部和北部边境同时听命于自己。公子吕说："国家不能忍受这种两面听命的情况，您打算怎么办？您如果打算把君位让给太叔，下臣就去侍奉他；如果不给，那就请除掉他，不要让百姓们产生其他想法。"庄公说："用不着，他会自食其果的。"太叔进而收取两属的边邑作为自己的封邑，并扩大到廪延。公子吕说："可以下手了。势力雄厚，将会得到民心。"庄公说:"没有正义就不能团结人,势力雄厚,反而会分崩离析。"

大叔完聚[1],缮甲兵[2],具卒乘[3],将袭郑[4],夫人将启之[5]。公闻其期[6],曰:"可矣。"命子封帅车二百乘以伐京[7]。京叛大叔段[8]。段入于鄢[9]。公伐诸鄢[10]。五月辛丑[11],大叔出奔共[12]。

注释

[1] 完聚:完,加固城郭。聚,集聚粮草。 [2] 缮甲兵:修整作战用的甲衣和兵器。缮,修理。甲,铠甲。兵,兵器。 [3] 具卒乘(shèng):补充兵员。具,备齐。卒,步兵。乘,战车,这里代指乘车的士卒。 [4] 袭:偷袭。行军不用钟鼓。杜预注:"轻行掩其不备曰袭。" [5] 夫人将启之:武姜将要为共叔段作内应。夫人,指武姜。启之,为段开城门,即作内应。启,为动用法。 [6] 公闻其期:庄公听说了偷袭的日期。 [7] 帅车二百乘:率领二百辆战车。帅,率领。古代每辆战车配备甲士三人,步卒七十二人。二百乘,共甲士六百人,步卒一万四千四百人。 [8] 叛:背叛。 [9] 入:逃入。鄢:郑国地名,在今河南鄢陵北。 [10] 公伐诸鄢:庄公在鄢邑讨伐共叔段。诸,之于,合音词。 [11] 辛丑:干支纪日。天干:甲乙丙丁戊己庚辛壬癸。地支:子丑寅卯辰巳(sì)午未申酉戌(xū)亥。二者相配,用以纪日,汉以后亦用以纪年。辛丑即二十三日。

[12] 出奔共：出逃到共国(避难)。奔，逃亡。

译文

太叔修理城郭，集聚粮食，修补武器装备，充实兵马战车，准备袭击都城，姜氏则打算作内应打开城门。庄公听到太叔起兵的日期，说："可以了。"就命令公子吕率领二百辆战车攻打京城。京邑的人民反对太叔。太叔逃到鄢地。庄公又追到鄢地讨伐他。五月二十三日，太叔又逃到共国。

书曰[1]："郑伯克段于鄢。"段不弟[2]，故不言弟；如二君，故曰克[3]；称郑伯，讥失教也[4]：谓之郑志[5]。不言出奔，难之也[6]。

注释

[1] 书：指《春秋》。　　[2] 段不弟：不守为弟之道，与"父不父，子不子"用法相同。《春秋》记载："郑伯克段于鄢。"意思是说共叔段不遵守做弟弟的本分。　　[3] 如二君，故曰克：兄弟俩如同两个国君一样争斗，所以用"克"字。克，战胜。　　[4] 称郑伯，讥失教也：称庄公为"郑伯"，是讥讽他对弟弟失教。讥，讽刺。失教，庄公本有教弟之责而未教。　　[5] 谓之郑志：赶走共叔段是出于郑庄公的本意。志，意愿。　　[6] 不言出奔，难之也：不写共叔段自动出奔，是史官下笔有为难之处。

译文

《春秋》说:"郑伯克段于鄢。"太叔所作所为不像兄弟,所以不说"弟"字;兄弟相争,如同两个国君,所以称之为"克";把庄公称为"郑伯",是讥讽他对弟弟有失教诲;《春秋》这样记载就表达出了庄公的本心。不说"出奔",是由于史官下笔有为难之处。

遂置姜氏于城颍[1],而誓之曰:"不及黄泉,无相见也[2]!"既而悔之。颍考叔为颍谷封人[3],闻之,有献于公[4]。公赐之食。食舍肉[5]。公问之。对曰[6]:"小人有母[7],皆尝小人之食矣[8];未尝君之羹[9],请以遗之[10]。"公曰:"尔有母遗,繄我独无[11]!"颍考叔曰:"敢问何谓也[12]?"公语之故[13],且告之悔。对曰:"君何患焉?若阙地及泉[14],隧而相见[15],其谁曰不然[16]?"公从之。公入而赋[17]:"大隧之中,其乐也融融[18]。"姜出而赋:"大隧之外,其乐也泄泄[19]。"遂为母子如初[20]。

注释

[1] 置:安置。城颍:地名,在今河南临颍西北。　[2] 黄泉:借指墓穴。这两句说,生前不愿再见到姜氏。　[3] 颍考叔:郑国大夫,执掌颍谷(地名,在今河南登封西南)。封人:镇守

郑庄公掘地见母

边境的地方官。封,聚土培植树木。古代国境以树(沟)为界,故为边界标志。　　[4] 有献:有进献的东西。献,作宾语,名词。　　[5] 食舍肉:吃的时候把肉放置一边不吃。　　[6] 对:下级回答上级叫"对"。　　[7] 小人:自己的谦称。　　[8] 皆:都。尝:品尝,吃。　　[9] 羹:带汁的肉食。《尔雅·释器》:"肉谓之羹。"　　[10] 遗(wèi)之:赠送给她。　　[11] 繄(yī)我独无:我却单单没有啊!繄,句首语气助词,不译。　　[12] 敢问何谓也:冒昧地问问您说的是什么意思呢? 敢,表敬副词,冒昧。何谓,什么意思。　　[13]之:指代颍考叔。故:缘故,原因。　　[14]阙:通"掘",挖。　　[15]隧而相见:挖个地道,在那里见面。隧,隧道,这里用作动词,指挖隧道。　　[16]其:语气助词,表示反诘的语气。然:这样。代词,代指庄公对姜氏发的誓言。　　[17]赋:赋诗,孔颖达疏:"谓自作诗也。"　　[18]大隧之中,其乐也融融:走进隧道里,欢乐真无比。融融,快乐融洽的样子。　　[19]大隧之外,其乐也泄泄(yì):走出隧道外,心情多欢快。泄泄,快乐舒畅的样子。　　[20]遂为母子如初:指姜氏与庄公母子重归于好。

译文

庄公就把姜氏安置在城颍,发誓说:"不到黄泉不再相见!"不久又后悔了。当时颍考叔在颍谷做封人,听到这件事,就献给庄公一些东西。庄公赐给他饭食。在享用时,他把肉留着不吃。庄公问他为什么,他说:"我有母亲,我的食物她都尝过了,但从未尝过君王的肉汤,请让我带回去送给她吃吧。"庄公说:"你有母亲可送,唉!可是我却没有!"颍考叔说:"请问您这是什么意思?"庄公把原因告诉了他,还告之自己的悔意。颍考叔回答说:"那有什么可担心的?如果挖地见到了泉水,开一条隧道,在隧道中相见,谁又会说不对呢?"庄公听了颍考叔的建议。庄公进入隧道,赋诗说:"身在大隧中,乐如水乳融。"姜氏走出隧道,赋诗说:"身出大隧外,忽觉心神快。"于是,作为母子,又可以像从前一样了。

君子曰[1]:"颍考叔,纯孝也[2],爱其母,施及庄公[3]。《诗》曰:'孝子不匮,永锡尔类[4]',其是之谓乎[5]!"

(选自《左传·隐公元年》)

注释

[1] 君子:有道德或有名位的人。《左传》发表议论,常称"君子曰"。这"君子"有时是作者自己,有时是其他德高望重之人。 [2] 纯孝:极端孝顺。 [3] 施(yì)及庄公:延及庄公。施,延及。 [4] 孝子不匮,永锡尔类:见于《诗经·大雅·既醉》,意为孝子的孝心历久不衰,永远给予你的同类。匮(kuì),穷尽。锡,同"赐",给予。 [5] 其是之谓乎:"其谓是乎"的倒装。其,副词,表推测语气,或许,大概。是,代词,这。之,结构助词。

译文

君子说:"颍考叔可算是真正的孝子。爱他的母亲,而惠及庄公。《诗经》说:'孝子的孝心没有穷尽,永远可以影响你的同类。'说的就是这样的情况吧!"

文史链接

春秋笔法

这段选文《郑伯克段于鄢》是《左传》记载的第一个精彩片段。

《左传》原来没有篇目,《郑伯克段于鄢》这一标题是后人所加。对于这一历史事件,《春秋·隐公元年》仅有"郑伯克段于鄢"六个字的简要记述,而《左传》却将其扩充至七百余字,故事详尽,有头有尾,情节生动曲折,俨然一篇完整而优美的记事散文。《左传》将发生在两千七百多年前的历史事件完完整整、绘声绘色、具体可感地呈现在我们眼前。

春秋时期,周王室逐渐衰微,各诸侯国之间兼并战争频仍,各国内部统治者之间争夺权势的斗争也十分激烈。为了争夺王位,骨肉至亲成为殊死仇敌。隐公元年(公元前772年),郑国国君郑庄公之弟共叔段,依仗母亲姜氏的支持,逐步扩土聚民,谋划夺取兄长郑庄公的君位。郑庄公对母亲和弟弟的阴谋佯装不晓,实际上却巧施心计,"阶之为祸",采取欲擒故纵的手段,助长其贪欲,诱使共叔段得寸进尺,愈加骄横,待其恶行逐步暴露,最后找到借口,在鄢地打败了共叔段,使其"出奔"。

《郑伯克段于鄢》并没有平铺直叙地记述事件的发展过程,而是紧紧抓住相关人物性格的发展逻辑及其言行展开记述,用极其简练的笔墨,将共叔段的贪得无厌、利令智昏,郑庄公的老谋深算、虚伪狠毒的性格特征刻画得入木三分。姜氏的一爱一恶作为行文的脉络,贯穿于矛盾产生、发展、激化的全过程。"遂为母子如初"的结尾,更像是一出丑剧,彰显了郑庄公试图掩盖自己的丑恶行径、宣扬"孝悌"之义的伪善。这样描写不仅生动再现了这一历史事件的真实面貌,同时也揭示人物丰富多彩的内心世界,反映了郑国统治集团内部矛盾的尖锐性和斗争的残酷性。

"春秋笔法"是我国古代的一种历史叙述方式和技巧,又称"春秋书法"或"微言大义"。它是《春秋》首创的一种文章写法,是指寓褒贬于曲折的文笔之中,不直接表明作家自己的态度,并且在作品中灌注强烈的感情色彩。左丘明概括为"微而显,志而晦,婉而成章,尽而不污,惩恶而劝善"。作为一种使用语言的艺术,"春秋笔法"是在文章的记叙之中表现出作者的思想倾向,而不是通过议论性文辞表达出来的。"春秋笔法"以合乎礼法作为标准,既包括不隐晦事实真相、据事直书的一面,也包括"为尊者讳,为亲者讳,为贤者讳"的曲笔的一面。

通过《郑伯克段于鄢》,我们还可以深刻地感悟到《左传》的一种总体行文特点,即不着一褒字,也不着一贬字,而褒贬自在其中。这种手法,也正是《春秋》一书所用的手法,即"春秋笔法"。比如,《春秋》称"郑伯"而不称"郑庄公",这是讽刺他不重视对弟弟的教育,不能处理好家庭内部的矛盾,旨在讽刺其未尽为兄之责,虽然这个事件的根本原因是统治者对权力的贪婪,郑庄公家庭失教,无疑是整个事件的导火索;称共叔段不称弟,是因其没有遵守好弟弟的本分;共叔段出都不言"奔",说明不是主动出奔,而是被赶走的,有责难庄公之意。从某个字眼体现作者的态度,这就是微言大义。从《郑伯克段于鄢》这一历史片段可以看出,《左传》继承和发扬了《春秋》首创的"春秋笔法"。

君子曰

《左传》所创立的新史书体裁,除系统的记事之外,更附载对于重要事件与人物的评论,或为当时人所作者,或为作者本人以及引述他人所作者,其中以与礼有关之事最为多见,一般的是在叙事之后加一句"礼也"或"非礼也",是作者的评议之语。引述他们的评语,或具名或不具名,其不具名者泛称之为"君子曰"。

《左传》"君子曰"是作者发表历史评论的一种方式,内容丰富,形式独特,自成一格,对后世史学和文学影响深远。《史记》继承了"君子曰"的形式,以"太史公曰"发表评论,成为历代正史所效仿的典范;唐传奇作者评论和宋元话本、拟话本小说的"以诗入话""以诗结论"以及《聊斋志异》中的"异史氏曰"均是对《左传》"君子曰"史评形式的发展。

思考讨论

结合选文内容,分析姜氏、郑庄公、共叔段三人的性格特征。

石碏谏宠州吁

卫庄公娶于齐东宫得臣之妹[1],曰庄姜[2],美而无子,卫人所为赋《硕人》也[3]。又娶于陈[4],曰厉妫[5],生孝伯,早死。其娣戴妫[6],生桓公,庄姜以为己子。

注释

[1]卫:诸侯国名,姬姓,在今河南淇县、滑县一带。齐:诸侯国名,姜姓,在今山东临淄一带。东宫:太子住的宫室,借指太子。得臣:齐庄公的太子。 [2]庄姜:卫庄公的妻子,"庄"是丈夫的谥号,"姜"是娘家的姓。 [3]《硕人》:《诗经·卫风》篇名,是赞美庄姜的诗。 [4]陈:诸侯国名,妫姓,在今河南开封以东,安徽亳州以北。 [5]厉妫(guī):卫庄公夫人,"厉"是谥号,"妫"是娘家的姓。 [6]娣:随嫁的妹妹。戴妫:随厉妫出嫁的妹妹,"戴"是谥号,"妫"是娘家的姓。

译文

卫庄公娶了齐国太子得臣的妹妹,名叫庄姜。庄姜长得漂亮却没有孩子,卫国人为她创作了《硕人》这首诗。卫庄公又从陈国娶了一个妻,名叫厉妫,生了孝伯,可是孝伯很早就死了。跟厉妫陪嫁来的妹妹戴妫,生了卫桓公,庄姜就把他作为自己的儿子。

公子州吁,嬖人之子也[1]。有宠而好兵,公弗禁。庄姜恶之。石碏谏曰[2]:"臣闻爱子,教之以义方,弗纳于邪[3]。骄、奢、淫、泆[4],所自邪也[5]。四者之来,宠禄过也。将立州吁,乃定之矣;若犹未也,阶之为祸[6]。夫宠而不骄,骄而能降[7],降而不憾[8],憾而能眕者[9],鲜矣[10]。且夫贱妨贵,少陵长,远间亲,新间旧,小加大,淫破义,所谓六逆也;君义,臣行,父慈,子孝,兄爱,弟敬,所谓六顺也[11]。去顺效逆,所以速祸也[12]。君人者[13],将祸是务去[14],而速之,无乃不可乎[15]?"弗听。

注释

[1] 嬖(bì)人:卑贱而受宠的人。这里指庄公的宠妾。
[2] 石碏(què):卫国大夫。　　[3] 纳:入。邪:邪道。
[4] 骄、奢、淫、泆(yì):孔颖达疏云:"骄谓恃己陵物,奢谓夸矜僭上,淫谓嗜欲过度,泆谓放恣无艺。"泆,通"逸"。放纵。
[5] 所自邪:犹言邪之所自。指有此四者,必至于邪。
[6] 阶:阶梯。这里用作动词,意为留作祸乱之阶梯。阶之为祸,指逐步引导他走上祸乱。　　[7] 能降(jiàng):指安于地位下降。降,指受贬黜而地位下降。　　[8] 憾:恨。　　[9] 眕(zhěn):克制。　　[10] 鲜(xiǎn):少。　　[11] "且夫"七句:这既是石碏统论巩固贵族政权的道理,又是针对州吁企图篡夺桓公的地位而说的。妨,害;陵,侵;间,离间;加,侵陵。贱妨贵,就地位而言;少陵长,就年龄而言;远间亲,就亲疏而言;新间旧,就历史关系而言;小加大,就势力而言;淫破义,就正义与否而言。
[12] 速祸:使灾祸很快到来。　　[13] 君人者:为人之君者。
[14] 祸是务去:"务去祸"的倒装。　　[15] 无乃不可乎:怕是不妥吧!"无乃……乎"是古汉语的固定句式,表示委婉的反问,相当于"恐怕(大概)……吧"。无乃,恐怕,大概。

译文

公子州吁,是庄公宠姬的儿子,得到了庄公的宠爱,州吁喜欢军事,庄公不加禁止。庄姜很讨厌他。石碏规劝庄公说:"我听说喜欢自己的儿子,应当以道义教导他,使他不要走上邪路。骄傲、奢侈、放荡、逸乐,这是走向邪路的开端。这四种恶习之所以产生,都是宠爱和赏赐太过分。如果您准备立州吁做太子,那就应该定下来;如果还不定下来,就会逐渐酿成祸乱。那种受宠而不骄傲,骄傲而能安于地位下降,地位下降而不怨恨,怨恨而能克制的人,是很少见的。而且,卑贱的妨害尊贵的,年少的驾凌年长的,疏远的离间亲近的,新的离间旧的,弱小的欺侮强大的,淫欲的破坏道义的,这就是六种反常现象。国君行事得宜,臣子服从命令,父亲慈爱,儿子孝顺,哥哥爱护弟弟,弟弟敬重哥哥,这是六种正常现象。去掉正常而效法反常,这就会很快招致祸害。作为君主,应该尽力除掉祸害,现在您却加速它的到来,恐怕不可以吧!"庄公不听。

其子厚与州吁游,禁之,不可。桓公立[1],乃老[2]。

(选自《左传·隐公三年》)

注释

[1] 桓公立:事在周平王三十七年(公元前 734 年)。
[2] 老:告老返乡。

译文

石碏的儿子石厚和州吁交往,石碏禁止他,石厚不听。卫桓公即位,石碏就告老回家了。

文史链接

教子以义方

卫庄公的一个宠妾生了公子州吁,因喜好武事深得庄公宠爱。大夫石碏看到了问题的严重性,于是向卫庄公进谏,劝庄公爱子应该用道义,不要让他走上邪路,以免发生祸患,卫庄公不听,继续宠爱州吁。卫庄公死后,桓公继位。公元前719年,州吁与石碏的儿子石厚杀了桓公,州吁自立为君,因失掉民心众叛亲离。问计于石碏,石碏用计,大义灭亲,借陈国国君之手把弑君乱国的州吁和自己的儿子——助纣为虐的石厚抓住,并派人把他们杀死。因此,留下了传诵千古的《大义灭亲》的历史典故。选文记述的就是隐公三年(公元前720年),石碏劝谏卫庄公爱子应"教之以义方,弗纳于邪"的故事。

石碏出于对国家安危、社会治乱的忧虑进谏卫庄公。其进谏方式颇为独特。首先,开门见山,直入主题,提出"爱子"应"教之以义方,弗纳于邪"的观点。继而,有的放矢地指出"骄、奢、淫、佚"是使"爱子"走上邪路的来由,而这四种恶习的养成,则是为人君者过分溺爱所致。然后,话题一转,落到州吁身上。州吁作为庶子而"好兵",这往往是作乱的前兆,指出"将立州吁,乃定之矣;

若犹未也,阶之为祸。"之后,又连用四个顶针句,断定州吁决不会心甘情愿地屈居人下。最后,又根据传统的伦理关系和社会规范,总括出"六逆""六顺",提醒庄公"去顺效逆"只能加速祸患的发生,作为人君必须防患未然,全力消除祸患的根由。石碏娓娓道来,环环相扣,将"教之以义方,弗纳于邪"的道理阐释得入情入理。

虽然石碏的谏言无懈可击,被劝谏者卫庄公却听不进去,更加凸显了他的顽固不化。《战国策·赵策》中的名篇《触龙说赵太后》则是臣贤主明、劝谏成功的典范,讲述的是在强敌压境,赵太后又严厉拒谏的危急形势下,触龙因势利导,以柔克刚,用"爱子则为之计深远"的道理,把"爱子"与"爱国"结合起来,最终说服赵太后,让她的爱子出质于齐,换取救兵,解除国家危难的故事。因此,劝谏君主能否成功,一方面在于劝谏者的进谏技巧,另一方面取决于被劝谏君主能否深明大义,有无长远的政治眼光。

选文中石碏所谓"教之以义方,弗纳于邪"的爱子方法,颇具借鉴意义,值得后人深入思考和努力践行。

思考讨论

结合历史事件,谈谈你对"教之以义方,弗纳于邪"这句话的认识。

大义灭亲

四年春,卫州吁弑桓公而立[1]……

注释

[1] 弑(shì):下杀上称弑,如臣弑君,子弑父。

译文

四年春季,卫国的州吁杀了卫桓公而自立为国君……

公问于众仲曰[1]:"卫州吁其成乎[2]?"对曰:"臣闻以德和民,不闻以乱[3]。以乱,犹治丝而棼之也[4]。夫州吁,阻兵而安忍[5]。阻兵,无众;安忍,无亲。众叛、亲离,难以济矣[6]。夫兵,犹火也;弗戢[7],将自焚也。夫州吁弑其君,而虐用其民,于是乎不务令德[8],而欲以乱成,必不免矣。"……

注释

[1] 众仲:鲁大夫。　[2] 其:将。　[3] 乱:指用兵伐郑。　[4] 棼(fén):纷乱。　[5] 阻:仗恃。安忍:安于残忍。　[6] 济:成功。　[7] 戢(jí):藏兵。　[8] 令:善。

译文

鲁隐公向众仲询问说:"卫国的州吁能成功吗?"众仲回答说:

"我只听说用德行安定百姓,没有听说用祸乱的。用祸乱,如同要理出乱丝的头绪,反而弄得更加纷乱。州吁这个人,仗恃武力而安于残忍。仗恃武力就没有群众,安于残忍就没有亲附的人。大家背叛,亲近离开,难以成功。军事,就像火一样,不去制止,将会焚烧自己。州吁杀了他的国君,又暴虐地使用百姓,不致力于建立美德,反而想通过祸乱来取得成功,就一定不能免于祸患了。"……

州吁未能和其民[1],厚问定君于石子[2]。石子曰:"王觐为可[3]。"曰:"何以得觐?"曰:"陈桓公方有宠于王[4]。陈、卫方睦,若朝陈使请[5],必可得也。"厚从州吁如陈[6]。石碏使告于陈曰:"卫国褊小[7],老夫耄矣[8],无能为也。此二人者,实弑寡君,敢即图之[9]。"陈人执之,而请涖于卫[10]。九月,卫人使右宰丑涖杀州吁于濮[11]。石碏使其宰獳羊肩涖杀石厚于陈[12]。

注释

[1] 和其民:使其民众安定和睦。 [2] 厚:石厚。定君:使君位安定。石子:指石碏。 [3] 觐(jìn):诸侯朝见天子。 [4] 陈:妫(guī)姓国,国都宛丘,在今河南省淮阳县。 [5] 朝陈:朝见陈桓公。朝,朝见。诸侯见天子或诸侯相见都可称朝。

使请：求陈桓公向周王请求。　　[6] 如：往，去到。　　[7] 褊(biǎn)小：狭小。　　[8] 老夫：据《曲礼》记载，大夫七十岁以上自称老夫。耄(mào)：年老。八九十岁叫耄。　　[9] 敢：敢请，冒昧，用于有所请求的场合，表示谦虚。即：就，趁，就此机会。图：谋。　　[10] 涖(lì)：临，前来。　　[11] 右宰：卫国官名。丑：人名。濮：陈国地名。在今安徽省亳州东南。　　[12] 宰：家臣。古卿大夫有家臣，家臣之长叫宰。獳(nòu)羊肩：人名。

译文

州吁不能安定他的百姓，石厚向石碏询问安定君位的办法。石碏说："朝觐周天子就可以取得合法地位。"石厚说："如何才能去朝觐呢？"石碏说："陈桓公正受到天子的宠信。现在陈、卫两国互相和睦，如果朝见陈桓公，让他代为请求，就一定可以成功。"于是，石厚就跟随州吁到了陈国。石碏派人告诉陈国说："卫国地方狭小，老夫我已经七十多岁了，不能做什么事了，这两个人，确实杀死了我国君主，请您趁此机会除掉他们吧！"陈国人把这两个人抓住，而请卫国派人来陈国处理。九月，卫国人派右宰丑在陈国的濮地杀了州吁，石碏派他的管家獳羊肩在陈国杀了石厚。

　　君子曰："石碏，纯臣也。恶州吁而厚与焉[1]。'大义灭亲[2]'，其是之谓乎！"

（选自《左传·隐公四年》）

注释

[1] 与(yù)：参与，一起。这里指一起被杀。　　[2] 大义灭亲：这一词语应为古语。

译文

君子说："石碏真是完全忠于国家的臣子。憎恶州吁，同时杀掉了自己的儿子石厚。'大义灭亲'，说的就是这样的情况吧！"

文史链接

"大义灭亲"与"亲亲相隐"

选文讲述的是"春秋时卫国大夫石碏曾经劝谏卫庄公，希望教育好庄公之子州吁。庄公死后，卫桓公即位，州吁与石碏之子石厚密谋杀害桓公篡位，为确保王位坐稳，派石厚去请教石碏。石碏恨儿子大逆不道，设计让陈国陈桓公除掉了州吁与石厚"的故事。前文所述，石碏所谓"教之以义方，弗纳于邪"的爱子方法，在他自己的教子实践中并没有成功，他用儿子的生命赢得了"大义灭亲"的美名。

石碏为了国家利益，不徇私情，铲除了州吁和石厚，这一"大义灭亲"的故事，流传千古。石碏"大义灭亲"是为了国家的利益，而不是一己之私利。从国家利益高于一切的角度上讲，"大义灭亲"的精神值得大力弘扬。然而，这又触碰到了以血缘关系为基础、家庭成员相亲相爱的基本伦理准则。

对于法律公开鼓励"大义灭亲",学界的指责大多直指其破坏社会关系的隐患。鼓励"大义灭亲"及其背后的"法不容情",其实是将追求正义和个人感情、国家大义与个人私利置于尖锐的矛盾对立之中。与鼓励"大义灭亲"不同,法律上保障一定程度的"亲亲相隐",实际上是为打击犯罪和稳定家庭之间的平衡做出制度保障。

"亲亲相隐"所代表的,是以血缘关系为基础、家庭成员相亲相爱的基本伦理准则,所谓"虎毒不食子",是放之四海而皆准、符合人类最基本伦理观念的原则。与"亲亲相隐"相比,"大义灭亲"则是对这一基本伦理观的挑战。"大义灭亲"不应被提倡,因为它是破坏人伦基础的司法政策。法的目的不仅仅是追求表面的秩序井然,更在于使人成其为人。因而,法律及其所从属的价值观都不能反人性。

从"亲亲相隐"的角度讲,石碏完全可以为其子石厚的恶行而"隐",但其牺牲的却是"为国尽忠""为民造福"的"大义",这一"大义"与"亲情"二者尖锐对立,不共戴天。在这两难的选择中,石碏舍"亲情"而就"大义",非常人所能为,正因"难能",故而"可贵"。

思考讨论

谈谈你对石碏"大义灭亲"这一历史事件的认识。

臧僖伯谏观鱼

五年春[1],公将如棠观鱼者[2]。臧僖伯曰[3]:"凡物不足以讲大事[4],其材不足以备器用[5],则君不举焉[6]。君,将纳民于轨、物者也[7]。故讲事以度轨量,谓之轨[8];取材以章物采,谓之物[9]。不轨不物,谓之乱政。乱政亟行[10],所以败也。故春蒐、夏苗、秋狝、冬狩[11],皆于农隙以讲事也。三年而治兵[12],入而振旅[13],归而饮至[14],以数军实[15]。昭文章[16],明贵贱,辨等列,顺少长,习威仪也。鸟兽之肉不登于俎[17],皮革、齿牙、骨角、毛羽不登于器,则公不射[18],古之制也。若夫山林、川泽之实[19],器用之资[20],皂隶之事[21],官司之守,非君所及也。"

注释

[1] 春:指鲁隐公五年(公元前718年)春季。 [2] 公:指鲁隐公。公元前722年至公元前712年在位。按《春秋》和《左传》的编著体例,凡是鲁国国君都称公,后边《曹刿论战》等篇均如是。鲁国是姬姓国,其开国君主是周公旦之子伯禽,其地在今山东西南部。如:往。棠:也写作唐,鲁国邑名,在今山东鱼台县东。鱼:通"渔",动词,捕鱼。 [3] 臧僖伯:鲁孝公之子、鲁惠公之兄、鲁隐公之伯父,名彄(kōu),字子臧,封于臧(今郯城县),伯为排行,僖是谥号。孝公生僖伯彄,彄生哀伯达(臧哀伯或臧孙达),达生伯氏缾(píng),缾生文仲辰(臧文仲),辰是臧僖伯曾孙。

[4]讲:讲习,训练。大事:指祭祀和军事活动。　　[5]材:材料,原料。器用:指祭祀所用的器具与军事物资。　　[6]举:指行动。　　[7]纳:纳入。轨、物:法度和准则。　　[8]度(duó):衡量。量:程度。　　[9]章:通"彰",彰明,发扬。采:五彩相间曰采。　　[10]亟:多次,屡次。　　[11]春蒐(sōu):指春天打猎。蒐,搜寻,谓搜寻不产卵、未怀孕的禽兽。夏苗:指夏天打猎,谓捕猎伤害庄稼的禽兽。秋狝(xiǎn):指秋天打猎。狝,杀,谓顺秋天肃杀之气,进行捕猎活动。冬狩(shòu):指冬天打猎。狩,围守,谓冬天各种禽兽都已长成,可以不加选择地加以围猎。按:"春蒐、夏苗、秋狝、冬狩"云云,说明我们的先民在狩猎活动中已有生态平衡意识,也同时说明大凡有组织的狩猎活动,都带有军事演习的性质,并不单单是为狩猎而狩猎。
[12]治兵:指练兵、比武等军事演习活动。　　[13]振旅:整顿部队。　　[14]饮至:古代的一种礼仪活动。凡盟会、外交和重大军事行动结束以后,都要告于宗庙,并举行宴会予以庆贺。
[15]军实:指军用车辆、器物和战斗中的俘获等。　　[16]昭:表明。文章:服饰、旌旗等的颜色花纹。　　[17]登:装入,陈列。俎(zǔ):古代举行祭祀活动时用以盛牛、羊等祭品的礼器。
[18]射:激矢及物曰射。　　[19]山林:材木、樵薪之类。川泽:菱、芡、鱼、龟之类。山林、川泽之实,不仅指材木、樵薪、菱、芡、鱼、龟之类,包括一切不登于俎、不登于器而产于山川的物产。
[20]资:材资也。　　[21]皂(zào)隶:本指奴隶,这里指做各种杂务的仆役。

第一章　鲁隐公　035

译文

(鲁隐公)五年春季,鲁隐公准备到棠地观看渔民捕鱼。臧僖伯劝阻说:"凡是物品不能用到讲习祭祀和兵戎的大事上,它的材料不能制作礼器和兵器,国君对它就不会有所举动。国君是把百姓引入正'轨'、善于取材的人。所以,演习大事以端正法度叫作'轨',选取材料以制作重要器物叫作'物'。事情不合乎'轨''物',叫作乱政。屡次执行乱政,就是国家败亡的原因。所以,春蒐、夏苗、秋狝、冬狩这四种打猎的活动,都是在农闲时节讲习军事。每三年大演习一次,进入国都整顿军队,回来祭告宗庙,宴请臣下,犒赏随从,以计算俘获的东西。(在进行这些活动的时候)要车服(车马、服饰、旌旗等)文彩鲜艳,贵贱分明,等级井然,少长有序,这是讲习大事的威仪。鸟兽的肉不能拿来放到宗庙的祭器里,它的皮革、牙齿、骨角和毛羽不能用到礼器上,这样的鸟兽,君主就不去射它,这是古代的规定。至于山林川泽的物产,一般器物的材料,这都是下等人的事情,是有关官吏的职分,不是国君所应涉足的。"

公曰:"吾将略地焉[1]。"遂往,陈鱼而观之[2]。僖伯称疾不从[3]。

注释

[1] 略地:到外地巡视。　　[2] 陈:陈设,张设。　　[3] 称疾:推说有病。古代分言"疾"和"病",轻者为"疾",重者为"病"。

译文

隐公说:"我是打算视察边境呀!"于是隐公就去了(棠地),让捕鱼者出动捕鱼而观看。僖伯推说有病,没有跟随前往。

书曰[1]"公矢鱼于棠[2]",非礼也,且言远地也[3]。

(选自《左传·隐公五年》)

注释

[1] 书:指《春秋》。　　[2] 矢:陈设。这一句意为隐公在棠陈列渔具。　　[3] 远地:棠距国都较远。

译文

《春秋》说"公矢鱼于棠",这是由于隐公不合于礼制,并且棠地远离国都。

文史链接

春秋之"礼"

公元前718年的春天,鲁隐公要到棠地观看渔民捕鱼。鲁国大夫臧僖伯从传统的为君之道出发，认为国君的根本责任是管好国家大事，而且任何举措都必须合乎"古制"和国君的行为规范，否则就会"乱政"，而屡屡"乱政"，国家就会败亡。从对国君和国家的责任感出发，臧僖伯进谏隐公，劝阻他到棠地观鱼。臧僖伯之所以谏阻隐公到棠地观鱼，是因为隐公这一行为不符合那个时代国君应该遵循并身体力行的行为规范。鲁隐公远离国都，到棠地观鱼，既非体察民情，更非与民同乐，仅仅是他本人的一种游乐活动。因此，他对臧僖伯的谏言无言以对，不得不为自己的行为找了一个"吾将略地焉"的借口。

这篇谏辞的最大特点是，紧紧围绕着一个"礼"字展开的。"礼"是按照尊卑、亲疏、贵贱、长幼、男女等差别而制定的反映等级制度的礼制及其相应的道德规范。"礼"，也是制约当时国君行为的规范和准则。《左传》中多次强调了"礼"的重要性，如"礼，经国家，定社稷，序民人，利后嗣者也"（隐公十一年），"夫名以制义，义以出礼，礼以体政，政以正民，是以政成而民听"（桓公二年），"礼，国之干也"（僖公十一年）。

选文中，臧僖伯劝谏的缘起虽是"公将如棠观鱼"，劝谏的直接目的也是阻止隐公"如棠观鱼"，但谏辞中对此事却只字未提。这种委婉含蓄的表达方式反映出进谏者进谏的着眼点，并不在于隐公"如棠观鱼"这一具体行为，而是当时的礼制。隐公没有明确"礼"对他的制约性，做出了"如棠观鱼"这种"非礼"之事，成为后世君主的反面教材。

思考讨论

查阅相关典籍,简要概括春秋之"礼"的具体内涵。

善不可失,恶不可长

五月庚申[1],郑伯侵陈,大获[2]。往岁,郑伯请成于陈,陈侯不许。五父谏曰[3]:"亲仁、善邻,国之宝也。君其许郑[4]!"陈侯曰:"宋、卫实难[5],郑何能为?"遂不许。

注释

[1] 庚申:十一日。　[2] 大获:指俘获甚多。
[3] 五父:文公子佗。　[4] 其:表示祈请与命令的副词。
[5] 宋、卫实难:只有宋国和卫国才是真正的祸患。实,是。难,祸患。

译文

(鲁隐公六年)五月十一日,郑伯侵袭陈国,获得很多俘虏和财物。往年,郑伯请求与陈国讲和,陈侯不答应。五父劝谏说:"亲近仁义而和邻国友好,这是国家的宝贵措施,您还是答应郑国的请求吧!"陈侯说:"宋国和卫国才是真正的祸患,郑国能做什么?"于是没有答应。

君子曰:"善不可失,恶不可长[1],其陈桓公之谓乎!长恶不悛[2],从自及也[3]。虽欲救之,其将能乎[4]!《商书》曰:'恶之易也[5],如火之燎于原,不可乡迩[6],其犹可扑灭[7]?'周任有言曰[8]:'为国家者,见恶,如农夫之务去草焉,芟夷蕴崇之[9],绝其本根,勿使能殖,则善者信矣[10]。'"

(选自《左传·隐公六年》)

注释

[1] 长(zhǎng):滋长。　[2] 悛(quān):悔改。
[3] 从:随从,跟着,表示时间之迅速。自及:指自及于祸害。
[4] 其:同"岂"。　[5] 易:蔓延。　[6] 乡:同"向"。
[7] 其:同"岂"。　[8] 周任:古之良史。　[9] 芟(shān)夷:同义词连用,除去。蕴崇:积聚。蕴,古同"蕴",聚积。
[10] 善者:意义双关,既指嘉谷,又指善人、善政、善事。信:同"伸"。

译文

君子说:"善不可丢失,恶不可滋长,这句话说的就是陈桓公吧！滋长了恶而不悔改，马上就得自取祸害。纵是挽救，未必能办得到！《商书》说：'恶的蔓延，如同遍地大火，不可以靠拢，难道还能扑灭吗？'周任有句话说：'治理国和家的人，见到恶，就要像农夫急于除杂草一样，锄掉它聚积起来肥田，挖掉它的老根，不要使它再生长，那么善的事物就能发展了。'"

文史链接

除恶务尽

公元前719年，卫国和陈国联合讨伐郑国，郑庄公知道敌不过，故"请成于陈"，而"陈侯不许"。关于"郑伯请成于陈，陈侯不许"的原因，何焯在《义门读书记》中云："周、郑交恶，陈桓公方有宠于王，故不许郑成。"对于陈桓公"不许郑成"这一行为，五父劝谏说："亲近仁义而和邻国友好，这是国家可宝贵的措施，您还是答应郑国的请求吧。"五父的谏言是很有战略眼光的。但是，陈桓公没有听从五父的建议，终于自食其果。公元前717年，郑庄公出兵进攻陈国，大获全胜，夺去了许多财物和俘虏，可以看作其对陈国两年前讨伐郑国和"郑伯请成于陈，陈侯不许"之事的报复。

《左传》作者对陈桓公"善不可失，恶不可长"的评价是合乎实际的。《尚书·商书》云："恶之易也，如火之燎于原，不可乡迩，其犹可扑灭？"说明了滋长恶行的严重后果。周任"为国家者，见恶，如农夫之务去草焉，芟夷蕴崇之，绝其本根，勿使能殖，则善者信矣"的评论则生动形象地说明了"除恶务尽"的道理。

在古代典籍中，类似的言论还有许多。如"树德务滋，除恶务本"(《尚书·泰誓下》),"树德莫如滋,去疾莫如尽"(《左传·哀公元年》),"勿以恶小而为之,勿以善小而不为"(《三国志·蜀志·先主传》),"祸患常积于忽微,智勇多困于所溺"(《五代史·伶官传序》),等等,这些言论都是历史经验的总结,至今仍具有深刻的启示意义。

思考讨论

结合历史事实,谈谈"除恶务尽"的必要性。

郑庄公戒饬守臣

秋七月,公会齐侯、郑伯伐许[1]。庚辰[2],傅于许[3]。颍考叔取郑伯之旗蝥弧以先登[4],子都自下射之[5],颠[6]。瑕叔盈又以蝥弧登[7],周麾而呼曰[8]:"君登矣!"郑师毕登。壬午,遂入许。许庄公奔卫。齐侯以许让公。公曰:"君谓许不共[9],故从君讨之。许既伏其罪矣,虽君有命,寡人弗敢与闻。"乃与郑人。

注释

[1] 公:鲁隐公。齐侯:齐僖公。郑伯:郑庄公。许:国名,

在今河南许昌县。　　[2] 庚辰：初一。　　[3] 傅于许：指大军靠近许城而攻之。傅，同"附"，靠近。　　[4] 蝥弧：郑伯旗名。　　[5] 子都：郑国大夫。子都与颖考叔有争车之怨，故射之以报怨。　　[6] 颠：指自城上坠下。　　[7] 瑕叔盈：郑国大夫。　　[8] 周：遍。麾：指挥动旗帜以招大军。　　[9] 不共(gōng)：不法。共，法。

译文

（鲁隐公十一年）秋七月，鲁隐公会合齐侯、郑伯攻打许国。初一这一天，三国的军队会合，攻打许城。颖考叔举着郑庄公的"蝥弧"旗，争先登上了城墙，子都从下面射他，颖考叔跌下来摔死了。瑕叔盈又举起"蝥弧"爬上城墙，向四周挥动旗帜，大喊说："国君登城了！"于是郑国的军队全部登上城墙。初三这一天，便占领了许国。许庄公逃亡到卫国。齐侯把许国让给隐公。隐公说："您说许国不交纳贡物，又不履行诸侯的职责，所以我跟随您讨伐它。许国既然已经伏罪，虽然您有这样的好意，我也不敢参与这件事。"于是，就把许国给了郑庄公。

郑伯使许大夫百里奉许叔以居许东偏[1]，曰："天祸许国，鬼神实不逞于许君[2]，而假手于我寡人[3]，寡人唯是一二父兄不能共亿[4]，其敢以许自为功乎[5]？寡人有弟，不能和协，而使糊其口于四方[6]，其况能久有许乎？吾子其奉许叔以抚柔此民也[7],吾将使获也佐吾子[8]。若寡人得没于地[9],天其以礼悔祸于许[10],无宁兹许公复奉其社稷[11],唯我郑国之有请谒焉[12],如旧昏媾[13],其能降以相从也[14]。无滋他族实逼处此[15],以与我郑国争此土也。吾子孙其覆亡之不暇[16],而况能禋祀许乎[17]?寡人之使吾子处此,不唯许国之为,亦聊以固吾圉也[18]。"乃使公孙获处许西偏,曰:"凡而器用财贿[19],无置于许[20]。我死,乃亟去之[21]!吾先君新邑于此,王室而既卑矣,周之子孙日失其序[22]。夫许,大岳之胤也[23]。天而既厌周德矣[24],吾其能与许争乎[25]?"

注释

[1]百里:许国大夫。许叔:许庄公之弟。许东偏:许城东部。[2]不逞:不快意,不满。 [3]假手:借手。 [4]父兄:父老兄弟。指同姓臣子。共亿:相安无事。 [5]其:同"岂"。[6]糊:以薄粥涂物。糊口:以薄粥供口食。《说文》云"糊,寄食也"。 [7]吾子:二人谈话时对对方的敬称。其:命令副词。柔:和,安。抚柔:抚安。 [8]获:指郑国大夫公孙获。"获"后加"也"表示语气郑重。 [9]没于地:指寿终。 [10]悔祸于许:撤回加于许之祸。 [11]无宁:宁。无是发语词,无义。兹:使。复奉其社稷:指重执国政。 [12]唯我郑国之有请谒

焉：全句当为"唯我郑国之有请谒而视听"。谒，请。　　[13] 昏媾：昏通"婚"，婚姻，结亲。如旧昏媾：指相亲若旧通婚之国。[14] 其：语气副词，表示不肯定。降，降心。　　[15] 滋：同"兹"，使。　　[16] 覆亡：指挽救危亡。覆，引申为救护之义。覆亡之不暇：指无暇挽救危亡。　　[17] 禋(yīn)祀：祭天神之礼。禋，诚心祭祀。　　[18] 聊：姑且。圉：边疆。　　[19] 而：同"尔"，代词，你，你的。贿：财货。金玉称货，布帛称贿。　　[20] 无：表示禁止，不要。　　[21] 乃：汝，你。亟：急切。　　[22] 序：同"绪"，绪业，即前人的功业。　　[23] 大岳：即四岳。大，同"太"。胤(yìn)：后代，后嗣。　　[24] 厌：厌弃。　　[25] 其：同"岂"。

译文

郑庄公让许国大夫百里帮助许叔住在许都的东部边邑，说："上天降祸给许国，鬼神确实对许君不满意，而借我的手来惩罚他。我连一两个父老兄弟都不能和睦共处，难道敢把讨伐许国作为自己的功劳吗？我有个兄弟，不能和睦相处，而使他四处求食，又怎么能长久占有许国呢？您应当帮着许叔来安抚这里的百姓，我打算派公孙获来帮助您。如果我能得以善终，上天可能又依礼撤回加于许国的祸害，愿意许公再来治理他的国家。那时候只要我郑国对许国有所请求，可能还是会像对待老亲戚一样，降格而同意的。不要让别国逼近我们住的这里，来和我郑国争夺这块土地。我的子孙连挽救危亡还来不及，难道还能替许国敬祭祖先吗？我让您留在这里，不单是为了许国，也是姑且巩固我的边疆啊！"于是就让公孙获住在许国的西部边境，对他说："凡是你的器用财货，不要放在许国。我死后就马上离开这里。我祖先在这里新建城邑，眼看周王室已经逐渐衰微，我们这些周朝的子孙一天天失掉自己的事业。而许国，是四岳的后代，上天既然已经厌弃了成周，我哪里还能和许国相争呢？"

君子谓郑庄公"于是乎有礼。礼，经国家[1]，定社稷[2]，序民人[3]，利后嗣者也。许，无刑而伐之[4]，服而舍之[5]，度德而处之[6]，量力而行之。相时而动[7]，无累后人[8]，可谓知礼矣。"

(选自《左传·隐公十一年》)

注释

[1] 经：经营治理。　[2] 定：安定。　[3] 序民人：使民人有一定的秩序或次序、等级。　[4] 无刑：不守法度。[5] 服：伏罪。舍：宽恕。　[6] 度：度量。处之：指处理此事。　[7] 相(xiàng)：省视，察看。　[8] 无：用法同"不"。累(lěi)：连累。

译文

君子说："郑庄公在这件事上是符合礼制的。礼制，是治理国家、安定社稷、使百姓有秩序，并有利于后世子孙的大法。许国不守法度而庄公讨伐它，伏罪了就宽恕它，揣度自己的德行而处理事情,估量自己的力量而办理事务,看准时机而后行动,不让祸害连累后人,可以说是懂得礼了。"

文史链接

深谋远虑的郑庄公

郑庄公一生功业辉煌。他在位期间,分别击败过周、虢、卫、蔡、陈联军及宋、陈、蔡、卫、鲁等国联军。御燕、侵陈,大胜之;伐许、克息、御北戎,攻必克,战必胜,可谓战绩显赫。同时,郑庄公又是一个有战略眼光、精权谋、善外交的政治家,将郑国治理得井井有条,是春秋霸主之一。其过人的政治才能,也是他在春秋列国纷争中能小霸中原的重要原因所在。

许国是与郑国毗邻的中原小国,地处中原要冲,四周虎狼环伺,豪强林立,作为一个弱小国家,只好依附列强,夹缝求生,比如齐强时附齐,楚盛时附楚,晋来时归晋。东周初年,郑庄公借周平王东迁之机,相继灭掉对他有恩的虢国和桧国,许国于是成为他的战略打击目标。

选文记载的正是郑庄公攻克许都之后,对留守许地的臣子所作的两次训诫,这篇训诫在历史上非常有名。由这段戒饬之词不难看出郑庄公的精明能干和深谋远虑。郑庄公表面上为许国所计,实际上要许国接受郑国为宗主国的地位,要求许国从属于郑国,世世代代看郑国的脸色行事,做好对郑国的守边工作。戒饬之词委婉迂曲,形象刻画出郑庄公乱世奸雄的老谋深算、揣奸把猾的性格特征。

《左传》作者借这件事发表了对郑庄公的评论:"郑庄公在这

件事情上是有礼数的。而遵行礼制,不仅有利于治理国家,巩固社稷,更有利于子孙后代。许国不守法度就讨伐它,伏罪之后就饶恕它,度量自己的德行去处理问题,根据自己的能力来为人处事,尽可能不连累后人,可以说是知礼了。"这段评论是符合历史事实的,得到了后人的广泛认可。

思考讨论

结合历史事件,谈谈"郑庄公戒饬守臣"的启示意义。

第二章 鲁桓公

臧哀伯谏纳郜鼎

夏四月,取郜大鼎于宋[1]。戊申,纳于大庙[2],非礼也。

注释

[1] 郜(gào):国名,姬姓,开国国君是周文王的一个庶子,春秋时为宋国所灭,其故地在今山东成武县东南。鼎:古代的一种烹饪器物,又因常常用作旌功记绩的礼器,所以又作为传国重器,其形制一般为三足两耳。宋:国名,春秋时为十二诸侯之一,开国国君为殷纣王的庶兄微子,其地在今河南东部及山东、江苏和安徽三省之间。　[2] 大(tài)庙:即太庙,天子或诸侯国国君的祖庙。

译文

(鲁桓公二年)夏季四月,(鲁桓公)从宋国取来了郜国的大鼎。初九日,把大鼎安放在太庙里。这件事不合礼制。

臧哀伯谏曰:"君人者,将昭德塞违,以临照百官[1],犹惧或失之,故昭令德以示子孙[2]。是以清庙茅屋[3],大路越席[4],大羹不致[5],粢食不凿[6],昭其俭也。衮、冕、黻、珽[7],带、裳、幅、舄[8],衡、紞、纮、綖[9],昭其度也。藻、率、鞞、鞛[10],鞶、厉、游、缨[11],昭其数也。火、龙、黼、黻[12],昭其文也。五色比象[13],昭其物也。钖、鸾、和、铃[14],昭其声也。三辰旂旗[15],昭其明也。夫德,俭而有度,登降有数[16],文、物以纪之,声、明以发之,以临照百官。百官于是乎戒惧,而不敢易纪律。今灭德立违,而置其赂器于大庙,以明示百官。百官象之[17],其又何诛焉?国家之败,由官邪也;官之失德,宠赂章也[18]。郜鼎在庙,章孰甚焉?武王克商,迁九鼎于雒邑[19],义士犹或非之,而况将昭违乱之赂器于大庙,其若之何?"公不听。

(选自《左传·桓公二年》)

注释

[1] 临照:管理和监察。临,统管,治理。照,察看。

[2]令德：美德。令，美好。　　[3]清庙：即祖庙，因其肃穆清静，故称。　　[4]大路：也作"大辂"，即大车，特指天子或诸侯国国君祭天时所乘的车子。越(yuè)席：用蒲草编织的席子。越，通"括"，结。　　[5]大(tài)羹：即太羹，也作"泰羹"，古代祭祀时所用的肉汁。不致：指不调五味，不加各种作料。　　[6]粢(zī)食：用黍稷加工品制作的饼食，祭祀用作供品。粢，黍稷，泛指谷类粮食。不凿：不舂，这里指不精细加工。　　[7]衮(gǔn)：古代帝王及公卿祭祀宗庙时所穿的礼服。冕(miǎn)：古代帝王、公卿、诸侯所戴的礼帽。黻(fú)：通"韨"，古代用做祭服的熟皮制蔽膝。珽(tǐng)：古代君臣在朝廷上相见时所持的玉制朝板，即玉笏(hù)。　　[8]带：大带。大带宽四寸，以丝为之，用以束腰，垂其余以为绅。裳(cháng)：古人上穿衣，下穿裳，裳又叫裙。幅：古代自足至膝斜缠在小腿部的帛条或布条，汉人称其为行縢(téng)，犹如今天的绑腿。舄(xì)：双底鞋，着地的一层为木底，这里泛指鞋子。古人称鞋为履，鞋底用一层者谓之屦(jù)，双层者谓之舄。单底用皮，双层底加木。古代天子诸侯，吉事皆着舄。舄有赤、白、黑诸色，所服不同，舄亦异色。

[9]衡：把冠冕稳定在发髻上的横簪。紞(dǎn)：古代垂在帽子两旁用以悬挂塞耳用的玉瑱(tián)的带子。纮(hóng)：古代冠冕系在颔下的带子。古人戴冠冕时，先用簪子别在发髻上，再用纮挽住，系在簪子的两端。綖(yán)：古代覆在冠冕上的一种长方形饰物，以木板为干(gàn)，外包黑色布帛。　　[10]藻率(lǜ)：一种用来放玉的木垫儿，外包熟皮，并绘有水藻形图案。鞞(bǐng)：刀剑套。鞛(běng)：佩刀刀鞘的饰物。　　[11]鞶(pán)：绅带，又名"大带"，束衣用。厉：下垂的大带。或谓"鞶

厉",是一个词,指束腰革带与革带下垂的部分。游:古代旗帜上下垂的饰物。缨:套在马胸部的革带,即马鞅。数:礼数。
[12]火龙黼(fǔ)黻:都是古代礼服上所绣的花纹,如火形者为"火",如龙形者为"龙",黑白色相间如斧形者为"黼",黑青色相间如"亚"形者为"黻"。　　[13]五色:指青、赤、黄、白、黑五种颜色。比象:指比照天地万物所画出的各种图像。　　[14]钖(yáng)、鸾、和、铃:都是系在车马和旗帜上的铃铛,系在马额头上的叫"钖",系在马嚼子上的叫"鸾",系在车前用作扶手的横木上的叫"和",系在绘有龙形图案的旗帜竿头的叫"铃"。
[15]三辰:指日、月、星。旂(qí):旗面绘有龙形图案,竿头系有小铃铛的旗子。　　[16]登降:增减。登为增,降为减。有数:指有节度、节制。　　[17]象:同"像",法式、式样,这里是榜样的意思。　　[18]章:明显。与下文"章孰甚焉"句之"章"义同。
[19]九鼎:相传为夏禹所铸,用以象征九州。夏、商、周三代都把它作为政权的象征,成为传国之宝。雒(luò)邑:也作"洛邑",东周都城所在,相传周武王克商后由周公姬旦营建。

译文

臧哀伯劝阻(桓公)说:"做国君的,应当发扬道德,阻塞邪恶,以(更好地)监视百官,即使这样,仍然担心有所失误,所以发扬美德以示范于子孙。因此,太庙用茅草盖顶,祭天的车子用蒲草席做垫子,(祭祀用的)肉汁不加调料,饼食不用精粮,这是为了表示节俭。礼服、礼帽、蔽膝、玉笏、腰带、裙衣、绑腿、鞋子以及冠冕上用的横簪、瑱绳、冠系、冠布(等各式各样的带子和饰物),这是为了昭示等级制度。玉垫、佩巾、刀鞘、鞘饰、革带、带饰、飘带、马鞅,各级多寡不同,这是为了表示各个等级规定的数量。画火、画龙、绣黼、绣黻,这是为了表示文饰。用青、赤、黄、白、黑五种颜色绘出各种不同的形象,这是为了表示色彩。钖铃、鸾铃、衡铃、旗铃,这是为了表示声音。在旗帜上绘上(日、月、星)三辰,这是为了表示明亮。行为的准则应当节俭而有制度,增减也有一定的数量,用文饰、色彩来记录它,用声音、明亮来发扬它,以此向文武百官作明显的表示,百官才有所警惕和畏惧,而不敢违规犯纪。现在君王废除道德而树立邪恶,把人家贿赂来的器物安放在太庙里,公然展示给百官看。百官也模仿这种行为,君王还能惩罚谁呢?国家的衰败,由于官吏的邪恶;官吏的失德,由于受宠又公开贿赂。郜鼎放在太庙里,还有什么比这更明显的受贿呢?周武王打败商朝,把九鼎运到雒邑,义士中还有人认为他不对,更何况把表明邪恶叛乱的器物放在太庙里,这又该怎么办呢?"桓公不听。

文史链接

臧哀伯的进谏艺术

公元前710年的春天,宋国太宰华父督杀死司马孔父嘉,并占有了孔父嘉"美而艳"的妻子。宋殇公为此很生气,华父督害怕,把殇公也杀了,另立宋庄公。华父督为了取得各诸侯国对此事的认可,先后对齐、陈、郑、鲁等国进行贿赂。鲁桓公接受了宋国送给的郜鼎,并把它安放在太庙里。鲁国大夫臧哀伯认为这样做"非礼",会导致官员腐败,甚至导致国家败亡,于是对桓公进行劝谏。

《臧哀伯谏纳郜鼎》的中心内容是臧哀伯批评鲁桓公"取郜大鼎于宋"并"纳于大庙"这件事的"非礼"。《郑庄公戒饬守臣》云："礼,经国家,定社稷,序人民,利后嗣者也。"礼的本质是奴隶制社会和封建制社会贵族等级制度下的社会规范、道德规范和行为规范,它规范并制约着上自天子下至百姓所有社会成员的思想和言行。所以,孔子多次提到了礼的重要性,比如"不学礼,无以立"(《论语·季氏》),君子"约之以礼"(《论语·雍也》),"道之以德,齐之以礼"(《论语·为政》),"为国以礼"(《论语·先进》),"克己复礼为仁""非礼勿视,非礼勿听,非礼勿言,非礼勿动"(《论语·颜渊》),等等。基于对"礼"的重要性的高度认同,鲁大夫臧哀伯冒着触怒鲁桓公的风险,毅然"发表"了本篇谏辞。

臧哀伯的这篇谏辞,颇得进谏之道。他并没有先言鲁桓公"取郜大鼎于宋,纳于大庙"之误,而是先提出"君人者"最根本的社会职责是"昭德塞违,以临照百官";继而从礼制的视角,从"昭其俭""昭其度""昭其数""昭其文""昭其物""昭其声""昭其明"七个方面,连用七个排比句,来阐明君主"昭德塞违,以临照百官"的途径。然后,话锋一转,引出桓公"纳郜鼎"之事,并申明了这件事的危害。

值得注意的是,臧哀伯并没有单存地讲道理,还列举了周武王克商后"迁九鼎于雒邑"招来"义士"非议这一历史事实,来增强说服力。如此一来,这篇谏辞就不仅条理清楚、层次分明、结构谨严、有理有据、逻辑清晰,而且切中肯綮、气势恢宏,具有极强的艺术感染力。谏辞中的排比句列举了大量具体事物,显示了臧哀伯对当时典章制度的精通。至于"君人者,将昭德塞违,以临照百官""国家之败,由官邪也;官之失德,宠赂章也"等名言警句,则如洪钟大吕,直到今天依然具有强烈的警示作用。

思考讨论

结合历史事实,谈谈你对"国家之败,由官邪也;官之失德,宠赂章也"这句话的理解。

季梁谏追楚师

楚武王侵随[1],使薳章求成焉[2],军于瑕以待之[3]。随人使少师董成[4]。斗伯比言于楚子曰[5]:"吾不得志于汉东也[6],我则使然[7]。我张吾三军,而被吾甲兵[8],以武临之,彼则惧而协以谋我,故难间也。汉东之国,随为大。随张,必弃小国。小国离,楚之利也。少师侈[9],请羸师以张之[10]。"熊率且比曰[11]:"季梁在[12],何益?"斗伯比曰:"以为后图,少师得其君。"王毁军而纳少师。

注释

[1] 楚:芈(mǐ)姓国。西周时立国于荆山一带。周成王封其首领熊绎以子男之田,为楚受封的开始。后来楚国自称王,与周处于对立地位。楚武王为楚国第十七代君。楚也称荆。随:姬姓。今湖北随县。　　[2] 薳(wěi)章:楚大夫。　　[3] 瑕:随

地。今湖北随县境。　　[4]少师：官名。董成：主持和谈。董，主持。　　[5]斗伯比：楚大夫。楚子：指楚武王。因楚为子爵，故称楚子。　　[6]汉东：指汉水以东的小国。　　[7]我则使然：是我们自己造成的。　　[8]张：陈列。被：同"披"。　　[9]侈：骄傲自大。　　[10]羸(léi)：使……瘦弱。羸师：故意使军队装作衰弱。　　[11]熊率且比：楚大夫。　　[12]季梁：又称季氏梁、季仕梁，政治家、军事家、思想家。春秋初期随国大夫，我国南方第一位文化名人，开儒家学说先河的重要学者。李白誉其为"神农之后，随之大贤"。

译文

　　楚武王入侵随国，先派薳章去求和，把军队驻在瑕地以等待结果。随国派少师主持和谈。斗伯比对楚武王说："我国在汉水东边不能达到目的，是我们自己造成的。我们扩大军队，整顿装备，用武力逼迫别国，他们由于害怕而共同来对付我们，所以就难于离间了。在汉水东边的国家中，随国最大。随国如果自高自大，就必然抛弃小国。小国离心，对楚国有利。少师这个人很骄傲，请君王隐藏我军的精锐，而让他看到疲弱的士卒，助长他的骄傲。"熊率且比说："有季梁在，这样做有什么好处？"斗伯比说："这是为以后打算，因为少师可以得到他们国君的信任。"楚武王故意把军容弄得疲疲沓沓来接待少师。

少师归，请追楚师。随侯将许之。季梁止

之,曰:"天方授楚[1],楚之嬴,其诱我也。君何急焉?臣闻小之能敌大也,小道大淫[2]。所谓道,忠于民而信于神也。上思利民,忠也;祝史正辞[3],信也。今民馁而君逞欲[4],祝史矫举以祭[5],臣不知其可也。"公曰:"吾牲牷肥腯[6],粢盛丰备[7],何则不信?"对曰:"夫民,神之主也,是以圣王先成民,而后致力于神。故奉牲以告曰'博硕肥腯',谓民力之普存也,谓其畜之硕大蕃滋也[8],谓其不疾瘯蠡也[9],谓其备腯咸有也[10];奉盛以告曰'洁粢丰盛',谓其三时不害而民和年丰也[11];奉酒醴以告曰[12]'嘉栗旨酒',谓其上下皆有嘉德而无违心也。所谓馨香,无谗慝也[13]。故务其三时,修其五教[14],亲其九族[15],以致其禋祀[16],于是乎民和而神降之福,故动则有成。今民各有心,而鬼神乏主;君虽独丰,其何福之有?君姑修政,而亲兄弟之国,庶免于难。"随侯惧而修政,楚不敢伐。

(选自《左传·桓公六年》)

注释

[1]授:付予。楚强盛,古人认为天意如此。　[2]淫:淫

乱,暴虐。　[3]祝史:管理祭祀的官吏。正辞:如实说明,不欺假。　[4]馁:饥饿。　[5]矫:假。　[6]牲牷(quán):纯色而完整的牛、羊、猪。腯(tú):肥壮。　[7]粢(zī)盛:盛在祭器里供神用的谷物。黍、稷叫粢,装进器皿之后叫盛。　[8]硕:大,高大。　[9]瘯蠡(cù lí):六畜所患皮肤病。　[10]咸有:兼备而无所缺。　[11]三时:指春、夏、秋三个农忙季节。　[12]醴:甜酒。嘉:美好、善良。栗:敬。旨:美味。或说,栗是新收获的粮食。　[13]逸:诬陷人的坏话。慝(tè):邪恶。　[14]五教:指父义、母慈、兄友、弟恭、子孝。　[15]九族:上自高、曾、祖、父,下至子、孙、曾、玄,加上本身。另一说,父族四代,母族三代,妻族二代,合为九族。[16]禋祀(yīn sì):古代祭天的一种礼仪。先燔(fán)柴升烟,再加牲体或玉帛于柴上焚烧,意为让天帝嗅味以享祭。这里泛指祭祀。

译文

少师回去,请求追逐楚军。随侯将要答应,季梁劝阻说:"上天正在帮助楚国,楚国军队显得疲沓的样子,是引诱我们。君王何必急于从事?下臣听说小国之所以能够抵抗大国,是小国有道,而大国君主沉溺于私欲。所谓道,就是忠于百姓而取信于神明。上边的人想到对百姓有利,这是忠;祝史真实不欺地祝祷,这是信。现在百姓饥饿而国君放纵个人享乐,祝史浮夸功德来祭祀,下臣不知怎样行得通?"随侯说:"我祭祀用的牲口都既无杂色,又很肥大,黍稷也都丰盛完备,为什么不能取信于神明?"季梁回答说:"百姓,是神明的主人。因此圣王先团结百姓,而后才致力于祭祀神明,所以在奉献牺牲的时候祝告说:'牲口又大又肥。'这是说百姓的财力普遍富足,牲畜肥大而繁殖生长,并没有得病而瘦弱,又有各种优良品种;在奉献黍稷的时候祷告说:'洁净的粮食盛得满满的。'这是说春、夏、秋三季没有天灾,百姓和睦而收成很好;在奉献甜酒的时候祝告说:'又好又清的美酒。'这是说上上下下都有美德而没有坏心眼。所谓的祭品芳香,就是人心没有邪念。因为春、夏、秋三季都努力于农耕,修明五教,敦睦九族,用这些行为来致祭神明,百姓便和睦,神灵也降福,所以做任何事情都能成功。现在百姓各有各的想法,鬼神没有依靠,君王一个人祭祀丰富,又能求得什么福气呢?君王姑且修明政治,亲近兄弟国家,看能否免于祸难。"随侯害怕了,从而修明政治,楚国就没有敢来攻打。

文史链接

先秦时期的民神关系

《礼记·表记》云:"夏道尊命,事鬼敬神而远之。殷人尊神,率民以事神。周人尊礼尚施,事鬼神而远之。"先秦民神关系的演变经历了重神轻民、神民并重、重民轻神三个阶段。

一、重神轻民

西周以前,属于神本时代,与天神沟通的权力为统治者所独有,且由天神所赋予他们的统治权威也是万世不移的。郭沫若在《青铜时代》中认为,在殷商时期已有至上神的观念,起初称帝,后称上帝,殷周之际又称天。至上神即商民族的祖宗神,也就是卜辞中的"高祖夒"。商人把自己的图腾移到天上去,成为天上的至上神。张光直在《中国青铜时代》中认为,卜辞中关于"帝"与"上帝"的记载很多。"上帝"一词表示在商人的观念中帝的所在是"上",但卜辞中绝无把上帝和抽象的天的观念联系在一起的证据。卜辞中上帝与先祖的区别并无严格的界限,殷人的"帝"很可能是先祖的统称或是先祖观念的一个抽象表达。王晖在《商周文化比较研究》中认为,根据商代的卜辞记述,上帝既是自然界的主宰,也是商民族的祖先神。商代的上帝与祖先神是统一的,殷人的上帝就是至上神,是殷人把祖先神和自然神结合在一起的主神。从部落联盟发展到殷商时期,在统治者的思想观念里,天神、祖先、人王三者的权威是具有内在的一致性的。他们垄断对天神、祖先神的祭祀权以强化自身的权威,以至高无上的神权来证明和保障自身统治的合法性。

二、神民并重

王国维在《殷周制度论》中指出"中国政治与文化之变革,莫剧于殷周之际。"如在思想文化层面上,周代对商代既有延续也有变革。繁缛的祖先崇拜与上帝观念为周人所继承,但在宗教意识形态方面却发生了巨大的转变。殷商时期对上帝和祖先的崇拜,仍残留了图腾崇拜的遗迹,因为它们是专属于商人崇拜、敬祀的对象。而周代宗教的发展变化则体现在"神"或"上帝"角色的转变,即由原来氏族部落专属神祇变为天下所有部族的神祇。商周两代的统治者虽然都强调王权的合法性来自天帝,但与殷商所不同的是,周代统治者在继承"君权神授,天命所归"的合理性的前提下提出了两个新的命题:其一是"天命靡常",其二是获得天命的依据在于德。《尚书》中的"天命有德"就表达了天授命于有德者的思想。殷商时"帝"在意识形态中的地位在周初已被结合天意与人事的"德"所取代了。

鉴于殷商政权覆灭的教训,周朝统治者认识到了"天命靡常"的道理,于是确立了"敬德保民"的统治思想。《尚书·召诰》曰:"肆惟王疾(亟)敬德,王其德之用,祈天永命""予小臣,敢以王之雠民百君子,越友民,保受王威命明德。"在诰命中,周公反复强调要以"敬德"来祈天保命。如果说巫祝降神是殷商以前旧宗教传统的主要特征,那么在西周的正统思想里却把巫祝降神的"神通"转移到德之中了。"德"是出现在殷周之际思想变革中的新元素,一方面它延伸了殷商宗教传统里的天命观念,另一方面又催化了周初的理性精神。在周初的政治思想中,"德"成了天命、人道、天意、民意之间的中介。也正是"德"的观念的提出,为重神向重民思想取向的转变提供了契机。以西周建立为界,重神轻民开始向民神并重的阶段发展过渡,在神与民的关系中渐趋凸显了"民"的重要性。

在周人的思想观念中唯有"以德配天"方能长久保有天命所授的统治权威,"天治"与"民本"的结合成为西周时期主要的政治文化特征。如果说在商代祭祀上帝与祖先神的权力是被商王所垄断的,上帝天神与民众是不发生直接联系的,那么在周代,天神要聆听民众的心愿和想法,民众也可以把愿望和祈求直接告诉天神,也就是所谓的"天视自我民视,天听自我民听"(《尚书·泰誓》),"天聪明自我民聪明,天明威自我民明威"(《尚书·皋陶谟》),"民之所欲,天必从之"(《尚书·泰誓》),天神不再只是人王统治民众的工具,而是成了反映民众意愿,监督人王统治的工具。民的意志与神的权威产生了微妙的内在联系。在周人的观念中也有上帝,周人的上帝也是至尊神,但周人的上帝与"天"的观念相结合,而与先祖的世界之间有着明确的界线。

三、重民轻神

西周晚期以后,随着周天子地位渐趋衰落,加之自然灾害与政治变乱频发,天神的威信也日渐降低甚至被质疑。这主要体现在三个方面:第一,民众对天神的质疑。此时出现了许多质疑上天、埋怨上天的诗歌。如《诗经·大雅·云汉》云:"王曰於呼,何辜今之人?天降丧乱,饥馑荐臻。靡神不举,靡爱斯牲。圭璧既卒,宁莫我听?"《诗经·小雅·雨无正》云:"浩浩昊天,不骏其德。降丧饥馑,斩伐四国。旻天疾威,弗虑弗图。舍彼有罪,既伏其辜。若此无罪,沦胥以铺。"《诗经·小雅·巧言》云:"悠悠昊天,曰父母且。无罪无辜,乱如此幠。昊天已威,予慎无罪。昊天泰幠,予慎无辜。"由上述诗歌可见,"天"的神圣性已经受到普遍的质疑,同时也是对现实政治的反抗,反映了传统天命观的日暮途穷。第二,反抗暴政的事件频繁发生。周厉王时期,因其与民争利,又利用高压手段,钳制民众言论,引发了"国人暴动",驱逐了厉王。与此类似的事件也相继在各诸侯国发生,民众的暴动足以影响到统治者地位的稳固甚至生命安全。许多卿大夫逐渐认识到民众的重要,选贤任能,以强其宗,以弱公室,甚至凭此夺得君位。"田氏代齐""三家分晋""三桓执政"都是典型事例。第三,统治集团内部知识分子提出许多批判性的政论,反映出他们对民神关系新的认识。如:选文所载随国贤者季梁说:"夫民,神之主也。是以圣王先成民,而后致力于神。"《左传·庄公十四年》载鲁臣申繻说:"妖由人兴也。人无衅焉,妖不自作。人弃常,则妖兴,故有妖。"《左传·庄公三十二年》记载:"有神降于虢国的莘地,周惠王问内史过是何缘故,内史过说:'国之将兴,明神降之,监其德也。将亡,神又降之,观其恶也。故有得神以兴,亦有以亡。虞、夏、商、周皆有之。'……太史史嚚言道:'虢其亡乎?吾闻之:国将兴,听于民;将亡,听于神。神,聪明正直而壹者也,依人而行,虢多凉德,其何土之能得?'"这些言论大大提高了民的地位,认识到上帝鬼神在现实政治中的作用是极其有限的,民心向背才是决定统治成败的关键。从民神关系来看,对民更加重视,而神的地位则被进一步地弱化了。

选文中,季梁先是忠民信神并提,然后深入论述应该以民为主、以神为辅,在谈及神的地方都是从民着眼,说服力很强,最终使"随侯惧而修政"。季梁的言论反映了春秋时代对于民神关系的一种新的进步主张:民是主体,神是附属。"圣王先成民,而后致力于神"闪耀着民本主义的光辉,成为后世开明统治者的座右铭。

思考讨论

简要概括西周时期天道与人道的关系。

以讳事神

公问名于申繻[1]。对曰:"名有五,有信,有义,有象,有假,有类。以名生为信[2],以德命为义[3],以类命为象[4],取于物为假[5],取于父为类[6]。不以国[7],不以官[8],不以山川[9],不以隐疾[10],不以畜牲[11],不以器币[12]。周人以讳事神[13],名,终将讳之[14]。故以国则废名[15],以官则废职[16],以山川则废主[17],以畜牲则废祀,以器币则废礼。晋以僖侯废司徒[18],宋以武公废司空[19],先君献、武废二山[20],是以大物不可以命[21]。"公曰:"是其生也[22],与吾同物[23]。命之曰同。"

(选自《左传·桓公六年》)

注释

[1] 申繻(xū):鲁大夫。此问当在命名礼之前。 [2] 名生为信:以《论衡·诘术篇》和杜预注之意,指若唐叔虞之初生,其手掌有字形似"虞",故名之曰虞;鲁季友之初生,其手掌亦有字形似"友",故名之曰友。沈钦韩《左传补注》谓名生之子,所包甚广,唐叔虞、公子友之事,其偶然者。殷家质直,以生日名子,或听其声,以律定其名,此所谓名生为信也。 [3] 以德命为义:《论衡·诘术篇》云:"以德名为义,若文王为昌,武王为发也。"以祥瑞之字为名者属此类。 [4] 以类命为象:《论衡·诘术篇》云:"以类命为象,若孔子名丘也。"杜预注:"若孔子首像尼丘。"《史记·孔子世家》云:"祷于尼丘,得孔子。生而首上圩(wéi)顶,故因名曰丘云。" [5] 取于物为假:假借万物之名以名子,如宋

昭公名杵臼,孔丘名其子为鲤。《论衡·诘术篇》云:"取于物为假,若宋公名杵臼也。" 　　[6] 取于父为类:《论衡·诘术篇》云:"取于父为类,有以类于父也。"庄公之生与桓公同日,故名曰同。[7] 不以国:指不以本国之名名子。国名受之于天子,不可更易,人若以国名为名,其死后无法避讳,其名终被废弃。以他国国名名子的,春秋时期屡见不鲜,如卫宣公名晋,成公名郑,鲁定公名宋,陈惠公名吴,晋悼公名周等。这些诸侯国,当时都存在,晋悼公之名还与王室相同,当时也不以为怪。 　　[8] 不以官:不以本国官名名子,如司徒、司空之类。以官名取名就会使官名被废弃或改称,如春秋时晋国国君僖侯名司徒,为避其讳废"司徒"之名而改其作"中军";宋武公名司空,为避其讳废"司空"而改其作"司城"。 　　[9] 不以山川:不以本国山川之名名子,否则无法在其死后避讳。如鲁献公名具,武公名敖。但是,帝王有特权使山川改名,如汉文帝名恒,以"恒"为其讳,故改北岳恒山为常山。[10] 不以隐疾:不以疾病之名名子。隐,病患。隐疾,为同义词连用,指疾病。疾病,人所不免,口难以避讳,故不以为名。
[11] 畜牲:指马牛羊豕狗鸡等。养之则为畜,用之以祭祀则为牲。宗庙祭祀须用牲,若以牲畜为人命名,为了避讳而不能称呼祭祀的牲名,从而废弃相应的祭品,这不合祭礼,等于废弃了祭祀。 　　[12] 器:指礼器,如俎、豆、罍(léi)、彝、钟、磬等。币:即财物,古代作为礼物,如玉、马、皮、帛等。器币乃行礼之物,若以其为人命名,则会因为避讳而不能使用器币,从而导致弃礼。
[13] 周人以讳事神:此句表明周代之前无避讳之礼俗。以讳事神:指生时不讳,死然后讳之,即《礼记·檀弓下》所谓之"卒哭而讳"。如卫襄公名恶,而其臣有石恶,君臣同名,不以为嫌。周人

虽避讳,但远不如汉代以后禁忌日甚,嫌名、二名皆避,生时亦避。[14] 终将讳之:人死曰终,终则讳之,生则不讳。所讳世数,天子诸侯讳其父、祖、曾祖、高祖之名;高祖以上,五世亲尽,其庙当迁,则不再避讳。《礼记·檀弓下》云:"既卒哭,宰夫执木铎以命于宫曰:'舍故而讳新'",即是此意。《礼记·曲礼》云:"逮事父母,则讳王父母;不逮事父母,则不讳王父母。"郑玄云"此谓庶人、适士以上",自卿大夫以下皆讳一代。父在而讳祖者,以祖之名乃父所讳,故亦讳祖之名。 [15] 以国则废名:用国名起名,由于国名不可废,则废改人名。 [16] 以官则废职:用官名起名,则更换官职名称。 [17] 以山川则废主:用山河起名,则改山河名称。 [18] 晋以僖侯废司徒:晋僖侯名司徒,晋为避讳,改官职司徒之名为中军。 [19] 宋以武公废司空:宋武公名司空,宋为避讳,改官职司空之名为司城。 [20] 先君献、武废二山:鲁献公名具,武公名敖,为了避讳,废除具、敖二山山名,改以其乡名为山名。 [21] 大物:包括上述所言国、官、山、川、隐疾、畜牲、器币。命:同"名"。 [22] 是:此人,指子同。 [23] 同物:即同日。据《左传·昭公七年》记载,岁、时、日、月、星、辰为六物。《史记·鲁世家》云:"夫人生子,与桓公同日,故名曰同。"

译文

桓公向申繻询问取名字的事。申繻回答说:"取名有五种方式,有信,有义,有像,有假,有类。用出生的某一种情况来命名是信,用祥瑞的字眼来命名是义,用相类似的字眼来命名是像,假借某种事物的名称来命名是假,借用和父亲有关的字眼来命名是类。命名不用国名,不用官名,不用山川名,不用疾病名,不用牲畜名,不用器物礼品名。周朝人用避讳来奉事神明,名,在人死了以后就要避讳。所以用国名命名,就会废除人名,用官名命名就会改变官称,用山川命名就会改变山川的神名,用牲畜命名就会废除祭祀,用器物礼品命名就会废除礼仪。晋国因为僖公而废除司徒之官,宋国因为武公而废除司空之官名,我国因为先君献公、武公而废除具山、敖山二山之名,所以大的事物不可以用来命名。"桓公说:"这孩子的出生,和我在同一天,把他命名叫作同。"

文史链接

名 讳

中国古代,封建等级制度森严,十分讲究尊卑有序、长幼有别,当讲到某人的名字时,常以"名讳"代称,这种称谓源于名字与避讳的直接联系。

所谓避讳,就是不直接称呼帝王或尊长者的名字。"避讳"作为宗法制度、尊卑贵贱等级观念的产物,是一种社会制度,古人必须遵守这一原则。有关避讳的习俗起源于春秋时代,《春秋公羊传·闵公元年》载"春秋为尊者讳,为亲者讳,为贤者讳",这里的"讳"讲的不是避讳,而是隐瞒,尊者、亲者、贤者有什么错误、恶行、罪状,都不能讲,而应该隐瞒。此后,在封建宗法社会中逐渐形成了一种避讳制度和体系。

避讳与名字相关,最早则见于本篇,即《左传·桓公六年》所

载的"周人以讳事神,名,终将讳之。"唐代孔颖达对此做了如下阐释:

> 自殷以往,未有讳法。讳始于周。周人尊神之故,为之讳名,以此讳法敬事神明,故言"周人以讳事神"。子生三月,为之立名,终久必将讳之……"终将讳之",谓死后乃讳之。

讳法的产生源于周人的礼俗,周人认为贵族死后成为神明,祭祀神明就不能直呼其名,这是为了尊重神明。于是产生了一系列的避讳原则,如"不以国,不以官,不以山川,不以隐疾,不以畜牲,不以器币",出现了因避讳改名的现象。

秦始皇统一中国,建立了中央集权制和君主专制的政治制度,避讳对加强君主专制、维护帝王的权威和尊严大有好处,故在秦代备受重视。如《史记·秦楚之际月表》载,秦二世二年、三年都有"端月",唐代司马贞《索隐》将其解释为:二世二年的端月即"二世二年正月也。秦讳正,故云端月也。"因秦始皇名"政","政"与"正"音同,故要避讳,正月亦不能说,改为端月。汉承秦制,以后历代王朝代代相沿,直到清末,避讳与整个封建王朝相始终。各个封建王朝,避讳或宽或严,总是存在的。同时,源于上层贵族的这种做法也渐渐"飞入寻常百姓家",下层百姓对自家尊长的名字也要避讳,形成了中国特有的一种历史文化现象。

当朝的帝王和尊为至圣的孔子之名,全国人避讳之,谓之国讳或公讳;祖先和父亲之名全家避之,谓之家讳或私讳。古人的避讳方法很多,大致上可分为空字、缺笔、改字、改读、换说等五种方法。常见的避讳方法有三:

一、改字法。改字法是用同音或同义字来替代本字。如汉武帝名彻,汉朝为了避讳,将二十级爵的最高一级"彻侯"改称"通侯";范晔父亲名泰,所撰《后汉书》避讳"泰"字,凡书中人名或地名含有"泰"字一律写成"太"字;唐太宗名世民,"世"改为"代"或"系","民"改为"人";唐高宗名治,"治"改为"理""持""化";苏轼祖父名序,为人写序文,凡"序"字改用"叙"字;苏洵文章中改"序"为"引";清圣祖康熙名玄烨,"玄"改为"元","烨"改为"煜";雍正三年(公元1725年)十二月,雍正皇帝为笼络人心,颁诏"尊师重道",认为"先师孔子圣讳,理应回避",孔子名丘,雍正以为用"丘"作姓犯了"圣讳",所以下令回避,以示"尊师",规定除《四书》《五经》外,凡遇"丘"字,一律加"阝"为"邱",将"丘"姓改为"邱"姓。

二、缺笔法。缺笔法是用本字而省缺笔画。此法约始于唐初,宋代以后颇为盛行。这种避讳方式是,在碰到要避讳的字时,这个字要少写一笔,但少写的一笔在什么地方是有严格规定的。如为避李世民讳,唐《于志宁碑》书"世"省略下面一横,此外,唐人又把"民"缺笔画写成"卅"字形;宋代和清代则一般都缺笔在字的最后一笔上,如为避宋真宗讳,把"恒"字的最后一笔去掉了;为避清圣祖玄烨的讳,"玄""烨"两字,都缺最后一笔;为避清世祖胤禛讳,把"胤"字右边的"乚"部去掉,等等。此外,孔子名丘,被封建统治者奉为圣人,清代雍正以后,"丘"字就采用了缺笔书写,把中间的一竖去掉了;女真族唐时隶属于契丹,因避契丹主宗真之讳,曾经改名为"女直"。

三、空字法。空字法是将本字空而不写,或画以"囗",或书以"某"字,或直书以"讳"字。如汉景帝名刘启,在立其为太子时,有司因避讳而曰:"子某最长,纯厚慈仁,请建以为太子。"(《史记·

孝文本纪》)唐高祖李渊祖父名虎,唐追尊为景皇帝,庙号太祖。唐人撰《隋书》,为避讳,书隋将韩擒虎作"韩擒　",空"虎"字。同书为避李世民讳,书王世充作"王　充",空"世"字。后人有不解避讳之意者,在传抄或翻刻时,误为"韩擒""王充"。

对于帝王或圣贤之名,众所共讳,称为公讳。公讳所涉及的范围很广,主要有以下几种:

一、改姓。为避皇帝之讳而改姓。如东汉明帝名庄,班固撰《汉书》,称"庄子"为"严子"。颜师古注曰:"严子,庄周也。"称西汉学者"庄忌"及其子"庄助"为"严忌"和"严助"。又如宋朝宰相文彦博,祖上本姓敬,后晋时,因避晋高祖石敬瑭讳,改姓"文"。至后汉,复姓"敬"。宋代,因避宋太祖赵匡胤之祖父赵敬讳,又改姓"文"。

二、改人名。为避讳,有直接改原名的,也有只称字、号的。如商末的贤人微子启,因避汉景帝刘启讳,被改成了"微子开";汉代王昭君,后因避晋文帝司马昭讳,被改称为"明妃"或"明君";西汉末年的孔莽,为避王莽之讳,改名孔均。《汉书·蒯通传》:"蒯通本与武帝同讳。"颜师古注曰:"本名为彻,其后史家追书为通。"南北朝刘宋时期大诗人陶潜,字渊明,因避唐高祖李渊讳,被改为"字深明"。南齐人薛道渊为避齐高帝萧道成之讳,改名薛渊。《南史·谢裕传》:"裕字景仁……名与宋武帝(刘裕)讳同,故以字行。"

三、改物名。如汉高祖刘邦称帝后,把"邦"改为"国",如"何必去父母之邦"。因此,现在常把"邦""国"视为同义词,如"治国安邦""邦国之交"。又如,据《史记·封禅书》裴骃《集解》引如淳说:因为汉朝的吕后名雉,故将动物"雉"改称为"野鸡";据王楙《野客丛书》卷九载:五代时期,杨行密割据江淮一带。扬州人为了避讳,改称"蜜"为"蜂糖";同书又载:唐代宗叫李豫,故改原称

"薯蓣(yù)"为"薯药";到了宋代,宋英宗叫赵曙,便再次改称为"山药"。

四、改官名。改官名包括改爵名。西汉为避汉武帝刘彻讳,改"彻侯"为"通侯",即是改爵之例证。改官例,如据唐人杜佑《通典》卷二十一载:隋文帝杨坚父名忠,隋代,将与"忠"同音官名一一改动,如"侍中"改"纳言","中书"改"内史"等。据《旧唐书·高宗纪上》载:为避唐太宗李世民的讳,贞观二十三年(公元649年)六月辛巳,改"民部"为"户部"。为避唐高宗李治讳,将"治书侍御史"改称"御史中丞"。

五、改地名。如秦庄襄王名子楚,秦朝就把"楚"改为"荆"。如"二十三年,秦王复召王翦使将击荆。"(《史记·秦始皇本纪》)今湖北省地理上又称"荆楚大地",即源于此。再如,北岳恒山,又叫常山。因分别避汉文帝刘恒、唐穆宗李恒、宋真宗赵恒的讳而改。故在历史上,恒山有时叫恒山,有时又叫常山。今之江苏省南京市在西晋时名建业,后改名建邺,建兴元年(公元313年),因避晋愍帝司马邺讳,改名"建康"。

六、改年号。前朝的年号与本朝君主犯讳,也要避讳。如宋仁宗名祯,宋人撰《新唐书》,将唐太宗年号"贞观"写作"真观"或"正观"。

七、改干支。中国在汉代即已用干支纪年,纪月纪时的时间更早。干支名称有固定的字。唐高祖李渊的父亲名昞,唐追尊为元皇帝,庙号世祖。唐人修《晋书》《梁书》《北齐书》《北周书》等"八史"时,凡"丙"字,都书作"景",如"丙辰"作"景辰","丙子"作"景子"等。

避讳涉及范围很广,除上述七点之外,还有很多。如秦始皇名政，与"正"同音，为避之，后人称"正月"为"征月"，写成"端月"；隋炀帝名广，"广"常改为"博"，因此隋曹宪为《广雅》作音释时，把书名改为《博雅》，等等。

除了公讳之外，还有家讳，即对于父、祖之名的避讳。此种习俗主要盛行于文人和官僚士大夫之中。如司马迁父名谈，所撰《史记》避讳"谈"字，《史记·季布传》中有一人叫赵谈的，改名为"赵同"，后世人沿用此法，将与父亲同名的字改为"同"字；东晋书法家王羲之父名正，他为避父讳，书"正月"作"初月"或"一月"；唐代诗人杜甫父名闲，母名海棠，因此杜甫诗集中无"闲"字，亦无海棠诗；宋代王安石父名益，他所撰《字说》中无"益"字。

避讳这一文化现象发展到极端，衍生出了一些令人匪夷所思的规定和行为。例如，据《唐律疏议·职制》载，唐代规定，凡是官名和父、祖名相同者，不得任此职，如官名犯父、祖名讳，应提出申请调任他官。如父、祖名"军"的，不能任将军；父、祖名"安"的，不能任长安县职；父、祖名常，不得任"太常"，等等。因此，白居易父亲名锽，与"宏"近音，因不应博学宏辞科，改应书判拔萃科。李贺，因父名李晋肃，而"晋"与"进"同音，故不得应进士科。大文学家韩愈对此深感不平，专门撰写《讳辩》一文，对这一规定提出了质疑："父名晋肃，子不得举进士；若父名仁，子不得为人乎？"（《昌黎先生文集》卷十二）正因这一不合理的规定，李贺纵然满腹经纶，也难免留下了终身的遗憾。《唐律疏议》中还规定，故意犯讳者为"大不敬"，即是"十恶不赦"之罪。在宋代科举考试中，考生如有失讳就会被申斥黜落，断送前程。宋代避讳发展到一定程度，甚至有人自讳其名，例如，当时有个叫田登的州官，因自讳其名，要求全州境内皆呼"灯"为"火"，上元节放灯，吏人书榜揭于街市曰："本州依例放火三日。"时人讥讽说:"只许州官放火,不许百姓点灯。"

清代兴起的多次骇人听闻的文字狱可谓将"避讳"推到了登峰造极的地步,造成了无数有关帝王避讳的冤假错案。据史载,康熙年间,前明大学士朱国祯,生前在经清人庄廷鑨冒名出版的《明书》中曾直书清太祖努尔哈赤之名,前后株连冒名的出版者以及修订、校阅、写序等人员达数百人,处于死刑的达七十多人。雍正年间,主考官查嗣庭因摘录《诗经》中的"维民所止"作为科举考试题目,经人告发说题中"维止"二字暗示将"雍正"砍头示众,查嗣庭最后病死狱中还惨遭戮尸枭首,儿子问斩,兄侄被流放。乾隆年间,内阁学士胡中藻引用《周易》中的爻象之说,以"乾三爻不象龙"为试题,题目中有"乾龙"二字,因"龙"与"隆"同音,竟被判定是影射乾隆而送上断头台。举人王锡侯删改钦定的《康熙字典》重编时用《字贯》,触犯康熙、雍正、乾隆三朝帝名,不但王锡侯被处以斩刑,而且封疆大吏也因失察革职治罪。

由于避讳的需要,在古代书籍中许多的人名、地名、官名被无理地更改,给研究历史者带来相当大的影响,但同时避讳成为历史一种的现象,具有鲜明的朝代特征,有助于判断史料的时代,确定古籍的真伪。如宋钦宗的名"桓",因"桓"与"纨"读音相近,为避宋钦宗之讳,特避"纨"字,因此,当时的"纨扇"便成了"团扇",但到了明代便不再避"纨"字了,如唐寅的《秋风纨扇图》,及题诗中的"秋凉纨扇合藏"之句,即是明证。传世宋代黄庭坚的书法《千字文》中的"纨"和"丸"避了讳。但黄庭坚没有活到宋钦宗时,所以,依此推断,这是一副赝品,而且是在宋钦宗时或其后所做。

由于名字的避讳,在历史文献中留下了许多痕迹,造成了阅读上的困难,所以产生了避讳学这门学问,来专门探讨这类问题。

历史学家陈垣先生曾对避讳学的研究史做了系统论述：

> 宋时避讳之风最盛，故宋人言避讳者亦特多。洪迈《容斋随笔》、王楙《野客丛书》、王观国《学林》、周密《齐东野语》，皆有关于历朝避讳之记载。清朝史学家如顾氏《日知录》、钱氏《养新录》、赵氏《陔馀丛考》、王氏《十七史商榷》、王氏《金石萃编》等，对于避讳，亦皆有特别著录之条。钱氏《廿二史考异》中，以避讳解释疑难者尤多，徒因散在诸书，未能为有系统之整理。嘉庆间，海宁周广业曾费三十年之岁月，为避讳史料之搜集，著《经史避名汇考》四十六卷，可谓集避讳史料之大成矣。然其书迄未刊行，仅《蓬庐文钞》存其叙例，至为可惜。今肆上所通行专言避讳者，有陆费墀《帝王庙谥年讳谱》一卷，刊历代帝王年表末，黄本骥《避讳录》五卷、周榘《廿二史讳略》一卷，分刊《三长物斋》及《啸园丛书》中。此三书同出一源，谬误颇多，不足为典要。（见《史讳举例·序》）

在细致梳理避讳学学术史的基础上，陈垣先生发凡起例，著《史讳举例》一书，专门探讨了避讳所用之方法、避讳之种类、避讳改史实、因避讳而生之讹异、避讳学应注意之事项、不讲避讳学之贻误、避讳学之利用、历朝讳例等问题，对避讳学做了全面而深刻的总结，为读者了解避讳这一文化现象提供了极大的便利。

思考讨论

谈谈你对避讳这一文化现象的看法。

第三章 鲁庄公

曹刿论战

十年春,齐师伐我[1]。公将战[2],曹刿请见[3]。其乡人曰[4]:"肉食者谋之[5],又何间焉[6]?"刿曰:"肉食者鄙[7],未能远谋。"乃入见。问:"何以战[8]?"公曰:"衣食所安,弗敢专也,必以分人[9]。"对曰:"小惠未徧[10],民弗从也。"公曰:"牺牲、玉帛[11],弗敢加也[12],必以信[13]。"对曰:"小信未孚[14],神弗福也[15]。"公曰:"小大之狱[16],虽不能察[17],必以情[18]。"对曰:"忠之属也[19]。可以一战[20]。战,则请从[21]。"

注释

[1] 齐师:齐国的军队。齐,在今山东省中部。师,军队。

伐：攻打。我：指鲁国。《左传》作者以鲁国国君年号记事，站在鲁国的立场之上，所以称鲁国为我。齐国伐鲁的原因是：鲁庄公九年(公元前685年)，鲁国曾用武力送齐公子纠回国争夺君位，所以齐桓公即位之后，就向鲁国寻仇。　　[2] 公：指鲁庄公。[3] 曹刿(guì)：鲁国平民，后来晋升为大夫。见：接见。[4] 乡人：乡党。乡，春秋时的基层行政单位，传说以一万二千五百户为一乡。　　[5] 肉食者：当时的俗语，指在位的贵族。当时大夫以上之人，每日必食肉，故用"肉食者"指称他们。《孟子·梁惠王》论庶人，云"七十者可以食肉"，是一般百姓非至七十难食肉。　　[6] 间(jiàn)：原义为间隙，引申为插入间隙，即参与其间。　　[7] 鄙：鄙陋，指目光短浅。　　[8] 何以战：就是"以何战"，凭借什么作战？以，用，凭，靠。　　[9] 安：养。弗：不。专：独自专有，个人独占。必以分人：省略句，省略了"之"，完整的句子是"必以之分人"。　　[10] 徧(biàn)：同"遍"，周遍，指满足所有的人。　　[11] 牺牲玉帛(bó)：古代祭祀用的祭品。牺牲，祭祀用的猪、牛、羊等祭品。玉，玉器。帛，丝织品。[12] 加：过分，指超越礼制的规定。　　[13] 信：诚意。[14] 孚(fú)：使人信服。　　[15] 福：名词作动词，赐福，保佑。[16] 狱：(诉讼)案件。　　[17] 察：明察，清楚。　　[18] 情：实际情况。必以情，用真心实意来审理案件。　　[19] 忠：尽力做好分内的事。属：种类。　　[20] 可以一战：就是"可以之一战"，可以凭借这个条件打一仗。可，可以。以，凭借。[21] 从：随行，跟从。

译文

(鲁庄公)十年春季,齐国的军队攻打我鲁国。庄公准备迎战。曹刿请求接见。他的同乡人说:"那些每天都吃肉的人在那里谋划,你又去参与什么!"曹刿说:"吃肉的人鄙陋不灵活,不能作长远考虑。"于是入宫进见庄公。曹刿问庄公:"凭什么来作战?"庄公说:"有吃有穿,不敢独自享受,一定分给别人。"曹刿回答说:"小恩小惠不能周遍,百姓不会服从的。"庄公说:"祭祀用的牛羊玉帛,不敢擅自增加,祝史的祷告一定反映真实情况。"曹刿回答说:"一点诚心也不能代表一切,神明不会降福的。"庄公说:"大大小小的案件,虽然不能完全探明底细,但必定合情合理去办。"曹刿回答说:"这是为百姓尽力的一种表现,凭这个可以打一下。如果作战,请让我跟着去。"

公与之乘[1]。战于长勺[2]。公将鼓之[3]。刿曰:"未可。"齐人三鼓。刿曰:"可矣!"齐师败绩[4]。公将驰之[5]。刿曰:"未可。"下,视其辙[6],登轼而望之[7],曰:"可矣!"遂逐齐师[8]。

注释

[1]公与之乘:鲁庄公和他共坐一辆战车。之,指曹刿。[2]长勺:鲁国地名,在今山东莱芜东北。　[3]鼓:击鼓进攻。　[4]败绩:军队溃败。　[5]驰:驱车追击。

[6] 下：下车。辙(zhé)：车轮碾出的痕迹。　　[7] 轼：古代车厢前做扶手的横木。登轼，站在车轼上，这是全车的最高点，便于望远。　　[8] 遂：于是，就。逐：追赶，这里指追击。

译文

庄公和曹刿同乘一辆兵车，与齐军在长勺展开战斗，庄公准备击鼓。曹刿说："还不行。"齐国人打了三通鼓。曹刿说："可以了。"齐军大败，庄公准备追上去。曹刿说："还不行。"下车，细看齐军的车辙，然后登上车前横木远望，说："行了。"于是追击齐军。

既克[1]，公问其故。对曰："夫战[2]，勇气也。一鼓作气[3]，再而衰[4]，三而竭[5]。彼竭我盈[6]，故克之。夫大国，难测也，惧有伏焉[7]。吾视其辙乱，望其旗靡[8]，故逐之。"

(选自《左传·庄公十年》)

注释

[1] 既克：已经战胜。既，已经。　　[2] 夫(fú)：语气词，用于议论或叙述的开端，无实际意义。　　[3] 一鼓作气：第一次击鼓能振作士气。作，振作。　　[4] 再：第二次。衰：减退。　　[5] 三：第三次。竭：耗尽。　　[6] 彼：代词，指齐军方面。盈：充沛，饱满，这里指士气旺盛。　　[7] 伏：埋伏。

[8] 靡(mǐ)：倒下。

译文

战胜以后，庄公问曹刿取胜的缘故。曹刿回答说："作战全凭勇气。第一通鼓振奋勇气，第二通鼓勇气就少了一些，第三通鼓勇气就没有了。他们的勇气没有了，而我们的勇气刚刚振奋，所以战胜了他们。大国的情况难于捉摸，还恐怕有埋伏。我细看他们的车辙已经乱了，远望他们的旗子已经倒下，所以才追击他们。"

文史链接

长勺之战

《曹刿论战》记载了发生在公元前684年鲁国与齐国的一场战争——齐鲁长勺之战。春秋时期，齐鲁两国都在现在的山东境内（齐都临淄，鲁都曲阜），齐国是大国，鲁国是小国。公元前682年，鲁桓公出访齐国，被齐襄公暗杀。鲁桓公死后，他的儿子庄公继位。由于齐襄公无道，他的弟弟小白预知齐国将有叛乱，便和鲍叔牙跑往莒国（今山东莒县）寄身。鲁庄公八年，公孙无知杀死齐襄公，自立为君。管仲、召忽辅佐公子纠逃往鲁国。鲁庄公九年，齐国大夫雍廪杀死公孙无知。此时，齐国一时无君，因此，避难于鲁国的公子纠和避难于莒国的公子小白都争相赶回齐国。鲁庄公支持公子纠主国，亲自率军护送公子纠返齐，并派管仲拦击、刺杀公子小白。然而,鲁国的谋划没有成功,公子小白已出乎意料地抢先归齐,取得了君位,是为齐桓公。齐桓公即位后当即反击鲁军,两军交战于乾时(齐地),齐胜鲁败。乘兵胜之威,齐桓公胁迫鲁国杀掉了公子纠。齐桓公虽在其庶兄的血泊中巩固了权位,但对鲁国欲纳公子纠的事一直怀恨在心,因此,转年(齐桓公即位后的第二年,即公元前684年)春,便再次发兵攻鲁,进行军事报复和武力惩罚。这就是《曹刿论战》所记载的齐鲁长勺之战爆发的直接原因。

曹刿的战略、战术思想

《曹刿论战》的历史背景是齐鲁长勺之战,这场战役是中国古代以弱胜强的经典战役之一,鲁国战争制胜与平民曹刿的战略思想息息相关。

选文重点是写曹刿"论战",而不是战争经过。将曹刿和鲁庄公对比,并通过对话突出了曹刿的政治远见和军事才能。全文叙事清楚,详略得当,人物对话准确生动,要言不烦,是《左传》中脍炙人口的名篇。

《曹刿论战》集中体现了曹刿的战略战术思想。一、曹刿重视民心得失与战争胜负关系的战略思想。曹刿要庄公做好战前的政治准备,这是选文的重点。曹刿谒见鲁庄公,劈头就问"何以战",抓住了作好战前政治准备这一决定胜败的关键问题。鲁庄公在曹刿的一再启发下,依次提出了贵族支持、鬼神保佑和察狱以情三个条件,曹刿否定了前两条,肯定了后一条。在曹刿看来,战争的胜负既不取决于贵族的支持,也不取决于神明的保佑,而是决定于"取信于民"。他认为察狱以情是"忠之属也","忠"是尽职于民,于是肯定"可以一战"。曹刿论战以"肉食者鄙"即当官的见识浅薄,不能考虑周全为理论基础,而他的深谋远虑开始的出发点是鲁庄公能否以百姓利益为重,是否得民心,所以他并不看重鲁庄公对侍左右之人施舍小恩惠和祭神的诚实,而非常注重鲁庄公以民情审判大大小小的案件,认为这属于对百姓忠心,可以一战。二、曹刿"一鼓作气"的战术思想。面对实力强大的齐国军队,曹刿没有贸然行事,当齐军三次击鼓进军,才建议击鼓,一鼓作气,战胜齐军于长勺。战争结束后,鲁庄公问曹刿赢得战争胜利的原因,曹刿的回答,论述了利于开始反攻的时机——彼竭我盈之时,以及追击最佳的时机——辙乱旗靡之时。反攻及追击皆有理有据,最终使鲁国取得了战役的胜利。

《左传》对这场战争没有细致的描绘,简单地用曹刿的"未可""可矣"概括了战争的经过,体现了曹刿的果断,使战前战后的论战更加突出。"一鼓作气"成为作战打仗的经典理论。不过,曹刿并非只凭借勇力,"夫大国难测也,惧有伏焉。吾视其辙乱,望其旗靡,故逐之"一句体现了他的谨慎态度。

除了曹刿正确的战略战术思想之外,长勺之战的胜利还与鲁庄公的不耻下问、任用贤才有关。首先,庄公赞同了曹刿"取信于民"的见解,并"与之乘",说明了庄公对曹刿的信任与器重。"公将鼓之""公将驰之",说明了鲁庄公急躁冒进的性格特征;曹刿的两个"未可"、两个"可矣",表现了他胸有成竹,沉着果断,善于捕捉于反攻和追击的时机。庄公对曹刿建议的接纳,也表现了他的从谏如流。君臣二人齐心协力,赢得了战争的胜利。

综上分析,本文通过赞扬曹刿的远谋,说明了在战争中正确运用战略防御原则的重要性。只有"取信于民",实行"敌疲我打"

的正确方针,选择反攻和追击的有利时机,才能以小敌大,以弱胜强。

思考讨论

1. 中国历史上,以弱胜强的战役有哪些?你认为以弱胜强的决定因素是什么?
2. 试比较分析曹刿和鲁庄公这两个人物形象。

宋南宫万之勇

乘丘之役[1],公以金仆姑射南宫长万[2],公右歂孙生搏之[3]。宋人请之[4]。宋公靳之[5],曰:"始吾敬子,今子,鲁囚也[6],吾弗敬子矣。"病之[7]。

(选自《左传·庄公十一年》)

注释

[1] 乘(shèng)丘:鲁国地名,在今山东兖州市境内。乘丘之役发生在鲁庄公十年六月。　[2] 公:鲁庄公。金仆姑:箭的别称。南宫长万:即宋万,南宫是氏,万是其名,长是其字。宋国大力士。　[3] 右:车右,站在战车右边负责防御的武士。歂(chuán)孙:鲁国大夫。生搏:活捉。搏,同"捕",击取。之:指

南宫万。　　[4] 请之：请求释放南宫万。　　[5] 宋公：宋闵(mǐn)公。靳(jìn)：奚落,嘲弄。　　[6] 囚：俘虏。　　[7] 病之：怀恨他。

译文

在乘丘战役中,鲁庄公用叫金仆姑的箭射中南宫长万,庄公的车右遄孙活捉了南宫长万。宋国人请求把南宫长万释放回国。南宫长万是力气极大的人,宋闵公开玩笑说:"原来我尊敬你,如今你成了鲁国的囚犯,所以我便不敬重你了。"南宫长万因此而怀恨他。

十二年秋,宋万弑闵公于蒙泽[1]。遇仇牧于门[2],批而杀之[3]。遇大宰督于东宫之西[4],又杀之。立子游[5]。群公子奔萧[6],公子御说奔亳[7]。南宫牛、猛获帅师围亳[8]。

注释

[1] 宋万：即南宫长万。弑(shì)：杀害,专指臣下杀害君主。蒙泽：宋国地名,在今河南商丘市北。　　[2] 仇牧：宋国大夫。[3] 批：反手击打。　　[4] 大宰督：宋国的太宰华督。东宫：诸侯小寝宫的通称。　　[5] 子游：宋国公子。　　[6] 群公子：指其他公子们。萧：宋国的附庸国,在今安徽萧县。　　[7] 公

子御说：宋闵公的弟弟。亳(bó)：地名，在今河南商丘市北。
[8] 南宫牛：南宫长万的弟弟。猛获：南宫长万的同党。

译文

(鲁庄公)十二年秋季，宋国的南宫长万在蒙泽杀死了宋闵公。他在城门口遇到仇牧，反手便打死了仇牧。在东宫的西面遇到太宰华督，又杀了华督。拥立子游为国君。公子们都逃亡到萧邑，而公子御说逃亡到亳地，南宫牛、猛获率领军队包围了亳地。

冬十月，萧叔大心及戴、武、宣、穆、庄之族以曹师伐之[1]。杀南宫牛于师[2]，杀子游于宋，立桓公[3]。猛获奔卫[4]。南宫万奔陈[5]，以乘车辇其母[6]，一日而至[7]。

注释

[1] 萧叔大心：萧的地方官。萧，宋邑，在今安徽萧县。叔，其人之行第。大心，其名。因叔大心此次讨伐南宫长万有功，故宋封以萧使为附庸。戴、武、宣、穆、庄之族：指宋国戴公、武公、宣公、穆公、庄公的后裔家族。以：借助。曹师：曹国的军队。
[2] 师：指围困亳地的军队。　　[3] 桓公：即公子御说。
[4] 卫：国名，在今河南濮阳一带。　　[5] 陈：国名，在今河南东南及安徽北部一带。　　[6] 乘车：乘人之车，天子诸侯曰乘

舆。辇：以人拉车,这里指南宫长万自己拉车。　　[7]一日而至：据杜预注云,宋国距离陈国有二百六十里地,"一日而至",形容南宫长万力大无穷。

译文

(鲁庄公十二年)冬季,十月,萧叔大心和宋戴公、武公、宣公、穆公、庄公的族人借调曹国的军队讨伐南宫牛和猛获。在阵前杀死了南宫牛,在宋国都城杀死了子游,拥立宋桓公为国君。猛获逃亡到卫国,南宫长万逃亡到陈国,长万自己驾车拉着他母亲,一天就到达了。

宋人请猛获于卫。卫人欲勿与[1]。石祁子[2]曰："不可。天下之恶一也[3],恶于宋而保于我[4],保之何补[5]？得一夫而失一国,与恶而弃好[6],非谋也[7]。"卫人归之。亦请南宫万于陈,以赂[8]。陈人使妇人饮之酒[9],而以犀革裹之[10]。比及宋[11],手足皆见[12]。宋人皆醢之[13]。

(选自《左传·庄公十二年》)

注释

[1]欲勿与：想不把猛获交还给宋国。　　[2]石祁子：卫国大夫。　　[3]恶(è)：恶人。一：一样。　　[4]恶(wù)：憎

恨。保：保护。　　[5] 何补：有什么好处？　　[6] 与恶：袒护恶人。弃好：背弃友邦。宋与卫本同盟，故曰好。　　[7] 非谋：不是好主意。　　[8] 赂(lù)：财物。以赂，用财物(跟陈人交换南宫长万)。　　[9] 饮之酒：劝其饮酒。　　[10] 犀革：犀牛皮，当时是最精良的甲衣材料。　　[11] 比及：及至，等到。[12] 见(xiàn)：同"现"，出现，显露。　　[13] 醢(hǎi)：肉酱。此作动词，指剁成肉酱。

译文

宋国人到卫国请求归还猛获。卫国人不想将猛获归还给他们。石祁子说："不行。普天下的邪恶都是一样可恶的，在宋国作恶而在我国受到保护，保护了他有什么好处？得到一个人而失去一个国家，结交邪恶的人而丢掉友好的国家，这不是好主意。"卫国人把猛获归还给了宋国。宋国又到陈国请求归还南宫长万，并且施以贿赂。陈国人让女人劝南宫长万饮酒，灌醉了他就用犀牛皮把他包了起来。等到达宋国时，南宫长万的手脚都露出来了。宋国人把猛获和南宫长万剁成了肉酱。

文史链接

《左传》中的勇士形象

《左传》记载了许多大力士的勇武事迹，选文中的南宫长万就是其中之一。《左传》选取南宫长万徒手杀人、辇车载母、撑裂犀牛皮三件事，十分传神地刻画出一个勇士形象。尤其是用寥寥数语写南宫长万撑破犀牛皮，匪夷所思、骇人听闻。

除了南宫长万之外，《左传》中的勇士还有很多。比如"谏以自纳于刑，刑犹不忘纳君于善"的鬻拳(《庄公十九年》)；不忍从晋灵公之命刺杀赵盾而撞槐树自杀的鉏麑(《宣公二年》)；守信的谢扬(《宣公十五年》)；为道义毅然赴死的伍尚(《昭公十九年、二十年》)；为君而自杀的召忽(《昭公九年》)；自杀尽忠的申蒯(《襄公二十五年》)；为民谋利的邾文公(《文公十三年》)；不畏死亡、死而不朽的知罃(《成公三年》)；为使"晋国宁，赵国定"而甘愿"缢而死"的董安于(《定公十四年》)等。《左传》中勇士多数具有勇武、诚信、果敢、忠君、知恩图报的性格特征和精神品质，尤其是面对危机和死亡态度，从容不迫，大义凛然，令人动容。

思考讨论

试分析《左传》中的勇士在历史发展进程中的作用。

五世其昌

初，懿氏卜妻敬仲[1]。其妻占之，曰："吉。是谓'凤皇于飞[2]，和鸣锵锵[3]。有妫之后[4]，将育于姜[5]。五世其昌，并于正卿[6]。八世之后，莫之与京[7]。'"

注释

[1] 懿氏：陈国大夫。敬仲：即陈完。《史记·田敬仲完世家》云："完卒，谥为敬仲。"　　[2] 凤皇：古代相传为神鸟，雄为凤，雌为皇(亦作凰)。于飞：飞。于为语音词，古人常置于动词前，无义。　　[3] 和鸣：指雌雄鸣声相和。锵锵：形容和鸣之声。　　[4] 有妫(guī)：古人于名词之前有时加一"有"字以足音节，故妫称"有妫"。陈为舜后，妫姓。　　[5] 姜，齐国之姓。[6] 五世其昌，并于正卿：据《史记·田敬仲完世家》载，敬仲生穉(zhì)孟夷，孟夷生潜孟庄，潜孟庄生文子须无，文子生桓子无宇。则五世，陈无宇也。《左传·昭公二年》载，陈无宇非卿而为上大夫，上大夫位即卿。正卿：春秋各国通语，指卿之长者。[7] 八世之后，莫之与京：据《史记·田敬仲完世家》载，陈无宇生武子开与僖子乞，乞生成子常。成子常即杀齐简公之陈恒。陈恒于敬仲为七世，据其相代在位则八世。齐至陈恒，篡夺之势已成。京，大。

译文

当初，懿氏要把女儿嫁给敬仲而占卜吉凶。他的妻子占卜，说："吉利。这叫作'凤凰飞翔，唱和的声音嘹亮。妫氏的后代，养育于齐姜。第五代就要昌盛，官位和正卿一样。第八代以后，没有人可以和他争强。'"

陈厉公，蔡出也[1]，故蔡人杀五父而立之。

生敬仲。其少也，周史有以《周易》见陈侯者[2]，陈侯使筮之[3]，遇《观》☷之《否》☷[4]，曰："是谓'观国之光，利用宾于王[5]'。此其代陈有国乎？不在此，其在异国；非此其身[6]，在其子孙[7]。光，远而自他有耀者也。《坤》，土也；《巽》，风也；《乾》，天也[8]。风为天，于土上，山也[9]。有山之材[10]，而照之以天光，于是乎居土上，故曰'观国之光，利用宾于王'。庭实旅百[11]，奉之以玉帛[12]，天地之美具焉[13]，故曰'利用宾于王'[14]。犹有观焉[15]，故曰其在后乎！风行而著于土[16]，故曰其在异国乎！若在异国，必姜姓也。姜，大岳之后也[17]。山岳则配天[18]。物莫能两大。陈衰，此其昌乎！"

注释

[1] 蔡出：蔡女所生。出，出生。　　[2] 史：官名，古有太史、内史等官。《周易》：占之筮（shì）书。　　[3] 筮：古代用蓍（shī）草占卜的一种迷信活动。卜，指用火灼龟甲，通过灼开的裂纹推测行事的吉凶。　　[4]《观》☷之《否》☷：指由《观》卦变为《否》卦。当时术语谓之"《观》之《否》"，今之《周易》谓之"《观》之六四"。　　[5] 观国之光：《仪礼·聘礼》有请观之举，指使者聘

于他国，亦欲请观其国之光。利用宾于王：利于为君主制上客。用，于。　　[6] 此其身：此人之身。　　[7] 在其子孙：指筮者根据《观六四》爻辞所作的具体论断。　　[8] "《坤》，土也"句：《周易》八卦，重之则为六十四卦，故六十四卦之每卦均由八卦中的两卦构成。八卦各有所象征之物。《观》卦《否》卦之下卦均为《坤》卦，《坤》卦可象征土地，故云"《坤》，土也"；《观》卦上卦为《巽》卦，《巽》为风，故云"《巽》，风也"；《否》卦上卦为《乾》卦，《乾》为天，故云"《乾》，天也"。《周易》自下而上，故先言《坤》而及《巽》；先本卦（《观》为本卦）而及于变卦（《否》为变卦），故《乾》在后。　　[9] "风为天"句：杜预注认为，《巽》卦变为《乾》卦，即风变为天，故曰风为天。但《坤》未变，代表土地。而自《否》卦之第二爻至第四爻，古所谓互体，为《艮》卦，《艮》为山，故云"山也"。　　[10] 有山之材：《中庸》谓山"草木生之，禽兽居之，宝藏兴焉"，山上有各种物产，故云"有山之材"。　　[11] 庭实旅百：诸侯朝于天子，或互相聘问，必将礼物陈列庭内，谓之庭实。《艮》有门庭之象，故云庭实。旅，陈。百，举成数言之，以见其多。　　[12] 奉之以玉帛：庭实多以车马等物为之，另外加之以束帛玉璧。故云"奉之以玉帛"。《乾》为金、为玉，《坤》为布帛，故云"奉之以玉帛"。　　[13] 天地之美具焉：有庭实，有玉帛，故云"天地之美具焉"。　　[14] 利用宾于王：《否》，《乾》上《坤》下，《乾》为君，《坤》为臣，有臣朝见君作宾之象。　　[15] 犹有观焉：就《观》卦而言观。观，视他人之所为而非在己者也。　　[16] 风行而著于土：《观》卦《巽》（风）在《坤》（土）上，故曰风行著于土。风行，则自此处而落于他处。　　[17] 大岳：即四岳。《国语·周语下》云："其后伯禹念前之非度，厘改制量，象物天地，比类百则，仪之于民而度之于群生。共之从孙四岳佐之……祚四岳国,命以侯伯,赐姓曰姜,氏曰有吕,谓其能为禹股肱心膂以养物丰民也。"姜姓出自四岳。　[18]山岳则配天:《诗经·大雅·崧高》云"崧高维岳,骏极于天",言天之高大惟山岳足以配之。

译文

陈厉公是蔡国女人所生,所以蔡国人杀了五父而立他为君,生了敬仲。在敬仲年幼的时候,有一个成周的太史拿着《周易》去见陈厉公,陈厉公让他占筮,占得的《观》卦䷓变成《否》卦䷋。周太史说:"这就叫作'出聘观光,利于作上宾于君王'。这个人恐怕要代替陈而享有国家了吧!但不在这里,而在别国;不在这个人身上,而在他的子孙。光,是从另外地方照耀而来的。《坤》是土,《巽》是风,《乾》是天。风起于天而行于土上,这就是山。有了山上的物产,又有天光照射,这就居于土地上,所以说'出聘观光,利于作上宾于君王',庭中陈列的礼物上百件,另外进奉束帛玉璧,天上地下美好的东西都具备了,所以说'利于作上宾于君王'。还有等着观看,所以说他的昌盛在于后代吧!风行走最后落在土地上,所以说他的昌盛在于别国吧!如果在别国,必定是姜姓之国。姜是太岳的后代。山岳高大可以与天相配。但事物不可能两者一样大,陈国衰亡,这个氏族就要昌盛吧!"

及陈之初亡也[1],陈桓子始大于齐[2];其后亡也[3],成子得政[4]。

(选自《左传·庄公二十二年》)

第三章　鲁庄公 | 091

注释

[1] 陈之初亡：指昭公八年楚灭陈。　　[2] 陈桓子始大于齐：指"五世其昌，并于正卿"之征应。　　[3] 其后亡：指哀公十七年楚复灭陈。　　[4] 成子得政：指"八世之后，莫之与京"之征应。

译文

等到陈国第一次灭亡，陈桓子才在齐国有强大的势力；后来楚国再次灭亡陈国，陈成子取得了齐国政权。

文史链接

《春秋》谨严　《左氏》浮夸

韩愈的《进学解》云："《春秋》谨严，《左氏》浮夸。""浮夸"乃浮华、虚饰、夸大之意。所谓"《左氏》浮夸"就是说《左传》与行文严谨、隐晦的《春秋》不同，而是别具一种虚浮、夸大、奇幻不实的风格。后人对韩愈此说，颇为认同。清代朱轼《左绣序》云："左氏，文章也，非经传也，文则论其文，传则绎其义，不易之规也。昌黎韩氏曰：'《春秋》谨严，《左氏》浮夸。'诚哉斯言乎！"

《春秋》文字简练，记载简略，全文仅一万六千余字，以"微言大义"著称。因为《春秋》语言过于简练，后人难解其意，为其做注者颇多，《左传》即为著名的"《春秋》三传"之一。《左传》将《春秋》

所载的历史事件具体化,丰富了大量细节。《春秋》中的寥寥数语,在《左传》中多被演绎成情节曲折、惊心动魄的历史故事。如《春秋》中的"郑伯克段于鄢"(《隐公元年》)"齐崔杼弑其君光"(《襄公二十五年》)"楚子麇卒"(《昭公元年》)等简略记载,在《左传》中则成为一篇篇内容充实、结构完整的精彩故事。此外,《左传》还保存了大量的各国史书留传下来的文告、训辞,还增加了许多绘声绘色、声情毕肖的口语。

《左传》中记载了大量预言,这也是"《左氏》浮夸"的一个重要体现。选文中的预言之准确,令人难以置信。二百年后,田氏在齐国发展,终于夺取齐国政权,与二百年前的占筮完全吻合。《左传》中此类记述颇多,如关于宋国政变的传说,叙事极为生动,但真实性值得怀疑。《左传》取材广泛,受时代影响,难免有言过其实之处,这些记载大大增强了《左传》的艺术性。选文中"五世其昌"这一成语,指子孙昌盛,后多用为祝颂新婚之词。

思考讨论

试分析《左传》的艺术性体现在哪些方面。

俭,德之共也;侈,恶之大也

二十四年春,刻其桷[1],皆非礼也[2]。御孙谏曰[3]:"臣闻之:'俭,德之共也[4];侈,恶之大也[5]。'先君有共德,而君纳诸大恶,无乃不可乎?"

注释

[1] 刻:雕刻。桷(jué):方形的椽子。　[2] 非礼:据《春秋穀梁传》记载,古礼,天子宫庙之桷,斫之砻之,又加以细磨;诸侯宫庙之桷,斫之砻之,不加细磨;大夫之桷,只斫不砻;士人之桷,砍断树根而已。自天子以至于士大夫,皆不雕刻桷,亦不红漆柱,则此丹楹、刻桷均非制,故传云"皆非礼"也。庄公之所以如此者,历来注家均以为夫人哀姜将从齐国迎娶而来,即将庙见,故修饰宫庙以相夸。　[3] 御孙:鲁国大夫。　[4] 共(hóng):大。　[5] 恶之大:邪恶中的大恶。

译文

(鲁庄公)二十四年春季,又在桓公庙的椽子上雕花,这件事(与去年庙柱上涂红漆)都是不合礼制的。御孙劝阻说:"下臣听说:'节俭,是善行中的大德;奢侈,是邪恶中的大恶。'先君具有大德,而君王却把它放到大恶里去,恐怕不可以吧?"

秋,哀姜至,公使宗妇觌[1],用币[2],非礼也。御孙曰[3]:"男贽[4],大者玉帛,小者禽鸟,以章物也[5]。女贽,不过榛、栗、枣、修[6],以告虔也[7]。

今男女同贽,是无别也[8]。男女之别,国之大节也;而由夫人乱之,无乃不可乎[9]?"

(选自《左传·庄公二十四年》)

注释

[1] 宗妇:同姓大夫之妇。觌(dí):见。　[2] 币:玉帛之类的东西。　[3] 御孙:《国语·鲁语上》作"宗人夏父展",《列女传·孽嬖传》作"大夫夏甫不忌"。　[4] 贽(zhì):本作"挚",古人相见,必手执物以表诚敬,所执之物谓之挚。公、侯、伯、子、男五等诸侯执玉;诸侯之太子及附属国君与诸侯之孤卿执帛;卿执羔;大夫执雁;士执雉(野鸡);庶人执鹜;工、商执鸡。[5] 章物:指由各人所执之物类不同而显示其贵贱等差。杨宽《古史新探·"贽见礼"新探》云:"在西周、春秋间贵族举行的贽见礼中,贽实际上就是一种身份证,而且具有徽章的作用。它不仅用来表示来宾的身份,用来识别贵贱,并用作贵族中等级的标志。"　[6] 修:通"脩"。干肉。　[7] 告虔:表示诚敬。[8] 男女同贽,是无别也:币为男子所用,今女亦用币,即是男女同贽,而无区别。贽见礼男女有别,究其原因,杨宽在《古史新探·"贽见礼"新探》中做了解释"氏族制末期男子从事狩猎,常以猎得的禽兽为礼物;女子从事采集,常以采得的果实为礼物。后来贵族男子以鹿、雉等为'贽',女子以干果、干肉为'贽',当是沿袭原始风习而来。"　[9]"而由"句:《国语·鲁语上》和《春秋榖梁传》皆载此事,认为用币非礼。

译文

秋季,哀姜来到鲁国,庄公让同姓大夫的夫人与其相见,相见时用玉帛作为见面礼,这是不合于礼的。御孙说:"男人相见的礼物,大的是玉帛,小的是禽鸟,用东西来表明等级。女人相见的礼物,不超过榛子、栗子、枣子、干肉,以表示诚敬而已。现在男女用相同的见面礼,这是没有区别了。男女的区别,是国家的大法,由于夫人而搞乱了,恐怕不可以吧!"

文史链接

丹楹刻桷

《左传·庄公二十四年》:"秋,丹桓宫之楹。"丹即用朱色漆之;桓宫即桓公之庙;楹即楹柱。这句话与选文"刻其桷"本为一传,被后人所割裂。这就是成语"丹楹刻桷"的出处。"丹楹刻桷"多用来形容建筑精巧华丽。

鲁庄公二十三年(公元前671年)秋,鲁庄公命人将桓公庙的柱子漆上红色,次年春天,又安排匠人雕琢桓公庙上的椽木。《春秋》《左传》都记录了这两件事,《左传》认为"皆非礼也",直接批评鲁庄公的行为不合礼制。"丹楹"不合礼制,据《春秋穀梁传》记载,天子诸侯之屋柱用微青黑色,大夫用青色,士用黄色,而用赤色者为非礼。"刻桷"也不合礼制,详见选文注释。加之后文的"贽见礼"也不合礼制。鲁庄公这些不合礼制的行为,都是为了同一个目的:迎娶齐女哀姜。

俭以养德

诸葛亮在《诫子书》中说:"夫君子之行,静以修身,俭以养德。非淡泊无以明志,非宁静无以致远。"意思是说,君子的行为操守,以宁静来提高自身的修养,以节俭来培养自己的品德。不恬静寡欲就无法明确志向,不排除外来干扰就无法达到远大目标。这句话强调了俭朴对于品德修养的重要作用。类似的记载,在古代典籍中俯拾即是。

《左传·襄公二十九年》记载:"齐高子容与宋司徒见知伯,女齐相礼。宾出,司马侯言于知伯曰:'二子皆将不免。子容专,司徒侈,皆亡家之主也。'知伯曰:'何如?'对曰:'专则速及,侈将以其力毙,专则人实毙之,将及矣。'"其中"侈将以其力毙"意为奢侈会把资财挥霍尽而自取死亡。其他记载,诸如"节约则昌,淫佚则亡"(《墨子·辞过》),"无以贫贱自轻;无以所好害身;无以嗜欲妨生;无以奢侈为名;无以富足骄盈"(西汉刘向《说苑·说丛》),"侈则多欲。君子多欲则念慕富贵,枉道速祸"(北宋司马光《训俭示康》),"豪华尽出成功后,逸乐安知与祸双"(北宋王安石《金陵怀古》),"忧劳可以兴国,逸豫可以亡身"(北宋欧阳修《五代史·伶官传序》)等,这些名言警句都是对历史事实的简要概括。语言高度凝练,令人深思。

节俭可以培养自己的德行。审慎理财,量入为出,不但可以摆脱负债的困扰,更不会沦为物质的奴隶。在鼓励消费的现代社会,节俭更应作为宝贵的传统美德,世代传承。

> **思考讨论**
>
> 如何认识"丹楹刻桷"与节俭的关系?

国将兴,听于民

秋七月,有神降于莘[1]。惠王问诸内史过曰[2]:"是何故也?"对曰:"国之将兴,明神降之,监其德也[3];将亡,神又降之,观其恶也。故有得神以兴,亦有以亡,虞、夏、商、周皆有之。"王曰:"若之何?"对曰:"以其物享焉[4]。其至之日[5],亦其物也。"王从之。内史过往,闻虢请命[6],反曰:"虢必亡矣。虐而听于神[7]。"

> **注释**
>
> [1]莘:虢地。在今河南省三门峡市西。　[2]内史过:周大夫。　[3]监:视。与后文"观其恶"之"观"同义。　[4]物:物品,祭服。　[5]其至之日:始至之日。古代以干支纪日。《礼记·月令》载,甲、乙日至,祭先脾,玉用苍,服尚青;丙、丁日至,祭用肺,玉、服皆赤;戊、己日至,祭用心,玉、服皆黄;庚、辛日至,祭用肝,玉、服皆白;壬、癸日至,祭用肾,玉、服皆玄。

[6] 请命：请命于神求赐土田。　　[7] 虐：指虢君暴虐。听于神：指不以民为心。

译文

（鲁庄公三十二年）秋季，七月，有神明在莘地下降。周惠王向内史过询问说："这是什么原因？"内史过回答说："国家将要兴起，神明下降，观察它的德行；将要灭亡，神明也会下降，观察它的邪恶。所以，有的得到神明而兴起，也有的得到神明而灭亡，虞、夏、商、周都有过这种情况。"周惠王说："怎么办呢？"内史过回答说："用相应的物品来祭祀。他来到的日子，按规定，这个日子的祭祀该是什么，也就是他的祭品。"周惠王听从了。内史过前去祭祀，听到虢国请求神明赐予土田，回来说："虢国必定要灭亡了，暴虐而听命于神明。"

神居莘六月。虢公使祝应、宗区、史嚚享焉[1]。神赐之土田[2]。史嚚曰："虢其亡乎！吾闻之：国将兴，听于民；将亡，听于神。神，聪明正直而一者也[3]，依人而行[4]。虢多凉德[5]，其何土之能得？"

（选自《左传・庄公三十二年》）

注释

[1] 祝：太祝；宗：宗人；史：太史。应、区、嚚（yín）皆为人

名。　[2] 神赐之土田：指神许以土田赐之。　[3] 一：不远徙迁。　[4] 依人而行：指善则降福于他，恶则降祸于他。[5] 凉：薄。

译文

神明在莘地住了六个月，虢公派遣祝应、宗区、史嚚去祭祀。神明答应赐给他疆土田地。史嚚说："虢国恐怕要灭亡了吧！我听说：'国家将要兴起，听百姓的；将要灭亡，听神明的。'神明，是聪明正直而一心一意的，按照不同的人而行事。虢国多的是恶德坏事，又有什么土地能够得到呢？"

文史链接

《左传》对待天人关系的态度

天命即是指天意，天的命令，或是在天主宰下的人的命运。天命这一概念是由周人正式确立的，它源于上古社会人们对神灵"帝"或上帝的信仰。周人灭商以后，周初统治者武王及杰出政治家、思想家周公以"天"来代替"帝""上帝"的信仰并赋予天命概念新的含义。作为人们观念上的超自然的主宰"天"，是到西周时才出现的。殷商时没有这样的"天"的观念，而具有这种宗教意义的神称为"帝"或"上帝"。郭沫若解释说："卜辞称至上神为帝，为上帝，但绝不会称之为天。天字本来是有的，如象大戊称为'天戊'，大邑商称为'天邑商'，都是把天当成了大字的同意语。"(《青铜

时代》)

西周天命思想的形成既有深刻的历史渊源,又是当时社会发展的必然产物。据典籍记载,尧"乃命羲和,钦若昊天"(《尚书·尧典》)"命舜摄行天子之政,以观天命"(《史记·五帝本纪》);舜"荐禹于天,为嗣"(《史记·夏本纪》);禹"用天之罚……以征有苗"(《墨子·兼爱》)。上古时期,部落联盟首领尧、舜、禹就已用"天"和"天命"来解释其行为的合法性。商代,天命思想得到进一步的发展,并且与宗教迷信密切联系在一起。商朝奴隶主用巫术,假借上帝的意旨,使奴隶听从他们的指挥。

春秋时期,天命鬼神依然有极大的权威,奴隶主贵族依然凭借着天命和鬼神来维护他们的统治。然而,当时的一些先进人物,对有神论的天命思想提出了大胆的怀疑。他们虽然还不敢直接否定天命鬼神的存在,但已明确地将其放在附属地位,而把人看成决定命运的主体。选文中太史嚚"虢其亡乎!吾闻之:国将兴,听于民;将亡,听于神。神,聪明正直而一者也,依人而行"的言论正体现了这一进步思想。

无独有偶,《左传》中多次流露出对天命和鬼神作用的否定。《左传·僖公五年》记载,虞国宫之奇劝谏虞国国君时说:"鬼神非人实亲,惟德是依。"《左传·僖公十六年》记载,宋国坠下五块陨石,宋襄公问这件事的吉凶,周内史叔兴说:"吉凶由人。"《左传·襄公三十一年》记载,鲁国的穆叔引《大誓》说:"民之所欲,天必从之。"《左传》将这些言论记录下来,给予充分肯定,这比"务民之义,敬鬼神而远之,可谓知矣"(《论语·雍也》),"子不语怪、力、乱、神"(《论语·述而》),"祭如在,祭神如神在"(《论语·八佾》),"六合之外,圣人存而不论"(《庄子·齐物论》)所谓"远之""不语"

"如在""不论"的态度更明确、更坚决,是其在思想史上的一大贡献。

思考讨论

《左传》中还有哪些语句流露出对天命和鬼神作用的否定?

第四章 鲁闵公

庆父不死,鲁难未已

初,公筑台,临党氏[1],见孟任[2],从之[3]。閟[4]。而以夫人言[5],许之[6],割臂盟公[7]。生子般焉。

注释

[1] 公:鲁庄公(公元前706—前662年)。党氏:任姓的一支,在鲁国为大夫。任姓相传为黄帝之后十二姓之一。 [2] 孟任:对党氏长女的称呼。孟表示排行第一,也是"字"的一种。古代同姓不婚,女子皆以姓标于名字之后。 [3] 从之:跟从她。 [4] 閟(bì):闭门。省略了主语孟任。 [5] 而以夫人言:庄公用夫人的名分承诺。"而"下省略了主语庄公。 [6] 许之:孟任答应了庄公。省略了主语孟任。 [7] 割臂:割破手臂盟誓。

译文

当初,庄公建造高台,可以看到党家。在台上望见党氏的女儿孟任,就跟着她走。孟任闭门拒绝。庄公答应立她为夫人。她答应了,割破手臂和庄公盟誓,后来就生下了子般。

雩[1],讲于梁氏[2],女公子观之[3]。圉人荦自墙外与之戏[4]。子般怒,使鞭之。公曰:"不如杀之,是不可鞭。荦有力焉,能投盖于稷门[5]。"

注释

[1] 雩(yú):古代初夏四月为求雨而举行的一种祭天仪式。[2] 讲:事先演习。梁氏:鲁国大夫梁家。　[3] 女公子:庄公之女,子般之妹。　[4] 圉(yǔ)人:管理养马杂事的小吏。荦(luò):圉人之名。戏:调笑。　[5] 盖(hé):同"阖",门扇。稷门:鲁国都城正南门。城的正南门为主门,门扇较常门高大、沉重。

译文

一次,正当雩祭,事先在梁家演习,庄公的女公子观看演习,圉人荦从墙外调戏她。子般发怒,让人鞭打荦。庄公说:"不如杀掉他,这个人不能鞭打。他很有力气,可以举起稷门的城门,能将门扇远远地扔出去。"

公疾[1]，问后于叔牙[2]。对曰："庆父材[3]。"问于季友[4]。对曰："臣以死奉般。"公曰："乡者牙曰'庆父材[5]'。"成季使以君命命僖叔，待于鍼巫氏[6]，使鍼季酖之[7]。曰："饮此，则有后于鲁国[8]；不然，死且无后。"饮之，归，及逵泉而卒[9]。立叔孙氏[10]。

注释

[1] 疾：生病。　　[2] 后：接位的人。叔牙：庄公的二弟，谥号僖，下文"僖叔"也是他。　　[3] 庆父(fǔ)：庄公的大弟，谥号共(同"恭")，下文"共仲"也是他。材：有才能。　　[4] 季友：庄公的小弟，谥号成，下文的"成季"也是他。古代以伯(孟)、仲、叔、季作为排行的专用语。　　[5] 乡(xiàng)：同"向"。向者，刚才。　　[6] 鍼(qián)巫氏：鲁国大夫鍼巫家。鍼巫是复姓，有时也省作"鍼"。　　[7] 鍼季：鍼巫家的小弟。酖(zhèn)：同"鸩"，毒酒。这里用作动词，用毒酒害人。　　[8] 后：后代子孙。　　[9] 及：到。逵泉：鲁国东南近郊的泉名、地名。[10] 立叔孙氏：为叔牙的后代建立以叔孙为氏的小宗。叔牙之子公孙兹，谥号戴，也被称为叔孙戴伯。

译文

庄公得了重病，向叔牙询问继承人的事。叔牙回答说："庆父有才能。"向季友询问,季友回答说:"臣用死来侍奉子般。"庄公说:"刚才叔牙说'庆父有才能'。"季友就派人用国君的名义让僖叔(叔牙)等待在鍼巫家里,让鍼巫用毒酒毒死叔牙,说:"喝了这个,你的后代在鲁国还可以享有禄位;不这样,你死了,后代还没有禄位。"叔牙喝了毒酒,回去,到达逵泉就死了。鲁国立他的后人为叔孙氏。

八月癸亥[1],公薨于路寝[2]。子般即位,次于党氏[3]。冬十月己未[4],共仲使圉人荦贼子般于党氏[5]。成季奔陈[6]。立闵公[7]。

(选自《左传·庄公三十二年》)

注释

[1] 八月癸亥:八月初五。　　[2] 薨(hōng):周代诸侯死称薨。《礼记·曲礼下》:"天子死曰崩,诸侯死曰薨,大夫曰卒,士曰不禄,庶人曰死。"路寝:古代君主处理政事的宫室。　[3] 次:留宿。　　[4] 十月己未:十月初二。　　[5] 贼:杀害。　　[6] 成季奔陈:子般是季友按照庄公的旨意立的,子般被暗杀,季友出奔陈国是政治避难。　　[7] 闵公:名启方,哀姜随嫁之娣叔姜所生,庄公死时,其尚年幼。庆父立他,是为自己篡位作一过渡。

译文

八月初五日,鲁庄公死在宫室里。子般即位,住在党氏家里。

冬季,十月初二日,共仲派圉人荦在党家杀害了子般。成季逃亡到陈国。立闵公为国君。

初,公傅夺卜齮田[1],公不禁[2]。秋八月辛丑[3],共仲使卜齮贼公于武闱[4]。

注释

[1] 公:鲁闵公。傅:教导、辅佐闵公的官。卜齮(yǐ):鲁国大夫。"卜"是先世为卜占之官而得的氏。　　[2] 公不禁:这是庆父唆使卜齮暗杀他的借口。　　[3] 八月辛丑:八月二十四日。　　[4] 武闱:鲁国宫中的小门名。

译文

当初,闵公的保傅夺取卜齮的田地,闵公不加禁止。秋季,八月二十四日,共仲指使卜齮在武闱杀害了闵公。

成季以僖公适邾[1]。共仲奔莒[2]。乃入[3],立之[4]。以赂求共仲于莒[5],莒人归之[6]。及密[7],使公子鱼请[8]。不许[9],哭而往[10]。共仲曰:"奚斯之声也[11]。"乃缢[12]。

注释

[1] 僖公：名申，庄公之妾成风所生，闵公的庶兄。适：往。邾(zhū)：曹姓小国，建都于邾(今山东曲阜东南陬村)，后迁于绎(今山东邹城东南纪王城)，也称为邹。成季以僖公适邾，是怕庆父斩草除根，把庄公的子嗣都杀了，是保护僖公的政治避难。
[2] 莒(jǔ)：已姓(一说曹姓)小国。西周分封时都于计斤(一作介根，今山东胶州市东南)，春秋初迁于莒(今山东莒县)。共仲奔莒是其罪行暴露，连杀二君激起了宗族与国人的愤怒，也是政治避难。　　[3] 乃入：省略了主语成季。　　[4] 立之：立僖公为君。　　[5] 赂：财物。　　[6] 归之：把庆父遣送回鲁国。
[7] 及：到。省略了主语共仲。密：鲁国地名，在今山东费县北。
[8] 公子鱼：字奚斯。既称公子，当为庄公之庶子或庶弟。请：指请求恕庆父之罪。　　[9] 不许：省略主语僖公或成季。
[10] 哭：省略主语公子鱼。往：往庆父藏身之所。　　[11] 声：指哭声。庆父听到公子鱼的哭声，知道恕罪的请求遭到了拒绝。
[12] 缢：上吊自杀。

译文

成季带着僖公跑到邾国。共仲逃亡到莒国，季友和僖公就回到鲁国，拥立僖公为国君。用财货到莒国求取共仲，莒国人把他送了回来。共仲到达密地，让公子鱼请求赦免。没有得到同意，公子鱼哭着回去。共仲说："这是公子鱼的哭声啊！"于是上吊死了。

闵公,哀姜之娣叔姜之子也,故齐人立之[1]。共仲通于哀姜,哀姜欲立之[2]。闵公之死也,哀姜与知之[3],故孙于邾[4]。齐人取而杀之于夷[5],以其尸归[6],僖公请而葬之[7]。

(选自《左传·闵公二年》)

注释

[1] 齐人:实指齐桓公。　[2] 哀姜欲立之:哀姜想要立庆父为国君。　[3] 与(yù):参与。与知之,知道、参与这件事。[4] 孙(xùn):同"逊"。出奔,逃遁。　[5] 夷:齐国地名。[6] 以其尸归:把哀姜的尸体送回鲁国。　[7] 请:请齐人同意。

译文

闵公是哀姜的妹妹叔姜的儿子,所以齐人立他为国君。共仲和哀姜私通,哀姜想立他为国君。闵公的被害,哀姜事先知道内情,所以逃到邾国。齐人向邾人索取哀姜,在夷地杀了她,把她的尸首带回去,僖公请求归还尸首安葬。

文史链接

"庆父不死,鲁难未已"的由来

"庆父不死,鲁难未已"这一成语出自《左传·闵公元年》,其文曰:"冬,齐仲孙湫来省难。书曰'仲孙',亦嘉之也。仲孙归曰:'不去庆父,鲁难未已。'公曰:'若之何而去之?'对曰:'难不已,将自毙,君其待之。'"这段话的意思是:冬季,齐国的仲孙湫前来对祸难表示慰问,《春秋》称之为"仲孙",也是赞美他。仲孙回国说:"不除掉庆父,鲁国的祸难没完没了。"齐桓公说:"怎么样才能除掉他?"仲孙回答说:"祸难不止,将会自取灭亡,您就等着吧!""庆父不死,鲁难未已"的大意是,如果不除去庆父,鲁国的灾难是不会终止的。后用来比喻不清除制造内乱的罪魁祸首,国家就得不到安宁。

公元前694年,鲁桓公被齐襄公暗害,身死异国他乡,留下了四个儿子:庄公、庆父、叔牙、季友。此时,长子庄公年仅13岁。鲁庄公成年后,与任姓支族党氏之女孟任自由恋爱、割臂为盟,许之以"夫人"的身份,私订了终身。《礼记·内则》云:"聘则为妻,奔则为妾。"这次自主婚姻在当时得不到正式承认。公元前670年,鲁庄公37岁时,才娶齐女哀姜为夫人。对于此次正式结婚,庄公非常重视,亲往齐国迎娶新娘。然而,他并没有亲自将新娘迎回鲁国,而是一个人先回了国,新娘随后才到。对此,杜预注参照《公羊传》之说解释为:"《公羊传》以为姜氏要公,不与公俱入,盖以孟任故。"庄公与孟任感情基础好,引起了姜氏的嫉妒,甚至在其病重时把孟任所生的长子般作为储君托付给季友。姜氏明显无宠,而随其陪嫁的媵妾,也就是他的妹妹叔姜很快生下一子,即后来的闵公。哀姜备受冷淡,不耐寂寞,便与庆父通奸。庄公病故后,庆父攫取君位的野心不断膨胀,为了扫除障碍,利令智昏,与姜氏同谋连续两次制造了针对国君的凶杀案,庄公指定的储君长子般和闵公在不到两年的时间内,先后遭其暗杀。庆父和姜氏的行为，不但激起了鲁国人的愤怒，就连姜氏的亲生父亲齐桓公也大为不满，最终在夷地杀死了姜氏。由于姜氏死于非命，谥号哀，史称哀姜。作恶多端的庆父逃亡到莒国，僖公用财货到莒国求取共仲，莒国人把他送了回来，庆父派公子鱼请求赦免，没有得到同意，最终自缢而亡。

思考讨论

简要概括"庆父不死，鲁难未已"这一史实的来龙去脉。

宴安鸩毒，不可怀也

狄人伐邢[1]。管敬仲言于齐侯曰[2]："戎狄豺狼，不可厌也[3]；诸夏亲昵[4]，不可弃也。宴安鸩毒，不可怀也[5]。《诗》云[6]：'岂不怀归？畏此简书[7]。'简书，同恶相恤之谓也[8]。请救邢以从简书。"齐人救邢。

（选自《左传·闵公元年》）

注释

[1] 狄：赤狄。　　[2] 管敬仲：即管仲，敬是其谥号。
[3] 厌：满足。　　[4] 诸夏亲昵：中原诸侯，为相互亲近之国。

[5] 宴安鸩毒：安逸等于毒药。鸩，饮，喝。怀：怀念。

[6] "《诗》云"句：出自《诗经·小雅·出车》。　　[7] 简书：书于一片竹简上的文字，这里指告急文书。　　[8] 同恶：一国有恶，他国亦同以为恶。相恤：一国有急难，他国同以为忧而往救之。恤，忧，救。

译文

狄人进攻邢国。管仲对齐桓公说："戎狄好像豺狼，是不会满足的；中原各国互相亲近，是不能抛弃的。安逸等于毒药，是不能怀念的。《诗》说：'难道不想着回去，怕的是这个竹简上的军事文字。'竹简上的军事文字，就是同仇敌忾而忧患与共的意思，所以请按照简书而救援邢国。"于是齐国人出兵救援邢国。

文史链接

华夷之辨

选文典型地反映了春秋时期的"华夷之辨"。

华夷之辨，或称"夷夏之辨"，是中国二千多年来一直争论不休的话题，最早是由《春秋》公羊学家提出来的。所谓夷夏之辨，就是分别出夷与夏的不同。夏，指诸夏，也称华夏，从地理概念上说则是指中国。夷，是指中国周边的少数民族，通称四夷，即东夷、西戎、北狄、南蛮。《尚书·大禹谟》记载大禹治水后，"无怠无荒，四夷来王"。《礼记·王制》指出"四夷"是"东曰夷、西曰戎、南曰蛮、北曰狄"。中国之外的地域,依方位分为"四夷",即东夷、西戎、南蛮、北狄。华夷之辨往往被理解为华夏居于中原,为文明中心,而周边民族和国家则较落后,是蛮族、化外之民。

就文化发展程度而言,华夏先进于礼乐,礼乐文化发达;四夷后进于礼乐,礼乐文化落后。就民族关系而言,春秋时期,人们普遍有着"非我族类,其心必异"的观念,再加上夷狄时常侵扰中国,所以春秋时期不断有"攘夷"之举。齐桓公宰相管仲倡"尊王攘夷",孔子褒扬他,曰:"管仲相桓公,霸诸侯,一匡天下,民到于今受其赐。微管仲,吾其被发左衽矣。"(《论语·宪问》)。朱熹《四书集注·论语集注》云:"匡,正也。尊周室,攘夷狄,皆所以正天下也。""被发左衽"是当时我国少数民族(夷狄)的风俗。孔子认为,中国在南夷与北狄夹击下,情况危急,不绝如缕,如果没有管仲辅佐齐桓公"尊王攘夷",就会出现夷化现象,中国倒退接受夷礼、夷俗。春秋时期,华夏文明居于领先地位,明显高于周围各民族的发展水平,"夷夏之辨"正是在这样一种历史文化背景下出现的。

孔子又说:"夷狄之有君,不如诸夏之亡也。"(《论语·八佾》)强调夷狄即使有国君,但不明礼义,还不如诸夏即便国君亡了,但仍保有礼义。儒家把当时的民族关系简化为夷、夏两大族群,而划分夷、夏族群的标准不是地域和血统,而是文化。孔子作《春秋》,提倡华夷之辨,不强调以种族为标准,而以文化礼义作量度。孔子对于夷夏的看法是:如果原为夷狄,而采用了华夏的礼乐文化,就视为华夏;反之,如果原为华夏,而采用了夷狄的礼俗文化,则视为夷狄。这就是唐代韩愈所说的:"诸侯用夷礼,则夷之;进于中国,则中国之"。如楚国自称蛮夷,其后文明日进,中原诸侯与之会盟,则不复以蛮夷视之;而郑国本为诸夏,如行为不合义礼,亦视为夷狄。若夷狄向慕中国,能行礼义,则褒扬而进之。落后的夷狄接受先进的华夏文化,值得称赞和鼓励;先进的华夏接受落后的夷狄文化,则会受到讥笑和批评。正如孟子所说:"吾闻用夏变夷者,未闻变于夷者也。"

从民族融合、文化融合的角度上看,华夏各族互相交流、共同进步,本是一家,不应严格区分开来。唐太宗曾言:"自古帝王虽平定中夏,不能服戎狄。朕才不逮古人,而成功过之……朕所以能及此者,止由五事耳……自古皆贵中华,贱夷狄,朕独爱之如一,故其种落皆依朕如父母。"唐太宗对夷夏一视同仁的态度,是值得肯定的。

中华文化重衣冠礼仪,《左传》孔颖达正义云"有服章之美谓之华,有礼仪之大故称夏",《周易·系辞下》亦云"黄帝、尧、舜垂衣裳而天下治"。周公制礼作乐而治天下,被儒家尊为圣人。衣冠、礼仪往往用来代指文明。华夏文明对周边地区产生了巨大而深远的影响,周边国家接受中华思想,又常自称"华夏""中国",这被称为小中华思想。中国和这些周边国家和地区合称为中华世界。由于中华世界为儒家社会,儒家文化是社会的主流文化,因此这些地区又称儒家文化圈,又因使用汉字而称为汉字文化圈。

思考讨论

谈谈你对"华夷之辨"的看法?

玩物丧志

冬十二月,狄人伐卫[1]。卫懿公好鹤[2],鹤有乘轩者[3]。将战[4],国人受甲者皆曰[5]:"使鹤[6]!鹤实有禄位[7],余焉能战[8]?"公与石祁子玦[9],与宁庄子矢[10],使守[11],曰:"以此赞国[12],择利而为之[13]。"与夫人绣衣[14],曰:"听于二子[15]!"渠孔御戎[16],子伯为右[17];黄夷前驱[18],孔婴齐殿[19]。及狄人战于荧泽[20],卫师败绩,遂灭卫[21]。卫侯不去其旗[22],是以甚败[23]。狄人囚史华龙滑与礼孔[24],以逐卫人。二人曰:"我,大史也[25],实掌其祭[26]。不先[27],国不可得也。"乃先之[28]。至,则告守曰[29]:"不可待也[30]。"夜与国人出。狄入卫,遂从之[31],又败诸河[32]。

注释

[1] 狄人:周代主要分布在北方的一个以游牧、狩猎为业的民族,春秋时期活动于今河南、山东、山西一带,与中原诸国多有战事。狄人善骑射,相比各诸侯国的车战,有独特的优势。狄人对入侵之国的经济文化,多有破坏。　　[2] 卫懿公:名赤,在位

八年。好(hào)：喜爱。　　[3]轩：古代一种有帷幕的车，前顶稍高。大夫以上才有乘轩的待遇。　　[4]将战：指将与狄人战。　　[5]国人：国都城中及郛(fú，外城)内的人，后者指近郊的农民。所以，国人实际上包括士、农、工、商四民，士为下层贵族，农、工、商皆自由民。受甲者：国之兵甲平时藏在武库，遇有战事则授予参战的国人。士卒中最多的是农民，一般授之以兵(武器)，能"受甲"的大多是士。　　[6]使鹤：派鹤去。　　[7]禄位：俸禄、官位，这里指大夫以上官员的待遇。　　[8]焉：怎么。[9]公：卫懿公。石祁子：卫国大夫，石碏的后代。玦(jué)：古代一种环形而有缺口的玉器。赠送有表示决断或决绝之意，这里指授以临事决断之权。　　[10]宁庄子：名速，其先祖为卫武公之子季亹(wěi)，因食邑在宁而得氏。矢：箭。赠矢指授以发布军令之权。　　[11]使守：让他们守住国都(朝歌)。　　[12]赞：助。　　[13]择利：选择有利于国家的办法。　　[14]夫人：指卫懿公夫人。　　[15]二子：指石祁子与宁庄子。[16]渠孔：卫懿公的驾车者。御：驾车。戎：战车。[17]子伯：卫国大夫。右：即戎右。古代战车一车乘三人，一般是驭者居中，执弓矢者在左，执戈矛者在右。国君或元帅的战车，则驭者在左，国君或元帅居中掌旗鼓，在右者称戎右，执戈盾以护君、帅，并掌戎车之兵革使。　　[18]黄夷：卫国大夫。前驱：担任先锋。　　[19]孔婴齐：卫国大夫。孔氏为姞(jí)姓之仕于卫者。殿：居后压阵。　　[20]荧泽：古泽名，在今河南郑州西北古荥北，西汉以后渐淤为平地。　　[21]灭卫：指狄人把卫国公族赶出了国都(朝歌)，毁其宗庙，废其社稷。其后，卫国在齐桓公帮助下重又复国。　　[22]卫侯：卫懿公。旗：古代军中以旗及鼓发布号令,旗是视觉的,鼓是听觉的。发布号令之旗掌握在军队的最高指挥者手中。　　[23]是以:所以。甚败:严重失败。指卫懿公在此战中被狄人杀死。　　[24]史:史官,主管记事,掌管祭祀。华龙滑、礼孔:二史官名。　　[25]大(tài)史:太史,史官之长。华、礼二人有为脱身报信而故意夸大自己作用的倾向。　　[26]掌:主持。祭:指祭祀仪式。　　[27]先:指先于狄人到达卫国沬(mèi)都。　　[28]先之:使之先,让他先行。　　[29]守:守卫国都的大臣,指石祁子和宁庄子。[30]待:抵御。　　[31]从:追击。　　[32]诸:之乎二字的合音。河:指黄河北岸。沬(朝歌)古代在黄河以北,而曹、楚丘古代在黄河以南。今天三地皆在黄河以北,是因黄河曾经改道的缘故。

译文

(鲁闵公二年)冬季,十二月,狄人进攻卫国。卫懿公喜欢鹤,他让鹤乘坐大夫才能享用的车子。将要作战时,接受甲胄的人们都说:"让鹤去,鹤实际上享有官禄官位,我们哪里能打仗?"懿公把玉佩给了石祁子,把箭给了宁庄子,让他们防守,说:"用这个来助国家,选择有利的去做。"把绣衣给了夫人,说:"听他们二人的!"渠孔为卫懿公驾驭战车,子伯作为车右;黄夷打冲锋,孔婴齐指挥后军。和狄人在荧泽作战,卫军大败,狄人就灭亡了卫国。卫侯不肯去掉自己的旗帜,所以惨败。狄人因禁了史官华龙滑和礼孔,以追赶卫国人。这两个人说:"我们,是太史之官,执掌祭祀。如果不先回去,你们是不能得到国都的。"于是,就让他们先回去。他们到达,就告诉守卫的人说:"不能抵御了。"夜里他们和国都的人一起退走。狄人进入卫国国都,跟着追上去,又在黄河边上打败了卫国人。

初,惠公之即位也少[1],齐人使昭伯烝于宣姜[2],不可[3],强之[4]。生齐子、戴公、文公、宋桓夫人、许穆夫人[5]。文公为卫之多患也[6],先适齐。及败,宋桓公逆诸河[7],宵济[8]。卫之遗民男女七百有三十人[9],益之以共、滕之民为五千人[10]。立戴公以庐于曹[11]。许穆夫人赋《载驰》[12]。齐侯使公子无亏帅车三百乘、甲士三千人以戍曹[13]。归公乘马[14],祭服五称[15],牛、羊、豕、鸡、狗皆三百与门材[16]。归夫人鱼轩[17],重锦三十两[18]。

注释

[1] 惠公:卫惠公,名朔,在位前后两次合计二十一年,即位之年在公元前699年。少(shào):年纪小。　　[2] 齐人:指齐僖公,宣姜是其女。齐僖公死于卫惠公即位的第二年。昭伯:即公子顽,卫宣公与夷姜所生的第三子,伋、黔牟之弟。烝:古指与非血亲母辈发生性关系的专用词。　　[3] 不可:指昭伯认为不可。　　[4] 强(qiǎng):强迫使就范。　　[5] 齐子:宣姜与昭

伯所生长子之小名。因夭折而无后,其弟卫戴公以己子名"恶"者为之后,即以齐为氏。卫国累世有齐氏。戴公:卫戴公,名申,公元前660年12月即位,未逾年即亡。文公:卫文公,名燬(huǐ),公元前669年惠公去世后,曾长期居住在母舅之国齐国。公元前659年齐桓公封卫于楚丘,并伐狄而取之,同时将文公送回卫国继戴公即位。在位25年。宋桓夫人:卫文公之妹,嫁宋桓公为夫人,生太子兹甫。即宋襄公。许穆夫人:卫文公之妹,嫁许穆公为夫人,生子叶,即许僖公。许穆夫人是我国第一位有作品传世的女诗人。　　[6]卫之多患:指狄人伐卫以前卫国国内局势而言。据《史记·卫世家》记载,因惠公谗杀太子伋代立,直到懿公之立,百姓大臣多有不服,常思其下台。故狄人得以灭卫,很大程度上是由于卫国内部的原因。　　[7]宋桓公:名御说,在位31年。因其夫人乃卫之女,故助卫国遗民渡河。逆:迎接。河:指黄河南岸。当时的黄河在今黄河之北。　　[8]宵济:夜间渡河。因狄人追逐,需连夜渡河。　　[9]卫之遗民:包括卫之公族、大夫以上贵族及国人之幸免于难者在内。数量之少,可见狄人杀伤掳掠破坏之严重。　　[10]益:加上。共(gōng):共国,在今河南辉县,此时已为卫国并吞,成为卫国城邑。滕:卫国邑名。　　[11]庐:临时搭建的小屋,这里用作动词,有寄居之意。曹:又作漕,卫国城邑,在今河南滑县旧县城东。当时在黄河以南,今在黄河以北。　　[12]《载(zài)驰》:收入《诗经·鄘风》。许穆夫人所作。除《载驰》外,有人认为《诗经·邶风》中的《泉水》,《卫风》中的《竹竿》也是许穆夫人的作品。　　[13]齐侯:齐桓公。公子无亏:字武孟,齐桓公之子,卫国之女共(恭)姬所生。卫国是其母舅之国,故齐桓公派他支援卫国。戍:驻防守卫。

[14]归(kuì)：同"馈"，赠送。乘马：一车四马。　[15]祭服：指诸侯在祭祀时所穿的礼服。称(chèn)：上衣下裳配全的一套。[16]门材：做门的木料。　[17]鱼轩：用鱼皮为饰，专供贵族女性乘坐的一种车辆。　[18]重(chóng)锦：色彩纷杂的锦。两：匹。

译文

当初，卫惠公即位的时候还很年轻，齐人让昭伯和宣姜私通，昭伯不同意，就逼迫他干。生了齐子、戴公、文公、宋桓夫人、许穆夫人。文公由于卫国祸患太多，先到了齐国。等到卫国这次大败，宋桓公在黄河边上迎接卫国遗民夜里渡河。卫国的遗民男女共计七百三十人，加上共地、滕地的百姓共五千人，立戴公为国君，暂时寄居在曹邑，许穆夫人作了《载驰》这首诗。齐桓公派遣公子无亏率领战车三百辆、披甲战士三千人守卫曹邑，赠送给戴公驾车的马匹，祭服五套，牛、羊、猪、鸡、狗都是三百头，还有做门户的木材。赠送给夫人用鱼皮装饰的车子，上等的绸缎三十匹。

……

僖之元年[1]，齐桓公迁邢于夷仪[2]。二年，封卫于楚丘[3]。邢迁如归[4]，卫国忘亡[5]。

注释

[1]僖之元年：鲁僖公元年(公元前659年)。这里是《左传》

作者为保持叙事的连贯性和完整性,将后来的事情在此预述。
[2] 邢:姬姓小国,西周初年分封周公之子(其名失传)于此,地在今河北邢台。鲁庄公三十二年(公元前622年)狄人伐邢,管仲劝说齐桓公联合宋、曹救邢,迁其民于夷仪,并为之筑城。夷仪:在今山东聊城市西南。　　[3] 封卫:封诸侯原来是周王才拥有的一种权力,并有被封诸侯受列土于周室、建大灶于国中的仪式。这里的"封卫",是因为卫国之宗庙、社稷已为狄人所亡,齐桓公率领诸侯重新为卫文公在楚丘封土为社的意思。楚丘:卫国的第二个国都,地在今河南滑县东。曹邑是一个暂住的处所,楚丘则由齐、宋、曹、鲁支援筑城,有了国都的规模。　　[4] 如归:形容邢国人迁移到新的地方像回家一样。　　[5] 忘亡:形容卫国人在楚丘生活安排得很好,忘记了自己故国已亡。两句皆歌颂了齐桓公的功德。

译文

……

僖公元年,齐桓公把邢国迁到夷仪。二年,把卫国封在楚丘。邢国迁居,好像回到原来的国土;卫国重建,却忘记了亡国之痛。

卫文公大布之衣[1]、大帛之冠[2],务材、训农[3],通商、惠工[4],敬教、劝学[5],授方、任能[6]。元年[7],革车三十乘[8];季年[9],乃三百乘[10]。

(选自《左传·闵公二年》)

注释

[1] 大布：粗布。　　[2] 大帛：粗丝织成的厚帛。一说"帛"通"白"，大白之冠为白色布冠。　　[3] 务材：尽力广殖材用。训农：训民勤于农业。　　[4] 通商：鼓励商贩往来交易。惠工：改善百工待遇。　　[5] 敬教：敬行五教（父义、母慈、兄友、弟恭、子孝）。劝学：提倡学习。　　[6] 授方：教授官吏以治民之法。任能：任用贤能。　　[7] 元年：指卫文公即位之第一年（公元前659年）。　　[8] 革车：古代的大型战车。[9] 季年：末年，指卫文公二十五年（公元前635年）。[10] 乃：竟、至于。

译文

卫文公穿着粗布衣服，戴着粗帛帽子，努力生产，教导农耕，鼓励商贩往来交易，改善百工待遇，重视教化，提倡学习，向臣下传授治民之法，任用贤能。即位第一年（公元前659年），战车只有三十辆，到末年（公元前635年），就有了三百辆。

文史链接

许穆夫人《载驰》救卫

选文记载："许穆夫人赋《载驰》。齐侯使公子无亏帅车三百乘，甲士三千人以戍漕。"这里的《载驰》即《诗经·鄘风·载驰》，据《左传·鲁闵公二年》云,此诗为许穆夫人所作。全诗如下：

> 载驰载驱,归唁卫侯。驱马悠悠,言至于漕。
> 大夫跋涉,我心则忧。既不我嘉,不能旋反。
> 视尔不臧,我思不远。既不我嘉,不能旋济?
> 视尔不臧,我思不閟。陟彼阿丘,言采其蝱。
> 女子善怀,亦各有行。许人尤之,众稚且狂。
> 我行其野,芃芃其麦。控于大邦,谁因谁极?
> 大夫君子,无我有尤。百尔所思,不如我所之。

许穆夫人,卫宣姜之女,嫁于许,是我国第一位女诗人。周惠王十七年(公元前660年)冬,卫国为狄人所灭,许穆夫人的姐夫宋桓公迎接卫国的遗民渡河,迁于漕邑,立许穆夫人同母兄公子申为卫戴公。不久,戴公卒,许穆夫人又一同胞兄长卫文公即位。许穆夫人获悉故国覆亡的消息,异常悲痛,于周惠王十八年(公元前659年)春夏之交,决然驰驱至漕,归唁卫侯,并向同情卫国的大邦呼吁救援,拯救卫危。但许国君臣胆小怕事,不但拒绝援助卫国,还遣大夫跋涉相阻。面对来者的阻拦,许穆夫人悲愤之下,写出了流传千古的爱国诗篇《载驰》。

古今学者一般认为,《载驰》作于周惠王十八年,即卫文公元年。关于这首诗的创作地点,则见仁见智,莫衷一是。主要有两种说法：一、认为作于许国；二、认为作于漕,即卫国。按照《毛诗序》的说法,"许穆夫人闵卫之亡,伤许之小,力不能救。思归唁其兄,又义不得,故赋是诗也",此诗当作于许国,其原因是许穆夫人不得背"义",即不得违背凡是国君夫人已丧考妣,只有奔丧方可回娘家的古代礼法。朱熹《诗集传》认为诗是许穆夫人动身往漕,途中遇许国大夫的劝阻,被迫返许而作,这一观点与《毛诗序》相似,也突出了"义"。

清人王先谦《诗三家义集疏》与当代一些学者则认为此诗当为许穆夫人到达漕邑后所作。此诗作于漕邑,不仅符合许穆夫人一贯的爱国思想,而且也与她出于爱国,敢于冲破"义"的束缚,归唁卫侯的行为相吻合。许穆夫人从小就具有爱国思想,孟子曾高度评价许穆夫人,认为她背"义"返卫,就是从爱国思想出发的。《韩诗外传》引孟子云"其道二:常谓之经,变谓之权。怀其常道而挟其变权,乃得谓贤。夫卫女行中孝,虑中圣,权如之何",正因为许穆夫人具有深厚的爱国思想基础,所以她在爱国与守"义"发生矛盾时,才有可能选择前者而舍弃后者,并在诗中反映出来。

《载驰》用第一人称书写。作者的叙事抒情从现实所引起的内心矛盾出发,故诗歌的形式随着内容的发展而发展,形成不同的语言和节奏。而且,这首诗直抒胸臆,采用对比之法,于反复吟咏之中,强烈地抒发了诗人热爱祖国的一腔热情与拯救祖国的强烈愿望,也表达了对跋涉而来劝说诗人返许的"大夫"的愤懑之情。可以说,"我"驰驱至漕慰问失国的"卫侯"是贯穿全诗的抒情线索,它有条不紊地串连起"我"与"大夫"的言行,使得诗人的思想感情,从爱国至救国,层层推进,愈来愈深,从而,以其真挚强烈的感情打动人心。

许穆夫人在其故国为狄人所灭后,为之悲,为之忧,更敢于冲破"义"之束缚奔往故国,并拿出了救国之法,实为难能可贵。诗人不是为文造情,而是为情造文,因而,其爱国之情真挚强烈。许穆夫人从许国回到卫国,立即向她的兄长卫文公建议,向齐国请求救援。桓公感其爱国之情,于是遣公子无亏帅车三百乘、甲士三千人,并资助牛、羊、鸡、豕及建筑材料,帮助卫人防守新都。此后,卫文公励精图治,轻徭薄赋,布衣帛冠,粗食菜羹,早起晚息,扶安百姓,人称其贤,使卫又享国四百年至秦二世时再亡。诗人在诗中所提出的"控于大邦,谁因谁极"的救国方法,在当时对卫国最终得到齐桓公的援助收复失地、挽救卫国具有不可估量的作用。

总之,许穆夫人的《载驰》一诗感情真挚,语言生动,形象鲜明,充分表现了诗人拳拳爱国之心和刚毅果断的性格。在卫国国难当头之际,许穆夫人毅然驾车奔走呼号,呼吁大国援助,而女主人公的远见卓识、与祖国共命运的爱国深情、不达目的誓不罢休的刚强性格,正是在与许国君臣鼠目寸光、横蛮狂妄、自私懦弱的对比之中,愈加鲜明地凸显出来。一个为了拯救祖国奔走呼号的爱国女英雄形象跃然纸上。《载驰》一诗不失为爱国之心曲、救国之名篇,在今天仍颇具审美价值和教育意义。

思考讨论

除了卫懿公外,还有哪些历史人物堪称"玩物丧志"的典型?

第五章　鲁僖公

齐桓公伐楚盟屈完

齐侯与蔡姬乘舟于囿[1],荡公[2]。公惧,变色;禁之,不可[3]。公怒,归之[4],未之绝也[5]。蔡人嫁之[6]。

（选自《左传·僖公三年》）

注释

[1]蔡姬:齐桓公夫人,蔡穆侯之妹。囿(yòu):园林。其中有池,故能乘舟。　　[2]荡:来回摇动。　　[3]不可:此句主语蔡姬省略,意为不肯停下来。　　[4]归之:把蔡姬遣送回娘家。　　[5]绝:断绝夫妻关系。　　[6]蔡人:指蔡穆侯。嫁之:把妹妹又嫁给了别人。此段是预先铺垫明年春齐桓公以诸侯之师伐蔡的原因。

译文

齐桓公和蔡姬在园子里坐船游览,蔡姬故意摇动游船,使齐桓公摇来晃去。齐桓公害怕,脸色都变了,叫她别摇,蔡姬不听。齐桓公很生气,把她送回蔡国,但并不是断绝婚姻关系。蔡穆侯却把蔡姬改嫁给了别人。

四年春,齐侯以诸侯之师侵蔡[1]。蔡溃,遂伐楚。楚子使与师言曰:"君处北海,寡人处南海,唯是风马牛不相及也[2],不虞君之涉吾地也[3],何故?"管仲对曰:"昔召康公命我先君大公曰[4]:'五侯九伯[5],女实征之,以夹辅周室!'赐我先君履:东至于海,西至于河,南至于穆陵,北

齐桓公汉画像拓片

至于无棣[6]。尔贡苞茅不入[7],王祭不共[8],无以缩酒[9],寡人是征[10]。昭王南征而不复[11],寡人是问。"对曰:"贡之不入,寡君之罪也,敢不共给[12]?昭王之不复,君其问诸水滨[13]!"师进,次于陉[14]。

注释

[1] 齐侯:齐桓公。以:率领。蔡:国名,领土在今河南上蔡一带。　　[2] 楚子:楚成王。风马牛不相及:指齐国和楚国距离遥远,纵使牛马牝牡相逐,奔逸虽速而远,亦不致互相侵入边界。风,指牛马牝牡相诱而相逐。　　[3] 不虞:没想到。虞,度。涉吾地:到我们国家来。　　[4] 召(shào)康公:周的开国大臣召公奭(shì)。大公:即太公望,为齐之始封君,故尊之曰大公。　　[5] 五侯九伯:统言天下诸侯。　　[6] 履:指齐国可以征伐的疆域。以下列举东西南北几个地名是声明齐国有权打到楚国的边界。　　[7] 苞茅:古人拔菁茅而束之,故称包茅。苞,即包裹之包。茅,即《禹贡》之菁茅,有毛刺的茅草。菁茅产于荆州,《管子·轻重篇》所谓"江、淮之间,一茅三脊,名曰菁茅"。菁茅是楚国应该纳贡的贡品之一,《韩非子·外储说》云"楚之菁茅不贡于天子三年矣"。　　[8] 王祭不共:周王祭祀的时候没法用这个贡品。共,同"供",指贡品。　　[9] 缩酒:一则用所束之茅滤酒去滓;一则在祭神之时,束茅立之,以酒自上浇下,其酒糟则留在茅中,酒汁渐渐渗透下流,像神饮用一般。缩酒之礼当起于殷商时期。　　[10] 寡人是征:犹言"寡人征是",指我因此

前来问罪。征，问罪。菁茅为王祭所不可缺少之物，《周礼·天官·甸师》所谓"祭祀，供萧茅"即是此意，故齐以此责楚。
[11] 昭王南征而不复：《史记·周本纪》云："昭王南巡狩不返，卒于江上。"此当指昭王十九年讨伐荆楚，没有回来之事。
[12] 贡之不入：不进贡。共给：供给。　　[13] 昭王之不复，君其问诸水滨：昭王为何没有回来，你去问汉水边的人。贡不入，罪小，故认改；昭王不复，罪大，故推诿。杜预注云："昭王时汉非楚境，故不受罪。"　　[14] 次：驻扎。陉(xíng)：楚国地名，《战国策》苏秦说楚谓"北有汾、陉"，说韩谓"南有陉山"，则陉为楚国北塞，韩国南塞。

译文

（鲁僖公）四年春季，齐桓公率领鲁僖公、宋桓公、陈宣公、卫文公、郑文公、许穆公、曹昭公各诸侯的联军入侵蔡国。蔡军溃败，齐桓公就接着进攻楚国。楚成王派遣使者来到军中，说："君王住在北方，我住在南方，即使是牛马发情狂奔彼此也不会相关。没有想到君王竟不顾路远来到我国的土地上，这是什么缘故？"管仲回答说："以前召康公命令我们的先君太公说：'五侯九伯，你都可以征伐他们，以便辅助王室。'赐给我们的先君征伐的范围：东边到大海，西边到黄河，南边到穆陵，北边到无棣。你不进贡王室的包茅，使天子的祭祀缺乏应有的物资，不能漉酒请神，我为此而来问罪。昭王南征到楚国而没有回去，我为此而来责问。"使者回答说："贡品没有送来，这确是我君的罪过，今后岂敢不供给？至于昭王没有回去，君王还是问水边上的人吧！"诸侯的军队前进，驻扎在陉地。

夏,楚子使屈完如师[1]。师退,次于召陵[2]。

注释

[1] 屈完:楚大夫,楚之同族。如师:到齐师去。　[2] 召(shào)陵:地名,大约在今河南郾城东。

译文

夏季,楚成王派遣屈完带兵到诸侯军驻地求和。诸侯军队撤退,驻扎在召陵。

齐侯陈诸侯之师[1],与屈完乘而观之[2]。齐侯曰:"岂不穀是为[3]? 先君之好是继[4],与不穀同好如何?"对曰:"君惠徼福于敝邑之社稷[5],辱收寡君,寡君之愿也。"齐侯曰:"以此众战,谁能御之[6]? 以此攻城,何城不克?"对曰:"君若以德绥诸侯[7],谁敢不服? 君若以力[8],楚国方城以为城,汉水以为池[9],虽众,无所用之[10]。"屈完及诸侯盟[11]。

(选自《左传·僖公四年》)

注释

[1]陈：列阵。 [2]乘：同载，共载。 [3]岂不穀(gǔ)是为：意为诸侯兴师，不是为了我。不穀，是天子自贬之称谓。齐桓公自称不穀，是因其是以侯伯之名为王室讨伐。《道德经》云："侯、王自谓孤、寡、不穀"，意为"侯自谓孤、寡，王自谓不穀"。《左传》中共用"不穀"二十一次，其中十六次皆为楚子自称，《礼记·曲礼下》因之曰"其在东夷、北狄、西戎、南蛮，虽大曰子，于内自称曰'不穀'"。 [4]先君之好是继：继贤俊之友好。 [5]惠：敬词，无义。徼(yāo)福：当时常用语，也可用为"徼某某之福"。徼，同"邀"，求。 [6]御：抵挡。 [7]绥(suí)：安定。 [8]力：武力。方城：姚鼐《补注》云："楚所指方城，据地甚远，居淮之南，江、汉之北，西踰(yáo)桐柏，东越光黄，止是一山，其间通南北道之大者，惟有义阳三关，故定四年《传》之城口。《淮南子》曰，绵之以方城。凡申、息、陈、蔡，东及城父，《传》皆谓之方城之外，然则方城连岭可七八百里矣。" [9]池：护城河。 [10]无所用之：指奈何不了我们。 [11]盟：订立盟约。

译文

齐桓公把所率领的军队列成战阵，和屈完坐一辆战车检阅队伍。齐桓公说："我们出兵，难道是为了我一个人吗？为的是继续先君建立的友好关系。我们两国共同友好怎么样？"屈完回答说："君王惠临敝国求福，承蒙君王安抚我君，这正是我君的愿望！"齐桓公说："用这样的军队来作战，谁能够抵御他们？用这样的军队来攻城,哪个城不被攻破?"屈完回答说:"君王如果用德行安抚诸侯,谁敢不服?君王如果用武力,楚国有方城山作为城墙,汉水作为护城河,君王的军队即使很多,也没有什么用处。"屈完与各诸侯订立了盟约。

文史链接

风马牛不相及

选文中的"风马牛不相及"指齐国和楚国距离遥远,纵使牛马牝牡相逐,奔逸虽速而远,亦不致互相侵入边界,后来用其比喻事物彼此毫不相干。

关于"风"的解释有多种。一般认为,"风"指牛马牝牡相诱而相逐。兽类之牝者发情期常散发特殊的气味作为信息,传达到远处诱其牡者前来求合,古人称此现象为"风"。"风马牛"指牛马相诱。《古文观止》云:"牛走顺风,马走逆风,喻齐楚不相干也。"这种解释值得商榷。后世则以"风马牛不相及、风马牛、风马不接、风马、风牛"等词语比喻事物之间毫不相干。"风马牛不相及"是后世流传非常广泛的一则成语,如汤显祖《南柯记》第二十九曲云:"太子,君处江北,妾处江南,风马牛不相及也。"

《齐桓公伐楚盟屈完》的艺术性

选文在记述春秋时代齐、楚两国的这场外交斗争时,并不是用叙述语言来记述它的过程,而是把"出场"人物放在双方的矛盾冲突中进行刻画,并通过他们个性化的语言和"交锋"方式,把这场外交斗争一步步引向深入,直到双方达成妥协,订立盟约。这样,既交代了这场外交斗争的性质及其发展过程,又刻画了各具情貌的四位历史人物。楚国两位使者,特别是作为楚成王"特命全权代表"的屈完,面对咄咄逼人的霸主,军容赫赫的阵势,丝毫没有屈服退让,反而以其理直气壮的词锋,遏止了齐桓公的侵略野心,真正做到了"不战而屈人之兵"。屈完沉稳冷静、不卑不亢的外交风度,坚毅果敢、不为威武所屈的外交风范,机智灵敏、随机应对的外交智慧,令人印象深刻。政治家管仲熟悉历史、谙于事故、长于巧辩的外交才情,以及齐桓公骄横霸道、软硬兼施,却不失身份的霸主形象,也都刻画得栩栩如生,极为传神。

选文作为记叙外交斗争的一段历史散文,在叙事语言上达到了炉火纯青的艺术境界。其中的外交辞令针锋相对,而不金刚怒目;咄咄逼人,而不疾言厉色。尤其是楚国两位使者的语言,更是刚柔相济、恰到好处,丝毫没有做作、生硬之感。敌对双方一来一往,针锋相对,表面上谦恭、温和、礼让,内在却正气凛然,令对手胆战心惊。

这场战争的魅力在于:其中彰显了在一个弱肉强食的时代,弱者如何凭借智慧保护自己的技巧,以及在强大的武力面前不甘称臣的精神。屈完运用巧妙的外交辞令,不费一兵一卒,以智慧的力量使敌手心理先行崩溃,从而达到了保护自己的目的。

号言伐蔡,其实服楚

《战国策·西周策》载游腾谓楚王曰:"桓公伐蔡也,号言伐楚,其实袭蔡。"对诸侯之师伐蔡、又伐楚这件事,有一些不同的看法,认为齐桓公伐楚是虚,袭蔡是实。根据选文所载来看,这一说法值得商榷。

《左传》在诸侯之师伐蔡之前,讲了一个蔡姬在舟中"荡公"的小故事。深谙水性的蔡姬恃宠撒娇,敢于摇晃小舟与诸侯霸主齐桓公闹着玩,齐桓公"禁止,不可",遂恼羞成怒,将蔡姬遣送回娘家,按照当时风俗,被强行遣送回娘家就是被休了。蔡姬的哥哥将其再嫁也在情理之中。这时,齐桓公却搬出"归之,未之绝也"这块招牌来向蔡穆侯寻衅,完全是别有用意。楚、蔡毗邻,齐桓公以伐蔡为名向楚国炫耀武力,以求一举服楚,才是他真正的目的。所以,桓公伐蔡不是"号言伐楚,其实袭蔡",而是"号言伐蔡,其实服楚"。

面对齐桓公指挥的诸侯军队,楚成王先派大夫屈完来探诸侯之师的虚实,屈完面对齐桓公和管仲的软硬兼施,不卑不亢,见机行事,避免了战争给楚国带来的损失。这就是著名的召陵之盟。这次盟约其实是双方妥协的结果。

从楚国在召陵之盟之后的所作所为来看,楚国对齐桓公的"服"只不过是口头上、书面上的。齐桓公称霸中原之时,南方的楚国也正大肆吞并汉水流域的小国,势力一路拓展到现在的河南南部,终于跟齐国发生了摩擦。这次齐国兵锋南指楚国,直接起因是讨伐楚国的附庸蔡国,更深层的战略考虑是威慑正在崛起的楚国。不过,齐、楚双方都互相忌惮,因此并未直接交锋,而是各自让步之后签订盟约。

《孟子·尽心下》所谓的"春秋无义战"意为:春秋时期没有正义的战争。春秋时期是一个诸侯混战的时代,各个诸侯国都是为实际利益(如攻城略地、抢夺财富等)而战。儒家认为,"礼乐征伐自天子出"才是合乎义的,而春秋时期"礼崩乐坏""礼乐征伐自诸侯出",故没有合乎义的战争。齐桓公为伐蔡寻找的借口显然是站不住脚的,无法掩盖其恃强凌弱的本来面目。这一典型事例恰恰说明了春秋时期多数战争的非正义性质,更多的则是"强者为王"的竞争逻辑。

> 思考讨论
>
> 试比较分析屈完、管仲、齐桓公三个人物形象。

宫之奇谏假道

晋荀息请以屈产之乘与垂棘之璧[1],假道于虞以伐虢[2]。公曰:"是吾宝也[3]。"对曰:"若得道于虞,犹外府也[4]。"公曰:"宫之奇存焉[5]。"对曰:"宫之奇之为人也,懦而不能强谏。且少长于君,君昵之[6];虽谏,将不听。"乃使荀息假道于虞,曰:"冀为不道[7],入自颠𫐄[8],伐鄍三门[9]。冀之既病[10],则亦唯君故。今虢为不道,保于逆旅[11],以侵敝邑之南鄙[12]。敢请假道,以请罪于虢[13]。"虞公许之,且请先伐虢。宫之奇谏,不听,遂起师[14]。夏,晋里克、荀息帅师会虞师[15],伐虢,灭下阳[16]。

(选自《左传·僖公二年》)

注释

［1］晋：姬姓国，在今山西省西南部。荀息：晋国大夫。屈产之乘：屈地出产的骏马。屈，晋国城邑，在今山西省吉县，出产良马。乘，四匹马，这里用作马的泛称。垂棘之璧：垂棘出产的美玉。垂棘，地名，在今山西省潞城，出产美玉。　　［2］假(jiǎ)道：借路。虞(yú)：姬姓国，在今山西平陆县东北。虢(guó)：姬姓国，在今山西平陆县南。虞在晋之南，虢又在虞之南。晋伐虢，须经虞国境内。　　［3］公：晋献公，名诡诸。是：代词，指代上述骏马和美玉。　　［4］外府：外面的仓库。这句的意思是，晋国终将会灭掉虞国，现在这些宝贝只是暂时寄存在它那里。　　［5］宫之奇：虞国大夫，贤臣。存：在。［6］昵：亲近。这里含有不尊重的意思。　　［7］冀：国名，在今山西河津东北。不道：无道。　　［8］颠軨(líng)：又叫虞坂，是穿越中条山的通道，在今山西省平陆县北。　　［9］鄍(míng)：虞国地名，在今山西省平陆县东北。　　［10］病：削弱，受损。此句指晋曾助虞伐冀，使其受损。这是提醒虞国要感恩。　　［11］保于逆旅：指虢国在晋国边境借旅舍建堡垒，抢夺财物。保，堡垒。这里作动词，指修筑堡垒。逆旅，客舍。［12］敝邑：谦称，指晋国。南鄙：南部边境。　　［13］请罪：问罪。请罪于虢：外交辞令，意思就是跟虢国开战。［14］起师：出兵。　　［15］里克：晋大夫，又称里季。［16］下阳：虢国故都，在今山西平陆县南。

译文

晋国的荀息请求用屈地出产的马和垂棘出产的璧玉向虞国借路来进攻虢国。晋献公说:"这是我的宝物啊!"荀息回答说:"如果向虞国借到了路,东西放在虞国,就像放在宫外的库房里一样。"晋献公说:"宫之奇还在那里。"荀息回答说:"宫之奇的为人,懦弱而不能坚决进谏,而且从小就和虞君在宫里一起长大,虞君对他亲昵,虽然进谏,虞君不会听从的。"于是晋献公就派荀息到虞国去借路,说:"冀国无道,从颠轹入侵,围攻虞国鄍邑的三面城门。敝国伐冀而使冀国受到损失,也是为了君王的缘故。现在虢国无道,在客舍里筑起堡垒,来攻打敝国的南部边境。谨大胆地请求贵国借路,以便到虢国去问罪。"虞公答应了,而且自己请求先去进攻虢国。宫之奇劝阻,虞公不听,就带兵进攻虢国。夏季,晋国的里克、荀息领兵会合虞军,进攻虢国,灭亡了下阳。

晋侯复假道于虞以伐虢。宫之奇谏曰:"虢,虞之表也[1];虢亡,虞必从之[2]。晋不可启[3],寇不可翫[4]。一之谓甚[5],其可再乎[6]?谚所谓'辅车相依,唇亡齿寒'者[7],其虞、虢之谓也。"公曰:"晋,吾宗也[8],岂害我哉?"对曰:"大伯、虞仲,大王之昭也[9];大伯不从[10],是以不嗣[11]。虢仲、虢叔[12],王季之穆也;为文王卿士[13],勋在王室,藏于盟府[14]。将虢是灭[15],何爱于虞?且虞能亲于桓、庄乎[16]？其爱之也[17]，桓、庄之族何罪？而以为戮[18]，不唯逼乎？亲以宠逼，犹尚害之，况以国乎？"公曰："吾享祀丰絜[19]，神必据我[20]。"对曰："臣闻之，鬼神非人实亲，惟德是依[21]。故《周书》曰[22]：'皇天无亲，惟德是辅[23]。'又曰：'黍稷非馨[24]，明德惟馨[25]。'又曰：'民不易物[26]，惟德繄物[27]。'如是，则非德，民不和，神不享矣。神所冯依[28]，将在德矣。若晋取虞，而明德以荐馨香[29]，神其吐之乎[30]？"弗听，许晋使。宫之奇以其族行[31]，曰："虞不腊矣[32]。在此行也，晋不更举矣[33]。"

注释

[1] 表：外面的衣服。这里指外围的屏障。　　[2] 从之：跟着(灭亡)。　　[3] 启：开。这里指使晋国张大其野心。[4] 寇：外敌。翫(wán)：同"玩"，轻视。　　[5] 甚：过分，厉害。　　[6] 其：岂。　　[7] 谚：俗语。辅：车厢两旁的木板。古代的车，前面有轼，两旁有板(辅)，后面空无遮拦以便上下。车载物或乘坐，必须有辅遮护，所以车和辅是互相依存的。这句谚语以车和人作比喻，指双方互相依存，一损俱损。这里用来比喻虞国和虢国的关系。　　[8] 宗：同宗。晋、虞、虢都是姬姓国，同一祖先。　　[9] "大伯"二句：此句之"昭"和下文之"穆"，都

指古代宗庙里神主的位次。宗庙中神主的摆放(包括墓地的排列),根据辈次,以始祖居中,左昭右穆。即始祖之后的第一、三、五、七等奇数的代排列在左,为昭;第二、四、六、八等偶数的代排列在右,为穆。周代以后稷为始祖,大王是后稷第十二代孙,属偶数代,为穆。大伯、虞仲都是周太王(即大王)的儿子,是后稷的十三代孙,属于奇数代,为昭。　　[10] 从:跟随。大伯和虞仲知道大王想传位给他们的弟弟季历(即王季),于是一起出走给季历让位,所以不跟随在大王之侧。　　[11] 是以:因此。嗣:继承(王位)。　　[12] 虢仲、虢叔:都是王季的儿子,周太王的孙子,是虢国的开国君主。　　[13] 卿士:执政大臣。　　[14] 盟府:掌管盟誓和其他重要档案的政府部门。　　[15] 将虢是灭:"将灭虢"的倒装。　　[16] "且虞"二句:顺序前后颠倒。桓、庄,曲沃桓叔和曲沃庄伯,是晋献公的曾祖父和祖父。下句的"桓、庄之族",指这两人的非嫡长子孙,即晋献公的同祖兄弟。[17] 其,指晋。之,指虞。　　[18] 而以为戮:指晋献公用士蒍之谋,尽诛同族公子。戮,杀害。详见《左传·庄公二十三年》《左传·庄公二十四年》《左传·庄公二十五年》。　　[19] 丰:丰盛。絜(jié):同"洁",清洁,整洁。　　[20] 据:依附,即保佑之意。　　[21] "鬼神"二句:"鬼神非亲人,惟依德"的倒装。"实"和"是"都是结构助词,将宾语提前了。　　[22]《周书》:《尚书》的一部分。　　[23] 辅:辅佐,这里指保佑。这里所引《周书》已经失传。大意是只有德行完美才能获得上天的眷顾。　　[24] 黍(shǔ):黍子,去皮后叫黄米,色黄而黏。稷:小米,北方称谷子。黍稷是古代祭祀常用的谷物。馨:散布很远的香气。　　[25] 明德:使德明。惟:句中语气词,有判断的作用。　　[26] 易:改变。

[27] 繄(yī)：动词，相当于"是"。　　[28] 冯(píng)：同"凭"，依附。　　[29] 荐：献。　　[30] 吐：指不享祭品。　　[31] 以其族行：带着家族的人离开。以，率领。　　[32] 腊：年终的大祭，这里用作动词。　　[33] 更：再。举：指出兵。

译文

　　晋献公再次向虞国借路进攻虢国。宫之奇劝阻说："虢国是虞国的外围，虢国灭亡，虞国必定跟着完蛋。晋国的野心不能让他打开，引进外国军队不能忽视。一次已经够了，难道还可以来第二次吗？俗话说的'大车的板和车子互相依存，嘴唇缺了，牙齿便受冷寒'，这说的就是虞国和虢国的关系。"虞公说："晋国是我的宗族，难道会害我吗？"宫之奇回答说："太伯、虞仲，是太王的儿子。太伯没有随侍在侧，所以没有继位。虢仲、虢叔，是王季的儿子，做过文王卿士，功勋在于王室，受勋的记录还藏在盟府。晋国准备灭掉虢国，对虞国又有什么可爱惜的？况且虞国能比晋国的桓叔、庄伯更加亲近吗？如果他们爱惜桓叔、庄伯，这两个家族有什么罪过，但是却被杀戮，不就是因为使他们感受到威胁吗？亲近的人由于受宠就威胁公室，尚且被无辜杀害，何况对一个国家呢？"虞公说："我祭祀的祭品丰盛又清洁，神明必定保佑我。"宫之奇回答说："下臣听说，鬼神并不是亲近哪一个人，而只是依从有德行的人，所以《周书》说：'上天没有私亲，只对有德行的才加以辅助。'又说：'祭祀的黍稷不芳香，美德才芳香。'又说：'百姓不能变更祭祀的物品，只有德行才可以充当祭祀的物品。'这样看来，那么没有德行，百姓就不和，神明也就不来享用祭物了。神明所凭依的,就在于德行了。如果晋国占取了虞国,发扬美德作为芳香的祭品奉献于神明,神明难道会吐出来吗?"虞公不听,答应了晋国使者的要求。宫之奇带领了他的族人出走,说:"虞国过不了今年的腊祭了。就是这一次,晋国不必再次出兵了。"

……

冬,十二月丙子,朔[1],晋灭虢。虢公丑奔京师[2]。师还,馆于虞[3],遂袭虞,灭之。执虞公及其大夫井伯,以媵秦穆姬[4],而修虞祀[5],且归其职贡于王[6]。

(选自《左传·僖公五年》)

注释

[1] 朔:农历每月初一。　[2] 虢公丑:虢君,名丑。京师:周王朝的首都洛阳。　[3] 馆:馆舍。这里用作动词,指住宿。　[4] 媵(yìng):陪嫁的人或物品。秦穆姬:晋献公的女儿,秦穆公的夫人。　[5] 虞祀:周天子命令虞国所祭祀的虞国境内的山川之神。　[6] 职贡:劳役和贡赋。

译文

……

冬季,十二月初一日,晋国灭掉了虢国。虢公丑逃亡到京城。

晋军回国,住在虞国,乘机袭击虞国,灭亡了它。晋国人抓住了虞公和他的大夫井伯,把井伯作为秦穆姬的陪嫁随员,但并不废弃虞国的祭祀,而且把虞国的赋税归于周王。

文史链接

假途灭虢

选文写的是虞大夫宫之奇就晋侯向虞借道伐虢之事,对虞公的谏诤。宫之奇以敏锐的政治眼光,明确指出借道的必然后果是虞国的灭亡。文章分析精辟,说理透彻。

宫之奇的三段议论,从三个不同的角度论述了晋借道之利害。首段,从当前虢、虞的位置关系出发,以"唇亡齿寒"作比,一针见血地点明了晋灭虢对虞国的直接威胁;第二段,以历史事实为据,驳斥了虞公同宗不会相残的观点;第三段,以"黍稷非馨,明德惟馨""神所冯依,将在德矣"等古书理论为据,捅破了虞公靠神保佑的希望。三段论述紧紧围绕一个主旨,充分说明了"虢亡,虞必从之"的道理,表现出一个成熟政治家对政治斗争残酷性的清醒认识和一个忠臣对国家前途的深谋远虑。

选文结构严谨,详略得当,语言简练。开篇用一句话交代事件背景,紧接着用大量的篇幅写宫之奇的谏言。结尾以十几个字写明虞公不听劝谏的下场,不仅与篇首相照应,且进一步以事实证明了宫之奇的远见卓识和虞公的昏聩愚蠢。

宫之奇的谏言,处处扣住一个"德"字,反映出虞大夫的德治思想。他认为君主实行德治,才能得到民众的拥护,引用《周书》

中的典故,用以向虞公谏言,强调人的作用,重视民的作用,间接反映出他希望虞公施行德政,爱民以巩固国家的民本思想。

晋国的强大是从晋献公开始的,他扩张的成名一役就是"假途伐虢",其策略被奉为兵家经典。晋国、虞国、虢国的领土都在今山西南部,大抵由北向南排列,虢国部分土地在今天河南三门峡的南面。晋国要向南称霸中原,向西遏制秦国,就得占领这两个咽喉要地。虞、虢两国关系密切,以晋国的实力,难以同时对付两国,于是晋人先用离间计隔绝两国关系,然后各个击破。这就是《孙子兵法》里说的"伐交"计谋。"假途伐虢"的策略充分体现了晋军"兵行诡道"的特点,跟其他大国以堂堂之阵、正正之旗正面交锋不一样,晋人喜欢使诈,工于用计。这一点在以后的多场战役中都有体现。

虞国虽然有宫之奇这样的明眼忠臣,但是晋国显然事先在"信息战"中就赢得了胜利:荀息敏锐地洞察到了虞君和宫之奇的微妙关系,断定前者不会听从后者的警告。能抓住这个破绽开笔,《左传》作者的高明由此可见一斑。

思考讨论

1. 假途灭虢是如何体现《孙子兵法》"伐交"计谋的?
2. 试分析比较宫之奇与虞君这两个人物形象。

晋国骊姬之乱

初,晋献公欲以骊姬为夫人[1],卜之[2],不吉；筮之[3]，吉。公曰："从筮。"卜人曰："筮短龟长[4]，不如从长。且其繇曰[5]：'专之渝[6]，攘公之羭[7]。一薰一莸[8]，十年尚犹有臭。'必不可！"弗听，立之。生奚齐，其娣生卓子。

注释

[1]骊姬：晋献公的宠妃。　　[2]卜：用龟甲占卜。[3]筮(shì)：用蓍(shī)草占卜。　　[4]短：指不灵验。长：指灵验。　　[5]繇(zhòu)：记录占卜结果的兆辞。　　[6]专之：指专宠骊姬。渝：变。　　[7]攘：夺去。羭(yú)：公羊。这里暗指太子申生。　　[8]薰：香草。莸(yóu)：臭草。

译文

当初，晋献公想立骊姬做夫人，用龟甲来占卜，不吉利；用蓍草占卜，吉利。献公说："听从蓍草所占卜的结果。"占卜的人说："蓍草之数短而龟象却长，不如按照龟卜。而且它的繇辞说：'专宠会使人心生不良，将要偷走您的公羊。香草和臭草放在一起，十年以后还会有臭气。'一定不可以。"晋献公不听，立了骊姬。骊姬生了奚齐，她随嫁的妹妹生了卓子。

及将立奚齐，既与中大夫成谋[1]，姬谓大子曰[2]："君梦齐姜[3]，必速祭之！"大子祭于曲沃[4]，归胙于公[5]。公田，姬置诸宫六日。公至，毒而献之[6]。公祭之地，地坟[7]。与犬，犬毙。与小臣[8]，小臣亦毙。姬泣曰："贼由大子[9]。"大子奔新城[10]。公杀其傅杜原款。

注释

[1] 中大夫：晋国官名，指里克。成谋：定好计，有预谋。[2] 大子：太子，指申生。　[3] 齐姜：申生的亡母。[4] 曲沃：晋国的旧都，在山西闻喜县东。　[5] 胙（zuò）：祭祀时用的酒肉。　[6] 毒：投毒，放毒药。　[7] 祭之地：用酒祭地。坟：土堆。　[8] 小臣：在宫中服役的小官。[9] 贼：谋害。　[10] 新城：指曲沃。

译文

等到打算立奚齐做太子，骊姬已经和中大夫定了计谋。骊姬对太子说："国君梦见你母亲齐姜，你一定要赶快祭祀她。"太子到曲沃祭祀，把祭酒祭肉带回来给献公吃。献公刚好出外打猎，骊姬把酒肉放在宫里过了六天。献公回来，骊姬在酒肉里下毒药而献上去。献公以酒祭地，地土突起像坟堆。把肉给狗吃，狗就死掉；给宦官吃，宦官也死了。骊姬哭着说："阴谋来自太子那里。"太子逃亡到新城，献公杀了他的保傅杜原款。

或谓大子:"子辞[1],君必辩焉[2]。"大子曰:"君非姬氏,居不安,食不饱。我辞,姬必有罪。君老矣,吾又不乐。"曰:"子其行乎?"大子曰:"君实不察其罪,被此名也以出[3],人谁纳我[4]?"十二月戊申,缢于新城[5]。

注释

[1] 辞:申辩,辩解。　　[2] 辩:辩白,追究是非。　[3] 被:蒙受,带着。此名:指杀父的罪名。　　[4] 人谁:谁人。纳:收容。　　[5] 缢:吊死。

译文

有人对太子说:"您如果声辩,国君是必定能弄清楚的。"太子说:"国君没有骊姬,居不安,食不饱。我如果声辩,骊姬必定有罪。国君年纪老了,骊姬有罪会使国君不高兴,我也会忧郁不乐的。"说:"那么您逃走吧!"太子说:"国君还没有查清我的罪过,带着这个名义出去,别人谁会接纳我?"十二月二十七日,太子吊死在新城。

姬遂谮二公子曰[1]:"皆知之。"重耳奔蒲[2],夷吾奔屈[3]。

(选自《左传·僖公四年》)

注释

[1] 谮(zèn)：诬陷，中伤。二公子：指重耳和夷吾。[2] 重耳：晋献公的次子，申生的异母弟，后为晋文公。蒲：重耳的采邑，在今山西限县西北。　[3] 夷吾：晋献公之子，申生的异母弟，后为晋惠公。屈：夷吾的采邑，在今山西吉县。

译文

骊姬就诬陷两位公子说："太子的阴谋他们都参与了。"于是重耳逃亡到蒲地，夷吾逃亡到屈地。

初，晋侯使士蔿为二公子筑蒲与屈[1]，不慎，置薪焉。夷吾诉之。公使让之。士蔿稽首而对曰："臣闻之：'无丧而慼[2]，忧必仇焉[3]；无戎而城，仇必保焉[4]。'寇仇之保，又何慎焉？守官废命[5]，不敬；固仇之保，不忠。失忠与敬，何以事君？《诗》云：'怀德惟宁，宗子惟城[6]。'君其修德而固宗子，何城如之？三年将寻师焉[7]，焉用慎？"退而赋曰："狐裘尨茸[8]，一国三公，吾谁适从[9]？"

注释

[1] 士蔿：晋国大夫。　[2] 慼(qī)：忧愁，悲伤。

[3]仇：怨。　[4]仇：仇敌。保：守。　[5]守官：在职的官员。废命：不接受君命。　[6]这两句诗出自《诗·大雅·板》。怀德：心存德行，不忘修德。宗子：周姓子弟。　[7]寻师：用兵。　[8]狐裘：大夫的服饰，龙茸(méng róng)：蓬松杂乱的样子。　[9]适：跟从。

译文

当初，晋献公派士蔿为两位公子在蒲地和屈地筑城，不小心，城墙里放进了木柴。夷吾告诉晋献公。晋献公派人责备士蔿。士蔿叩头回答说："臣听说：'没有丧事而悲伤，忧愁必然跟着来到；没有兵患而筑城，国内的敌人必然据作守卫之用。'敌人既然可以占据，哪里用得着谨慎？担任官职而不接受命令，这是不敬；巩固敌人可以占据的地方，这是不忠。没有忠和敬，怎么能侍奉国君？《诗经》说：'心存德行就是安宁，宗室子弟就是城池。'君王只要修养德行而使同宗子弟的地位巩固，哪个城池能比得上？三年以后就要用兵，哪里用得着谨慎？"退出去赋诗说："狐皮袍子蓬蓬松松，一个国家有了三个主人翁，究竟我该一心跟从谁？"

及难[1]，公使寺人披伐蒲[2]。重耳曰："君父之命不校[3]。"乃徇曰[4]："校者，吾仇也。"踰垣而走。披斩其袪[5]。遂出奔翟[6]。

（选自《左传·僖公五年》）

注释

[1] 及难：等到灾祸发生。　　[2] 寺人：阉人。披：人名。
[3] 校：违抗。　　[4] 徇：遍告，布告。　　[5] 袪(qū)：袖口。
[6] 翟：同"狄"，古时中国北方的少数民族。

译文

等到发生祸难，晋献公派遣寺人披攻打蒲地。重耳说："国君和父亲的命令不能违抗。"并通告说："抵抗的就是我的敌人。"重耳越墙逃走，寺人披砍掉了他的袖口，最后他逃亡到翟国。

　　六年春，晋侯使贾华伐屈[1]。夷吾不能守，盟而行。将奔狄，郤芮曰[2]："后出同走，罪也，不如之梁[3]。梁近秦而幸焉[4]。"乃之梁。

（选自《左传·僖公六年》）

注释

[1] 贾华：晋国大夫。　　[2] 郤芮(xì ruì)：晋国大夫。
[3] 之：去，往。梁：诸侯国名，嬴姓，在今陕西韩城县南。
[4] 秦：诸侯国名，嬴姓，在今陕西凤翔县。幸：宠信。

译文

(鲁僖公)六年春季,晋献公派遣贾华率军进攻屈地。夷吾守不住,和屈人订立盟约然后出走。准备逃亡到狄,郤芮说:"在重耳之后离开而且同样逃到狄,这就表明你有同谋的罪过。不如去梁国。梁国接近秦国而又得到它的信任。"于是夷吾就到了梁国。

文史链接

骊姬之乱的历史影响

骊姬之乱指鲁僖公四、五、六年记载的在晋国发生的骊姬乱政的事。骊姬本是骊戎首领的女儿,公元前 672 年,被晋献公虏入晋国,成为其宠妃。骊姬生了一个儿子奚齐,为给奚齐争取继承晋国国君的地位,她运用计谋离间了献公与三个王子申生、重耳、夷吾父子兄弟之间的感情,并设计害死了太子申生,制造了所谓的"骊姬之乱"。

晋献公即位之后,采纳大臣士芳"利用矛盾,各个击破"的谋略,相继除掉了当时有一定势力的桓叔、庄伯的群公子,消灭了公族,铲除了内部隐患,然后,外拓疆土,翦灭了沈、姒、蓐、黄、霍、虞、冀、虢、耿、郇、魏、杨、瑕、黎、贾、芮、韩、翟十八个国家,镇服了周边邻国,使晋国空前强大起来,为日后晋国进一步崛起,晋文公称霸中原打下了坚实的基础。《韩非子·难二》中对晋献公"继文绍武"、开疆拓土,做出了极高的评价:"献公并国十七,服国三十八,战十有二胜,是民之用也。"晋国经过献公拓土,由偏居一隅深山小国，一跃而为一等诸侯国。司马迁评价他："当此时，晋强，西有河西，与秦接境，北边狄，东至河内。"但是，晋献公晚年溺于酒色，"骊姬之乱"祸及三个儿子、一个孙子、十几位大臣，太子申生自杀，重耳、夷吾出逃，皆成为骊姬阴谋诡计的牺牲品。此时，正是晋国二次伐虢、灭虞的时候，晋国还在发展中，骊姬之乱的影响到献公死后才表现出来。

公元前651年，晋献公病逝，去世前托孤于大夫荀息。后荀息扶立奚齐为君，但此时晋国国内对新君的意见并不统一，同年十月中大夫克里联合大夫丕郑率兵将奚齐杀死，十一月又杀死卓子并鞭杀了骊姬。这场延续三十年的变乱使晋国遭到极大的损失。"骊姬之乱"暂时中断了晋国蓬勃的发展进程，从公元前651年到前636年的十五年间，晋国政治局势很不稳定，在此期间，惠公去世，怀公继位，但直到晋文公归国才彻底结束了"骊姬之乱"的影响。在外流亡十九年的公子重耳回国即位，通过城濮之战使晋国登上霸主的宝座，成为"春秋五霸"之一。

思考讨论

1. 简要概述"骊姬之乱"的来龙去脉。
2. 结合史实，谈谈"骊姬之乱"对历史发展的影响。

齐桓下拜受胙

夏，会于葵丘[1]，寻盟[2]，且修好，礼也。

注释

[1] 葵丘：今河南兰考县境内。　　[2] 寻：重申旧事。前一年，齐桓公曾在曹国会集诸侯，所以这次集会称"寻盟"。

译文

（鲁僖公九年）夏天，齐桓公在葵丘与各国诸侯聚会，为的是重申原来的盟誓，使大家更加和好，这是合乎礼制的。

王使宰孔赐齐侯胙[1]，曰："天子有事于文、武[2]，使孔赐伯舅胙[3]。"齐侯将下、拜[4]。孔曰："且有后命——天子使孔曰：'以伯舅耋老[5]，加劳[6]，赐一级，无下拜。'"对曰："天威不违颜咫尺[7]，小白[8]，余敢贪天子之命，无下拜？——恐陨越于下[9]，以遗天子羞。敢不下拜？"下，拜；登，受[10]。

（选自《左传·僖公九年》）

注释

[1] 宰孔：宰是官，孔是名，周王室的卿士。齐侯：指齐桓公。胙：祭祀用的肉。周王赐给异姓诸侯祭肉，是一种优礼。

[2] 有事：有祭事。事，指祭祀。文武：周文王和周武王。
[3] 伯舅：天子称异姓诸侯叫伯舅。天子称同姓诸侯曰伯父或叔父。　　[4] 下、拜：指降于两阶之间，北面再拜稽首。下指降于阶下，拜包括再拜稽首，此为当时臣对君之礼。　　[5] 耋(dié)老：同义联绵词，指老年，七八十岁。耋，年七十为耋。
[6] 加劳：加上有功劳于王室。周襄王因得齐桓公的支持，才能继承王位。　　[7] 违：离。颜：颜面。咫：八寸。咫尺：形容很近。　　[8] 小白：齐桓公名。　　[9] 陨越：颠坠。于下：诸侯对周王而言。　　[10] 登，受：登即觐礼之"升堂拜"，此为当时习惯，不言可知，故以"登，受"二字概之。

译文

周襄王派宰孔赏赐齐侯一块祭肉。宰孔说："天子正忙于祭祀文王、武王，特派我来，赏赐伯舅一块祭肉。"齐侯刚要下阶拜谢。宰孔说："且慢，后面还有命令哩。天子命我告诉您：'伯舅年纪大了，加之对王室有功，特赐爵一级，不必下阶拜谢。'"齐桓公答谢："天子的威严，离我不过咫尺，小白我岂敢贪受天子之命'不下拜'？果真那样，只怕就会垮台，使天子也蒙受羞耻。怎敢不下阶拜谢！"下阶，拜谢；登堂，领赏。

文史链接

"葵丘之会"与"齐桓公始霸"

公元前651年，齐桓公在葵丘（今河南兰考东）大会诸侯，参加会盟的有齐、鲁、宋、卫、郑、许、曹等国的国君,周天子也派代表参加。会上订立盟约,"凡我同盟之人,既盟之后,言归于好"(《左传·僖公九年》)。还规定同盟诸国不要乱筑堤防,使邻国受水害;不要囤积粮食,使受灾之国买不到粮;不要擅以田邑封给卿大夫,而不报告天子,即《孟子·告子下》所云"无曲防,无遏籴,无有封而不告"。这次会盟史称"葵丘之会"。从此,齐桓公成了中原诸侯的霸主(盟主),得以挟天子以令诸侯。由于齐桓公称霸之事史无前例,故史称"齐桓公始霸"。

齐桓下拜受胙的多重意涵

《齐桓下拜受胙》选自《左传·僖公九年》,题目为原编者所加。《史记·齐太公世家》载:"周襄王使宰孔赐桓公文武胙、彤弓矢、大路,命无拜。桓公欲许之,管仲曰:'不可',乃下拜受赐。"据此,齐桓公的下拜受胙,应该是听从了管仲的建议。

胙是祭祀用的肉。按照周朝礼节,胙是天子祭祀社稷宗庙的物品,事后只能赐予宗室,也就是和天子同姓的诸侯。在异姓的诸侯之中,则只有夏、商二王的后代才能得到,这一项规定是周天子对前代帝王的礼让,因这两朝相隔不甚久远,其后人身份很明确。齐桓公非姬姓宗室,亦非夏、商二王的后代,没有受赏的资格。

周襄王对齐桓公的破例嘉奖,原因很多,主要有三点:一、出自本心。周襄王继位是齐桓公促成的。周惠王病重的时候,当时还是世子的周襄王遣使到齐国,齐桓公决定邀请诸侯会盟。周惠王驾崩后,按照齐桓公的安排,周襄王不发丧,等候齐桓公,随后八国诸侯扶保襄王登基。此外,在周襄王之弟叔带勾结戎翟谋伐的危急关头,齐桓公派管仲、隰朋救驾,消灭了西戎军队。周襄王要以上卿的礼节待管仲,管仲坚辞,最后只受下卿之礼。二、由于齐桓公特殊的地位。春秋时期,礼崩乐坏。此时的周天子徒有虚名,并无实力,新兴诸侯势力强大,周礼早已失去统摄的约束力。齐桓公是五霸之首,打着"尊王攘夷"的旗号,统率诸侯三十多年,对于周襄王来说实为劳苦功高。周襄王对齐侯的特殊礼遇,不无讨好巴结之嫌,企盼霸主尊周,以维持周王朝的生存和面子。三、齐桓公之祖姜子牙和王室有特殊关系,周襄王也就给予他特殊的礼遇。

齐桓公以"尊王"的诸侯伯长姿态拜谢周天子的赏赐,并且严守礼仪法制,此举别有用心。傲视群雄的齐桓公在接受周天子赏赐时却表现出受宠若惊,诚惶诚恐的情态,非但谦恭有礼,甚至近乎虚伪做作。当周王室太宰孔代表周王赏祭肉,并传言他年迈,不要下拜时,齐桓公则坚持要下拜。选文中"下,拜;登,受"四个字细腻传神地表达了他这四个程式化的动作,一气呵成。在周礼逐渐被淡忘的年代,齐桓公这一举动令那些遗老遗少大为感动。齐桓公这样做的原因很多:一、借周天子的名号,使自己的霸权合法化,借以巩固自己在诸侯中的地位,继续"尊王攘夷","挟天子以令诸侯"。二、晋国、秦国、楚国等大国的崛起,使齐桓公深切感受到盟主地位已开始受到威胁,此时需要一些小诸侯国的支持以壮声势,周王室的支持无疑对他提高个人威望十分有利。

《左传》作者在评价历史人物的准则与当时儒家"尊王"的宗旨是一致的,所以文章在平稳朴实中仍可见到作者对齐桓公的赞许之意。

> 思考讨论
>
> 结合历史背景,谈谈你对"齐桓公下拜受胙"一事的看法。

欲加之罪,何患无辞

夏四月,周公忌父、王子党会齐隰朋立晋侯[1]。晋侯杀里克以说[2]。将杀里克,公使谓之曰:"微子[3],则不及此。虽然,子弑二君与一大夫,为子君者,不亦难乎?"对曰:"不有废也,君何以兴?欲加之罪,其无辞乎[4]?臣闻命矣。"伏剑而死。于是邳郑聘于秦[5],且谢缓赂[6],故不及[7]。

(选自《左传·僖公十年》)

> 注释

[1]周公忌父:宰孔。王子党:周大夫。　[2]以说:指以示讨好之义。　[3]微:无。只用于无主语假设分句,意为若无。　[4]其:用作"岂"。　[5]邳(pī)郑:姬姓,邳氏,"邳"通"祁",名郑(一名郑父)。晋国卿大夫,晋献侯之后,晋献公之爪牙,里克之党。　[6]且谢缓赂:指所许之赂缓与之,致歉

意。　　[7]不及：不及此难。

译文

(鲁僖公十年)夏季,四月,周公忌父、王子党会合齐国的隰朋立了晋惠公。晋惠公除掉里克表示讨好。除掉里克以前,晋惠公派人对他说:"如果没有您,我就做不了晋君。尽管如此,您杀了两个国君一个大夫,做您国君的人,不也太难了吗?"里克回答说:"没有奚齐、卓子的被废,君王怎么能兴起? 要给人加上罪名,还怕没有话说吗? 下臣知道国君的意思了。"说完,伏剑而死。当时邳郑正在秦国聘问,也是为了推迟割让国土而去致歉,所以没有碰上这场灾祸。

文史链接

欲加之罪　何患无辞

"欲加之罪,何患无辞"指欲加害于人,即使无过错,也可以罗织罪名作为理由。

春秋时期,晋献公宠爱骊姬。当时,晋献公已经立了申生为太子,准备让他继位,可骊姬想让自己的儿子奚齐当国君,于是她千方百计地陷害申生,最终申生自杀身亡,申生的两个哥哥重耳和夷吾逃亡国外。后来,晋献公病重,托孤于大夫荀息,嘱咐其辅佐奚齐当国君。荀息答应了。晋献公死后,晋国大乱。大夫里克,原为太子申生的副将,觉得申生死得太冤枉,一心想为申生报仇。奚齐即位不久，他便借机杀了奚齐。荀息只好又立了奚齐的弟弟卓子当国君，里克又杀了卓子。这时候，流亡秦国的夷吾回国当上了国君，这就是晋惠公。晋惠公刚当上国君，对里克说："你杀掉了两个国君和一个大夫，我如果不杀你，别人就不会服我。你受死吧。"里克不但不害怕，还冷笑着说："如果我不杀他们，能轮到你来当这个国君吗？你既然已经打定主意把罪名加到我头上，还怕找不到理由吗？"于是，他自己扑到剑上结束了自己的生命。

这个故事就是成语"欲加之罪，何患无辞"的由来。里克的原话为"欲加之罪，其无辞乎"，后来演变为"欲加之罪，何患无辞"，广为流传。

思考讨论

除了选文之外，你还能想到哪些"欲加之罪，何患无辞"的历史故事。

秦晋韩之战

晋侯之入也[1]，秦穆姬属贾君焉[2]，且曰"尽纳群公子[3]"。晋侯烝于贾君[4]，又不纳群公子，是以穆姬怨之。晋侯许赂中大夫，既而皆背之。赂秦伯以河外列城五[5]，东尽虢略[6]，南及华山[7]，内及解梁城[8]，既而不与。晋饥，秦输之粟[9]；秦饥，晋闭之籴[10]，故秦伯伐晋。

注释

[1] 晋侯：晋惠公。　　[2] 属：通"嘱"，嘱托。贾君：晋献公次妃。　　[3] 群公子：献公之子九人，除申生、奚齐、卓子已死，夷吾立为君外，尚有重耳等五人，即所谓群公子。　　[4] 烝(zhēng)：与长一辈妇女通奸。贾君为惠公嫡长嫂，故用烝字。[5] 河外：指河西与河南，黄河自龙门至华阴，自北而南，晋都于绛，故以河西与河南为外。河外列五城，举其成数。　　[6] 虢略：在今河南省灵宝县。　　[7] 华山：华山为秦、晋之界。[8] 内：即河内。解梁城：即今山西省永济县伍姓湖北之解城。其不在列城五之数，盖包有余邑。　　[9] 秦输之粟：事在僖公十三年。　　[10] 籴(dí)：买进粮食，与"粜(tiào)"相对。晋闭之籴：事在僖公十四年。

译文

晋惠公回国继承君位的时候，秦穆姬把贾君嘱托给他，而且说："把公子们都接回国内。"晋惠公和贾君通奸，又不接纳公子们回国，由此穆姬就怨恨他。晋惠公曾经答应给中大夫送礼，后来也都不给了。还答应给秦穆公黄河以西和以南的五座城，东边到虢略镇，南边到华山，还有黄河之内的解梁城，后来都不兑现。晋国有饥荒,秦国给它运送粟米;秦国有饥荒,晋国却拒绝秦国买粮,所以秦穆公攻打晋国。

卜徒父筮之[1],吉:"涉河,侯车败[2]。"诘之[3],对曰:"乃大吉也。三败,必获晋君。其卦遇《蛊》☵,曰:'千乘三去,三去之余,获其雄狐[4]。'夫狐《蛊》[5],必其君也。《蛊》之贞,风也;其悔,山也[6]。岁云秋矣[7],我落其实,而取其材[8],所以克也。实落、材亡,不败,何待?"

注释

[1] 卜徒父:秦之卜人,名徒父。据《周礼·春官·大卜》,掌三兆、三易、三梦之法,是古之筮(shì)亦兼掌于卜人。　　[2] 涉河,侯车败:此盖筮词,言晋侯之车败。侯车,公侯之车。[3] 诘(jié):细问,穷问,追问。诘之:细问何以吉。　　[4] "千乘"句:此盖爻辞。今《周易》无其文。　　[5] 狐《蛊》:所筮得《蛊》卦,狐《蛊》即雄狐之变辞。　　[6] "《蛊》之贞"句:《蛊》之内卦为贞,外卦为悔。《蛊》卦为《巽》《艮》两卦所构成,《巽》为内卦(下体)为风,《艮》为外卦为山。　　[7] 云:为语中助词,无义。　　[8] 我落其实,而取其材:《巽》为内卦,自秦言之,代表本国;《艮》为外卦,代表敌国。秦为风,晋为山,风经山上,故附会

有落实取材之象。

译文

卜徒父用筮草占卜,吉利:"渡过黄河,毁坏侯的车子。"秦穆公仔细追问,卜徒父回答说:"这是大吉大利。晋军连败三次,晋国国君必然被俘获。这一卦得到《蛊》☷,爻辞说:'三次驱除一千辆兵车,三次驱除之余,获得了那条雄狐。'雄狐指的一定是他们的国君。《蛊》的内卦是风,外卦是山。时令到了秋天了,我们的风吹过他们山上,吹落了他们的果实,还取得他们的木材,所以能战胜。果实落地而木材丢失,不打败仗还等待什么?"

三败及韩[1]。晋侯谓庆郑曰:"寇深矣,若之何[2]?"对曰:"君实深之[3],可若何!"公曰:"不孙[4]!"卜右,庆郑吉。弗使[5]。步扬御戎[6],家仆徒为右[7],乘小驷[8],郑入也[9]。庆郑曰:"古者大事[10],必乘其产[11],生其水土,而知其人心;安其教训,而服习其道[12];唯所纳之,无不如志。今乘异产[13],以从戎事,及惧而变[14],将与人易[15]。乱气狡愤[16],阴血周作[17],张脉偾兴[18],外强中干。进退不可,周旋不能,君必悔之。"弗听。

注释

[1] 三败及韩：晋军连打三场败仗，秦师至于韩原。韩大约在今山西河津一带。　　[2] 晋侯：晋惠公。庆郑：晋国大夫。寇深：敌人深入国境。　　[3] 深：使动用法，使敌人深入。[4] 不孙：不逊，无礼。孙，同"逊"。　　[5] 弗使：(恶其不逊) 不使用。　　[6] 步扬：姬姓，晋公族郤氏之后。食采于步，遂以为氏。御戎：给元帅驾车。惠公亲征，所以他是元帅。[7] 家仆徒：晋国大夫。　　[8] 小驷：郑所献马名小驷。[9] 入：纳，贡献，献纳。　　[10] 大事：指战争。《左传·成公十三年》云："国之大事，在祀与戎。"　　[11] 必乘其产：必以本国所产之马驾车。　　[12] 服习其道：指闲习其道路。服与习同义，服习是同义双音词。　　[13] 异产：非本国所产。[14] 及惧而变：因不知人心，不安其教训，不习其道路，故临战而惧。变，指反乎正常状态。　　[15] 易：反。违反御者之意。[16] 乱气狡愤：马之乱气狡戾而愤懑。　　[17] 阴血：血在身内，故云阴血。　　[18] 张脉偾(fèn)兴：青脉突起。脉，血管。偾，沸起。

译文

晋军三次战败，退到韩地。晋惠公对庆郑说："敌人深入了，怎么办？"庆郑回答说："君王让他们深入的，能够怎么办？"晋惠公说："答话放肆无礼！"占卜车右的人选，庆郑得吉卦。但是晋惠公不用他，让步扬驾驭战车，家仆徒作为车右。以从郑国来的小驷马驾车。庆郑说:"古代发生战争,一定要用本国的马驾车,出生在自己的水土上,知道主人的心意;安于受主人的调教,熟悉这里的道路;随你放在哪里,没有不如意的。现在用外国出产的马来驾车,从事战斗,等到一害怕而失去正常状态,就会不听指挥了。鼻子里乱喷粗气表示狡猾和愤怒,血液在全身奔流,使血管扩张凸起,外表强壮而内部枯竭,进也不能,退也不是,旋转也不能,君王必然要后悔。"晋惠公不听。

九月,晋侯逆秦师[1],使韩简视师[2]。复曰:"师少于我,斗士倍我[3]。"公曰:"何故?"对曰:"出因其资[4],入用其宠[5],饥食其粟,三施而无报[6],是以来也。今又击之,我怠、秦奋,倍犹未也。"公曰:"一夫不可狃[7],况国乎?"遂使请战,曰:"寡人不佞[8],能合其众而不能离也。君若不还,无所逃命。"秦伯使公孙枝对曰[9]:"君之未入,寡人惧之;入而未定列[10],犹吾忧也。苟列定矣,敢不承命。"韩简退曰:"吾幸而得囚。"

注释

[1]逆:迎击。　[2]韩简:晋国大夫。视师:侦察秦军虚实。　[3]斗士倍我:斗志超出我们一倍。　[4]出因其资:夷吾出奔,盖因秦之资助。　[5]入:秦纳之入国。

[6] 施:惠。　　[7] 狃(niǔ):轻侮。　　[8] 不佞(nìng):谦辞,不才,没本事。　　[9] 秦伯:秦穆公。公孙枝:秦国大夫。
[10] 定列:定位,君位安定。

译文

(鲁僖公十五年)九月,晋惠公将要迎战秦军,派韩简视察军队。韩简回来说:"军队比我们少,能奋力作战的人却倍于我们。"晋惠公说:"什么原因?"韩简回答说:"君王逃离晋国是由于他的资助,回国是由于他的宠信,有了饥荒吃他的粟米,三次给我们恩惠而没有报答,由于这样他们才来的。现在又将迎击他们,我方懈怠,秦国奋发,斗志岂止相差一倍啊!"晋惠公说:"一个人还不能轻侮,何况是国家呢?"于是就派韩简去约战,说:"寡人不才,能集合我的部下而不能让他们离散。君王如果不回去,我们将没有地方逃避命令。"秦穆公派公孙枝回答说:"晋君没有回国,我为他忧惧;回国后没有安定位置,还是我所担心的。如果君位已定,寡人敢不接受作战的命令吗?"韩简退下去说:"我如果能被俘囚禁就是幸运的。"

壬戌[1],战于韩原[2],晋戎马还泞而止[3]。公号庆郑[4]。庆郑曰:"愎谏、违卜[5],固败是求,又何逃焉?"遂去之[6]。梁由靡御韩简[7],虢射为右[8],辂秦伯[9],将止之[10]。郑以救公误之,遂失秦伯。秦获晋侯以归。晋大夫反首拔舍从之[11]。

秦伯使辞焉[12],曰:"二三子何其戚也[13]!寡人之从晋君而西也,亦晋之妖梦是践[14],岂敢以至[15]?"晋大夫三拜稽首曰[16]:"君履后土而戴皇天[17],皇天后土实闻君之言,群臣敢在下风。"

注释

[1]壬戌,九月十四日。　　[2]韩原:即韩。　　[3]戎马:给晋惠公驾车的马。还泞而止:小驷不调,陷进泥潭,盘旋出不来。还,盘旋。泞,泥泞。　　[4]公号庆郑:向庆郑呼号求救。　　[5]愎(bì)谏:指其不从勿用小驷之谏。违卜:指不用其为右。　　[6]去:离开。　　[7]梁由靡:晋将官。[8]虢射:晋将官。　　[9]辂(lù):迎,迎战。　　[10]止:获。　　[11]晋大夫:指郤乞等。反首:披头散发。拔舍:拔起宿营帐篷。从之:跟着俘虏了晋惠公的秦军西行。　　[12]辞:劝走。　　[13]戚:忧。　　[14]亦晋之妖梦是践:只践履晋之妖梦。亦,只。　　[15]以:太。至:甚。　　[16]三拜稽首:这是为将亡或已亡之国之人行的礼。古人有再拜稽首,三拜稽首属于变礼。　　[17]履后土而戴皇天:指顶天立地。

译文

(鲁僖公十五年)九月十四日,秦、晋两军在韩原作战。晋惠公的小驷马陷在烂泥中盘旋不出。晋惠公向庆郑呼喊求救。庆郑说："不听劝谏，违抗占卜，本来就是自取失败，为什么又要逃走呢？"于是就离开了。梁由靡驾韩简的战车，虢射作为车右，迎战秦穆公的战车，将要俘虏他。庆郑因为叫他们救援晋惠公而耽误，就使秦穆公走脱了。秦国俘虏了晋惠公。晋国的大夫披头散发，拔起帐篷，跟随晋惠公。秦穆公派使者辞谢说："你们几位为什么那样忧愁啊！寡人跟随晋国国君往西去，只不过实现晋国的妖梦罢了，难道敢做得太过分吗？"晋国的大夫三拜叩头说："君王踩着后土，而顶着皇天，皇天后土都听到了您的话，下臣们谨在下边听候吩咐。"

穆姬闻晋侯将至[1]，以大子罃、弘与女简璧登台而履薪焉[2]。使以免服衰绖逆[3]，且告曰："上天降灾，使我两君匪以玉帛相见，而以兴戎[4]。若晋君朝以入，则婢子夕以死；夕以入，则朝以死。唯君裁之[5]！"乃舍诸灵台[6]。

注释

[1]穆姬：秦穆公的夫人，晋惠公的异母妹妹。　[2]大子罃（yīng）：即秦康公。弘和简璧也是秦穆公的子女。履薪：站在柴堆上，表示准备自焚。　[3]免（wèn）服：丧礼中去掉帽子，用布带束起头发。用布宽一寸，从项中而前，交于额上，又却向后绕于髻。遭丧之服，初死则免，服成则衰绖。衰绖（cuī dié）：丧服。这句意思是使使者持此丧服以迎穆公，如己及儿女皆死，穆

公当即着之。　　[4]匪：同"非"，不是。以玉帛相见：友好往来。玉，圭璋之属；帛，束帛。玉帛皆为诸侯会盟朝聘之物。兴戎：发动战争。　　[5]婢子：穆姬的谦称。裁：决定。意思是您看着办吧。　　[6]舍：安排，安顿。灵台：秦都郊外的宫殿。这是秦穆公听到穆姬的威胁，赶紧把晋惠公安顿在灵台。

译文

（秦穆公夫人）穆姬听说晋惠公将要来到，领着太子䓨、儿子弘和女儿简璧登上高台，踩着柴草。她派遣使者捧着丧服前去迎接秦穆公，说："上天降下灾祸，让我两国国君不是用礼品相见而是兴动甲兵，如果晋国国君早晨进入国都，那么我就晚上自焚；晚上进入，那么我就早晨自焚。请君王裁夺。"于是，秦穆公把晋惠公拘留在灵台。

大夫请以入[1]。公曰："获晋侯，以厚归也[2]；既而丧归，焉用之[3]？大夫其何有焉[4]？且晋人戚忧以重我[5]，天地以要我[6]。不图晋忧，重其怒也[7]；我食吾言[8]，背天地也。重怒，难任[9]；背天，不祥，必归晋君[10]。"公子絷曰[11]："不如杀之，无聚慝焉[12]。"子桑曰[13]："归之而质其大子，必得大成[14]。晋未可灭，而杀其君，只以成恶[15]。且史佚有言曰[16]：'无始祸[17]，无怙乱[18]，无重怒。'重怒，难任；陵人[19]，不祥。"乃许晋平[20]。

注释

[1] 请以入：请以晋惠公入国都。 [2] 厚归：以丰厚之获归。 [3] 焉用之：那还有什么用？ [4] 何有：何得，有什么好处。 [5] 戚忧：同义双音词，此指反首拔舍。重：王引之《经义述闻》疑重为动，意为使我动心。 [6] 要（yāo）：约束。 [7] 重其怒：加重其愤怒。 [8] 食吾言：古人以不履行诺言为食言。 [9] 任：当，承受。 [10] 归：释放。 [11] 公子縶（zhí）：秦国公子子显。 [12] 聚慝（tè）：招致祸患。 [13] 子桑：即公孙枝。 [14] 大成：极有利的和谈条件。 [15] 成恶：造成恶果。 [16] 史佚（yì）：西周早期的史官。 [17] 始祸：首祸，祸乱的倡导者。 [18] 怙（hù）乱：恃人之乱以为己利。怙，恃。 [19] 陵人：欺负别人。 [20] 平：讲和。

译文

大夫请求把晋惠公带回国都，秦穆公说："俘获晋侯，本来是带着丰厚的收获回来的，但一回来就要发生丧事，这有什么用？大夫又能得到什么呢？而且晋国人用忧愁来感动我，用天地来约束我。如果不考虑晋国人的忧愁，就会加深他们对秦国的愤怒；

我如果不履行自己的诺言,就是违背天地。加深愤怒会使我担当不起,违背天地会不吉利,一定要放晋君回国。"公子絷说:"不如杀了他,不要积聚邪恶。"子桑说:"放他回国而用他的太子作为人质,必然会得到很有利的讲和条件。晋国还不会灭亡,而杀掉它的国君,只能造成很坏的后果。而且史佚有话说:'不要发动祸患,不要依靠动乱,不要增加愤怒。'增加愤怒会使人难于担当,欺凌别人会不吉利。"于是就同意和晋国讲和。

晋侯使郤乞告瑕吕饴甥[1],且召之。子金教之言曰:"朝国人而以君命赏[2]。且告之曰:'孤虽归,辱社稷矣[3],其卜贰圉也[4]。'"众皆哭。晋于是乎作爰田[5]。吕甥曰[6]:"君亡之不恤[7],而群臣是忧,惠之至也,将若君何?"众曰:"何为而可[8]?"对曰:"征缮以辅孺子[9]。诸侯闻之,丧君有君,群臣辑睦[10],甲兵益多。好我者劝,恶我者惧,庶有益乎!"众说[11],晋于是乎作州兵[12]。

注释

[1] 郤(xì)乞、瑕吕饴(yí)甥:皆为晋大夫。瑕吕饴甥,姓吕,字子金。 [2] 国人:当时住在城里的人叫国人,住在郊外的叫野人。这句意思是让郤乞以惠公的名义召见国人并赏赐他们。 [3] 辱:玷辱。社稷:国家。 [4] 卜贰:卜日立其子圉为君。

圉(yǔ)：惠公的太子,后来的晋怀公。　　[5]爰(yuán)田：以大量田土分赏众人。　　[6]吕甥：即瑕吕饴甥。　　[7]恤：忧。　　[8]何为而可：怎么做才好？　　[9]征缮：凡财赋、军赋均可曰征；凡修治均可曰缮。孺子：指子圉,将立之。考诸《经》《传》,天子而下以嫡长子为后者,或非嫡长而拟用之继位者始得称孺子。　　[10]辑睦：和睦。辑,和。　　[11]说：同"悦",欢喜。　　[12]州兵：改革兵制。

译文

晋惠公派遣郤乞告诉瑕吕饴甥,同时召他前来,饴甥教郤乞该怎么说话,说："把都城里的人都召到宫门前而用国君的名义给予赏赐。而且告诉他们说：'我虽然回国了,但已经给国家带来了耻辱,还是占卜一个吉日,让我的继承人圉就国君之位吧。'"郤乞回去照办,大家一齐号哭。晋国就在这时开始改易田制,开阡陌重新规定田界。吕饴甥说："国君不为自己在外而担忧,反而为群臣担忧,这是最大的恩惠了,我们准备怎样对待国君呢？"大家说："怎么办才行呢？"吕饴甥回答说："征收赋税,修理武器装备,以辅助继承人。诸侯听到我国失去了国君,又有新的国君,群臣和睦,武器装备比以前更多。喜欢我们的就会勉励我们,讨厌我们的就会有所害怕,也许会有好处吧！"大家很高兴,晋国因为这样而开始兵制改革。

初,晋献公筮嫁伯姬于秦,遇《归妹》☷之《睽》☷[1]。史苏占之,曰："不吉。其繇曰[2]：'士刲羊[3]，亦无衁也[4]；女承筐，亦无贶也[5]。西邻责言[6]，不可偿也。《归妹》之《睽》，犹无相也。'《震》之《离》，亦《离》之《震》。'为雷为火。为嬴败姬[7]。车说其輹[8]，火焚其旗，不利行师，败于宗丘。《归妹》《睽》孤，寇张之弧。侄其从姑，六年其逋[9]，逃归其国[10]，而弃其家[11]，明年其死于高梁之虚。"及惠公在秦，曰："先君若从史苏之占，吾不及此夫！"韩简侍，曰："龟，象也[12]；筮，数也[13]。物生而后有象，象而后有滋[14]，滋而后有数。先君之败德，及可数乎[15]？史苏是占，勿从何益？《诗》曰：'下民之孽，匪降自天。僔沓背憎[16]，职竞由人[17]。'"

注释

[1]《归妹》《睽》：《周易》卦名。以下《震》《离》也是《周易》卦名。　[2]繇：卦兆的占辞。　[3]刲(kuī)：屠宰，宰杀。[4]衁(huāng)：血。　[5]贶：赐予。无贶：无实。刲羊、承筐：古代婚姻之礼，刲羊而无血，承筐而无实，故言不吉。[6]西邻：指秦国。"西邻责言，不可偿也"指晋女嫁于秦，不足以加强两国关系，反而使秦国多有责言，晋国无法应付。[7]嬴：秦国之姓。姬：晋国之姓。　[8]说：今作"脱"。輹

(fù)：车伏兔，即垫在车厢和车轴之间的木块。上面承载车厢，下面呈弧形，架在轴上。《震》为车，《兑》为毁折，故谓"车脱其輹"。輹所以固舆于轴上，车脱輹，则舆不能固，失车之用。　　[9] 逋(bū)：逃亡。子圉以十七年质于秦，二十二年逃归，共六年。　[10] 逃归其国：逃回晋国。　　[11] 弃其家：即弃其妻怀嬴。　[12] 象：形象。数：数字。占卜用龟甲，以烧出来的裂纹作为兆象，通过兆象而测吉凶，故称龟象。　　[13] 筮(shì)，数也：卜筮(shì)用蓍(shī)草，揲(shé)以为卦，根据蓍策之数而占卜吉凶，故称筮数。　　[14] 滋：滋长。　　[15] 及可数乎：数得过来吗？　[16] 傅沓(zǔn tà)：相对谈论激烈。傅，聚集。沓，杂沓。背憎：背地里互相憎恨。　　[17] 职：语气词。竟：同"竟"，究竟。

译文

　　当初，晋献公为嫁伯姬给秦国而占筮，得到《归妹》☳变成《睽》☲卦。史苏预测说："不吉利。卦辞说：'男人宰羊，不见血浆；女人拿筐，白忙一场。西邻责备，不可补偿。《归妹》变《睽》，没人相帮。'《震》卦变成《离》卦，也就是《离》卦变成《震》卦。'又是雷，又是火，胜者姓嬴，败者姓姬。车厢脱离车轴，大火烧掉军旗，不利于出师，在宗丘打得大败。《归妹》嫁女，《睽》离单孤，敌人的木弓将要张舒。侄子跟着姑姑，六年之后，逃回自己所居，抛弃了他的家，明年死在高梁的废墟。'"等到惠公在秦国，说："先君如果听从了史苏的占卜，我不会到这个地步！"韩简随侍在侧，说："龟甲，是形象；筮草，是数字。事物生长以后才有形象，有形象以后才能滋长，滋长以后才有数字。先君败坏的道德，难道可以数得完吗？史苏的占卜，即使听从了，又有什么好处？《诗》说：'百姓的灾祸，不是从天下降。当面附和，背后毁谤，主要都由于人的无状。'"

……

十月，晋阴饴甥会秦伯[1]，盟于王城[2]。

注释

[1] 阴饴甥：即瑕吕饴甥。　　[2] 王城：在今陕西大荔东。

译文

……

(鲁僖公十五年)十月，晋国的阴饴甥会见秦穆公，在王城订立盟约。

秦伯曰："晋国和乎[1]？"对曰："不和。小人耻失其君而悼丧其亲[2]，不惮征缮以立圉也，曰：'必报仇，宁事戎狄[3]。'君子爱其君而知其罪，不惮征缮以待秦命，曰：'必报德，有死无二[4]。'以此不和。"秦伯曰："国谓君何[5]？"对曰："小人戚，谓之不免[6]；君子恕[7]，以为必归。小人曰：'我毒秦[8]，秦岂归君?'君子曰:'我知罪矣,秦必归君。贰而执之,服而舍之,德莫厚焉,刑莫威焉[9]。服者怀德,贰者畏刑[10],此一役也[11],秦可以霸。纳而不定[12],废而不立[13],以德为怨,秦不其然[14]。'"秦伯曰:"是吾心也[15]。"改馆晋侯[16],馈七牢焉[17]。

注释

[1] 和:协调一致。　　[2] 失君:指惠公被俘。丧亲:指将士战死。　　[3] 戎狄:当时对少数部族的统称。"必报仇"句,指宁可服侍戎狄,也要报仇雪恨。　　[4] "必报德,有死无二":意为一定要以死报答秦国的恩惠,言外之意是准备决一死战。　　[5] 国谓君何:惠公的前途将会如何?　　[6] 戚:忧愁。不免:不能幸免。　　[7] 恕:设身处地着想。　　[8] 毒秦:伤害秦国。　　[9] "贰而"几句:惠公背信弃义就抓他,认罪服输就放他,没有比这更宽厚的仁德,没有比这更威严的刑罚。[10] 怀德:感激你的仁德。贰者:背叛的人。畏刑:畏惧你的刑罚。　　[11] 此一役:指韩战之始终,包括伐晋与假想释惠公言之。　　[12] 纳而不定:把惠公送回去当国君,又不让他安稳。[13] 废而不立:废了他又不立个新君。　　[14] 秦不其然:想必秦国不会这样做吧。　　[15] 是吾心也:这正是我的想法。[16] 馆:安置。　　[17] 馈:赠送。七牢:牛、羊、猪各一头叫一牢,七牢是招待诸侯的标准。

译文

秦穆公说:"晋国和睦吗?"阴饴甥回答说:"不和睦。小人以失掉国君为耻辱,而哀悼失去了的亲属,不怕筹集资金,重整军队而立圉为国君,说:'一定报仇,宁可因此而侍奉戎狄。'君子爱护国君而知道他的罪过,不怕筹集资金,重整军队来等待秦国的命令,说:'一定要报答恩德,有必死之志而无二心。'因为这样才不和睦。"秦穆公说:"全国认为国君的前途会怎么样?"阴饴甥回答说:"小人忧愁,认为他不会被赦免;君子宽恕,以为他一定会回来。小人说:'我们得罪了秦国,秦国怎么能让国君回来?'君子说:'我们已经认罪了,秦国一定让国君回来。有三心二意,就抓起来;服了罪,就释放他。德行没有比这再宽厚的了,刑罚没有比这再威严的了。服罪的怀念德行,有三心二意的害怕刑罚,这一战役,秦国可以称霸诸侯。让他回国而不使之安定,甚至废掉他而不立他为国君,使恩惠变为怨恨,秦国不会这样做的吧!'"秦穆公说:"我正是这样想的。"于是改变对晋惠公的待遇,将他安置好,并馈送了七副牛、羊、猪等食用物品。

蛾析谓庆郑曰[1]:"盍行乎[2]?"对曰:"陷君于败[3],败而不死,又使失刑[4],非人臣也。臣而不臣,行将焉入?"十一月,晋侯归。丁丑[5],杀庆郑而后入。

注释

[1] 蛾析:晋大夫。　[2] 盍(hé):"何不"的合音字。行:指离开晋国。　[3] 陷君于败:指自己不顾惠公的呼救,并使韩简失去俘虏秦伯的机会。　[4] 失刑:指逃亡而使君王不能诛戮,不合为臣之道。　[5] 丁丑:二十九日。

译文

蛾析对庆郑说:"何不逃走呢?"庆郑回答说:"使国君陷于失败,失败了不死反而逃亡,又让国君失去刑罚,这就不是做臣下的样子。臣下而不合于臣道,又能逃到哪里去?"十一月,晋惠公回国。二十九日,杀了庆郑,然后进入国都。

是岁,晋又饥,秦伯又饩之粟[1],曰:"吾怨其君,而矜其民[2]。且吾闻唐叔之封也[3],箕子曰[4]:'其后必大。'晋其庸可冀乎[5]?姑树德焉,以待能者。"于是秦始征晋河东[6],置官司焉[7]。

(选自《左传·僖公十五年》)

注释

[1] 饩(xì):馈赠(食品)。　[2] 矜:哀怜,怜惜。[3] 唐叔:周成王之弟,晋国的第一位国君叔虞,始封于唐,故称

唐叔。　　[4] 箕子：商纣王的叔父(一说庶兄)，商亡后归于周，食邑在箕，故称箕子。　　[5] 其庸：岂，难道。"其"和"庸"是同义虚词连用，同"岂"。冀：企求。晋其庸可冀乎，指晋之后望无穷。　　[6] 河东：黄河以东，即上文所说晋国曾答应割让给秦国的解梁城等地，在今山西或河南省境内，至十七年又还晋。[7] 司：管理。焉：于之，在那里。

译文

这一年，晋国又发生饥荒，秦穆公赠送给他们粟米，说："我怨恨他们的国君，而怜悯他们的百姓。而且我听说唐叔受封的时候，箕子说：'他的后代一定昌大。'晋国是可以图谋的吗？我们姑且树立恩惠，来等待有才能的人。"于是，秦国就开始在晋国黄河东部征收赋税，设置官员。

文史链接

秦晋之好与秦晋韩之战

春秋中期，秦晋两国关系密切，累代缔结美好姻缘。晋献公之女伯姬嫁给秦穆公为夫人，是所谓"秦晋之好"的开端。后来，秦穆公为了笼络晋惠公之子公子圉，把自己的女儿怀嬴嫁给了他。公子圉回国后，秦穆公立即决定要帮助重耳当上晋国国君，把逃到楚国的重耳接过来，并把女儿怀嬴改嫁给重耳。重耳在秦穆公的帮助下，当上了晋国的新国君，成为有名的"春秋五霸"

中的晋文公。因此,"秦晋之好"代表的是一种政治上的联姻,是国家之间的联合,后来将男女之间的婚姻也称作"秦晋之好",且多用"秦晋之好"祝贺新婚夫妇或泛指两家联姻。然而,秦晋两国并非一直相安无事,选文所载正是一场秦晋之间的战争。

选文首段就交代了秦晋韩之战的背景。晋惠公得到了秦穆公的大力支持得以回国登基,登基后的晋惠公却背信弃义、过河拆桥,晋惠公向秦穆公承诺的照顾贾君,迎回在外逃亡的公子们,以及答应给秦穆公黄河以西以南相连的五个城邑等几件事,都没有兑现。在晋国发生饥荒时,秦国向晋国运送粮食,解了晋国的燃眉之急,然而,在秦国发生饥荒后,晋惠公却禁止秦国来买粮。凡此种种,都促成了这场战争爆发。

文中有晋惠公与韩简追论昔年卜筮的插曲。晋惠公认为,晋献公为嫁伯姬给秦国而占筮,得到的卦象不吉利,没有听从史苏的占卜,而导致了他被秦国所俘虏。韩简随侍在侧,他的一番话,揭露了秦晋韩之战的起因是由于晋惠公的道德败坏。

这场战争也是《左传》所载的第一场大战。晋惠公最终以丧师被俘收场,虽然由于各种原因,秦国最后释放了晋惠公,然而这场战争致使晋国丢失了黄河西岸的大片土地,秦国也把版图向东拓展了几百里。

外强中干

"外强中干"这一成语出自秦晋韩之战中的一个插曲:晋军三次战败,退到韩地,晋惠公对庆郑说:"敌人深入了,怎么办?"庆郑回答说:"君王让他们深入的,能够怎么办?"晋惠公说:"答话放肆无礼!"占卜车右的人选,庆郑得吉卦。但是晋惠公不用他,让步扬驾驭战车,家仆徒作为车右。用来自郑国的小驷马驾车。庆郑说:"古代发生战争,一定要用本国的马驾车。出生在自己的土地上,知道主人的心意;安于受主人的调教,熟悉这里的道路;随你放在哪里,没有不如意的。现在用外国出产的马来驾车,从事战斗,等到一害怕而失去正常状态,就会不听指挥了。鼻子里乱喷粗气表示狡猾和愤怒,血液在全身奔流,使血管扩张凸起,外表强壮而内部枯竭。进也不能,退也不是,旋转也不能,君王必然要后悔。"晋惠公不听。最后的结果,确如庆郑所言,在韩原之战中,晋惠公的小驷马陷在烂泥中盘旋不出。晋惠公向庆郑呼喊求救。庆郑说:"不听劝谏,违抗占卜,本来就是自取失败,为什么又要逃走呢?"于是就离开了。梁由靡驾韩简的战车,虢射作为车右,迎战秦穆公的战车,将要俘虏他。庆郑由于叫他们救援晋惠公而耽误,就使秦穆公走脱了。秦国俘虏了晋惠公。

"外强中干"就是庆郑评论来自郑国的小驷马的一个词,意为外表强壮而内部枯竭。后来泛指外表强大,内实空虚。多用于形容一个人的体质、经济能力、国家实力等。

整对格

《古文观止》编者吴楚材在评语中说选文中《阴饴甥对秦伯》一段用的是"整对格"。所谓整对格就是名与名对,段与段对。选文中,"君子"与"小人"对,"报仇"与"报德"对,"威"与"恕"对,"怀德"与"畏刑"对。内容含意上的正反开合,则是"意"与"意"对。这种整对格,骈散结合,在唐代及以后的散文中,以韩愈为代表,曾被大量运用。

临危受命的阴饴甥

阴饴甥,晋武公或晋献公的外甥,名饴,字子金,封地有瑕、吕、阴等,他在《左传》中有许多名字,如吕甥、吕省、子金、阴饴甥、瑕吕饴甥等,晋国大夫。阴饴甥所辅佐的晋惠公,即晋献公之子夷吾。

晋惠公夷吾本是秦穆公夫人穆姬的弟弟,他靠姐夫秦穆公的帮助,回国登了君位,却以怨报德,于鲁僖公十五年(公元前645年),秦晋两国在韩原开战,结果晋国战败,晋惠公被俘。由于各方面的压力,诸如周天子的干涉,周天子以晋和周同宗为由,不允许杀晋惠公;申生的姐姐穆姬"衰绖涕泣"为晋惠公求情等,秦穆公决定释放晋惠公,并向晋惠公透露出和平谈判的意向。晋惠公当即派随行大臣郤乞回国,指定了阴饴甥为谈判代表。

阴饴甥在这时奉命到秦国求和,实在尴尬。他根据情况进行了精心的布局。他认为"弱国无外交",作为理亏战败的一方,要想不让秦国予取予求,必须显示出实力来;另外,此时晋国人心涣散,对夷吾颇为不满,所以在谈判前必须重振士气、再整人心。他让郤乞召集国人,传达了晋惠公的谕旨(实为阴饴甥编好的)。主要内容是:赏给国民土地,减轻赋税;自己即使回国,也有辱祖宗社稷,不配再做国君,请大家拥立太子圉。郤乞与阴饴甥一唱一和,感动了国人,最后国人听从了阴饴甥的建议,多交财赋,多治甲兵,开始组建"地方兵团",使晋国民心重新凝聚在一起。

在充分准备的情况下,阴饴甥前往王城与秦穆公谈判。在晋惠公背信弃义,和被伤害的秦国交锋又丧师辱国被俘后,阴饴甥作为战败国的代表,奉命到秦国求和,实在是既理屈又尴尬。但是，他在回答秦穆公的时候，理虽屈但词未穷，故意避免正面回答，巧妙地将国人分为"君子""小人"两部分，表述了晋国国内的舆论倾向，一正一反，既承认晋侯过错，向秦服罪；又表明晋国的士气不可轻侮。意在显示晋国上下一致对付秦国的决心，向秦穆公施加压力。他引用君子和小人的不同认识，喻请秦穆公权衡利弊，以博大的胸怀宽恕罪人。此外，他还针对秦穆公经营霸业的心理，既给予颂扬，又晓以利害，借君子之口，不卑不亢地说出了一番"秦必归君"的道理。阴饴甥软硬兼施，不亢不卑，回答得恰到好处。这个时候的他不但没有词穷，反而能振振有词地把秦穆公说服了，他以自己的庄重自持、气节凛然、才智纵横，既赢得了秦穆公的尊重与款待，又不辱使命，使得晋惠公脸面尚存，最终达到了营救国君的目的。选文不失为一篇饱含思想智慧的外交辞令。

《左传》中的外交辞令，历来为人称道，刘知幾赞曰"其文典而美，其语博而奥，指意深浅，谅非经营草创，出自一时，琢磨润色、独成一手"（《史通·申左》），"或腴辞润简牍，或美句入咏歌，跌宕而不群，纵横而自得"（《史通·杂说上》），《左传》外交辞令或折之以理，或惧之以势，或服之以巧，针锋相对，绵里藏针，委婉蕴藉，运用排比、对偶、虚构、夸张等修辞手法，铺张扬厉，气势纵横，对战国时期的纵横家文辞产生了深远影响。

思考讨论

1. 结合史实，谈一谈政治联姻对于历史发展的影响。
2. 概括分析《左传》中外交辞令的艺术特征。

量力而动,其过鲜矣

随以汉东诸侯叛楚[1]。冬,楚斗谷于菟帅师伐随[2],取成而还。君子曰:"随之见伐[3],不量力也。量力而动,其过鲜矣[4]。善败由己[5],而由人乎哉?《诗》曰:'岂不夙夜,谓行多露。'[6]"

(选自《左传·僖公二十年》)

注释

[1]随:随国。以:依靠。汉东:汉水东边。 [2]斗谷于菟(tú):芈姓,字子文,斗伯比之子,斗邑人(今湖北郧西),楚国令尹。 [3]见伐:被攻打。 [4]过:过失。鲜:少。 [5]善败:指成败。 [6]"《诗》曰"句:出自《诗经·召南·行露》,"岂不夙夜,谓行多露"意为:难道不想早晚行走赶路?只怕路上露水多。指多露而不行,用来比喻有所畏则不动,量力而后动。

译文

随国依靠汉水东边各诸侯的力量背叛楚国。冬季,楚国的斗谷于菟率领军队进攻随国,讲和以后回国。君子说:"随国被攻打,是由于不估量自己的国力。估量自己的力量然后动作,祸害就少了。成败在于自己,难道在于别人吗?《诗》说:'难道不想早晚奔波,无奈路上露水太多。'"

文史链接

量力而动,其过鲜矣

"量力而动,其过鲜矣"指做事要根据自己的能力,按能力的大小决定做还是不做,做到什么程度,不超过力所能及的范围,这样,事情成功的可能性就会大一些,而不易出现失误。否则,勉强行事,力不从心,就容易出现差错,导致失败。这两句多用于告诫做事要量力而行。《左传》中多次提到"量力而行"的重要性,如"力能则进,否则退,量力而行"(《左传·昭公十五年》),"度得而处之,量力而行之"(《左传·隐公十一年》)。

古代典籍中类似的记载还有很多,如明·凌濛初《二刻拍案惊奇·襄敏公元宵失子》:"而今孩子何在?正是贪多嚼不烂了。"卧闲草堂本《儒林外史》评:"非子长之才长于写秦汉,短于写三代,正是其量体裁衣,相题立格,有不得不如此者耳。"近义词有实事求是、量入为出、量体裁衣、度德量力、力所能及等。反义词有力不从心、螳臂当车、蚍蜉撼树、自不量力等。

思考讨论

请举例说明"量力而动"的重要性。

子鱼论战

楚人伐宋以救郑。宋公将战[1],大司马固谏曰[2]:"天之弃商久矣[3],君将兴之,弗可赦也已[4]。"弗听。

注释

[1] 宋公:宋襄公,名兹父。公元前 638 年,宋伐楚,楚救郑,这年冬天宋、楚两军交战于泓。　　[2] 大司马固:宋国大夫公孙固。大司马,掌管军政、军赋的官职。　　[3] 商:宋人是商族人的后代,所以又叫商。　　[4] 赦:赦免。

译文

楚人进攻宋国以救援郑国。宋襄公准备应战,大司马固劝阻说:"上天丢弃我们商朝后代已经很久了,您想复兴它,这是违背上天而不能被赦免的。"宋襄公不听。

冬十一月己巳朔[1],宋公及楚人战于泓[2]。宋人既成列[3],楚人未既济[4]。司马曰[5]:"彼众我寡,及其未既济也,请击之。"公曰:"不可。"既济而未成列,又以告。公曰:"未可。"既陈而后击之[6],宋师败绩[7]。公伤股[8]。门官歼焉[9]。

注释

[1] 朔:初一。　　[2] 泓(hóng):河名,在今河南柘(zhè)城西。　　[3] 成列:排好军阵。　　[4] 既济:全部渡河。既,尽。济,渡过。楚人渡泓水,仅一部分登陆,其余皆在渡河中。[5] 司马:大司马的省文,统帅军队的高级长官。宋有大司马之官,简称司马。　　[6] 陈:通"阵",这里作动词,即摆好阵势。[7] 败绩:大败。　　[8] 股:大腿。　　[9] 门官:门子,保卫国君的卿大夫子弟。歼:尽,指尽被歼灭。

译文

(鲁僖公二十二年)冬季,十一月初一日,宋襄公与楚国人在泓水边上作战。宋军已经排成队列,楚军还没有全部渡过河。司马说:"他们兵多,我们兵少,趁他们没有全部渡过河的时候,请君王下令攻击他们。"宋襄公说:"不行。"楚军渡过河以后还没有排开阵势,司马又把刚才的情况报告宋襄公。宋襄公说:"还不行。"等楚军摆开阵势然后才攻击他们,宋军被打得大败,宋襄公大腿受箭伤,跟随护卫宋襄公的卿大夫子弟全被歼灭。

国人皆咎公[1]。公曰:"君子不重伤[2],不禽二毛[3]。古之为军也[4],不以阻隘也[5]。寡人虽亡国之余[6],不鼓不成列[7]。"子鱼曰[8]:"君未知战。勍敌之人[9],隘而不列[10],天赞我也[11];阻而鼓之[12],不亦可乎?犹有惧焉。且今之勍者[13],皆吾敌也。虽及胡耇[14],获则取之,何有于二毛[15]?明耻、教战[16],求杀敌也[17]。伤未及死,如何勿重[18]?若爱重伤[19],则如勿伤[20];爱其二毛,则如服焉[21]。三军以利用也[22],金鼓以声气也[23]。利而用之,阻隘可也;声盛致志[24],鼓儳可也[25]。"

(选自《左传·僖公二十二年》)

注释

[1] 咎(jiù):怪罪、指责、责备。　　[2] 重(chóng):再次。[3] 禽:通"擒",俘虏。二毛:头发黑白夹杂的人,代指老人。[4] 为军:打仗。　　[5] 不以阻隘:不凭险阻取胜。阻,迫也。隘,险也。言不迫敌于险隘。　　[6] 寡人:国君自称。亡国之余:亡国的后代。商被周灭亡之后,遗民被安置在宋,宋乃殷商之后,所以宋襄公这样说。　　[7] 鼓:进攻,击鼓(进军)。名词做动词。不鼓:不击。　　[8] 子鱼:即公孙固。　　[9] 勍(qíng)敌:强敌。勍,强而有力。　　[10] 隘:这里作动词,处在险隘之地。　　[11] 赞:帮助。　　[12] 阻:拦截。[13] 勍者:强壮的人。　　[14] 胡耇(gǒu):老年人。

[15] 何有：不管，不顾。　　[16] 明耻：使士兵知道什么是耻辱。教战：教打仗。　　[17] 求：追求。　　[18] 重(chóng)：再次。　　[19] 爱重伤：怜悯受伤的敌人。爱，怜悯，怜惜。[20] 如：应当。　　[21] 服：(对敌人)屈服。　　[22] 三军：春秋时，诸侯大国有三军，即上军，中军，下军。这里泛指军队。以利用：利则用之，故当敌之未既济、未成列，则当利用而攻之；不利于我者，则不用。用，施用，这里指作战。　　[23] 金鼓：古时作战，击鼓进兵，鸣金收兵。金，金属响器。声气：金鼓以声为用而制其气，指振作士气。　　[24] 声盛：鼓声大作。致志：因鼓声大作而士气高昂，使斗志高昂。　　[25] 儳(chán)：不整齐。这里指不成阵势的军队。鼓儳：因其未成列，鸣鼓而攻击之。

译文

国人都责备宋襄公。宋襄公说："君子不再伤害已经受伤的人，不俘虏头发斑白的老人。古代用兵的道理，不凭借险隘的地形阻击敌人。我虽然是亡国者的后代，(也)不攻击没有排成阵势的敌人。"子鱼说："主公不懂得作战。面对强大的敌人，(敌人)因地势险阻而未成阵势，这是上天帮助我们；阻碍并攻击他们，不也可以吗？还有什么害怕的呢？而且现在强大的，都是我们的敌人。即使是年纪很大的人，能俘虏就抓回来，还管什么头发斑白的敌人吗？教导士兵作战，使他们知道退缩就是耻辱来鼓舞战斗的勇气，教战士掌握战斗的方法，就是为了杀死敌人。(敌人)受伤却还没有死，为什么不能再杀伤他们呢？如果怜惜(他们，不愿)再去伤害受伤的敌人，不如一开始就不伤害他们；怜惜头发斑白的敌人,不如(对敌人)屈服。军队凭借有利的时机而行动,锣鼓用来鼓舞士兵的勇气。利用有利的时机,当(敌人)遇到险阻,(我们)就可以进攻。声气充沛盛大,增强士兵的战斗意志,攻击未成列的敌人是可以的。"

文史链接

"不乘人之危"的宋襄公

齐桓公称霸的时候,宋国跟齐国关系最亲密,地位也最高。齐桓公去世之后,宋襄公试图接替他的衣钵,做中原诸侯的盟主。楚国实力强大,郑国附庸推举,楚国做了盟主。宋襄王不忿,盛怒讨伐郑国。于是,楚国趁宋国讨伐盟友郑国的机会,出兵救援。公元前638年,宋、楚两国为争夺中原霸权,在泓水边发生战争。

选文描写的就是楚、宋两军交战前后的事情。宋军力量处于劣势,但是他们先占据了滩头阵地,形势对宋军有利,本来可以给正在渡河的楚军以毁灭性打击。但是,宋襄公固执地坚持所谓"仁义"的原则,抱住所谓君子"不乘人之危""为战以礼"的迂腐教条不放,拒绝接受子鱼的正确意见,一再错失战机,结果被楚军击溃,惨遭失败。宋襄公自己大腿中箭,次年夏天伤重不治而亡,宋国也从此永远沦为二等诸侯。

选文中子鱼的明智和宋襄公的迂执形成了鲜明对比。子鱼是宋襄公同父异母兄目夷的字,他主张抓住战机,攻其不备,先发制人,彻底消灭敌人的有生力量,这样才能最终夺取战争的胜利。宋襄公的迂腐论调受到了子鱼的驳斥,子鱼先总说"君未知战",

然后分驳"不以阻隘""不鼓不成列""不禽二毛""不重伤"等错误认识，最后指出正确的做法。但是，子鱼这些切于要害、句句中肯的言论，依然没能说服目光短浅、迂腐愚昧、陈念固封的宋襄公。宋襄公也以其迂腐的论调和惨痛的教训，成为军事史上的反面教材。

思考讨论

试从兵法的角度，评析宋襄公"不乘人之危"的做法。

晋公子重耳之亡

晋公子重耳之及于难也，晋人伐诸蒲城[1]。蒲城人欲战，重耳不可，曰："保君父之命而享其生禄[2]，于是乎得人。有人而校[3]，罪莫大焉。吾其奔也[4]。"遂奔狄。从者狐偃、赵衰、颠颉、魏武子、司空季子[5]。狄人伐廧咎如，获其二女，叔隗、季隗，纳诸公子[6]。公子取季隗，生伯鯈、叔刘，以叔隗妻赵衰，生盾[7]。将适齐[8]，谓季隗曰："待我二十五年，不来而后嫁。"对曰："我二十五年矣，又如是而嫁，则就木焉[9]。请待子。"处狄十二年而行[10]。

注释

[1] 及于难：指重耳受到骊姬陷害，出逃蒲城。蒲城在今山西隰(xí)县西北。　　[2] 保：依靠，仗恃。生禄：养生之禄。[3] 校(jiào)：抵抗。　　[4] 奔：逃跑。　　[5] 狐偃：重耳的舅舅，狐突之子。赵衰：战国七雄赵国的先人，赵夙之子。颠颉(jié)：晋大夫。魏武子：名犨(chōu)，战国七雄魏国的先人。司空季子：司空是其官，季子是其字，胥是其氏，臣是其名，食邑在臼，故称胥臣，亦称臼季。　　[6] 狄：北方部族之一。廧(qiáng)咎(gāo)如：狄人的一支。纳：送给。　　[7] 取：同"娶"。盾：赵盾，后来成为晋国名相。　　[8] 适：到，去。[9] 木：棺椁。　　[10] 处：居住。此句指重耳居狄凡十二年，重耳于鲁僖公五年至狄，十六年而行。

译文

晋公子重耳遭到祸难的时候，晋献公的军队在蒲城攻打他。蒲城人想要迎战，重耳不肯，说："仰仗着国君父亲的恩宠而享有奉养自己的俸禄，因此才得到百姓的拥护。有百姓的拥护而反抗，没有比这再大的罪过了。我还是逃亡吧。"于是就逃亡到狄人那里，跟随的有狐偃、赵衰、颠颉、魏武子、司空季子。狄人攻打廧咎如，俘虏了他的两个女儿叔隗、季隗，送给公子。公子娶了季隗，生了伯鯈、叔刘。把叔隗嫁给赵衰，生了盾。公子要到齐国去，对季隗说："等我二十五年，不回来再改嫁。"季隗回答说："我已经二十五岁了，又再过二十五年改嫁，就要进棺材了。我等您。"公子在狄一共住了十二年,然后离开。

过卫,卫文公不礼焉[1]。出于五鹿[2],乞食于野人[3],野人与之块[4]。公子怒,欲鞭之。子犯曰:"天赐也[5]。"稽首受而载之[6]。

注释

[1] 礼:礼遇。　[2] 出:离开。五鹿:卫地,在今河南濮阳市南。　[3] 野人:住在郊野的人,如农夫之类。[4] 块:土块。　[5] 天赐:意为上天赐予土地,预示重耳将回晋国执政。　[6] 稽首:古人最重的礼节。因为是接受上天的赐予,所以回礼特别隆重。

译文

经过卫国,卫文公不以礼来待他。经过五鹿时,向乡下人要饭,乡下人给他一块泥土。公子发怒,要鞭打他。子犯说:"这是上天赐予的啊!"公子叩头接受,并把泥土装上车子。

及齐,齐桓公妻之,有马二十乘。公子安之[1]。从者以为不可。将行,谋于桑下[2]。蚕妾在其上,以告姜氏[3]。姜氏杀之,而谓公子曰:

"子有四方之志[4],其闻之者,吾杀之矣。"公子曰:"无之[5]。"姜曰:"行也!怀与安,实败名[6]。"公子不可[7]。姜与子犯谋[8],醉而遣之[9]。醒,以戈逐子犯。

注释

[1]安之:安于在齐国生活。 [2]桑下:桑树下。 [3]蚕妾:养蚕的女奴。其上:桑树上。姜氏:重耳之妻,齐桓公的女儿。 [4]四方之志:指志向远大。 [5]无之:没这回事。 [6]怀:留恋妻室。安:贪图安逸而重迁。败名:败坏名声。 [7]不可:不同意(离开)。 [8]子犯:即狐偃。 [9]醉而遣之:把重耳灌醉之后送走。

译文

重耳到达齐国,齐桓公也给他娶妻,有马八十四。公子安于齐国的生活。跟随的人认为这样不行,准备离去,在桑树下商量。养蚕的侍妾正好在树上听到,把这事告诉姜氏。姜氏杀了她,告诉公子说:"您有远大的志向,听到的人,我已经杀了。"公子说:"没有这回事。"姜氏说:"走吧!留恋妻子和贪图安逸,实在会有损前途。"公子不肯。姜氏和子犯商量,灌醉了公子,然后打发他走。公子酒醒,拿起长戈追逐子犯。

及曹,曹共公闻其骈胁[1],欲观其裸。浴,薄而观之[2]。僖负羁之妻曰[3]:"吾观晋公子之从者,皆足以相国[4]。若以相,夫子必反其国[5]。反其国,必得志于诸侯[6]。得志于诸侯,而诛无礼,曹其首也[7]。子盍蚤自贰焉[8]!"乃馈盘飧[9],置璧焉[10]。公子受飧反璧[11]。

注释

[1] 骈(pián)胁:肋骨连成一片。　[2] 浴:洗澡。薄:同"迫",靠近。薄而观之,指靠近去观看。　[3] 僖负羁(jī):曹大夫。　[4] 相国:辅佐国家。　[5] 夫(fú)子:那个人,指重耳。夫,指示词,那。子,男子之美称。反:同"返",返回。[6] 得志于诸侯:意为称霸诸侯。　[7] 曹其首:曹国首当其冲。　[8] 盍(hé):何不。蚤:同"早"。自贰:表示对重耳友好。　[9] 盘飧(sūn):一盘熟食。　[10] 置璧:放了块玉璧在底下。杜预注云:"臣无竟(境)外之交,故用盘藏璧飧中,不欲令人见。"　[11] 反:同"返",退还。

译文

重耳到达曹国,曹共公听说他的肋骨排列很密,似乎并成一整块,想在他裸体时看个究竟。趁重耳洗澡,他就在近处观看。僖负羁的妻子对僖负羁说:"我看晋公子的随从人员,都足以辅助国家。如果由他们辅助,晋公子必定能回晋国做国君。回到晋国,肯定能在诸侯中称霸。在诸侯中称霸而惩罚对他无礼的国家,曹国就是第一个。您何不早一点向他表示友好呢!"僖负羁于是就向晋公子馈送一盘食品,里边藏着璧玉。公子接受食品,退回璧玉。

及宋,宋襄公赠之以马二十乘[1]。

注释

[1]《史记·宋世家》云:"是年(宋襄公十三年),晋公子重耳过宋,襄公以伤于楚,欲得晋援,厚礼重耳以马二十乘。"重耳过宋当在鲁僖公二十二年,即宋襄公十三年。

译文

重耳到达宋国,宋襄公送给他八十匹马。

及郑,郑文公亦不礼焉。叔詹谏曰[1]:"臣闻天之所启[2],人弗及也。晋公子有三焉,天其或者将建诸[3],君其礼焉[4]!男女同姓,其生不蕃[5]。晋公子,姬出也[6],而至于今,一也;离外之患[7],而天不靖晋国[8],殆将启之,二也;有三士[9],足以上人,而从之,三也。晋、郑同侪[10],其过子弟固将礼焉[11],况天之所启乎!"弗听。

注释

[1]叔詹:郑文公的弟弟。　　[2]启:开。引申为帮助。[3]"其"与"或者"皆为表示不肯定的副词,此处强调其语气,故连用。诸:之乎的合音。　　[4]礼:礼敬。　　[5]蕃:繁殖,指子孙昌盛。　　[6]姬出:指姬姓女所生。　　[7]离外之患:遭逃亡于外国之忧患。离,同"罹",遭受。外,指逃亡外国。[8]靖:安。　　[9]三士:指狐偃、赵衰及贾佗。　　[10]同侪(chái):同辈,指晋和郑是同姓诸侯。侪,等。　　[11]固:本来。礼:以礼相待。

译文

到达郑国,郑文公也不加礼遇。叔詹劝谏说:"臣听说上天所赞助的人,别人就赶不上了。晋公子具有三条,上天或者将要立他为国君吧,您最好还是以礼相待。父母同姓,子孙不能昌盛。晋公子是姬姓女子生的,却能活到今天,这是一;经受逃亡在外的忧患,而上天使晋国不安定,大概是将要赞助他了,这是二;有三个人足以居于别人之上,却一直跟随着他,这是三。晋国和郑国地位平等,他们的子弟路过尚且应当以礼相待,何况是上天所赞助的人呢?"郑文公没有听叔詹的劝谏。

及楚，楚子飨之[1]，曰："公子若反晋国[2]，则何以报不穀[3]？"对曰："子、女、玉、帛[4]，则君有之；羽、毛、齿、革[5]，则君地生焉。其波及晋国者[6]，君之余也，其何以报君？"曰："虽然，何以报我？"对曰："若以君之灵[7]，得反晋国。晋、楚治兵[8]，遇于中原，其辟君三舍[9]。若不获命[10]，其左执鞭、弭[11]，右属櫜、鞬[12]，以与君周旋[13]。"子玉请杀之[14]。楚子曰："晋公子广而俭[15]，文而有礼；其从者肃而宽[16]，忠而能力[17]。晋侯无亲[18]，外内恶之。吾闻姬姓唐叔之后，其后衰者也，其将由晋公子乎[19]！天将兴之，谁能废之？违天，必有大咎[20]。"乃送诸秦。

注释

[1] 飨(xiǎng)：宴请。　　[2] 反：同"返"。　　[3] 不穀(gǔ)：诸侯的谦称。　　[4] 子、女：指男女奴仆。玉、帛：宝玉、丝绸。　　[5] 羽：鸟羽、翡翠、孔雀之属。毛：旄牛。齿：象牙。革：犀兕皮。　　[6] 波及晋国者：指散及晋国者。波，散。[7] 以君之灵：托您的福。　　[8] 治兵：本义是教练军队或习武，此处为外交辞令，指避免战争。　　[9] 辟：同"避"，退让。舍：三十里为一舍，是当时一天行军的路程。《国语·晋语四》韦

注引司马法云:"进退不过三舍,礼也。" [10]不获命:当时辞令,指不得允许。 [11]鞭:马鞭。弭(mí):泛指弓。《尔雅·释器》云:"弓,有缘者谓之弓,无缘者谓之弭。" [12]属:著。櫜(gāo):盛箭矢之器。鞬(jiàn):盛弓之物。 [13]周旋:旋转、应酬,这里引申为交战。 [14]子玉:楚国令尹,即成得臣。 [15]广而俭:志广而体俭。 [16]肃:敬。 [17]忠而能力:庄重而宽厚,尽忠竭力。 [18]晋侯:晋惠公。无亲:没有亲信。 [19]"吾闻"句:我听说姬姓中唐叔的后代是最后衰亡的,大概是由于重耳的缘故吧!唐叔:晋国的开国君主。 [20]大咎:大灾难。

译文

重耳到达楚国,楚成王设宴会招待他,说:"公子如果回到晋国,用什么报答我?"公子回答说:"男女奴仆、宝玉、丝绸都是君王所拥有的,鸟羽、皮毛、象牙、犀革都是君王土地上所生长的。那些波及晋国的,已经是君王剩余的了,我能用什么来报答君王呢?"楚成王说:"尽管这样,究竟用什么报答我呢?"公子回答说:"如果托君王的福,能够回到晋国,一旦晋、楚两国演习军事,在中原相遇,那就后退九十里。如果还得不到君王的宽大,那就左手执鞭、执弓,右边挂着弓袋、箭袋,跟君王较量一下。"子玉请求楚王杀掉他。楚成王说:"晋公子志向远大而生活俭约,文辞华美而合乎礼仪;他的随从严肃而宽大,忠诚又有能力。晋侯没有亲近的人,国内国外都讨厌他。我听说姬姓是唐叔后代,将会最后衰亡,大概是由于重耳的缘故吧!上天将要使他兴起,谁能够废掉他呢?违背上天,必然有大灾。"于是就把他送回了秦国。

秦伯纳女五人,怀嬴与焉[1]。奉匜沃盥[2],既而挥之[3]。怒,曰:"秦、晋匹也[4],何以卑我[5]!"公子惧,降服而囚[6]。

注释

[1]秦伯:秦穆公。怀嬴:秦穆公之女,晋怀公之妻嬴氏。嫁文公后为辰嬴。与:在其中。 [2]奉:捧。匜(yí):古人洗手、洗面的用具,用以盛水。沃盥(guàn):浇水洗手。古人洗盥,一人持匜,灌水于洗盥者之手以洗之,下有盘,以盛盥讫之水。《礼记·内则》云:"进盥,少者奉盘,长者奉水,请沃盥。"奉水即奉匜,以水盛匜中。这里指怀嬴奉匜以注水,注水曰沃,而重耳盥之。马宗琏《补注》以《仪礼·士昏礼》说此事,依《士昏礼》,新郎入室,新妇之从者曰媵(yìng),为新郎沃盥;新郎之从者曰御,为新妇沃盥。这里秦穆公以文嬴妻文公,怀嬴为媵,故为文公沃盥。此则为初婚时事。 [3]既而:完了之后。挥之:重耳挥去手中余水使干。本待授巾使拭干,《礼记·内则》云"盥卒,授巾"。重耳不待巾而挥去余水,非礼,故怀嬴怒。 [4]匹:相当,相匹敌。 [5]卑:藐视。 [6]降服而囚:杜预注云:"去上服,自拘囚以谢之。"

译文

秦穆公送给重耳五个女子,怀嬴也在其中。怀嬴捧着盛水的器皿伺候重耳洗脸,他洗了手不用手巾擦手,而是挥挥手把手上的水甩干。怀嬴很生气,说:"秦、晋两国地位平等,为什么轻视我?"公子害怕,脱去上衣自我囚禁起来表示谢罪。

他日,公享之[1]。子犯曰:"吾不如衰之文也[2],请使衰从。"公子赋《河水》[3]。公赋《六月》[4]。赵衰曰:"重耳拜赐[5]!"公子降[6],拜,稽首,公降一级而辞焉[7]。衰曰:"君称所以佐天子者命重耳,重耳敢不拜?"

(选自《左传·僖公二十三年》)

注释

[1] 他日:几天之后。享:设宴招待。　　[2] 文:有文采。
[3] 赋:赋诗,就是诵唱《诗经》里某一首诗的片断,借以表达自己的心意或看法。《河水》,杜预注云:"河水,逸诗,义取河水朝宗于海。海喻秦。"一说应该是《沔水》。《国语·晋语四》韦注云:"河当作沔,字相似误也。其诗曰:'沔彼流水,朝宗于海。'言已反国,当朝事秦。"赵衰用这首诗表示对秦穆公的感激和崇敬。
[4]《六月》:《国语·晋语四》韦注云:"《小雅·六月》道尹吉甫佐宣王征伐,复文、武之业。其诗云:'王于出征,以匡王国。'其二章

曰,'以佐天子'。三章曰,'共武之服,以定王国'。此言重耳为君,必霸诸侯,以匡佐天子。"秦穆公则用《六月》祝福重耳称霸诸侯,匡扶天下。　　[5]拜赐:拜谢您的恩赐。　　[6]降:降阶至堂下。　　[7]公降一级而辞焉:秦穆公降阶一等,依《仪礼·公食大夫礼》及《聘礼》,宾与主人若地位不同,宾卑主尊,宾必降拜,主必降辞。辞者,辞其降拜,非辞其稽首。

译文

有一天,秦穆公设宴席招待重耳,子犯说:"我不如赵衰那样有文采,请您让赵衰跟随赴宴。"公子在宴会上赋《河水》这首诗,秦穆公赋《六月》这首诗。赵衰说:"重耳拜谢恩赐!"公子退到阶下,拜,叩头,秦穆公走下一级台阶辞谢。赵衰说:"君王提出要重耳担当辅佐周天子的使命,重耳岂敢不拜?"

及河[1],子犯以璧授公子,曰:"臣负羁绁从君巡于天下[2],臣之罪甚多矣[3],臣犹知之,而况君乎?请由此亡。"公子曰:"所不与舅氏同心者[4],有如白水[5]!"投其璧于河。

注释

[1]河:黄河。过了黄河就是晋国国境。　　[2]羁:马笼头。绁(xiè):缰绳。"负羁绁"表示紧紧追随的意思,是从行者的

套话。这句是说,我跟着您流亡全国。巡于天下:实际上是流亡于诸侯之间。这样说表示尊敬。　　[3] 臣之罪甚多矣:谋离齐,重耳怒,以戈逐子犯,即是一例。　　[4] 所:假设连词,若,誓词中用得较多。　　[5] 有如:誓词中的常用语,亦作"有若"。有如白水:即"有如河",意思是河神鉴之。

译文

到达黄河岸边,子犯把玉璧还给公子,说:"下臣背着马笼头、马缰绳跟随您在天下巡行,下臣的罪过很多,下臣自己尚且知道,何况您呢?请您让我从这里走开吧。"公子说:"如果不和舅父同一条心,有河神作证。"把他的璧玉扔到了黄河里。

济河,围令狐[1],入桑泉[2],取臼衰[3]。二月甲午[4],晋师军于庐柳[5]。秦伯使公子絷如晋师[6]。师退,军于郇[7]。辛丑[8],狐偃及秦、晋之大夫盟于郇。壬寅[9],公子入于晋师。丙午[10],入于曲沃[11]。丁未[12],朝于武宫[13]。戊申[14],使杀怀公于高梁[15]。不书[16],亦不告也[17]。

注释

[1] 令狐:地名,在今山西临猗县西。　　[2] 桑泉:地名,在今山西临猗县临晋镇东北。　　[3] 臼衰:在今山西解州镇西

北。　　[4]二月甲午：二月四日。　　[5]庐柳：在今山西临猗县北。　　[6]公子絷：秦国公子子显。如：前往。晋师：晋怀公的军队。　　[7]郇(xún)：在今临猗西南。　　[8]辛丑：十一日。　　[9]壬寅：十二日。　　[10]丙午：十六日。[11]曲沃：在今山西曲沃。　　[12]丁未：十七日。[13]武宫：重耳祖父晋武公的神庙。晋侯每即位,必朝之。[14]戊申：十八日。　　[15]高梁：在今山西临汾东北。[16]不书：《春秋》没有记载晋怀公被杀这件事。《春秋》于有世系之诸侯而不书其终者,只有卫戴公、晋怀公两位,因为他们未及改元即死。　　[17]不告：晋国没有将此事报告鲁国。

译文

重耳等一行渡过黄河,包围了令狐,进入桑泉,占领了臼衰。二月初四,晋国的军队驻扎在庐柳。秦穆公派遣公子絷到晋国军队里去交涉。晋军退走,驻扎在郇地。二月十一,狐偃和秦国、晋国的大夫在郇地结盟。第二天,公子重耳到达晋国军队。二月十六,重耳进入曲沃。十七日,重耳在晋武公的庙宇中朝见群臣。十八日,重耳派人在高梁杀死了晋怀公。《春秋》没有记载这件事,也是由于晋国没有来鲁国报告的缘故。

吕、郤畏逼[1],将焚公宫而弑晋侯。寺人披请见[2]。公使让之[3],且辞焉[4],曰："蒲城之役[5],君命一宿,女即至。其后余从狄君以田渭滨,女为惠公来求杀余,命女三宿,女中宿至[6]。虽有君命,何其速也?夫袪犹在[7]。女其行乎!"对曰:"臣谓君之入也,其知之矣[8]。若犹未也,又将及难。君命无二,古之制也。除君之恶,唯力是视[9]。蒲人、狄人,余何有焉[10]?今君即位,其无蒲、狄乎[11]!齐桓公置射钩[12],而使管仲相。君若易之,何辱命焉?行者甚众[13],岂唯刑臣[14]?"公见之,以难告[15]。

注释

[1]吕:吕饴甥。郤:郤芮。两人都是晋怀公的亲信。畏逼:担心受迫害。　[2]寺人披:晋宦官,曾经奉命追杀重耳。[3]让之:责备寺人披。　[4]辞:拒绝接见。　[5]蒲城之役:详见《左传·僖公五年》。　[6]中宿:第二宿后第三日。[7]袪(qū):衣袖。寺人披追杀重耳时曾斩下他的衣袖。[8]知之:杜预注云:"知君人之道"。　[9]唯力是视:竭尽己力而为。　[10]何有:古人习语,意义随所施而异样,此谓心目中无之也。　[11]其无蒲、狄乎:难道没有像蒲人、狄人那样让您讨厌的人吗?其,同"岂",难道。　[12]钩:衣带钩。[13]行者甚众:这是针对文公"女其行乎"而言。　[14]刑臣:寺人披的自称。因为宦官是受过宫刑的。　[15]以难告:把吕饴甥等人的阴谋告诉晋文公。

译文

吕、郤两家害怕祸难逼近,准备焚烧宫室而杀死晋文公。寺人披请求进见。晋文公派人责备他,而且拒绝接见,说:"蒲城那一次战役,国君命令你一个晚上到达,你马上就来了。后来我跟随狄君在渭水边上打猎,你为惠公来杀我,惠公命令你过三个晚上再来,你过两个晚上就来了。虽然有国君的命令,为什么那么快呢?那只被割断的袖子还在,你还是走开吧!"寺人披回答说:"小臣原来认为国君回国以后,已经了解情况了。如果还没有,就会又一次遇到祸难。执行国君的命令只有一心一意,这是古代的制度。除去国君所厌恶的人,只看自己有多大力量。蒲人、狄人,对我来说算什么呢?现在您即位做国君,也会同我心目中一样没有蒲、狄吧!齐桓公把射钩的事放在一边,而让管仲辅助他。君王如果改变这种做法,我会自己走的,哪里需要君王的命令呢?离开的人会很多,难道只有我这个受过宫刑的小臣吗?"晋文公接见了寺人披,寺人披就把祸乱告诉了晋文公。

三月,晋侯潜会秦伯于王城[1]。己丑晦,公宫火[2]。瑕甥、郤芮不获公[3],乃如河上[4],秦伯诱而杀之。晋侯逆夫人嬴氏以归[5]。秦伯送卫于晋三千人,实纪纲之仆[6]。

注释

[1] 潜会:偷偷会见。王城:秦地,在今陕西大荔东。

[2] 己丑：三月二十九。晦：每个月的最后一天。公宫：晋文公的宫殿。　　[3] 瑕甥：即吕饴甥。　　[4] 如：到。[5] 嬴氏：秦穆公的女儿文嬴，嫁给晋文公。　　[6] 卫：护卫。实：充当。纪纲之仆：得力之仆。

译文

（鲁僖公二十四年）三月，晋文公秘密地和秦穆公在王城会见。三十日，文公的宫殿起火。瑕甥、郤芮找不到晋文公，于是就到黄河边上去找，秦穆公把他们引诱过去杀死了。晋文公迎接夫人嬴氏回国。秦穆公赠送给晋国卫士三千人，都是一些得力的臣仆。

初，晋侯之竖头须，守藏者也[1]，其出也，窃藏以逃，尽用以求纳之[2]。及入，求见。公辞焉以沐[3]。谓仆人曰："沐则心覆[4]，心覆则图反[5]，宜吾不得见也。居者为社稷之守，行者为羁绁之仆，其亦可也，何必罪居者[6]？国君而仇匹夫[7]，惧者甚众矣。"仆人以告，公遽见之[8]。

注释

[1] 竖：少年侍从，年龄当在十五以上十九以下，详参《周礼·天官·序官·内竖》孙诒让正义。头须：人名。守藏(zàng)

者：负责看守库房、保管财物的人。　　[2]求纳之：让文公接纳他。　　[3]入：指文公回国。辞焉以沐：以正在洗头为借口拒绝接见。　　[4]心覆：洗头时候心反压在身下。　　[5]图反：所图谋者反于正常。　　[6]罪：怪罪。居者：留在国内的人。　　[7]仇：仇视。匹夫：普通百姓。　　[8]遽(jù)见：马上召见。

译文

当初，晋文公有个侍臣名叫头须，是专门管理财物的。当晋文公在国外的时候，头须偷了财物潜逃，把这些财物都用来设法让晋文公回国，但没有成功，只好留在国内。等到晋文公回来，头须请求进见，晋文公推托说正在洗头。头须对仆人说："洗头的时候心就倒过来，心倒了意图就反过来，无怪我不能被接见了。留在国内的人是国家的守卫者，跟随在外的是背着马笼头、马缰绳的仆人，这也都是可以的，何必要怪罪留在国内的人呢？身为国君而仇视普通人，害怕的人就多了。"仆人把这些话告诉晋文公，晋文公立即接见了他。

狄人归季隗于晋，而请其二子[1]。文公妻赵衰[2]，生原同、屏括、楼婴[3]。赵姬请逆盾与其母[4]，子余辞[5]。姬曰："得宠而忘旧[6]，何以使人[7]？必逆之！"固请，许之。来[8]，以盾为才，固请于公，以为嫡子[9]，而使其三子下之[10]；以叔隗为内子[11],而己下之。

注释

[1] 请其二子：请把季隗(wěi)生的两个儿子伯儵、叔刘留在狄国。　　[2] 妻赵衰：把女儿嫁给赵衰。　　[3] 原同、屏括、楼婴：指赵同、赵括、赵婴齐。赵同、赵括、赵婴齐各食邑于原、屏、楼三地,故《左传》称其为原同、屏括、楼婴。　　[4] 赵姬：即晋文公的女儿。逆：迎接。盾：赵衰跟狄女叔隗生的儿子。　　[5] 子余：赵衰的字。　　[6] 宠：新欢。旧：旧爱。　　[7] 使人：使唤别人。　　[8] 来：接赵盾母子回来。　　[9] 嫡(dí)子：大公子,继承人。　　[10] 使其三子下之：把自己三个孩子地位排在赵盾后面。　　[11] 内子：正妻。

译文

狄人把季隗送回到晋国,而请求留下她的两个儿子。晋文公把女儿嫁给赵衰,生了原同、屏括、楼婴。赵姬请求迎接赵盾和他的母亲,赵衰辞谢不肯。赵姬说:"得到新宠而忘记旧好,以后还怎样使用别人呢？一定要把他们接回来。"坚决请求,赵衰同意了。叔隗和赵盾回来以后,赵姬认为赵盾有才,坚决向赵衰请求,把赵盾作为嫡子,而让她自己生的三个儿子居于赵盾之下,让叔隗作为正妻,而自己居于她之下。

晋侯赏从亡者[1],介之推不言禄,禄亦弗及[2]。推曰:"献公之子九人,唯君在矣[3]。惠、怀无亲,外内弃之。天未绝晋,必将有主[4]。主晋祀者[5],非君而谁?天实置之,而二三子以为己力,不亦诬乎[6]?窃人之财,犹谓之盗,况贪天之功以为己力乎[7]?下义其罪,上赏其奸;上下相蒙[8],难与处矣[9]。"其母曰:"盍亦求之[10]?以死,谁怼[11]?"对曰:"尤而效之[12],罪又甚焉。且出怨言,不食其食[13]。"其母曰:"亦使知之,若何[14]?"对曰:"言,身之文也。身将隐,焉用文之?——是求显也。"其母曰:"能如是乎[15]?与女偕隐[16]。"遂隐而死。晋侯求之,不获。以绵上为之田[17],曰:"以志吾过[18],且旌善人[19]。"

(选自《左传·僖公二十四年》)

注释

[1] 从亡者:跟着一起流亡的人。　　[2] 弗及:没给(介之推)。　　[3] 君:指晋文公。在:在世。　　[4] 天未绝晋,必将有主:假如天不亡晋国,一定会给它安排一个好君主。[5] 主晋祀者:延续晋国香火的人。　　[6] 诬:骗人。[7] 贪天之功以为己力:贪污了上天的功劳作为自己的能耐。

[8]蒙：蒙蔽，欺骗。　　[9]处：相处。　　[10]盍："何不"的合音。这两句是说，干嘛不请求封赏？就这样死了能怨谁？　　[11]怼(duì)：怨恨。　　[12]尤：罪。效：仿效。　　[13]其食：他们的俸禄。　　[14]若何：怎么样？　　[15]如是：这样。　　[16]女：同"汝"，你。偕隐：一起归隐。　　[17]绵上：地名，在今山西介休东南四十里介山之下而接近灵石县者，是介之推隐居之处。　　[18]志：古文"识"，记。过，过错。　　[19]旌：表彰。善人：好人。

译文

晋文公赏赐跟随他逃亡的人，介之推没有提及禄位，禄位也没有赐到他身上。介之推说："献公的儿子有九个，只有公子一人在世。惠公、怀公没有亲近的人，国内、国外都抛弃了他们。上天不使晋国绝后，必定会有君主。主持晋国祭祀的人，不是公子又会是谁？这实在是上天立他为君，而他们这些人却以为是自己的力量，这不是欺骗吗？偷别人的财物，尚且叫作盗，何况贪上天的功劳以为自己的功劳呢？下面的人把贪功的罪过当成合理，上面的人对欺骗加以赏赐，上下相互欺骗，这就难和他们相处了。"介之推的母亲说："为什么不也去求赏？这样的死，又能怨谁？"介之推回答说："明知错误而去效法，罪就更大了。而且我口出怨言，不能吃他的俸禄。"他母亲说："也让他知道一下，怎么样？"介之推回答说："说话，是身体的文饰。身体将要隐藏，哪里用得着文饰？这只不过是去显露罢了。"他母亲说："你能够这样吗？我和你一起隐居起来。"于是就隐居而死。晋文公派人寻找介之推，找不到，就把绵上的田封给他,说:"用这来记载我的过失,来表扬好人。"

文史链接

晋公子重耳的传奇经历与历史贡献

晋文公重耳出生在曲沃贵族家庭,是晋武公的长孙,他少年好学,善交贤能,颇得士人之心,却因其母出于翟而为庶子。后来,晋献公废嫡立爱,宠幸骊姬,骊姬之乱迫使太子申生自杀,客观上为重耳除去了继位的最大障碍。献公亡,惠公立,重耳饱受迫害,流亡异国十九年。

选文由重耳奔狄、季隗待子、乞食野人、醉遣、观裸、过郑、答楚、谢罪怀嬴、河边誓舅、寺人披进见、介之推不言禄等一系列情节连缀而成,每一个片段都是一则生动有趣的小故事,众多故事组合起来构成了重耳流亡的全过程。选文中故事情节跌宕起伏,人物形象栩栩如生,显示了《左传》高超的叙事、写人技巧。

关于重耳出亡的年纪,根据《左传》《国语》的记载,是在十七岁;而根据《史记》的记载,却在四十三岁。重耳先后流亡了十九年,前十二年是躲在母亲的娘家狄国,之后五年又在齐国享福,真正的"流亡"是在最后的两三年。重耳在外飘零多年才得以归国登基,在春秋列国君主中的确是个奇迹,因此《左传》着重记叙了他的流亡生涯,描绘了重耳从一个缺乏理想和远见的贵族公子,成长为宽容、果敢、英明君主的过程。

经过长达十九年的颠沛流离,重耳终于在公元前636年回国即位,是为晋文公。即位后,晋文公启用贤能,勇于革新,推行新

晋文公复国图

政,继续了晋惠公"作爰田、州兵"的国策,激发了郡县制的萌芽,促进了晋国的经济、军事的狂飙式发展,却也在分解周礼宗法制的社会结构。晋文公用卿族而不纳公族,并作三军六卿,为世卿世禄制在晋国的实施与发展铺平了道路,使之成为权臣擅政的温床,后来赵盾、栾书、中行偃、韩起、士鞅、赵鞅、知瑶、赵无恤、魏斯等前仆后继,一步步颠覆晋国宗庙,隐隐浮现出三家分晋的画面。

晋文公重耳在位仅九年时间,然而,晋国的霸权却存在了长达百年之久。重耳奠定了晋国作为春秋第一强国的地位。晋文公之后晋襄公接霸;继而,晋景公与楚庄王争霸;然后,晋悼公复霸;直到公元前506年,晋国正卿范献子依然以霸主之命召集十七路诸侯会盟。在此期间,晋国维护着东周天下的秩序以及周天子的统治,积极充当周朝宪兵的角色。

选文可以看作一篇精彩的"晋文公成长史",叙事写人别具特色,其中某些叙述手法和写作特点对后世传记文学影响深远。比如:重视客观式的记录,偏重描写对话和行动,以此来展示人物性格的发展变化,而对于人物的主观心理活动、精神状态则着墨甚少等,这些都成了中国史传文学的显著特征。

关于晋文公、介之推的传说故事

一、寒食节的由来

介之推是晋文公重耳流亡时的随从,一些著作中也称介之绥、介子推。《列仙传》记载,其姓王,名光,字裕。介之推祖籍一说为山西夏县裴介村;一说为铜鞮人(山西沁县南,文见《重建洁惠侯庙碑记》)。明代沈周《疏介夫传》曰:"其先赵魏之郊,从树艺为生,子孙甚繁衍,至今始徙于宋……其后,介之推又徙晋,晋以其先人之闻纳之。"传说寒食节即是为他而设。

寒食节源于一则流传很广的传说故事。春秋时,晋国公子重耳因为骊姬之乱出奔到他国,一路辛苦流离,饿得奄奄一息。随行的介之推毅然割下自己大腿上的肉,煮熟了给重耳吃,救了他一命。内乱平定后,重耳回国,荣登国君宝座,就是晋文公。晋文公登基之后大行封赏功臣,却偏偏忘了救命恩人介之推。"介之推不言禄,禄亦弗及",他和老母隐居绵上深山。文公知道后派人去请,而介之推执意不肯出来。传说晋文公便使人纵火烧山,想将母子二人逼下山,介之推和母亲合抱一棵大树,被烧死在了山上。晋文公重耳深感愧疚,遂改绵山为介山,并立庙祭祀。烧山的那一天正是清明节的前一天,为了悼念介之推,从此人们便定每年清明前一天为寒食清明,"寒食"是断火冷食的意思。这一天举国都不许生火,只能吃冷食。据说这就是寒食节的来历。历代文人骚客留有大量吟咏缅怀介之推的诗篇。

上述传说故事生动感人,但在《左传》《史记》中并无介之推被焚的记载。到了汉代,刘向《新序》及桓谭《新论》中始提及介之推被焚之事,寥寥数语,也没有把介之推之死与寒食禁火习俗联系在一起。直至汉末,蔡邕的《琴操》才将禁火之事与介之推附会在一起。寒食节也由民间走入宫廷,成为朝野共度的节日。唐代诗人韩翃《寒食》一诗生动地描述了这一节日景象:"春城无处不飞花,寒食东风御柳斜。日暮汉宫传蜡烛,轻烟散入五侯家。"

关于寒食节的具体时间,曹操《明罚令》云:"冬至后百有五日,皆绝火寒食,云为介子推。"南朝梁宗懔《荆楚岁时记》记载,冬至后一百零五天称寒食节,恰为清明节的前二天。唐代元稹《连昌宫词》云:"初过寒食一百六,店舍无烟宫树柳",认为清明节前一天为寒食节。宋代吴自牧《梦粱录》说:"清明交三月,节前两日谓之寒食,京师人从冬至后数起至一百五日,便是此日。"明代冯梦龙编的《东周列国志》道:"最初寒食节为冷食一月,后渐减至三日。"由于寒食与清明节时间先后相连,寒食节俗很早就与清明产生了关联。比如清明扫墓的习俗,就是源于寒食节的扫墓活动。

上古时期,尚无墓祭的礼俗。春秋战国时期,墓祭风气渐浓,但对于身份低微、财力薄弱的庶民阶层来说,并不普遍。汉代,随着儒家学说的流行、宗族生活的扩大,人们返本追宗观念日益深化,上墓祭扫之风转盛。唐人沿袭前代墓祭风俗,并扩大到整个社会,渐成风气。唐玄宗下诏"士庶之家,宜许上墓,编入五礼,永为常式。"朝廷以政令的形式将民间扫墓的风俗固定在清明前的寒食节。寒食禁火,清明取火,扫墓亦由寒食扩展到清明,唐人已将寒食、清明并称。白居易《寒食野望吟》描写寒食情景:"乌啼鹊噪昏乔木,清明寒食谁家哭。"清明不仅从寒食中分担了墓祭的功能,同时它也将一些原本属于寒食节日的游戏娱乐置于自己名下,如蹴鞠、秋千即是寒食的著名节俗,这时也已成为清明节的娱乐项目,杜甫《清明》诗云:"十年蹴鞠将雏远,万里秋千习俗同。"宋朝,清明已基本上完成了对寒食的置代,除禁火冷食仍为寒食特有的习俗外,清明已承担了许多原属于寒食的节俗功能。明清时期,寒食基本消亡,春季大节除新年外唯有清明了。由于寒食节和清明节的时间相近,而古人在寒食中的活动又往往延续到清明,后来寒食节和清明节也就没有严格区分了。

清明节由一个节气上升为最为人们所重视的传统节日之一,若没有寒食节的文化滋养,几乎是不可能的。

二、"足下"的由来

传说"足下"一词也与晋文公和介之推有关。据南朝宋刘敬叔《异苑》卷十记载:"介子推逃禄隐迹,抱树烧死。文公拊木哀嗟,伐而制屐。每怀割股之功,俯视其屐曰:'悲乎,足下!''足下'之称将起于此。"这一说法虽然有趣,但未必可信。由传说可知,"足下"一词,虽然和"足"有关,词意却并非将朋友踩在脚底下,而是取其睹物思人、感怀昔日之情,因而衍生出对朋友的敬称之意。

在古代,下级称谓上级,或同辈相称,都用"足下",意为"您"。足下,属于尊称对方的敬辞。乐毅《报燕惠王书》:"恐伤先王之明,有害足下之义,故遁逃走赵。"《史记·秦始皇本纪》:"阎乐前即二世,数曰:'足下骄恣,诛杀无道,天下共畔足下,足下其自为计。'"这是臣子称君主的例子。又如《战国策·燕策一》记载苏代对燕昭王说:"足下以为足,则臣不事足下矣。"《战国策·韩策二》:"严仲子辟人,因为聂政语曰:'臣有仇而行游诸侯众矣,然至齐,闻足下义甚高。"《史记·项羽本纪》:"张良谢曰:'……谨使良奉白璧一双,再献大王足下;玉斗一双,再拜奉大将军足下。'"

战国以后,不仅是臣下对君主,同辈之间可以用"足下"来称呼。如《史记·季布传》:"曹丘至,即揖季布曰:'……且仆楚人,足下亦楚人也。仆游扬足下之名于天下,顾不重邪?何足下距仆之深也。'"《韩非子·难三》:"今足下虽强,未若知氏;韩魏虽弱,未至如其在晋阳之下也。"三国魏·嵇康《与山巨源绝交书》:"足下昔称吾于颖川,吾常谓之知言。"唐·韩愈《与孟东野书》:"与足下别久矣,以吾心之思足下,知足下悬悬于吾也。"无论是下对上,还是同辈相称,"足下"都带有敬意。清代梁章钜在《称谓录》中说:"古称人君,亦以'足下'称之,则'足下'之为尊称。"《史记·秦始皇本纪》裴骃集解引东汉末年蔡邕的话解释说:"群臣士庶相与言,曰殿下、陛下、足下、侍者、执事,皆谦类。"也就是说,"足下"只是谦虚地尊称对方的称呼。

上述有关晋文公、介之推的传说故事,不一定符合历史事实,但却给历史涂上了一抹浪漫的色彩。正是由于这些传说故事,绵山才成为历史上的一大名胜。每到寒食节、清明节,人们便会深切缅怀介之推的高尚气节。介之推"忠孝清烈"的精神成为中华民族传统美德的重要组成部分,为历代华夏儿女所继承弘扬。

思考讨论

晋公子重耳流亡的故事对我们有什么启示?

虽有小忿,不废懿亲

郑之入滑也[1],滑人听命。师还,又即卫。郑公子士、泄堵俞弥帅师伐滑[2]。王使伯服、游孙伯如郑请滑[3]。郑伯怨惠王之入而不与厉公爵也[4],又怨襄王之与卫、滑也,故不听王命,而执二子。王怒,将以狄伐郑。富辰谏曰:"不可。臣闻之:大上以德抚民,其次亲亲,以相及也[5]。

昔周公吊二叔之不咸[6]，故封建亲戚以蕃屏周[7]。管、蔡、郕、霍、鲁、卫、毛、聃、郜、雍、曹、滕、毕、原、酆、郇[8]，文之昭也[9]。邘、晋、应、韩[10]，武之穆也[11]。凡、蒋、邢、茅、胙、祭，周公之胤也[12]。召穆公思周德之不类[13]，故纠合宗族于成周而作诗[14]，曰：'常棣之华[15]，鄂不韡韡[16]，凡今之人，莫如兄弟[17]。'其四章曰：'兄弟阋于墙，外御其侮[18]。'如是，则兄弟虽有小忿[19]，不废懿亲[20]。今天子不忍小忿以弃郑亲，其若之何？庸勋[21]、亲亲、昵近、尊贤，德之大者也。即聋、从昧、与顽、用嚚[22]，奸之大者也。弃德、崇奸，祸之大者也。郑有平、惠之勋[23]，又有厉、宣之亲[24]，弃嬖宠而用三良[25]，于诸姬为近[26]，四德具矣。耳不听五声之和为聋，目不别五色之章为昧，心不则德义之经为顽，口不道忠信之言为嚚。狄皆则之，四奸具矣。周之有懿德也，犹曰'莫如兄弟'，故封建之。其怀柔天下也，犹惧有外侮；扞御侮者[27]，莫如亲亲，故以亲屏周。召穆公亦云。今周德既衰，于是乎又渝周、召[28]，以从诸奸[29]，无乃不可乎？民未忘祸[30]，王又兴之，其若文、武何[31]？"王弗听，使颓叔、桃子出狄师[32]。夏,狄伐郑,取栎[33]。

(选自《左传·僖公二十四年》)

注释

[1]郑之入滑:事在鲁僖公二十年。 [2]泄堵俞弥:即泄堵寇。 [3]伯服、游孙伯:二人皆为周大夫。请滑:为滑请命,劝说郑国不去讨伐它。 [4]爵:酒器。 [5]大上、其次:皆就其上下等次而言。亲亲以相及:谓先亲其所亲,然后由近及远,所谓推恩以成义。 [6]吊:伤。二叔:管叔、蔡叔。咸:终。不咸,不终。 [7]封建:分封土地建国家。蕃屏:周室作藩篱屏障。 [8]管、蔡、郕(chéng)、霍、鲁、卫、毛、聃(dān)、郜(gào)、雍、曹、滕、毕、原、酆(fēng)、郇(xún):十六个诸侯国,皆文王子。 [9]文之昭:文王为不窋(zhú)下之第十四世,于世次为穆,故其子为昭。 [10]邘(hán)、晋、应、韩:四个诸侯国,皆武王子。 [11]武之穆:武王世次为昭,故其子为穆。 [12]胙(zuò):故城在今河南省延津县北。胤:嗣。 [13]召穆公:又称召公虎,史称召穆公,周朝人物,遗物有"召公簋(guǐ)"。不类:召穆公当周厉王周德衰微之时,故云不类。 [14]纠:收。成周:在西周本为纠合诸侯发号施令之所。 [15]常棣(dì):今名小叶杨,属杨柳科,落叶乔木,高达三十米。春季,先叶开花。华:即花。 [16]鄂(è):今作萼。不:同跗,萼足,花下有萼,萼下有跗。韡韡(wěi):光明貌。[17]"常棣之华,鄂不韡韡,凡今之人,莫如兄弟":孔颖达疏云:

"言常棣之华与鄂跗韡韡然甚光明也。由华以覆鄂,鄂以承华,华鄂相承覆,故得韡韡然而光明也。华鄂相覆而光明,犹兄弟相顺而荣显,然则凡今时之人,恩亲无如兄弟之最厚也。" [18]阋(xì):争吵。阋墙,引申为内部不和。"兄弟阋于墙,外御其侮"谓兄弟内虽不和,犹同心御外侮。 [19]小忿:小小的忿恨。 [20]懿:美。 [21]庸勋:于有功勋者酬之。 [22]嚚(yín):愚蠢而顽固。 [23]郑有平、惠之勋:指"平王东迁,晋、郑是依;惠王出奔,虢、郑纳之"两件事。 [24]厉、宣之亲:指郑国始封之祖桓公友,是周厉王之子,周宣王的同母之弟。 [25]嬖宠(bì chǒng):指受君主宠爱的人。三良:指叔詹、堵叔、师叔。 [26]于诸姬为近:近,亲近。言桓公为司徒,武、庄为卿士,世亲近于王,与晋、卫诸国疏于周室者不同。 [27]扞(hàn):同"捍",抵御。 [28]渝:变。 [29]从诸奸:谓将用狄师。 [30]民未忘祸:前有子颓之乱,中有叔带召狄,故曰民未忘祸。 [31]其若文、武何:意思是将废文王、武王的功业。 [32]颓叔、桃子:同为周大夫。 [33]栎(yuè):地名,在今河南省禹县。

译文

郑军进入滑国的时候,滑人听从命令。军队回去,滑国又亲附卫国。郑国的公子士、泄堵俞弥带兵进攻滑国。周襄王派伯服、游孙伯到郑国请求不要进攻滑国。郑文公怨恨周惠王回到成周而不给厉公饮酒礼器杯子,又怨恨周襄王偏袒卫、滑两国,所以不听周襄王的命令而逮捕了伯服和游孙伯。周襄王发怒,准备领着狄人进攻郑国。富辰劝谏说:"不行。下臣听说,最高的人用德行来安抚百姓,其次的亲近亲属,由近到远。从前,周公叹息管叔、蔡叔不得善终,所以把土地分封给亲戚作为周朝的屏障。管、蔡、郕、霍、鲁、卫、毛、聃、郜、雍、曹、滕、毕、原、酆、郇各国,是文王的儿子。邢、晋、应、韩各国,是武王的儿子。凡、蒋、邢、茅、胙、祭各国,是周公的后代。召穆公忧虑周德衰微,所以集合了宗族在成周而作诗,说:'小叶杨的花儿,花朵是那样漂亮艳丽,现在的人们,总不能亲近得像兄弟。'诗的第四章说:'兄弟们在墙里争吵,一到墙外就共同对敌。'像这样,那么兄弟之间虽然小有和睦,也不能废弃好亲属。现在,您不忍耐小怨而丢弃郑国这门亲属,又能把它怎么办?酬答勋劳,亲近亲属,接近近臣,尊敬贤人,这是德行中的大德。靠拢耳背的人,跟从昏暗的人,赞成固陋的人,使用奸诈的人,这是邪恶中的大恶。抛弃德行,崇尚邪恶,这是祸患中的大祸。郑国有过辅助平王、惠王的功勋,又有厉王、宣王的亲属关系,郑国国君舍弃宠臣而任用三个好人,在姬姓诸姓中属于近亲,四种德行都具备了。耳朵不能听到五声的唱和是耳聋,眼睛不能辨别五色的文饰是昏暗,心里不学德义的准则是顽固,嘴里不说忠信的话是奸诈。狄人效法这些,四种邪恶都具备了。周室具有美德的时候,尚且说'总不能亲近得像兄弟',所以分封建制。当它笼络天下的时候,尚且害怕有外界的侵犯;抵御外界侵犯的措施,没有比亲近亲属再好的了,所以用亲属作为周室的屏障,召穆公也是这样说的。现在周室的德行已经衰败,而这时又改变周公、召公的措施以跟从各种邪恶,恐怕不可以吧!百姓没有忘记祸乱,君王又把它挑起来,怎样面对文王、武王呢?"周襄王不听,派遣颓叔、桃子出动狄军。夏季,狄军进攻郑国,占领了栎地。

文史链接

宗法社会与家庭建设

西周时代,宗法等级制度的最高代表者是周天子。周天子在政治上是天下诸侯的共主,在宗法上又是所有姬姓封国的最高族长。可是,共伯和在厉王奔彘以后,僭居王位,代行政事本身,就给当时笼罩在一切之上的宗法等级制一个致命的打击。正是由于这时的宗法制度开始崩坏,宣王即位后,为了维持奴隶主贵族的统治秩序,召穆公(召虎)召集宗族于成周,讲求亲亲之道,发扬宗法之义,企图弥补已经开始破裂的宗法制度。选文即是以"讲求亲亲之道,发扬宗法之义"来"弥补已经破裂的宗法制度"的体现。

选文出自《左传·僖公二十四年》,"兄弟虽有小忿,不废懿亲"指兄弟间虽然有一些摩擦,但还是一脉相连的亲缘关系。文中多次提到兄弟之间的关系,还引用了《诗经·小雅·鹿鸣之什·常棣》中"兄弟阋于墙,外御其侮"一句,意为:兄弟虽然在家内相争,但能一致抵御外人欺辱。后人用其比喻内部虽有分歧,但仍能团结起来对付外来的侵略。

中国古代的"亲戚"

"亲戚"一词在古代有多重含义。1. 指父母。如《左传·昭公二十年》"亲戚为戮,不可以莫之报也";《大戴礼记·曾子疾病》

"亲戚既没,虽欲孝,谁孝?";《孟子·尽心上》"人莫大焉亡亲戚、君臣、上下"。2. 指同家同族之人。如《战国策·秦策一》"富贵则亲戚畏惧",这里指苏秦的妻子和嫂子;《左传·僖公二十四年》"故封建亲戚以蕃屏周",亲戚指伯叔兄弟及子侄。3. 表示婚姻关系,泛指内外亲属。如《礼记·曲礼上》"兄弟亲戚称其慈也,僚友称其弟也。"孔颖达疏:"亲指族内,戚方族外";《国语·晋语四》"爱亲戚,明贤良";《国语·楚语下》"比尔兄弟亲戚";晋陶潜《归去来辞》:"悦亲戚之情话,乐琴书以消忧";《红楼梦》第六回:"凤姐笑道:'亲戚们不大走动,都疏远了。'"

思考讨论

请搜集体现"虽有小忿,不废懿亲"这一宗法观念的历史故事。

展喜犒师

夏,齐孝公伐我北鄙,卫人伐齐[1],洮之盟故也。公使展喜犒师[2],使受命于展禽[3]。齐侯未入竟[4],展喜从之[5],曰:"寡君闻君亲举玉趾[6],将辱于敝邑,使下臣犒执事[7]。"齐侯曰:"鲁人恐乎?"对曰:"小人恐矣,君子则否。"齐侯曰:"室如县罄[8],野无青草[9],何恃而不恐?"对曰:"恃先王之命。昔周公、大公股肱周室[10]，夹辅成王。成王劳之，而赐之盟，曰：'世世子孙无相害也！'载在盟府[11]，大师职之[12]。桓公是以纠合诸侯，而谋其不协，弥缝其阙[13]，而匡救其灾，昭旧职也[14]。及君即位，诸侯之望曰：'其率桓之功[15]！'我敝邑用不敢保聚[16]，曰：'岂其嗣世九年，而弃命废职？其若先君何？君必不然。'恃此而不恐。"齐侯乃还[17]。

（选自《左传·僖公二十六年》）

注释

[1] 卫人伐齐：鲁、卫相盟，有互救之义，卫人伐齐，即所以救鲁。　[2] 公：指鲁僖公。展喜：鲁国大夫，展禽的弟弟。犒师：以酒食饷馈齐师。犒，慰劳。　[3] 受命：请教。指向展禽领受犒劳齐军的辞令。展禽：名获，字禽，鲁国大夫，因食邑于柳下，或云居于柳下，据《列女传》，其妻私谥以"惠"，故又称柳下惠。[4] 齐侯：齐孝公，齐桓公之子。竟：同"境"。　[5] 从之：出境从齐侯。　[6] 玉趾：表示礼节的套话，意思是贵足、亲劳大驾。　[7] 执事：左右办事的官员，用作对方的敬称。[8] 县：同"悬"。磬(qìng)：同"磬"。石制打击乐器。磬之悬挂，中高而两旁下，其间空洞无物。百姓贫乏，室无所有，虽房舍高起，两檐下垂，如古磬之悬挂者。　[9] 野无青草：指旱情严

重。　　[10] 大公：太公，齐国始祖姜尚，又称姜大公。股肱(gōng)：大腿和手臂。这里的意思是辅佐。　　[11] 载：盟约，古代也叫载书，简称为载。　　[12] 大师：大史，当为太史，太史主管载书，盖周之定制。职：主。　　[13] 弥缝：填满缝隙。意为补救。　　[14] 昭：发扬光大。旧职：指大公的旧职。　　[15] 率：遵循。桓：指齐桓公。　　[16] 保聚：保城聚众。[17] 齐侯乃还：《国语·鲁语上》云："齐侯乃许为平而还。"

译文

（鲁僖公二十六年）夏季，齐孝公进攻我国北部边境，卫军便攻打齐国，这是卫国履行洮地的盟约。僖公派遣展喜犒劳军队，派他向展禽请教如何措辞。齐孝公尚未进入我国国境，展喜出境见他，说："我的君主听说君王亲自出动大驾，将要光临敝邑，所以派遣下臣来慰劳您的左右侍从。"齐孝公说："鲁国人害怕吗？"展喜回答说："小人害怕了，君子不怕。"齐孝公说："房屋中像挂起的磬一样的空，四野连青草都没有，靠什么不害怕？"展喜回答说："靠着先王的命令。从前周公、太公辅助周王朝，在左右协助成王。成王慰劳他们，赐给他们盟约，说：'世世代代的子孙不要互相侵犯。'这个盟约藏在盟府之中，由太史掌管。桓公因此联合诸侯，而商讨解决他们之间的纠纷，弥补他们的过失，而救援他们的灾难，这都是显扬过去的职责。等君王即位，各国诸侯盼望说：'他会继续桓公的功业吧！'我敝邑因此不敢保护城郭纠聚民众，说：'难道他即位九年，就背弃王命、废弃职责吗？他怎么对得住先君呢？他一定不会这样做的。'靠着这个，所以不害怕。"齐孝公就收兵回国了。

文史链接

不战而屈人之兵

"不战而屈人之兵"语出《孙子兵法·谋攻篇》:"故善用兵者,屈人之兵,而非战也……必以全策争于天下,故兵不顿而利可全,此谋攻之法也。"意为:善于用兵的人,降伏敌人的军队,却不用硬打……必定要用完善的计策争胜于天下,所以兵力不至于折损,却可以获得完全的胜利,这就是计划进攻的法则。

选文中的展喜片言只语便退敌雄师,可谓"不战而屈人之兵"的典范。选文开始即写齐军入侵鲁国,鲁国却派展喜前去犒劳,如奇峰突起、引人入胜。展禽、展喜采用攻心战,抓住齐孝公企图效仿齐桓公领袖诸侯成为霸主的心理,提出了"先王之命",给他当头棒喝;继而用齐桓公之功勉励他,用诸侯之望鞭策他;最后又夸其不会弃命废职,暗藏机锋。展喜在危机四起、险象环生的情境中,显示了自己过人的才智与胆识。展喜言辞巧妙,字字珠玑,步步为营,击中了齐孝公的要害,迫使其不得不退兵。选文结构紧凑,言辞精妙绝伦,堪称一篇优美的外交辞令。

展喜说"昔周公、大公股肱周室,夹辅成王,成王劳之而赐之盟。曰:'世世子孙,无相害也。'载在盟府,大师职之""桓公是以纠合诸侯而谋其不协,弥缝其阙而匡救其灾,昭旧职也。及君即位,诸侯之望曰:'其率桓之功'""我敝邑用不敢保聚。曰:'岂其嗣世九年,而弃命废职,其若先君何!君必不然'"此三段话貌似谦恭平淡,其实皆含言外之意,这几句话的言外之意是:齐侯如果侵犯鲁国,那就是公然违背天子命令,践踏盟约,背信弃义;就是大逆不道,并将失去人心;鲁国之所以不兴兵相抗,并不是软弱可欺,所以对齐侯也绝不会恐惧。展喜的三段话柔中带刚,绵里藏针,环环相扣,直击要害,耐人寻味,令齐孝公无言以对,甘愿退兵。

思考讨论

除了选文之外,你还知道哪些"不战而屈人之兵"的历史故事?

晋楚城濮之战

楚子将围宋,使子文治兵于睽[1],终朝而毕,不戮一人[2]。子玉复治兵于蒍[3],终日而毕,鞭七人,贯三人耳[4]。国老皆贺子文。子文饮之酒。蒍贾尚幼[5],后至,不贺。子文问之,对曰:"不知所贺。子之传政于子玉,曰:'以靖国也。'靖诸内而败诸外,所获几何?子玉之败,子之举也。举以败国,将何贺焉?子玉刚而无礼,不可以治民[6],过三百乘,其不能以入矣[7]。苟入而贺，何后之有？"

注释

[1] 子文：前令尹。治兵：将战前演习。《左传》提到"治兵"处共十一次，其含义有四：一、每三年的大讲武，如《左传·隐公五年》"三年而治兵，入而振旅"；二、将战前之习武，如《左传·僖公二十七年》"使子文治兵于睽""子玉复治兵于蔿"；三、用于外交辞令，引申为用兵，如《左传·僖公二十三年》"晋、楚治兵遇于中原"及《左传·昭公五年》"寡君闻君将治兵于敝邑"；四、治戎，如《左传·成公三年》"二国治戎"，《左传·成公十六年》"今两国治戎"。睽(kuí)：楚邑。　[2] 终朝：从天明到早餐时。[3] 蔿(wěi)：楚邑。　[4] 贯耳：以箭穿耳。　[5] 蔿贾：字伯嬴，孙叔敖之父。　[6] 治民：此处当指治军，下文"过三百乘"可证。楚之令尹，军民兼治。　[7] 入：全师入国。

译文

楚成王准备包围宋国，派遣子文在睽地演习作战，一早上就完事，没有杀一个人。子玉又在蔿地演习作战，一天才完事，鞭打七个人，用箭射穿三个人的耳朵。元老们都祝贺子文，子文招待他们喝酒。蔿贾年纪还小，迟到了，不祝贺。子文问他，他回答说："不知道要祝贺什么。您把政权传给子玉，说'为了安定国家'，安定于内而失败于外，所得到的有多少？子玉的对外作战失败,是由于您的推举。推举而使国家失败,有什么可贺的呢?子玉刚愎无礼,不能让他治理军民,率领的兵车超过三百辆,恐怕就不能回来了。如果回来,再祝贺,那也不晚吧?"

冬,楚子及诸侯围宋。宋公孙固如晋告急[1]。先轸曰[2]:"报施、救患[3],取威、定霸[4],于是乎在矣。"狐偃曰:"楚始得曹,而新昏于卫[5],若伐曹、卫,楚必救之,则齐、宋免矣[6]。"于是乎蒐于被庐[7],作三军[8]。谋元帅[9]。赵衰曰:"郤縠可[10]。臣亟闻其言矣,说礼、乐而敦《诗》《书》[11]。《诗》《书》,义之府也[12];礼、乐,德之则也[13];德、义,利之本也[14]。《夏书》曰[15]:'赋纳以言[16],明试以功[17],车服以庸[18]。'君其试之!"乃使郤縠将中军,郤溱佐之[19]。使狐偃将上军,让于狐毛[20],而佐之。命赵衰为卿,让于栾枝、先轸[21]。使栾枝将下军[22],先轸佐之。荀林父御戎[23],魏犨为右[24]。

注释

[1] 楚子:楚成王。公孙固:宋国大夫,宋庄公之孙。
[2] 先轸(zhěn):晋国大夫。　　[3] 报施:报答宋国的恩惠。

指宋襄公赠马于晋文公之事。救患：解救它的灾难。指宋被围之事。　　[4] 取威：建立威信。定霸：取得霸权，就在此一举。
[5] 得：征服。昏：同"婚"，联姻。　　[6] 免：解围。
[7] 蒐(sōu)：阅兵。被庐：晋国地名。　　[8] 作三军：建立三军制度。晋国原有左、右两军。　　[9] 谋：挑选。元帅：晋以中军帅为元帅。　　[10] 郤縠(hú)：晋国大夫。不过他在城濮之战前去世，改由先轸作中军元帅。　　[11] 说：同"悦"，爱好。敦：通"惇"，厚。礼、乐和《诗》《书》是春秋时期贵族的必修课。
[12] 府：源泉。　　[13] 则：准则。　　[14] 本：根本。
[15]《夏书》：《尚书》的一部分。文中下三句出自《尚书·益稷》。
[16] 赋：通"敷"，遍。指不论尊卑远近，如其言善，即遍加纳取。
[17] 试：今作"庶"。明试以功：杜预注云："明试以功，考其事也。"　　[18] 庸：酬劳报功。车服以庸：指以车马衣服酬其功。古代官阶不同，车服也不一样，赐以车服，所以表示尊贵宠荣。
[19] 郤溱(zhēn)：晋国大夫，晋大夫郤至的先人。佐：辅佐，做副帅。　　[20] 狐毛：晋大夫，狐偃的哥哥。　　[21] 栾枝：晋大夫，谥号贞子，为《左传·桓公二年》栾宾之孙，《左传·桓公三年》栾共叔之子。　　[22] 将：指挥。　　[23] 荀林父：晋大夫。御戎：给晋文公驾车。　　[24] 魏犨(chōu)：即魏武子，晋国大夫。右：车右，负责使戈。

译文

（鲁僖公二十七年）冬季，楚成王和诸侯包围宋国。宋国的公孙固到晋国报告紧急情况。先轸说："报答施舍，救援患难，取得威望,成就霸业,就在这里了。"狐偃说:"楚国刚刚得到曹国,又新近和卫国结为婚姻之国,如果攻打曹、卫两国,楚国必定救援,那么齐国和宋国就可以免于被攻了。"晋国因此而在被庐阅兵,建立三个军,商量元帅的人选。赵衰说:"郤縠可以。我屡次听到他的话,喜爱礼乐而重视《诗》《书》。《诗》《书》是道义的府库;礼乐,是道德的表率;道德礼义,是利益的基础。《夏书》说:'有益的话全部采纳,考察效果加以试验,如果成功,用车马衣服作为酬劳。'您不妨试一下!"于是,晋国派郤縠率领中军,郤溱辅助他。派狐偃率领上军,狐偃让给狐毛而自己辅助他。任命赵衰为卿,赵衰让给栾枝、先轸。命栾枝率领下军,先轸辅助他。荀林父驾驭战车,魏犨作为车右。

晋侯始入而教其民[1],二年,欲用之。子犯曰:"民未知义[2],未安其居[3]。"于是乎出定襄王,入务利民,民怀生矣[4]。将用之。子犯曰:"民未知信,未宣其用。"于是乎伐原以示之信。民易资者[5],不求丰焉,明征其辞[6]。公曰:"可矣乎?"子犯曰:"民未知礼,未生其共[7]。"于是乎大蒐以示之礼[8],作执秩以正其官[9]。民听不惑,而后用之。出谷戍,释宋围,一战而霸[10],文之教也[11]。

(选自《左传·僖公二十七年》)

注释

[1]晋侯始入：晋文公于鲁僖公二十四年入国。　　[2]义：等级制度下君臣相互间的义务。　　[3]安其居：守本分。　　[4]怀：安，民安其生。　　[5]易资：买卖。　　[6]明征其辞：明码实价，不二价。　　[7]共：同"恭"，尊敬长上。　　[8]蒐：蒐于被庐。　　[9]秩：爵禄等级。执秩：执掌爵禄等级的官。　　[10]一战而霸：指下年的城濮之战，晋胜楚，解除楚对齐、宋的威胁，此后成为诸侯霸主。　　[11]文：指晋文公。

译文

晋文公一回国，就训练百姓，过了两年，就想使用他们。子犯说："百姓还不知道道义，还没能各安其位。"晋文公就离开晋国去安定周襄王的君位，回国后致力于便利百姓，百姓就各安于他们的生活了。又打算使用他们，子犯说："百姓还不知道信用，还不能十分明白信用的作用。"就攻打原国来让百姓看到信用，百姓做买卖不求暴利，明码实价，各无贪心。晋文公说："行了吗？"子犯说："百姓还不知道礼仪，没有产生他们的恭敬。"由此举行盛大阅兵来让百姓看到礼仪，建立执掌爵禄等级的官职来规定主管官员的职责。等到百姓看到事情就能明辨是非，然后才使用他们。赶走穀地的驻军，解除宋国的包围，一次战争就称霸诸侯，这都是文公的教化。

二十八年春，晋侯将伐曹，假道于卫[1]。卫人弗许。还,自南河济。侵曹、伐卫。正月戊申[2],取五鹿。二月,晋郤縠卒。原轸将中军[3],胥臣佐下军,上德也[4]。晋侯、齐侯盟于敛盂[5]。卫侯请盟,晋人弗许。卫侯欲与楚,国人不欲,故出其君,以说于晋[6]。卫侯出居于襄牛[7]。

注释

[1] 假道于卫:曹都,在今山东省定陶县,卫都楚丘,在今河南省滑县东六十余里。曹在卫之东,故晋假道。　[2] 戊申:九日。　[3] 原轸:即先轸。原为其食邑,晋人多以食邑为氏。[4] 上:同"尚"。上德:先轸以下军佐跃为中军帅,故云"尚德"。[5] 敛盂:卫地,在今河南省濮阳县东南。　[6] 说:同"悦",讨好。　[7] 出居:未必出其国境,凡离其国都皆可谓出。襄牛:卫地。

译文

(鲁僖公)二十八年春季,晋文公准备攻打曹国,向卫国借路,卫国不答应。回来,从南河渡过黄河,入侵曹国,攻打卫国。正月初九日,占取了五鹿。二月,郤縠死。原轸率领中军,胥臣辅助下军,把原轸提升,是为了重视才德。晋文公和齐昭公在敛盂结盟。卫成公请求参加盟约,晋国人不答应。卫成公想亲附楚国,国内的人们不愿意,所以赶走了他们的国君来讨好晋国。卫成公离开国都住在襄牛。

公子买戍卫[1],楚人救卫,不克。公惧于晋,杀子丛以说焉[2]。谓楚人曰:"不卒戍也[3]。"

注释

[1]戍卫:卫、楚两国联姻,鲁与楚,故为之戍卫。　[2]子丛:公子买之字。　[3]不卒戍:鲁本亲楚,现采取两面手法:杀子丛以示不助卫,讨好晋国;对楚则说是子丛不尽职,以敷衍楚国。

译文

公子买驻守在卫国,楚国人救援卫国,没有得胜。鲁僖公害怕晋国,杀了公子买来讨好晋国。骗楚国人说:"他驻守没到期就想回来,所以杀了他。"

晋侯围曹,门焉[1],多死。曹人尸诸城上[2],晋侯患之[3]。听舆人之谋[4],称"舍于墓[5]"。师迁焉。曹人凶惧[6],为其所得者,棺而出之。因其凶也而攻之[7]。三月丙午[8],入曹,数之以其不用僖负羁[9],而乘轩者三百人也[10],且曰献状[11]。令无入僖负羁之宫[12],而免其族[13],报施也[14]。魏犨、颠颉怒[15],曰:"劳之不图,报于何有[16]?"爇僖负羁氏[17]。魏犨伤于胸。公欲杀之,而爱其材。使问[18],且视之[19]。病[20],将杀之。魏犨束胸见使者,曰:"以君之灵[21],不有宁也!"距跃三百,曲踊三百[22]。乃舍之[23]。杀颠颉以徇于师[24],立舟之侨以为戎右[25]。

注释

[1] 门:名词用作动词,攻城。　　[2] 尸诸城上:把晋军尸体摆在城头。　　[3] 患:担心。　　[4] 舆人:军中仆役。[5] 称:声称。舍于墓:驻扎在曹人的祖坟中。意为要刨曹人的祖坟。　　[6] 凶惧:恐惧。　　[7] 因:趁着。凶:恐惧。[8] 丙午:三月初八。　　[9] 数之:责备曹共公。僖负羁:曹国大夫,晋文公逃难曹国时曾照顾文公。　　[10] 乘轩者:指大夫。这句是指责曹共公滥封官爵。　　[11] 献状:观状。[12] 宫:住宅。　　[13] 免其族:赦免他的族人。　　[14] 报施:报答恩惠。　　[15] 颠颉:晋国大夫。　　[16] 劳之不图,报于何有:我们千辛万苦都得不到报答,还谈什么报答![17] 爇(ruò):烧,纵火。　　[18] 问:馈遗以物。　　[19] 视:观察病情。　　[20] 病:伤情严重。　　[21] 灵:威灵。[22] 距跃:向前跳。曲踊:向上跳。"三百"是虚数,表示他跳了

很多下。表示还可用。　　[23] 舍：放过。　　[24] 徇(xùn)：示众。　　[25] 舟之侨：晋国大夫，他代替魏犨做晋文公的车右。

译文

晋文公发兵包围曹国，攻城，战死的人很多。曹军把晋军的尸体陈列在城上，晋文公很担心。听了士兵们的主意，声称"在曹国人的墓地宿营"。军队转移。曹国人恐惧，把他们得到的晋军的尸体装进棺材运出来，晋军由于曹军恐惧而攻城。三月初八日，进入曹国，责备曹国不任用僖负羁，做官的反倒有三百人，并且说当年观看自己洗澡，现在罪有应得。下令不许进入僖负羁的家里，同时赦免他的族人，这是为了报答恩惠。魏犨、颠颉发怒说："不替有功劳或者苦劳的人着想，还报答个什么恩惠？"放火烧了僖负羁的家。魏犨胸部受伤，晋文公想杀死他，但又爱惜他的才能，派人去慰问，同时观察病情。如果伤势很重，就准备杀了他。魏犨捆紧胸膛出见使者，说："由于国君的威灵，难道我敢贪图安逸吗？"说着就向上跳了很多次，又向前跳了很多次。晋文公于是就饶恕了他，而杀死颠颉通报全军，立舟之侨作为车右。

宋人使门尹般如晋师告急[1]。公曰："宋人告急，舍之则绝[2]，告楚不许[3]。我欲战矣，齐、秦未可[4]，若之何？"先轸曰："使宋舍我而赂齐、秦，藉之告楚[5]。我执曹君，而分曹、卫之田以赐宋人[6]。楚爱曹、卫,必不许也[7]。喜赂、怒顽[8],能无战乎?"公说[9],执曹伯,分曹、卫之田以畀宋人[10]。

注释

[1] 门尹般:宋大夫。　　[2] 舍之则绝:舍之而不救,则将与晋绝。　　[3] 告楚不许:请楚释宋围,楚又不肯。　　[4] 未可:不支持。　　[5] "使宋"二句:假借齐、秦,使之为宋告于楚,欲楚释宋之围。　　[6] 分曹、卫之田以赐宋人:一则怒楚,一则补偿宋与齐、秦的贿赂。　　[7] 爱:舍不得。不许:不答应(齐、秦的撤军请求)。　　[8] 喜赂、怒顽:齐、秦喜得宋之赂,而怒楚之顽固。　　[9] 说:同"悦"。　　[10] 畀(bì):给予。

译文

宋国派门尹般到晋军中报告危急情况。晋文公说:"宋国来报告危急情况,不去救他就断绝了交往,请求楚国解围,他们又不答应。我们想作战,齐国和秦国又不同意。怎么办?"先轸说:"让宋国丢开我国而去给齐国、秦国赠送财礼。假借他们两国去请求楚国。我们逮住曹国国君,把曹国、卫国的田地分给宋国。楚国喜欢曹国、卫国,一定不答应齐国和秦国的请求。齐国和秦国对宋国的财礼喜欢,而对楚国的固执很生气,能够不打仗吗?"晋文公很高兴,拘捕了曹共公,把曹国和卫国的田地分给了宋国人。

楚子入居于申[1],使申叔去穀[2],使子玉去宋[3],曰:"无从晋师[4]!晋侯在外,十九年矣,而果得晋国[5]。险阻艰难,备尝之矣;民之情伪[6],尽知之矣。天假之年[7],而除其害,天之所置,其可废乎[8]?《军志》曰[9]:'允当则归[10]。'又曰:'知难而退。'又曰:'有德不可敌。'此三志者,晋之谓矣。"子玉使伯棼请战[11],曰:"非敢必有功也,愿以间执谗慝之口[12]。"王怒,少与之师,唯西广、东宫与若敖之六卒实从之[13]。

注释

[1] 申:楚地名,在今河南南阳市北。　[2] 申叔:申的守将。去:离开。穀:齐国地名,在今山东东阿南。　[3] 子玉:即成得臣,楚国令尹。　[4] 从:追击。　[5] 果:结果。[6] 情伪:真伪。情,实。　[7] 之:其。天假之年,是说重耳在外,流离转徙,犹得生存,且献公之子九人,唯有重耳一人尚存。[8] 其:通"岂"。废:破坏。　[9]《军志》:上古兵书,已失传。　[10] 允当则归:适可而止。　[11] 伯棼(fén):即斗椒,字伯棼,一字子越,斗伯比之孙,楚大夫。请战:向楚成王请求出战。　[12] 谗慝(tè):搬弄是非,好言人之过恶。谗慝之口,指去年蒍贾之言,谓子玉过三百乘不能以入矣。　[13] 若敖:楚武王之祖,楚君之无谥者,皆以"敖"称,而冠以所葬之地。

若敖即楚君之葬于若者。敖即豪,类似今天的酋长。若敖之六卒:疑为若敖所初设之宗族亲军。一卒为三十乘,六卒即一百八十乘。

译文

楚成王进入申城并住了下来,让申叔离开穀地,让子玉离开宋国,说:"不要去追逐晋国军队!晋文公在外边,十九年了,而果然得到了晋国。险阻艰难,都尝过了;民情真假,也都知道了。上天给予他年寿,同时除去了他的祸害,上天所设置的,难道可以废除吗?《军志》说:'适可而止。'又说:'知难而退。'又说:'有德的人不能抵挡。'这三条记载,适用于晋国。"子玉派遣伯棼向成王请战,说:"不敢说一定有功劳,愿意借此堵塞奸邪小人的口。"楚成王发怒,少给他军队,只有西广、东宫和若敖的一百八十辆战车跟去。

子玉使宛春告于晋师曰[1]:"请复卫侯而封曹[2],臣亦释宋之围[3]。"子犯曰:"子玉无礼哉!君取一,臣取二[4],不可失矣[5]。"先轸曰:"子与之[6]!定人之谓礼,楚一言而定三国[7],我一言而亡之。我则无礼,何以战乎?不许楚言,是弃宋也;救而弃之,谓诸侯何[8]?楚有三施,我有三怨[9],怨仇已多[10],将何以战?不如私许复曹、卫以携之[11],执宛春以怒楚,既战而后图之。"公说。乃拘宛春于卫,且私许复曹、卫,曹、卫告绝于楚[12]。

注释

[1]宛春:楚大夫。　[2]复:复辟。封:退还领土。[3]释:解围。　[4]君取一,臣取二:晋文公为君,仅得宋围之释;子玉为臣,却得复卫、封曹两事。　[5]不可失矣:指时不可失,必与之战。　[6]与:许可,答应。　[7]定三国:宋围释,曹、卫得复。　[8]谓诸侯何:无言以对齐、秦诸国。[9]三怨:宋、曹、卫三国皆怨我。　[10]已:太。[11]携:离间。此指离间曹、卫与楚之同盟。　[12]告绝:宣告绝交。

译文

子玉派宛春到晋军中报告说:"请恢复卫侯的君位,同时把土地退还曹国,我也解除对宋国的包围。"子犯说:"子玉无礼啊!给君王的,只是解除对宋国的包围一项,而要求君王给出的,却是复卫、封曹两项。这次打仗的机会不可失掉了。"先轸说:"君王应该答应他的请求。安定别人叫作礼,楚国人一句话安定三国,我们一句话而使它们灭亡,我们就无礼,拿什么来作战呢?不答应楚国的请求,这是抛弃宋国;救援了又抛弃他,将对诸侯说什么?楚国有三项恩惠,我们有三项怨仇,怨仇已经太多了,准备拿什么作战?不如私下里答应恢复曹国和卫国来离间他们,囚禁宛春来激怒楚国,等打起仗再说。"晋文公很高兴。于是把宛春囚禁在卫国,同时私下里允诺恢复曹、卫。曹、卫就与楚国断绝了邦交。

子玉怒,从晋师[1]。晋师退。军吏曰:"以君辟臣[2],辱也;且楚师老矣[3],何故退?"子犯曰:"师直为壮,曲为老,岂在久乎[4]?微楚之惠不及此[5],退三舍辟之[6],所以报也[7]。背惠食言[8],以亢其仇[9],我曲楚直,其众素饱[10],不可谓老。我退而楚还,我将何求?若其不还,君退、臣犯,曲在彼矣。"退三舍。楚众欲止,子玉不可。

注释

[1] 从晋师:撤宋之围而从晋师。　　[2] 辟:同"避",回避。　　[3] 老:疲惫,士气衰弱。　　[4] 直:师出有名。曲:师出无名。　　[5] 微:没有。惠:恩惠。　　[6] 三舍:九十里,是三天行军的距离。　　[7] 报:报答。　　[8] 食言:古人以不履行诺言为食言。　　[9] 亢:掩蔽。其仇:指宋国,此谓楚伐宋而晋救之。　　[10] 素:向来。饱:指士气饱满。

译文

子玉发怒,追逐晋军。晋军撤退。军吏说:"以国君而躲避臣下,这是耻辱;而且楚军已经疲劳不堪了,为什么退走?"子犯说:"出兵作战,有理就气壮,无理就气衰,哪里在于在外边时间的长短呢?如果没有楚国的恩惠,我们到不了这里。退三舍躲避他们,就是作为报答。背弃恩惠而说话不算数,要用这个来庇护他们的敌人,我们无理而楚国有理,加上他们的士气一向饱满,不能认为是衰疲。我们退走而楚军回去,我们还要求什么呢?如果他们不回去,国君退走,而臣下进犯,他们就无理了。"晋军退走三舍。楚国骑士要停下来,子玉不同意。

夏四月戊辰[1],晋侯、宋公、齐国归父、崔夭、秦小子憖次于城濮[2]。楚师背酅而舍[3],晋侯患之[4]。听舆人之诵曰:"原田每每[5],舍其旧而新是谋[6]。"公疑焉。子犯曰:"战也!战而捷,必得诸侯[7]。若其不捷,表里山河[8],必无害也。"公曰:"若楚惠何?"栾贞子曰[9]:"汉阳诸姬[10],楚实尽之[11]。思小惠而忘大耻[12],不如战也。"

注释

[1] 戊辰:四月初一,朔日。　[2] 宋公:宋成公。国归父、崔夭:齐国大夫。小子憖(yìn):秦穆公的儿子。次:驻扎。城濮:卫国地名,在今山东范县。　[3] 酅(xī):险峻的山陵。舍:驻扎。　[4] 患:担心。　[5] 每每:形容草之盛出。

[6] 舍其旧而新是谋：去年已耕种者，今年即不再用，而用其先休耕者。 [7] 得诸侯：得到诸侯拥戴。 [8] 表里山河：晋国外河而内山。 [9] 栾贞子：即栾枝。 [10] 汉阳诸姬：汉水之北的周、晋同姓之国。阳，水北曰阳。 [11] 尽之：灭之。 [12] 小惠：指重耳出亡于楚，楚厚待之。大耻：指灭我同姓之国。

译文

（鲁僖公二十八年）夏季，四月初一日，晋文公、宋成公、齐国的国归父、崔夭、秦国的小子憖驻扎在城濮。楚军背靠着险要的地方扎营，晋文公很担心。听到士兵念诵说："休耕田里的绿草繁茂，丢开旧草而对新的加以犁锄。"晋文公很疑惑。子犯说："出战吧！战而得胜，一定得到诸侯的拥护；如果不胜，我国外有大河，内有高山，一定没有什么害处。"晋文公说："对楚国的恩惠怎么办？"栾枝说："汉水以北的姬姓诸国，楚国都把它们吞并完了。想着小恩惠，而忘记大耻大辱，不如出战。"

晋侯梦与楚子搏[1]，楚子伏己而盬其脑[2]，是以惧。子犯曰："吉。我得天[3]，楚伏其罪[4]，吾且柔之矣[5]。"

注释

[1] 搏：格斗。 [2] 伏己：楚子伏于晋侯自己身上。盬

(gǔ):吸饮。脑:脑浆。　　[3]得天:晋侯仰卧,向上,故云得天。　　[4]伏其罪:楚子伏,向下,故云伏其罪。　　[5]柔:使……驯服。

译文

晋文公梦见和楚王搏斗,楚王伏在自己身上吸饮自己的脑浆,因而感到害怕。子犯说:"吉利。我们得到上天,楚国伏罪,而且我们已经安抚他们了。"

子玉使斗勃请战[1],曰:"请与君之士戏,君冯轼而观之[2],得臣与寓目焉[3]。"晋侯使栾枝对曰:"寡君闻命矣[4]。楚君之惠,未之敢忘,是以在此[5]。为大夫退[6],其敢当君乎[7]?既不获命矣[8],敢烦大夫[9],谓二三子[10]:'戒尔车乘,敬尔君事,诘朝将见[11]。'"

注释

[1]斗勃:楚大夫。　　[2]冯:同"凭"。古人乘车多站立,凭轼较舒适而能持久。　　[3]得臣:子玉的名字。寓目:观看。　　[4]闻命:听到指示。　　[5]此:指退避三舍之地。　　[6]为:同"谓",以为。　　[7]其:同"岂"。　　[8]不获命:楚君未退,且跟踪而至,故云不获命。　　[9]大夫:指斗勃。

[10] 二三子：指子玉、子西等。　　[11] 诘朝(jié zhāo)：明天早晨。诘，次日。

译文

子玉派遣斗勃向晋国挑战，说："请和君王的斗士作一次角力游戏，君王靠在车横板上观看，子玉可以陪同君王一起观看了。"晋文公派遣栾枝回答说："我们国君知道您的意思了。楚君的恩惠，没有敢忘记，所以待在这里。我们以为大夫已经退兵了，臣下难道敢抵挡国君吗？既然大夫不肯退兵，那就烦大夫对贵部将士们说：'准备好你们的战车，忠于你们的国事，明天早晨再见面。'"

晋车七百乘，鞦、靷、鞅、靽[1]。晋侯登有莘之虚以观师[2]，曰："少长有礼[3]，其可用也。"遂伐其木，以益其兵[4]。己巳[5]，晋师陈于莘北[6]，胥臣以下军之佐当陈、蔡[7]。子玉以若敖之六卒将中军[8]，曰："今日必无晋矣。"子西将左，子上将右[9]。胥臣蒙马以虎皮，先犯陈、蔡[10]。陈、蔡奔，楚右师溃。狐毛设二旆而退之[11]。栾枝使舆曳柴而伪遁，楚师驰之[12]，原轸、郤溱以中军公族横击之[13]。狐毛、狐偃以上军夹攻子西[14]，楚左师溃。楚师败绩。子玉收其卒而止[15]，故不败。

注释

[1] 韅(xiǎn)：马腋下的皮带。靷(yǐn)：当作"靳"，又叫游环，驾车服马当胸之革。古代以四马驾车，两马在中曰服马。左右两旁之马曰骖马。骖马之首当服马之胸，服马当胸之革为靳，靳上有环，谓之靳环，即游环，而骖马之外辔贯之，则骖马不得外出；服马行，骖马不得不行。鞅：马颈下的皮带。靽(bàn)：同"绊"，絷马足的绳子。韅、靷、鞅、靽，形容晋军车马装备齐全。 [2] 有莘(shēn)之虚：古国莘的遗址。虚，同"墟"。 [3] 少长：指军士之长幼。有礼：当操练时，幼者敬长者，长者教幼者，故云有礼。 [4] 兵：兵器。如戈、矛之柄，皆须伐木以为之。 [5] 己巳：四月初二。 [6] 莘北：有莘国遗址的北边，当在城濮。 [7] 胥臣：晋大夫。佐：副将。当：抵御。 [8] 以：率领。将：指挥。 [9] 子西：楚国司马斗宜申。子上：斗勃的字。左：左军。右：右军。 [10] 先犯：率先进攻。 [11] 斾(pèi)：旌旗，一说这里指晋的前军。退：退兵。 [12] 驰：追击。 [13] 原轸：即先轸。中军公族：中军中由晋公室子弟所组成者。公族，指公之同姓子弟。横击：拦腰截击。 [14] 夹攻：晋上军将佐各自帅其部属从两道攻子西，故曰"夹攻"。 [15] 其卒：当为若敖之六卒。

译文

晋国战车七百辆，车马装备齐全。晋文公登上古国莘的遗址观看军容，说："年少的和年长的，排列有序，合于礼，可以使用了。"就命令砍伐山上的树木,以增加武器。初二日,晋军在莘北摆开阵势,胥臣让下军分别抵挡陈、蔡军队。子玉用若敖的一百八十乘率领中军,说:"今天一定灭掉晋国。"子西率领左军,子上率领右军。胥臣把马蒙上老虎皮,先攻陈、蔡两军。陈、蔡两军奔逃,楚军的右翼部队溃散。狐毛派出前军两队击退楚军的溃兵。栾枝让车子拖着木柴假装逃走,楚军追击,原轸、郤溱率领中军的公族拦腰袭击。狐毛、狐偃率领上军夹攻子西,楚国的左翼部队溃散,楚军大败。子玉及时下令收兵,得以不败。

晋师三日馆、穀[1],及癸酉而还[2]。甲午[3],至于衡雍[4],作王宫于践土[5]。

注释

[1]馆:舍,这里指住在楚国军营。穀(gǔ):这里指吃楚军所积的军粮。　[2]癸酉:初六日。　[3]甲午:二十七日。[4]衡雍:郑国地名,在今河南原阳西。　[5]王宫:诸侯朝见周王的一种建筑,《仪礼·觐礼》云:"诸侯觐于天子,为宫方三百步,四门。"践土:郑国地名,在今河南原阳西南。

译文

晋军休整三天,吃楚军留下的粮食,到初六日起程回国。二十七日,到达衡雍,为天子在践土建造了一座王宫。

乡役之三月[1],郑伯如楚致其师[2]。为楚师既败而惧,使子人九行成于晋[3]。晋栾枝入盟郑伯。五月丙午[4],晋侯及郑伯盟于衡雍。丁未[5],献楚俘于王[6]:驷介百乘[7],徒兵千[8]。郑伯傅王[9],用平礼也[10]。己酉[11],王享醴[12],命晋侯宥[13]。王命尹氏及王子虎、内史叔兴父策命晋侯为侯伯[14],赐之大辂之服、戎辂之服[15],彤弓一[16]、彤矢百,旅弓矢千[17],秬鬯一卣[18],虎贲三百人[19],曰:"王谓叔父[20],'敬服王命,以绥四国[21],纠逖王慝[22]。'"晋侯三辞,从命,曰:"重耳敢再拜稽首[23],奉扬天子之丕显休命[24]。"受策以出。出入三觐[25]。

注释

[1] 乡(xiàng)役:不久之前。役:指城濮之战。　　[2] 致其师:把他的军队交给楚军指挥。　　[3] 子人九:郑大夫,姓子人,名九。行成:休战讲和。　　[4] 丙午:九日。　　[5] 丁未:十日。　　[6] 王:指周襄王。　　[7] 驷介:披甲的驷马。古人战车马必披甲。　　[8] 徒兵:步兵。　　[9] 傅:相礼,即主持礼节仪式。　　[10] 用平礼:用周平王的礼节。指用从前周平王礼待晋文侯的仪式来接待晋文公。　　[11] 己酉:十二

日。　　[12] 享醴(lǐ)：用醴酒设宴招待。醴，甜酒。
[13] 宥(yòu)：同"侑"，劝酒。天子设宴，命诸侯劝酒加餐。
[14] 尹氏、王子虎：周王室的执政大臣。内史：掌管爵禄策命的官员。策命：在竹简上写上命令，即书面任命。侯伯：诸侯之长。
[15] 辂(lù)：也作"路"，车。大辂：天子之车，可以赐给诸侯和国卿。《周礼·春官·巾车》谓王有五辂：玉辂、金辂、象辂、革辂、木辂。戎辂：兵车。服：指与兵车相配套的服饰仪仗。如乘大辂服鷩(bié)冕(用红色雉毛装饰的帽子)，乘戎辂服韦弁(皮帽子)。二辂各有其服装与配备，赐时一同颁赐，故云大辂之服、戎辂之服。　　[16] 彤：红色。　　[17] 旅(lú)：黑色。古代一弓百矢，从"矢千"可以推知这次所赐旅弓共十张。　　[18] 秬鬯(jù chàng)：用黑黍和香草酿成的香酒，古人用以降神。秬，黑黍，黑小米。卣(yǒu)：一种酒器，圆肚小口，有盖子和提梁。
[19] 虎贲(bēn)：古书亦作"虎奔"，"贲"与"奔"相通，言其士之勇猛如虎之奔，此指勇士。　　[20] 叔父：天子对同姓诸侯的称呼，不分行辈。这里指晋文公。　　[21] 绥：安抚，安定。四国：四方诸侯。　　[22] 纠：检举。逖(tì)：远。慝(tè)：坏人。
[23] 敢：表敬副词，无义。　　[24] 丕：大。显：明。休：美。这都是"命"的定语。　　[25] 出入：犹言"来去"，指从进入到离去。三觐(jǐn)：三次朝见。杨伯峻认为：献楚俘，一觐；王享，二觐；受策，三觐。是为三觐。

译文

　　这一战役之前的三个月，郑文公派军队到楚国助战，因为楚军已经失败而害怕了,派遣子人九和晋国讲和。晋国的栾枝进入郑国和郑文公订立盟约。五月初九日,晋文公和郑文公在衡雍结盟。初十,把楚国的战俘献给周襄王:驷马披甲的战车一百辆,步兵一千人。郑文公主持礼节仪式,用的是周平王时的礼仪。十二日,周襄王设享礼用甜酒招待晋文公,又允许他向自己回敬酒。周襄王命令尹氏和王子虎、内史叔兴父用策书任命晋文公为诸侯的领袖,赐给他大辂车、戎辂车以及相应的服装仪仗,红色的弓一把、红色的箭一百枝,黑色的弓十把和箭一千枝,黑黍加香草酿造的酒一卣,勇士三百人,说:"天子对叔父说:'恭敬地服从天子的命令,以安抚四方诸侯,惩治王朝的邪恶。'"晋文公辞谢三次,然后接受命令,说:"重耳谨再拜叩头,接受和宣扬天子的重大、英明、完美的命令。"接受策书就离开了成周。从进入成周到离开,三次朝见周王。

卫侯闻楚师败,惧,出奔楚,遂适陈,使元咺奉叔武以受盟[1]。癸亥[2],王子虎盟诸侯于王庭,要言曰[3]:"皆奖王室[4],无相害也!有渝此盟[5],明神殛之[6],俾队其师[7],无克祚国[8],及而玄孙[9],无有老幼[10]。"君子谓是盟也信,谓晋于是役也,能以德攻。

注释

[1] 元咺(xuān):卫大夫。奉:拥戴。叔武:卫成公的弟弟。

受盟：摄政。　　[2] 癸亥：五月十六日。　　[3] 要(yāo)言：约言，指誓词。　　[4] 奖：成。　　[5] 渝：变，背。　　[6] 殛(jí)：诛责，严惩。　　[7] 俾(bǐ)：使。队：同"坠"，丧亡。　　[8] 克：能。祚(zuò)：享有。　　[9] 玄孙：曾孙之子，这里指远代子孙。　　[10] 无有老幼：不论老少。

译文

卫成公听说楚军失败，害怕，逃亡到楚国，又到了陈国，派遣元咺奉事叔武去接受盟约。五月二十六日，王子虎和诸侯在天子的庭院里盟誓，约定说："全部辅助王室，不要互相伤害！谁要违背盟约，就要受到神的诛杀，使他军队颠覆，不能享有国家，直到你的玄孙，不论老少。"君子认为这次结盟是守信用的，认为晋国在这次战役中能够用道德来进攻。

初，楚子玉自为琼弁、玉缨[1]，未之服也[2]。先战[3]，梦河神谓己曰："畀余[4]！余赐女孟诸之麋[5]。"弗致也[6]。大心与子西使荣黄谏[7]，弗听。荣季曰："死而利国，犹或为之，况琼玉乎？是粪土也。而可以济师，将何爱焉[8]？"弗听。出，告二子曰："非神败令尹[9]，令尹其不勤民，实自败也[10]。"既败[11]，王使谓之曰[12]："大夫若入，其若申、息之老何？"子西、孙伯曰[13]："得臣将死。二臣止之,曰:'君其将以为戮[14]。'"及连榖而死[15]。晋侯闻之而后喜可知也[16],曰:"莫余毒也已[17]。蒍吕臣实为令尹[18],奉己而已[19],不在民矣。"

(选自《左传·僖公二十八年》)

注释

[1] 琼弁(biàn):用美玉装饰的马冠。琼,美玉。弁,马冠,用在马鬣毛前面。缨:马鞅,套在马颈上的革带。饰之以玉,故谓之玉缨。　[2] 未之服:还没装上。　[3] 先战:城濮之战前。　[4] 畀:给。　[5] 孟诸:宋国沼泽名,在今河南省商丘东北,今已不存。麋(méi):通"湄",水边草地。孟诸之麋:指宋国的土地。　[6] 弗致:没有奉献。　[7] 大心:子玉的儿子。子西:子玉之族。荣黄:楚大臣,又叫荣季。谏:劝子玉把玉献给河神。　[8] 济师:帮助打胜仗。爱:吝惜。[9] 败:动词使动用法,使之败。　[10] 自败:自取灭亡。[11] 既败:城濮战败之后。　[12] 使:派使者。之:指子玉。[13] 孙伯:即成大心。　[14] 戮:惩处。　[15] 连榖:楚地名。子玉在此自杀。　[16] 可知:犹"可见",指喜形于色。[17] "莫余毒":"莫毒余"的倒装。毒,危害。也已:句末语气词连用,表示肯定。　[18] 蒍吕臣:楚大夫,继子玉为令尹。[19] 奉己:奉养自己,指为己谋利。

译文

当初,楚国的子玉自己制作了镶玉的马冠马鞅,还没有使用。作战之前,梦见黄河河神对他说:"送给我,我赐给你孟诸的水草地。"子玉没有送去。他儿子大心和子西派荣黄劝谏,子玉不听。荣黄说:"死而有利于国家,尚且还要去做,何况是美玉呢?和国家比起来这不过是粪土罢了。如果可以使军队成功,有什么可惜的?"子玉仍然不肯。荣黄出来告诉两个人说:"不是神明让令尹失败,令尹不以百姓的事情为重,实在是自取失败啊。"子玉失败之后,楚成王派使臣对子玉说:"申、息的子弟大多伤亡了,大夫如果回来,怎么向申、息两地的父老交代呢?"子西、大心对使臣说:"子玉本来要自杀的,我们两个阻拦他说:'不要自杀,国君还准备杀你呢。'"到达连穀,子玉就自杀了。晋文公听说子玉自杀的消息以后,喜形于色,说:"没有人再来为害于我了。吕臣做令尹,不过是为己谋利罢了,并不是为了百姓。"

文史链接

城濮之战

选文描述了晋楚城濮之战的全过程。城濮之战是春秋时代晋国和楚国争夺霸权的一场以弱胜强的著名战役,宋、卫、曹、鲁、陈、蔡等众多的诸侯国都卷入了这场为争夺利益而发起的战争,晋国因此"一战而霸"。城濮之战,对晋文公来讲,是他树立威信、确定霸权的决定性战役;从整个春秋历史来讲,则是挽救周王朝和中原诸侯不被南方的楚国吞并的关键战役。其历史意义至关重大，《左传》的作者高瞻远瞩，从战略高度叙写了这场决定历史走向的大战。

城濮之战的主要情节是：宋人被楚所围而向晋国求救，晋国争取齐、秦的支持，决心救宋，于是与楚交战；晋、楚交战前夕，楚国君臣不和，意见不一，晋国则拉拢曹、卫以孤立楚国，并以避退三舍，占取道义；晋、楚交战，晋军士气旺盛，将帅用命，战术运用得当，最终取得了胜利，楚军则因子玉骄傲轻敌，导致失败。选文中栩栩如生地刻画了晋文公、先轸、子犯、栾贞子、胥臣、狐毛、栾枝、狐偃、子玉、伯棼、宛春、斗勃等人物形象。

城濮之战中，晋国的获胜与晋军统帅晋文公密切相关。年轻时流亡生涯的磨炼，为晋文公重耳称雄做了充分准备。重耳即位后，严政教民，君臣上下团结一心，运用外交手段离间了楚国的盟友曹国和卫国，拉拢了齐国和秦国东、西两个强国出兵相助；在战场上讲究战术和谋略，灵活运用避实击虚、伪装突击、诈败诱敌、两面夹攻、各个击破等战术，其中"退避三舍"的做法，更是一举多得，既报答了楚王当年的恩惠，又争取了政治上的主动，激发了士气，还诱敌深入，以逸待劳。这些因素都促成了城濮之战的胜利。

晋国打败楚国的消息传到周都洛邑，周襄王与大臣都认为晋文公立了大功。晋文公向周襄王献俘，周襄王还亲自到践土慰劳晋军，策命晋文公为侯伯。晋文公趁机在践土给周天子建造了一座新宫，还约各诸侯国会盟，订立盟约，晋文公于是当上了中原的霸主。晋国的霸主地位在晋文公死后还保持了一段时间，晋国成为春秋时期累计称霸时间最长的诸侯国。

兵不厌诈

《孙子兵法》云"兵者,诡道也","兵不厌诈"成为历代战争普遍奉行的指导思想。《韩非子·难一》云:"晋文公将与楚人战,召舅犯问之,曰:'吾将与楚人战,彼众我寡,为之奈何?'舅犯曰:'臣闻之,繁礼君子,不厌忠信;战阵之间,不厌诈伪。君其诈之而已矣。'"这段话正是晋、楚城濮之战的一个片段。后人将"战阵之间,不厌诈伪"浓缩为"兵不厌诈"四个字,意谓在战场上可以尽量运用一些虚假不实的战法来迷惑敌人。

城濮之战中晋国中军之将先轸认为,与楚军争霸对战,仅有勇气还不够,还要讲求策略。于是,他运用外交手段私许复曹、卫,促使曹、卫与楚告绝;拉拢了齐国和秦国东、西两个强国出兵相助;扣留楚国使者宛春,促其挥师北上;在交战过程中,先攻楚国薄弱环节陈、蔡之师,用虎皮蒙马出奇制胜,楚右师被受惊之马自乱阵脚,很快溃败;令狐毛、栾枝佯装退却,诱敌深入,然后首尾夹攻,中路横击,楚国左师被歼。先轸是城濮之战"兵不厌诈"的实际指挥者。《韩非子·难一》所云,其目的不在陈述历史事实,而是讲故事以说理,故将"兵不厌诈"的主角先轸换成了名气更大的狐偃。

思考讨论

试比较分析"晋公子重耳之亡"与"晋楚城濮之战"中的重耳形象。

烛之武退秦师

九月甲午[1],晋侯、秦伯围郑[2],以其无礼于晋[3],且贰于楚也[4]。晋军函陵[5],秦军氾南[6]。

注释

[1]九月甲午:九月十日。　[2]晋侯:晋文公。秦伯:秦穆公。　[3]无礼于晋:指郑文公当年没有礼待流亡的重耳。　[4]贰:两属,既亲附晋国,又同时心向楚国。贰于楚,指城濮之战中"郑伯如楚致其师"之事。　[5]军:驻扎。函陵:郑国地名,今河南新郑北。　[6]氾(fán)南:郑国水名,今河南中牟县西南,现已干涸。

译文

(鲁僖公三十年)九月初十日,晋文公、秦穆公包围郑国,因为郑国对晋国无礼,而且心向楚国。晋军驻扎在函陵,秦军驻扎在氾南。

佚之狐言于郑伯曰[1]:"国危矣,若使烛之武见秦君,师必退[2]。"公从之。辞曰:"臣之壮也,犹不如人;今老矣,无能为也已[3]。"公曰:"吾不能早用子,今急而求子,是寡人之过也。然郑亡,子亦有不利焉。"许之。

注释

[1] 佚之狐:郑国大夫。郑伯:郑文公。　[2] 烛之武:郑国大夫。　[3] 辞:推辞。

译文

佚之狐对郑文公说:"国家危急了。假若派遣烛之武去觐见秦君,军队必然退走。"郑文公采纳了这个建议,便请烛之武去觐见秦君,烛之武推辞说:"下臣年壮的时候,尚且不如别人;现在老了,无能为力了。"郑文公说:"我没有能及早任用您,现在形势危急而来求您,这是我的过错。然而郑国被灭,对您也不好啊。"烛之武答应了。

夜,缒而出[1]。见秦伯,曰:"秦、晋围郑,郑既知亡矣[2]。若亡郑而有益于君,敢以烦执事[3]。越国以鄙远[4],君知其难也,焉用亡郑以陪邻[5]?邻之厚,君之薄也[6]。若舍郑以为东道主[7],行李之往来[8],共其乏困[9],君亦无所害。且君尝为晋君赐矣[10]。许君焦、瑕[11],朝济而夕设版焉[12],君之所知也。夫晋,何厌之有[13]?既东封郑[14],又欲肆其西封[15]。若不阙秦,将焉取之[16]?阙秦以利晋,惟君图之[17]。"秦伯说[18],与郑人盟,使杞子、逢孙、杨孙戍之[19],乃还[20]。

注释

[1]缒(zhuì):用绳子吊着重物,这里指用绳子缚住烛之武从城墙上吊下来。　　[2]既知亡矣:已经知道要亡国了。[3]敢以烦执事:冒昧地拿(亡郑这件事)麻烦您手下的人。敢,冒昧地。执事,执行事务的人,对对方的敬称。　　[4]越:越过。鄙:边邑。　　[5]焉:何。用:介词,表原因。陪:增加。邻:邻国,指晋国。　　[6]之:主谓之间取消句子独立性。厚:雄厚。薄:削弱。　　[7]舍:放弃(围郑)。东道主:东方道路上的主人。介词"以"后面省略了代词"之"。　　[8]行李:古今异义,使臣,外交官员。　　[9]共:同"供",供给。乏困:指资财粮食等的不足。　　[10]尝:曾经。为晋君赐:给晋君恩惠。赐,恩惠。晋君,晋惠公。这里是说,秦穆公曾帮助晋惠公回国为君。　　[11]焦:晋邑,在今河南省三门峡市附近。瑕:晋邑,在今河南省灵宝市东。　　[12]朝:早晨。济:渡河。版:筑土墙用的夹板,这里指用版筑的工事。　　[13]厌:通"餍",满足。[14]封:疆界,这里是名词用作动词。封郑,以郑为疆界。[15]肆:放肆。这里指极力扩张。　　[16]焉:代词,于之,从哪里。　　[17]惟君图之:您好好想想吧。　　[18]说:同

"悦",高兴。　　[19] 杞(qǐ)子、逢孙、扬孙:都是秦国大夫。戍之:守卫郑国。　　[20] 还:退兵。

译文

夜里,用绳子把烛之武从城上吊到城外。烛之武进见秦穆公,说:"秦、晋两国包围郑国,郑国已经知道自己要灭亡了。如果灭亡郑国而对君王有好处,那是值得劳累君王左右随从的。越过别国而以远方的土地作为边邑,君王知道是不容易的,哪里用得着灭亡郑国来增加邻国的土地呢?邻国实力加强,就是对君王实力的削弱。如果赦免郑国,让他做东路上的主人,使者的往来,供应所缺少的一切东西,对君王也没有害处。而且君王曾经把好处赐给晋国国君了,他答应给君王焦、瑕两地,早晨过河回国,晚上就设版筑城,这是君王所知道的。晋国哪有满足的时候,已经在东边向郑国开拓土地,又要肆意扩大它西边的土地。如果不损害秦国,还能到哪里去取得土地呢?损害秦国来做有利于晋国的事,请君王好好想想吧!"秦穆公很高兴,与郑国人结盟,派遣杞子、逢孙、杨孙在郑国戍守,就退兵了。

子犯请击之[1]。公曰:"不可。微夫人力不及此[2]。因人之力而敝之[3],不仁[4];失其所与[5],不知[6];以乱易整[7],不武[8]。吾其还也。"亦去之[9]。

(选自《左传·僖公三十年》)

注释

[1] 击之：攻打秦军。　　[2] 微：带有假设语气的连词，要不是。夫(fú)：那。夫人：远指代词，那人，指秦穆公。及此：指晋文公回国为君。详见《晋公子重耳之亡》。　　[3] 因：倚仗。敝：坏，指伤害。　　[4] 不仁：依靠别人的力量，又返回来损害他，这是不仁道的。　　[5] 与：结交，亲附。所与，指友好国家，指盟国。　　[6] 不知：失掉自己的同盟者，这是不明智的。　　[7] 乱：指冲突。易：代替。整：指一致的步调、团结一致。晋攻秦为乱，秦、晋和为整。　　[8] 武：指使用武力是所应遵守的道义准则。不武：不符合武德。　　[9] 去之：离开郑国。去，离开。之，指代郑国。

译文

子犯请求追击秦军。晋文公说："不行。如果没有他们的力量，我们不会有今天这个地位。靠了别人的力量，反而损害他，这是不讲仁德；失掉了同盟国家，这是不明智；用动乱代替整齐，这是不勇敢。我还是回去吧。"晋文公也就撤军回国了。

文史链接

烛之武的外交辞令

郑国自从郑庄公死后，国势江河日下。由于郑国位于中原的中心区域,多受北边的晋国和南边的楚国之扰。由于被强邻环绕的特殊地理位置,使得郑国人练就了圆滑的夹缝生存技巧,诞生了许多出色的外交人才,选文中的烛之武,秦晋殽之战中的弦高,还有备受孔子推崇的名相子产,都是其中的佼佼者。

公元前630年,秦晋联军攻郑。此前两年(公元前632年),爆发了晋楚争霸的城濮之战,结果楚国战败,晋国称霸。在城濮之战中,郑国曾经出兵帮助楚国,因而结怨于晋,这就是晋秦联合攻打郑国的直接原因。此次秦晋联军攻郑,也可以说是城濮之战的余波。

大敌当前,郑国大夫佚之狐对郑文公说,若派烛之武去见秦穆公,秦国必能撤军。烛之武临危受命,冒险深入秦军大营,仅用一席话便说服秦穆公退兵了。烛之武精彩的外交辞令仅有一百二十五字,却委婉曲折,面面俱到,起到了"不战而屈人之兵"的效果,可以看作《左传》外交辞令的典范。

选文集中体现了烛之武的爱国精神和外交才能。烛之武的爱国精神体现在,在国家危难之际,能够临危受命,不避险阻,只身去说服秦君,维护了国家安全。选文同时也反映了春秋时期各诸侯国之间斗争的复杂性。春秋时期列国争霸的特殊历史背景,需要擅长外交辞令的外交家。外交家除了具有高超的言辞辩才,善于动之以情、晓之以理之外,还要善于抓住利害关系这个关键,在利害关系上寻找说服对方的突破口。烛之武凭三寸不烂之舌说退秦军,不费一兵一卒为郑国解了围,便是一桩典型的范例。

烛之武去说服秦伯,目的在于求和,却无丝毫乞怜相。他利用秦晋之间的矛盾,指出晋国贪得无厌,灭郑之后,必将进而侵犯秦国,秦晋的矛盾将进一步尖锐化。由于晋国当时已成为中原霸主,秦伯对此不能不心存戒心,烛之武认识到这一点,一举击中了秦伯的要害。烛之武处处为秦着想,谈到亡郑实际上是增加了晋国的土地,扩展晋国的势力,而晋国势力的增强就意味着秦国势力的削弱。继而,又分析了存郑对秦有益无害:"舍郑以为东道主,行李之往来,共其乏困,君亦无所害。"烛之武一正一反,一利一害,分析透彻,言辞恳切,高屋建瓴,使秦伯不得不心悦诚服,不仅答应退兵,而且助郑防晋。

大才当用堪其时

选文开篇便叙述了烛之武先推辞后受命这个小插曲,耐人寻味。烛之武才智出众,历仕三朝不被重用,高龄之年仍是个养马的圉正,这个插曲揭示了"人才常被埋没"这样一个普遍问题。历史上有才而被埋没者,可谓代不乏人。如西汉冯唐才华过人,虽历经文帝、景帝、武帝三朝,却一直只担任一个初级侍卫郎官。同时代的名将李广一生与匈奴打了大小七十余仗,匈奴望风而逃,称之为"飞将军",然而,一生终未被封侯,反而因为一次任务完成迟缓而自刎身亡。有感于此,唐代诗人王勃在《滕王阁序》中由衷地发出了"冯唐易老,李广难封"的千古浩叹。

金世宗大定年间,有位参知政事叫孛术鲁·阿鲁罕,上任不到半年,就因年迈辞职了。这件事让金世宗颇为惋惜,感慨良多。他对朝臣说,用人之道,当起始于年轻力壮、精力充沛之时,阿鲁罕倘能早用,朝廷必能得其辅佐之力,以后凡有可用之才,应该早作考虑。金世宗在位期间,坚持亲疏并用、内外并举,大力推行吏治改革。正由于金世宗在用人上的开明眼光,大定年间金朝政府人才荟萃,经济社会发展走向了全盛,史称"大定之治",金世宗也被誉为"小尧舜"。

综观中国历史,突破年资限制、大胆起用后生的范例很多。例如,甘罗十二岁时自告奋勇出使赵国,仅凭外交斡旋就为秦国赢得城邑十余座,被拜为上卿;贾谊二十出头被汉文帝征召为博士,一年之内升任太中大夫;周瑜二十四岁被孙策拜为中郎将,赤壁之战完胜曹军;诸葛亮初出茅庐时才二十七岁,火烧博望坡立下第一功;安童十八岁被元世祖拜为右相,视野开阔,参政有方,议无不妥,群臣皆服。认为"后生可畏"的孔子,拜七岁的项橐为师,《战国策》《淮南子》《史记》等诸多典籍中均有提及。

由此可见,在用人问题上,应该尊重人才成长的规律,坚持用发展的眼光看问题,突破年龄、门第、资历、名望等外在因素的局限,尽量做到人尽其才、才尽其用、野无遗贤。从人才成长规律来看,"大才堪用当其时"是千古不变的道理,"不拘一格降人才"是众多有识之士的共同呼声。

思考讨论

1. 选文中是如何交代秦晋围郑的原因及形势的?这与整个故事发展有何关系?
2. 试分析烛之武外交辞令的高明之处?

秦晋殽之战

冬,晋文公卒。庚辰[1],将殡于曲沃[2]。出绛[3]，柩有声如牛[4]。卜偃使大夫拜[5]，曰："君命大事[6]：将有西师过轶我[7]，击之，必大捷焉。"

注释

[1] 庚辰：十二月十日。　　[2] 殡：停棺待葬。春秋礼制，人死后先停棺于祖庙，再择吉日下葬。曲沃：晋国旧都，晋国祖庙所在地，在今山西省闻喜县。春秋有殡庙之礼。　　[3] 绛：晋国国都，在今山西省翼城县东南。　　[4] 柩(jiù)：装有尸体的棺材。《礼记·曲礼下》云："在床曰尸，在棺曰柩。"　　[5] 卜偃(yǎn)：掌管晋国卜筮的官员，姓郭，名偃。　　[6] 大事：指战争。古时战争和祭祀都是大事。《左传·成公十三年》云："国之大事，在祀与戎。"卜偃可能已知道秦军将经过晋国去袭击郑国，所以托言"君命"。[7] 西师：西方的军队，指秦军。过轶(yì)：经过。轶，后车越过前车。过轶我：指秦兵袭郑，必过晋之南境，秦过晋境而不假道。

译文

(鲁僖公三十二年)冬季，晋文公去世。十二月初十日，准备把棺材送到曲沃停放。离开绛城，棺材里有声音像牛叫。卜偃请大夫跪拜，说："国君发布军事命令：将要有西边的军队过境袭击我国，如果攻击他们，必定大胜。"

杞子自郑使告于秦曰[1]："郑人使我掌其北

门之管[2],若潜师以来[3],国可得也[4]。"穆公访诸蹇叔[5]。蹇叔曰:"劳师以袭远,非所闻也。师劳力竭,远主备之[6],无乃不可乎?师之所为,郑必知之,勤而无所[7],必有悖心[8]。且行千里,其谁不知?"公辞焉。召孟明、西乞、白乙,使出师于东门之外[9]。蹇叔哭之,曰:"孟子!吾见师之出而不见其入也!"公使谓之曰:"尔何知?中寿[10],尔墓之木拱矣[11]。"蹇叔之子与师,哭而送之,曰:"晋人御师必于殽[12],殽有二陵焉[13]。其南陵,夏后皋之墓也[14];其北陵,文王之所辟风雨也。必死是间,余收尔骨焉[15]!"秦师遂东。

(选自《左传·僖公三十二年》)

注释

[1]杞子:秦国大夫。　　[2]掌:掌管。管,钥匙。[3]潜:秘密地。　　[4]国:国都。　　[5]访:询问,征求意见。蹇叔:秦国的老臣。　　[6]远主:指郑国。　　[7]勤:劳苦。所:处所。无所:没有着落,指一无所得。　　[8]悖(bèi)心:违逆之心,背犯之心。　　[9]孟明:秦国大夫,姜姓,百里氏,名视,字孟明,秦国元老百里奚之子。西乞:秦国大夫,字西乞,名术。白乙:秦国大夫,字白乙,名丙。这三人都是秦国将军。　　[10]中(zhōng)寿:中等年纪,当在八十岁以下、六十岁

以上。　　[11]尔墓之木：坟上的树木。《周易·系辞下》云"古之葬者不封不树"，是指太古时期。《白虎通·崩薨篇》引《礼纬·含文嘉》云："天子坟高三仞，树以松；诸侯半之，树以柏；大夫八尺，树以栾；士四尺，树以槐；庶人无坟，树以杨柳。"拱：两手合抱。　[12]殽(xiáo)：同"崤"，山名，在今河南省洛宁县西北。　[13]陵：大山。崤山有两陵，南陵称西崤山，北陵称东崤山，相距三十里，地势险要。　　[14]夏后皋：夏代君主，名皋，夏桀的祖父。后，君。　　[15]尔骨：你的尸骨。焉："于之"，在那里。

译文

　　杞子从郑国派人告诉秦国说："郑国人让我掌管他们北门的钥匙，如果偷偷地把兵派来，可以占领他们的国都。"秦穆公去问蹇叔。蹇叔说："使军队疲劳而去侵袭相距遥远的地方，我没有听说过。军队疲劳，力量衰竭，远地的国家有防备，恐怕不行吧！我们军队的行动，郑国一定知道，费了力气不讨好，士兵一定有抵触情绪。而且，行军千里，谁会不知道呢？"秦穆公不接受他的意见。召见孟明、西乞、白乙，让他们在东门外出兵。蹇叔哭着送他们说："孟子，我看到军队出去而看不到回来了！"秦穆公派人对他说："你知道什么？如果你六七十岁死了，你坟上的树木已经有合抱那么粗了。"蹇叔的儿子在军队里，蹇叔哭着送他，说："晋国人必定在崤山抵御我军，崤山有两座山陵。它的南陵，是夏后皋的坟墓；它的北陵，是文王避过风雨的地方。你必定死在两座山陵之间，我去那里收你的尸骨吧！"秦国军队就向东进发。

三十三年春,秦师过周北门,左右免胄而下[1],超乘者三百乘[2]。王孙满尚幼[3],观之,言于王曰:"秦师轻而无礼[4],必败。轻则寡谋,无礼则脱[5]。入险而脱。又不能谋,能无败乎?"

注释

[1] 左右:兵车左右两边的士兵。古代兵车,若非将帅,则御者居中,射手在左,执戈盾者在右。若将帅之车,或天子诸侯亲未将帅,则在中央鼓下,御者在左,持戈盾者在右,所谓戎右是也。免胄(zhòu):仅脱下头盔,并不去其甲,也未束其兵,不完全合乎当时的礼仪。"免胄而下",表示向周天子致敬。此指一般兵车,故射者及持戈盾者皆下,御者不下,仍驾车前行。　[2] 超乘(shèng):跳上车去。刚下车又立即跳上车,以示其有勇,这是轻狂无礼的举动。　[3] 王孙满:周共王之子圉的曾孙。[4] 轻:轻佻不庄重,指"超乘"。无礼:指过天子之门,不去甲兵,只"免胄而下",不合于礼。　[5] 脱:疏略,粗心大意。

译文

(鲁僖公)三十三年春季,秦国军队经过成周王城的北门,战车上除御者以外,车左、车右都脱去头盔下车致敬,刚下车又立即跳上车去的有三百辆战车的将士。王孙满年纪还小,看到了,对周襄王说:"秦国军队不庄重又没有礼貌,一定失败。不庄重就缺少计谋,无礼貌就不严肃。进入险地而粗心大意,又没有谋略,能够不打败仗吗?"

及滑[1],郑商人弦高将市于周[2],遇之,以乘韦先,牛十二犒师[3],曰:"寡君闻吾子将步师出于敝邑[4],敢犒从者,不腆敝邑,为从者之淹[5],居则具一日之积[6],行则备一夕之卫。"且使遽告于郑[7]。

注释

[1] 滑:姬姓小国,在今河南省偃师市境内。　[2] 市:做买卖。　[3] 乘:四。韦:熟牛皮。先:古人送礼,照常例先送轻礼为引,然后再送重礼,叫以某先某。　[4] 步师:行军。[5] 腆(tiǎn):厚,富裕。不腆:是当时的客套惯用语,不但物可谦言不腆,人亦可谦言不腆。淹:久,指久留。　[6] 积:指日常的粮食、蔬菜、柴草、马料等。　[7] 且:一面犒师,一面告郑。遽(jù):传车,类似后代之驿马,是古代传递紧急公文的办法,每隔若干里设驿站,接力换马,务求奔驰迅速。

译文

秦军到达滑国,郑国的商人弦高准备到成周做买卖,碰到秦军,先送秦军四张熟牛皮作引礼,再送十二头牛犒劳军队,说:"寡君听说您准备行军经过敝邑,谨来犒赏您的随从。敝邑为了您的随从在这里停留,住下就预备一天的供应,离开就承担一夜的保卫。"弦高同时又派传车紧急地向郑国报告。

郑穆公使视客馆[1],则束载、厉兵、秣马矣[2]。使皇武子辞焉[3],曰:"吾子淹久于敝邑,唯是脯资、饩牵竭矣[4]。为吾子之将行也,郑之有原圃[5],犹秦之有具囿也[6],吾子取其麋鹿,以间敝邑[7],若何?"杞子奔齐,逢孙、杨孙奔宋。孟明曰:"郑有备矣,不可冀也[8]。攻之不克,围之不继[9],吾其还也。"灭滑而还。……

注释

[1] 郑穆公:郑文公的庶子,于本年即位。客馆:杞子、逢孙、杨孙三人的居处,郑人以客礼待之。　　[2] 束载:把装车的物品捆好。厉兵:磨利兵刃。厉,同"砺"。秣(mò)马:用粮秣喂马。　　[3] 辞:道歉,实际上示意已知其谋,要他们离开。[4] 唯是:因此。脯(fǔ):干肉。资:粮食。饩(xì):活的牲畜。牵:指牛羊等可牵行的牲畜。　　[5] 原圃:郑国的猎场圃田泽,在今河南省中牟县西北。　　[6] 具囿:秦国的猎场阳纡泽,在今陕西省华阴县东。原圃、具囿都是圈养禽兽的地方。[7] 间(xián):同"闲",闲暇。"吾子"句意为欲其自取,以令我等

得闲暇,属于示意之辞。　　[8]冀:指望,希望得到。
[9]不继:无继续支援之师。

译文

郑穆公派人去探看杞子等人的馆舍,发现他们已经装束完毕、磨利武器、喂饱马匹了。派皇武子辞谢他们,说:"大夫们久住在这里,敝邑的干肉、粮食、牲口都竭尽了。为了大夫们将要离开,郑国的原圃,就如同秦国的具囿,大夫们自己猎取麋鹿,使敝邑得有闲空,怎么样?"于是,杞子逃到齐国,逢孙、杨孙逃到宋国。孟明说:"郑国有准备了,不能存有希望了。攻打郑国不能取胜,包围它又没有后援,我还是回去吧。"灭亡了滑国就回去。……

晋原轸曰:"秦违蹇叔,而以贪勤民,天奉我也[1]。奉不可失,敌不可纵[2]。纵敌,患生;违天[3],不祥。必伐秦师!"栾枝曰:"未报秦施,而伐其师,其为死君乎[4]?"先轸曰:"秦不哀吾丧,而伐吾同姓[5],秦则无礼,何施之为?吾闻之:'一日纵敌,数世之患也。'谋及子孙,可谓死君乎!"遂发命[6],遽兴姜戎[7]。子墨衰绖[8],梁弘御戎,莱驹为右。

注释

[1]奉:给予。　　[2]纵:放走。　　[3]违天:天予不

取,则为违天。　　[4] 其:副词,表示反诘,和"岂"意思相同。为:有。死君:去世的国君,指文公。　　[5] 同姓:指郑国和滑国。它们和晋国都是姬姓国。　　[6] 发命:发起兵之令。[7] 遽:紧急。兴:起,发动。姜戎:处于晋国北境的部族。[8] 子:晋襄公,其父文公未葬,所以称子。墨:染黑。衰(cuī):丧服,以麻布为之。绖(dié):丧带,系在头部或腰部,戴于首者叫首绖,系于腰者叫腰绖,皆以麻布为之,也是丧服。古代士兵穿黑色,所以襄公染黑了丧服出征。古代人民白衣,武士黑衣,丧服本用白色的麻布,现因军事需要,临时用黑色。

译文

晋国的原轸说:"秦君违背蹇叔的话,由于贪婪而劳动百姓,这是上天给予我们的机会。给予的不能丢失,敌人不能放走。放走敌人,就会发生祸患;违背天意,就不吉利。一定要进攻秦国军队。"栾枝说:"没有报答秦国的恩惠而进攻它的军队,心目中还有死去的国君吗?"先轸说:"我们有丧事秦国不悲伤,反而攻打我们的同姓国家,他们就是无礼,还讲什么恩惠?我听说:'一天放走敌人,这是几代的祸患。'为子孙后代打算,这可以有话对死去的国君说了吧!"于是就发布起兵的命令,立即动员姜戎的军队。晋襄公把丧服染成黑色,梁弘驾驭战车,莱驹作为车右。

夏,四月辛巳[1],败秦师于殽,获百里孟明视、西乞术、白乙丙以归。遂墨以葬文公[2],晋于是始墨[3]。

注释

[1] 辛巳：十三日。　　[2] 墨：指着黑色丧服。
[3] 于是：由此，从此。始墨：用黑色衰绖为常。

译文

(鲁僖公三十三年)夏季，四月十三日，在崤山打败秦国军队，并且俘虏了三个指挥官百里孟明视、西乞术、白乙丙而返回。于是，就穿着黑色的丧服来安葬晋文公。晋国从此开始使用黑色丧服。

文嬴请三帅[1]，曰："彼实构吾二君[2]，寡君若得而食之，不厌[3]，君何辱讨焉？使归就戮于秦，以逞寡君之志[4]，若何？"公许之，先轸朝。问秦囚。公曰："夫人请之[5]，吾舍之矣。"先轸怒，曰："武夫力而拘诸原[6]，妇人暂而免诸国[7]，堕军实而长寇仇[8]，亡无日矣！"不顾而唾[9]。公使阳处父追之[10]，及诸河[11]，则在舟中矣。释左骖[12]，以公命赠孟明。孟明稽首曰："君之惠，不以累臣衅鼓[13]，使归就戮于秦，寡君之以为戮，死且不朽[14]。若从君惠而免之，三年将拜君赐[15]。"

注释

[1]文嬴：秦穆公女，晋文公的夫人，襄公的嫡母。三帅：孟明、西乞、白乙丙。　　[2]构：指进谗言以挑拨离间。构吾二君：指挑拨秦、晋两国君主的关系。　　[3]厌：满足。[4]逞志：快意。逞，快。　　[5]夫人：指文嬴。　　[6]力：奋力，用力。原：野外，这里指战场。　　[7]暂：匆忙。免：赦罪而释放。　　[8]堕(huī)：毁弃。军实：战果，指秦囚。长：助长。　　[9]顾：回头。唾(tuò)：吐口水。先轸不但唾于朝廷，且面向襄公，唾而不旋转其头，言极此其气愤。　　[10]阳处父：晋大夫。　　[11]河：黄河。　　[12]骖(cān)：古代用四匹马驾车，两边的马称骖，在左边的为左骖，在右边的为右骖。[13]累(léi)：捆绑。累臣，被俘之臣，孟明自称。衅鼓：愿意为取血涂鼓以祭，此言杀戮，未必为真祭鼓。古代新制成重要器物，都杀牲涂血而祭，称为衅。也间或用俘囚的血祭鼓。这里是处死的意思。　　[14]死且不朽：为当时惯用语，指名留后世。[15]拜君赐：指报仇。

译文

　　文嬴请求把三位指挥官释放回国，说："他们挑拨我们两国国君，寡君如果抓到他们，吃他们的肉还不能满足，何必劳君王去讨伐呢？让他们回到秦国受诛杀，以使寡君快意，怎么样？"晋襄公答应了。先轸上朝，问起秦国的囚犯，晋襄公说："母亲代他们提出请求，我就放走他们了。"先轸生气地说："士兵花力气在战场上逮住他们,女人说几句谎话就把他们在国内放了,毁弃了战果而长了敌人的志气,晋国快要灭亡了!"先轸不顾襄公在面前就向地上吐了口唾沫。晋襄公派阳处父追赶放走的三个人,追到黄河边上,他们已经上船了。阳处父解下车左边的骖马,用晋襄公的名义赠送给他们。孟明叩头说:"承蒙君王的恩惠,不用被囚之臣来祭鼓,让我们回到秦国去受诛戮,寡君如果杀了我们,死了以后名声不朽,如果依从君王的恩惠而赦免了我们,三年之后将要拜谢君王恩赐。"

秦伯素服郊次[1],乡师而哭[2],曰:"孤违蹇叔,以辱二三子,孤之罪也。"不替孟明[3],曰:"孤之过也,大夫何罪[4]?且吾不以一眚掩大德[5]。"

(选自《左传·僖公三十三年》)

注释

[1] 素服:凶服。据《周礼·大宗伯》及注,古代凶礼以哀邦国之忧者有五:死亡、凶札、祸灾、围败、寇乱。年不顺成,天子素服,乘素车、食无乐,是凶札之服;水火为害,君臣素服缟冠,是祸灾之服;此则为围败之服。郊次:在郊外等待。凡所居皆可曰次,丧寝曰次。　　[2] 乡:同"向"。　　[3] 替:废。这里指撤职。[4] 大夫:专指孟明。　　[5] 眚(shěng):过失。

译文

秦穆公穿着素服住在郊外,对着被释放回来的将士号哭,说:

"我没有听蹇叔的话,使你们几位受到侮辱,这是我的罪过。"不撤孟明的职,又说:"这也是我的过错,你们三位有什么罪过呢?而且我不能用一次过失来掩盖大德啊。"

文史链接

料事如神的忠臣蹇叔

公元前 627 年,秦穆公发兵攻打郑国,他打算和安插在郑国的奸细里应外合,夺取郑国都城。秦伯向蹇叔询问,蹇叔认为秦国离郑国路途遥远,兴师动众长途跋涉,郑国肯定会做好迎战准备。他凭着丰富的政治经验,根据秦、晋、郑三方情况,全面分析,言辞恳切,将潜在的危险一一道出,对"劳师以袭远"的行为作了彻底的否定,指出袭郑之战必败无疑。

蹇叔的论战之道可谓"知己知彼"。然而,秦穆公利令智昏,一意孤行,没有听从蹇叔意见,执意派孟明视、白乙丙、西乞术三帅率军出征。蹇叔实际上已失去进谏的正常渠道,但他仍以"哭师""哭子"的形式再三进谏,准确地指出晋国"必御师于殽",欲再次将自己的意见传达给国君。选文通过对蹇叔几次进谏的描述将一位鞠躬尽瘁、为国尽忠的老臣形象刻画得栩栩如生。选文中的蹇叔料事如神,有如先知,后来秦军果然在殽山大败而归。秦穆公急欲扩张秦国势力的迫切心情,使他一意孤行,违反了"知己知彼"的军事思想,犯下了一个致命的常识性错误。

选文以秦国老臣蹇叔谏阻、哭师、哭子为线索,复以秦穆公拒谏、诅咒相间其中,结构上起伏有致、曲折多变;通过人物的语言和行为刻画人物性格,将人物形象与故事情节融为一体,成功塑造了一个老成先见、忧国虑远的老臣形象和一个刚愎自用、利令智昏的君主形象。一君一臣,一明一暗,一显一隐,相互映衬,相得益彰,恰到好处。

中国古代关于年龄的称谓

选文中提到了"中寿,尔墓之木拱矣"一句话。关于"中寿",历来说法不一。孔颖达疏谓"上寿百二十岁,中寿百,下寿八十";《庄子·盗跖篇》谓"人上寿百岁,中寿八十,下寿六十";《吕氏春秋·安死篇》谓"人之寿久之不过百,中寿不过六十";《淮南子·原道训》谓"凡人中寿七十岁";《论衡·正说篇》谓"上寿九十,中寿八十,下寿七十"。洪亮吉《左传诂》云"此云中寿,当在八十以下、六十以上"。关于上寿、中寿、下寿的限定问题,可谓众说纷纭。

除了上寿、中寿、下寿之分外,中国古代还有许多关于年龄的称谓,兹举数例:

襁褓——不满周岁;黄口——十岁以下;总角、孩提——幼年泛称;垂髫(tiáo)、始龀(chèn)——童年泛称;幼学——十岁;豆蔻年华——十三、十四岁(女);及笄之年——十五岁(女);束发——十五岁(男);弱冠——二十岁(男);而立之年——三十岁;不惑之年——四十岁;艾——五十岁;知命之年、年逾半百、知非之年、艾服之年、大衍之年——五十岁;花甲、平头甲子、耳顺之年、杖乡之年——六十岁;古稀、杖国之年、致事之年、致政之年——七十岁;喜寿——七十七岁;杖朝之年——八十岁;望九——八十多岁;米寿——八十八岁;耄耋(mào dié)之年——八九十岁;鲐背之年——九十岁;白寿——九十九岁;期颐之年、人瑞——一百岁;茶寿——一百零八岁。

中国古代的丧服制度

中国封建社会是由父系家族组成的社会,以父宗为重。其亲属范围包括自高祖以下的男系后裔及其配偶,即自高祖至玄孙的九个世代,通常称为本宗九族。在此范围内的亲属,包括直系亲属和旁系亲属,为有服亲属,死为服丧。亲者服重,疏者服轻,依次递减,《礼记·丧服小记》所谓"上杀、下杀、旁杀"即此意。服制按服丧期限及丧服粗细的不同,分为五种,即所谓五服。

一、斩衰

斩衰(cuī),丧服名。衰通"縗(cuī)"。五服中最重的丧服,用最粗的生麻布制做,断处外露不缉边,丧服上衣叫"衰",因称"斩衰"。表示毫不修饰以尽哀痛,服期三年。古代,诸侯为天子,臣为君,男子及未嫁女为父,承重孙(长房长孙)为祖父,妻妾为夫,均服斩衰。至明、清,子及未嫁女为母,承重孙为祖母,子妇为姑(婆),也改齐衰三年为斩衰。女子服斩衰,并须以生麻束起头发,梳成丧髻。实际服期约两年余,多为二十五个月除孝("三年丧二十五月毕")。《礼记·丧服小记》:"斩衰,括发以麻。"《清史稿·礼志十二》:"斩衰三年,子为父、母;为继母、慈母、养母、嫡母、生母;为人后者为所后父、母;子之妻同。女在室为父、母及已嫁被出而反者同;嫡孙为祖父、母或高、曾祖父、母承重;妻为夫,妾为家长同。"

二、齐衰

齐衰(zī cuī),丧服名。齐,下衣的边。齐通"齎(zī)",衰通"縗"(cuī)。是次于"斩衰"的丧服,用粗麻布制做,断处缉边,因称

"齐衰"。服期分三年、一年、五月、三月。服齐衰一年,用丧杖,称"杖期",不用丧杖,称"不杖期"。周代,父在父母服齐衰杖期,父卒服齐衰三年。唐代,为母,父在父卒皆齐衰三年;子妇为姑(婆)亦齐衰三年。至清代,凡夫为妻,男子为庶母、为伯叔父母、为兄弟及在室姊妹,已嫁女为父母,孙男女为祖父母,均服齐衰一年,杖与否,各有规定;重孙男女为曾祖父母,服齐衰五月;玄孙男女为高祖父母,且齐衰三月。《礼记·檀弓下》:"哀公为之齐衰。"《清史稿·礼十八》:"曰齐衰杖期,嫡旁及下际缉,麻冠、致、草屦、桐杖……曰齐衰杖期,嫡子、众子为庶母;子之妻同;子为嫁母、出母;夫为妻;嫡孙祖在为祖母承重。曰齐衰不杖期,为伯、叔父、母,为亲兄、弟;为亲兄、弟之子及女在室者;为同居继父两无大功以上亲者。"

三、大功

大功,亦称"大红",丧服名。是次于"齐衰"的丧服,用粗熟麻布制做,服期为九个月。清代,凡为堂兄弟、未嫁堂姊妹、已嫁姑及姊妹,以及已嫁女为伯叔父、兄弟,均服"大功"。《史记·孝文本纪》:"已下,服大红十五日,小红十四日。"裴骃集解:"服虔曰:'当言大功、小功布也。'"《明史·礼志十四》:"曰大功九月者,为同堂兄弟及姊妹在室者,为姑及姊妹兄弟之女出嫁者;父母为众子妇,为女之出嫁者;祖为众孙;为兄弟之子妇……为兄弟之子为人后者。"《清史稿·礼志十二》:"曰大功服,粗白布,冠、致如之,茧布缘屦。"

四、小功

小功,亦称"上红",丧服名。是次于"大功"的丧服,用稍粗熟麻布制成,服期五月。清代,凡为伯叔祖父母、堂伯叔父母、未嫁祖姑及堂姑,已嫁堂姊妹、兄弟妻、再从兄弟、未嫁再从姊妹,又外亲为外祖父母、母舅、母姨等,均服小功。《仪礼·丧服》:"小功,布衰裳,牡麻绖,即葛五月者。从祖祖父,从祖父母报;从祖昆弟;从父姊妹篇,孙嫡人者;为人后者为其姊妹嫡人者。"《新唐书·礼乐志十》:"小功五月殇,正服:为子、女子子之下殇,为叔父之下殇,为姑、姊妹之下殇,为从兄弟姊妹长殇,为庶孙之长殇。降服:为人后者为其兄弟之长殇,出嫁姑为侄之长殇,为人后者为其姑、姊妹之长殇。义服:为夫之兄弟之子、女子子之下殇,为夫之叔父之长殇。"

五、缌麻

缌(sī)麻,丧服名,是次于"小功"的丧服。"五服"中最轻的一种,用较细熟麻布制成,做功也较"小功"为细。清代,凡男子为本宗之族曾祖父母、族祖父母、族父母、族兄弟,以及为外孙、外甥、婿、妻之父母、表兄、姨兄弟等,均服缌麻。服期三月。

五服之外,同五世祖的亲属为袒免亲,即所谓"素服",袒是露左臂,免是用布从项中向前交于额上,又后绕于髻。宋人车垓说此仪久废,当时人的袒免亲丧服是白阑缟巾;明、清时,素服,以尺布缠头。同六世祖的亲属便是无服亲了。故《礼记·大传》云:"四世而缌,服之穷也,五世袒免,杀同姓也,六世亲属竭矣。"

《仪礼·丧服》章所载亲属间各种服制被后世奉为权威性的准则,历代遵行,但也有所变通。关于五服的具体式样,可以参阅清人吴荣光《吾学录·丧礼门》所附丧服各图。

本来的"五服"指的是五种孝服,后来,五服也指代五辈人,比如在山东胶东半岛一带,有"五服之内为亲"的说法,从自己往上推五代,从高祖开始,高祖、曾祖、祖父、父、自己,凡是血缘关系在这五代之内的都是亲戚,从高祖到自己是五代,就成为五服。五服之后则没有了亲缘关系,也可以通婚。一般情况下,家族中的婚丧嫁娶之事,都是五服之内的人员参加。

思考讨论

试比较分析秦晋殽之战中不同人物的性格特征。

第六章　鲁文公

华而不实，怨之所聚

晋阳处父聘于卫，反过宁[1]，宁嬴从之[2]。及温而还[3]。其妻问之。嬴曰："以刚[4]。《商书》曰：'沈渐刚克，高明柔克[5]。'夫子壹之[6]，其不没乎！天为刚德，犹不干时，况在人乎？且华而不实[7]，怨之所聚也。犯而聚怨[8]，不可以定身。余惧不获其利而离其难[9]，是以去之。"

（选自《左传·文公五年》）

注释

[1] 宁：晋国城邑，在今河南省获嘉县西北、修武县东。[2] 宁嬴：逆旅大夫。　[3] 温：温山。在今河南修武县北五十里。　[4] 以：太。　[5] 沈渐刚克，高明柔克：出自《尚

书·洪范》。《洪范》,今本《尚书》在《周书》,然《左传》三引《洪范》,除此年外,尚有成公六年、襄公三年,皆曰《商书》,古代以《洪范》为《商书》。沈渐、高明:皆指本性。沈渐,滞弱、深沉。高明,亢爽、爽朗。沈渐刚克,高明柔克,指各当以刚柔胜己本性。　[6]壹之:指阳处父本为高明之性,又加以刚。　[7]华而不实:指言过其行,如花开而不结实。　[8]犯而聚怨:刚则犯人,己又华而不实,故云"犯而聚怨"。　[9]离:同"罹",遭受苦难或不幸。

译文

晋国的阳处父到卫国聘问,回国时路过宁地,宁嬴愿意跟着他。宁嬴到达温地又回来了,他妻子问他,宁嬴说:"太刚强了。《商书》说:'深沉的人要用刚强来克服,爽朗的人要用柔弱来克服。'那个人只具备其中之一,恐怕不得善终吧!上天纯阳,属于刚强的德行,尚且不触犯寒暑四时运行的次序,何况人呢?而且华而不实,就会聚集怨恨。触犯别人而聚集怨恨,不能够安定自身。我是害怕不能得到利益反而遭到祸害,因此才离开他。"

文史链接

华而不实的阳处父

"华而不实"这一成语出自左丘明《左传·文公五年》,意为:花开得好看,但不结果实。比喻外表好看,内容空虚,也指表面上很有学问,实际腹中空空的人。

"华而不实"一词见载于历代典籍。《晏子春秋·外篇·不合经术者》:"东海之中,有水而赤,其中有枣,华而不实,何也。"《韩非子·难言》中说,说话油腔滑调,洋洋洒洒,"然则见以为华而不实"。汉代王充《论衡·书解》:"物有华而不实,有实而不华者。"《南史·梁简文帝纪论》评论简文帝萧纲的文章时说,"太宗(简文帝)多闻博达,富赡词藻,然文艳用寡,华而不实。"意思是说,萧纲的文章,词句虽然漂亮,但是内容却比较空虚。

"华而不实"一词的产生与春秋时晋国大夫阳处父有关。阳处父出使到卫国去,回来路过宁邑,住在一家客店里。店主姓嬴,看见阳处父相貌堂堂,举止不凡,十分钦佩,悄悄对妻子说:"我早想投奔一位品德高尚的人,可是多少年来,随时留心,都没找到一个合意的。今天我看阳处父这个人不错,我决心跟他去了。"店主得到阳处父的同意,离别妻子,跟着他走了。一路上,阳处父同店主东拉西扯,不知谈些什么。店主一边走,一边听。刚刚走出宁邑县境,店主改变了主意,和阳处父分手了。店主的妻子见丈夫突然折回,心中不明,问道:"你好不容易遇到这么个人,怎么不跟他去呢?你不是决心很大吗?家里的事你尽管放心好了。"店主说:"我看到他长得一表人才,以为他可以信赖,谁知听了他的言论,却感到非常讨厌。我怕跟他一去,没有得到教育,反倒遭受祸害,所以打消了原来的主意。"阳处父在店主的心目中,就是个"华而不实"的人。所以,店主毅然地离开了他。

思考讨论

如何判断一个人是否华而不实?谈谈你对"华而不实"一词的理解。

郑子家告赵宣子

晋侯蒐于黄父[1]，遂复合诸侯于扈[2]，平宋也[3]……

注释

[1] 晋侯：晋灵公，名夷皋。黄父：一名黑壤。在今山西省翼城县东北六十五里之乌岭，接沁水县界。　[2] 扈(hù)：郑地，在今河南原武县西北。　[3] 平宋：平定宋乱以立宋文公。宋昭公无道，先一年十一月，被宋襄公的夫人派人杀害。

译文

晋灵公在黄父阅兵，因此再次在扈地会合诸侯，以平定宋乱……

于是晋侯不见郑伯[1]，以为贰于楚也。郑子家使执讯而与之书[2]，以告赵宣子，曰[3]："寡君即位三年[4]，召蔡侯而与之事君[5]。九月，蔡侯入于敝邑以行[6]。敝邑以侯宣多之难[7]，寡君是以不得与蔡侯偕。十一月，克灭侯宣多，而随蔡侯以朝于执事[8]。十二年六月，归生佐寡君之嫡夷[9]，以请陈侯于楚，而朝诸君[10]。十四年七月，寡君又朝以蒇陈事[11]。十五年五月，陈侯自敝邑往朝于君。往年正月[12]，烛之武往，朝夷也[13]。八月，寡君又往朝。以陈、蔡之密迩于楚[14]，而不敢贰焉[15]，则敝邑之故也。虽敝邑之事君，何以不免？在位之中[16]，一朝于襄[17]，而再见于君[18]。夷与孤之二三臣相及于绛[19]。虽我小国[20]，则蔑以过之矣[21]。

注释

[1] 郑伯：郑穆公。名兰，为郑国第九个国君。　　[2] 子家：即公子归生，郑大夫。使执讯：使之行适晋。与之书：将子家给赵宣子的书信送给赵宣子。　　[3] 赵宣子：即赵盾。晋卿，晋国的执政大臣。　　[4] 寡君：人臣对别国谦称本国之君为寡君，意指寡德之君。这里指郑穆公。　　[5] 蔡侯：蔡襄公。君：这里指晋襄公，晋灵公之父。　　[6] 行：指去晋国朝见。[7] 敝邑：对别人称自己的国家的谦称。侯宣多之难：侯宣多，郑大夫，郑穆公为侯宣多所立，于是侯宣多居功专权，所以称之为"侯宣多之难"。　　[8] 克灭：消灭。灭，绝。　　[9] 寡君：人臣对别国称呼自己国君的谦词。嫡夷：指郑穆公的太子夷。嫡，嫡子，正夫人所生的儿子，一般都立为继承君位的太子。夷，郑穆

公太子,后为郑灵公。　　[10] 陈侯:陈共公。　　[11] 葳(chǎn):完成。葳陈事:指完成陈国从服于晋之工作。[12] 往年:去年。　　[13] 朝夷:使夷往朝于晋。　　[14] 密迩:紧密靠近。　　[15] 贰:有二心。　　[16] 在位之中:郑穆公在位期间。　　[17] 襄:晋襄公。　　[18] 君:这里指晋灵公。　　[19] 二三臣:归生自谓以及烛之武等。及:来到。绛:晋都,在今山西曲沃县西南。相及于绛:指诸人不绝于道路。[20] 虽:即使。　　[21] 蔑:无,没有。

译文

当时,晋灵公拒绝会见郑穆公,以为他背晋而亲楚。郑国的子家派通信使者去晋国,并且给他一封信,告诉赵宣子,说:"我郑国国君即位三年,召了蔡侯和他一起侍奉贵国君主。九月,蔡侯来到敝邑前去贵国。敝邑由于侯宣多造成的祸难,我君因此而不能和蔡侯一同前来。十一月,消灭了侯宣多,就随同蔡侯而向执事朝觐。十二年六月,归生辅佐我君的长子夷,到楚国请求陈侯一同朝见贵国君主。十四年七月,我君又向贵国君主朝见,以完成关于陈国的事情。十五年五月,陈侯从我国前去朝见贵国君主。去年正月,烛之武前去贵国,这是为了使夷前往朝见贵国君主。八月,我君又前去朝见。因陈、蔡两国紧紧挨着楚国而不敢对晋有二心,那是由于我们的缘故。为什么唯独我们这样侍奉贵国君主,反而不能免于祸患呢?我郑君在位期间,一次朝见贵国先君襄公,两次朝见现在的君主。夷和我的几个臣下紧接着到绛城来。我郑国即使是个小国,却也没有谁能比我国对贵国更有诚意了。

今大国曰:'尔未逞吾志[1]。'敝邑有亡,无以加焉。古人有言曰:'畏首畏尾,身其余几[2]?'又曰:'鹿死不择音[3]。'小国之事大国也,德,则其人也;不德,则其鹿也,铤而走险[4],急何能择?命之罔极[5],亦知亡矣,将悉敝赋以待于鯈[6]。唯执事命之[7]。

注释

[1]逞吾志:快我之意。逞,快心。　　[2]畏首畏尾,身其余几:言外之意是,郑北畏晋,南畏楚,又有什么办法呢?　　[3]音:声音。一说"音"同"荫",树荫,引申为庇护。　　[4]铤而走险:指小国若为鹿,则将如鹿之急不择路而赴险犯难。铤,疾走。　　[5]罔极:没有准则。谓晋对郑需索无度。　　[6]悉:全部。尽其所有。赋:兵。古代按田赋出兵,所以称赋。鯈(chóu):古地名,晋、郑两国交界之地,在今河南省北部。[7]唯执事命之:这是客气的说法,就听凭您的命令吧。真正的意思是,看你们怎么回答吧。

译文

如今大国说:'你没有能让我称心如意。'敝邑只有等待灭亡,也不能再增加一点什么了。古人有话说:'怕头怕尾,剩下来的身子还有多少?'又说:'鹿在临死前,顾不上选择庇护的地方。'小国侍奉大国,如果大国以德相待,小国就会以人道相侍奉;如果不是以德相待,那就会像鹿一样,狂奔走险,急迫的时候,哪里还能选择地方?贵国的命令没有止境,我们也知道面临灭亡了,只好准备派出敝邑全部的士兵在儵地等待。该怎么办,就听凭您的命令吧!

文公二年六月壬申[1],朝于齐。四年二月壬戌[2],为齐侵蔡,亦获成于楚。居大国之间,而从于强令[3],岂有罪也?大国若弗图[4],无所逃命。"

注释

[1] 文公:指郑文公。壬申:二十日。　[2] 四年:指郑文公四年。　[3] 强令:大国加压的命令。　[4] 图:体谅。

译文

郑文公二年六月二十日,曾到齐国朝见。四年二月某一天,为齐国进攻蔡国,也和楚国取得讲和。处于齐、楚两个大国之间而屈从于强国的命令,这难道是我们的罪过吗?大国如果不加谅解,我们是没有地方可以逃避你们的命令了。"

晋巩朔行成于郑[1],赵穿、公婿池为质焉[2]。

(选自《左传·文公十七年》)

注释

[1] 巩朔：晋大夫，成公二年谓之巩伯，又谓之士庄伯。
[2] 赵穿：晋卿。公婿池：晋灵公的女婿。

译文

晋国的巩朔到郑国讲和修好，赵穿、公婿池作为人质。

文史链接

铤而走险的三角关系

《郑子家告赵宣子》其实是郑国和赵国两国执政大臣郑子家、赵宣子之间的国书往来，文中只有三位人物：晋侯、晋国大臣赵宣子和郑国大臣子家。晋侯，是晋襄公的儿子夷皋，即晋灵公。

选文关涉的史实发生在鲁文公十七年，即晋灵公继位后的第十年，此时，晋灵公尚年轻，国家事务的决断，仍须赵宣子（赵盾）为之。郑国子家的照会，不是致意晋侯，而是"告赵宣子"，正是因为赵宣子实权在握。但是，作为正式的外交照会，书面上仍然对着晋灵公。郑国大臣子家是当时郑国的执政大臣，也是姬姓的公子，名归生。郑国当时的国君是郑穆公，即郑文公之子子兰。

郑国是夹在晋、楚两个对立的大国之间的小国，对于近邻的晋国要侍奉，对于远些的楚国也要依附，还须在齐、秦之间周旋，可谓在夹缝中求生存，外交关系很难处理。即便如此，晋国对郑国还很不满意,处处刁难郑国。于是,郑国的执政大臣子家给晋国的执政大臣赵宣子写了这封信。郑子家的这篇外交辞令,利用晋、楚两大国的矛盾,逐年逐月罗列事实,批评晋的苛刻要求,甚至不惜以决裂相警告,终于迫使晋国让步。

郑子家的说辞,最让赵盾担忧的,不是所谓的"鹿死不择音",而是郑国的"铤而走险",彻底投靠楚国,甚至请楚国派军驻守。子家在文书中详尽地讲述了其与陈侯先去楚国请示,再和陈侯来晋国朝见之事,无异于向晋国敲响了警钟,其言外之意在于:郑国绝不会仅仅投靠晋国,还要依附强大的楚国,郑国不怕和晋国开战,而让郑国背楚而亲晋是绝对不可能的!这封文书审时度势、言辞恳切、不卑不亢、大义凛然,最终使赵宣子改变了对郑国的外交策略。

思考讨论

试分析《郑子家告赵宣子》一文的外交智慧。

季文子谏纳莒仆之辞

莒纪公生大子仆[1],又生季佗[2],爱季佗而黜仆[3],且多行无礼于国。仆因国人以弑纪公[4],以其宝玉来奔,纳诸宣公。公命与之邑,曰:"今日必授!"季文子使司寇出诸竟[5],曰:"今日必达[6]！"公问其故。季文子使大史克对曰[7]：

注释

[1] 莒(jǔ)纪公：春秋莒国国君，名庶其。　　[2] 季佗(tuó)：即莒渠丘公。　　[3] 黜：废除。　　[4] 因：依靠，凭借。　　[5] 季文子：鲁国大夫季孙行父。谥文。出：逐出。竟：同"境"。　　[6] 达：彻底执行。　　[7] 大史克：鲁国太史革。

译文

莒纪公生了太子仆，又生了季佗，喜爱季佗而废黜太子仆，而且在国内办了许多不合礼仪的事情。太子仆依靠国人的力量杀了莒纪公，拿了他的宝玉逃亡到鲁国，将宝玉送给了鲁宣公。宣公命令给他城邑，说："今天一定得给。"季文子让司寇把他赶出国境，说："今天一定得彻底执行。"鲁宣公询问这样做的原因，季文子让太史克回答说：

先大夫臧文仲教行父事君之礼[1]，行父奉以周旋，弗敢失队[2]，曰："见有礼于其君者，事之，如孝子之养父母也；见无礼于其君者，诛之，如鹰鹯之逐鸟雀也[3]。"先君周公制《周礼》曰："则以观德[4]，德以处事，事以度功，功以食民[5]。"作

《誓命》曰:"毁则为贼,掩贼为藏[6]。窃贿为盗[7],盗器为奸。主藏之名,赖奸之用[8],为大凶德,有常,无赦[9]。在《九刑》不忘[10]。"行父还观莒仆,莫可则也。孝敬、忠信为吉德,盗贼、藏奸为凶德。夫莒仆,则其孝敬,则弑君父矣;则其忠信,则窃宝玉矣。其人,则盗贼也;其器,则奸兆也[11]。保而利之,则主藏也。以训则昏,民无则焉。不度于善[12],而皆在于凶德,是以去之。

注释

[1]臧文仲:姬姓,臧氏,名辰,谥文,谓臧孙辰。春秋时鲁大夫,世袭司寇,执礼以护公室。臧哀伯次子,谥文仲,故死后又称臧文仲。古礼,士大夫于君前所言某大夫,其人如在,则呼其名;如死,则称其谥或字,以示恭敬。　[2]队:同"坠",掉落。[3]鹯(zhān):鹞类猛禽。亦称"晨风"。　[4]则:法则。指礼仪。　[5]食(sì):供养。　[6]藏(zāng):同"赃",指窝主。　[7]贿:指财物。　[8]赖:利。用:器用。[9]常:常刑。指规定的刑罚。　[10]《九刑》:周代的刑书名。《左传·昭公六年》:"周有乱政而作《九刑》。"杜预注:"周之衰,亦为刑书,谓之《九刑》。"九刑,是周代九种刑罚的合称,分指墨、劓(yì)、刖(yuè)、宫、大辟(pì)、流、赎、鞭、扑九种刑罚。[11]兆:同"佻",窃取,偷。　[12]度:居。

译文

先大夫臧文仲教导行父侍奉国君的礼仪,行父根据它而应酬对答,不敢丢失。先大夫说:"见到对他的国君有礼的,侍奉他,如同孝子奉养父母一样;见到对他的国君无礼的,诛戮他,如同鹰鹯追逐鸟雀一样。"先君周公制作《周礼》说:"礼仪用来观察德行,德行用来处置事情,事情用来衡量功劳,功劳用来取食于民。"又制作《誓命》说:"毁弃礼仪就是贼,窝藏贼人就是赃,偷窃财物就是盗,偷盗宝器就是奸。有窝赃的名声,利用奸人的宝器,这是很大的凶德,国家对此有规定的刑罚,不能赦免,记载在《九刑》之中,不能忘记。"行父仔细观察莒仆,没有可以效法的。孝敬、忠信是吉德,盗贼、赃奸是凶德。这个莒仆,如果取法他的孝敬吧,那么他是杀了国君父亲的;取法他的忠信吧,那么他是偷窃了宝玉的。他这个人,就是盗贼;他的器物,就是赃证。如果保护这个人而用他的器物,那就是窝赃。以此来教育百姓,百姓就昏乱无所取法了。莒仆的这些表现都不能算好事,而都属于凶德,所以才把他赶走。

昔高阳氏有才子八人[1],苍舒、隤敳、梼戭、大临、尨降、庭坚、仲容、叔达[2],齐、圣、广、渊、明、允、笃、诚[3],天下之民谓之八恺[4]。高辛氏有才子八人[5],伯奋、仲堪、叔献、季仲、伯虎、仲熊、叔豹、季狸,忠、肃、共、懿、宣、慈、惠、和[6],天下之民谓之八元[7]。此十六族也,世济其美,不陨其名。以至于尧，尧不能举。舜臣尧，举八恺，使主后土[8]，以揆百事[9]，莫不时序[10]，地平天成。举八元，使布五教于四方[11]，父义、母慈、兄友、弟共、子孝，内平外成。

注释

[1] 高阳氏：相传为古帝颛顼(zhuān xū)的称号。子：苗裔。
[2] 陨敳(tuí ái)、梼戭(táo yǒu)、龙降(méng jiàng)。
[3] 齐：率心由道，举措皆中。圣：博达众务，庶事不通。广：器宇宏大，度量宽宏。渊：知能周备，思虑深远。明：晓解事务，照见幽微。允：终始不愆，言行相副。笃：志性良谨，交游款密。诚：秉心纯直，布行贞实。　　[4] 恺(kǎi)：快乐、和乐。
[5] 高辛氏：相传为古帝帝喾的称号。　　[6] 忠：与人无隐，尽心奉上。肃：应机敏达，临事恪勤。共(gōng)：治身克谨，当官理治。懿：保己精粹，立行纯厚。宣：应受多方，知思周遍。慈：爱出于心，思被于物。惠：性多哀矜，好拯穷匮。和：体度宽简，物无乖争。　　[7] 元：《易·文言》云，"元者，善之长也。"
[8] 后土：官名。管理土地。　　[9] 揆(kuí)：管理。
[10] 时序：承顺。　　[11] 五教：指父义、母慈、兄友、弟恭、子孝五种伦理道德。

译文

从前高阳氏有才能强的子孙八位：苍舒、陨敳、梼戭、大临、龙降、庭坚、仲容、叔达,他们中正、通达、宽宏、深远、明智、守信、厚道、诚实,天下的百姓称之为八恺。高辛氏有才能强的子孙八位:伯奋、仲堪、叔献、季仲、伯虎、仲熊、叔豹、季狸,他们忠诚、恭敬、勤谨、端美、周密、慈祥、仁爱、宽和,天下的百姓称之为八元。这十六个家族,世世代代继承他们的美德,没有丧失前世的声名,一直到尧的时代,但是尧没有能举拔他们。舜做了尧的臣下以后,举拔八恺,让他们担任管理土地的官职,处理各种事务,没有不顺当的,天下四方都平和无事。又举拔八元,让他们在四方之国宣扬五种教化,父亲讲道义,母亲慈爱,哥哥友爱,弟弟恭敬,儿子孝顺,里里外外都平安无事。

昔帝鸿氏有不才子[1],掩义隐贼[2],好行凶德;丑类恶物[3],顽嚚不友[4],是与比周[5],天下之民谓之浑敦[6]。少皞氏有不才子[7],毁信废忠,崇饰恶言[8];靖谮庸回[9],服谗蒐慝[10],以诬盛德,天下之民谓之穷奇[11]。颛顼有不才子,不可教训,不知话言[12];告之则顽,舍之则嚚,傲很明德[13],以乱天常,天下之民谓之梼杌[14]。此三族也,世济其凶,增其恶名,以至于尧,尧不能去。缙云氏有不才子[15],贪于饮食,冒于货贿[16],侵欲崇侈[17],不可盈厌[18],聚敛积实[19],不知纪极[20],不分孤寡,不恤穷匮,天下之民以比三凶,谓之饕餮[21]。舜臣尧,宾于四门[22],流四凶族,浑敦、穷奇、梼杌、饕餮,投诸四裔[23],以御魑魅[24]。

注释

[1]帝鸿氏:相传为黄帝的称号。　[2]掩义隐贼:掩蔽仁义,包庇奸贼。　[3]丑:类。丑类:同义词连用,此作动词,恶物为其宾语,言与恶物相比类。　[4]顽:愚钝。嚚(yín):奸诈。　[5]比周:结党。　[6]浑敦:远古四凶之一。一说即驩(huān)兜。　[7]少暤氏:相传为古部落首领名。已姓,名挚,黄帝之子。以金德王,故号金天氏。　[8]崇饰:粉饰。[9]谮(zèn):说别人的坏话,诬陷,中伤。庸:使用。回:奸邪。[10]服:施行。谗:谗言,谣言。蒐(sōu):隐藏。慝(tè):邪恶。[11]穷奇:远古四凶之一。一说即共工。　[12]话:善。[13]傲很:傲视。　[14]梼杌(táo wù):远古四凶之一。一说即鲧。　[15]缙(jìn)云氏:相传为黄帝夏官。姜姓。[16]冒:贪。　[17]崇侈:奢侈。　[18]盈厌:满足。[19]实:财物。　[20]纪极:限度。　[21]饕餮(tāo tiè):远古四凶之一。王念孙云:"贪财贪食总谓饕餮。"　[22]宾:通"傧",接引宾客。　[23]四裔:四方之边裔。　[24]魑魅(chī mèi):传说中指山林里能害人的怪物。

译文

从前帝鸿氏有一个没有才能的儿子,掩蔽道义,包庇奸贼,

第六章　鲁文公 | 295

喜欢办那些属于凶德的事情,将坏东西引为同类,那些愚昧奸诈的人,和他混在一起,天下的百姓称他为浑敦。少皞氏有一个没有才能的儿子,毁坏信义,废弃忠诚,花言巧语,惯听谗言,任用奸邪,造谣中伤,掩盖罪恶,诬陷盛德的人,天下的百姓称他为穷奇。颛顼氏有一个没有才能的儿子,没办法教训,不知道好话,他愚顽不灵,丢开他,他又刁恶奸诈,鄙视美德,搅乱上天的常道,天下的百姓称他为梼杌。这三个家族,世世代代继承他们的凶恶,加重了他们的坏名声,一直到尧的时代,但是尧没有能赶走他们。缙云氏有一个没有才能的儿子,追求吃喝,贪图财货,任性奢侈,不能满足,聚财积谷,没有限度,不分给孤儿寡妇,不周济穷人,天下的百姓把他和三凶相比,称他为饕餮。舜做了尧的臣下以后,开辟四方的城门,流放四个凶恶的家族,把浑敦、穷奇、梼杌、饕餮赶到四边荒远的地方,让他们去抵御妖怪。

是以尧崩而天下如一,同心戴舜,以为天子,以其举十六相,去四凶也。故《虞书》数舜之功,曰"慎徽五典,五典克从[1]",无违教也;曰"纳于百揆[2],百揆时序[3]",无废事也;曰"宾于四门,四门穆穆[4]",无凶人也。舜有大功二十而为天子[5],今行父虽未获一吉人,去一凶矣。于舜之功,二十之一也,庶几免于戾乎[6]!

(选自《左传·文公十八年》)

注释

[1] 慎徽五典，五典克从：出自《尚书·舜典》。徽，美。五典，五常之教，即父义、母慈、兄友、弟恭、子孝。　　[2] 白揆(kuí)：百事。　　[3] 时序：承顺。　　[4] 四门：四方之门。穆穆：端庄恭敬貌。　　[5] 大功二十：指举十六相与去四凶。[6] 戾：罪。

译文

正因如此，尧死后而天下就像一个人一样，同心拥戴舜做天子，因为他举拔了十六相而去掉了四凶的缘故。所以《虞书》举出舜的功业，说"谨慎地发扬五典，五典就能服从他"，这是说没有错误的教导；说"放在许多事务之中，事务都能顺利"，这是说没有荒废的事务；说"开辟四方的城门，从远方来的宾客都恭敬肃穆"，这是说没有凶顽的人物。舜建立了二十种大功才成为天子，现在行父没得到一个好人，但已经赶走一个凶顽的人了。与舜的功业相比，已是二十分之一，差不多可以免于罪过了吧！

文史链接

《吕刑》《九刑》与我国的成文法

中国最早的成文法典，是距今有四千多年历史的夏王朝制定的《禹刑》。公元前1 500余年的商王朝和公元前1 000余年的周王朝,又分别制定了比《禹刑》更为详尽的三百余条的《汤刑》和由九篇构成的《九刑》。这些成文法典,虽然由于年代久远,其具体内容已无从考证,但夏、商、周三代由于这些成文法典而促进了当时社会经济的发展和社会秩序的稳定,确是学术界公认的事实。

  周朝在《禹刑》和《汤刑》的基础上,制定了"九刑"。周有乱政而作"九刑",又称"周作九刑"。周之衰,亦为刑书,谓之《九刑》。《九刑》是西周时期成文刑书的总称,全书共分九篇。《左传·昭公六年》记载晋国大夫叔向:"夏有乱政,而作《禹刑》;商有乱政,而作《汤刑》;周有乱政,而作《九刑》"。《左传·文公十八年》载:"先君周公制《周礼》……作《誓命》曰:'毁则为贼,掩贼为藏。窃贿为盗,盗器为奸。主藏之名,赖奸之用,为大凶德,有常,无赦。在九刑不忘。'""九刑"所指,历来说法不一。服虔以五刑为一,加八辟之法,合为"九刑";韦昭、郑康成、杜佑等则以五刑为五,另加流、赎、鞭、扑,合为"九刑";沈家本则持刑书九篇说,在其《历代刑法考·律令一·九刑》中云:"窃谓《逸周书》言刑书九篇,是周初旧有九篇之名,后世本此为书,故谓之九刑,非谓刑有九也"。《汉书·刑法志》:"周有乱政而作九刑。"颜师古注引韦昭曰:"谓正刑五,及流、赎、鞭、扑也。"五正刑,即墨、劓、剕、宫、大辟。按《周礼·秋官·司刑》"掌五刑之法"贾公彦疏:"九刑者,郑注《尧典》云:正刑五,加之流、宥、鞭扑、赎刑。"与此略异。据《汉书·刑法志》及《尚书·吕刑》郑玄注,九刑当为墨、劓、剕、宫、大辟五刑加以赎、鞭、扑、流四刑。当时的刑法是有阶级性的,对于贵族和平民不平等。《礼记·曲礼上》"礼不下庶人,刑不上大夫",《牧殷》铭文"丕用先王作刑,亦多虐庶民"都反映了这一问题。

  《吕刑》是齐国第一部成文法典,是我国现存历史最古老的刑书,因而也可称为我国第一部成文法典。《吕刑》是西周穆王晚年命吕国诸侯吕侯对伯夷为舜所制定的"象刑"充实、发展的产物。《吕刑》是对在先德后刑、先礼后法、慎刑慎罚思想指导下形成的古代刑律条文和审理案件方法、原则的阐述,其中提出了"德威惟畏,德明惟明"和"典狱非讫于威,惟讫于富"等理论,这里的"富"同"福",全句大意:用敦厚的恩德去执行威罚,民众就会畏服而不敢为非作歹;用美德去明察案件,是非就会彰明;刑狱之官不是以惩罚人为最终目的,而是以为民造福为目的。《吕刑》全篇可分四部分。一是总结了勤政慎刑的历史经验,告诫诸侯效法伯夷以合理用刑。二是表述了刑法条文和理案方法、原则,提出根据罪行轻重的不同而分别给予三种不同的处理方式,也就是五刑、五罚、五过,并把五刑条文细目增至三千。另外,还规定了赎刑、执法原则及法官职责等。最后重申了刑罚的重要性,再次强调了慎刑慎罚的意义。

商代的"汤刑"和西周的"九刑"或"吕刑",都是从皋陶之刑发展而来的。西周以前,刑法率取秘密主义。春秋时,郑铸《刑书》,晋作《刑鼎》,渐开刑法之端。战国时,李悝为魏文侯相,撰次诸国法,为《法经》六篇。商鞅取之以相秦。汉承秦制。从此以后,我国的法律就连绵不断了。

八恺、八元、四凶

昔高阳氏有才子八人,世得其利,谓之"八恺"。高阳氏又称颛顼或帝颛顼,姬姓,号高阳氏,黄帝之孙,昌意之子,是继黄帝以后又一个杰出首领,五帝之一。《左传·文公十八年》:"舜臣尧,举八恺,使主后土,以揆百事,莫不时序,地平天成。"孔颖达疏:

"恺,和也,言其和于物也。"《旧唐书·韦凑传》:"八恺、五臣,良佐也。"

高辛氏有才子八人,世谓之"八元"。高辛氏又称帝喾(kù),姬姓,高辛氏,名俊,出生于高辛,黄帝的曾孙,五帝之一。

颛顼、帝喾前承炎黄,后启尧、舜,奠定了华夏根基,皆为华夏民族共同的人文始祖。六朝世族有时喜欢以前人之名号为名号,由此而表达某种特殊的寓意。"八恺"中有仲容(晋·阮咸字),"八元"中有仲堪(晋·殷仲堪名),而王浑和王敦更是尽人皆知的名士。

"八恺""八元"之名多不可解,而"八元"的后四元分别叫伯虎、仲熊、叔豹、季狸,皆以兽名。四者并非指野兽,而是扮为野兽的巫师,即驱傩队伍中身穿兽皮扮作野兽的演员们。"恺、元"皆为八位,是因为古之舞队往往以八人为列,八人之舞队即所谓"佾(yì)"。《山海经·海外南经》云:"有神人二八,连臂,为帝司夜于此野。""连臂"是携袂踏歌而舞之象,《楚辞·大招》所谓"二八接舞"是也。《山海经》之连臂而舞的"神人二八",或即"八恺""八元",《拾遗记·卷十》载帝喾(高辛氏)妃梦见八日而生"八神",可见,在民间叙事中,"八恺""八元"已被神圣化了。欧阳修《朋党论》云:"尧之时,小人共工、驩兜等四人为一朋,君子八元、八恺十六人为一朋。舜佐尧,退四凶小人之朋,而进元、恺君子之朋,尧之天下大治。及舜自为天子,而皋、夔、稷、契等二十二人并列于朝,更相称美,更相推让,凡二十二人为一朋,而舜皆用之,天下亦大治。"这里把八元、八恺作为君子和良佐的代表,助尧帝治理好了天下。

四凶,是汉族神话传说中由上古时代的舜帝流放到四方的四个凶神。四凶在《尚书》《左传》中均有记载,但内容却不尽相同。《尚书·舜典》中记述的四凶是共工、驩兜、鲧、三苗。《左传·文公十八年》载:"舜臣尧,宾于四门,流四凶族浑敦、穷奇、梼杌、饕餮,投诸四裔,以御螭魅。"帝鸿氏之不才子"浑敦"、少皞氏之不才子"穷奇"、颛顼氏之不才子"梼杌",以上合称"三凶",加上缙云氏之不才子"饕餮"合称"四凶"。四凶的本质,当为四个西羌部落的部落酋长,他们不服出身东夷部落的大首领舜帝统治,就被舜帝流放。西羌部落以猛兽为图腾,尤以虎为甚,四凶兽概即此四部落各自的图腾。

思考讨论

除了"九刑"之外,你还了解哪些古代的刑罚?

第七章　鲁宣公

宋城者讴

宋城[1]，华元为植[2]，巡功[3]。城者讴曰[4]："睅其目[5]，皤其腹[6]，弃甲而复[7]。于思于思[8]，弃甲复来[9]。"使其骖乘谓之曰："牛则有皮，犀兕尚多[10]，弃甲则那[11]？"役人曰："从其有皮[12]，丹漆若何[13]？"华元曰："去之！夫其口众我寡[14]。"

（选自《左传·宣公二年》）

注释

[1]城：筑城。　[2]植：（筑城的）主持者。　[3]巡功：巡视检查工作。　[4]讴(ōu)：唱歌。　[5]睅(hàn)：（眼睛）鼓出。　[6]皤(pó)：大（腹）。　[7]弃甲：战败。复：逃归。　[8]于：语助词，无意义。思：同"偲"，多须貌。[9]复来：巡功。　[10]犀：犀牛。兕(sì)：如野牛而青。古

人制造铠甲的材料有三种,即牛革、犀革、兕革。其中犀革、兕革较坚。《周礼·考工记·函人》载:"犀甲寿百年,兕甲寿二百年"。
[11] 那:奈何的合音。　[12] 从:同"纵",让步连词。
[13] 丹漆若何:指纵令有皮,但丹漆难给,将若之何。
[14] 夫:代词,彼。

译文

宋国筑城,华元作为主持者,巡视工作。筑城的人唱歌说:"鼓着眼,挺着肚,丢了皮甲往回走。连鬓胡,长满腮,丢盔卸甲逃回来。"华元使他的骖乘对他们说:"有牛就有皮,犀牛兕牛多的是,丢了皮甲又有什么了不起?"做工的人说:"即使有牛皮,又去哪里找红漆?"华元说:"走吧!他们的嘴多,我们的嘴少。"

文史链接

《左传》中的民谣和谚语

《左传》中保留了大量的民谣和谚语,这些民谣和谚语从某种程度上反映了当时的社会舆论倾向,也代表了一种社会价值观念。

选文包括三首歌谣,分别是筑城役人前后两首歌和华元骖乘的答歌,原诗本无题,一般的逸诗集(如清人沈德潜《古诗源》、杜文澜《古谣谚》等)为它们加上了三个题目:《宋城者讴》《骖乘答歌》(《华元骖乘答讴》)《役人又歌》(《役人又讴》)。

《左传》中的歌谣还有很多,如《左传·襄公十七年》记载了宋国建筑工人的一则歌谣:"泽门之皙,实兴我役。邑中之黔,实慰我心。"这首歌谣反映了人民的不满。

此外,《左传》中的谚语也俯拾即是。如《左传·隐公十一年》载,"周谚有之曰:'山有木,工则度之;宾有礼,主则择之。'"《左传·桓公十年》载,"周谚有之:'匹夫无罪,怀璧其罪。'"《左传·宣公十五年》载,"古人有言曰:'虽鞭之长,不及马腹。'"《左传·哀公十五年》载,"以礼防民,犹或逾之,今大夫曰'死而弃之',是弃礼也,其何以为诸侯主?先民有言曰:'无秽虐士。'备使奉尸将命,苟我寡君之命达于君所,虽陨于深渊,则天命也,非君与涉人之过也。"

《左传》中的这些歌谣与谚语或修辞、或告诫、或传达经验、或表达宗教信仰,真实地反映了人民的愿望,类似的歌谣、谚语在《春秋》中是看不到的。《左传》对歌谣、谚语的大量记载,说明了对广大民众的重视,体现了《左传》作者进步的历史观。

思考讨论

《左传》中的歌谣还有哪些?对后世史传文学产生了怎样的影响?

晋灵公不君

晋灵公不君[1]:厚敛以雕墙[2];从台上弹人,

而观其辟丸也[3];宰夫胹熊蹯不熟[4],杀之,置诸畚[5],使妇人载以过朝[6]。赵盾、士季见其手[7],问其故,而患之。

注释

[1]灵:谥号。《逸周书·谥法》、郑樵《通志》均有记载,谥法是给予谥号的标准,用一些固定的字,赋予特定的含义,用以指称死者的美德、恶德等。不君:指举止不像君主,在君位而言行不合为君之道。否定副词"不"修饰动词谓语,后面紧跟名词,所以"君"用为动词。　[2]厚敛:加重征收赋税。雕墙:这里指修筑豪华宫室,过着奢侈的生活。雕,画。　[3]辟:通"避",躲避。丸:弹,多以土为之。　[4]宰夫:厨师,掌管君王的饮食。胹(ér):烹煮,炖。熊蹯(fán):熊掌。　[5]置诸畚(běn):(把厨师的尸体)装在簸箕里。畚,簸箕。　[6]载:通"戴",用头顶着。朝:朝堂。　[7]赵盾:赵衰之子,晋国正卿(首席大臣),谥宣子。士季:士芳之孙,晋国大夫,名会。见其手:死尸之手露在外面,故见其手。

译文

晋灵公做事不合为君之道:重重地收税用来修筑豪华宫室;从高台上用弹丸打人而看他们躲避弹丸的情形;有一次,厨子烧煮熊掌不熟,灵公杀死他,放在簸箕里,让女人用头顶着走过朝廷。赵盾和士会看到死人的手,问起杀人的缘故,为此感到担忧。

将谏,士季曰:"谏而不入[1],则莫之继也[2]。会请先,不入,则子继之。"三进[3],及溜[4],而后视之[5],曰:"吾知所过矣[6],将改之。"稽首而对曰:"人谁无过,过而能改,善莫大焉。《诗》曰:'靡不有初,鲜克有终[7]。'夫如是,则能补过者鲜矣[8]。君能有终,则社稷之固也[9],岂惟群臣赖之[10]。又曰'衮职有阙,惟仲山甫补之[11]',能补过也。君能补过,衮不废矣[12]。"

注释

[1] 不入:不采纳,不接受。　　[2] 莫之继:否定句代词作宾语前置。赵盾为正卿,若谏而灵公不接受,则无人可以继续进谏。　　[3] 三进:始进为入门,再进为由门入庭,三进为升阶当溜。及:到。　　[4] 溜:屋檐下滴水的地方。古代臣子朝见国君,入门为一进,到庭院为二进,上阶至屋檐下为三进,每进都要伏地行礼。灵公不愿听谏言,装作没看见,士会三进至檐下,灵公才不得不抬眼看他。　　[5] 视之:指晋灵公瞧了士会一眼。[6] 所过:哪儿错了。　　[7] 靡不有初,鲜克有终:这两句诗出自《诗经·大雅·荡》。靡:不定代词,没有什么。初:开始,开端。鲜(xiǎn):少。克:能。终:终结,结束。　　[8] 鲜

(xiǎn)：少见。　　[9] 社稷：社，土神。稷，谷神。社稷象征国家。　　[10] 赖：指望。　　[11] 衮职有阙,惟仲山甫补之：这两句诗出自《诗经·大雅·烝民》。衮(gǔn)：天子以及上公的礼服,借指天子,这里指周宣王。职,适。阙,过失。仲山甫,周宣王时的贤臣樊侯,故亦称樊仲甫,时为卿士,辅佐宣王中兴。《烝民》即尹吉甫赞美仲山甫之诗。补：补衣。诗以衮衣之阙喻周王之过失,以能缝补衮衣之阙喻仲山甫能匡救君过。　　[12] 废：荒废。

译文

（赵盾）准备进谏。士会对赵盾说："您劝谏如果听不进去,就没有人继续劝谏了。请让士会先去,不听,您再接着劝谏。"士会前去三次,到达屋檐下,晋灵公才转眼看他,说："我知道错了,打算改正。"士会叩头回答说："一个人谁没有错,有了过错能够改正,就没有比这再好的事情了。《诗》说：'事情不难有个好开始,很少能有个好结果。'如果像这样,能够弥补过错的人就很少了。君王能够有好结果,那就是国家的保障了,岂止仅仅臣下们依靠它。《诗》又说：'周宣王有了过失,只有仲山甫来弥补。'这说的是能够弥补错误。君王能够弥补错误,礼服就不会丢弃了。"

　　犹不改。宣子骤谏[1],公患之[2],使鉏麑贼之[3]。晨往,寝门辟矣[4],盛服将朝[5]。尚早,坐而假寐[6]。麑退,叹而言曰："不忘恭敬[7],民之主也[8]。贼民之主,不忠；弃君之命[9],不信。有一于此,不如死也。"触槐而死[10]。

注释

[1] 骤谏:屡次劝说。骤:多次。 [2] 患:讨厌、憎恨。[3] 鉏麑(chú ní):刺客的名字。贼:本义指造成危害的人,这里指谋害、刺杀。 [4] 辟:开着。 [5] 盛服:穿戴好上朝的礼服。 [6] 假寐:不解衣冠而睡,指打盹。 [7] 恭敬:指早起盛服将朝之事。 [8] 主:春秋战国时期称卿大夫为主,这里指依靠。 [9] 弃:背弃。 [10] 触:本义用角顶撞,这里指撞。

译文

(晋灵公尽管口头上说要改错,行动上)还是不改正。赵盾屡次进谏,晋灵公很讨厌,于是派遣鉏麑去刺杀赵盾。一天清早,赵盾的卧室门已经打开了,穿得整整齐齐,准备入朝。时间还早,赵盾正坐着打瞌睡。鉏麑退出来,叹气说:"不忘记恭敬,真是百姓的主人。刺杀百姓的主人,就是不忠;放弃国君的使命,就是不信。两件事情有了一件,不如死了好。"于是撞在槐树上死了。

秋九月,晋侯饮赵盾酒[1],伏甲[2],将攻之。其右提弥明知之[3],趋登[4],曰:"臣侍君宴,过三爵[5],非礼也[6]。"遂扶以下。公嗾夫獒焉[7],明搏而杀之[8]。盾曰:"弃人用犬,虽猛何为!"斗且出[9]。提弥明死之[10]。

注释

[1] 饮赵盾酒：请赵盾喝酒。饮(yìn)：会意字，本义饮酒，这里是使动用法。　　[2] 伏甲：埋伏了士兵。甲，甲士，披甲的士兵。　　[3] 提弥明：晋国勇士，赵盾的车右。知之：察觉出阴谋。　　[4] 趋：快步走。古礼，在尊者或长者面前要"趋"，是一种表恭敬的方式。趋登：快步登上大殿。　　[5] 三爵：三巡。爵，古时的酒器。　　[6] 非礼：违反礼法。古代君宴臣，其礼有二，一为正燕礼，一为小燕礼，即小饮酒礼。正燕礼，《仪礼·燕礼》有详细记述，脱履升堂，行无算爵，非止三爵而已。只有小饮酒礼不过三爵，《礼记·玉藻》所谓"君若赐之爵，则越席再拜稽首受。君子之饮酒也，受一爵而色洒如也，二爵而言言斯，礼已三爵而油油，以退"是也。此盖小饮酒礼，所宴者仅赵盾一人，故提弥明以"过三爵非礼"为言，实为督促赵盾速退。　　[7] 嗾(sǒu)：唤狗的声音。獒(áo)：猛犬。　　[8] 搏：斗，徒手对打。[9] 且：连词，表示其前后的动作同时进行。斗且出：指赵盾与伏甲且斗且出。　　[10] 死之：为之死。之，指赵盾。

译文

(鲁宣公二年)秋季，九月，晋灵公请赵盾喝酒，埋伏了甲士，准备攻击杀死赵盾。赵盾的车右提弥明察觉了，快步登上殿堂，说:"臣下侍奉国君饮酒,超过三杯,就不合礼了。"就扶了赵盾下殿堂。晋灵公嗾使恶狗扑过去,提弥明上前搏斗,把狗杀了。赵盾说:"不用人而利用狗,虽然凶猛,又有什么用!"赵盾一边搏斗一边退了出去,提弥明被伏兵杀死。

初,宣子田于首山[1],舍于翳桑[2],见灵辄饿[3],问其病。曰:"不食三日矣。"食之[4],舍其半[5]。问之。曰:"宦三年矣[6],未知母之存否,今近焉,请以遗之[7]。"使尽之,而为之箪食与肉[8],置诸橐以与之[9]。既而与为公介[10],倒戟以御公徒而免之[11]。问何故[12]。对曰:"翳桑之饿人也。"问其名居[13],不告而退。遂自亡也[14]。

注释

[1] 宣子:即赵盾。田:通"畋",打猎。首山:首阳山,亦即雷首山,在今山西永济东南。 [2] 舍:住宿。翳(yì)桑:地名。 [3] 灵辄(zhé):人名。饿:饥甚。 [4] 食(sì)之:给他东西吃。 [5] 舍:留。 [6] 宦(huàn):给人当奴仆。[7] 遗(wèi):送给。 [8] 箪(dān):古代盛饭的圆筐。食(shí):饭。 [9] 橐(tuó):两头有口的口袋,用时以绳扎紧。[10] 与(yù):参加,参与。介:甲,指甲士。 [11] 倒戟:倒戈,此指反击。免之:让赵盾幸免于难。 [12] 何故:这里指

"为什么要救自己",即倒戟之故。　　[13]名居:姓名和住所。盖欲以答报之。　[14]自亡:(赵盾)自己逃亡。

译文

当初,赵盾在首阳山打猎,住在翳桑,看见灵辄晕倒在地上,问他有什么病。灵辄说:"已经三天没吃东西了。"赵盾给他食物,他留下一半。问他为什么,他说:"在外学习做官已经三年了,不知道母亲还在不在,现在快到家了,请让我把这个留给她。"赵盾让他吃完,并且又给他准备了一筐饭和一些肉,放在袋子里给了他。后来灵辄做了晋灵公的卫兵,在这次事件中,倒过戟来抵御晋灵公的其他卫兵,使赵盾免于祸难。赵盾问他为什么这样做,他回答说:"我就是翳桑那个饿倒的人。"问他的姓名住处,他不回答而退了出去。赵盾就自己逃亡了。

乙丑[1],赵穿杀灵公于桃园[2]。宣子未出山而复。大史书曰"赵盾弑其君"[3],以示于朝[4]。宣子曰:"不然[5]。"对曰:"子为正卿[6],亡不越竟[7],反不讨贼[8],非子而谁?"宣子曰:"呜呼!《诗》曰:'我之怀矣,自诒伊戚[9]。'其我之谓矣。"

注释

[1]乙丑:九月二十六日。　　[2]赵穿:晋国大夫,赵盾的

堂弟。桃园：晋公的一座园林。　　[3]大史：即太史,掌纪国家大事的史官。这里指晋国史官董狐。书：写。　　[4]示：宣布。　　[5]不然：不对。　　[6]正卿：相当于首相。　　[7]竟：同"境"。　　[8]贼：弑君的人,指赵穿。　　[9]这两句诗出自《诗经·邶风·雄雉》。怀：眷恋。诒：同"遗"。伊：是。戚：忧患。

译文

(鲁宣公二年)九月二十六日,赵穿在桃园杀死了晋灵公。赵盾没有走出晋国国境就回来再度做卿。太史记载说："赵盾弑其君",在朝廷上公布。赵盾说："不是这样。"太史回答说："您是正卿,逃亡而没有走出国境,回来不惩罚凶手,弑君的人不是您还是谁?"赵盾说："哎呀!《诗》说:'因为我的怀念,给自己带来了忧戚。'恐怕就是说的我了。"

孔子曰："董狐[1],古之良史也[2],书法不隐[3]。赵宣子,古之良大夫也,为法受恶[4]。惜也,越竟乃免[5]。"

注释

[1]董狐：即上文的大史,官太史。　　[2]良史：优秀史官。　　[3]书法：指史官记录历史所遵守的原则。隐：隐讳,不

直写,指隐瞒赵盾之罪。　　[4]恶:指弑君的恶名。
[5]竟:通"境",边境。免:免受谴责。杜预注解释孔子这句话的意思说,"越竟则君臣之义绝,可以不讨贼"。

译文

孔子说:"董狐,是古代的好史官,据事直书而不加隐讳。赵宣子,是古代的好大夫,因为法度而蒙受恶名。太可惜了,要是走出了国境,就可以避免背上弑君的罪名了。"

宣子使赵穿逆公子黑臀于周而立之[1]。壬申[2],朝于武宫[3]。

(选自《左传·宣公二年》)

注释

[1]逆:迎。公子黑臀:晋文公之子,襄公之弟,为周女所生,故迎于周,即位为晋成公,名黑臀。　　[2]壬申:十月三日。
[3]武宫:重耳祖父晋武公的庙,在曲沃。

译文

赵盾派遣赵穿到成周迎接公子黑臀而立他为国君。十月初三日,公子黑臀到武宫庙朝祭。

文史链接

《晋灵公不君》的文学性

"晋灵公不君"在《春秋》中只是一笔带过,但在《左传》中,却写得情节曲折,有因有果,人物丰满,有血有肉。所以《左传》叙事有"详而博"的特点,有戏剧性的情节,有具体的人物活动,这种叙述风格成为后世史传文学创作的楷模。

选文先以"晋灵公不君"一句话来总括全篇,然后用三件事分写晋灵公的"不君"。关于"君",《说文解字》解释曰:"君,尊也。从尹,发号,故从口。""尹,治也。"《论语·颜渊》云:"君不君,臣不臣,父不父,子不子。""不君"指的是不行君道。"晋灵公不君"指晋灵公的言行不符合作为一个国君的规矩。选文通过赵盾的直言敢谏、忠于国事与晋灵公的刚愎自用、荒淫暴虐进行对比,使得贤臣和暴君的形象跃然纸上。

选文先写晋灵公的拒绝进谏,用正面描写的方法,写他千方百计设法杀掉敢于"骤谏"的赵盾。然后,以"借宾显主"的方法,从刺客鉏麑的眼中,赵盾一大早"盛服将朝",显其忠于国事;从刺客口中赞其"不忘恭敬";从刺客宁可触槐而死也不忍杀害他,知其受人爱戴;从提弥明为其战死和灵辄的倒戈,知其仁爱兵士、备受拥护。刺客鉏麑、提弥明、灵辄等人的言行从侧面将赵盾的贤臣形象烘托出来。此外,鉏麑触槐自杀前的一番话语,乃作者据当时情势及人物性格想象出来的,虽为虚构,却合情合理,生动形象。选文充分体现了《左传》的文学价值。

谥号与谥法

晋灵公的"灵"是后人对其追加的谥号。所谓谥号,是指后人根据死者生前事迹评定的一种称号,有褒贬之意。所谓"谥者,行之迹""是以大行受大名,细行受细名。行出于己,名生于人"。谥号有帝王之谥,由礼官议上;有臣属之谥,由朝廷赐予。还有私谥,是门徒弟子或是乡里、亲朋为其师友上的谥号。帝王将相之谥在西周时即已出现,秦时曾一度废除,汉代恢复,直至清末。私谥约始于东汉,或谓春秋时期已有,民国以后,私谥在一段时间内仍然存在,大多是士大夫死后由亲族门生故吏为之立谥,故称私谥。

谥法就是追谥的准则,给予谥号的标准,即帝王、诸侯、卿大夫、大臣等死后,朝廷根据其生前事迹及品德,给予一个评定性的称号以示表彰,约始于西周中叶。从周文王、武王至懿王,王号均自称。孝王之后,方有谥法。后仍有自立王号者,如春秋时,楚君熊通自立为武王。天子及诸侯死后,由卿大夫议定谥号。秦始皇废而不用,汉初恢复。以后帝王谥号由礼官议上。贵族大臣死后定谥,则由朝廷赐予。明、清定谥属礼部。《逸周书·谥法》、《通志·谥略》、明代吴讷《文章辨体序题·谥法》、《四库全书总目提要·史部·政书类》等典籍都有详细介绍。

谥法用一些固定的字,赋予特定的含义,用以指称死者的美德、恶德等。美谥如:经天纬地曰文,布义行刚曰景,威强睿德曰武,布德执义曰穆等;恶谥如:杀戮无辜曰厉,乱而不损曰灵,好内远礼曰炀。除了皇帝之外,谥号大都用两个字,如欧阳修的谥号为"文忠",左光斗的谥号为"忠毅",范仲淹的谥号为"文正",岳飞的谥号为"武穆"。

谥法初兴时,只是后人对先人功绩的怀念,没有恶谥。谥号的善恶,是在周召共和时产生的,如当时的周厉王谥号"厉",即为恶谥。春秋时代,谥法逐渐制度化,出现了所谓的"子议父,臣议君"的现象。这时的谥法,由于国家众多,各国标准不同,有宽有严,但其共同之处是根据诸侯的形迹来定谥号的善恶。

从孔子开始,儒家有意识地把谥法作为以礼教褒贬人物,挽救社会风气,调整人际关系的手段,从《论语》中可以清楚地看到这一点。后来,孟子又将其发扬光大,同时产生了伪托周公所作,被编入《逸周书》的《谥法解》,这本书是后世谥法的重要依据。秦朝,秦始皇不欲令后人议论自己,废除了谥法。汉朝,谥法又重新兴起,并有了更为严格的规定。魏晋南北朝时期,由于社会的动荡,谥法逐渐向平民化发展。唐宋时期,谥法发展到了极致。明清时期,谥法则成为皇帝一人的工具。

历代统治者,为了笼络人才,常常采取两种手段:一是在生前给士大夫以高官厚禄;二是在士大夫死后赐予谥号。谥号的授予,要根据士大夫的地位,并非人人皆赐谥号。汉代的谥号,一般只有一个字,在后面加侯字,两个字的谥号较少。例如,诸葛亮,谥为忠武侯。由于诸葛亮的人格魅力,忠武成了士大夫追求的目标。晋时王导谥号是文献;唐时几位名臣谥号文贞;宋时出于避讳,改为文正。范仲淹谥为文正,由于他的人格魅力和影响,文正成为此后士大夫的追求。清代,有"唯'文正'则不敢拟,出自特恩"的说法(《清史稿·礼志十二·凶礼二·赐谥条》),例如曾国藩死后亦谥为文正,世称曾文正公。

通过晋灵公的所作所为可以得知,将其谥号定为"灵"是有根据的。《谥法》云:"不勤成名曰灵,死而志成曰灵,死见神能曰灵,乱而不损曰灵,好祭鬼怪曰灵,极知鬼神曰灵。"所谓"乱而不损"指国家乱了,但还没有伤害到根本,身为国君而不去治理。晋灵公没有尽到作为国君的义务,故称"不君"。主要体现在以下几个方面:一、大量征收赋税来装饰宫墙;二、从高台上弹射行人,而看他们躲避弹丸的模样;三、厨子炖熊掌没有炖烂,晋灵公就把他杀了,放在筐里,让宫女们顶着从朝廷经过。此外,选文还用大量篇幅写了晋灵公拒绝纳谏,还千方百计要杀掉敢于"骤谏"的赵盾。这些行为都是其"不君"的铁证。晋灵公谥号为"灵",可谓实至名归。

暴君与酷刑

中国古代的暴君多与酷刑联系在一起,暴君多喜好用酷刑。比如,商纣王的酷刑"金瓜击顶""炮烙""虿(chài)盆"、做人肉羹、活剖孕妇,等等。本文所述晋灵公弹射路人、杀厨子游尸的举动也是暴君用酷刑的典范。

中国传统政治制度致命的痼疾在于,"天子"可以为所欲为、鱼肉百姓、草菅人命,他们的权力是"神圣"不可冒犯的,否则,那些挑战他们权力的臣子便会犯下诸如欺君、亵渎、犯上作乱、弑君等弥天大罪,这些罪行皆不可赦免,甚至可以诛灭九族。而与暴君、暴政、酷刑并存的,多是敢于诤言直谏的义士和敢于弑君的勇士,前者如比干、赵盾,后者如荆轲、赵穿。他们明知自己的行为将要以自己甚至亲人的生命为代价,依然大义凛然,视死如归。他们身上所体现的精神,是具有普遍意义的正义精神,体现了不向残暴专制、黑暗腐朽屈膝让步的勇气和决心。鲁迅在《中国人失掉自信力了吗》一文中说:"我们从古以来,就有埋头苦干的人,有拼命硬干的人,有为民请命的人,有舍身求法的人……虽是等于为帝王将相作家谱的所谓'正史',也往往掩不住他们的光耀,这就是中国的脊梁。"这些义士和勇士,都是"中国的脊梁",其精神永远彪炳史册、光耀千古。

思考讨论

1. 《晋灵公不君》从哪几个方面写出了晋灵公的残暴?
2. 谈谈你对"春秋笔法"的理解。

王孙满对楚子

楚子伐陆浑之戎[1],遂至于雒[2],观兵于周疆[3]。定王使王孙满劳楚子[4]。楚子问鼎之大小、轻重焉[5]。

注释

[1] 楚子:楚庄王,公元前613—前591年在位。陆浑之戎:古戎人的一支,也叫允姓之戎。原在秦晋的西北,春秋时,被秦晋诱迫,迁到伊川(今河南伊河流域,今河南省嵩县及伊川县境),周景王二十年(公元前525年)为晋所并。　[2] 雒(luò):指雒

水,今作洛水。发源于陕西省洛南县冢岭山,经河南流入黄河。 [3] 观兵:检阅军队以显示军威。疆:边境。　　[4] 定王:襄王的孙子,名瑜,周朝第二十一位王,公元前606—前586年在位。王孙满:周大夫,周共王的玄孙。劳:慰劳。　　[5] 鼎:即九鼎。相传夏禹收九牧所贡金铸成九个大鼎,象征九州,三代时被奉为传国之宝,也是王权的象征。楚庄王问鼎的大小、轻重,反映了他对王权的觊觎。

译文

楚庄王发兵攻打陆浑之戎,到达雒水,在周朝的直辖地域列阵示威。周定王派遣王孙满慰劳楚庄王。楚庄王问起九鼎的大小、轻重如何。

对曰[1]:"在德不在鼎。昔夏之方有德也,远方图物[2],贡金九牧[3],铸鼎象物[4],百物而为之备[5],使民知神、奸[6]。故民入川泽、山林,不逢不若[7]。螭魅罔两[8],莫能逢之。用能协于上下[9],以承天休[10]。桀有昏德[11],鼎迁于商,载祀六百[12]。商纣暴虐,鼎迁于周。德之休明[13],虽小,重也。其奸回昏乱[14],虽大,轻也。天祚明德[15],有所底止[16]。成王定鼎于郏鄏[17],卜世三十[18],卜年七百[19],天所命也。周德虽衰,天命未改。鼎之轻重,未可问也。"

(选自《左传·宣公三年》)

注释

[1] 对:回答。　[2] 图:画。　[3] 贡:把物品进献给天子。金:指青铜。九牧:即九州。传说古代把天下分为九州,州的长官叫牧。贡金九牧,是"九牧贡金"的倒装,犹言天下贡金。[4] 铸鼎象物:用九州的贡金铸成鼎,把画下来的各种东西的图像铸在鼎上。　[5] 百物:万物。备:周知。　[6] 神:神物。奸:怪异之物。　[7] 不逢不若:不会遇到不顺的东西。逢,遇。若,顺,顺从。不若,指不利于己之物。　[8] 螭魅(chī mèi):也作"魑魅"。传说山林里能害人的妖怪。罔两(wǎng liǎng):同"魍魉"传说中河川里的精怪。螭魅罔两,皆古人幻想中的怪物。　[9] 用:因。协:和谐。　[10] 休:赐。[11] 昏德:昏乱的行为。　[12] 祀:年。与"载"同义。[13] 德之休明:犹言德若休明。休明,美善光明。休,美。明,光明。　[14] 奸回:奸恶邪僻。　[15] 祚(zuò):赐福,保佑。明德:美德。这里指明德的人。　[16] 厎(dǐ)止:固定。[17] 成王:周成王。定鼎:定都。九鼎为古代传国的重器,王都所在,即鼎之所在。郏鄏(jiá rǔ):地名。周王城所在,在今河南洛阳市西。　[18] 卜(bǔ)世:谓预卜周朝能传至几世。卜,占卜。古人用火灼龟甲,根据灼开的裂纹来预测未来吉凶。世,父子相继为一世。　[19] 卜年:谓所得之年。

译文

（王孙满）回答说："鼎的大小、轻重在于德而不在于鼎本身。从前夏朝正是有德的时候，把远方的东西画成图像，让九州的长官进贡铜器，铸造九鼎并且把图像铸在鼎上，所有物像都在上面了，让百姓知道神物和怪物。所以百姓进入川泽山林，就不会碰上不利于自己的东西，螭魅魍魉这些鬼怪都不会遇上，因而能够使上下和谐，以承受上天的福佑。夏桀昏乱，把鼎迁到了商朝，前后六百年。商纣暴虐，鼎又迁到了周朝。德行如果美善光明，鼎虽然小，也是重的。如果奸邪昏乱，鼎虽然大，也是轻的。上天赐福给明德的人，是有一定期限的。成王把九鼎固定在郏鄏，占卜的结果是传世三十代，享国七百年，这是上天所命令的。周朝的德行虽然衰微，天命并没有改变。鼎的轻重，是不能询问的。"

文史链接

在德不在鼎

鲁宣公三年（公元前606年），楚庄王吞并了一些小国，确立了霸权之后，陈兵周朝边境，问九鼎的轻重，伺机觊觎周朝王权。周大夫王孙满针对楚庄王的问话，说明了九鼎的来历，并指出统治天下"在德不在鼎""周德虽衰，天命未改"，挫败了他狂妄的野心。"问鼎"之典即出于此。

鲁宣公时，周王的权杖早已失去昔日的威严，地处荒蛮的楚国日渐强大。于是，楚庄王出兵北伐伊川境内的陆浑之戎，顺势移兵洛邑,居然在周王室境内进行军事演习,耀武扬威,不可一世。周定王敢怒而不敢言,忍气吞声,还不得不派自己的大夫王孙满去慰劳。见面后,楚庄王竟然连一句寒暄的话都没有,劈头盖脸就问鼎之大小、轻重,其欲取周室而代之的野心昭然若揭。王孙满面对飞扬跋扈、气势汹汹、蛮横无理的楚庄王,不卑不亢,其语云"周德虽衰,天命未改。鼎之轻重,未可问也",径直道破楚王的野心。后又言周德已衰,而"卜世三十,卜年七百,天所命也",周室之祚非仅在"德",还在"命",从"德"和"命"两个方面,进一步解释了"鼎之轻重,未可问也"这句话,条理严密,含蓄有力,摧挫打击了凶蛮直率的楚庄王的嚣张气焰,令其打消了觊觎周室的念头。楚庄王"问鼎",虎视眈眈,有觊觎周室之心;王孙满所答,义正词严,尽精忠臣子之职。"天命"当然是迷信的说法,但就当时的形势来说,还没有哪个霸主强大到足以统一中国的地步,所以周朝还可维持"天子"的名义。楚国如果侵犯周王,势必激起各诸侯国的反对。因此,王孙满的警告便很有分量。

　　夏、商、周三代以九鼎为传国之宝,九鼎于是成为王权的象征。后世以"问鼎"比喻篡逆野心。由于鼎是帝位与权力的象征,所以,许多诸侯都想拥有"九鼎",以显示自己的霸主地位。"在德不在鼎"这句话的意思是说,统治国家在于有没有道德,而不在于有没有宝鼎。没有崇高的道德,就是拥有了宝鼎,民众也不会拥戴,道德在治理国家中起着重要的作用。从历史上看,历代王朝的灭亡,无不是道德沦丧的结果,而新的王朝的建立,也是以厚德为前提条件的。如夏朝灭亡,是由于"桀不务德而武伤百姓";成汤代夏,则因为"汤德至矣";商纣因"淫乱不止",终被周武王所杀。后世情况亦大概如此。

鼎为国之重器

夏、商、周三代以九鼎为传国重器,为得天下者所据有。传说古代夏禹铸造九鼎,代表九州,作为国家权力的象征。九州乃豫州、冀州、兖州、青州、徐州、扬州、荆州、雍州、梁州。九鼎乃豫鼎、冀鼎、兖鼎、青鼎、徐鼎、扬鼎、荆鼎、雍鼎、梁鼎。"金属器的发明和使用通常被视为文明时代的重要标志,而人类最早使用的金属器主要是铜器。"(吴小如主编《中国文化史纲要》)夏人已经能够铸造使用铜器,对此先秦文献中屡有记载。《左传·宣公三年》记载周大夫王孙满回答楚子问鼎时说:"昔夏之方有德也,远方图物,贡金九牧,铸鼎象物。"后因夏桀昏庸,"鼎迁于商"。考古发现也表明,夏代确已铸造铜器。在二里头文化遗址中,铜礼器就有鼎、爵、斝、盉、觚等。夏、商、周三代铸造使用的青铜器具主要是祭祀神灵的礼器和作战的武器,由于"国之大事,在祀与戎",青铜器具被赋予了政治权利和等级地位的象征意义。"夏后启所铸造的九鼎,甚至成为象征国家权力的重器,先后被夏、商、周王朝的君王供奉在自己的宗庙。"晚周文献记载的灭亡敌国,必"燔溃其祖庙""迁其重器"(《墨子·非攻下》),可见青铜礼器在中原文化区域的政治象征意义。

一言九鼎

《刘子·履信》记载了一则寓言故事:"昔齐攻鲁,求其岑鼎。鲁侯伪献他鼎而请盟焉。齐侯不信,曰:'若柳季云是,则请受之。'鲁欲使柳季。柳季曰:'君以鼎为国,信者亦臣之国,今欲破臣之国,全君之国,臣所难。'鲁侯乃献岑鼎。"这段话讲的是:从前,齐国攻打鲁国,要索取鲁国的镇国之宝——岑鼎。鲁国国君悄悄地换了另外一个鼎献给齐君,并向齐君请求订立合约。齐君不相信鲁君会把真的岑鼎送来,便提出:"如果柳季说这是真品,那么我就接受它。"鲁君只得去请求柳季。柳季说:"您把岑鼎当作是国家的重器,而我则把信用看成立身处世的根本。眼下你想破坏臣的根本,保全您的国家,这是臣下难以办到的事。"鲁君无奈只得将岑鼎献给齐君。

柳季用实际行动告诉我们,任何宝贝都不能与诚实信用相比。无论何种情况下,我们都不能放弃诚信这一做人的根本。这就是"一言九鼎"的由来。信用是人立身处世的原则,言而无信就会破坏正常社会秩序。诚信做人,古今中外,概莫能外。

思考讨论

试分析鼎在中国文化史上的特殊地位。

晋楚邲之战

厉之役[1],郑伯逃归,自是楚未得志焉[2]。郑既受盟于辰陵[3],又徼事于晋[4]。

(选自《左传·宣公十一年》)

注释

[1] 厉之役:不见经、传,杜预注以宣公六年"楚人伐郑,取成

而还"当之。　　[2]自是：从这时以来。　　[3]郑既受盟于辰陵：事在宣公十一年夏。　　[4]徼(yāo)：求。事：侍奉。

译文

厉地这一战役，郑襄公逃走回国。从这时候以来，楚国就没有得志。郑国既然在辰陵接受盟约，又要求侍奉晋国。

十二年春，楚子围郑，旬有七日。郑人卜行成[1]，不吉；卜临于大宫[2]，且巷出车[3]，吉。国人大临[4]，守陴者皆哭[5]。楚子退师。郑人修城。进复围之，三月[6]，克之。入自皇门[7]，至于逵路。郑伯肉袒牵羊以逆[8]，曰："孤不天[9]，不能事君，使君怀怒以及敝邑，孤之罪也，敢不唯命是听？其俘诸江南[10]，以实海滨，亦唯命；其翦以赐诸侯[11]，使臣妾之[12]，亦唯命。若惠顾前好[13]，徼福于厉、宣、桓、武[14]，不泯其社稷[15]，使改事君[16]，夷于九县[17]，君之惠也，孤之愿之，非所敢望也。敢布腹心，君实图之。"左右曰："不可许也，得国无赦。"王曰："其君能下人，必能信用其民矣，庸可几乎！"退三十里而许之平。潘尪入盟[18]，子良出质[19]。

注释

[1] 郑人卜行成：郑人欲向楚求和，问之于龟卜。
[2] 临：哭。大宫：太祖之庙。诸侯之太祖庙多曰大宫。
[3] 且巷出车：杜预注曰："出车于巷，示将见迁，不得安居。"
[4] 大临：城中人皆哭。　　[5] 守陴(pí)：守城。陴，城上女墙，城上呈凹凸形的矮墙。守城将士不得哭于大宫，故哭于陴上。
[6] 三月：历时三个月。　　[7] 皇门：郑国城郭之门。
[8] 肉袒牵羊：古礼，表示臣服。　　[9] 不天：不承奉上天的旨意。　　[10] 江南：即海滨。　　[11] 翦：断灭。　　[12] 使臣妾之：指灭亡郑国，而分以赐诸侯，郑国之人，其男为臣，其女为妾。　　[13] 前好：楚、郑世有盟誓之好。　　[14] 徼福：求福。厉、宣：周厉王、周宣王。桓、武：郑桓公、郑武公。
[15] 泯：泯灭。　　[16] 使改事君：意为重新事君。改，更。
[17] 夷于九县：等于九县。九县，被楚国灭亡的小国，都以为县。
[18] 潘尪(wāng)：字师叔，潘崇之子。　　[19] 出质：出质于楚。

译文

(鲁宣公)十二年春季，楚庄王包围郑国十七天。郑国人占卜以求和，不吉利；为在太庙号哭和出车于街巷去占卜，吉利。城里的人们在太庙大哭，守城的将士在城上大哭。楚庄王退兵。郑国人修筑城墙。楚国又进军，再次包围郑国，经过三个月，攻克了郑国。楚军从皇门进入，到达京城的大路上。郑襄公脱去衣服，牵着羊迎接楚庄王,说:"我不能承奉天意,不能侍奉君王,使君王带着怒气来到敝邑,这是我的罪过,岂敢不唯命是听?要把我俘虏到江南,放到海边,也听君王吩咐;要灭亡郑国,把郑地赐给诸侯,让郑国人作为奴隶,也听君王吩咐。如果承君王顾念从前的友好,向周厉王、宣王、郑桓公、武公求福,而不灭绝我国,让我国重新侍奉君王,等同于楚国的诸县,这是君王的恩惠,我的心愿,但又不是我所敢于指望的了。谨袒露心里的话,请君王考虑。"左右随从说:"不能允许他,得到了国家没有赦免的。"楚庄王说:"他的国君能够屈居他人之下,必然能够取信和使用他的百姓,恐怕还是很有希望的吧!"楚军退兵三十里而允许和郑国讲和。潘尪入郑国结盟,子良到楚国作为人质。

夏六月,晋师救郑。荀林父将中军,先縠佐之;士会将上军,郤克佐之;赵朔将下军,栾书佐之。赵括、赵婴齐为中军大夫,巩朔、韩穿为上军大夫,荀首、赵同为下军大夫。韩厥为司马。及河[1],闻郑既及楚平[2],桓子欲还[3],曰:"无及于郑而剿民[4],焉用之[5]?楚归而动[6],不后[7]。"随武子曰[8]:"善。会闻用师[9],观衅而动[10]。德、刑、政、事、典、礼不易[11],不可敌也,不为是征[12]。楚军讨郑,怒其贰而哀其卑[13]。叛而伐之,服而舍之,德、刑成矣。伐叛,刑也;柔服[14],德也,二者立矣。昔岁入陈[15],今兹入郑[16],民不罢劳[17],君无怨讟[18],政有经矣[19]。荆尸而举,商、农、工、贾不败其业,而卒乘辑睦[20],事不奸矣[21]。蒍敖为宰[22],择楚国之令典[23];军行,右辕,左追蓐[24],前茅虑无[25],中权,后劲[26]。百官象物而动[27],军政不戒而备,能用典矣。其君之举也[28],内姓选于亲[29],外姓选于旧[30];举不失德[31],赏不失劳[32];老有加惠[33],旅有施舍[34];君子小人,物有服章[35];贵有常尊[36],贱有等威,礼不逆矣。德立、刑行、政成、事时,典从、礼顺,若之何敌之?见可而进,知难而退,军之善政也[37];兼弱攻昧[38],武之善经也[39]。子姑整军而经武乎[40]!犹有弱而昧者,何必楚?仲虺有言曰,'取乱侮亡',兼弱也。《汋》曰:'于铄王师!遵养时晦'[41],耆昧也。《武》曰[42]:'无竞惟烈。'抚弱耆昧,以务烈所,可也。"彘子曰[43]:"不可。晋所以霸,师武、臣力也[44]。今失诸侯[45],不可谓力;有敌而不从[46],不可谓武。由我失霸,不如死。且成师以出[47],闻敌强而退,非夫也[48]。命为军师,而卒以非夫[49],唯群子能,我弗为也。"以中军佐济[50]。

注释

[1] 河：黄河。　　[2] 既：已经。平：讲和。　　[3] 桓子：荀林父字伯，谥桓，也称中行桓子。荀为其祖荀息食邑于荀所得的氏，中行则为自己曾任中行之将所得的氏。晋景公时任正卿，为中军之将。　　[4] 无及：来不及。无及于郑，指来不及救郑。勦(jiǎo)：劳累。勦民：使民劳苦。　　[5] 焉：何。焉用之，有什么用。　　[6] 动：动兵，指伐郑。　　[7] 不后：不算晚。　　[8] 随武子：士会，字季，谥武。食采于随、范，也称随会、范会、随武子、范武子。　　[9] 会：随武子自称其名。用师：用兵。　　[10] 衅：间隙，空子，破绽。　　[11] 事：业，指兵、农、工、商等业。典：制度。易：变易。德不易，至善德能确立；刑不易，指刑罚能实行；政不易，指政有常法；事不易，指事不违时；典不易，指运用好的制度；礼不易，指遵循礼的准则。随武子认为楚国在这六个方面都做得不错。　　[12] 不为是征：不进行这次征伐。　　[13] 卑：指郑襄公卑辞以求服。　　[14] 柔服：对已服者用柔德安抚之。　　[15] 昔岁入陈：指杀夏征舒之役。[16] 今兹：今年。兹，年。　　[17] 罢：同"疲"。　　[18] 君无怨讟(dú)：指民对君无怨恨。怨讟，怨恨。　　[19] 政有经：指为政有常法。　　[20] 卒：步兵。乘：车兵。辑：和。[21] 事不奸：指各不相犯。奸，犯。　　[22] 蒍敖：孙叔敖。宰：令尹。　　[23] 令典：指礼法政令之善者。令，善。典，法。[24] 右辕：指右军从将军之辕所向而进退。追蓐：杜预注云"追求草蓐为宿备"。疑为当时方言。　　[25] 前茅：古代用牦牛尾装饰的旗子。"茅"是"旄(máo)"的假借字或通假字。"旄"即牦

牛尾,古人常用牦牛尾绑在竹木杆上用来指挥,这就是原始的旗子,因此古人也把旌旗称为"旄"。　　[26] 后劲:后以精兵为殿。　　[27] 百官象物而动:指百官各建其旌旗,表明其地位与职司,并依此而行动。　　[28] 举:选拔人才。　　[29] 内姓:同姓。亲:支系之亲近者。　　[30] 旧:世臣。　　[31] 举不失德:所举不失有德。　　[32] 赏不失劳:所赏不失有劳。　　[33] 老有加惠:指年老者有加增恩惠。　　[34] 旅:旅客。　　[35] 物有服章:各有一定的衣服色彩。　　[36] 贵有常尊:贵者有一定可尊之制度仪节,不得互相僭越。　　[37] 军:军事行动。善政:好的策略。　　[38] 兼:兼并。昧:昏昧不明。　　[39] 武:军。经:常道。　　[40] 姑:姑且。整军:整顿军队。经武:治理武事。　　[41]"《汋》曰"句:出自《诗经·周颂·酌》。于(wū):叹词,此表赞美。铄:美。遵:率。养:取。晦:昧。　　[42]"《武》曰"句:出自《诗经·周颂·武》。竞:强。烈:业。　　[43] 彘子:先縠,其祖先轸食采于彘,故又称原縠、彘子。因邲之战晋军大败归罪于先縠,次年被杀,尽灭其族。　　[44] 师武:军队英勇。臣力:将佐尽力。　　[45] 失诸侯:指失去了郑国的亲附。　　[46] 从:追逐。　　[47] 成师:组成军队。　　[48] 夫:大丈夫。　　[49] 卒:终。　　[50] 中军佐:晋之军有将、佐,将指挥全军,亦直接统领其主力部分;佐辅助将管理全军,亦分领其辅助军。中军佐是指中军之佐所分领的辅助军。济:渡河。

译文

(鲁宣公十二年)夏季,六月,晋国的军队去救郑国。荀林父率领中军,先縠为辅佐;士会率领上军,郤克为辅佐;赵朔率领下军,栾书为辅佐。赵括、赵婴齐担任中军大夫,巩朔、韩穿担任上军大夫,荀首、赵同担任下军大夫。韩厥担任司马。到达黄河,听到郑国已经与楚国讲和,荀林父想要回去,说:"没有赶到郑国,又劳动百姓,出兵有什么用? 等楚军回去以后我军再出兵进攻郑国,还不算晚。"士会说:"好。会听说用兵之道,观察敌人的间隙尔后行动。德行、刑罚、政令、事务、典则、礼仪合乎常道,就是不可抵挡的,不能进攻这样的国家。楚国的军队讨伐郑国,讨厌郑国有二心,又可怜郑国的卑下,郑国背叛就讨伐他,郑国顺服就赦免他,德行、刑罚都完成了。讨伐背叛,这是刑罚;安抚顺服,这是德行,这二者树立起来了。往年进入陈国,如今进入郑国,百姓并不感到疲劳,国君没有受到怨恨,政令就合于常道了。楚军摆成荆尸之阵尔后发兵,井井有条,商贩、农民、工匠、店主都不废时失业,步兵、车兵关系和睦,事务就互不相犯了。敖做令尹,选择实行楚国好的法典,军队出动,右军跟随主将的车辕,左军打草作为歇息的准备,前军以旆旌开路以防意外,中军斟酌谋划,后军以精兵压阵。各级军官根据象征自己的旌旗的指示而采取行动,军事政务不必等待命令而完备,这就是能够运用典则了。他们国君选拔人才,同姓中选择亲近的支系,异姓中选择世代旧臣;提拔不遗漏有德行的人,赏赐不遗漏有功劳的人;对老人有优待,对旅客有赐予;君子和小人,各有规定的服饰;对尊贵的有一定的礼节示以尊重,对低贱的有一定的等级示以威严,这就是礼节没有不顺的了。德行树立,刑罚施行,政事成就,事务合时,典则执行,礼节顺当,怎么能抵挡楚国? 看到可能就前进,遇到困难就后退,这是治军的好办法;兼并衰弱进攻昏暗,这是用兵的好规则。您姑且整顿军队、筹划武备吧！还有弱小而昏昧的国家，为什么一定要进攻楚军呢？仲虺说：'占取动乱之国，欺侮可以灭亡之国。'说的就是兼并衰弱。《诗经·周颂·酌》篇说：'天子的军队多么神气，率领他们把昏昧的国家占取。'说的就是进攻昏昧。《武》篇说：'武王的功业无比伟大强盛。'安抚衰弱进攻昏昧，以致力于功业所在，这就可以了。"先縠说："不行。晋国所以能称霸诸侯，是由于军队勇敢、臣下得力。现在失去了诸侯，不能说是得力；有了敌人不去追逐，不能说是勇敢。由于我们而丢掉霸主的地位，不如去死。而且，晋国整顿军队不出动，听到敌人强大就退却，这不是大丈夫。任命为军队的统帅，而做出了不是大丈夫所做的事，这只有你们能办到，我是不会干的。"说完，就带领中军副帅所属军队渡过黄河。

知庄子曰[1]："此师殆哉[2]！《周易》有之，在《师》䷆之《临》䷒[3]，曰：'师出以律，否臧，凶[4]。'执事顺成为臧[5]，逆为否[6]。众散为弱，川壅为泽[7]。有律以如己也[8]，故曰律。否臧，且律竭也[9]。盈而以竭，天且不整，所以凶也。不行之谓《临》，有帅而不从，临孰甚焉？此之谓矣。果遇[10]，必败。彘子尸之[11]，虽免而归[12]，必有大咎[13]。"韩献子谓桓子曰[14]："彘子以偏师陷[15]，子罪大矣。子为元帅，师不用命[16]，谁之罪也？失属亡师[17]，为罪已重[18]，不如进也。事之不捷[19],恶有所分[20]?与其专罪[21],六人同之[22],不犹愈乎[23]?"师遂济。

注释

[1] 知庄子:荀首,荀林父之弟,因另有食采知邑,又以知为氏,称知庄子。庄为其谥。时任下军大夫。　　[2] 殆:危险。[3] 在《师》☷☷之《临》☷☷:坎下坤上为师卦,初爻由阴变阳,坎变为兑,兑下坤上为临卦。　　[4] "师出"句:为《师卦·初六》爻辞。师出以律者,卦为师卦,初六为首爻,用师必先出师,故云"师出"。凡师出必以法制号令整齐之,故云"师出以律"。否(pǐ)臧:不善。[5] 执事顺成为臧:凡行事,顺其道而行以有成则为善。[6] 逆为否(pǐ):逆其道而溃败则为否。　　[7] 川壅为泽:流水拥塞淤积为泽。　　[8] 有律以如己也:有法制号令者,以其能指挥三军如一人,又如自己指挥自己。　　[9] 竭:穷尽。[10] 果遇:真的遇上(楚军)。　　[11] 尸:主持。[12] 免:指免于一死。　　[13] 咎:罪责。　　[14] 韩献子:韩厥,谥献。时任晋军司马。至景公时任新中军将,为卿;悼公时主国政,晋复霸。　　[15] 偏师:指军队中非主力的一部分。陷:陷入敌阵。　　[16] 师不用命:军队不服从命令。[17] 属:部属。师:指先縠带走的偏师。　　[18] 已:太。[19] 事:战事。不捷:不成功。　　[20] 恶(wū):疑问副词,哪。分:区别。　　[21] 专罪:元帅一人独当其罪。[22] 六人:指六卿,即中军之将荀林父,中军之佐先縠;上军之将

士会,上军之佐郤克;下军之将赵朔,下军之佐栾书。同:共同担当。　[23]犹:还。愈:较好。

译文

荀首说:"先縠这些军队危险了。《周易》上有这样的卦象,从《师》卦☲变成《临》卦☲,爻辞说:'出兵用法令治理,法令不严明,结果必凶。'执行顺当而成功就是'臧',反其道就是'否'。大众离散是柔弱,流水壅塞就成为沼泽。有法制指挥三军如同指挥自己一样,所以叫作律。执行不顺当,法制治理就穷尽而无用。从充满到穷尽,阻塞而且不整齐,就是凶险的征兆了。不能流动叫作'临',有统帅而不服从,还有比这更严重的'临'吗?说的就是先縠的这种行为了。果真和敌人相遇,一定失败,彘子将会是主要罪魁,即使免于战死而回国,一定有大的灾祸。"韩厥对荀林父说:"彘子率领一部分军队失陷,您的罪过大了。您作为最高统帅,军队不听命令,这是谁的罪过?失去属国,丢掉军队,构成的罪过已经太重,不如干脆进军。作战如果不能得胜,失败的罪过可以共同分担,与其一个人承担罪责,六个人共同承担,不更好一点吗?"于是,晋国的军队就渡过了黄河。

楚子北师[1],次于郔[2]。沈尹将中军[3],子重将左[4],子反将右[5],将饮马于河而归[6]。闻晋师既济[7],王欲还,嬖人伍参欲战[8]。令尹孙叔敖弗欲[9],曰:"昔岁入陈[10],今兹入郑[11],不无事矣[12]。战而不捷，参之肉其足食乎[13]！"参曰："若事之捷，孙叔为无谋矣。不捷，参之肉将在晋军，可得食乎？"令尹南辕反旆[14]，伍参言于王曰："晋之从政者新[15]，未能行令。其佐先縠刚愎不仁[16]，未肯用命。其三帅者[17]，专行不获[18]，听而无上[19]，众谁适从[20]？此行也，晋师必败。且君而逃臣[21]，若社稷何[22]？"王病之[23]，告令尹改乘辕而北之[24]，次于管以待之[25]。

注释

[1] 北师：向北进军。　[2] 次：停留。郔(yán)：郑国地名，在今河南郑州南。　[3] 沈尹：楚大夫，任沈县之县尹，食采于虞丘而以虞丘为氏，也称虞丘子。将：统率。　[4] 子重：公子婴齐之字，楚庄王弟。后曾任令尹。左：左军。楚军编为中、左、右三军，与晋编为中、上、下三军名称不同。且楚中军之将，因楚王及令尹皆在军中，并非全军之主帅。　[5] 子反：公子侧之字。曾任楚司马之职。右：右军。　[6] 饮(yìn)马：喂马喝水。饮马于河，是在晋军不渡河南来的情况下，楚庄王向晋国显示军威的一种方式。　[7] 既济：已经渡河。　[8] 嬖(bì)人：此指楚庄王信任的谋臣。其位不一定高，但在王前进谏能起很大的作用。伍参：芈姓，伍氏，名参。其子伍举，孙伍奢，曾孙伍尚、伍员(子胥)，均为楚国名臣。　[9] 令尹：当时楚国最高执

政官,掌管军政大权。孙叔敖:芈姓,蒍氏,名敖,字孙叔,一字艾猎,楚国期思人,官令尹。传说曾三起三落,三为令尹而不喜,三罢之而不忧。兴水利,多政绩。　　[10]昔岁:去年。
[11]今兹:如今。　　[12]不无事:不算没有事。　　[13]其:岂。参之肉其足食乎,即使吃了伍参的肉难道够解众人的恨吗。古人常以"食其肉(寝其皮)"极言对某人的憎恨。　　[14]南辕:辕为车前用以驾马(或牛)的直木或曲木,辕指向南方表示车要往南行。反:调转方向。旆(pèi):大旗,置于军前作为导引。
[15]从政者:执政者,指主帅荀林父。新:指新任此职。
[16]刚愎(bì):固执倔强。　　[17]三帅:三军各一帅。但晋、楚情况不同,晋中军之帅即为全军主帅,而楚则中军之帅与左、右军之帅都要受令尹孙叔敖统制。伍举似不明白"晋之从政者"也即"三帅"之一。此处以楚制例晋,与晋之实际不符。上句既已提到"从政者",则此"三帅"实当为"上、下军二帅"。　　[18]专行不获:想独断专行而不可得。　　[19]听而无上:想听从命令却没有强有力的上司。　　[20]适从:即"无所适从"之"适从"。适,归向。从,跟从。众谁适从,为"众适从谁"之倒装。
[21]君:指楚庄王。逃:避开,逃避。臣:指荀林父等晋之六卿。
[22]社稷:代指国家。若社稷何,置国家于何地。　　[23]病:感到耻辱。　　[24]乘(shèng)辕:车辕。　　[25]管:管国。春秋时为郑国城邑,在今河南郑州。待:准备。

译文

楚庄王率军北上,军队驻扎在郔地。沈尹率领中军,子重率领左军,子反率领右军,准备在黄河饮马以后就回国。听到晋国军队已经渡过黄河,楚庄王想要回去,宠臣伍参想打仗,令尹孙叔敖不想干,说:"往年进入陈国,今年进入郑国,不是没有战争。打起来以后不能得胜,吃了伍参的肉难道就够了吗?"伍参说:"如果作战得胜,孙叔敖就是没有谋略。不能得胜,参的肉将会在晋军那里,哪里还能吃得上呢?"令尹回车向南,倒转旌旗。伍参对楚庄王说:"晋国参政的是新人,不能行使命令。他的副手先縠刚愎不仁,不肯听从命令。他们的三个统帅,想要专权行事而不能办到。想要听从命令而没有上级,大军听从谁的命令?这一次,晋军一定失败。而且国君逃避臣下,国君怎能蒙受这耻辱?"楚庄王听了不高兴,告诉令尹把战车改而向北,楚军驻扎在管地等待晋军。

晋师在敖、鄗之间[1]。郑皇戌使如晋师[2],曰:"郑之从楚[3],社稷之故也,未有贰心。楚师骤胜而骄[4],其师老矣[5],而不设备。子击之,郑师为承[6],楚师必败。"彘子曰:"败楚、服郑,于此在矣。必许之!"栾武子曰[7]:"楚自克庸以来[8],其君无日不讨国人而训之于民生之不易、祸至之无日、戒惧之不可以怠[9];在军,无日不讨军实而申儆之于胜之不可保、纣之百克而卒无后[10],训以若敖、蚡冒筚路蓝缕,以启山林[11]。箴之曰:'民生在勤[12],勤则不匮[13]。'不可谓骄。先大夫子犯有言曰：'师直为壮，曲为老。'我则不德，而徼怨于楚[14]，我曲楚直，不可谓老。其君之戎分为二广[15]，广有一卒，卒偏之两[16]。右广初驾[17]，数及日中[18]，左则受之，以至于昏。内官序当其夜[19]，以待不虞。不可谓无备。子良，郑之良也；师叔，楚之崇也[20]。师叔入盟，子良在楚[21]，楚、郑亲矣。来劝我战，我克则来[22]，不克遂往[23]，以我卜也[24]！郑不可从。"赵括、赵同曰："率师以来，唯敌是求。克敌、得属[25]，又何俟？必从彘子！"知季曰[26]："原、屏[27]，咎之徒也[28]。"赵庄子曰[29]："栾伯善哉[30]！实其言[31]，必长晋国[32]。"

注释

[1] 敖：敖山，在今河南荥阳市北。鄗（qiāo）：鄗山，在今河南荥阳市西北。　[2] 皇戌：郑国之卿。　[3] 从：屈服。[4] 骤胜：屡胜。　[5] 其师老矣：从开始围郑至今已经历时数月，故曰"老矣"。　[6] 承：继承。　[7] 栾武子：栾书。[8] 克庸：事见《左传·文公十六年》。　[9] 讨：治。于：以。不易：指民生艰难。　[10] 军实：指军中指挥员、战士等。申儆（jǐng）：再三告诫。　[11] 若敖：楚国先君，名熊仪，详见

《史记·楚世家》。蚡(fén)冒：楚国先君。筚路：柴车。蓝缕：敝衣。启：开辟。　　[12] 民生：人民生活。　　[13] 匮：乏。
[14] 徼(yāo)：求，要。　　[15] 其君之戎：指楚王之亲兵戎车。
[16] 广有一卒，卒偏之两：楚以三十乘为一卒，以一卒为一广。一偏是十五乘，两偏是三十乘。　　[17] 初驾：先驾。
[18] 数(shǔ)：数刻漏。　　[19] 内官：王左右亲近之臣。序：依次序。白昼则有左右二广轮流驾车以为战备，入夜则有亲近之臣依次值班以为保卫。　　[20] 师叔：即潘尪。崇：尊崇。
[21] 子良在楚：子良出质在楚。　　[22] 来：来服晋。
[23] 往：往从楚。　　[24] 以我卜：以我战之胜负决定从晋或从楚。　　[25] 克敌：指能胜楚。得属：指能得郑为从属。
[26] 知季：即知庄子荀首。　　[27] 原：赵同。屏：赵括。
[28] 咎：殃咎。　　[29] 赵庄子：赵朔。　　[30] 栾伯：栾书。
[31] 实：实践。　　[32] 必长晋国：必能使晋国长久。长，使……长久。

译文

　　晋国军队驻在敖、鄗两山之间。郑国的皇戌出使到晋军中，说："郑国跟从楚国，是为了保存国家的缘故，对晋国并没有二心。楚军屡次得胜而骄傲，他们在外面已经很久了，又不设防御。您攻击他们，郑国的军队作为后继，楚军一定失败。"先縠说："打败楚军，降服郑国，就在此一举了，一定要答应皇戌的请求。"栾书说："楚国自从战胜庸国以来，楚国的国君没有一天不用下列的方式训导国人：教训百姓生计的不容易，祸患不知哪天就会到来，戒备警惕不能放松。在军队里,没有一天不用这样的方式管理军官士兵,告诫军队:胜利的不能永远保有,纣得到一百次胜利而终究没有好结果。用若敖、蚡冒乘柴车、穿破衣开辟山林的事迹来教训他们。告诫说:'百姓的生计在于勤劳,勤劳就不会匮乏。'这就不能说他们骄傲。先大夫子犯说过:'出兵作战,理直就气壮,理亏就气衰。'我们所做的事情不合于道德,又与楚国结怨,我们理曲,楚国理直,这就不能说他们气衰。他们国君的战车分为左右二广,每广有战车一卒三十辆,每卒又分左右两偏。右广先套车,计算时间等到中午,左广就接替它,一直到晚上。左右近臣按次序值夜,以防备发生意外,这就不能说没有防备。子良,是郑国的杰出人物;师叔,是楚国地位崇高的人物。师叔进入郑国结盟,子良作为人质住在楚国,楚国和郑国是亲近的。他们来劝我们作战,我们战胜就来归服,不胜就去依靠楚国,这是用我们作为占卜!郑国的话不能听从。"赵括、赵同说:"领兵而来,就是为了寻找敌人。战胜敌人,得到属国,又等什么呢?一定要听从毙子的话。"荀首说:"赵同、赵括的主意,是一条自取祸乱之道。"赵庄子说:"栾伯好啊!实践他的话,一定能使晋国长久。"

楚少宰如晋师[1],曰:"寡君少遭闵凶[2],不能文[3]。闻二先君之出入此行也[4],将郑是训定[5],岂敢求罪于晋?二三子无淹久[6]!"随季对曰:"昔平王命我先君文侯曰[7]:'与郑夹辅周室[8],毋废王命[9]!'今郑不率[10],寡君使群臣问诸郑[11],岂敢辱候人[12]?敢拜君命之辱[13]。"彘子以为谄,使赵括从而更之[14],曰:"行人失辞[15]。寡君使群臣迁大国之迹于郑[16],曰:'无辟敌[17]!'群臣无所逃命[18]。"

注释

[1] 少(shào)宰:官名。春秋楚、宋等国设有此职。如:前往。　[2] 寡君少:外交场合对本国国君的谦称。少(shào):年少。闵凶:忧丧之事。　[3] 不能文:外交辞令中的婉语,借以粉饰以武力伐郑的实际。文,泛指文章博学方面的修养。[4] 二先君:指庄王之祖成王、父穆王。行:道路。　[5] 将:想要,打算。是:语气词,用以确指动作的对象,起将宾语置于动词前的作用。训:教诲开导。定:安定、平定。　[6] 二三子:你们几位。无:不要。淹久:久留。　[7] 平王:周平王。文侯:晋文侯,名仇,曾有功于平王东迁。　[8] 夹辅:在左右辅佐,此谓合力辅佐。郑武公也有功于平王东迁,故平王有晋、郑夹辅周室之命。　[9] 废:废弃。　[10] 率:顺服。[11] 诸:之于。　[12] 辱:屈辱。候人:周代迎送宾客的小官,这里借指楚之少宰。　[13] 君命之辱:"有辱君命"的倒装。辱,辜负。敢拜君命之辱,因辜负君命而斗胆下拜。有求得宽恕之意。　[14] 赵括:字季,赵衰之子,赵盾之异母弟。因食邑在屏,故又称屏括。此时任中军大夫。更:改。　[15] 行人:周代官名,掌管接待国宾、出使四方之职。这里指随季。失辞:言辞失当。　[16] 大国:外交辞令中对楚国的尊称。迁大国之

迹于郑,指把楚军的脚印从郑国迁出去,是把楚军逐出郑国的委婉说法。迹,足迹。　　[17] 辟(bì):同"避",躲避。[18] 逃命:躲避命令。群臣无所逃命,是决心与楚一战的委婉说法。

译文

楚国的少宰到晋军中去,说:"寡君年轻时就遭到忧患,不善于辞令。听到两位先君来往在这条道路上,就是打算教导和安定郑国,岂敢得罪晋国?您几位不要待得太久了啊!"士会回答说:"以前周平王命令我们的先君晋文侯说:'和郑国共同辅佐周王室,不要废弃天子的命令。'现在郑国不遵循天子的命令,寡君派遣下臣们质问郑国,岂敢劳动楚国官吏来迎送呢?恭敬地拜谢君王的命令。"先縠认为这是奉承楚国,派遣赵括跟上去更正说:"我们临时代表的说法不恰当。寡君使臣下们把楚国从郑国迁出去,说:'不要躲避敌人!'臣下们没有地方可以逃避命令。"

楚子又使求成于晋,晋人许之,盟有日矣[1]。楚许伯御乐伯,摄叔为右[2],以致晋师[3]。许伯曰:"吾闻致师者,御靡旌、摩垒而还[4]。"乐伯曰:"吾闻致师者,左射以菆[5],代御执辔,御下,两马、掉鞅而还[6]。"摄叔曰:"吾闻致师者,右入垒[7],折馘、执俘而还[8]。"皆行其所闻而复。晋人逐之，左右角之[9]。乐伯左射马，而右射人，角不能进，矢一而已[10]。麋兴于前，射麋，丽龟[11]。晋鲍癸当其后，使摄叔奉麋献焉，曰："以岁之非时，献禽之未至[12]，敢膳诸从者[13]。"鲍癸止之[14]，曰："其左善射，其右有辞[15]，君子也。"既免。

注释

[1] 盟有日矣：指已约定盟期。　　[2] 楚许伯御乐伯，摄叔为右：古兵车，若非元帅，则御者在中，射者在左，戈、盾在右，故此许伯在中，乐伯以弓矢在左，摄叔以戈、盾在右。　　[3] 以致晋师：致师指古代将战，先使勇力之士犯敌。　　[4] 靡旌：驱疾。疾驱车辕会稍偏，其旌旗必倾斜似披靡，故云靡旌。摩垒：迫近敌人之营垒。摩，迫近，贴近。垒，营垒。　　[5] 左：车左，乐伯以弓矢在车左。菆(zōu)：矢之善者。　　[6] 两：排比之。一车有四马，两马在中曰服，两马在边曰骖。是时车右入垒，而车在垒外留待之，故御者下车排比其马，使两骖两服不致儳(chán)互不齐，亦表示闲暇之意。掉鞅：整理马头革。　　[7] 右：车右，摄叔为车右。　　[8] 折馘(guó)：杀死敌人而取其左耳。执俘：生俘敌人。　　[9] 晋人逐之，左右角之：晋人皆分三路，在中者逐之，另设两角，从左右夹攻之。　　[10] 矢一而已：乐伯之矢仅存其一。　　[11] 丽：著。龟：指禽兽的背部。古之田猎者，其箭先着背以达于腋为善射。　　[12] 献禽之未至：此时为周正六月，即夏正之四月，《周礼·天官·兽人》云"夏献麋"，麋鹿是

夏季时物,故云"未至"。献禽:即献兽,《说文解字》云:"禽,走兽总名。"　　[13] 膳诸从者:指进之于从者以充膳。　　[14] 止之:阻止众人追逐。　　[15] 有辞:善于辞令。

译文

楚庄王又派使者向晋国求和,晋国人答应了,已约定了结盟的日期。楚国的许伯替乐伯驾驭战车,摄叔作为车右,向晋军单车挑战。许伯说:"我听说单车挑战,驾车人疾驰而使旌旗斜倒,迫近敌营,然后回来。"乐伯说:"我听说单车挑战,车左用利箭射敌,代替御者执掌马缰,驾车人下车,整齐马匹,整理好马脖子上的皮带,然后回来。"摄叔说:"我听说单车挑战,车右进入敌营,杀死敌人割取左耳、抓住俘虏,然后回来。"这三个人都按照自己所听到的完成了任务,而后回来。晋国人追赶他们,左右两面夹攻。乐伯左边射马,右边射人,使晋军左右翼不能前进。箭只剩下一枝,有麋鹿出现在前面,乐伯射麋鹿正中背部。晋国的鲍癸正在后面,乐伯让摄叔拿着麋鹿献给他,说:"由于今年还不到时令,应当奉献的禽兽没有来,谨把它奉献给您的随从作为膳食。"鲍癸阻止部下,不再追赶,说:"他们的车左善于射箭,车右善于辞令,都是君子啊!"因此许伯等三人都免于被俘。

晋魏锜求公族未得[1],而怒,欲败晋师。请致师[2],弗许。请使,许之。遂往,请战而还。楚潘党逐之[3],及荥泽,见六麋,射一麋以顾献,曰:

"子有军事,兽人无乃不给于鲜?敢献于从者。"叔党命去之。赵旃求卿未得[4],且怒于失楚之致师者[5],请挑战,弗许。请召盟,许之,与魏锜皆命而往。郤献子曰[6]:"二憾往矣[7],弗备,必败。"彘子曰:"郑人劝战[8],弗敢从也;楚人求成[9],弗能好也。师无成命[10],多备何为?"士季曰:"备之善。若二子怒楚[11],楚人乘我[12],丧师无日矣,不如备之。楚之无恶,除备而盟,何损于好?若以恶来,有备,不败。且虽诸侯相见,军卫不彻[13],警也。"彘子不可[14]。士季使巩朔、韩穿帅七覆于敖前[15],故上军不败。赵婴齐使其徒先具舟于河[16],故败而先济。

注释

[1] 魏锜(qí):又称吕锜、厨武子,吕、厨皆以食邑为氏,锜为名,武子为谥号。公族:公族大夫的省略,掌教训同族子弟及卿之子弟。　[2] 致师:以单车犯敌的方式进行的一种挑战。
[3] 潘党:字叔党,楚大夫,潘尪之子。善射。　[4] 赵旃(zhān):赵穿之子。　[5] 楚之致师者:楚之乐伯以许伯为御、摄叔为右,先于晋之魏锜,向晋单车挑战。晋人逐之而未得。
[6] 郤(xì)献子:郤克,谥号献子,晋国上卿。时任上军之佐。

[7] 二憾：指魏锜、赵旃。憾，不满，这里指心怀不满的人。
[8] 郑人：指郑国之卿皇戌。劝战：皇戌在晋军渡过黄河后，曾前去劝晋军趁楚军骤胜而骄，且师老而不设备，向楚军发动进攻。因晋军将佐意见不统一而未果。　　[9] 楚人求成：楚庄王派少宰去晋军驻地进行外交接触以后，又曾派人前去寻求议和，但无实质性进展。　　[10] 成命：确定不变的指令、策略。
[11] 怒：激怒。　　[12] 乘：欺凌。　　[13] 彻：同"撤"，撤除。　　[14] 不可：不同意。　　[15] 巩朔、韩穿：皆为晋军上军大夫。覆：伏兵。　　[16] 赵婴齐：赵衰之子，赵盾之异母弟，因食邑在楼，故又称楼婴。时任晋中军大夫。徒：步兵。

译文

晋国的魏锜请求做公族大夫，没有达到目的，因而发怒，想要使晋军失败。请求单车挑战，没有得到允许。请求出使，允许了。于是就去到楚军中，请战以后而回国。楚国的潘党追赶他，到达荥泽，魏锜看到六只麋鹿，就射死一只，回车献给潘党，说："您有军事在身，打猎的人恐怕不能供给新鲜的野兽吧？谨以此奉献给您的随从人员。"潘党下令不再追赶魏锜。赵旃请求做卿没有达到目的，而且对于失掉楚国单车挑战的人很生气，就请求挑战，没有得到允许。请求召请楚国人前来结盟，允许了。赵旃和魏锜都接受命令而前去。郤克说："这两个心怀不满的人去了，不加防备，必然失败。"先縠说："郑国人劝我们作战，不敢听从；楚国人求和，又不能实行友好。带兵没有固定的策略，多加防备做什么？"士会说："防备他们为好。如果这两位激怒了楚国，楚国人乘机掩袭,马上可以丧失军队。不如防备他们,若楚国人没有恶意,撤除戒备而结盟,哪里会损害友好呢?如果带着恶意而来,有了防备,不会失败。而且,即使是诸侯相见,军队的守备也不加撤除,这就是警惕。"先縠不同意。士会派遣巩朔、韩穿率领七队伏兵埋伏在敖山之前,所以上军不败。赵婴齐派遣他的部下先在黄河准备了船只,所以战败以后就渡过河去了。

潘党既逐魏锜,赵旃夜至于楚军,席于军门之外[1],使其徒入之。楚子为乘广三十乘,分为左右。右广鸡鸣而驾,日中而说[2];左则受之,日入而说。许偃御右广,养由基为右;彭名御左广,屈荡为右。乙卯[3],王乘左广以逐赵旃[4]。赵旃弃车而走林[5]。屈荡搏之[6],得其甲裳[7]。晋人惧二子之怒楚师也,使軘车逆之[8]。潘党望其尘[9],使骋而告曰:"晋师至矣!"楚人亦惧王之入晋军也,遂出陈[10]。孙叔曰:"进之!宁我薄人[11],无人薄我。《诗》云:'元戎十乘,以先启行[12]',先人也[13]。《军志》曰:'先人有夺人之心[14]',薄之也。"遂疾进师,车驰、卒奔,乘晋军。桓子不知所为,鼓于军中曰:"先济者有赏!"中军、下军争舟,舟中之指可掬也[15]。

注释

[1]席：以席铺地而坐于上。　　[2]说(shuì)：休息，止息，即卸车。　　[3]乙卯：六月十四日。　　[4]王：楚庄王。左广(guàng)：楚之兵制，王之戎车分为左、右两广，每广十五乘。[5]走林：奔向树林。　　[6]屈荡：楚武王子屈瑕之后。时任庄王大夫，为戎右。其后为卿。　　[7]甲裳：以革甲所制之裳。当时军装与常服均为上衣下裳。　　[8]軘(tún)车：古代兵车的一种，用于屯守非冲锋陷阵的战车。逆：迎接。　　[9]其尘：晋軘车之尘土。潘党不辨，以为晋国战车攻打过来。　　[10]陈(zhèn)：同"阵"。　　[11]宁：宁可。薄：迫，逼迫。[12]《诗》：指《诗经·小雅·六月》。元戎：大型兵车。先：冲在前头。启：开，引申为突破。行(háng)：指敌阵的行列。[13]先人：先发制人，争取主动权。　　[14]《军志》：当时传世的兵家书。　　[15]掬(jū)：双手捧取。舟中之指可掬，描写中军、下军争舟，先上舟者驾舟离岸，后来者涉水或泅(qiú)水欲攀舷而上，被舟中人斫断手指而落水的情景。

译文

潘党已经赶走了魏锜，赵旃在夜里到达楚军驻地，铺开席子坐在军门的外面，派遣他的部下先进军门。楚庄王的战车一广三十辆，共分为左右两广。右广在早晨鸡叫的时候套车，太阳到了中天才卸车；左广就接替右广，太阳落山才卸车。许偃驾驭右广的指挥车，养由基作为车右；彭名驾驭左广的指挥车,屈荡作为车右。六月十四日,楚庄王乘坐左广的指挥车,以追赶赵旃。赵旃丢掉车子跑进树林里,屈荡和他搏斗,获得了他的铠甲和下衣。晋国人害怕这两个人激怒楚军,让驻守的兵车前来接他们。潘党远望飞起来的尘土,派战车奔驰报告说:"晋国的军队来了。"楚国人也害怕楚庄王陷入晋军中,就出兵迎战。孙叔敖说:"前进!宁可我们迫近敌人,不要让敌人迫近我们。《诗》说:'大兵车十辆,冲在前面开道',这是要抢在敌人的前面。《军志》说:'抢在敌人前面,可以夺去敌人的斗志。'这是要主动迫近敌人。"于是就飞速进军,战车奔驰,士卒奔跑,围攻晋军。荀林父不知所措,在军中击鼓宣布说:"先过河的有赏。"中军、下军互相争夺船只,争先恐后,先上船的人用刀砍断后来者攀着船舷的手指,船中砍断的指头多得可以用手捧起来。

晋师右移[1],上军未动[2]。工尹齐将右拒卒以逐下军[3]。楚子使唐狡与蔡鸠居告唐惠侯曰:"不穀不德而贪,以遇大敌,不穀之罪也。然楚不克,君之羞也。敢藉君灵,以济楚师。"使潘党率游阙四十乘,从唐侯以为左拒[4],以从上军。驹伯曰[5]:"待诸乎[6]?"随季曰:"楚师方壮,若萃于我[7],吾师必尽,不如收而去之。分谤、生民[8],不亦可乎?"殿其卒而退[9],不败。

注释

[1]晋师右移：晋师本以楚师为攻击目标面向东偏南，其中军在中，上军在右，下军在左。下军最近黄河。楚师快速推进后，晋师掉头逃跑，下军遂变而在中军之右。中军、下军争舟，整个晋师遂成向右移动之势。　　[2]上军未动：上军因士会已派巩朔、韩穿布置了七处伏兵，故不仓皇向黄河边奔逃。　　[3]工尹：楚国官名，掌百工之事，战时也从军带兵。齐：工尹之名。将：率领。右拒(jǔ)："拒"同"矩"，右翼的方阵。卒：战车编制，一卒为三十乘。　　[4]游阙：用以流动补缺的后备战车。唐侯：唐惠侯。唐，姬姓国，在今湖北随州西北唐县镇。　　[5]驹伯：郤锜的字。郤锜，上军之佐郤克之子。　　[6]待：抵御。诸：代词，相当于"之"。　　[7]萃：聚集。　　[8]分谤、生民：杜预注云："同奔为分谤，不战为生民"。　　[9]殿：行军走在最后，这里指乘在最后一辆战车上。

译文

晋军向右转移，上军没有动。工尹齐率领右方阵的士兵，以追逐晋国的下军。楚庄王派唐狡和蔡鸠居报告唐惠侯说："我无德而贪功，而又遭遇强大的敌人，这是我的罪过。楚国如果不能得胜，这也是君王的羞耻。谨借重君王的福佑，以帮助楚军成功。"派遣潘党率领后备的战车四十辆，跟随唐侯作为左方阵，以迎战晋国的上军。驹伯说："抵御他们吗？"士会说："楚军的士气正旺盛，如果楚军集中兵力对付我们的上军，我们的军队必然被消灭,不如收兵离开,分担战败的指责,保全士兵的生命,不也是可以的吗?"就亲自作为上军的后殿而退兵,因此没有被打败。

王见右广,将从之乘。屈荡户之[1],曰:"君以此始,亦必以终。"自是楚之乘广先左。晋人或以广队不能进[2],楚人惎之脱扃[3]。少进,马还,又惎之拔旆投衡[4],乃出。顾曰[5]:"吾不如大国之数奔也[6]。"

注释

[1] 户:阻止。　　[2] 广:引申为战车。队(zhuì):同"坠",陷落。　　[3] 惎(jì):教。扃(jiōng):车上搁置兵器的横栏。　　[4] 衡:车辕头上的横木。脱扃、拔旆、投衡,皆为减轻车之重量,以便把陷在坑中的车抬出来。　　[5] 顾:回过头来。[6] 大国:称楚国。数(shuò):屡次。奔:奔逃。此句是晋国车上甲士以嘲弄楚军来掩盖自己不会摆弄战车的话。晋人车陷,楚人不俘获之,反教以出陷之法,说明楚国不欲穷追。

译文

楚庄王见到右广,准备乘坐。屈荡阻止说:"君王乘坐左广开始作战,也一定要乘坐它结束战争。"从此,楚国的乘广改以左广为先。晋国人有战车陷在坑里不能前进,楚国人教他们抽出车前横木,没走多远,马盘旋不能前进,楚国人又教他们拔掉大旗,扔掉车辕头上的横木,这样才逃了出去。晋军转过头来说:"我们可不像楚国人有多次逃跑的经验。"

赵旃以其良马二济其兄与叔父,以他马反。遇敌不能去,弃车而走林。逢大夫与其二子乘,谓其二子无顾。顾曰:"赵傁在后[1]。"怒之,使下,指木曰:"尸女于是[2]。"授赵旃绥[3],以免。明日,以表尸之[4],皆重获在木下[5]。

注释

[1] 傁(sǒu):同"叟",年老的男人。　　[2] 尸女(rǔ):收汝之尸骨。　　[3] 绥(suí):挽以上车之索。　　[4] 以表尸之:依其所为标志收其尸骨。　　[5] 重(chóng)获在木下:指其两尸皆得之于其树之下。

译文

赵旃用他的两匹好马帮助他的哥哥和叔父逃跑,而用其他的马驾车回来。碰上敌人不能逃脱,就丢弃车子跑到树林里。逢大夫和他两个儿子坐在车上,对他两个儿子说:"不要回头去望。"儿子回头去望说:"赵老头在后边。"逢大夫发怒,让他们下车,指着树木说:"在这里收你们的尸首。"逢大夫就把缰绳交给了赵旃,赵斾登上战车得以逃脱。第二天,按照标志前去收尸,在树下得到了两个叠压的尸首。

楚熊负羁囚知罃[1],知庄子以其族反之[2],厨武子御[3],下军之士多从之。每射,抽矢,菆,纳诸厨子之房[4]。厨子怒曰:"非子之求[5],而蒲之爱[6],董泽之蒲[7],可胜既乎[8]?"知季曰:"不以人子,吾子其可得乎[9]?吾不可以苟射故也。"射连尹襄老[10],获之,遂载其尸;射公子谷臣[11],囚之。以二者还。

注释

　　[1]负羁:楚大夫。知罃(yīng):字子羽,知庄子之子。[2]族:家兵,部属。当时各级贵族均有其宗族成员及私属人员组成的军队,对外作战往往编入国家军队中以为骨干。[3]武子:魏锜,其食邑在厨,故称厨武子。　　[4]"每射"句:古代射手之箭房在背,知庄子每射,必先自背抽矢,若得好箭(菆)则不以射,而纳之于厨子之箭房,便于用时抽出。　　[5]非子之求:不求子。　　[6]蒲:菆(zōu)的原料,濒水丛生。[7]董泽:地名,在今山西省闻喜县东北。　　[8]可胜既乎:指不可胜取。　　[9]其:同"岂"。　　[10]连尹:楚官名。[11]公子谷臣:楚王之子。

译文

楚国的熊负羁囚禁了知罃,荀首率领他的部属回来战斗,魏锜驾驭战车,下军的士兵大多跟着回来。荀首每次发射,抽箭,如果是利箭,就放在魏锜的箭袋里。魏锜发怒说:"不去寻找儿子,反而爱惜蒲柳,董泽的蒲柳,难道可以用得完吗?"荀首说:"不得到别人的儿子,我的儿子难道可以得到吗?利箭我是不能随便射出去的。"荀首射中了连尹襄老,得到他的尸首,就装在战车上;射中公子谷臣,把他囚禁起来。荀首带了这两个人回去。

及昏,楚师军于邲[1]。晋之余师不能军[2],宵济[3],亦终夜有声。

注释

[1]军:驻扎。邲(bì):郑国地名,在今河南郑州市东。[2]余师:残余部队。不能军:不能成营。 [3]宵济:夜间渡河。

译文

到黄昏时,楚军驻扎在邲地,晋国剩余的士兵已经溃不成军,夜里渡河,喧吵了一整夜。

丙辰[1],楚重至于邲[2],遂次于衡雍[3]。潘党曰:"君盍筑武军而收晋尸以为京观[4]? 臣闻克敌必示子孙,以无忘武功。"楚子曰:"非尔所知也。夫文,止戈为武[5]。武王克商,作《颂》曰:'载戢干戈,载櫜弓矢。我求懿德,肆于时夏,允王保之。[6]'又作《武》,其卒章曰'耆定尔功[7]。'其三曰:'铺时绎思,我徂维求定[8]。'其六曰:'绥万邦,屡丰年[9]。'夫武,禁暴、戢兵、保大、定功、安民、和众、丰财者也[10],故使子孙无忘其章[11]。今我使二国暴骨[12],暴矣;观兵以威诸侯[13],兵不戢矣;暴而不戢,安能保大? 犹有晋在,焉得定功? 所违民欲犹多[14],民何安焉? 无德而强争诸侯,何以和众? 利人之几,而安人之乱[15],以为己荣,何以丰财? 武有七德[16],我无一焉,何以示子孙[17]? 其为先君宫[18],告成事而已[19],武非吾功也。古者明王伐不敬,取其鲸鲵而封之,以为大戮[20],于是乎有京观以惩淫慝[21]。今罪无所[22],而民皆尽忠以死君命,又可以为京观乎!"祀于河,作先君宫,告成事而还。

注释

[1]丙辰：六月十五日。　　[2]重：辎重,军用器械、粮草、衣物等的总称。辎重车由牛驾驶,故落后于"车驰卒奔"的战斗部队。　　[3]次：停留。衡雍：郑国地名,在今河南原阳西。[4]盍：何不。武军：古代战胜国为显示武功而垒筑的埋葬敌尸的圆丘。《说文》："军,圜(圆)围也。"京观(guàn)：与"武军"义同。京,高丘。观为古代宫殿、祠庙、陵墓前的一种建筑物,下建高台,上起楼观,又称为阙。把武军又称为京观,是因其与观的形状有相似之处。　　[5]夫：句首发语词。文：字形结构和字义。止戈："武"的初文由止、戈合成,止之义为趾。楚庄王把止理解为制止,把武解释为止戈的会意字。　　[6]"载戢干戈"句：出自《诗经·周颂·时迈》。　　[7]"耆定尔功"句：出自《诗·周颂·武》："嗣武受之,胜殷遏刘,耆定尔功。"毛传："耆,致也。"高亨注："定,成也。"　　[8]"铺时绎思"句：出自《诗经·周颂·赉(lài)》。《赉》是乐舞《大武》三成(第三场)的歌诗。《大武》三成是表现武王伐纣胜利后,班师回到镐京,举行告庙和庆贺活动,同时进行赏赐功臣财宝重器和分封诸侯等事宜的一场乐舞。[9]"绥万邦"句：出自《诗经·周颂·桓》。《桓》是乐舞《大武》六成(第六场)的歌诗。　　[10]戢(jí)：止息。保大：保持强大。定功：取得最后胜利。众：指众诸侯国。　　[11]章：指卓著的功勋。　　[12]二国：指晋、楚。暴(pù)：同"曝",晒。[13]观兵：阅兵,检阅兵力。威诸侯：向诸侯示威。　　[14]民欲：民众向往的、想要的。　　[15]几(jī)：危险,处于危险境地。　　[16]七德：指上述禁暴、戢兵、保大、定功、安民、和众、

丰财等七项内容。　　[17] 示子孙：向子孙后代显示武功。[18] 其：将。为：作。宫：宗庙。　　[19] 成事：指此次战争取得胜利。　　[20] 鲵(ní)鲸：海中吞食弱小生物的大鱼，古人称雄为鲸，雌为鲵。喻指元凶首恶。封：堆土。大戮：大耻辱。[21] 淫慝(tè)：邪恶。　　[22] 罪无所：罪前省一"晋"字，所下省一"犯"或"归"字。

译文

(鲁宣公十二年)六月十五日，楚军的辎重到达邲地，军队就驻扎在衡雍。潘党说："君王何不建筑起军营显示武功，收集晋国人的尸首建立一个大坟堆？下臣听说战胜了敌人一定要有纪念物给子孙看，表示不忘记武功。"楚庄王说："这不是你所知道的。说到文字，止戈二字合起来是个武字。武王战胜商朝，作《周颂》说：'收拾干戈，包藏弓箭。我追求那美德，陈于这《夏》乐之中，成就王业而保有天下。'又作《武》篇，它的最后一章说：'得以巩固你的功业。'《周颂》的第三章说：'布陈先王的美德而加以发扬，我前去征讨只是为了求得安定。'它的第六章说：'安定万邦，常有丰年。'武功，是用来禁止强暴、消灭战争、保持强大、巩固功业、安定百姓、调和大众、丰富财物的，所以，要让子孙不要忘记他的大功。现在，我让两国士兵暴露尸骨，这是强暴了；显耀武力以使诸侯畏惧，战争不能消灭了；强暴而不消灭战争，哪里能够保持强大？还有晋国存在，如何能够巩固功业？所违背百姓的愿望还很多，百姓如何能够安定？没有德行而勉强和诸侯相争，用什么调和大众？乘别人之危作为自己的利益，趁人之乱作为自己的安定，如何能丰富财物？武功具有七种美德,我对晋国用兵却没有一项美德,用什么来昭示子孙后代？还是为楚国的先君修建宗庙,把成功的事祭告先君罢了,用武不是我追求的功业。古代圣明的君王征伐对上不恭敬的国家,抓住它的罪魁祸首杀掉埋葬,(他们)把这种征伐行为看作是大耻辱,这样才有了京观以惩戒罪恶。现在,并不能明确指出晋国的罪恶在哪里,士卒都尽忠为执行国君的命令而死,又难道能建造京观来惩戒吗？"楚庄王说完,就在黄河边上祭祀了河神,修建了先君的神庙,报告战争胜利,然后回国。

是役也,郑石制实入楚师,将以分郑,而立公子鱼臣[1]。辛未[2],郑杀仆叔及子服[3]。君子曰:"史佚所谓'毋怙乱'者,谓是类也。《诗》曰'乱离瘼矣,爰其适归'[4],归于怙乱者也夫[5]!"

注释

[1] 将以分郑,而立公子鱼臣:孔颖达疏云:"石制引楚师入郑,将以分郑国,以半与楚,取半立公子鱼臣为郑君,己欲擅其宠也。" [2] 辛未:七月二十九日。 [3] 仆叔:公子鱼臣。子服:石制。 [4] "《诗》曰"句:出自《诗经·小雅·四月》。瘼(mò),病,用作状语,形容乱离之甚。 [5] 归于怙乱者也夫:所引《诗经》愿意为当时天下昏乱太甚,不知何处可以归宿？引诗者变其义而用之,言祸害之甚,归罪于恃人之乱以为己利者。

译文

这次战役,是郑国的石制把楚国军队引进来的,企图分割郑国,并且立公子鱼臣为国君。七月二十九日,郑国人杀死了鱼臣和石制。君子说:"史佚所谓'不要依仗动乱',说的就是这一类人。《诗》说'动乱离散是那么厉害,有哪里可以归宿'?这是归罪于靠动乱来谋私利的人吧!"

郑伯、许男如楚[1]。

注释

[1] 郑伯:郑襄公。许男:许昭公。如:到。

译文

郑襄公、许昭公去到楚国。

秋,晋师归,桓子请死[1],晋侯欲许之。士贞子谏曰[2]:"不可。城濮之役,晋师三日谷,文公犹有忧色。左右曰:'有喜而忧,如有忧而喜乎?'公曰:'得臣犹在,忧未歇也[3]。困兽犹斗,况国相乎?'及楚杀子玉,公喜而后可知也。曰:'莫余毒也已。'是晋再克而楚再败也[4],楚是以再世不竞[5]。今天或者大警晋也[6],而又杀林父以重楚胜,其无乃久不竞乎[7]?林父之事君也,进思尽忠,退思补过,社稷之卫也[8],若之何杀之?夫其败也,如日月之食焉,何损于明[9]?"晋侯使复其位。

(选自《左传·宣公十二年》)

注释

[1] 桓子请死:孔颖达疏云:"《檀弓》云:'谋人之军师,败则死之;谋人之邦邑,危则亡之。'今桓子将军,师败,故请死。" [2] 贞子:士渥浊。 [3] 歇:竭,尽。 [4] 晋再克而楚再败:既胜其君,又杀其国相,是一则再克,一则再败。 [5] 再世:指楚成王、楚穆王两代。不竞:不强。 [6] 警:警戒。大警:重大的教训,指邲之战晋国的失败。 [7] 其无乃久不竞乎:意为将久不竞。竞,强。 [8] 社稷之卫:捍卫社稷之人。 [9] "夫其败也"句:言其败乃暂时现象。日月之食,古人常以之作比喻,如《论语·子张》云:"子贡曰:'君子之过也,如日月之食焉,过也,人皆见之;更也,人皆仰之。'"

译文

(鲁宣公十二年)秋季,晋国军队回国,荀林父自己请求处以死罪,晋景公打算答应他。士贞子劝谏说:"不行,城濮那一次战役,晋军三天吃着楚军留下的粮食,文公还面带忧色。左右的人说:'有了喜事而忧愁,如果有了忧事反倒喜悦吗?'文公说:'得臣还在,忧愁还不能算完结。被困的野兽还要争斗一下,何况是一国的宰相呢?'等到楚国杀了得臣,文公便喜形于色,说:'没有人来同我作对了。'这是晋国的再次胜利,也是楚国的再次失败,楚国由此两世都不能强盛。现在,上天或者是要大大地警戒晋国,但又杀了荀林父以增加楚国的胜利,这恐怕会使晋国好久还不能强盛的吧? 荀林父侍奉国君,进,想着竭尽忠诚,退,想着弥补过错,是捍卫国家的人,怎么能杀他呢? 他的失败,如同日蚀月蚀,怎么会损害日月的光明呢?"晋景公就让荀林父官复原职了。

文史链接

《大武》

《大武》原作于武王伐纣成功告庙之时,当时只有三成。《逸周书·世俘》中也有记载,武王班师回镐京之四月辛亥,"荐俘、殷王鼎,武王乃翼,矢珪矢宪,告天宗上帝。"第四天,"甲寅,谒(告)我(伐)殷于牧野,王佩赤白旂,籥(yuè)人奏《武》,王入进《万》,献《明明》三终。"故王国维《说勺舞象舞》一文推测,《大武》之六成是原先的三成和《三象》合并的,这六成可以分开来表演,还可以独立表演,于是名称也就随之而不同。这一推测大约是正确的。

《大武》的乐曲早已失传,虽有零星的资料,但终难具体描述。然其舞蹈形式则留下了一些粗略的记录,可以作大概的描绘。第一场,在经过一番擂鼓之后,为首的舞者扮演武王,头戴冕冠出场,手持干戚,山立不动。其余六十多位舞者扮武士陆续上场,长时间咏叹后退场。这一场舞蹈动作是表示武王率兵北渡盟津,等待诸侯会师,八百诸侯会合之后,急于作战,而周武王以为伐纣的时机尚不成熟,经过商讨终于罢兵的事实。第二场主演者扮姜太公,率众舞者手持干戈,奋臂击刺,猛烈顿足。他们一击一刺,做四次重复,表示武王命太公率敢死队闯犯敌阵进行挑战,武王率大军进攻,迅速获胜,威震中原。第三场众舞者由面向北转而向南,表示周师凯旋返回镐京。第四场开始时,众舞者混乱争斗,扮周、召二公的舞者出而制止,于是众舞者皆左膝跪地,表示成王即位之后,东方和南方发生叛乱,周、召二公率兵平乱的事实。第五场,众舞者分成左右两大部分,周公在左、召公在右,振动铃铎,鼓励众舞者前进,表示成王命周公镇守东南,命召公镇守西北。第六场,众舞者恢复第一场的位置,作阅兵庆典和尊崇天子成王的动作,表示周公平乱以后,庆祝天下太平,各地诸侯尊崇周天子。

  按照传统说法,《诗经》是配乐、舞的歌词,即诗、乐、舞三位一体。王国维曾怀疑这一说法,但他撰《周大武乐章考》研究《大武》的歌辞时还是按这一原则进行的,即认为《大武》六成有诗六篇。据《毛诗序》,"《武》,奏《大武》也""《酌》,告成《大武》也"的说明,与《大武》有关的诗为《武》《酌》,又据《左传·宣公十二年》"楚子曰:'……武王克商,作《颂》曰:……又作《武》,其卒章曰:'耆定尔功。'其三曰:'铺时绎思,我徂惟求定。'其六曰:'绥万邦,屡丰年。'"数语,提及《大武》中诗有《武》《赉》《桓》。这样,六篇就确定了四篇。王国维又根据《周颂》末四篇的排列顺序,认为《般》诗为其中一篇。又据《礼记·祭统》"舞莫重于《武宿夜》"一语,推断还有一篇诗,其中有"宿夜"一词,"宿夜"即"夙夜",他认为《昊天有成命》即《武宿夜》,当为《大武》之第一篇歌诗,以下依次为《武》《酌》《桓》《赉》《般》。后经冯沅君、陆侃如,尤其是高亨的详细考辨,断定《大武》第一篇当为《我将》(详见高亨《周代大武乐考释》一文),并重新排列了后四成歌诗的次序。于是,《大武》六成的六篇诗的排列次序确定为:《我将》《武》《赉》《般》《酌》《桓》。

《大武》三成是表现武王伐纣胜利后,班师回到镐京,举行告庙和庆贺活动,同时进行赏赐功臣财宝重器和分封诸侯等事宜的一场乐舞。封建诸侯是西周初年巩固天子统治的重大政治举措。据《史记》记载,武王在朝歌已封商纣之子武庚和武王之弟管叔、蔡叔,即所谓"三监",借以镇压殷国顽民,防止他们反叛。回到镐京以后,又大规模进行分封活动。封建分为三个系列:一为以前历代圣王的后嗣,如尧、舜、禹之后。二为功臣谋士,如吕尚。三为宗室同姓,如召公、周公。据晋代皇甫谧统计,当时分封诸侯国四百人,兄弟之国十五人,同姓之国四十人。《赉》就是武王在告庙仪式上对所封诸侯的训诫之辞。故《毛诗序》云:"《赉》,大封于庙也。"

《大武》之六篇诗,周代常单独使用,故于明堂祀文王亦可用该诗。《我将》是《大武》一成的歌诗。《毛诗序》曰:"《我将》,祀文王于明堂也。"

名列前茅

成语"名列前茅"比喻名次排在前面。对于"前茅"的本义,多数词典解释是,春秋时楚国用茅草做成报警用的旌旗,行军时拿着走在前头,故称"前茅"。其实这是个误解。

名列前茅的典故出自《左传·宣公十二年》，原文为："芬敖为宰，择楚国之令典；军行，右辕，左追蓐，前茅虑无，中权，后劲。"杜预注曰："时楚以茅以旌识。"杜预注此说值得商榷。"前茅"一词，不仅没注明白，还留下了流传至今的谬误。因此，清代学者王引之批评说："茅为草名，旌为旗章之属，二者绝不相涉。"(《经义述闻》卷二十四)其实这里的"茅"是古人"用其形不用其义但取其音者"的通假用法，也就是说"茅"是"旄(máo)"的假借字或通假字。"旄"即牦牛尾，古人常用牦牛尾绑在竹木杆上用来指挥，这就是原始的旗子，因此古人也把旌旗称为"旄"。《公羊传·宣公十二年》"郑伯肉袒，左执茅旌，右执鸾刀，以逆庄王。"可为佐证。

后来约定俗成，"名列前茅"成为固定的成语，本字"旄"也被借字"茅"所取代，固定了下来。

思考讨论

结合史实，分析春秋时期诸侯争霸战争的残酷性。

谢扬守信

宋人使乐婴齐告急于晋[1]，晋侯欲救之[2]。伯宗曰[3]："不可。古人有言曰：'虽鞭之长，不及马腹[4]。'天方授楚，未可与争。虽晋之强，能违天乎？谚曰：'高下在心[5]。'川泽纳污[6]，山薮藏疾[7]，瑾瑜匿瑕[8]，国君含垢[9]，天之道也。君其待之！"乃止。

注释

[1]乐婴齐：宋大夫。　[2]晋侯：晋景公。　[3]伯宗：晋大夫孙伯纠之子。　[4]"虽鞭之长"二句：譬喻晋国虽强，也无力跟楚国抗争。　[5]高下在心：指处理事情，或高之，或下之，唯由我心之裁度其宜。　[6]川泽纳污：川泽之水也容纳污浊。　[7]山薮(sǒu)：指山林与薮泽地。薮，草木茂盛的浅水湖泽。藏疾：山薮多草木，毒害者居之，故曰藏疾。疾，指害人之物，即毒蛇猛兽之类。　[8]瑾瑜：美玉。匿：隐藏。瑕(xiá)：美玉上的疵斑。　[9]垢：耻辱。国君含垢：前三句为比喻，此句方为本意，指国君宜以社稷之长远利益为重，不宜小不忍而危害社稷。

译文

宋国人派乐婴齐到晋国报告急难，晋景公想要救援宋国。伯宗说："不行。古人有话说：'鞭子虽然长，达不到马肚子。'上天正在保佑楚国，不能和他竞争。晋国虽然强盛，能够违背上天吗？俗话说：'高高下下，都在心里。'河流湖泊里容纳污泥浊水，山林草野里暗藏毒虫猛兽，美玉也藏匿着斑痕，国君也得忍受点耻辱，这是上天的常道。君王还是等着吧！"于是，晋景公就停止发兵救宋。

使解扬如宋[1],使无降楚,曰:"晋师悉起[2],将至矣。"郑人囚而献诸楚。楚子厚赂之,使反其言。不许。三而许之。登诸楼车[3],使呼宋人而告之。遂致其君命[4]。楚子将杀之,使与之言曰:"尔既许不谷,而反之,何故?非我无信,女则弃之。速即尔刑[5]!"对曰:"臣闻之,君能制命为义,臣能承命为信[6],信载义而行之为利。谋不失利,以卫社稷,民之主也。义无二信,信无二命。君之赂臣,不知命也。受命以出,有死无霣[7],又可赂乎?臣之许君[8],以成命也。死而成命,臣之禄也[9]。寡君有信臣,下臣获考死[10],又何求?"楚子舍之以归。

(选自《左传·宣公十五年》)

注释

[1] 解(xiè)扬:晋大夫,原籍是晋国霍邑(今山西霍州),字子虎,又称霍虎。　[2] 悉:全,都。　[3] 楼车:一种设有瞭望楼的较高的兵车。　[4] 致其君命:传达了晋君要求宋人坚守待援的命令。　[5] 即:就,走到某个位置。即刑:就刑。　[6] 承:奉行。　[7] 霣(yǔn):同"陨",坠落,引申为丢掉。　[8] 许君:欲以完成君之使命。　[9] 禄:福分。　[10] 考死:善终。这是

说,自己完成了使命,虽被杀也死得其所,可以算作善终了。

译文

派遣解扬到宋国去,让宋国不要投降楚国,解扬对宋国说:"晋国的军队都已经出发,将要到达了。"解扬路过郑国时,郑国人把他囚禁起来献给楚国。楚庄王重重地贿赂他,让他把话反过来说,解扬不答应,经过三次劝说以后才答应了。楚国人让解扬登上楼车,向宋国人喊话,将楚国人要说的话告诉他们,解扬就乘机传达了晋君的命令。楚庄王准备杀死他,派人对他说:"你既已答应了我,现在又反过来,是什么缘故?不是我没有信用,而是你丢失了它。快去受你的刑罚吧!"解扬回答说:"臣听说,国君能制订命令就是道义,臣下能接受命令就是信用,信用贯彻了道义然后去做就是利益。谋划不失去利益,以保卫国家,才是百姓的主人。道义不能有两种信用,信用不能接受两种命令。君王贿赂下臣,就是不懂得命令的意义。接受了国君的命令而出国,宁可一死而不能废弃命令,难道是可以贿赂的吗?下臣所以答应您,那是为了借机会完成国君的使命。死而能完成使命,这是下臣的福气。寡君有守信的下臣,下臣死得其所,我不再需要别的什么了!"楚庄王赦免了解扬并放他回去。

文史链接

一诺千金

选文中的解扬不但武艺高强,而且能言善辩,机智过人。

他对信用的坚守,从容不迫,大义凛然,将生死置之度外,令人动容。关于"解扬守信"的故事,《史记·郑世家》也有详细记载:

> 十一年,楚庄王伐宋,宋告急于晋。晋景公欲发兵救宋,伯宗谏晋君曰:"天方楚,未可伐也。"乃求壮士得霍人解扬,字子虎,诓楚,令宋毋降。过郑,郑与楚亲,乃执解扬而献楚。楚王厚赐与约,使反其言,令宋趣降,三要乃许。于是楚登解扬楼车,令呼宋。遂负楚约而致其晋君命曰:"晋方悉国兵以救宋,宋虽急,慎毋降楚,晋兵今至矣!"楚庄王大怒,将杀之。解扬曰:"君能制命为义,臣能承命为信。受吾君命以出,有死无陨。"庄王曰:"若之许我,已而背之,其信安在?"解扬曰:"所以许王,欲以成吾君命也。"将死,顾谓楚军曰:"为人臣无忘尽忠得死者!"楚王诸弟皆谏王赦之,于是赦解扬使归。晋爵之为上卿。

守信,是中华民族的传统美德之一,在中国古代,"信"具有重大的意义,常与"忠""孝""节""义"并提。对于"信"的坚守与否,体现了人格的高下,直接决定了受人敬仰还是遭人唾弃。选文所载"谢扬守信"的故事就表现了"信"的力量。

解扬受命于晋君出使宋国,半路被楚庄王所获。楚庄王欲借其口摧垮宋人守城的意志。对于以完成君命为己任的解扬,这里存在两个失信的可能:一、无法完成使命失信于君;二、遂楚人心愿欺骗宋人,不但失信而且"失节"。这场变故无疑是对解扬人格的考验。楚王欲以"厚赂之"达到"交换"的目的,欲把解扬之"信"物质化、现实化。一句"不许",表明了解扬在物质诱惑面前的操守,言简意赅,掷地有声,但随后的"三而许之",却令人费解。这里,《左传》作者故作悬念,使情节起伏,引人入胜。

解扬将计就计,利用楚人的粗疏,直传君命。这种冒险之举,充分表现了解扬的大智大勇,在几乎无法完成使命的困境中,巧妙地化险为夷,将楚王玩弄于股掌之间。解扬的智勇是以他的人格与信念为依托的。解扬不同凡俗的亮节高风,令一代雄主楚庄王甚为敬服,不得不"舍之以归"了。

思考讨论

1. 试分析解扬的语言艺术及其人物形象。
2. 总结《左传》中有关守信的言论,分析其产生的历史背景。

易子而食,析骸以爨

夏五月,楚师将去宋[1],申犀稽首于王之马前曰[2]:"毋畏知死而不敢废王命[3],王弃言焉[4]。"王不能答。申叔时仆[5],曰:"筑室,反耕者[6],宋必听命。"从之。宋人惧,使华元夜入楚师[7],登子反之床[8],起之,曰:"寡君使元以病告[9],曰:'敝邑易子而食[10],析骸以爨[11]。虽然[12],城下之盟[13],有以国毙,不能从也。去我三十里,唯命是听。"子反惧,与之盟,而告王。退三十里。宋及楚平[14]。华元为质。盟曰:"我无尔诈,尔无我虞[15]。"

(选自《左传·宣公十五年》)

注释

[1] 去:离开。　　[2] 申犀:芈姓,名犀。申舟的儿子,春秋时期楚国人。公元前595年,申舟把儿子申犀引见给楚庄王后离国出使齐国,到达宋国没有像宋国借道,宋国人于是就杀了申舟。　　[3] 毋畏:即申舟(?—公元前595年),芈姓,文氏,名无畏,字子舟,因被封于申,以邑为氏,称为申氏,又被称为文之无畏、毋畏、文无畏。楚文王的后代,春秋时期楚国左司马。申犀之父。　　[4] 弃言:背弃诺言。这里指楚王背弃了对申舟说的"女死,我伐之"的话,要从宋国退兵。　　[5] 申叔时:楚大夫。仆:替王驾车。　　[6] "筑室"二句:修房子住下,叫回耕田人。这是准备长期围宋而作的安排。　　[7] 夜入楚师:杜预注认为华元能夜入楚师,是靠其"乡人"事先探知了虚实。　　[8] 子反:楚军主帅公子侧。　　[9] 病:这里指极端困难的情况。[10] 易:交换。　　[11] 析:劈开。爨(cuàn):烧火做饭。[12] 虽:即使。然:这样。　　[13] 城下之盟:兵临城下而被逼迫签订的盟约,指投降。　　[14] 平:讲和。　　[15] 我无尔诈,尔无我虞:指两不相欺。无,不要。虞,欺。

译文

(鲁宣公十五年)夏季,五月,楚军准备离开宋国,申犀在楚庄王马前叩头说:"我父毋畏知道死而不敢废弃君王的命令,君王却食言了。"楚庄王不能回答。申叔时正为楚庄王驾车,说:"造起房子,让种田的人回来,宋国必然听从命令。"楚庄王听从了。宋国人害怕,派华元在夜里进入楚军营,登上子反的床,叫他起来,说:"寡君派元把困难情况告诉你,说:'敝邑交换着儿子杀了吃掉,把尸骨拆开来烧火做饭。尽管如此,无条件投降,宁可让国家灭亡,也是不能这样做的。你们退兵三十里,宋国将唯命是听。'"子反害怕,就和华元私自订立盟誓然后报告楚庄王。楚军退兵三十里,宋国和楚国讲和,华元作为人质。盟誓说:"我不骗你,你不欺我。"

文史链接

《左传》对战争残酷性的深刻揭露

自春秋初期始,各诸侯国之间,由于争夺霸权而发生了不计其数的战争。《左传·成公十三年》载:"国之大事,在祀与戎。"对于当时的国家来说,战争是与祭祀同等重要的大事。据范文澜先生统计,在长达二百四十二年的春秋时期,共发生战争四百八十三次,平均每年发生两次战争(《中国通史简编》第一卷)。

《左传》以描写战争见长,清人吴闿生在《左传微》中说:"左氏诸大战,皆精心结撰而为之,声势采色,无不曲尽其妙,古今之至文也!"《左传》对许多大小战争都做了详细的记述,并且在叙述战争的同时,深刻揭露了战争给人民带来的深重灾难。如选文中"易子而食,析骸以爨"的场景,令人动容。《左传·成公二年》记载,齐晋鞌之战中,郤克"伤于矢,流血及屦,未绝鼓音"、张侯"自始合,而矢贯余手及肘,余折以御,左轮朱殷""左援枹,右援枹而鼓"等一系列细节,渲染了战斗的紧张气氛;《左传·宣公十二年》记载,晋楚邲之战中晋军争先渡河的场景云"中军下军争舟,舟中之指可掬也",用形象化的语言反映出战争的残酷。"争地以战,杀人盈野;争城以战,杀人盈城"(《孟子·离娄上》)、"父母冻饿,兄弟妻子离散"(《孟子·梁惠王下》)的场景更是屡见不鲜。无论战争结果如何,战争双方的伤亡都是无法估量的。这种详尽的记录,体现了《左传》作者"不虚美,不隐恶"的撰史原则,为后代史家树立了楷模。

"易子而食""析骸以爨""尔虞我诈"等成语亦皆出自此篇。

思考讨论

总结古诗文中描写战争残酷性的片段,并对其进行比较分析。

结草报恩

秋七月,秦桓公伐晋,次于辅氏[1]。壬午[2],

晋侯治兵于稷[3]，以略狄土[4]，立黎侯而还。及洛[5]，魏颗败秦师于辅氏[6]。获杜回，秦之力人也[7]。

注释

[1] 次：驻扎。辅氏：晋国地名。据《朝邑县志》，朝邑西北十三里有辅氏城，在今陕西省大荔县东。　　[2] 壬午：二十七日。[3] 稷：晋国地名。在今山西省稷山县南五十里有稷山，山下有稷亭，相传为晋侯治兵处。治兵：武装演习。　　[4] 略：强取。[5] 洛：晋国地名。以洛水得名，在今陕西省大荔县东南。[6] 败：击败。　　[7] 力人：大力士。

译文

（鲁宣公十五年）秋季，七月，秦桓公进攻晋国，驻扎在辅氏这个地方。二十七日，晋景公在稷地进行武装演习，来占领狄人的土地，立了黎侯，然后回来了。到达洛地，魏颗在辅氏击败秦军，俘获了杜回这个秦国的大力士。

初，魏武子有嬖妾[1]，无子。武子疾[2]，命颗曰[3]："必嫁是[4]。"疾病[5]，则曰："必以为殉[6]！"及卒，颗嫁之，曰："疾病则乱[7]，吾从其治也[8]。"

及辅氏之役,颗见老人结草以亢杜回[9]。杜回踬而颠[10],故获之。夜梦之曰:"余,而所嫁妇人之父也[11]。尔用先人之治命,余是以报[12]。"

(选自《左传·宣公十五年》)

注释

[1]魏武子:魏犨(chōu),魏颗之父。嬖(bì)妾:爱妾。嬖,爱。　[2]疾:生病。　[3]命:吩咐。颗:魏颗。　[4]是:代指魏武子之嬖妾。　[5]疾病:病危之时。　[6]殉:殉葬。以妻妾殉葬是奴隶社会的遗俗。　[7]乱:神志不清。　[8]从:听从。治:同"智",神志清醒。　[9]结草:把草打成结。亢(kàng):遮拦。　[10]踬(zhì):被东西绊倒。颠:倾倒。　[11]而:同"尔",对称代词,你。　[12]是以报:"以是报"的倒装,以此作为报答。

译文

当初,魏武子有一个爱妾,没有生儿子。魏武子生病,吩咐魏颗说:"等我死去以后,一定让她改嫁。"病危时,又说:"一定要让她殉葬!"等到魏武子死后,魏颗让她改嫁了,说:"病重了就神志不清,我听从他清醒时候的话。"等到辅氏这一战,魏颗看到一个老人把草打成结来遮拦杜回。杜回绊倒在地,所以才俘虏了他。夜里梦见老人说:"我是你所嫁女子的父亲。你执行你先人清醒时候的话,我以此作为报答。"

文史链接

结草衔环,反哺跪乳

"结草"即把草结成绳子,搭救恩人;"衔环"指嘴里衔着玉环。旧时比喻感恩报德,至死不忘。"结草"的典故出自《左传·宣公十五年》:"及辅氏之役,颗见老人结草以亢杜回,杜回踬而颠,故获之。"《东周列国志》第五十五回《华元登床劫子反 老人结草亢杜回》即根据《左传·宣公十五年》改编,且故事情节更加丰满:

> 是夜,魏颗在营中闷坐,左思右想,没有良策。坐至三更困倦,朦胧睡去,耳边似有人言"青草坡"三字,醒来不解其意;再睡,仍复如前。乃向魏锜言之。魏锜曰:"辅氏左去十里,有个大坡,名为青草坡,或者秦军合败于此地也。弟先引一军往彼埋伏,兄诱敌军至此,左右夹攻,可以取胜。"魏锜自去行埋伏之事。魏颗传令:"拔寨都起。"扬言:"且回黎城。"杜回果然来追,魏颗略斗数合,回车就走,渐渐引近青草坡来。一声炮响,魏锜伏兵俱起。魏颗复身转来,将杜回团团围住,两下夹攻。杜回全不畏惧,抡着一百二十斤的开山大斧,横劈竖劈,当者辄死,虽然众杀手颇有损伤,不能取胜。二魏督率众军,力战杜回不退。看看杀至青草坡中间,杜回忽然一

步一跌,如油靴踏着层冰,立脚不住,军中发起喊来。魏颗举眼看时,遥见一老人,布袍芒履,似庄家之状,将青草一路挽结,以攀杜回之足。魏颗、魏锜双车碾到,二戟并举,把杜回搠倒在地,活捉过来。众杀手见主将被擒,四散逃奔,俱为晋兵追而获之,三百人逃不得四五十人。魏颗问杜回曰:"汝自逞英雄,何以见擒?"杜回曰:"吾双足似有物攀住,不能展动,乃天绝我命,非力不及也。"魏颗暗暗称奇。魏锜曰:"彼既有绝力,留于军中,恐有他变。"魏颗曰:"吾意正虑及此。"即时将杜回斩首,解往稷山请功。

　　是夜,魏颗始得安睡,梦日间所见老人,前来致揖曰:"将军知杜回所以获乎?是老汉结草以御之,所以颠踬被获耳。"魏颗大惊曰:"素不识叟面,乃蒙相助,何以奉酬?"老人曰:"我乃祖姬之父也。尔用先人之治命,善嫁吾女,老汉九泉之下,感子活女之命,特效微力,助将军成此军功。将军勉之,后当世世荣显,子孙贵为王侯,无忘吾言。"

　　原来魏颗之父魏犨,有一爱妾,名曰祖姬。犨每出征,必嘱魏颗曰:"吾若战死沙场,汝当为我选择良配,以嫁此女,勿令失所,吾死亦瞑目矣。"及魏犨病笃之时,又嘱颗曰:"此女吾所爱惜,必用以殉吾葬,使吾泉下有伴也。"言讫而卒。魏颗营葬其父,并不用祖姬为殉。魏锜曰:"不记父临终之嘱乎?"颗曰:"父平日吩咐必嫁此女,临终乃昏乱之言。孝子从治命,不从乱命。"葬事毕,遂择士人而嫁之。有此阴德,所以老人有结草之报。魏颗

梦觉,述于魏锜曰:"吾当时曲体亲心,不杀此女,不意女父衔恩地下如此。"魏锜叹息不已。髯仙有诗云:

结草何人亢杜回? 梦中明说报恩来。

劝人广积阴功事,理顺心安福自该。

"衔环"典故出自《后汉书·杨震传》李贤注引南朝梁吴均《续齐谐记》:"宝年九岁时,至华阴山北,见一黄雀为鸱鸮所搏,坠于树下,为蝼蚁所困。宝取之以归,置巾箱中,唯食黄花,百余日毛羽成,乃飞去。其夜有黄衣童子向宝再拜曰:'我西王母使者,君仁爱救拯,实感成济。'以白环四枚与宝:'令君子孙洁白,位登三事,当如此环矣。'"。果如黄衣童子所言,杨宝的儿子杨震、孙子杨秉、曾孙杨赐、玄孙杨彪四代官职都官至太尉,而且都刚正不阿,为政清廉,他们的美德为后人所传诵。

后以"结草衔环"为感恩图报之典故,也说"衔环结草",其作为成语在历代文学作品中多有出现。唐代白居易《赎鸡》诗:"莫学衔环雀,崎岖谩报恩。"元代李行道《灰阑记》第一折:"多谢大娘子,小人结草衔环,此恩必当重报。"明代范受益《寻亲记·遇恩》:"此身生还,没齿怎忘恩义。便待要结草衔环,更未卜何时重会。"姚雪垠《李自成》第二卷第十六章:"舅老爷及抚台衙门各位老爷关照救护之恩,不惟敝友将结草衔环以报,即愚弟亦感激不尽。"

"结草衔环"表示感恩图报,"反哺跪乳"则指做子女的更要懂得孝顺父母,懂得感恩。"反哺跪乳"一词出自《增广贤文》:"鸦有反哺之义,羊有跪乳之恩,马无欺母之心。"意为:羊羔有跪下接受母乳的感恩举动,小乌鸦有衔食喂母鸦的情义,马儿没有欺骗母亲的心思。动物都知道感恩父母、孝敬长辈的道理,妈妈照顾它,它就感恩报答妈妈,难道人还不会吗?

思考讨论

搜集中国古代知恩图报的历史故事。

新编国学基本教材

左传选读 下

张华 ◎ 编注

李耐儒 ◎ 主编

上海财经大学出版社

目 录

第八章　鲁成公　001

齐晋鞌之战 …………………………………… 001

楚归晋知罃 …………………………………… 029

从善如流 ……………………………………… 034

钟仪不忘故国 ………………………………… 038

吕相绝秦 ……………………………………… 043

晋楚鄢陵之战 ………………………………… 055

第九章　鲁襄公　082

祁奚举贤 ……………………………………… 082

魏绛和戎 ……………………………………… 087

季文子行俭 …………………………………… 096

过而不悛，亡之本也 ………………………… 100

众怒难犯，专欲难成 ………………………… 104

思则有备，有备无患 ………………………… 109

驹支不屈于晋 ················· 114

马首是瞻 ····················· 120

师旷侍于晋侯 ················· 124

子罕以不贪为宝 ··············· 129

祁奚请免叔向 ················· 133

叔孙豹论三不朽 ··············· 139

子产告范宣子轻币 ············· 143

崔杼弑齐庄公 ················· 148

上下其手 ····················· 159

晋用楚材 ····················· 162

季札观周乐 ··················· 172

子产坏晋馆垣 ················· 183

子产不毁乡校 ················· 190

子产论尹何为邑 ··············· 194

第十章　鲁昭公　　　　　　　　200

郑子南与子皙争聘 ············· 200

晋侯问医 ····················· 207

晏婴叔向论楚晋季世 ··········· 215

唯天所相，不可与争 ··········· 220

不赏私劳，不罚私怨 ··········· 227

蘧启强谏耻晋之辞 ················· 233
叔向使诒子产书 ··················· 241
正考父三命而俯 ··················· 246
末大必折,尾大不掉 ················ 250
子革对灵王 ······················· 253
数典忘祖 ························· 262
天子失官,官学在四夷 ·············· 268
晏婴论和与同 ····················· 273
子产论政宽猛 ····················· 279
王子朝告诸侯之辞 ················· 284
鱄设诸刺吴王僚 ··················· 292
贾大夫丑而妻美 ··················· 298
君臣无常位 ······················· 302

第十一章　鲁定公　　　　　　　　　308

申包胥如秦乞师 ··················· 308
齐鲁夹谷之会 ····················· 312

第十二章　鲁哀公　　　　　　　　　320

吴许越成 ························· 320
国之兴也,视民如伤 ················ 327

白公胜之乱 ·················· 331

附录 1　春秋时期周王世系表　　　　　　　345

附录 2　春秋时期鲁侯世系表　　　　　　　347

附录 3　《左传》所见典故性成语简表　　　348

附录 4　《左传选读》重要历史人物小传　367

跋：古典的回归与文化自觉　　　　　　　406

第八章 鲁成公

齐晋鞌之战

十七年春,晋侯使郤克征会于齐[1]。齐顷公帷妇人使观之[2]。郤子登,妇人笑于房[3]。献子怒[4],出而誓曰:"所不此报[5],无能涉河!"

（选自《左传·宣公十七年》）

注释

[1] 晋侯：晋景公。郤克：晋大夫,郤缺的儿子。征会：召集会盟。征,召,召集。　　[2] 帷：以布帛围之以自障。妇人：指齐顷公的母亲萧同叔子。　　[3] 登：登上朝堂。郤克是跛子,所以当其登上台阶时萧同叔子笑起来。　　[4] 献子：即郤克。[5] 所：用于盟誓中的假设连词,若。

译文

(鲁宣公)十七年春季,晋景公派遣郤克到齐国征召齐顷公参加盟会。齐顷公用帷幕遮住母亲萧同叔子,让她观看。郤克登上台阶,萧同叔子在房里笑起来。郤克很生气,出来发誓说:"不报复这次耻辱,就不能渡过黄河!"

二年春,齐侯伐我北鄙[1],围龙[2]。顷公之嬖人卢蒲就魁门焉[3]。龙人囚之。齐侯曰:"勿杀,吾与而盟[4],无入而封[5]。"弗听,杀而膊诸城上[6]。齐侯亲鼓,士陵城[7]。三日,取龙,遂南侵,及巢丘[8]。

注释

[1] 齐侯:齐顷公。　　[2] 龙:鲁邑,在今山东省泰安市东南。　　[3] 嬖人:受宠的人。卢蒲就魁:人名。门:攻城。[4] 而:同"尔",你们。　　[5] 封:国境。　　[6] 膊(pò):分裂肢体而曝露之。膊诸城上,暴尸于城上。　　[7] 陵城:爬上城墙。　　[8] 巢丘:鲁邑,在龙邑附近。

译文

(鲁成公)二年春季,齐顷公进攻我国北部边境,包围龙地。

齐顷公的宠臣卢蒲就魁攻打城门,龙地的人把他捉住并囚禁起来。齐顷公说:"不要杀他,我和你们盟誓,不进入你们境内。"龙地的人不听,把他杀了,暴尸于城上。齐顷公亲自击鼓,兵士爬上城墙。三天,占领了龙地,于是就向南入侵,到达巢丘。

卫侯使孙良夫、石稷、宁相、向禽将侵齐[1],与齐师遇。石子欲还。孙子曰[2]:"不可。以师伐人,遇其师而还,将谓君何?若知不能[3],则如无出[4]。今既遇矣,不如战也。"……石成子曰:"师败矣,子不少须[5],众惧尽。子丧师徒,何以复命?"皆不对。又曰:"子,国卿也。陨子[6],辱矣。子以众退,我此乃止。"且告车来甚众。齐师乃止,次于鞫居。新筑人仲叔于奚救孙桓子,桓子是以免。既[7],卫人赏之以邑,辞,请曲县[8]、繁缨以朝[9]。许之。仲尼闻之曰:"惜也,不如多与之邑。唯器与名[10],不可以假人,君之所司也。名以出信[11],信以守器[12],器以藏礼[13],礼以行义[14],义以生利[15],利以平民[16],政之大节也。若以假人,与人政也。政亡,则国家从之,弗可止也已。"

注释

[1] 孙良夫：孙林父之父。石稷：石碏的四世孙。后文的石子、石成子也指石稷。宁相：宁俞子。　　[2] 孙子：即孙良夫。后文孙桓子也指孙良夫。　　[3] 不能：不能战。　　[4] 如：应当。　　[5] 须：等待。　　[6] 陨：损失。　　[7] 既：既而。　　[8] 县：同"悬"。指钟、磬等乐器悬挂于架。古代，天子乐器，四面悬挂，象宫室四面有墙，谓之"宫悬"；诸侯去其南面乐器，三面悬挂，曰"轩悬"，亦曰"曲悬"；大夫仅左右两面悬挂，曰"判悬"；士仅于东面或阶间悬挂，曰"特悬"。仲叔于奚请"曲悬"，是以大夫而僭越诸侯之礼。　　[9] 繁：马鬣(liè)毛前的装饰，亦诸侯之礼。　　[10] 器：指曲县、繁缨等器物。名：指当时爵号。"器"与"名"都是人主掌握以指挥、统治臣民的工具，不能假借于人。　　[11] 名以出信：有某种爵号，就赋予某种威信。[12] 信以守器：有某种威信，即能保持其所得器物。　　[13] 器以藏礼：制定各种器物，以示尊卑贵贱，体现当时之礼。[14] 礼以行义：道义遵循礼制而行。　　[15] 义以生利：行义然后能产生大众之利。　　[16] 利以平民：利益用来治理百姓。平，治理。

译文

卫穆公派遣孙良夫、石稷、宁相、向禽率兵入侵齐国，与齐军相遇。石稷想要回去，孙良夫说："不行。用军队攻打别人，遇上敌人就回去，将怎样对国君说呢？如果知道不能作战，就不应当出兵。现在既然与敌军相遇,不如打一仗。"……石稷说:"军队战败了,您如果不稍稍等待,顶住敌军,将会全军覆灭。您丧失了军队,如何回报君命?"大家都不回答。石稷又说:"您,是国家的卿。损失了您,就是一种羞耻了。您带着大家撤退,我留在这里。"同时通告军中,说援军的战车来了不少。齐国的军队就停止前进,驻扎在鞫居。新筑大夫仲叔于奚援救了孙良夫,孙良夫因此得免于难。不久,卫国人把城邑赏给仲叔于奚。仲叔于奚辞谢,而请求得到诸侯所用三面悬挂的乐器,并用繁缨装饰马匹来朝见,卫君允许了。孔子听说这件事,说:"可惜啊,还不如多给他城邑。唯有器物和名号,不能假借给别人,国君是知道的。名号用来赋予威信,威信用来保持器物,器物用来体现礼制,礼制用来推行道义,道义用来产生利益,利益用来治理百姓,这是政权中的大节。如果把名位、礼器假借给别人,这就是把政权给了别人。失去政权,国家也就跟着失去,这是不能阻止的。"

孙桓子还于新筑[1],不入[2],遂如晋乞师[3]。臧宣叔亦如晋乞师[4]。皆主郤献子[5]。晋侯许之七百乘[6]。郤子曰:"此城濮之赋也[7]。有先君之明与先大夫之肃[8],故捷[9]。克于先大夫,无能为役[10],请八百乘。"许之。郤克将中军,士燮佐上军,栾书将下军,韩厥为司马[11],以救鲁、卫。臧宣叔逆晋师[12],且道之[13]。季文子帅师会之[14]。及卫地,韩献子将斩人[15],郤献子驰[16]，将救之。至，则既斩之矣[17]。郤子使速以徇[18]，告其仆曰："吾以分谤也[19]。"

注释

[1] 孙桓子：卫国的卿孙良夫。新筑：卫国地名。 [2] 不入：不入郑国国都。 [3] 乞师：请兵。 [4] 臧宣叔：鲁国大夫。鲁、卫两国分别吃了齐国的败仗，所以都向晋国求救兵。 [5] 郤献子：郤克。后文的郤子也指郤克。 [6] 许：答应。乘：兵车。 [7] 赋：军赋。所出兵车数目。城濮之战，晋发兵车七百乘。 [8] 先大夫：泛指本国前辈之卿大夫，不必与本人同族。这里实指先轸、狐偃、栾枝等人。肃：敏捷。 [9] 捷：胜利。 [10] 无能为役：连做他们的仆人都不够格。 [11] 士燮(xiè)、栾书、韩厥：都是晋大夫，士燮是士会的儿子，其余两人见《晋楚邲之战》。 [12] 逆：迎接。 [13] 道：同"导"，引导。道之：指为向导开路。 [14] 季文子：鲁国的执政者。 [15] 韩献子：即韩厥。 [16] 驰：飞速驾车。 [17] 既：已经。之：指韩厥所杀的人。 [18] 徇(xùn)：遍，示众。 [19] 分谤：分担对韩厥的指责。

译文

孙桓子回到新筑，不进国都，就到晋国请求出兵。臧宣叔也到晋国请求出兵。两人都投奔郤克，晋景公答应派出七百辆战车,郤克说:"这是城濮之战的所出兵车数目。当时有先君的明察和先大夫的敏捷,所以得胜。克和先大夫相比,还不足以做他们的仆人,请发八百乘战车。"晋景公答应了。郤克率领中军,士燮辅佐上军,栾书率领下军,韩厥做司马,以救援鲁国和卫国。臧宣叔迎接晋军,同时作为向导开路。季文子率领军队和他们会合。到达卫国境内,韩厥要杀人,郤克驾车疾驰赶去,打算救下那个人。等赶到,已经杀了。郤克派人把尸体在军中示众,还告诉他的御者说:"我用这样的做法来分担对韩厥的指责。"

师从齐师于莘[1]。六月壬申[2],师至于靡笄之下[3]。齐侯使请战[4],曰:"子以君师辱于敝邑,不腆敝赋[5],诘朝请见[6]。"对曰:"晋与鲁、卫,兄弟也[7],来告曰:'大国朝夕释憾于敝邑之地[8]。'寡君不忍,使群臣请于大国,无令舆师淹于君地[9]。能进不能退,君无所辱命。"齐侯曰:"大夫之许,寡人之愿也;若其不许,亦将见也。"齐高固入晋师[10],桀石以投人[11],禽之而乘其车[12],系桑本焉[13],以徇齐垒[14],曰:"欲勇者贾余余勇[15]!"

注释

[1] 从:追击。莘(shēn):卫国地名,在今山东莘县北。

［2］壬申：十六日。　　［3］靡笄(jī)：山名,即今济南市千佛山。　　［4］齐侯：即齐顷公。　　［5］不腆：谦词。犹言浅薄。赋：军赋。　　［6］诘朝(jié zhāo)：同"诘旦",即平明,次日清晨。　　［7］兄弟：晋、鲁、卫三国都是姬姓国家,所以说是兄弟。　　［8］大国：指齐国。敝邑：鲁、卫自称。　　［9］舆师：众军。淹于君地：停留在齐国境内。淹,久。　　［10］高固：齐国大夫。　　［11］桀(jié)石：举起石头。桀,举。　　［12］禽之：禽同"擒",指抓到晋军俘虏。　　［13］系桑本焉：以桑树根系于车,表示与其他战车有别。桑本,桑树根。　　［14］徇(xùn)齐垒：在齐军营垒前游行。徇,巡行。　　［15］贾：买。

译文

晋、鲁、卫联军在莘地追上齐军。六月十六日,军队到达靡笄山下。齐顷公派人请战,说："您带领国君的军队光临敝邑,敝国的士兵不强,也请在明天早晨相见决战。"郤克回答说："晋和鲁、卫是兄弟国家,他们前来告诉我们说:'大国不分早晚都在敝邑的土地上发泄气愤。'寡君不忍,派下臣们前来向大国请求,同时又不让我军长久留在贵国。我们只能前进不能后退,您的命令是不会不照办的。"齐顷公说："大夫允许,正是齐国的愿望;如果不允许,也要兵戎相见的。"齐国的高固攻打晋军,拿起石头扔向晋军,抓住晋军战俘,然后坐上他的战车,系战车于齐垒前的桑树根上,巡行到齐营说："想要勇气的人可以来买我剩下的勇气!"

癸酉,师陈于鞌[1]。邴夏御齐侯,逢丑父为右[2]。晋解张御郤克,郑丘缓为右[3]。齐侯曰:"余姑翦灭此而朝食[4]。"不介马而驰之[5]。

注释

[1]癸酉:六月十七日。陈:同"阵",列阵。鞌(ān):同"鞍",齐国地名,在今山东历城。　　[2]邴(bǐng)夏、逢丑父:都是齐国大夫。　　[3]解张、郑丘缓:都是晋人。当时元帅的战车布局是,元帅居中击鼓指挥或射箭,驭手居左驾车,车右在右持戈攻击及保卫。　　[4]姑:暂且。翦灭:除去,歼灭。朝食:早餐。　　[5]介:甲。不介马:马不披甲。

译文

(鲁成公二年)六月十七日,齐、晋两军在鞌地摆开阵势。邴夏为齐顷公驾车,逢丑父作为车右。晋国的解张为郤克驾车,郑丘缓作为车右。齐顷公说:"我暂且消灭了这些人再吃早饭。"马不披甲,驰向晋军。

郤克伤于矢,流血及屦,未绝鼓音[1],曰:"余病矣[2]!"张侯曰:"自始合[3],而矢贯余手及肘,余折以御。左轮朱殷[4],岂敢言病?吾子忍之!"缓曰:"自始合,苟有险,余必下推车,子岂识之?

然子病矣[5]！"张侯曰："师之耳目，在吾旗鼓，进退从之。此车一人殿之[6]，可以集事[7]。若之何其以病败君之大事也？擐甲执兵[8]，固即死也[9]，病未及死，吾子勉之[10]！"左并辔，右援枹而鼓[11]。马逸不能止[12]，师从之[13]。齐师败绩。逐之[14]，三周华不注[15]。

注释

[1] 屦（jù）：用麻葛等物制成的鞋子。　[2] 病：伤重，有不能再坚持之意。　[3] 张侯：即解张，张是其字，侯是其名。古人名字连言，先字后名。合：交战。　[4] 殷（yān）：赤黑色。朱殷：殷红。左轮朱殷：血流至左边车轮，染成红黑色。[5] 病：伤得不轻。　[6] 殿：镇守。　[7] 集事：完成指挥任务。集，完成。　[8] 擐（huàn）：穿着。　[9] 即：就。[10] 吾子：您。勉之：加把劲！　[11] 枹（fú）：鼓槌。[12] 逸：狂奔。　[13] 从：跟随。　[14] 逐之：追赶齐军。[15] 周：环绕。华不注：山名，在今济南市东北。

译文

郤克受了箭伤，血流到鞋子上，但是鼓声不断，说："我受伤了！"解张说："从一开始交战，箭就射穿了我的手和肘，我折断了箭杆仍然驾车，左边的车轮都染成红黑色了，哪里敢说受伤呢？

您忍着点吧!"郑丘缓说:"从一开始交战,如果遇到危险,我必定下车推车,您难道不了解吗?不过您真是伤得不轻啊!"解张说:"军队的耳目,在于我的旗子和鼓声,前进后退都要听从于它。这辆车子由一个人镇守,战事就可以完成。为什么要为了一点痛苦而败坏国君的大事呢?身披盔甲,手执武器,本来就抱定必死的决心,受伤还没有到死的程度,你还是尽力而为吧!"于是就左手一把握着马缰,右手拿着鼓槌击鼓。马奔跑不能停止,全军就跟着上去。齐军大败,晋军追赶齐军,绕了华不注山三圈。

韩厥梦子舆谓己曰:"旦辟左右[1]!"故中御而从齐侯[2]。邴夏曰:"射其御者,君子也。"公曰:"谓之君子而射之,非礼也[3]。"射其左,越于车下[4]。射其右,毙于车中[5]。綦毋张丧车[6],从韩厥曰:"请寓乘[7]!"从左右,皆肘之[8],使立于后。韩厥俛[9],定其右[10]。

注释

[1]子舆:韩厥的父亲。旦辟左右:明天早上打仗的时候不要站在车左或车右的位置。　[2]中御:韩厥本应在左,因梦而代为御者以居中。从:追赶。　[3]非礼:不符合礼法。[4]越:坠下。　[5]毙:死。　[6]綦(qí)毋(wú)张:晋大夫,姓綦毋,名张。丧车:丢失战车。　[7]寓:寄。寓乘:借乘韩厥的战车。　[8]肘之:用手肘推綦毋张。　[9]俛

(fǔ)：同"俯"，弯下腰。韩厥身向下俯，使车右之尸不至于坠下，故齐顷公与逢丑父易位而看不见。　　[10] 定其右：放稳车右的尸体。

译文

韩厥梦见他父亲子舆对他说："明天不要站在战车左右两侧！"因此，韩厥就在中间驾战车而追赶齐顷公。邴夏说："射那位驾车人，他是君子。"齐顷公说："认为他是君子而射他，这不合于礼。"射车左，车左死在车下。射车右，车右死在车中。綦毋张丢失了战车，跟上韩厥说："请允许我搭乘您的战车。"上车，准备站在左边或右边，韩厥用肘推他，使他站在身后。韩厥弯下身子，放稳车右的尸体。

逢丑父与公易位[1]。将及华泉[2]，骖絓于木而止[3]。丑父寝于轏中[4]，蛇出于其下，以肱击之[5]，伤而匿之[6]，故不能推车而及。韩厥执絷马前[7]，再拜稽首，奉觞加璧以进[8]，曰："寡君使群臣为鲁、卫请，曰：'无令舆师陷入君地。'下臣不幸，属当戎行[9]，无所逃隐[10]。且惧奔辟[11]，而忝两君[12]。臣辱戎士[13]，敢告不敏[14]，摄官承乏[15]。"丑父使公下，如华泉取饮[16]。郑周父御佐车[17]，宛茷为右[18]，载齐侯以免[19]。韩厥献丑父,郤献子将戮之,呼曰:"自今无有代其君任患者[20],有一于此,将为戮乎?"郤子曰:"人不难以死免其君[21],我戮之[22],不祥。赦之,以劝事君者[23]。"乃免之。

注释

[1] 易位:交换位置。本是齐顷公居中,逢丑父居右。今齐顷公为车右,逢丑父居中。韩厥未曾见此两人,不能分辨其面貌。古代兵服,国君与将佐相同,所以交换位置是足以欺骗敌人的。
[2] 华泉:华不注山下的泉水。　　[3] 骖(cān):位置在车前左右两旁的马。絓(guà):碍,绊住。骖絓于木:两骖为树木所阻。
[4] 辀(zhàn):栈车,一种用竹木横条编成车厢的轻便棚车。
[5] 肱:手臂。　　[6] 伤而匿之:隐瞒伤情。从"丑父寝"一句至此,是补叙交战前夜发生的事。逢丑父之所以隐瞒箭伤,或恐其不能为车右。补叙此事,意在表明逢丑父不能如郑丘缓之推车,因此被韩厥追上。　　[7] 縶(zhí):马缰绳。古代贵族外出,奴仆"负羁縶以从",韩厥执縶,是表示对齐侯(已由逢丑父冒充)行臣仆之礼。　　[8] 奉觞加璧:敬酒、献礼,表示敬意。奉,捧。觞(shāng):盛酒器,用途相当于酒杯。加:和。璧:玉璧。进:献。　　[9] 属:适,正好。戎行(háng):兵车队列,军旅之士,这里指齐军。　　[10] 无所逃隐:指自己身当军职,不能逃避服役。　　[11] 辟:同"避"。　　[12] 忝(tiǎn):羞辱。两君:晋君与齐君。　　[13] 辱:自谦之辞。戎士:军人。这句话是说,

自己不够格担任军职因而羞辱了军人。　　[14]敢：表示恭敬的副词。不敏：不聪明，迟钝。　　[15]摄：代理。承乏：谦辞，表示某事由于缺乏人手，只能由自己承当。这句话的言外之意是，自己既然当了军人，就要履行职责，把齐侯(实为逢丑父冒充的假齐侯)俘虏回去。　　[16]饮(yǐn)：名词，喝的水。[17]郑周父：齐大夫。佐车：副车。　　[18]宛茷(fá)：齐大夫。　　[19]免：脱险。　　[20]自今：迄今。自，疑为"卒"，终。任患：承担灾难。　　[21]难：意动用法，以为难。此句意为，不把"以死免其君"看作难事。　　[22]戮：杀。[23]劝：勉励。

译文

逢丑父和齐顷公乘机互换位置。将要到达华泉时，骖马被树木绊住了。头几天，逢丑父睡在栈车里，有一条蛇爬到他身边，他用小臂去打蛇，小臂受伤，但隐瞒了这件事，由于这样，他不能用臂推车前进，这样才被韩厥追上。韩厥拿着马缰走向马前，跪下叩头，捧着酒杯加上玉璧献上，说："寡君派臣下们替鲁、卫两国请求，说：'不要让军队进入齐国的土地。'下臣不幸，正好在军队服役，不能逃避服役。而且，也害怕奔走逃避成为两国国君的耻辱。下臣身为一名战士，谨向君王报告我的无能，但由于人手缺乏，只好担任这个官职。"逢丑父要齐顷公下车，到华泉去取水。郑周父驾驭副车，宛茷作为车右，带着齐顷公逃走而免于被俘。韩厥献上逢丑父，郤克要杀死逢丑父。逢丑父喊叫说："从今以后再没有代替他国君受难的人了，有一个在这里，还要被杀死吗？"郤克说：

"一个人不畏惧用死来使他的国君免于祸患,我杀了他,不吉利。赦免了他,用来勉励侍奉国君的人。"于是就释放了逢丑父。

齐侯免,求丑父,三入三出[1]。每出,齐师以帅退[2]。入于狄卒[3],狄卒皆抽戈、楯冒之[4]。以入于卫师,卫师免之[5]。遂自徐关入[6]。齐侯见保者[7],曰:"勉之[8]!齐师败矣!"辟女子[9]。女子曰:"君免乎[10]?"曰:"免矣。"曰:"锐司徒免乎[11]?"曰:"免矣。"曰:"苟君与吾父免矣,可若何?"乃奔[12]。齐侯以为有礼[13]。既而问之,辟司徒之妻也[14]。予之石窌[15]。

注释

[1] 三入三出:指入、出晋军,入、出狄卒,入、出卫师。"狄卒""卫师"皆晋之友军。　　[2] 齐师以帅退:齐侯每自敌军出,齐军都掩护主帅齐侯撤退,免其伤亡。　　[3] 狄卒:狄人无车兵,只有步兵,故称卒。　　[4] 楯(dùn):同"盾",盾牌。冒:遮护,使免受伤害。　　[5] 卫师:卫国军队,也是晋国友军。免之:不伤害他。狄、卫虽为晋之友军,但皆不肯加害齐侯,反而保护他。　　[6] 徐关:齐国地名,在今山东省淄川镇西。[7] 保者:守卫城邑的人。　　[8] 勉之:努力。　　[9] 辟:同"避",使避开,驱赶。古代统治者出外,有前驱开道,使行人避开。

[10] 免:脱险。　　[11] 锐司徒:掌管兵器的官员,这位女子的父亲。锐,指古代矛类兵器。　　[12] 奔:跑开。　　[13] 有礼:女子先问国君再问父亲,所以齐顷公认为她有礼。　　[14] 辟(bì)司徒:掌管修筑营垒的官员。辟,通"壁",营垒。　　[15] 石窌(liù):齐地名,在今山东长清县东南。

译文

齐顷公免于被俘以后,寻找逢丑父,在晋军中三进三出。每次出来的时候,齐军都簇拥着护卫他。进入狄人军队中,狄人的士兵都抽出戈和盾来保护齐顷公。进入卫国的军队中,卫军也对他们不加伤害。于是,齐顷公就从徐关进入齐国临淄。齐顷公看到守军,说:"你们努力吧!齐军战败了!"齐顷公的车前进时,让一个女子让路,这个女子说:"国君免于祸难了吗?"说:"免了。"她说:"锐司徒免于祸难了吗?"说:"免了。"她说:"如果国君和我父亲免于祸难了,还要怎么样?"就跑开了。齐顷公认为她知礼,不久查询,才知道是辟司徒的妻子,就赐给她石窌这个地方作为封邑。

晋师从齐师,入自丘舆[1]。击马陉[2]。齐侯使宾媚人赂以纪甗、玉磬与地[3]。"不可,则听客之所为[4]。"宾媚人致赂。晋人不可,曰:"必以萧同叔子为质[5],而使齐之封内尽东其亩[6]。"对曰:"萧同叔子非他,寡君之母也。若以匹敌[7],

则亦晋君之母也。吾子布大命于诸侯[8]，而曰必质其母以为信，其若王命何[9]？且是以不孝令也。《诗》曰：'孝子不匮，永锡尔类[10]。'若以不孝令于诸侯，其无乃非德类也乎[11]？先王疆理天下[12]，物土之宜[13]，而布其利[14]。故《诗》曰：'我疆我理，南东其亩[15]。'今吾子疆理诸侯，而曰'尽东其亩'而已，唯吾子戎车是利，无顾土宜[16]，其无乃非先王之命也乎？反先王则不义，何以为盟主？其晋实有阙[17]。四王之王也[18]，树德而济同欲焉；五伯之霸也[19]，勤而抚之，以役王命。今吾子求合诸侯，以逞无疆之欲[20]，《诗》曰：'布政优优，百禄是遒[21]。'子实不优[22]，而弃百禄，诸侯何害焉！不然，寡君之命使臣，则有辞矣。曰：'子以君师辱于敝邑，不腆敝赋，以犒从者[23]。畏君之震[24]，师徒桡败[25]。吾子惠徼齐国之福[26]，不泯其社稷[27]，使继旧好，唯是先君之敝器、土地不敢爱[28]。子又不许，请收合余烬[29]，背城借一[30]。敝邑之幸[31]，亦云从也[32]；况其不幸，敢不唯命是听？'"鲁、卫谏曰："齐疾我矣[33]。其死亡者，皆亲昵也。子若不许，仇我必甚。唯子[34]，则又何求？子得其国宝，我亦得地[35]，而纾于难[36],其荣多矣。齐、晋亦唯天所授[37],岂必晋?"晋人许之,对曰:"群臣帅赋舆[38],以为鲁、卫请。若苟有以藉口[39],而复于寡君[40],君之惠也。敢不唯命是听?"

注释

[1] 丘舆:齐地名,在今山东省益都县西南。　[2] 马陉:齐地名,在丘舆之北。　[3] 宾媚人:即国佐,齐大夫,曾主齐国之政。纪:国名,为齐所灭。甗(yǎn):甑一类的炊具,分两层,上可蒸,下可煮,用陶或青铜制成。　[4] 客:指晋国。此句为齐侯派遣宾媚人时的指示,"不可"上似省略一"曰"字。整句意为:晋国若不允许,则任其所为,我们决定作最后一战。[5] 萧同叔子:齐顷公之母。萧是国名,同叔是萧国国君的字,子是女儿。郤克跛足,受过萧同叔子的嘲笑,所以提出以她为质,不便直言齐君之母,故称萧同叔子。　[6] 封内:境内。尽东其亩:把田间道路全都改为东西方向。这样做,就使晋军向齐境东进时便于兵车行走。亩,原是农田间高畦,今谓之"垄"。古人种地,依地势与水势,使亩间道路或东西向,或南北向,曰"南东其亩"(《诗经·小雅·信南山》)或"横纵其亩"(《诗经·齐风·南山》)。古人多用南北行列,故《诗经》屡见"南亩"。晋在齐之西,若齐之垄亩多为南北向,则沟渠与道路亦多南北向,于晋之往东向齐进军,地形与道路有所不利,故晋以"尽东其亩"为媾和条件之一。　[7] 匹敌:对等,相当。　[8] 吾子:指郤克。

[9]"其若"句：意为先王提倡孝治，晋国要求以齐侯之母为质，就违反了先王之命。　　[10]"孝子"二句：出自《诗经·大雅·既醉》。匮：穷尽。锡：同"赐"，给予。　　[11]其：表示不肯定的语气词。无乃：岂不是。德类：道德法则。　　[12]疆：划定疆界。理：区分地理，确定土地特性。　　[13]物：用作动词，观察，考察，物色。　　[14]布：布置。　　[15]"我疆"二句：引自《诗经·小雅·信南山》。　　[16]"唯吾子"句："唯利吾子戎车"的倒装。无顾：不顾。　　[17]阙：过失。　　[18]四王：虞舜、夏禹、商汤、周武王（或周文王）。王，春秋时以能统一天下者为王。　　[19]五伯：指夏代的昆吾，商代的大彭，豕韦，周代的齐桓公和晋文公。伯，通"霸"。春秋时以能统领诸侯为天子效力者为霸主。　　[20]无疆：无止境。　　[21]"布政"二句：引自《诗经·商颂·长发》。布：施行。优优：宽和、和缓的样子。禄：福。遒（qiú）：聚。百禄是遒，是"遒百禄"的倒装。　　[22]优：优优的省略。　　[23]以槁从者：当时的外交辞令，指两国交战。　　[24]震：威。　　[25]桡（ráo）败：失败。　　[26]惠：表示恭敬的副词，意思是对方的行动对自己是恩惠。徼（yāo）：求。　　[27]泯：灭。　　[28]爱：爱惜，吝惜。　　[29]余烬：物体燃烧后之残余，比喻残兵败将。　　[30]背城借一：于自己城下决最后一战。　　[31]幸：指幸而战胜。　　[32]云：助词，无义。从：服从。　　[33]疾：痛恨，怨恨。　　[34]唯：义同"虽"，即使。　　[35]得地：得回被齐国侵占的土地。　　[36]纾（shū）：缓，解除。　　[37]唯：作"因"字用。　　[38]赋舆：兵车。　　[39]若苟：同义词连用，表示假设。藉口：可以答复的理由。　　[40]复：回报。

译文

晋军追赶齐军,从丘舆进入齐国,进攻马陉。齐顷公派遣宾媚人把纪甗、玉磬和土地送给战胜诸国,说:"如果他们不同意讲和,就随他们怎么办吧。"宾媚人送去财礼,晋国人不同意,说:"一定要让萧同叔子作为人质,同时使齐国境内的田陇全部东向。"宾媚人回答说:"萧同叔子不是别人,是寡君的母亲,如果从对等地位来说,那也就是晋君的母亲。您在诸侯中发布重大的命令,反而说一定要把人家的母亲作为人质以取信,您又将要怎样对待周天子的命令呢?而且这样做,就是用不孝来命令诸侯。《诗》说:'孝子的孝心没有竭尽,永远可以感染你的同类。'如果用不孝号令诸侯,这恐怕不是道德的准则吧!先王对天下的土地,定疆界、分地理,因地制宜,以获取应得的利益。所以《诗》说:'我划定疆界、分别地理,南向东向开辟田亩。'现在您让诸侯定疆界、分地理,反而只说什么'田垄全部东向',不顾地势是否适宜,只管自己兵车进出方便,恐怕不是先王的政令吧!违反先王的遗命就是不合道义,怎么能做盟主呢?晋国确实是有缺点的。四王能统一天下,主要是能树立德行而满足诸侯的共同愿望;五伯能领导诸侯,主要是能自己勤劳而安抚诸侯,使大家服从天子的命令。现在您要求会合诸侯,来满足没有止境的欲望。《诗》说:'政事的推行宽大和缓,各种福禄都将积聚。'您确实不能宽大,丢弃了各种福禄,这对诸侯有什么害处呢? 如果您不肯答应,寡君命令我使臣,就有话可说了:'您带领国君的军队光临敝邑,敝邑用很少的财富,来犒劳您的左右随员。害怕贵国国君的愤怒,我军战败。您惠临而肯赐齐国的福,不灭亡我们的国家,让齐、晋两国继续过去的友好,那么先君的破旧器物和土地,我们是不敢爱惜的。您如果又不肯允许,我们就请求收集残兵败将,背靠在自己的城下再决最后一战。敝邑有幸而战胜,也会依从贵国的;何况不幸而败,哪敢不听从您的命令?"鲁、卫两国劝谏郤克说:"齐国怨恨我们了。齐国死去的和溃散的,都是齐侯亲近的人。您如果不肯答应,必然更加仇恨我们。即使是您,还有什么可追求的?如果您得到齐国的国室,我们也得到失地,而缓和了祸难,这荣耀也就很多了。齐国和晋国都是由上天授予的,难道一定只有晋国永久胜利吗?"晋国人答应了鲁、卫的意见,回答说:"下臣们率领兵车,来为鲁、卫两国请求。如果有话可以向寡君复命,这就是君王的恩惠了,岂敢不遵命?"

禽郑自师逆公[1]。秋七月,晋师及齐国佐盟于爰娄[2]。使齐人归我汶阳之田[3]。公会晋师于上鄍[4]。赐三帅先路三命之服[5]。司马、司空、舆帅、候正、亚旅皆受一命之服[6]。

(选自《左传·成公二年》)

注释

[1] 禽郑:鲁大夫。鲁成公从鲁国来与晋师相会,禽郑从军中出发去迎接。　[2] 爰娄:齐地,在今山东省淄川区境内。[3] 汶阳:鲁地,在今山东省宁阳县北。　[4] 上鄍(míng):齐、卫两国的交界地,在今山东省阳谷县境内。　[5] 三帅:郤

克、士燮(xiè)、栾书。路：亦作"辂"，古代天子、诸侯乘车曰路，卿大夫接受天子、诸侯所赐之车也称路。据《尚书·顾命》及《礼记·郊特牲》，路有三等：大路、先路及次路。据《礼记·春官·巾车》，路有五种：玉路、金路、象路、革路、木路。木路最朴素；革路是牛革鞔之加漆之车；若再用玉石、青铜或象牙装饰，即是玉路、金路、象路。三命之服：卿的礼服。古代卿大夫有"三命""再命""一命"之别，命多则尊贵，车服亦随之华丽。据《左传》，卿大夫最高不过"三命"。　　[6]司马：掌军法之官，此指韩厥。司空：掌营垒之官。舆帅：掌兵车之官。候正：掌斥候(侦察瞭望)之官。亚旅：众大夫，其位次卿。亚，次。旅，众。一命之服：大夫的礼服。

译文

禽郑从军中去迎接鲁成公。秋季，七月，晋军和齐国宾媚人在爰娄结盟，让齐国归还我国汶阳的土田。成公在上鄍会见晋军，把先路和三命的礼服赐给三位高级将领，司马、司空、舆帅、候正、亚旅都接受了一命的礼服。

文史链接

齐晋鞌之战的精彩片段

晋国在晋楚邲之战中被楚国打败，威望下降。为了重振霸业，必须遏制齐国的扩张，争取小国的归附。鲁成公二年，鲁、卫受到齐国的侵略而向晋国求救，晋国主帅郤克也对出使齐国受辱一事记恨在心,所以晋国就联合鲁、卫,在鞌地与齐国进行了一场战争,是为齐晋鞌之战。

选文对齐晋两国交战的过程做了生动细致的描绘。如齐侯"灭此朝食"、"不介马而驰"、从徐入关、遇辟司徒之妻、郤克"流血及屦,未绝鼓音"、张侯"左并辔,右援枹而鼓"、晋军追逐齐军"三周华不注"、韩厥俘虏假齐侯、齐侯脱险"三入三出"敌军等细节,惊心动魄、扣人心弦,令人目不暇接。

选文还对宾媚人赂晋求和的精彩外交辞令着墨甚多。宾媚人以委婉动听的言辞阐明了齐国严正的立场、坚定的态度,不卑不亢地对郤克蛮横无理的"质母"和"尽东其亩"的讲和条件进行了揭露和驳斥,千载之下,仍令人动容。齐国使臣宾媚人不辱使命的表现、谦谦君子的风度、超凡的勇气和大义凛然的正气,反衬出晋国的霸道和无理,以及齐顷公的软弱无能。

《左传》用《诗经》

选文中宾媚人分别引用《诗经·大雅·既醉》《诗经·小雅·信南山》《诗经·商颂·长发》中的诗句来说理,体现了先秦外交中盛行的用《诗经》传统。

《左传》用《诗经》情况可分为引诗、赋诗(诵诗)和歌诗、作诗三种类型。在具体的语境中,《诗经》的用途有所不同,可分为赋诗言志、引诗证言和以诗为评三类。《左传》引《诗经》所形成的特点,对此后《诗经》研究、应用和传播影响深远。据统计,《左传》引《诗经》共238次(不含佚诗),其中引雅诗160次,占总数的三分之二。《左传》引诗对后世散文引诗也颇具影响。《孟子》全文共引《诗经》32次,引用雅诗就有19次,也近三分之二。《荀子》共引

《诗经》69次(不包括佚诗7次),引用雅诗就有50次,超过三分之二。这种现象说明,雅诗对社会的影响力要远大于国风和颂诗。

春秋时代,《诗经》在社会生活中应用十分广泛。《礼记·经解》引孔子曰:"入其国,其教可知也。温柔敦厚,诗教也。"可见学《诗经》是当时人受教育的重要内容之一。"小子何莫学夫诗?诗,可以兴,可以观,可以群,可以怨;迩之事父,远之事君;多识于鸟兽草木之名"(《论语·阳货》),"不学《诗》,无以言"(《论语·季氏》),子曰:"兴于《诗》,立于礼,成于乐"(《论语·泰伯》),"子谓伯鱼曰:'女为《周南》《召南》矣乎? 人而不为《周南》《召南》,其犹正墙面而立也与!'"(《论语·阳货》),"诵《诗》三百,授之以政,不达;使于四方,不能专对;虽多,亦奚以为?"(《论语·子路》),这些话语体现了孔子对《诗经》的社会作用的高度评价。而孔子本身就是用《诗经》的践行者,子曰:"衣敝缊袍,与衣狐貉者立,而不耻者,其由也与!'不忮不求,何用不臧?'"子路终身诵之。子曰:"是道也,何足以臧?"(《论语·子罕》),其中"不忮不求,何用不臧?"即为《诗经·邶风·雄雉》里的原话。子曰:"《诗》三百,一言以蔽之,曰:'思无邪'"(《论语·为政》),"思无邪"则是《诗经·鲁颂·駉》中的诗句。

春秋时期,人们学习《诗经》,不只记诵字句,更要经世致用。《诗经》在当时人际交往中发挥着不可替代的重要作用。《左传》用《诗经》记载了春秋时期贵族社会应用《诗经》的大量事实,是了解《诗经》在春秋时期流传及其社会作用的重要资料。

谦辞与敬辞

中国是历史悠久的礼仪之邦,中华民族是有着高度精神文明的民族。在漫长的历史进程中,汉语里形成了为数众多的敬辞与谦辞,这些敬辞与谦辞至今仍被广泛应用,体现了使用者的个人修养和文明程度。谦辞与敬辞的主要区别在于:谦辞是表示谦虚的言辞,一般对己;敬辞是指含恭敬口吻的用语,一般对人。

常用谦辞大致可分为以下几类:

1."鄙"字一族。用于谦称自己或跟自己有关的事物。如鄙人:谦称自己;鄙意:谦称自己的意见;鄙见:谦称自己的见解;鄙薄:谦称自己的浅陋微薄。

2."愚"字一族。用于自称的谦称。如愚兄:向比自己年轻的人称自己;愚弟:向比自己年长的人称自己;愚见:称自己的见解。也可单独用"愚"谦称自己。

3."敝"字一族。用于谦称自己或跟自己有关的事物。如敝人:谦称自己;敝姓:谦称自己的姓;敝处:谦称自己的房屋、处所;敝校:谦称自己所在的学校。

4."拙"字一族。用于对别人称自己的东西。如拙笔:谦称自己的文字或书画;拙著、拙作:谦称自己的文章;拙见:谦称自己的见解。

5."家"字一族。用于对别人称自己的辈分高或年纪大的亲戚。如家父、家尊、家严、家君:称父亲;家母、家慈:称母亲;家兄:称兄长;家姐:称姐姐;家叔:称叔叔。

6."舍"字一族。用于对别人称自己的家或自己的辈分低或年纪小的亲戚。如舍间、舍下:称自己的家;舍弟:称弟弟;舍妹:称妹妹;舍侄:称侄子;舍亲:称亲戚。

7."老"字一族。用于谦称自己或与自己有关的事物。如老粗:谦称自己没有文化;老朽:老年人谦称自己;老脸:年老人指自己的面子;老身:老年妇女谦称自己。"老"字一族也有较多的敬辞。

8. 小字一族。谦称自己或与自己有关的人或事物。如小弟:男性在朋友或熟人之间的谦称自己;小儿:谦称自己的儿子;小女:谦称自己的女儿;小人:地位低的人自称;小生(多见于早期白话):青年读书人自称;小可(多见于早期白话):谦称自己;小店:谦称自己的商店。另外,"后"与"晚"与"小"类似,如后进、后学、晚生、晚辈:对长辈称呼自己。

9. 薄字一族。谦称与自己有关的人或事物。薄技:微小的技能,常用来谦称自己的技艺;薄酒:味淡的酒,常用在作待客时的谦辞;薄礼:不丰厚的礼物,多用于谦称自己送的礼物;薄面:为人求情时谦称自己的情面。另外,"绵"与"薄"类似,如绵薄:谦辞,指自己薄弱的能力;绵力:微薄的力量。

10. 不字一族。谦称自己或谦称与自己有关的人或事物。不才:没有才能,常用作"我"的谦称。不佞:没有才能;不敢当:谦辞,表示承当不起(对方的招待夸奖等);不敏(敬谢不敏):没有才能,多用作谦辞;不足挂齿:不值得说出来的意思,谦称自己所做的事不值得别人称颂可用此语;不情之请:谦称自己对人提出的要求不尽合乎情理。另外,"过"与"不"类似,如过奖、过誉:过分的表扬或夸奖。

11. 敢字一族。表示冒昧地请求别人。如敢问:用于问对方问题;敢请:用于请求对方做某事;敢烦:用于麻烦对方做某事。另外,"冒"与"敢"类似,如冒昧:(言行)不顾地位、能力、场合是否适宜(多用作谦辞)。

12. 承字一族。表示对别人的感激。如承乏:表示所在职位因没有适当的人选,只好暂由自己充任;承让:谦称自己的先行或优势。

13. 一字一族。"一"字一族,多为成语。谦称自己或谦称与自己有关的人或事物。如一知半解:知识浅薄,只知道一些皮毛的意思,可作自谦学识不广博之用;一枝之栖:只求得到一个藏身地方的意思,自谦不存奢望的求职用语;一得之愚:对某项事情,有一些见解的意思,多用在提出意见方面,是开首或结尾时的自谦语。

常用敬辞一般分为以下几类:

1. "令":用在名词或形容词前表示对别人亲属的尊敬,有"美好"的意思。如令尊、令堂:对别人父母的尊称;令兄、令妹:对别人兄妹的敬称;令郎、令爱:对别人儿女的敬称;令阃(kǔn):尊称别人的妻子;令亲:尊称别人的亲人。

2. "惠":用于对方对自己的行动。如惠临、惠顾:指对方到自己这里来;惠存:请别人保存自己的赠品。

3. "垂":用于别人对自己的行动。如垂问、垂询:指对方询问自己;垂念:指别人想念自己。

4. "赐":指所受的礼物。如赐教:别人指教自己;赐膳:别人用饭食招待自己;赐复:请别人给自己回信。

5. "请":用于希望对方做什么事。如请问:希望别人回答;请教:希望别人指教。

6. "高":称别人的事物。如高见:指别人的见解;高论:别人见解高明的言论;高足:尊称别人的学生;高寿:用于问老人的年纪;高龄:用于称老人的年龄;高就:指人离开原来的职位就任较高的职位。

7. "华":称跟对方有关的事物。如华翰:称别人的书信;华诞：别人的生日；华厦：别人的房屋。

8."贤"：称呼对方，多用于平辈或晚辈。如贤弟、贤侄等。

9."奉"：用于自己的行为涉及对方。如奉送：赠送；奉还：归还；奉劝：劝告；奉陪：陪同。

汉语中的谦辞与敬辞历史悠久，数量众多，但并未过时，在今天的日常交际中，仍然可以用到，并发挥着重要的作用。今天常用的谦辞和敬辞仍有很多，比如：赞人见解说"高见"；看望别人说"拜访"；宾客来到说"光临"；陪伴朋友说"奉陪"；无暇陪客说"失陪"；等候客人说"恭候"；请人勿送说"留步"；欢迎购买说"惠顾"；归还原主说"奉还"；与人相见说"您好"；问人姓氏说"贵姓"；问人住址说"府上"；仰慕已久说"久仰"；长期未见说"久违"；求人帮忙说"劳驾"；向人询问说"请问"；请人协助说"费心"；请人解答说"请教"；求人办事说"拜托"；麻烦别人说"打扰"；求人方便说"借光"；请改文章说"斧正"；接受好意说"领情"；求人指点说"赐教"；得人帮助说"谢谢"；祝人健康说"保重"；向人祝贺说"恭喜"；老人年龄说"高寿"；身体不适说"欠安"；请人接受说"笑纳"；送人照片说"惠存"；希望照顾说"关照"；归还物品说"奉还"；请人赴约说"赏光"；对方来信说"惠书"；自己住家说"寒舍"；需要考虑说"斟酌"；无法满足说"抱歉"；请人谅解说"包涵"；言行不妥说"对不起"；慰问他人说"辛苦"；迎接客人说"欢迎"；没能迎接说"失迎"；客人入座说"请坐"；临分别时说"再见"；送人远行说"平安"；等等。

思考讨论

简要概述齐晋鞌之战的来龙去脉及其历史影响。

楚归晋知䓨

晋人归楚公子谷臣与连尹襄老之尸于楚[1],以求知䓨[2]。于是荀首佐中军矣[3],故楚人许之。

注释

[1] 公子谷臣:楚庄王之子。连尹襄老:楚国大臣,连尹是官名,襄老是人名。鲁宣公十二年(公元前579年),晋楚邲之战中,晋荀首俘虏了谷臣,射死了襄老并把他的尸首运回晋国。详见《晋楚邲之战》。 [2] 知䓨(zhì yīng):荀首之子,在邲之战中被楚国俘虏。详见《晋楚邲之战》。 [3] 于是:在这个时候。荀首:知䓨之父。佐中军:任中军副统帅。

译文

晋国人把楚国公子谷臣和连尹襄老的尸体归还给楚国,要求换回知䓨。这时候,荀首已经担任晋国的中军副帅,所以楚国人答应了。

王送知䓨,曰:"子其怨我乎[1]?"对曰:"二国治戎[2],臣不才,不胜其任,以为俘馘[3]。执事不以衅鼓[4],使归即戮[5],君之惠也。臣实不才,又谁敢怨[6]?"王曰:"然则德我乎[7]?"对曰:"二国图其社稷,而求纾其民[8],各惩其忿[9],以相宥也[10]。两释累囚,以成其好。二国有好,臣不与及[11],其谁敢德?"

注释

[1] 王:楚共王。其:疑问副词。怨:怨恨。　[2] 治戎:治兵,演习军队。这是外交辞令,实指交战。　[3] 馘(guó):本指割下敌人的左耳,用来计数报功。这里俘馘连用,泛指俘虏。知罃实被"俘",而未被"馘",此"馘"字是连类而及之词。[4] 衅(xìn)鼓:取血涂鼓。先秦时一种祭祀方式,杀人之后把血涂在鼓上。此处指处死。　[5] 即戮:就戮,接受刑戮。[6] 谁敢怨:敢怨恨谁呢?　[7] 德:感激。　[8] 纾(shū):缓。　[9] 惩:戒,克制。　[10] 宥(yòu):宽恕,谅解。　[11] 与及:犹言"相干"。

译文

楚共王为知罃送行,说:"您大概很恨我吧?"知罃回答说:"两国兴兵交战,臣下没有本事,不能胜任职务,所以成了你们的俘虏。您的属下不把我杀掉取血涂鼓,让我回晋国去接受刑罚,这是君王的恩德。我确实不中用,又敢怨恨谁呢?"楚共王说:"那么,你感激我吗?"知罃回答说:"两国都为自己国家的利益考虑,而想解除百姓的痛苦,后来又各自抑制自己的怨忿,因而相互谅解了。双方释放囚禁的俘虏,以成全两国的友好关系。两国建立了友好的关系,我没有参与这件事,我又感激谁呢?"

王曰:"子归,何以报我[1]?"对曰:"臣不任受怨[2],君亦不任受德,无怨无德,不知所报。"王曰:"虽然[3],必告不谷[4]。"对曰:"以君之灵,累臣得归骨于晋,寡君之以为戮,死且不朽。若从君之惠而免之,以赐君之外臣首[5];首其请于寡君,而以戮于宗[6],亦死且不朽。若不获命[7],而使嗣宗职[8],次及于事,而帅偏师[9],以修封疆。虽遇执事[10],其弗敢违,其竭力致死[11],无有二心,以尽臣礼,所以报也[12]。"王曰:"晋未可与争。"重为之礼而归之[13]。

(选自《左传·成公三年》)

注释

[1] 报:报答。　　[2] 任:承受,承当。　　[3] 虽然:即使如此。虽,即使。然,这样。　　[4] 不谷:诸侯的谦称。　　[5] 外臣:外邦之臣。臣子对异国国君自称为外臣。首:荀首。此知罃于楚君亦直称其父之名。　　[6] 宗:宗庙。戮于宗,指执行家法在宗庙前惩治。荀首不但是知罃之父,且是荀氏小宗宗

子,于本族成员有杀戮之权,然先须得到国君同意。　　[7] 不获命:不获国君允许杀戮之命。　　[8] 宗职:宗子之事。　　[9] 偏师:非主力之军。　　[10] 执事:办事的官员,实指楚王。　　[11] 致死:献出生命。　　[12] "以尽"二句:意为忠于晋国就是尽了为臣之礼,可以用来报答楚王。　　[13] 重为之礼:给予隆重的礼遇。归之:把知罃送回晋国。

译文

　　楚共王说:"您回到晋国,拿什么来报答我呢?"知罃回答说:"我承担不起被人怨恨,您也承担不起受人感激。既没有怨恨,也没有感激,我不知道要报答什么?"楚共王说:"就算这样,你也一定要把你的想法告诉我。"知罃回答说:"托您的福,我这个被俘之臣能把这把骨头带回晋国,就是敝国国君把我杀了,我也死而不朽了。如果遵从君王的好意而赦免了我,就把我交给您的外邦之臣荀首。荀首将会向我们国君请示而按家法在祖庙里处死我,我也死而不朽了。如果得不到我们国君允许杀戮的命令,而让我继承祖上的官职,依次序让我承担军事要职,统帅所属军队来治理边疆,即使遇上您的将帅,也不敢违礼回避。我将会尽心竭力献出自己的生命,不会有别的想法,向晋君尽为臣之礼,这就是我用来报答您的。"楚共王说:"是不能同晋国相争斗的啊!"于是,楚王隆重地礼待知罃,并把他送回了晋国。

> 文史链接

国家利益重于个人恩怨

《楚归晋知罃》讲的是楚晋两国互相交换俘虏的事情。楚共王对知罃的句句逼问,知罃都巧妙地做了回答。楚共王因此感叹"晋未可与争",且以隆重的礼仪送知罃归晋。知罃丝毫没有因为俘虏的身份而低声下气,也不为获释回国而感激涕零。其不卑不亢的态度,有礼有节的回答,维护了自己和晋国的尊严。

知罃对楚共王的答语,选取了一个战无不胜的立足点,便是国家利益。以国家利益作为盾牌,把楚共王层层进逼的三个问题回答得滴水不漏,使对手无言以对,于无可奈何之中不得不善罢甘休。知罃的防守几乎达到了无懈可击的最佳境界。

知罃所打的国家利益的旗帜,既是一种技巧和策略,同时也是合乎情理的真实观念。春秋时期,礼崩乐坏,传统的价值观念已不为人们所信奉,"唯利是图"成为普遍的时代潮流。而在一切实际利益之中,国家利益高于一切,维护国家利益是臣子必须恪守的原则,也是其言行举止的归依。

国家利益是爱国主义的主要内容。如果抽离了国家利益,爱国主义便是一句空话,没有任何吸引力和感召力。国家利益是非常实在、具体的,无论是王公大臣还是布衣百姓都应当自觉维护国家利益。《左传》中记载了许多像知罃一样大智大勇的爱国志士,比如:如秦乞师的申包胥,犒师的弦高,等等。他们的光辉形象都被载入史册、流芳千古,激励着无数仁人志士。

> 思考讨论
>
> 谈一谈你对春秋时期爱国志士价值观的看法。

从善如流

八年春,晋侯使韩穿来言汶阳之田[1],归之于齐[2]。季文子饯之[3],私焉[4],曰:"大国制义,以为盟主[5],是以诸侯怀德畏讨,无有贰心。谓汶阳之田,敝邑之旧也,而用师于齐[6],使归诸敝邑。今有二命,曰'归诸齐'。信以行义,义以成命,小国所望而怀也。信不可知,义无所立,四方诸侯,其谁不解体[7]?《诗》曰[8]:'女也不爽,士贰其行。士也罔极,二三其德。'七年之中[9],一与一夺,二三孰甚焉?士之二三,犹丧妃耦[10],而况霸主[11]?霸主将德是以[12],而二三之,其何以长有诸侯乎?《诗》曰[13]:'犹之未远,是用大简。'行父惧晋之不远犹而失诸侯也,是以敢私言之。"

> 注释

[1]晋侯:晋景公。言:谈论。　　[2]归:归还。之:代指

汶阳之田。　　[3]饯：设酒食送行。　　[4]私焉：私人交谈。　　[5]大国制义，以为盟主：大国处理事务合理适宜，以此为诸侯盟主。　　[6]用师：指齐晋鞌之战。汶阳之田因鞌之战逼齐还鲁。　　[7]解体：涣散，瓦解。　　[8]"《诗》曰"句：出自《诗经·卫风·氓》。诗原意为女方毫无过失，始终如一；男方行为则有过错。季文子以"女"比鲁，以"士"比晋。极：标准。　　[9]七年：自成公二年至成公八年历时七年。　　[10]妃：同"配"。耦：同"偶"。　　[11]而况霸主：意为霸主无信无义，所失去的岂止是配偶？　　[12]霸主将德是以：霸主必用德。以，用。　　[13]"《诗》曰"句：出自《诗经·大雅·板》。犹：同"猷"，谋。意为谋略无远见，故我极力来规劝。

译文

(鲁成公)八年春季，晋景公派遣韩穿来鲁国谈论关于汶阳土田的事，要鲁国把汶阳之田归还给齐国。季文子设酒给韩穿饯行，与他私下交谈，说："大国处理事务合理适宜，凭这个作为盟主，因此诸侯怀念德行而害怕讨伐，没有二心。说到汶阳的土田，那原是我国(鲁国)所有，后来对齐国用兵，晋国命令齐国把它还给敝邑。现在又有不同的命令，说'归还给齐国'。信用用来推行道义，道义用来完成命令，这是小国所盼望而怀念的。信用不能得知，道义无所树立，四方的诸侯，谁能不涣散瓦解呢？《诗》说：'女子毫无过失，男人却有过错。男人没有标准，他的行为前后不一。'七年当中，忽而给予，忽而夺走，前后不一，还有比这更严重的吗？一个男人前后不一，尚且丧失配偶，何况是霸主呢？霸主应该用德,但却前后不一,他怎么能长久得到诸侯的拥护呢?《诗》说:'谋略缺乏远见,因此极力劝谏。'行父害怕晋国不能深谋远虑而失去诸侯,因此敢于和您作私下的交谈。"

晋栾书侵蔡,遂侵楚,获申骊[1]。楚师之还也,晋侵沈,获沈子揖初,从知、范、韩也[2]。君子曰:"从善如流,宜哉!《诗》曰[3]:'恺悌君子,遐不作人?'求善也夫!作人,斯有功绩矣。"是行也,郑伯将会晋师,门于许东门[4],大获焉。

(选自《左传·成公八年》)

注释

[1] 申骊:楚大夫。 [2] 从:听从。知、范、韩:指知庄子、范文子、韩献子。 [3] "《诗》曰"句:出自《诗经·大雅·旱麓》。恺悌(kǎi tì):即"岂弟",和乐平易。遐不:何不。作人:起用人才。 [4] 门于许东门:杜预注曰,"过许,见其无备,因攻之。"

译文

晋国栾书率军侵袭蔡国,接着又侵袭楚国,俘虏了申骊。楚军回去的时候,晋军侵袭沈国,俘虏了沈子揖初,这是听从了知庄子、范文子、韩献子等人的意见。君子说:"听从好主意好像流水一样,这是多么恰当啊!《诗》说:'恭敬随和的君子,为什么不起用人才呢?'这就是求取善人啊!起用人才,这就有功绩了。"这次行动,郑成公准备会合晋军,经过许国,攻打许国国都的东门,俘获很多。

文史链接

从善如流与纳谏兴国

"从善如流"一词同见于《左传·成公八年》以及《左传·昭公十三年》,可见是当时的惯用语,用来形容听取正确的意见及接受善意的规劝,像流水那样快而自然。而且,从善如流也是儒家倡导的传统美德之一。据《论语》记载,孔子的许多言论都表达了从善如流的意思,例如:"三人行必有我师焉。择其善者而从之,其不善者而改之。"(《论语·述而》)"见贤思齐焉,见不贤而内自省也。"(《论语·里仁》)"勿意、勿必、勿固、勿我"(《论语·子罕》)等。

从善如流无论对国家还是个人而言,都是值得称赞的美德。对国家而言,国家的成败、兴衰与否都与是否从善如流、勇于纳谏密切相关。善于纳谏则国运昌盛;拒绝纳谏则国破家亡。如刘邦从善如流,善于听从张良、萧何、韩信等谋士的谏言,获得了楚汉之争的胜利;项羽刚愎自用,不听范增语,而以失败告终。汉文帝、汉景帝从善如流,开创了"文景之治"。唐太宗从善如流,开创了"贞观之治"。唐玄宗李隆基前期善于纳谏,开创了"开元盛世",后期排挤忠良,偏听偏信,最终导致"安史之乱"的爆发。对个人而言,从善如流也是自我完善的法宝。《论语·季氏》云"见善如不及,见不善如探汤",意思是见人有善,则欣慕向往,唯恐赶不上;见人有不善,则深恶痛绝,如将手伸到沸水中,唯恐不善会玷污自己。

中国传统文化向来推崇乐善好施、诚信友善、与人为善、从善如流的品格,对善的追求蕴含着和谐共赢的价值理念。善对于普通人来说,是心怀善意,关爱他人,与人和谐相处;对于统治者来说,是心怀天下,关爱百姓,心存社会责任与使命担当。施行爱民、惠民的仁政王道,对于君主来说就是最大的善行。

思考讨论

除了选文之外,《左传》中还记载了哪些从善如流的历史故事?

钟仪不忘故国

晋侯观于军府,见钟仪[1]。问之曰:"南冠而絷者[2],谁也?"有司对曰:"郑人所献楚囚也。"使税之[3]。召而吊之[4]。再拜稽首[5]。问其族[6],对曰:"泠人也[7]。"公曰:"能乐乎[8]?"对曰:"先人之职官也,敢有二事[9]?"使与之琴,操南音[10]。公曰:"君王何如[11]?"对曰:"非小人之所得知也[12]。"固问之[13]，对曰："其为大子也[14]，师、保奉之[15]，以朝于婴齐而夕于侧也[16]。不知其他。"

注释

[1] 晋侯：晋景公。观：视察。军府：军备仓库。钟仪：楚国郧(yún)地的地方官，两年前被郑人俘虏，献给晋国。[2] 南冠：南方款式的帽子。当时楚国的帽子样式跟中原差别很大，所以特别显眼。絷(zhí)：拘禁。　　[3] 有司：主管官员。税：同"脱"，解开。　　[4] 吊：问候，慰问。以上三个"之"都是指钟仪。　　[5] 稽首：磕头到地。钟仪向晋景公再拜稽首，谢其吊也。　　[6] 族：原指姓氏，此指世官。　　[7] 泠(líng)人：即"伶人"，负责音乐的官员。　　[8] 乐：表演音乐。[9] 先人：祖辈。职官：职责。二事：其他职业。此为谦虚地表示我只懂得音乐。　　[10] 操：演奏。南音：南方各地乐调。[11] 君王何如：楚国国君怎么样？　　[12] 小人：钟仪自称，谦辞。　　[13] 固：坚持，一再。　　[14] 大子：即太子。[15] 师、保奉之：楚共王为太子时，其父庄王曾为之选择师傅。古代帝王于太子，设傅、师、保诸官以教导抚育。《礼记·文王世子》："立太傅、少傅以养之，欲其知父子、君臣之道也。大傅审父子、君臣之道以示之；少傅奉世子，以观大傅之德行而审喻之。大傅在前，少傅在后；入则有保，出则有师，是以教喻而德成也。师也者，教之以事而喻诸德者也；保也者，慎其身以辅翼之而归诸道者也。"
[16] 婴齐：楚国令尹子重的名字。侧：楚国司马子反的名字。

译文

晋景公视察军用仓库,见到钟仪,问身边的人说:"戴着南方的帽子而被囚禁的那个人是谁?"官吏回答说:"是郑国人所献的楚国俘虏。"晋景公让人把他释放出来,召见并且问候他。钟仪再拜,叩头。晋景公问他在楚国的族人,他回答说:"是乐人。"晋景公说:"能够奏乐吗?"钟仪回答说:"这是先人的职责,岂敢从事于其他工作呢?"晋景公令人把琴给钟仪,他弹奏的是南方乐调。晋景公说:"你们的君王怎样?"钟仪回答说:"这不是小人能知道的。"晋景公再三问他,他回答说:"当他做太子的时候,太师太保侍奉着他,每天早晨向婴齐请教,晚上向侧去请教。我不知道别的事。"

公语范文子[1]。文子曰:"楚囚,君子也。言称先职,不背本也;乐操土风[2],不忘旧也;称大子,抑无私也[3];名其二卿,尊君也。不背本,仁也[4];不忘旧,信也[5];无私,忠也[6];尊君,敏也[7]。仁以接事[8],信以守之[9],忠以成之[10],敏以行之[11]。事虽大,必济[12]。君盍归之[13],使合晋、楚之成。"公从之,重为之礼,使归求成[14]。

(选自《左传·成公九年》)

注释

[1] 语:告诉。范文子:晋国大夫士燮。　　[2] 土风:本

乡本土的乐调,即南音。　　[3]抑:句首发语词。晋景公问楚君,答以楚君为太子时之事,明楚君自幼而贤,以此表示其称赞楚君非出阿谀之私。　　[4]仁:仁厚。　　[5]信:信用。
[6]忠:忠诚。　　[7]敏:勤勉。　　[8]接事:处理事务。
[9]守:奉行。　　[10]成:促成。　　[11]行:推行。
[12]济:成功。　　[13]盍(hé):何不。归之:释放他。
[14]求成:讲和。

译文

　　晋景公把这些告诉了范文子。范文子说:"这个楚囚,是君子啊。说话中举出先人的职官,这是不忘记根本;奏乐奏家乡的乐调,这是不忘记故旧;举出楚君做太子时候的事,这是没有私心;称二卿的名字,这是尊崇君王。不背弃根本,这是仁厚;不忘记故旧,这是守信;没有私心,这是忠诚;尊崇君王,这是敏达。用仁来办理事情,用信来守护,用忠来成就,用敏来执行。即使事情再大,也必然成功。君王何不放他回去,让他结成晋、楚的友好呢?"晋景公听从了,对钟仪重加礼遇,让他回国去替晋国向楚国求和。

文史链接

南冠楚囚

　　钟仪是楚国的地方官,被俘虏到晋国,晋景公视察的时候偶然见到他,于是有了选文中的对话。引起晋景公注意的是钟仪戴着的南方的帽子,而让其感动的则是钟仪对故乡的怀念。

关于"南冠",古代典籍多有记载。《淮南子·主术训》记载,楚文王喜欢戴獬冠,楚人效之,南冠或即獬冠。《国语·周语中》云:"陈灵公与孔宁、仪行父南冠以如夏氏",由此可知,陈人亦戴此冠。据蔡邕《独断》《后汉书·舆服志》注以及孔颖达疏引应劭《汉官仪》记载,秦灭楚后,以南冠赐近臣御史。《战国策·秦策五》云:"不韦使楚服而见"。楚服谓楚人之服,由此可知,春秋、战国时期,楚人冠服异于他国。

选文中的钟仪是郑国人所献的楚国俘虏,故称"楚囚"。钟仪以楚国特有的帽子来维护身份,以楚国本乡本土的乐调来守卫灵魂,这种精神与四百年后在北海执汉节牧羊十九年的西汉大臣苏武一样,都是用一种仪式化的行为强化自己的忠贞信念。从此,"南冠""楚囚"就成为"爱国主义词库"里的两个常用词。战国时期,楚国三闾大夫屈原的诗歌中也多次出现对服饰的描述:"高余冠之岌岌兮,长余佩之陆离"(《离骚》),"余幼好此奇服兮,年既老而不衰。带长铗之陆离兮,冠切云之崔嵬。被明月兮佩宝璐"(《涉江》),屈原对服饰的珍爱也同样是一种仪式化的行为,象征着自己的忠君爱国和高尚节操,他的爱国精神和"南冠楚囚"钟仪是一脉相承的。

思考讨论

试分析中国古代服饰文化与爱国主义传统的关系。

吕相绝秦

夏四月戊午[1],晋侯使吕相绝秦[2],曰:

注释

[1] 戊午:五日。　　[2] 晋侯:晋历公,景公之子,名州蒲。吕相:晋国大夫魏锜之子魏相,因食邑在吕,又称吕相。绝:绝交。下文乃绝秦书,或由吕相执笔,或由吕相传递。

译文

(鲁成公十三年)夏天四月初五,晋历公派吕相去秦国断交,说:

"昔逮我献公及穆公相好[1],戮力同心[2],申之以盟誓[3],重之以昏姻[4]。天祸晋国[5],文公如齐,惠公如秦[6]。无禄[7],献公即世[8]。穆公不忘旧德,俾我惠公用能奉祀于晋[9]。又不能成大勋,而为韩之师[10]。亦悔于厥心[11],用集我文公[12],是穆之成也[13]。

注释

[1] 昔逮:即古昔。逮,古。　[2] 戮力:合力,并力。 [3] 申:申明。秦穆公和晋献公的盟誓,《左传》中未见记载。 [4] 重:加重,加深。昏姻:婚姻。秦、晋国有联姻关系,秦穆公的夫人穆姬是晋献公的女儿。　[5] 天祸:天降灾祸。 [6] 文公如齐,惠公如秦:指晋献公时,骊姬诬陷并逼死太子申生,公子重耳(后为晋文公)和夷吾(后为晋惠公)流亡国外。二人流亡经过的国家很多,此处只举齐、秦为代表。详见《骊姬之乱》《晋公子重耳之亡》。　[7] 无禄:不能食禄,指死去。这里指不幸。　[8] 即世:去世。　[9] 俾:使。用:因而。奉祀:主持祭祀。这里指立为国君。鲁僖公九年(公元前651年),秦穆公用武力送夷吾回晋国为君(晋惠公)。　[10] 韩之师:韩地的战争,指鲁僖公十五年(公元前645年)秦、晋韩原之战,晋惠公被俘入秦。此次战争的起因是由于晋惠公对秦国忘恩负义。详见《秦晋韩之战》。　[11] 厥:其。指秦穆公。　[12] 用:因而。集:成全。此句指秦穆公于鲁僖公二十四年(公元前636年)护送重耳回国为君(晋文公)。　[13] 成:成就。

译文

"从前我们先君献公与穆公相友好,同心合力,用盟誓来明确两国关系,用婚姻来加深两国关系。上天降祸晋国,文公逃亡齐国,惠公逃亡秦国。不幸献公去世,穆公不忘从前的交情,使我们惠公因此能回晋国执政。但是秦国又没有完成大的功劳,却同我们发生了韩原之战。事后穆公心里感到后悔,因而成全我们文公回国为君。这都是穆公的功劳。

"文公躬擐甲胄[1],跋履山川[2],逾越险阻,征东之诸侯,虞、夏、商、周之胤而朝诸秦[3],则亦既报旧德矣[4]。郑人怒君之疆场[5],我文公帅诸侯及秦围郑[6]。秦大夫不询于我寡君[7],擅及郑盟[8]。诸侯疾之[9],将致命于秦[10]。文公恐惧,绥静诸侯[11],秦师克还无害,则是我有大造于西也[12]。

注释

[1]躬:亲身。擐(huàn):穿上。　　[2]跋履:跋涉。[3]胤(yìn):后代。东方诸侯国的国君大多是虞、夏、商、周的后代。朝诸秦:晋征诸侯而"朝诸秦"的事不见记载。当时或有诸侯朝秦,而晋国故意夸大其事,说是由于文公之力。　　[4]旧德:过去的恩惠。这里指秦纳晋惠公、晋文公。　　[5]怒:指侵犯。疆场(yì):边疆。　　[6]我文公帅诸侯及秦围郑:此句指秦晋围郑。《左传·僖公三十年》载秦晋围郑,是由于重耳流亡过郑,郑文公对他不加礼待,并没有"文公帅诸侯"之事。　　[7]"秦大夫"句:指鲁僖公三十年秦、晋围郑,秦穆公答应烛之武的请求而退兵。说成"秦大夫",属于外交辞令。详见《烛之武退秦师》。

询:指商量。　　[8]擅及郑盟:擅自与郑人订盟。与郑盟者实为秦穆公,书云"秦大夫",措辞委婉。　　[9]疾:憎恶,痛恨。[10]致命:拼命。　　[11]绥静:安定,安抚。　　[12]大造:大功。西:指秦国,秦在晋西。

译文

"文公亲自戴盔披甲,跋山涉水,经历艰难险阻,征讨东方诸侯国,使虞、夏、商、周的后代都来朝见秦国君王,这就已经报答了秦国过去的恩德了。郑国人侵扰君王的边疆,我们文公率诸侯和秦国一起去包围郑国。秦国大夫不和我们国君商量,擅自同郑国订立盟约。诸侯都痛恨这种做法,要同秦国拼命。文公担心秦国受损,说服了诸侯,秦国军队才得以回国而没有受到损害,这就是我们对秦国有大恩大德之处。

"无禄,文公即世,穆为不吊[1],蔑死我君,寡我襄公[2],迭我殽地[3],奸绝我好[4],伐我保城[5],殄灭我费滑[6],散离我兄弟[7],挠乱我同盟[8],倾覆我国家。我襄公未忘君之旧勋,而惧社稷之陨,是以有殽之师。犹愿赦罪于穆公[9]。穆公弗听,而即楚谋我[10]。天诱其衷[11],成王陨命,穆公是以不克逞志于我。

注释

[1] 不吊:不淑,不祥。 [2] 寡:指轻视。 [3] 迭(dié):同"轶(yì)",越过,指突然进犯。当时秦过晋是为了袭郑,并非侵晋。详见《秦晋殽之战》。 [4] 奸绝:断绝。我好:指自己同盟友好的国家,实指郑国。 [5] 保:同"堡",小城。 [6] 殄(tiǎn):灭绝。殄灭:为同义词连用。费(bì):滑国的都城,在今河南偃师附近。费滑即滑国。当时秦袭郑未成,灭滑而还。详见《秦晋殽之战》。 [7] 散离:拆散。兄弟:指兄弟国家。晋和郑、滑都是姬姓国,故称兄弟。 [8] 挠(náo)乱:扰乱。同盟:同盟国家,指郑国和滑国。 [9] "犹愿"句:还是希望晋国的罪过为穆公谅解。此为外交辞令。赦:与"释"同,解。 [10] 即楚:亲近楚国。谋我:谋算我晋国。秦在殽之战中战败,就释放了被囚禁在秦国的楚臣斗克,希望与楚结盟。但第二年,楚成王被太子商臣杀死,结盟未成。故下文说"不克逞志"。 [11] 天诱其衷:当时的习惯用语。诱,开启。衷,内心。意为"老天开眼"。

译文

"不幸文公去世,穆公不怀好意,蔑视我们故去的国君,轻视我们襄公,侵扰我们的殽地,断绝同郑国的友好,攻打我们的城堡,灭绝我们的滑国,离间我们同兄弟国家的关系,扰乱我们的盟邦,颠覆我们的国家。我们襄公没有忘记秦君以往的功劳,却又害怕国家灭亡,所以才有殽地的战争。我们是希望穆公宽免我们的罪过,穆公不同意,反而亲近楚国来算计我们。老天有眼,楚成王丧了命,穆公因此没有使侵犯我们的图谋得逞。

"穆、襄即世[1],康、灵即位[2]。康公,我之自出[3],又欲阙翦我公室[4],倾覆我社稷,帅我蟊贼[5],以来荡摇我边疆,我是以有令狐之役。康犹不悛[6],入我河曲[7],伐我涑川[8],俘我王官[9],翦我羁马[10],我是以有河曲之战[11]。东道之不通[12],则是康公绝我好也。

注释

[1] 穆、襄即世:指鲁文公六年(公元前621年),秦穆公和晋襄公去世。穆、襄,秦穆公和晋襄公。即世,去世。　　[2] 康、灵:秦康公和晋灵公。　　[3] 我之自出:秦康公是穆姬(晋献公的女儿)所生,是晋文公的外甥,所以说"自出"。　　[4] 阙翦:损害,削弱。　　[5] 蟊(máo)贼:本指吃庄稼的害虫。蟊,同"蝥"。据《尔雅·释虫》,蟊为食苗根的害虫,贼为食苗节的害虫。这里用来比喻危害国家的公子雍。晋襄公死后,因太子夷皋(后为晋灵公)年幼,晋人派士会等到秦国迎立文公之子公子雍,秦国也派了军队护送他回国。后来晋国因为襄公夫人的反对而改变了主意,改立太子,并派兵在令狐将秦军击退。详见《左传·文公六年》《左传·文公七年》。此处说秦国"帅我蟊贼",乃诬枉之词。　　[6] 悛(quān):悔改。　　[7] 河曲:晋国地名,在今山西永济东

南。　　[8] 涑(sù)川：水名，在今山西省永济县东北。
[9] 俘：劫掠百姓为俘虏。王官：晋国地名，在今山西闻喜西。
[10] 羁马：晋国地名，在今山西永济南。　　[11] 河曲之战：在鲁文公十二年(公元前615年)，详见《左传·文公十二年》。
[12] 东道：晋在秦东，所以自称"东道"。不通：指两国断绝关系。

译文

"穆公和襄公去世，康公和灵公即位。康公是我们先君文公的外甥，却又想损害我们公室，颠覆我们国家，率公子雍回国争位，让他扰乱我们的边疆，于是我们才有令狐之战。康公还不肯悔改，入侵我们的河曲，攻打我们的涑川，劫掠我们王官的百姓，夺走我们的羁马，因此我们才有了河曲之战。与晋国联系不通的原因，正是因为康公断绝了同我们的友好关系。

"及君之嗣也[1]，我君景公引领西望曰[2]：'庶抚我乎[3]！'君亦不惠称盟[4]，利吾有狄难[5]，入我河县[6]，焚我箕、郜[7]，芟夷我农功[8]，虔刘我边垂[9]，我是以有辅氏之聚[10]。君亦悔祸之延，而欲徼福于先君献、穆，使伯车来命我景公曰[11]：'吾与女同好弃恶，复修旧德，以追念前勋。'言誓未就，景公即世[12]，我寡君是以有令狐之会[13]。君又不祥[14]，背弃盟誓。白狄及君同州[15]，君之仇雠，而我昏姻也[16]。君来赐命曰：'吾与女伐狄。'寡君不敢顾昏姻，畏君之威，而受命于吏[17]。君有二心于狄[18]，曰：'晋将伐女。'狄应且憎[19]，是用告我[20]。楚人恶君之二三其德也[21]，亦来告我曰：'秦背令狐之盟，而来求盟于我。昭告昊天上帝、秦三公、楚三王曰[22]，余虽与晋出入[23]，余唯利是视[24]。不穀恶其无成德，是用宣之，以惩不壹[25]。'诸侯备闻此言，斯是用痛心疾首，昵就寡人[26]。寡人帅以听命[27]，唯好是求。君若惠顾诸侯，矜哀寡人，而赐之盟，则寡人之愿也，其承宁诸侯以退[28]，岂敢徼乱？君若不施大惠，寡人不佞[29]，其不能以诸侯退矣。敢尽布之执事，俾执事实图利之[30]。"

（选自《左传·成公十三年》）

注释

[1] 君：指秦桓公。　　[2] 引：伸长。领：脖子。
[3] 庶：副词，表示希望出现某种情况。抚：抚恤、关照。庶抚我乎：希望过秦国抚恤晋国。　　[4] 称盟：举行盟会。称，举。
[5] 狄难：指鲁宣公十五年(公元前594年)晋灭赤狄潞氏。灭狄而称狄难，是歪曲事实，为自己辩解。　　[6] 河县：刘文淇《疏

证》谓河县疑是河曲之变文。　　〔7〕箕：晋国地名,在今山西蒲县东北。郜(gào)：晋国地名,疑在今山西浮山县西。　　〔8〕芟(shān)：割除。夷：伤害。农功：农作物。此句指秦人抢劫收割晋人的庄稼。　　〔9〕虔(qián)刘：杀害,屠杀。边垂：边陲,边境,这里指边境之民。垂,"陲"的本字。　　〔10〕辅氏：晋国地名,在今陕西大荔东。聚：聚众抗敌,指战争。战争要聚众,故战亦曰聚。此战详见《左传·宣公十五年》。　　〔11〕伯车：秦桓公之子,名鍼,又称后子。　　〔12〕景公即世：景公去世,在鲁成公十年(公元前581年)。　　〔13〕寡君：指晋厉公。令狐之会：鲁成公十一年(公元前580年),秦桓公和晋厉公约定在令狐会盟,晋君先到,而秦君却不肯渡河,双方只各派大臣和对方的国君盟誓。　　〔14〕不祥：不淑,不善。　　〔15〕白狄：狄族的一支。及：介词,与。同州：同在古雍州(今陕西、甘肃二省和青海的一部分)。　　〔16〕昏姻：指晋文公在狄娶季隗。详见《晋公子重耳之亡》。　　〔17〕吏：指秦国传令的使臣。命于吏：指准备联合秦国讨伐狄国。　　〔18〕有：同"又"。　　〔19〕狄应且憎：狄一则接受,一则嫌恶。且,两务之词。　　〔20〕是用：因此。　　〔21〕二三其德：三心二意,反复无常。　　〔22〕昭：明。昊(hào)：广大无边的样子。昊天,犹言皇天。秦三公：秦国穆公、康公、共公。楚三王：楚国成王、穆王、庄王。　　〔23〕出入：往来。　　〔24〕唯利是视："唯视利"的倒装。一心图利,唯利是图。此句是说,秦国只看重利益,并不诚心与晋国交好。〔25〕壹：专一。　　〔26〕昵就：亲近。　　〔27〕帅以听命：率诸侯来听从您的命令。这是外交辞令,实际上是以诸侯之兵来要挟秦国。　　〔28〕承宁：止息,安静。　　〔29〕不佞(nìng)：不敏,不才。当时习用的谦辞。　　[30] 图：考虑。利之：对秦国有利。

译文

"等到君王即位之后,我们景公伸长脖子望着西边说:'但愿关照我们吧!'但君王还是不肯开恩同我国结为盟好,却乘我们遇上狄人祸乱之机,入侵我们临河的县邑,焚烧我们的箕、郜两地,抢割毁坏我们的庄稼,屠杀我们的边民,因此我们才有辅氏之战。君王也后悔两国战争蔓延,因而想向先君献公和穆公求福,派遣伯车来命令我们景公说:'我们和你们相互友好,抛弃怨恨,恢复过去的友谊,以追悼从前先君的功绩。'盟誓还没有完成,景公就去世了,因此我们国君才有了令狐的盟会。君王又产生了不善之心,背弃了盟誓。白狄和秦国同处雍州,是君王的仇敌,却是我们的姻亲。君王赐给我们命令说:'我们和你们一起攻打狄人。'我们国君不敢顾念姻亲之好,畏惧君王的威严,接受了君王使臣攻打狄人的命令。但君王又对狄人表示友好,对狄人说:'晋国将要攻打你们。'狄人表面上答应了你们的要求,心里却憎恨你们的做法,因此告诉了我们。楚国人同样憎恨君王反复无常,也来告诉我们说:'秦国背叛了令狐的盟约,而来向我们要求结盟。他们向着皇天上帝、秦国的三位先公和楚国的三位先王宣誓说,我们虽然和晋国有来往,但我们只关注利益。我讨厌他们反复无常,把这些事公开,以便惩戒那些用心不专一的人。'诸侯们全都听到了这些话,因此感到痛心疾首,都来和我亲近。现在我率诸侯前来听命,完全是为了请求盟好。如果君王肯开恩顾念诸侯们,哀怜寡人,赐我们缔结盟誓,这就是寡人的心愿,寡人将安抚诸侯而退走,哪里敢自求祸乱呢?如果君王不施行大恩大德,寡人不才,恐怕就不能率诸侯退走了,请向你的左右执事布置清楚,使他们权衡怎样才对秦国有利。"

文史链接

《吕相绝秦》与"修辞立其诚"

《吕相绝秦》颇似一篇晋国声讨秦国的战斗檄文,秦之"恶"与晋之"善"对比鲜明,令人信服。然而,仔细推敲,却是仁者见仁,智者见智。

魏相是晋国大臣,因食邑在吕,所以又称吕相。吕相绝秦的说辞,紧紧围绕秦晋两国的历史而展开。秦晋两国的恩怨,错综复杂,源远流长,其来有自,不容篡改。然而,吕相极尽褒贬之能事,利用犀利的言辞,硬是把晋国描绘成吃亏上当、为人所欺的"善人",而把秦国说成是奸佞不堪、反复无常的"小人"。

吕相的说辞体现了高超的语言艺术,其最为突出的特点在于对言说材料的取舍和改造:在对秦国有利的方面,极其简略,在谈到秦穆公做过的善事时,诸如遣返被俘的晋惠公、帮助重耳上台等,都是点到为止,一笔带过;在对晋国有利的方面,则大肆铺张,如对秦人背着晋国窃于郑盟之事大书特书,将晋国率先发难,在殽之战偷袭秦军一事,也讲得理由十足、头头是道。在对秦晋两国战争的定性问题上,明显将责任推到了秦国一边,如将秦桓公与晋景公时秦晋交战原因说是由于秦军的挑衅;说晋厉公时,秦人在晋与白狄之间进行挑拨生事,卑鄙无耻。

从选文来看,吕相不仅是运用言语的天才,还是天才的心理学家。他的言辞锋利,又含蓄深沉;指向明确,又无所不包;温文尔雅,却又处处逼人,可谓直指人性,把语言的力量发挥到了极致。他充分利用了语言的张力、模糊性、开放性以及遮蔽功能,运用逻辑上偷梁换柱的手法,制造了语言和思维的种种陷阱,用语言布下了天罗地网,让对方不知所措。高超的语言技巧和心理透视能力,赋予吕相绝对的话语权,他可以毫不费力、自然而然地改变事物本来的面目,可以颠倒黑白、混淆是非、化大为小、化小为大。

《易传·文言》云"修辞立其诚",要求修辞者持中正之心,怀敬畏之情,对自己的言辞切实承担责任,采用恰当的方式进行表达。简言之,即怀真诚之心,讲真话。吕相的说辞看似违反了"修辞立其诚"的原则,他为了达到目的,可以信口开河、了无顾忌。其实,吕相和春秋战国时期的其他说客们一样,并非完全不讲道义,只是其所作所为完全是为了维护所属国家的利益。他们为了国家利益可以纵横捭阖、舌战群雄,甚至牺牲生命也在所不惜,体现了大公无私的奉献精神。从这个角度讲,吕相的说辞则闪耀着智慧和忠义的光芒。

选文详略得当、入情入理,言辞丰富委婉、凝练简约,行文气势磅礴、富于变化,对战国纵横家纵横捭阖的语言产生了一定影响。秦晋之好、痛心疾首、唯利是图、唯命是从等成语亦皆出自此篇。

思考讨论

结合时代背景,谈谈你对《吕相绝秦》文辞的看法。

晋楚鄢陵之战

晋侯将伐郑[1]。范文子曰[2]:"若逞吾愿[3],诸侯皆叛,晋可以逞[4]。若唯郑叛,晋国之忧,可立俟也[5]。"栾武子曰[6]:"不可以当吾世而失诸侯,必伐郑。"乃兴师。栾书将中军,士燮佐之;郤锜将上军[7],荀偃佐之[8];韩厥将下军;郤至佐新军[9]。荀罃居守[10]。

注释

[1] 晋侯:晋厉公。　　[2] 范文子:士燮。　　[3] 逞:满足,实现。　　[4] 逞:缓。　　[5] 俟(sì):等待,等到。　　[6] 栾武子:栾书。　　[7] 郤锜(qí):郤克之子。　　[8] 荀偃:荀庚之子,字伯游,又称仲行献子。　　[9] 郤至:郤克、郤锜同族,字季子。新军:晋军建制名。成公三年(公元前588年),晋国在原上、中、下三军外增设新上、中、下三军。以后新三军只余一军,即今"新军"。　　[10] 荀罃:荀首之子,即知罃。

译文

晋厉公打算讨伐郑国,范文子说:"如果按照我的愿望,诸侯都背叛，晋国的危机可以得到缓和。如果只是一个郑国背叛，晋国的忧患，可能马上就会来了。"栾武子说："不能在我们这一辈执政的时候失去诸侯，一定要进攻郑国。"于是就发兵了。栾书率领中军，士燮作为辅佐；郤锜率领上军，荀偃作为辅佐；韩厥率领下军；郤至作为新军辅佐。荀罃留守。

郤犨如卫[1]，遂如齐，皆乞师焉。栾黡来乞师[2]。孟献子曰[3]："晋有胜矣。"戊寅[4]，晋师起。

注释

[1] 郤犨（chōu）：郤克的同族兄弟，又称苦成叔。
[2] 栾黡（yǎn）：栾叔之子，又称栾桓子。来：来鲁国。
[3] 孟献子：鲁国公族，又称孟孙，仲孙蔑。　　[4] 戊寅：十二日。

译文

郤犨去到卫国，又到齐国，请求两国出兵。栾黡前来鲁国请求出兵，孟献子说："晋国可能得胜。"四月十二日，晋国出兵。

郑人闻有晋师，使告于楚，姚句耳与往[1]。楚子救郑。司马将中军[2]，令尹将左[3]，右尹子辛将右[4]。过申，子反入见申叔时[5]，曰："师其何如?"对曰:"德、刑、详、义、礼、信[6],战之器也[7]。德以施惠,刑以正邪,详以事神,义以建利,礼以顺时[8],信以守物[9]。民生厚而德正,用利而事节,时顺而物成,上下和睦,周旋不逆,求无不具[10],各知其极[11]。故《诗》曰:'立我烝民,莫匪尔极[12]。'是以神降之福,时无灾害,民生敦庞[13],和同以听[14],莫不尽力以从上命,致死以补其阙[15],此战之所由克也。今楚内弃其民,而外绝其好;渎齐盟[16],而食话言;奸时以动[17],而疲民以逞。民不知信,进退罪也。人恤所底[18],其谁致死?子其勉之!吾不复见子矣。"姚句耳先归,子驷问焉[19],对曰:"其行速,过险而不整。速则失志[20],不整,丧列[21]。志失、列丧,将何以战?楚惧不可用也。"

注释

[1] 姚句(gōu)耳:郑大夫。与往:随行,非正式使臣。
[2] 司马:楚官名,位在令尹之下,此处指公子侧子反。
[3] 令尹:楚官名,相当于宰相,此处指公子婴齐子重。依楚国官次,令尹在司马上。　　[4] 右尹:楚官名。子辛:楚宗室公子壬夫的字。　　[5] 申:楚邑,在今河南省南阳市。申叔时:楚大

夫,当时告老居申。　　[6]详:通"祥",指用心精诚专一,顺,善。这里特指侍奉鬼神应有的态度。　　[7]器:器用,引申为手段。　　[8]顺时:应顺事宜。　　[9]物:泛指一切事物。　　[10]具:充足,完备。　　[11]极:犹言"准则"。　　[12]"故《诗》曰"三句:引自《诗经·周颂·思文》。原诗意为,周的先王后稷安排众民,无不合其准则。烝:众。极:准则。　　[13]民生:百姓的生计。敦庞(páng):富足。庞,古同"庞"。　　[14]和同:团结一致。听:服从。　　[15]致死:献出生命。阙:指战死者留下的空缺。　　[16]渎(dú):亵渎,轻慢,不尊重。齐:同"斋"。斋盟,古人盟誓之前必先斋戒,所以盟誓又称斋盟。渎斋盟,指去年楚国背弃了鲁成公十五年晋、楚两国在宋国缔结的盟约。古人盟誓,以为必有鬼神监临,渎齐盟,意即不以祥事神。[17]奸:犯。奸时,违反农时,指在四月春耕时用兵。[18]恤:忧虑。厎(dǐ):至。所厎:结局,归宿。　　[19]子驷:郑国执政大臣公子骓(fēi)的字。　　[20]失志:考虑不周。[21]丧列:失去行列,指失去行列,毫无秩序。

译文

郑国人听说晋国出兵,就派使者报告楚国,姚句耳同行。楚共王救援郑国。司马子反率领中军,令尹子重率领左军,右尹子辛率领右军。路过申地,子反进见申叔时,说:"这次出兵会怎么样?"申叔时回答说:"德行、刑罚、和顺、道义、礼法、信用,这是战争的手段。德行用来施予恩惠,刑罚用来纠正邪恶,和顺用来侍奉神灵,道义用来建立利益,礼法用来适合时宜,信用用来护守侍物。人民生活优厚,道德就端正;举动有利,事情就合于节度,时宜合适,生产就有所成就;这样就能上下和睦,相处没有矛盾,有所需求无不具备,人人都知道行动的准则。所以《诗》说:'安置百姓,没有不合乎准则。'这样,神灵就降福于他,四时没有灾害,百姓生活优厚,齐心一致地听命,没有不尽力以服从上面命令的,不顾性命来弥补死去战士的空缺,这样就是战争之所以能够胜利的原因。现在,楚国内部丢弃他的百姓,外部断绝他的友好,亵渎神圣的盟约而说话不讲信用,违反时令发动战争,使百姓疲劳以求快意。人们不知道什么是信用,进退都是罪过。人们为他们的结局在担忧,还有谁肯去送命?您还是尽力做吧!我不会再看到您了。"姚句耳先回来,子驷询问情况,他回答说:"楚军行军迅速,经过险要的地方行列不整齐。动作太快就会考虑不周,军容不整齐就丧失了行列。考虑不周、行列丧失,怎么能打仗呢?楚国恐怕不能依靠了。"

五月,晋师济河。闻楚师将至,范文子欲反,曰:"我伪逃楚[1],可以纾忧[2]。夫合诸侯,非吾所能也,以遗能者。我若群臣辑睦以事君[3],多矣。"武子曰:"不可。"

注释

[1]伪:当作"为",如果,假如。　　[2]纾(shū):缓。纾忧:缓解晋国的忧患。　　[3]辑睦:团结和睦。

译文

(鲁成公十六年)五月,晋军渡过黄河。他们听说楚军将要到达,范文子想要回去,说:"我们假装逃避楚国,这样就能够缓和忧患。会合诸侯,不是我所能做到的,还是留给有能力的人吧!我们如果群臣和睦以侍奉国君,这就够了。"栾武子说:"不可以。"

六月,晋、楚遇于鄢陵[1]。范文子不欲战[2]。郤至曰:"韩之战,惠公不振旅[3];箕之役[4],先轸不反命[5];邲之师[6],荀伯不复从[7],皆晋之耻也。子亦见先君之事矣。今我辟楚,又益耻也。"文子曰:"吾先君之亟战也[8],有故。秦、狄、齐、楚皆强,不尽力,子孙将弱。今三强服矣,敌楚而已。惟圣人能内外无患。自非圣人[9],外宁必有内忧。盍释楚以为外惧乎?[10]"

注释

[1]鄢陵:郑国地名,在今河南省鄢陵县北。　[2]范文子:即士燮。　[3]不振旅:不能整军而归,意思是战败。[4]箕:晋邑,在今山西省蒲县东北。　[5]先轸:箕之战中晋军主帅。鲁僖公三十三年(公元前627年),晋伐狄,战于箕地,先轸战死。不反命:不能回国复君命。　[6]邲(bì):郑国地名,

在今河南郑州西北。　　[7] 荀伯：即荀林父，邲之战中晋军主帅。鲁宣公十二年（公元前597年），晋、楚在邲交战，晋军主帅荀林父败逃。不复从：不能再进逼楚军，即战败逃跑。　　[8] 亟(qì)：屡次。　　[9] 自：假设连词，如果，多用于否定句。自非：假若不是。　　[10] "外宁"二句：晋国大臣大多数主战，唯有士燮始终主退。士燮见厉公骄侈，群臣不和，如战而胜楚，内忧益滋，故欲释楚以缓和国内矛盾，并非畏惧战败。

译文

（鲁成公十六年）六月，晋、楚两军在鄢陵相遇。范文子不想作战。郤至说："韩地这一战，惠公失败归来；箕地这一役，先轸不能回国复命；邲地这一仗，荀伯又失败，这都是晋国的耻辱。您也了解先君时代的情况了。现在我们逃避楚国，这又是增加耻辱。"范文子说："我们先君的屡次作战，是有原因的。秦国、狄人、齐国、楚国都很强大，如果我们不尽自己的力量，子孙将会被削弱。现在三强已经顺服，敌人仅楚国而已。只有圣人才能够外部内部都没有祸患。如果不是圣人，外部安定，内部必然还有忧患，何不放掉楚国把它作为外部的戒惧呢？"

甲午晦[1]，楚晨压晋军而陈[2]。军吏患之。范匄趋进[3]，曰："塞井夷灶[4]，陈于军中，而疏行首[5]。晋、楚唯天所授，何患焉？"文子执戈逐之，曰："国之存亡，天也，童子何知焉？"栾书曰："楚师轻窕[6],固垒而待之,三日必退。退而击之,必获胜焉。" 郤至曰:"楚有六间[7],不可失也。其二卿相恶[8],王卒以旧[9],郑陈而不整,蛮军而不陈[10],陈不违晦[11],在陈而嚣[12],合而加嚣[13]。各顾其后[14],莫有斗心,旧不必良[15],以犯天忌[16],我必克之。"

注释

[1]晦:夏历每月的最后一天。 [2]压:逼近。陈:布阵。 [3]范匄(gài):范文子士燮的儿子士匄,谥宣子,又称范宣子。趋进:快步向前。范匄当时尚幼,班位不高,故快步向前,一则表示恭敬,二则便于进言。 [4]塞:填。夷:平。 [5]行首:行道。首,通"道"。疏行首:把行列间的通道隔宽。楚军逼近晋军布阵,晋军阵地狭小,必须这样做才便于作战。 [6]轻窕:即"轻佻",指军心轻率浮躁。 [7]间:间隙,空子,指弱点。 [8]二卿:指子重和子反。相恶:不和。两人有仇隙,故战败后子重逼迫子反自杀。 [9]以:用。旧:旧家。 [10]蛮军:指跟随楚军的南方少数民族军队。 [11]违晦:避开晦日。古人认为月末最后一天不适宜用兵。 [12]嚣:吵闹,喧哗。军中不肃静,则表示无纪律,不严肃。 [13]合:指阵合。加嚣:更加喧哗。 [14]各顾其后:指互相观望依赖。 [15]旧:旧家子弟。不必:未必。良:强。 [16]犯天忌:指晦日用兵。

译文

(鲁成公十六年六月)二十九日(阴历月终),楚军在清早逼近晋军而摆开阵势,晋国的军吏担心这种情况。范匄快步向前,说:"填井平灶,就在军营摆开阵势,把行列间的距离放宽。晋、楚两国都是上天的赐予,有什么可担心的?"范文子拿起戈来驱逐他,说:"国家的存亡,这是天意,小孩子知道什么?"栾书说:"楚军轻佻,加固营垒而等待他们,三天一定退兵。乘他们退走而加以追击,一定可以得胜。"郤至说:"楚国有六个空子,我们不可失掉时机:楚国的两个卿不和;楚共王的亲兵们从旧家中选拔,都已衰老;郑国虽然摆开阵势却不整齐;蛮人虽有军队却没有阵容;楚军摆阵不避讳月底;士兵在阵中就喧闹,各阵式相联合后就更加喧闹,各军彼此观望依赖,没有战斗意志。旧家子弟的士兵不一定是强兵,所以这些都触犯了天意和兵家大忌。我们一定能战胜他们。"

楚子登巢车,以望晋军[1]。子重使大宰伯州犁侍于王后[2]。王曰:"骋而左右,何也?"曰[3]:"召军吏也。""皆聚于中军矣。"曰:"合谋也。""张幕矣。"曰:"虔卜于先君也[4]。""彻幕矣。"曰:"将发命也。""甚嚣,且尘上矣[5]。"曰:"将塞井夷灶而为行也。""皆乘矣,左右执兵而下矣[6]。"曰:"听誓也[7]。""战乎?"曰:"未可知也。""乘而左右皆下矣。"曰:"战祷也[8]。"伯州犁以公卒告王[9]。苗贲皇在晋侯之侧[10],亦以王卒告。皆曰:"国士在,且厚[11],不可当也。"苗贲皇言于晋侯曰:"楚之良[12],在其中军王族而已。请分良以击其左右,而三军萃于王卒[13],必大败之。"公筮之。史曰:"吉。其卦遇《复》䷗[14],曰:'南国蹙[15],射其元王[16],中厥目[17]。'国蹙王伤,不败,何待?"公从之。

注释

[1] 楚子:指楚共王。巢车:一种设有瞭望楼的兵车,高如鸟巢,用以瞭望敌人。《左传·宣公十五年》亦曰"楼车"。春秋时之巢车形制已不详。　　[2] 伯州犁:晋国大夫伯宗之子,鲁成公十五年,伯宗为郤锜所杀,伯州犁逃到楚国,当了太宰。　　[3] 曰:主语是伯州犁。以下若干句引语,未加"曰"字的是楚共王说的话,加"曰"字的是伯州犁的答语。　　[4] 虔:恭敬。卜:占卜。古代行军,都载了上代先君的神主同行。此句意为,晋人向先君神主敬卜胜负。　　[5] 尘上:尘土上扬。　　[6] 皆乘矣,左右执兵而下矣:皆已上车,车上左右又俱持武器下车。古代兵车,唯元帅之车元帅在中,御者在左。一般兵车御者在中,将帅在左。此之左右,当指一般兵车之将帅与车右。　　[7] 听誓:听主帅发布誓师令。誓,指对军队宣布命令。　　[8] 战祷:战

前祷告鬼神。　　[9]公卒：晋侯之卒。　　[10]苗贲(bēn)皇：楚国令尹斗椒之子。鲁宣公四年(公元前605年)，楚共王杀斗椒，苗贲皇逃奔晋国。此人熟悉楚国情况，故在晋侯之侧。[11]国士：指伯州犁，以其有才，且熟悉晋国情况。厚：指人数众多。　　[12]良：精兵。　　[13]三军：当作"四军"，指晋国上、中、下军和新军。《左传·襄公二十六年》记载蔡声子追述苗贲皇的话作"吾乃四萃于其王族"。因籀文"四"跟"一""二""三"一样，都是积画，形与"三"近似而致误。萃：集中。　　[14]《复》：《周易》的卦名。　　[15]南国：指楚国。蹙(cù)：同"蹙"，窘迫。亦可解释为国土削小。　　[16]元王：元首，指楚共王。[17]厥：其。此三句是记录占卜结果的卦辞。

译文

楚共王登上楼车，望了望晋军。子重让大宰伯州犁侍立在楚共王身后。楚共王说："车子向左右驰骋，干什么？"伯州犁说："这是召集军官们。"楚共王说："那些人都集合在中军了。"伯州犁说："这是一起谋议。"楚共王说："帐幕张开了。"伯州犁说："这是在先君的神主前占卜。"楚共王说："帐幕撤除了。"伯州犁说："这是将要发布命令了。"楚共王说："喧闹得厉害，而且尘土飞扬起来了。"伯州犁说："这是准备填井平灶摆开阵势。"楚共王说："都登上战车了，将帅和车右都拿着武器下车了。"伯州犁说："这是宣布号令。"楚共王说："他们要作战吗？"伯州犁说："还不能知道。"楚共王说："晋军上了战车，将帅和车右又下来了。"伯州犁说："这是战前的祈祷。"伯州犁把晋厉公亲兵的情况向楚共王报告。苗贲皇在晋厉公的旁边,也把楚共王亲兵的情况向晋厉公报告。晋厉公左右的将士们都说:"有国家中杰出的人物在那里,而且军阵厚实,不能抵挡。"苗贲皇对晋厉公说:"楚国的精兵在于他们中军的王族而已,请求把我们的精兵分开去攻击他们的左右军,再集中三军攻打楚王的亲兵,一定可以把他们打败。"晋厉公让太史占筮。太史说:"吉利。得到《复》䷗。卦辞说:'南方的国家局促,射它的国王,箭头中目。'国家局促,国王受伤,不失败,还等待什么?"晋厉公听从了。

有淖于前[1],乃皆左右相违于淖[2]。步毅御晋厉公[3],栾针为右[4]。彭名御楚共王[5],潘党为右[6]。石首御郑成公[7],唐苟为右[8]。栾、范以其族夹公行[9]。陷于淖。栾书将载晋侯。针曰:"书退[10]!国有大任[11],焉得专之[12]?且侵官[13],冒也[14];失官[15],慢也[16];离局[17],奸也[18]。有三不罪焉,不可犯也。"乃掀公以出于淖[19]。

注释

[1] 淖(nào):泥沼。　　[2] 违:避开。　　[3] 步毅:即郤毅,郤至之弟。　　[4] 栾针(zhēn):栾书之子,栾黡之弟。[5] 彭名:楚大夫。　　[6] 潘党:潘尫(wāng)之子,一名叔党。[7] 石首:郑臣。　　[8] 唐苟:郑臣。　　[9] 族:家兵,由其

宗族成员和私属人员组成。　　[10]书：指栾书。退：退下。《礼记·曲礼上》云"君前臣名"，在国君前，群臣之间，皆直呼其名，栾针于其父亦直呼其名。　　[11]大任：大事。　　[12]专之：包揽其他事务，这里指替代栾针车右的职责。　　[13]侵官：侵犯他人职权。　　[14]冒：冒犯。　　[15]失官：玩忽职守，指栾书擅离中军帅的岗位而载晋侯。　　[16]慢：怠慢。[17]离局：离开部属。　　[18]奸：乱。　　[19]掀：举出。掀公：指将晋厉公的戎车掀起来，离开泥沼。

译文

晋军营前头有泥沼，于是晋军都或左或右地避开泥沼而行。步毅驾驭晋厉公的战车，栾针作为车右。彭名驾驭楚共王的战车，潘党作为车右。石首驾驭郑成公的战车，唐苟作为车右。栾、范领着他们私族部队左右护卫着晋厉公前进，战车陷在泥沼里。栾书打算将晋厉公装载在自己车上。他的儿子栾针说："栾书退下去！国家有大事，你哪能一人揽了？而且侵犯别人的职权，这是冒犯；丢弃自己的职责，这是怠慢；离开自己的部下，这是扰乱。有三件罪名，不能违犯啊。"于是就掀起晋厉公的战车，离开泥沼。

癸巳[1]，潘尪之党与养由基蹲甲而射之[2]，彻七札焉[3]。以示王，曰："君有二臣如此，何忧于战？"王怒曰："大辱国[4]！诘朝，尔射[5]，死艺。"吕锜梦射月[6]，中之，退入于泥。占之，曰：

"姬姓，日也。异姓，月也，必楚王也。射而中之，退入于泥，亦必死矣。"及战，射共王，中目。王召养由基，与之两矢，使射吕锜，中项，伏弢[7]。以一矢覆命。

注释

[1] 癸巳：甲午的前一天。上文讲到"甲午晦"，这是补叙"甲午"前一天的事。　[2] 潘尪之党：即潘尪之子潘党。养由基：楚大夫，以善射知名。蹲甲：以甲置于物上。　[3] 彻：穿透。七札：革甲内外厚薄复叠七层。当时革甲一般皆七层。[4] 大辱国：当时口头骂人的俗语。责备二人自恃勇力，不讲智谋。　[5] 诘朝：明朝作战。死艺：将死于艺。　[6] 吕锜：晋大夫魏锜，吕相之父。　[7] 弢(tāo)：弓套。吕锜被射中颈项，伏于弓套而死。

译文

（鲁成公十六年）六月二十八日，潘尪的儿子党和养由基把皮甲重叠而射它，穿透了七层。拿去给楚共王看，说："君王有这样两个臣下在这里，还有什么可怕的？"楚共王发怒说："真丢人！明早作战，你们射箭，将会死在这武艺上。"吕锜梦见自己射月亮，射中，自己却退进了泥塘里。占卜，说："姬姓，是太阳；异姓，是月亮，这一定是楚共王了。射中了他，自己又退进泥里，就一定会战死。"等到作战时,吕锜射中了楚共王的眼睛。楚王召唤养由基,给他两支箭,让他射吕锜。结果射中吕锜的脖子,伏在弓套上死了。养由基拿了剩下的一支向楚共王复命。

郤至三遇楚子之卒,见楚子,必下,免胄而趋风[1]。楚子使工尹襄问之以弓[2],曰:"方事之殷也[3],有韎韦之跗注[4],君子也。识见不谷而趋[5],无乃伤乎?"郤至见客[6],免胄承命,曰:"君之外臣至,从寡君之戎事[7],以君之灵,间蒙甲胄[8],不敢拜命[9]。敢告不宁[10],君命之辱[11]。为事之故,敢肃使者[12]。"三肃使者而退。

注释

[1]胄(zhòu):头盔。趋风:当时的习语。指向前快走,表示恭敬。　[2]工尹襄:工尹是官名,襄是人名。问:问询,问好。古代问好也同时赠送礼物表示情意。　[3]事:战事。殷:盛,指战斗激烈。　[4]韎(mèi):赤黄色。韦:熟牛皮。跗(fū)注:一种长至脚背的紧身军裤。跗,脚背。注,属。[5]识:通"适",时间副词,刚才。　[6]客:即工尹襄。[7]外臣:外邦之臣,郤至对楚王的自称。　[8]间:参与。蒙:披上。　[9]不敢拜命:不敢拜受君楚王劳问之命。古代披甲之士不拜。　[10]敢告不宁:表示自己未受伤。

[11]君命之辱:此言辱承慰问,实不敢当。　　[12]肃:即肃拜,本古代妇女所行礼节,男子则以拜或顿首等以示恭敬。无论拜与顿首,都必须折腰。郤至虽脱头盔,身仍有革甲。且古礼,甲胄之士不拜,故只行肃拜之礼,站立,身略俯折,两手合拢,当心而稍下移。

译文

郤至三次碰到楚共王的士兵,见到楚共王时,一定下车,脱下头盔,快步向前而走。楚共王派工尹襄送上一张弓去问候,说:"正当战事激烈的时候,有一位身穿赤黄色牛皮军服的人,是君子啊!刚才见到我而快走,恐怕是受伤了吧!"郤至见到工尹襄,脱下头盔接受命令,说:"贵国君王的外臣郤至,跟随寡君作战,托君王的福,参与了披甲的行列,不敢拜受君楚王劳问之命。谨向君王报告没有受伤,辱承慰问,实不敢当。由于战事的缘故,谨向使者行肃拜之礼。"于是,三次向使者肃拜以后才退走。

晋韩厥从郑伯,其御杜溷罗曰[1]:"速从之[2]?其御屡顾,不在马,可及也。"韩厥曰:"不可以再辱国君[3]。"乃止。郤至从郑伯,其右茀翰胡曰:"谍辂之[4],余从之乘,而俘以下。"郤至曰:"伤国君有刑。"亦止。石首曰:"卫懿公唯不去其旗,是以败于荧[5]。"乃内旌于弢中[6]。唐苟谓石首曰:"子在君侧,败者壹大[7]。我不如子,子以君免,我请止[8]。"乃死。

注释

[1] 杜溷(hùn)罗:韩厥的驾车人。　　[2] 速从之:此是问话。杜溷罗请示韩厥是否快追。　　[3] 再辱国君:鲁成公二年齐晋鞌之战,韩厥曾经追及齐顷公,如果再追及郑伯,就是再辱国君。　　[4] 谍:轻兵。辂(yà):通"迓",迎,指迎面拦住。谍辂之,指派遣轻兵从间道迎击。　　[5]"卫懿公"二句:鲁闵公二年(公元前660年),卫与狄在荧泽交战,卫国战败,卫献公不撤去旗帜而被杀。荧,即荧泽。　　[6] 内:同"纳",收藏。[7] 壹:专一。大:指郑君。　　[8] 止:指止而抵御晋君。

译文

晋国的韩厥追赶郑成公,他的车夫杜溷罗说:"是否赶快追上去?他们的御者屡屡回头看,注意力不在马上,可以赶上。"韩厥说:"不能再次羞辱国君。"于是,就停止追赶。郤至追赶郑成公,他的车右茀翰胡说:"另外派遣轻兵从小道迎击,我追上他的战车而把他俘虏下来。"郤至说:"伤害国君要受到刑罚。"也停止了追赶。石首说:"从前卫懿公由于不去掉他的旗子,所以才在荧地战败。"于是,就把旗子放进弓袋里。唐苟对石首说:"您在国君旁边,战败者应该一心保护国君。我不如您,您带着国君逃走,我请求留下。"于是,唐苟就战死了。

楚师薄于险[1],叔山冉谓养由基曰[2]:"虽君有命[3],为国故,子必射。"乃射,再发[4],尽殪[5]。叔山冉搏人以投[6],中车,折轼。晋师乃止。囚楚公子茂[7]。

注释

[1] 薄:迫。　　[2] 叔山冉:姓叔山,名冉,楚国勇士。[3] 君有命:指楚共王责备他"尔射,死艺"的话,是君有命禁止其射。　　[4] 再发:两次发射。　　[5] 殪(yì):死。　　[6] 搏人以投:俘虏晋人以投晋君。　　[7] 公子茂(fá):名钩,字发。发、茂古同声,故《左传》作"茂"。

译文

楚军被逼在险阻的地带,叔山冉对养由基说:"虽然国君有命令(禁止您射箭),但为了国家的缘故,您一定要射箭。"养由基就射向晋军,再射,被射的人都死了。叔山冉举起一个被俘的晋国人投掷过去,掷中战车,折断了车前的横木。晋军于是停下来。囚禁了楚国的公子茂。

栾针见子重之旌,请曰:"楚人谓夫旌[1],子重之麾也[2],彼其子重也。日臣之使于楚也[3],子重问晋国之勇,臣对曰:'好以众整[4]。'曰:'又何如?'臣对曰:'好以暇[5]。'今两国治戎,行人不使[6],不可谓整;临事而食言,不可谓暇。请摄饮焉[7]。"公许之。使行人执榼承饮[8],造于子重[9],曰:"寡君乏使,使针御持矛[10],是以不得犒从者,使某摄饮[11]。"子重曰:"夫子尝与吾言于楚[12],必是故也。不亦识乎[13]?"受而饮之,免使者而复鼓。

注释

[1] 楚人:指被俘的楚兵。夫(fú):那。旌:旗。 [2] 麾(huī):指挥作战用的旗子,即帅旗。 [3] 日:往日。 [4] 众:军队。整:整肃。 [5] 暇:闲暇,指从容不迫。 [6] 行人:使者。 [7] 摄饮(yìn):代替自己请人喝酒。摄,代替。饮,使人喝。栾针为晋厉公车右,不能离开,故请求派人代为进酒子重。 [8] 榼(kē):盛酒器。承饮:捧着酒。 [9] 造:至,到。 [10] 御持矛:拿着矛在身边侍候,指担任车右。御,侍奉。 [11] 某:送酒人自称,地位较低,故不书以某代之。 [12] 夫子:指栾针。 [13] 识:记。不亦识乎:指记性好。

译文

栾针见到子重的旌旗,请求说:"楚国人说那面旌旗是子重的旗号,他恐怕就是子重吧。当初下臣出使到楚国,子重问起晋国的勇武表现在哪里,下臣回答说:'喜好整齐,按部就班。'子重说:'还有什么?'下臣回答说:'喜好从容不迫。'现在两国兴兵,不派遣使者,不能说是按部就班;临到事情而不讲信用,不能说是从容不迫。请君王派人替我给子重进酒。"晋厉公答应了,派遣使者拿着酒器奉酒,到了子重那里,说:"寡君缺乏使者,让栾针执矛侍立在他左右,因此不能犒赏您的从者,派我前来代他送酒。"子重说:"他老人家曾经跟我在楚国说过一番话,送酒来一定是这个原因。他的记忆力不也是很强吗?"受酒而饮,不留难使者而重新击鼓。

旦而战,见星未已[1]。子反命军吏察夷伤[2],补卒乘,缮甲兵,展车马[3],鸡鸣而食,唯命是听。晋人患之。苗贲皇徇曰:"蒐乘、补卒,秣马、利兵,修陈、固列,蓐食、申祷[4],明日复战!"乃逸楚囚[5]。王闻之,召子反谋。谷阳竖献饮于子反[6],子反醉而不能见。王曰:"天败楚也夫!余不可以待。"乃宵遁[7]。晋入楚军,三日谷[8]。范文子立于戎马之前[9],曰:"君幼,诸臣不佞,何以及此?君其戒之[10]!《周书》曰:'唯命不于常[11]。'有德之谓。"

注释

[1]见(xiàn):现出。未已:尚未停止。 [2]夷:即"痍",创伤。 [3]展:陈列,这里指陈列出来以便检阅。[4]蒐(sōu):检阅,查点。蓐(rù):厚。蓐食,饱餐。申祷:重申祷告,祈求胜利。 [5]逸楚囚:放跑楚国俘虏,有意让他们回去报信。 [6]谷阳竖:子反的侍役。 [7]遁(dùn):逃跑。 [8]谷:取粮而食。 [9]戎马:晋厉公的车马。[10]戒:警惕。 [11]《周书》:《尚书》中关于周代的部分。引文见于《尚书·康诰》。

译文

早晨开始作战,直到黄昏还没有结束战争。子反命令军官视察伤情,补充步兵车兵,修理盔甲武器,陈列战车马匹,鸡叫的时候吃饭,唯主帅的命令是听。晋国因此担心。苗贲皇通告全军说:"检阅战车、补充士卒,喂好马匹、磨快武器,整顿军阵、巩固行列,饱餐一顿、再次祷告,明天再战!"就故意放松楚国的俘虏让他们逃走。楚共王听到这些情况,召子反一起商量。谷阳竖献酒给子反,子反喝醉了不能进见。楚共王说:"这是上天要让楚国失败啊!我不能等了。"于是连夜逃走了。晋军进入楚国军营,吃了三天楚军留下的粮食。范文子站在晋侯的车马前面,说:"君王年幼,下臣们不才,怎么能得到这个结果?君王还是要警惕啊!《周书》说,'天命不能常在不变',说的是有德的人就可以享有天命。"

楚师还,及瑕[1],王使谓子反曰:"先大夫之覆师徒者[2],君不在。子无以为过,不谷之罪也。"子反再拜稽首曰:"君赐臣死,死且不朽。臣之卒实奔,臣之罪也。"子重使谓子反曰:"初陨师徒者[3],而亦闻之矣[4]。盍图之!"对曰:"虽微先大夫有之[5],大夫命侧[6],侧敢不义?侧亡君师,敢忘其死?"王使止之,弗及而卒。

(选自《左传·成公十六年》)

注释

[1]瑕:随国地名,在今湖北省随州境内。瑕虽随国之地,但随国已极弱小,附庸于楚,只能听任楚军经过。　[2]先大夫:指子玉。覆师徒:使军队覆没,指城濮之战中子玉战败。者:助词。用在复合句的前一分句之末句提示现象或结果,下句解析原因。楚王之言意为:当初子玉兵败,是因为国君不在军中,所以子玉应负失败之责。这次国君亲自出征,您就不必认为自己有罪,这是我的罪过。　[3]初陨师徒者:指子玉。　[4]而:同"尔",你。　[5]微:没有。有之:指自杀谢罪之事。[6]侧:公子侧,即子反。

译文

楚军回去,到达瑕地,楚共王派人对子反说:"先大夫让军队覆没,当时国君不在军中。现在您没有过错,这是我的罪过。"子反再拜叩头说:"君王赐下臣去死,死而不朽。下臣的士兵的确败逃了,这是下臣的罪过。"子重也派人对子反说:"当初让军队覆没的人,他的结果你也听到过了。何不自己打算一下!"子反回答说:"即使没有先大夫自杀谢罪的事,大夫命令侧死去,侧岂敢贪生而陷于不义?侧使国君的军队败亡,岂敢忘记一死?"楚共王派人阻止他,没来得及,子反就自杀了。

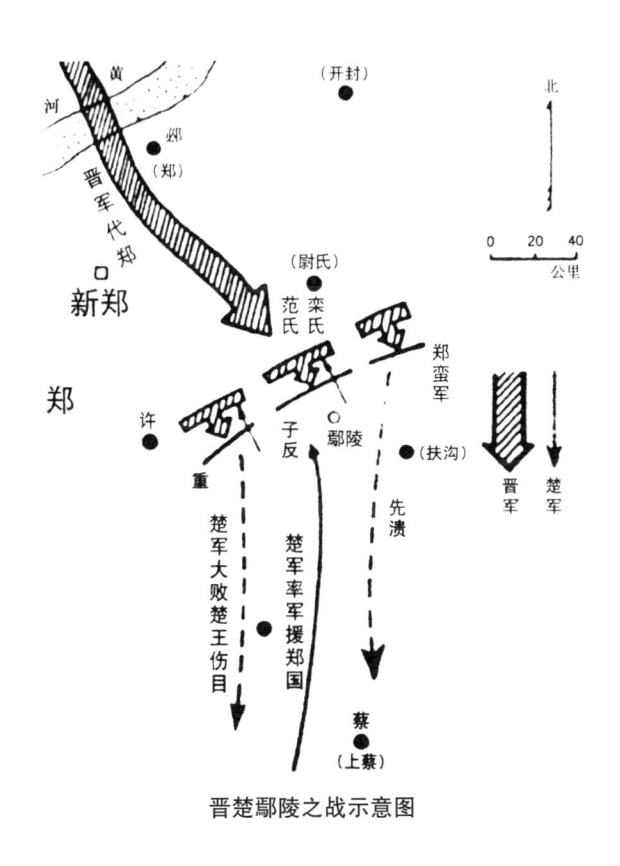

晋楚鄢陵之战示意图

文史链接

神射手养由基

养由基,又称养繇基,楚国人。据清同治版《荆门直隶州志》记载,楚国名将养由基故居"古岭北二里养家坪",即今天荆门市拾桥镇老山乡古林村。他自幼擅射,"常蹲甲而射之,贯七札,人称神。"传说他双手能接四方箭,两臂能开千斤弓,被称为神箭手。

《左传·成公十六年》载晋楚鄢陵之战,首次刻画了神射手养由基的形象。此后,历代诗文典籍亦多有记载和演义。《战国策·西周策》载:"楚有养由基者,善射;去柳叶百步而射之,百发百中。"成语"百步穿杨"由此而出,并被后人专门用于形容箭法出众善射之人。《史记·周本纪》亦云:"楚有养由基者,善射者也,去柳叶百步而射之,百发而百中之。左右观者数千人,皆曰善射。"《昭明文选》卷一载班固《东都赋》云:"由基发射,范氏施御。弦不睼禽,辔不诡遇。飞者未及翔,走者未及去。"唐代李善注引《左传》曰:"养由基蹲甲而射之,彻七札焉。"此外,历代诗词中也屡见养由基擅射的典故,如"桂折一枝先许我,杨穿三叶尽惊人。"(唐代白居易《喜敏中及第偶示所怀》)"游侠长安中,置驿过新丰。系钟蒲璧磬,鸣弦杨叶弓。"(南朝陈后主《刘生》)"私调破叶箭,定饮寨旗杯。"(唐代元稹《酬卢秘书》)"万人齐看翻金勒,百步穿杨逐箭空。"(唐代李涉《看射柳枝》)"射叶杨才破,闻弓雁已惊。"(唐代元稹《遣行》之二)。

明代冯梦龙的小说《东周列国志》第五十八回《说秦伯魏相迎医 报魏锜养叔献艺》在史传的基础上,对养由基的神射技艺进行了如下演义。

是日,两军各坚垒相持,未战。楚将潘党于营后试射红心,连中三矢,众将哄然赞美。适值养繇基至,众将曰:"神箭手来矣!"潘党怒曰:"我的箭何为不如养叔?"养繇基曰:"汝但能射中红心,未足为奇;我之箭能百步穿杨!"众将问曰:"何为百步穿杨?"繇基曰:"曾有人将颜色认记杨树一叶,我于百步外射之,正穿此叶中心,故曰百步穿杨。"众将曰:"此间亦有杨树,可试射否?"繇基曰:"何为不可。"众将大喜曰:"今日乃得观养叔神箭也!"乃取墨涂记杨枝一叶,使繇基于百步外射之,其箭不见落下。众将往察之,箭为杨枝挂住,其镞正贯于叶心。潘党曰:"一箭偶中耳!若依我说,将三叶次第记认,你次第射中,方见高手。"繇基曰:"恐未必能,且试为之。"潘党于杨树上高低不等,涂记了三叶,写个"一""二""三"字。养繇基也认过了,退于百步之外,将三矢也记个"一""二""三"的号数,以次发之,依次而中,不差毫厘。众将皆拱手曰:"养叔真神人也!"

潘党虽然暗暗称奇,终不免自家要显所长,乃谓繇基曰:"养叔之射,可谓巧矣!然杀人还以力胜,吾之射能贯数层坚甲,亦当为诸君试之。"众将皆曰:"愿观。"潘党教随行组甲之士,脱下甲来,叠至五层。众将曰:"足矣。"潘党命更迭二层,共是七层。众将想道:"七层甲,差不多有一尺厚,如何射得过?"潘党教把那七层坚甲,绷于射鹄之上。也立在百步之外,挽起黑雕弓,拈着狼牙箭，左手如托泰山，右手如抱婴儿，觑得端端正正，尽力发去。扑的一声，叫道："著了！"只见箭上，不见箭落，众人上前看时，齐声喝彩起来道："好箭！好箭！"原来弓劲力深，这支箭直透过七层坚甲，如钉钉物，穿的坚牢，摇也摇不动。潘党面有德色，叫军士将层甲连箭取下，欲以遍夸营中。养繇基且教"莫动！吾亦试射一箭，未知何如？"众将曰："也要看养叔神力。"繇基拈弓在手，欲射复止。众将曰："养叔如何不射？"繇基曰："只依样穿札，未为稀罕，我有个送箭之法。"说罢，搭上箭，飕的射去，叫道："正好！"这支箭不上不下，不左不右，恰恰的将潘党那一支箭，兜底送出布鹄那边去了。繇基这支箭，依旧穿于层甲孔内。众将看时，无不吐舌。潘党方才心服，叹曰："养叔妙手，吾不及也！"史传上载楚王猎于荆山，山上有通臂猿，善能接矢。楚兵围之数重，王命左右发矢，俱为猿所接。乃召养繇基。猿闻繇基之名，即便啼号。及繇基到，一发而中猿心。其为春秋第一射手，名不虚传矣。潜渊有诗云：

落乌贯虱名无偶，百步穿杨更罕有。

穿札将军未足奇，强中更有强中手。

……

时楚王怒甚，急唤神箭将军养繇基速来救驾。养繇基闻唤，慌忙驰到，身边并无一箭。楚王乃抽二矢付之曰："射寡人乃绿袍虬髯者，将军为寡人报仇。将军绝艺，想不费多矢也。"繇基领箭，飞车赶入晋阵，正撞见绿袍虬髯者，知是魏锜。大骂："匹夫有何本事，辄敢射伤吾主?"魏锜方欲答话,繇基发箭已到,正射中魏锜项下,伏于弓衣而死。栾书引军夺回其尸。繇基余下一矢,缴还楚王,奏曰:"仗大王威灵,已射杀绿袍虬髯将矣!"共王大喜,自解锦袍赐之,并赐狼牙箭百枝。军中称为"养一箭",言不消第二箭也。有诗为证:

> 鞭马飞车虎下山,晋兵一见胆生寒。
> 万人丛里诛名将,一矢成功奏凯还。

却说晋兵追逐楚兵至紧,养繇基抽矢控弦,立于阵前,追者辄射杀之,晋兵乃不敢逼。

《东周列国志》的这些记载惊心动魄、扣人心弦,一个神射手的形象呼之欲出,其蓝本即为《左传·成公十六年》记载的晋楚鄢陵之战。《水浒传》里江南起义军方腊部下的大将庞万春,由于善用弓箭,绰号即为"小养由基",他箭法超群,史进、石秀、欧鹏都死在他箭下。此外,京、汉剧传统戏《清河桥比箭》,讲的也是养由基善射的故事。

养由基擅射的故事仅是《左传·成公十六年》所载晋楚鄢陵之战过程中的一个"花絮",后人却对此饶有兴趣地加以不断演义,使其焕发出更加耀眼的光芒。《左传》对后世文学艺术的影响,由此可见一斑。

思考讨论

以晋楚鄢陵之战为例,分析《左传》对后世历史演义小说的影响。

第九章　鲁襄公

祁奚举贤

祁奚请老[1],晋侯问嗣焉[2]。称解狐[3],其仇也,将立之而卒。又问焉。对曰:"午也可[4]。"于是羊舌职死矣[5],晋侯曰:"孰可以代之[6]?"对曰:"赤也可[7]。"于是使祁午为中军尉[8],羊舌赤佐之[9]。

注释

[1] 祁奚(qí xī):字黄羊,晋国大臣,三年前任晋国中军尉。请老:告老,请求退休。　[2] 晋侯:指晋悼公。嗣:指接替祁奚职位的人。　[3] 称:推举。解狐:晋国的大臣。其仇也:解狐与祁奚有私人仇恨。　[4] 午:祁午,祁奚的儿子。[5] 于是:在这个时候。羊舌职:晋国的大臣当时任中军佐,姓羊舌,名职。　[6] 孰:谁。代:接代。　[7] 赤:羊舌赤,字

伯华,羊舌职的儿子。　　[8] 中军尉:中军的军尉。　　[9] 佐之:辅佐他,这里这指担当中军佐。

译文

祁奚请求告老退休,晋悼公向他询问接替他的中军尉职务的人。祁奚推举解狐,而解狐是他的仇人。晋悼公要立解狐为中军尉,解狐却死了。晋悼公又问他,祁奚回答说:"祁午可以任中军尉。"正在这个时候羊舌职死了,晋悼公问祁奚:"谁可以接替羊舌职的职位?"祁奚回答说:"羊舌赤可以。"于是,晋悼公让祁午做了中军尉,让羊舌赤辅佐他。

君子谓:"祁奚于是能举善矣[1]。称其仇,不为谄[2];立其子,不为比[3];举其偏,不为党[4]。《商书》曰,'无偏无党,王道荡荡[5]',其祁奚之谓矣。解狐得举,祁午得位,伯华得官,建一官而三物成[6],能举善也。夫唯善,故能举其类。《诗》云[7],'惟其有之,是以似之[8]',祁奚有焉。"

(选自《左传·襄公三年》)

注释

[1] 于是:于此,在这件事情上。举:推荐。善:指贤能的人。　　[2] 谄(chǎn):谄媚,讨好。　　[3] 比:偏袒,偏爱。

[4] 偏:佐,指副职,下属。党:偏私。 [5]《商书》:《尚书》中有关商代的部分。这里引用的两句话见于《尚书·洪范》。王道:儒家所提倡的以仁义治理天下的政治主张。荡荡:道德至大的样子。这里指公正无私。 [6] 一官:军尉。三物:指得举、得位、得官。物,事。 [7]《诗》:指《诗经》。 [8] 惟其有之,是以似之:出自《诗经·小雅·裳裳者华》。

译文

君子认为:"祁奚在这件事情上能够推举贤人。推荐他的仇人,而不谄媚;推立他的儿子,而不偏袒;推举他的下属,而不是勾结。《尚书·洪范》说:'没有偏袒不结党,王道政治坦荡荡。'这话大概说的是祁奚这样的人了。解狐得到举推,祁午得到职位,羊舌赤得到官职;立了一个中军尉的官,而得举、得位、得官三件好事都成全了,这正是由于他能推举贤人。恐怕只有贤人,才能推举跟自己一样的人。《诗经·小雅·裳裳者华》说:'只因为他有仁德,才能推举像他的人。'祁奚就具有这样的美德。"

文史链接

祁奚荐贤

祁奚,字黄羊,是春秋时期晋国的大夫,历事晋景公、厉公、悼公、平公四世。祁奚本是晋国公族晋献侯的后代,他的父亲是高梁伯,因食邑于祁(今天山西省祁县),遂以祁为姓。晋悼公继位,立祁奚为中军尉。祁奚是春秋时期晋国著名的贤大夫,他荐贤、护贤,外举不避仇,内举不避子,受到后人的一致称赞,成为千古美谈。选文记述了祁奚荐贤的历史故事,一个正直无私、胸怀广阔的古代贤者形象跃然纸上。

祁奚的可贵品格体现在:一、有自知之明,主动"请老"。晋悼公三番五次征求祁奚对接班人的意见,正是对祁奚人品的高度信任。二、思虑周详,公私分明。推荐仇人解狐,让儿子接任,副职之子辅佐,这些常人看来颇有谄媚与营私之嫌的举动,完全源自其对国家社稷的一片忠心、圆熟的政治智慧以及良好的判断力,令人肃然起敬。

祁奚是一个真正懂才、识才、用才的贤者,像祁奚一样善于举荐贤才的贤者代不乏人,如管仲、萧何、徐庶、鲁肃、魏征、狄仁杰、欧阳修、元脱脱、曾国藩就是其中的典型代表。他们视人才为至宝,奖掖后进,不拘一格,留下了许多千古佳话。著名的战国四君子(赵国的平原君,齐国的孟尝君,魏国的信陵君,楚国的春申君)礼贤下士、养士三千亦是其中的代表。晚唐诗人李商隐在《咏史》中有"何须琥珀方为枕,岂得珍珠始是车"两句,意谓:如果朝廷看重贤臣良将的话,何必要看重琥珀枕和珍珠车呢?这两句诗背后也有两个著名的爱才典故。

《南史·宋武帝纪》:"宁州献虎魄(琥珀)枕,光色甚丽,价盈百金。时将北伐,以虎魄疗金创。上大悦,命碎分赐诸将。"类似的记载又见于《宋书·武帝纪》。《史记·田敬仲完世家》载:"(齐威王)二十四年,与魏王会田于郊。魏王问曰:'王亦有宝乎?'威王曰:'无有。'梁(魏)王曰:'若寡人,国小也,尚有径寸之珠,照车前后各十二乘者十枚。奈何为万乘之国而无宝乎?'威王曰:'寡人之所以为宝与王异。吾臣有檀子者,使守南城,则楚人不敢为寇东取,泗上十二诸侯皆来朝。吾臣有盼子者,使守高唐,则赵人不敢东渔于河。吾吏有黔夫者,使守徐州,则燕人祭北门,赵人祭西门,徙而从者七千余家。吾臣有种首者,使备盗贼,则道不拾遗。将以照千里,岂特十二乘哉!'梁惠王惭,不怿而去。"战国时,魏惠王向齐威王夸耀说自己有"径寸之珠,照车前后各十二乘者十枚",齐威王说自己所珍惜的对象是贤臣良将,"将以照千里,岂特十二乘哉"。这两则礼贤重士的故事流传千古,爱才的结果是宋武帝刘裕成为南朝宋的创建者、齐威王使齐国成为诸侯国中最强大的国家。

无偏无党,王道荡荡

"无偏无党,王道荡荡"语出儒家经典《尚书·洪范》,全句为"无偏无陂,遵王之义;无有作好,遵王之道;无有作恶,遵王之路。无偏无党,王道荡荡;无党无偏,王道平平;无反无侧,王道正直。会其有极,归其有极。"这是殷代仁者箕子从纣王囚室里放出来后,在回答周武王如何循天理以治天下的咨询时所发表的卓见,箕子认为:为政者应处事公正,没有偏私和陂曲,遵循先王正义而行;没有乱为私好或谬赏恶人,遵循先王正道而行;没有乱为私恶或滥罚善人,遵循先王之正路而行。没有徇私枉法或结党营私,先王所行之道就会宽广顺畅;没有阿党与偏私,王者所立之道就会井然有序;没有处事反复无常,先王所立之道就会正直而通畅。君王聚合民众有其准则;民众归顺君王也有其准则。概言之,"王道"乃圣王所立所行的大中至正、"无偏无党"、天下归仁的"至德要道"。"无偏无党"即是成就"王道"必不可少的条件。

儒家"法先王"所推行的"无偏无党"之"王道",有别于假借仁义而偏离正义的"霸道"。在孟子看来,"以德行仁者王",依靠道德,施行仁义而统一天下的叫作"王",商汤、文王便是如此,会令百姓心悦诚服;"以力假仁者霸",依靠武力假借仁义之名而统一天下的叫作"霸",靠武力使人服从,并不是真心服从,只是力量不足以抗衡。《吕氏春秋·贵公》提出:"王之治天下也,必先公。公则天下平矣。"宋儒程颢明言:"得天理之正,极人伦之至者,尧、舜之道也;用其私心,依仁义之偏者,霸者之事也……故诚心而王则王矣,假之而霸则霸矣。"王、霸之别在王者"心正",奉天理之公,怀诚正之心;霸者用其私心,而偏离仁义,必失公道。

祁奚荐贤"称其仇,不为谄;立其子,不为比;举其偏,不为党"正是"无偏无党"的典型体现,以德行为取舍标准,合情合理,大公无私,令人心悦诚服。

思考讨论

试分析春秋战国时期统治者"礼贤下士"的原因。

魏绛和戎

无终子嘉父使孟乐如晋[1],因魏庄子纳虎豹之皮[2],以请和诸戎。晋侯曰:"戎狄无亲而贪,不如伐之。"魏绛曰："诸侯新服,陈新来和,将观于我[3]。我德[4],则睦[5];否,则携贰[6]。劳师于戎,而楚伐陈,必弗能救,是弃陈也。诸华必叛[7]。戎,禽兽也[8]。获戎、失华,无乃不可乎!《夏训》有之曰[9]:'有穷后羿——[10]'"公曰："后羿何如?"对曰："昔有夏之方衰也,后羿自鉏迁于穷石[11],因夏民以代夏政。恃其射也,不修民事,而淫于原兽,弃武罗、伯因、熊髡、尨圉[12],而用寒浞[13]。寒浞,伯明氏之谗子弟也[14],伯明后寒弃之[15],夷羿收之[16],信而使之,以为己相。浞行媚于内[17],而施赂于外,愚弄其民,而虞羿于田[18]。树之诈慝,以取其国家[19],外内咸服。羿犹不悛[20],将归自田[21],家众杀而亨之[22],以食其子[23],其子不忍食诸[24],死于穷门[25]。靡奔有鬲氏[26]。浞因羿室[27],生浇及豷[28];恃其谗慝诈伪,而不德于民,使浇用师,灭斟灌及斟寻氏[29]。处浇于过[30],处豷于戈[31]。靡自有鬲氏,收二国之烬[32],以灭浞而立少康。少康灭浇于过,后杼灭豷于戈[33],有穷由是遂亡,失人故也。昔周辛甲之为大史也,命百官,官箴王阙[34]。于《虞人之箴》曰[35]:'芒芒禹迹[36],尽为九州[37],经启九道[38]。民有寝、庙[39]，兽有茂草；各有攸处[40]，德用不扰[41]。在帝夷羿，冒于原兽[42]，忘其国恤[43]，而思其麀牡[44]。武不可重[45]，用不恢于夏家[46]。兽臣司原[47]，敢告仆夫[48]。'《虞箴》如是，可不惩乎？"于是晋侯好田，故魏绛及之。

注释

　　[1]无终子：无终的首领。无终，山戎国名，原居于今山西太原市东，后为晋所并，迁至今河北涞源县一带，又奔于今蓟县治，最后被逼至张家口市北长城之外。此时犹在山西。嘉父：无终国主之名。春秋时期对于文化较落后之国，其君例称子。嘉父或为山戎诸国之魁首。孟乐：其使臣，诸戎的代表。　　[2]魏庄子：晋国国卿魏绛，谥号庄子。　　[3]将观于我：将观察我之行动。[4]德：有德。　　[5]睦：亲、厚。　　[6]携贰：当时常语，指背离。　　[7]诸华：指中原诸文化水平较高之国。　　[8]禽兽：当时中原诸国文化水平较高，而落后诸国尚处于原始社会状态，故视之为禽兽。　　[9]《夏训》：指《尚书·夏书》。[10]有穷后羿——：魏绛之语未完，下文是晋悼公突然插问。有穷：部落名，今河南洛阳市西。后，君。即当时酋长。[11]鉏(chú)：今河南滑县东十五里。穷石：即穷谷，在洛阳市南。　　[12]武罗、伯因、熊髡(kūn)、龙圉(páng yǔ)：皆为羿的贤臣。　　[13]寒浞(zhuó)：寒是部落名，在今山东潍县治即旧寒亭。寒浞以部落国家为氏。　　[14]伯明：寒国酋长名。

[15]伯明后寒:犹言寒后伯明,寒国之君伯明。　　[16]夷:种族名。　　[17]内:宫人。寒浞早与羿妻妾相通。　　[18]虞羿于田:使羿乐于田猎而不返。虞,同"娱"。　　[19]树之诈慝(tè),以取其国家:指羿篡夏后相之位,浞又诈取羿之位。[20]悛(quān):觉。　　[21]将归自田:自田猎归朝廷。[22]家众:指被寒浞收买的羿的家众。亨:今作"烹",煮。[23]食(sì):使之食。其子:羿之子。　　[24]诸:之。[25]穷门:一说穷国城门,一说穷石,在河南洛阳市南。[26]有鬲(gé)氏:部落名,在今山东德州市南二十五里。[27]室:妻妾。　　[28]浇(ào)及豷(yì):寒浞和后羿妻妾所生。　　[29]斟灌、斟寻:皆部落名。斟灌在今山东省范县北观城镇,斟寻在河南偃师县东北十三里。　　[30]过:部落名,在今山东省掖县稍西北近海处。或疑在今河南省太康县东南。[31]戈:部落国家,在宋国与郑国之间。　　[32]烬:遗民。[33]后杼:少康之子。　　[34]箴:诫谏。阙:过失。[35]虞人:掌管田猎的官员。自此《虞人之箴》之后,箴便成为文体之一。　　[36]芒芒:渺远的样子。　　[37]画:分。[38]经启:经略而开通。九:言其多。　　[39]寝、庙:生有寝,死有庙。　　[40]攸:所。　　[41]德:指人与兽之本质而言。用:因。扰:乱。当时也以禽兽为生活资料,此箴只是指田猎不能太多。　　[42]冒:贪。　　[43]恤:忧。　　[44]麀(yōu):牝鹿。牡:公兽。麀牡:泛指禽兽。　　[45]武:指田猎。重(chóng):多、屡次。　　[46]恢:廓、大。用:因。[47]兽臣:主管禽兽的大臣,是虞人的变称。原:田猎。[48]仆夫:犹后人之言"左右""侍者"等。

译文

无终子嘉父派遣孟乐去到晋国,依靠魏庄子的关系,进献了虎豹的皮革,以请求晋国和各部戎人讲和。晋悼公说:"戎狄没有什么亲近的人而且贪婪,不如进攻他们。"魏庄子说:"诸侯新近顺服,陈国最近前来讲和,都将观察我们的行动。我们有德,就亲近我们;不这样,就背离我们。在戎人那里去用兵,楚国进攻陈国,一定不能去救援,这就是丢弃陈国了。中原诸国一定背叛我们。戎人,不过是禽兽。得到戎人而失去中原,恐怕不可以吧!《夏训》有这样的话'有穷的后羿——'"晋悼公说:"后羿怎么样?"魏庄子回答说:"从前夏朝刚刚衰落的时候,后羿从鉏地迁到穷石,依靠夏朝的百姓取代了夏朝政权。后羿仗着他的射箭技术,不致力于治理百姓而沉溺于打猎,抛弃了武罗、伯因、熊髡、龙圉等贤臣而任用寒浞。寒浞,是伯明氏的坏子弟,伯明后寒丢弃了他。后羿收养了他,信任并且使用他,作为自己的辅助。寒浞在内宫对女人献媚,在外边广施财物,愚弄百姓而使后羿专以打猎为乐。扶植了奸诈邪恶之人,用这个取得了后羿的国和家,外部和内部都顺从归服。后羿还是不肯悔改,准备从打猎的地方回来,他的手下人把他杀了煮熟,让他的儿子吃,他的儿子不忍心吃,又被杀死在穷国的城门口。靡逃亡到有鬲氏。寒浞和后羿的妻妾生了浇和豷,仗着他的奸诈邪恶,对百姓不施恩德,派浇带兵,灭了斟灌和斟寻氏。让浇住在过地,让豷住在戈地。靡从有鬲氏那里收集两国的遗民,用以灭亡了寒浞而立了少康。少康在过地灭掉了浇,后杼在戈地灭掉了豷,有穷从此就灭亡了,这是由于失去贤人的缘故。从前周朝的辛甲做太史的时候,命令百官,每人都劝诫天子的过失。在《虞人之箴》里说：'辽远的夏禹遗迹，分为九州，开通了许多大道。百姓有屋有庙，野兽有丰茂的青草；各得其所，他们因此互不干扰。后羿身居帝位，贪恋着打猎，忘记了国家的忧患，想到的只是飞鸟走兽。武事不能太多，太多就不能扩大夏后氏的国家。主管禽兽的臣，谨以此报告君王左右的人。'《虞箴》是这样，难道能不警戒吗？"当时晋悼公喜欢打猎，所以魏庄子提到这件事。

公曰："然则莫如和戎乎？"对曰："和戎有五利焉：戎狄荐居[1]，贵货易土[2]，土可贾焉[3]，一也。边鄙不耸[4]，民狎其野[5]，穑人成功[6]，二也。戎狄事晋，四邻振动，诸侯威怀，三也。以德绥戎[7]，师徒不勤[8]，甲兵不顿[9]，四也。鉴于后羿[10]，而用德度[11]，远至、迩安[12]，五也。君其图之！"

注释

[1] 荐居：逐水草而居。当时所谓戎狄，基本上以游牧为主。荐，同"薦"，草。　　[2] 贵货易土：重视财货，轻视土地。贵，重视。轻，轻视。　　[3] 贾：买来。　　[4] 边鄙：靠近边界的地方。耸：惊惧(指受侵犯)。　　[5] 狎：习。　　[6] 穑(sè)人：管理边疆农田的官吏。　　[7] 绥：安抚。　　[8] 师徒：指将士。勤：劳。　　[9] 甲兵：泛指一切防御与进攻武器。顿：坏。[10] 鉴于后羿：以后羿为鉴戒。后羿(yì)，传说中夏代方国的首领，由于整天游猎而丧失政权。　　[11] 德度：道德法则。

[12] 远至：远国来朝。迩安：邻近国家安于我。

译文

晋悼公说："然而再好的办法也莫过于跟戎人讲和吗？"魏庄子回答说："跟戎人讲和有五种利益：戎狄逐水草而居，重财货而轻土地，他们的土地可以收买，这是一；边境不再有所警惧，百姓安心在田野里耕作，农田管理的人可以完成任务，这是二；戎狄侍奉晋国，四边的邻国震动，诸侯因为我们的威严而慑服，这是三；用德行安抚戎人，将士不辛劳，武器不损坏，这是四；有鉴于后羿的教训，而利用道德法度，远国来朝而邻国安心，这是五。君王还是慎重谋划吧！"

公说[1]，使魏绛盟诸戎[2]。修民事，田以时。

（选自《左传·襄公四年》）

注释

[1] 说：同"悦"，高兴。　　[2] 诸戎：不仅指无终，凡游牧部落多至。

译文

晋悼公听了很高兴，派遣魏庄子与各部戎人讲和。又致力于治理百姓,按照时令去打猎。

文史链接

民族融合的历史进程

"魏绛和戎"是一则盛传不衰的历史故事。魏绛用议和的策略,争取到晋国周边各少数民族的拥护,不但使晋国得以稳定,而且为民族融合创造了条件。中华民族在漫长的历史演进过程中,始终伴随着多族群、多文化的交流与融合。在漫长的融合进程中,既有彼此的了解、接受、认同、归服,也有分离、隔阂、对抗、冲突。

春秋时期,诸侯国与戎夷族群间时有冲突、对抗。秦穆公重用孟明视经略西疆,拓地千里;楚国在强大过程中灭国无数,夷、夏统吃,为南方民族融合与统一做出了巨大贡献;齐桓公不仅挽救遭狄人攻打而濒临灭亡的邢和卫,还一度率军远征孤竹,会盟诸侯时仍热衷"观兵于东夷";鲁国灭赤狄一部而喜不自禁,叔孙氏还特意用狄人酋长的名字命名自己的儿子,以示纪念;晋国兼并融汇戎狄尤多,像皋落氏、潞氏、姜戎等,典籍多载。此时,诸侯国各自为战,相互兼并,出现了空前的民族大融合的局面。

除了频繁的兼并战争之外,春秋各国间还有"和"的一面。如:周襄王立狄女为后,颇有夷夏一体的风范;晋文公重耳生母是狐姬,自己则娶了狄女季隗;晋襄公在崤山伏击秦军,姜戎与晋军并肩作战……这些事实说明代表华夏正统的中原政权,对四夷采取了怀柔政策,积累了比较丰富的经验。在此基础上,魏绛才总结出"和戎"的诸多好处,"和戎"的策略才得以顺利实施。

选文记述了魏绛和戎的全过程。晋悼公在听取了魏绛总结的"和戎五利"后,欣然接受了魏绛的主张,从此修明政治,绥抚诸戎,专力经营中原,成为名副其实的霸主。后来郑国送给晋悼公乐器和乐师时,晋悼公第一时间想到的便是与魏绛分享,慷慨地拿出一半赐予了魏绛。

魏绛和戎对后世颇有启发,历代王朝的"和亲"政策就是对"和戎"精神的发扬光大。历代和亲的类型主要有:一、针对敌对的民族,如西汉初年与匈奴的和亲;二、用于友好的民族,如西汉中期与乌孙的和亲,唐代衡阳公主与阿史那社尔的和亲;三、用于已经内属的少数民族,如西汉末年与南匈奴的和亲。虽然和亲在不同历史环境和历史条件下的所产生的客观效果有所不同,但总体上都有利于民族间的经济、文化交流,促进了民族融合。

《虞人之箴》

箴是比较侧重于规劝的韵文。《虞箴》应该是一本书,收集了各种官员的谏言。《虞人之箴》是掌管田猎的官员上告的,是古代虞人为戒田猎而作的箴谏之辞,也是中国最古老、有文字记载、垂训千古的官箴之一。

《左传·襄公四年》载:"昔周辛甲之为大史也,命百官,官箴王阙。于《虞人之箴》曰:'芒芒禹迹,画为九州,经启九道。民有寝庙,兽有茂草;各有攸处,德用不扰。在帝夷羿,冒于原兽,忘其国恤,而思其麀牡,武不可重,用不恢于夏家,兽臣司原,敢告仆夫。'《虞箴》如是,可不惩乎?"详细记载了《虞人之箴》的内容。《汉书·扬雄传赞》载:"史篇莫善于《仓颉》,作《训纂》;箴莫善于《虞箴》,作《州箴》。"南朝刘勰《文心雕龙·铭箴》云:"周之辛甲,百官箴阙,唯《虞箴》一篇,体义备焉。"这些评论说明了《虞人之箴》具有非常重要的文体学意义。

《虞人之箴》语言朴实,蕴涵丰富,发人深省。其中提出了人与自然、人与百兽"各有攸处,德用不扰"的思想,直到今天仍具有重要的启示意义。

思考讨论

试分析历代和戎政策对于历史发展的影响。

季文子行俭

季文子卒[1]。大夫入敛,公在位[2]。宰庀家器为葬备[3],无衣帛之妾,无食粟之马,无藏金玉,无重器备[4]。君子是以知季文子之忠于公室也:"相三君矣,而无私积,可不谓忠乎?"

(选自《左传·襄公五年》)

注释

[1] 季文子:即季孙行父。姬姓,季氏,谥文,史称"季文子"。春秋时期鲁国的正卿,公元前601—前568年执政,先后辅佐鲁宣公、鲁成公、鲁襄公三代君主。　　[2] 大夫入敛,公在位:据《礼

记·丧大记》,大夫大敛,国君亲自看视,于东序端设置君位,面向西。大敛在堂上,堂朝南,东西有墙,此墙头古曰序端。敛(liǎn),给死者穿衣,入棺。后作"殓"。 [3]宰:季氏家臣之首。庀(pǐ):具。 [4]无重(chóng):仅一具,无双份。器备:一切用具。

译文

季文子死了。根据大夫入殓的礼仪,鲁襄公亲自看视。家臣收集家里的器物作为葬具。家里没有穿丝绸的妾,没有吃粮食的马,没有收藏的铜器、玉器,一切用具没有双份的。君子从这里知道季文子对公室的忠心:"辅助过三位国君,而没有私人积蓄,能不说他忠心吗?"

文史链接

奢与俭

勤俭是中华民族的传统美德。《韩非子·十过篇》载,秦穆公曾向由余请教"古之明主得国失国"的经验教训,由余回答说:"常以俭得之,以奢失之。"《韩非子·显学篇》亦云"侈而惰者贫,而力而俭者富。"晚唐诗人李商隐在《咏史》中也说:"历览前贤国与家,成由勤俭败由奢。"《左传》中许多记载都可以作为这两句诗的注解。

关于"奢"与"俭"的衡量标准,要由生产力发展水平而定。如春秋时期的鲁国,生产力发展相对于战国时期要低一些,所以鲁庄公为了准备结婚,给父亲庙中的柱子漆上红色,椽子上刻上花纹，却遭到了大夫御孙的劝阻，说："臣闻之：俭，德之共也；侈，恶之大也。先君有共德，而君纳诸大恶，无乃不可乎！"在今天看来，这是微不足道的小事，却被上升到了"纳诸大恶"的高度，这是由当时的生产力发展水平决定的。战国时期，鲁国生产力的发展较之春秋时期明显提升，"奢"与"俭"的衡量标准也随之改变。

汉代董仲舒《天人三策》记载了一则故事："故公仪子相鲁，之其家见织帛，怒而出其妻，食于舍而茹葵，愠而拔其葵，曰：'吾已食禄，又夺园夫红女利乎！'古之贤人君子在列位者皆如是，是故下高其行而从其教，民化其廉而不贪鄙。"这里的公仪子就是鲁穆公时为相的公仪休，他不允许妻子亲自织布，不让家人自己种菜来吃，认为自己已经"食禄"，不能再"夺园夫红女利"。公仪休为官清廉，在他的带领下，"百官自正"，引领了当时的社会风气。他主张食禄者不亲自织布种菜，而应该消费，是为了不使有关的从业人员无利可得。公仪休的做法就不能称为"奢"而不"俭"，客观上反而有利于生产力的发展。

无论生产力发展到什么程度，都应该提倡勤劳俭朴，量入为出，反对奢侈浪费，以奢侈亡国、勤俭兴国的历史故事为鉴，将勤俭的精神世代传承下去。

《国语》关于季文子行俭的详细记载

关于季文子行俭的故事，《国语·鲁语上》记载得尤为详尽：

> 季文子相宣、成，无衣帛之妾，无食粟之马。仲孙它谏曰："子为鲁上卿，相二君矣，妾不衣帛，马不食粟，人其以子为爱。且不华国乎？"文子曰："吾亦愿之。然吾

观国人,其父兄之食粗而衣恶者犹多矣,吾是以不敢。人之父兄食粗衣恶,而我多美妾与马,无乃非相人者乎!且吾闻以德荣为国华,不闻以妾与马。"文子以告孟献子,献子囚之七日。自是子服之妾衣不过七升之布,马饩(xì)不过稂莠(liáng yǒu)。文子闻之曰:"过而能改者,民之上也。"使为上大夫。

这段话的意思是:季文子任鲁宣公、成公的国相,但家中没有穿丝绸衣服的妾,厩中没有喂粮食的马。仲孙它规劝季文子说:"你是鲁国的上卿,做过两世君王的国相,你的妾不穿丝绸,马不吃粮食,人家可能会以为你吝啬,而且也不给国家带来光彩!"文子说:"我也希望妾穿丝绸,马吃粮食。然而,我看到老百姓,他们的父兄吃得粗、穿得差的还很多,我因此不敢那样做。别人的父兄吃得粗、穿得差,而我却给妾和马那么好的待遇,恐怕这就不是国相该做的事!况且我听说可用德行荣誉给国家增添光彩的,没有听说能用妾和马来给国家增添光彩的。"季文子把这件事告诉孟献子,献子将儿子关了七天。从此以后,子服它(仲孙它,字子服,又被称为子服它,孟献子之子)的妾穿的都是粗劣的布衣,喂马的饲料都不过是杂草。季文子知道这件事后,说:"犯了错误能及时改正的人,就是人上人了。"于是让子服它做了上大夫。

《国语》中的这段记载比《左传》更详细,可以看作对选文的补充。这段话通过季文子和仲孙它的语言描写刻画人物,使得人物形象更加鲜明突出,体现了《国语》长于记言的特色。季文子作为一国之相,严于律己,生活节俭,善体民情,正直无私,知人善任,不居高自傲,不贪图享乐的人格精神得到了更为充分地体现。

《国语》相传也是鲁国史官左丘明所作。《国语》书名始见于司马迁《史记·太史公自序》:"左丘失明;厥有《国语》。"东汉王充在《论衡·案书篇》中指出了《左传》与《国语》的关系:"《左传》传经,辞语尚略,故复选录《国语》之辞以实。"又云:"《国语》,《左传》之外传也。"这样,就为《左传》记事、《国语》记言的分工作了较为合理的解释。

思考讨论

谈谈你对"季文子相三君,妾不衣帛,马不食粟,君子以为忠"这句话的理解。

过而不悛,亡之本也

卫孙文子来聘[1],且拜武子之言[2],而寻孙桓子之盟[3]。公登亦登[4]。叔孙穆子相,趋进,曰:"诸侯之会,寡君未尝后卫君[5]。今吾子不后寡君[6],寡君未知所过[7]。吾子其少安[8]!"孙子无辞[9],亦无悛容[10]。穆叔曰:"孙子必亡。为臣而君[11],过而不悛,亡之本也。《诗》曰,'退食自公,委蛇委蛇[12]',谓从者也[13]。衡而委蛇[14],必折[15]。"

(选自《左传·襄公七年》)

注释

[1] 孙文子：姬姓，孙氏，名林父，谥号为"文"，故史料中多称之孙文子，春秋中期卫国卿大夫，孙良夫之子。聘：古代诸侯国之间派使者相问的一种礼节。使者代表国君，他的身份应是卿；"小聘"则派大夫。　　[2] 武子：即季武子，名宿，一作夙。季文子之子。春秋时鲁国正卿。　　[3] 孙桓子：即孙良夫，孙文子之父。其聘鲁且盟事在成公三年。　　[4] 公登亦登：据《仪礼·聘礼》，受聘国之君立于中庭，请贵宾入内。宾入后，三次揖，至阶前。诸侯之阶七级，登阶后即上殿堂。故至阶前，主客相让。依礼，国君先登二级，然后宾登一级。臣应在后，相距君一级。今鲁襄公登阶，孙林父亦随之同登。　　[5] 寡君未尝后卫君：指鲁君与卫君地位相等，故登阶同行，则孙林父应视鲁君如卫君。[6] 今吾子不后寡君：指你在本国，登阶自后卫君；而至鲁，反不后鲁君。　　[7] 寡君未知所过：此为外交辞令。寡君不知道自己过失何在，而被你轻视。　　[8] 吾子其少安：欲其脚步稍停。安，止。　　[9] 无辞：无所解释。　　[10] 悛（quān）：悔改。[11] 为臣而君：指与君相并行，就像自己也是国君一样。[12] 退食自公，委蛇委蛇：出自《诗经·国风·召南·羔羊》。退食自公，即"自公退食"，从朝廷回家吃饭。委蛇（wēi yí）：形容从容自得的样子。　　[13] 谓从者也：指从容自得，只有顺从于君者可以如此。从，顺从。　　[14] 衡：即横，指强横、专横。[15] 折：毁折。

译文

卫国的孙文子来鲁国聘问,同时答谢季武子的解释,重温和孙桓子结盟的友好关系。鲁襄公登上台阶,孙林父并肩登上。叔孙穆子相礼,快步进入,说:"诸侯会见,寡君从来没有走在卫君后面。现在您没有走在寡君后面,寡君不知道自己错在哪里。大夫您稍停一下吧!"孙林父没有话说,也没有悔改的样子。穆叔说:"孙子必然逃亡。作为臣下而和国君并肩而行,有了过错又不改悔,这是逃亡的根本原因。《诗》说,'退朝回家吃饭,从容自得',说的是小心顺从的人。专横而又满不在乎,必然遭受挫折。"

文史链接

孙林父的成与败

孙林父是卫武公之后,世代为卫国世卿,孙林父自代父为卿以来,为人专横且好逞强。公元前566年,卫献公派他出使鲁国聘问,并续其父所结之盟,而他却行为无礼,与鲁襄公并行登殿,不讲礼节且行为傲慢,受到了穆叔的批评。

孙林父是个杰出的外交人才,在他主持戚邑期间,戚邑成为当时中原文化的热点城市,尽管戚邑充其量只是一个小国大夫的家族封地,然而,一些重大国际型的外交活动常常在此举行。公元前576年,晋厉公、鲁成公、卫献公、郑成公、曹成公及齐、宋诸国代表会盟于戚。同年十一月,孙林父还代表卫与晋、鲁、齐、宋、郑等国大夫会吴国代表于钟离,此事标志着中原与吴国开始交往。公元前571年,晋、鲁、宋、卫、曹等国大夫会于戚,商讨迫郑服晋的办法,以使晋称霸。公元前568年,晋、鲁、卫、宋、陈、郑、曹、莒、邾、滕、薛等国诸侯及齐、吴等国代表会盟于戚,商议救陈抗楚之事。公元前559年,孙林父与晋、鲁、宋、郑等国大夫又相会于戚,以商讨卫献公出奔和另立卫君之后如何安定卫国之事。

在处理与国君的矛盾方面,孙林父虽能利用晋国的关系来进行制约,但是,后来由于晋国解除了对戚邑的保护,而使孙氏家族在政治斗争中完全失败。外交人才孙林父却因为行为极不检点被逐出卫国,正应了穆叔"孙子必亡"的预言,令人深思。

《左传》作者非常注重防微杜渐、有过则改,记载了大量历史事实以警示后人,《隐公六年》所载"善不可失,恶不可长"之事即是一例。对待错误的方式,一定程度上决定了以后的发展和结局。对大的过错不知悔改,可能就会导致灭亡的严重后果,类似的言论在古代典籍中俯拾即是。如"人谁无过,过而能改,善莫大焉"(《左传·宣公二年》),"过则勿惮改"(《论语·学而》),"不贰过"(《论语·雍也》),"过而不改,是谓过矣"(《论语·卫灵公》),"勿以恶小而为之"(《三国志·蜀书·先主传》),"过而不文"(隋朝王通《中说·天地篇》),"祸患常积于忽微,而智勇多困于所溺"(《五代史·伶官传序》),"过而能改,庶几无咎"(《金史·世宗本纪下》)等,这些言论在今天依然具有重要的教育意义。

思考讨论

1. 总结由于"过而不悛"而导致严重后果的历史故事及名言警句。

2. 孙林父"过"在何处?

众怒难犯,专欲难成

子孔当国[1],为载书,以位序、听政辟[2]。大夫、诸司、门子弗顺[3],将诛之[4]。子产止之,请为之焚书[5]。子孔不可[6],曰:"为书以定国,众怒而焚之,是众为政也,国不亦难乎[7]?"子产曰:"众怒难犯,专欲难成,合二难以安国,危之道也。不如焚书以安众,子得所欲[8],众亦得安,不亦可乎? 专欲无成,犯众兴祸,子必从之!"乃焚书于仓门之外[9],众而后定。

(选自《左传·襄公十年》)

注释

[1] 子孔:姬姓,名嘉,字子孔。郑穆公之子,故称公子嘉,宋子所生。初任司徒,后累迁为执政,摄君事。当国:主持国事。 [2] 以位序、听政辟:这是载书的主旨,规定官员各守其位、听取执政的法令。 [3] 大夫:指诸卿。诸司:指各主管部门。门子:指卿之嫡子。 [4] 将诛之:指子孔欲诛不顺者。 [5] 焚书:焚烧载书。 [6] 不可:不同意。 [7] 难:指难

以至治。　[8]子得所欲：指当国政。　[9]仓门：郑国的东南门。杜预注云："不于朝内烧,欲使远近见所烧。"

译文

子孔掌握国政,制作盟书,规定官员各守其位、听取执政的法令。诸卿、各主管部门以及卿的嫡子不肯顺从,子孔准备加以诛杀。子产劝阻他,请求烧掉盟书。子孔不同意,说："制作盟书用来安定国家,大伙发怒就烧了它,这是大伙当政,国家不也很为难了吗?"子产说："大伙的怒气难于触犯,专权的愿望难于成功,把两件难办的事合在一起来安定国家,这是危险的办法。不如烧掉盟书来安定大家,您得到了所需要的东西,大伙也能够安定,不也是可以的吗? 专权的愿望不能成功,触犯大伙会发生祸乱,您一定要从他们。"于是就在仓门外边烧掉了盟书,大伙这才安定下来。

文史链接

先秦时期的重民思想

选文中子产"众怒难犯,专欲难成"的言论,体现了他的重民思想。子产体现重民思想的行为还有《左传·襄公三十一年》的"子产不毁乡校",他不采用镇压方式,"作威以防怨",而视众人谤议之言为师、为药,此种做法,"其郑国实赖之"。

《左传》中体现重民思想的言论还有,《左传·襄公十三年》记载:"君子曰:'世之治也,君子尚能而让其下,小人农(努)力以事其上,是以上下有礼,而谗慝黜远,由不争也,谓之懿德。'"《左传·昭公二十年》载孔子言论:"宽以济猛,猛以济宽,政事以和……'不竞不絿,不刚不柔,布政优优,百禄是遒',和之至也。"《左传》作者和孔子都认为,重视君民关系,政治就可以做到上下和谐。

  先秦时期的重民思想在其他典籍中也多有体现。如:"王不敢后(迟缓),用顾畏于民碞(yán,言论)"(《尚书·召诰》);周文王"克明德慎罚,不敢侮鳏寡","若保赤子,惟民其康乂(yì,康乐平安)"(《尚书·康诰》);"先知稼穑之艰难……则知小人之依","小人怨汝詈汝,则皇自敬德","怀保小民,惠于鳏寡"(《尚书·无逸》),"人无于水监,当于民监"(《尚书·酒诰》);"民之所欲,天必从之","天视自我民视,天听自我民听"(《尚书·太誓》);"民惟邦本,本固邦宁"(伪古文《尚书·五子之歌》);"'德则民戴,否德民雠。'……后除民害,不惟民害;害民乃非后,惟其雠"(《逸周书·芮良夫》);"防民之口,甚于防川。川壅而溃,伤人必多,民亦如之"(《国语·周语上》);"谚曰:'兽恶其网,民恶其上。'《书》曰:'民可近也,而不可上也。'在礼,敌必三让,是则圣人知民之不可加也"(《国语·周语中》);"天所宠之子孙,或在畎亩,由欲乱民也。畎亩之人,或在社稷,由欲靖民也"(《国语·周语下》);"公曰:'臣杀其君,谁之过也?'里革曰:'君之过也。……美恶皆君之由,民何能为焉'"(《国语·鲁语上》);"民之羸馁,日以甚矣。……是之不恤,而蓄聚不厌,其速怨于民多矣。积货滋多,蓄怨滋厚,不亡何待"(《国语·楚语下》);"博施于民而能济众","何事于仁,必也圣乎!尧舜其犹病诸!夫仁者,己欲立而立人,己欲达而达人"(《论语·雍也》);"使民如承大祭。己所不欲,勿施于人。""樊迟问仁。子曰:'爱人'"(《论语·颜渊》);"民之饥,以其上食税之多","民之轻死,以其上求生之厚"(《老子·七十五章》);"天之道,损有余而补不足。人之道则不然,损不足以奉有余"(《老子·七十八章》);"兼相爱,交相利"(《墨子·兼爱》),"官无常贵,民无终贱","虽在农与工肆之人,有能则举之","有力者疾以助人,有财者勉以分人,有道者劝以教人"(《墨子·尚贤》);"凡国之万民上同乎天子,天子之所是,必亦是之;天子之所非,必亦非之。……天子者,固天下之仁人也,举天下之万民以法天子,夫天下何说而不治哉"(《墨子·尚同》);"子思曰:'恒称其君之恶者,可谓忠臣矣'"(《郭店楚简·鲁穆公问子思》);"唐虞之道,禅而不传;尧舜之王,利天下而弗利也。禅而不传,圣之盛也;利天下而弗利也,仁之至也"(《郭店楚简·唐虞之道》);"上不以其道,民之从之也难。……故君子不贵庶物而贵与民有同也。……富而分贱,则民欲其富之大也,贵而能让,则民欲其贵之上也。……是故欲人之爱己也,则必先爱人;欲人之敬己也,则必先敬人"(《郭店楚简·成之闻之》);"君臣、朋友,其择者也"(《郭店楚简·语丛一》);"友,君臣之道也"(《郭店楚简·语丛三》);"民为贵,社稷次之,君为轻。是故得乎丘民而为天子"(《孟子·尽心下》);"得天下有道:得其民,斯得天下矣;得其民有道:得其心,斯得民矣;得其心有道:所欲与之聚之,所恶勿施,尔也"(《孟子·离娄上》);"君之视臣如手足,则臣视君如腹心;君之视臣如犬马,则臣视君如国人;君之视臣如土芥,则臣视君如寇仇""禹思天下有溺者,由己溺之也;稷思天下有饥者,由己饥之也"(《孟子·离娄下》);"伊尹……思天下之民,匹夫匹妇有不被尧舜之泽者,若己推而内之沟中"(《孟子·万章上》);"庖有肥肉,厩有肥马,民有饥色,野有饿莩,此率兽而食人也","老者衣帛食肉,黎民不饥不寒,然而不王者,未之有也"(《孟子·梁惠王上》);"闻诛一夫纣矣,未闻弑君也"(《孟子·梁惠王下》);"小司寇之职,掌外朝之政,以致万民而询焉。一曰询国危,二曰询国迁,三曰询立君"(《周礼·小司寇》);"遗人,掌邦之委积,以待施惠。乡里之委积,以恤民之艰厄;……野鄙之委积,以待羁旅;县都之委积,以待凶荒"(《周礼·遗人》);"以荒政十有二聚万民:一曰散利,二曰薄征,三曰缓刑,四曰弛力,五曰舍禁,六曰去几(去关税)……"(《周礼·大司徒》);"大荒、大札(大疫病),则令邦国移民通财、舍禁弛力、薄征缓刑"(《周礼·大司徒》);"凶、札,则无力征,无财赋"(《周礼·均人》);"以凶礼哀邦国之忧,以荒礼哀凶、札,以吊礼哀祸灾……"(《周礼·大宗伯》);"凡远近惸(qióng,同'茕',没有兄弟)独,老幼之有欲复于上而其长弗达者,立于肺石,三日,士听其辞,以告于上,而罪其长"(《周礼·大司寇》);"天之生民,非为君也。天之立君,以为民也"(《荀子·大略》);"传曰:'君者,舟也;庶人者,水也。水则载舟,水则覆舟。'故君人者欲安,则莫若平政爱民矣"(《荀子·王制》)。又如《六韬》:"天下非一人之天下,乃天下之天下也。同天下之利者,则得天下;擅天下之利者,则失天下"(《荀子·文师》);"故善为国者,驭民如父母之爱子,如兄之爱弟,见其饥寒则为之忧,见其劳苦则为之悲,赏罚如加于身,赋敛如取己物:此爱民之道也"(《荀子·国务》);"天下非一人之天下也,天下之天下也。阴阳之和,不长一类;甘露时雨,不私一物;万民之主,不阿一人","德衰世乱,然后天子利天下……此国所以递兴递废也,乱、难之所以时作也"(《吕氏春秋·恃君览》);"尧、舜,贤主也,皆以贤者为后,不肯与其子孙,犹若立官必使之方。今世之人主,皆欲世勿失也,而与其子孙,立官不能使之方,以私欲乱之也"(《吕氏春秋·圜道》),等等。

先秦典籍关于重民思想的论述,确立了民在国家中的重要地位以及民、国、君三者的关系,奠定了后世重民思想的基础。

思考讨论

试列举体现重民思想的历史故事,并进行评析。

思则有备,有备无患

郑人赂晋侯以师悝、师触、师蠲[1];广车、軘车淳十五乘[2],甲兵备,凡兵车百乘;歌钟二肆[3],及其镈、磬[4],女乐二八[5]。

注释

[1] 师悝(kuí)、师触、师蠲(juān):三人皆乐师。 [2] 广车:横陈之车,攻敌之车从一种。軘(tún)车:屯守之车。淳:古代投壶礼与射礼,一算为奇,二算为纯。此指成双成对。此句意为广车与軘车相配为一淳,各十五乘,合共三十乘。 [3] 歌钟:为悬列为一排的钟。肆:据《周礼·小胥》,"凡县(悬)钟磬,半为堵,全为肆。"郑玄注:"二八十六枚而在一虡(jù,悬钟磬之架)

谓之堵,钟一堵、磬一堵谓之肆。" [4] 镈(bó):指小钟。[5] 女乐:指能歌善舞的美女。二八:古乐舞八人为一列,谓之佾(yì)。二八即二佾。

译文

郑国人赠给晋悼公师悝、师触、师蠲;配对的广车、軘车各十五辆,盔甲武器齐备,和其他战车一共一百辆;歌钟两架以及和它相配的镈和磬;女乐两佾十六人。

晋侯以乐之半赐魏绛,曰:"子教寡人和诸戎狄以正诸华。八年之中[1],九合诸侯[2],如乐之和,无所不谐[3],请与子乐之[4]。"辞曰:"夫和戎狄,国之福也;八年之中,九合诸侯,诸侯无慝[5],君之灵也[6],二三子之劳也[7],臣何力之有焉?抑臣愿君安其乐而思其终也[8]。《诗》曰[9]:'乐只君子[10],殿天子之邦[11]。乐只君子,福禄攸同[12]。便蕃左右[13],亦是帅从。'夫乐以安德[14],义以处之[15],礼以行之[16],信以守之,仁以厉之[17],而后可以殿邦国、同福禄、来远人[18],所谓乐也。《书》曰:'居安思危[19]。'思则有备,有备无患。敢以此规[20]。"公曰:"子之教,敢不承命!抑微子,寡人无以待戎,不能济河。夫赏,国之典也,藏在盟府,不可废也。子其受之[21]!"魏绛于是乎始有金石之乐,礼也。

(选自《左传·襄公十一年》)

注释

[1] 八年之中:自襄公四年和戎至此时襄公十一年共八年。 [2] 九合诸侯:(襄公)五年会于戚,一;又会于城棣,二;七年会于鄬(wéi),三;八年会于邢丘,四;九年盟于戏,五;十年会于柤(zū),六;又戍郑虎牢,七;十一年同盟于亳城北,八;又会于萧鱼,九。 [3] 谐:和谐。 [4] 乐:快乐。 [5] 无愿:皆顺从。 [6] 灵:威。 [7] 二三子:指中军帅佐以下之人。 [8] 抑:转折连词,然而。 [9] "《诗》曰"句:出自《诗经·小雅·采菽》。 [10] 只:语中助词。 [11] 殿:镇抚。 [12] 攸:所。 [13] 便蕃:得治。左右:指附近小国。 [14] 乐:音乐。 [15] 义以处之:处之以义。 [16] 礼以行之:指行教令。 [17] 厉:同"励",勉励。 [18] 远人:指附近小国,与"左右"同义。 [19] 居安思危:《尚书》逸文。 [20] 规:规正,规谏,规劝。 [21] 其:命令副词。

译文

晋悼公把乐队的一半赐给魏绛,说:"您教寡人同各部落戎狄讲和以整顿中原诸国,八年中间九次会合诸侯,好像音乐的和谐,没有地方不协调,请和您一起享用快乐。"魏绛辞谢说:"同戎狄讲和,这是国家的福气。八年中间九次会合诸侯,诸侯顺从,这是由于君王的威灵,也是由于其他人员的功劳,下臣有什么力量?然而下臣希望君王既安于这种快乐,而又想到它的终了。《诗》说:'快乐啊君子,镇抚天子的家邦。快乐啊君子,他的福禄和别人同享。治理好附近的小国,使他们相率服从。'音乐用来巩固德行,用道义对待它,用礼仪推行它,用信用保守它,用仁爱勉励它,然后能用来安定邦国、同享福禄、招来远方的人,这就是所说的快乐。《书》说:'处于安定要想到危险。'想到了就有防备,有了防备就没有祸患。谨以此向君王规劝。"晋悼公说:"您的教导,岂敢不承受命令!而且要是没有您,寡人无法对待戎人,又不能渡过黄河。赏赐,是国家的典章,藏在盟府,是不能废除的。您还是接受吧!"魏绛从这时开始有了金石的音乐,这是合于礼的。

文史链接

居安思危

　　成语"居安思危"意为处在安乐的环境中,要想到可能有的危险。即指要提高警惕,防止祸患,与"有备无患"意义相近。"居安思危"首见于《左传·襄公十一年》:"《书》曰:'居安思危。'"《书》指《尚书》,但"居安思危"并不见载于今本《尚书》,疑为《尚书》逸文。王鸣盛《尚书后案》称伪古文《周官》"居宠思危"本此《传》改"安"作"宠"。《逸周书·程典篇》云:"于安思危,于始思终,于迩思备,于远思近,于老思行。不备,无违严戒。"《逸周书·程典篇》创作时间,难以断定。《战国策·楚策四》虞卿言:"臣闻之《春秋》,于安思危,危则虑安。"无论"居安思危"出自何处,其作为颇富哲理的成语代代相传,已成为妇孺皆知的至理名言。

选文中魏绛婉言谢绝了晋悼公分赠的礼物,并讲了一段颇富哲理的话"抑臣愿君安其乐而思其终也……《书》曰:'居安思危。'思则有备,有备无患。敢以此规。"这番语重心长的话语,可谓高屋建瓴,发人深省。晋悼公欣然接受了魏绛的意见。从此,"居安思危"成为后人的座右铭,时刻警示着自己的言行,留下了许多历史佳话。

宋代名相司马光在《居安思危》中记载了唐太宗和魏徵的一番对话:

> 上谓侍臣曰:"治国如治病,病虽愈,犹宜将护。傥遽自放纵,病复作,则不可救矣。今中国幸安,四夷俱服,诚自古所希,然朕日慎一日,唯惧不终,故欲数闻卿辈谏争也。"魏征曰:"内外治安,臣不以为喜,唯喜陛下居安思危耳。"

这番君臣对话体现了一代明主贤臣"居安思危"的战略眼光,君臣上下居安思危、齐心协力,开创了"贞观之治"的盛世局面。

古代典籍中表达"居安思危"这一含义的名言不胜枚举,如"安而不忘危,存而不忘亡,治而不忘乱"(《周易·系辞下》),"君子以思患而豫防之"(《周易·既济》),"心无备虑,不可以应卒"(《墨子·七患》),"满则虑嗛,平则虑脸,安则虑危"(《荀子·仲尼》），"治不忘乱，安不忘危"（汉代扬雄《冀州箴》），"图匮于丰，防俭于逸"（晋代潘岳《藉口赋》），"思所以危刚安矣，思所以乱则治矣，思所以亡刚存矣"（宋代欧阳修《新唐书·魏徵传》），"常将有日思无日，莫待无时思有时"（清代李汝珍《镜花缘》第十二回）等。

思考讨论

试分析"居安思危"的哲学蕴涵。

驹支不屈于晋

会于向[1]……将执戎子驹支[2]，范宣子亲数诸朝[3]，曰："来！姜戎氏！昔秦人迫逐乃祖吾离于瓜州[4]，乃祖吾离被苫盖、蒙荆棘以来归我先君[5]，我先君惠公有不腆之田[6]，与女剖分而食之[7]。今诸侯之事我寡君不如昔者，盖言语漏泄，则职女之由[8]。诘朝之事[9]，尔无与焉。与，将执女。"

注释

[1]向：吴地，在今安徽怀远县西南。　[2]戎子驹支：姜

戎族的首领，名驹支。姜戎，戎族的一个部落。　　[3]数(shǔ)：历数其罪。朝：朝位。在盟会之地亦布置朝位。　　[4]乃祖：你的祖父。瓜州：地名，在今甘肃敦煌西。　　[5]被：同"披"。苫(shān)盖：用白茅编成的遮身物。蒙荆棘：指头戴用荆棘所织之物。蒙，冒。　　[6]不腆(tiǎn)：不丰厚，不多。腆，多。　　[7]女：通"汝"，你。　　[8]职：当。　　[9]诘朝(jié zhāo)：明日早晨。

译文

（晋国范宣子同各国大夫）在向地会晤……会晤时准备拘捕姜戎首领驹支。范宣子亲自在殿上指责他，说："来！姜戎氏！从前秦国人在瓜州追逐你的祖父吾离，你祖父吾离身披白茅，头戴荆条，前来归附我们先君。我们先君惠公仅有不多的田地，还与你们平分了，以供给食用。现在诸侯侍奉我们国君不如从前了，大概是言语泄漏了出去，主要是由于你的缘故。明早会晤的事，你不要参加了。参加，就拘捕你。"

对曰："昔秦人负恃其众，贪于土地，逐我诸戎[1]。惠公蠲其大德[2]，谓我诸戎，是四岳之裔胄也[3]，毋是翦弃[4]。赐我南鄙之田，狐狸所居，豺狼所嗥[5]。我诸戎除翦其荆棘，驱其狐狸豺狼，以为先君不侵不叛之臣，至于今不贰。昔文公与秦伐郑，秦人窃与郑盟，而舍戍焉[6]，于是乎有殽之师。晋御其上,戎亢其下[7],秦师不复,我诸戎实然。譬如捕鹿,晋人角之[8],诸戎掎之[9],与晋踣之[10]。戎何以不免[11]?自是以来[12],晋之百役,与我诸戎相继于时[13],以从执政[14],犹殽志也[15],岂敢离逷[16]?今官之师旅,无乃实有所阙[17],以携诸侯[18],而罪我诸戎!我诸戎饮食衣服不与华同,贽币不通[19],言语不达[20],何恶之能为?不与于会,亦无瞢焉[21]。"赋《青蝇》而退[22]。

注释

[1] 诸戎:西戎尚为部落社会,驹支为各部落之首,故自言诸戎。　[2] 蠲(juān):明,显示。　[3] 四岳:传说为尧舜时四方部落首领,姜姓。裔胄:后嗣。　[4] 毋是翦弃:倒装句,当为"毋翦弃是"。　[5] 喭:咆哮。　[6] 舍:置。 [7] 亢:抵挡。　[8] 角:指执其角。　[9] 掎(jǐ):指拖住其后足。　[10] 踣(pǔ)之:使之卧倒。踣,同"仆"。 [11] 免:免于罪责。　[12] 是:殽之役。　[13] 相继于时:指未尝间断。　[14] 从:追随。　[15] 犹殽志也:还是像在殽作战时那样忠心。　[16] 逷(tì):远。　[17] 官:晋之执政。　[18] 携:离,疏远。　[19] 贽币:古人见面时所赠送的礼物。贽币不通,喻没有往来。　[20] 达:通。 [21] 瞢(méng):惭愧。　[22]《青绳》:《诗经·小雅》中的一

篇,中有句云:"恺悌君子,无信谗言",主旨是希望君子莫信谗言。

译文

驹支回答说:"从前秦国人倚仗他们人多,对土地贪得无厌,驱逐我们戎人。惠公表示了大恩大德,说我们戎人,是四岳的后代,不要抛弃这些人。赐给我们南部边境的田地,那里是狐狸居住、豺狼吼叫的地方。我们戎人铲除了那里的荆棘,驱逐了那里的狐狸、豺狼,成为先君不侵扰不背叛的臣属,直到现在没有二心。从前文公与秦国讨伐郑国,秦国人偷偷与郑国订盟,并在郑国安置了戍守的人,于是就发生了殽之战。晋军在前面迎击,戎人在后面抵抗,秦军有来无回,实在是我们戎人使他陷入这个境地的。譬如捕鹿,晋国人抓住它的角,戎人拖住它的腿,与晋国人一起将它摔倒。戎人为什么不能免于罪呢? 从这次战役以来,晋国的所有战役,我们戎人都是相继按时参加,前来追随执政,同殽之战时的心意一样,岂敢背离疏远? 现在执政下面的大夫们恐怕的确有不足的地方,而使诸侯离心,却归咎我们戎人! 我们戎人的饮食衣服与华夏之族不同,货币不通,言语不同,怎能去做坏事呢? 不到会参加,也没有什么可惭愧的。"于是赋了《青蝇》这首诗,然后退下。

宣子辞焉[1],使即事于会,成恺悌也[2]。

(选自《左传·襄公十四年》)

注释

[1] 辞:道歉。　　[2] 成:成全。恺悌(kǎi tì):和乐平易。

译文

宣子表示歉意,并让他参加会见的事务,显示了平易而不听谗言的美德。

文史链接

《驹支不屈于晋》的历史背景

鲁襄公十三年(公元前560年),楚共王卒,吴国乘楚丧之时侵楚,战于庸浦(今安徽无为南),吴军大败,晋于次年春与诸侯会于吴国向地,商讨吴国请求伐楚的事。会上范宣子以吴在楚丧期间侵楚不合于礼为借口,拒绝为吴出兵。其实,此时晋已外强中干,攻楚没有必胜把握,责"吴之不德"只是托词。晋人心虚胆怯,不敢与楚开战,又怕自己这个"盟主"在诸侯面前丢面子。于是就拿驹支开刀,借此以立威,"杀鸡给猴看",以达到震慑诸侯的目的。岂料范宣子强加于戎子驹支的种种罪名,却遭到驹支强有力的反驳,最后范宣子只好服输而待之以礼,选文《驹支不屈于晋》就主要记叙了范宣子和戎子驹支的这次对话。

《驹支不屈于晋》的语言艺术

《左传》除了对各国战争叙写精彩之外,对一些谋臣说客的辞令艺术的记录,也极具艺术性,尤其是那些谋臣们在外交场合中实话实说,以真取胜的史实,惊心动魄,令人叹为观止。

选文记录了戎子驹支以事实说话,驳倒范宣子责难的事,通过个性化的语言表现了人物的性格特征。范宣子仗着晋国的强大,仗着自己的先君曾有恩于羌戎,对驹支颐指气使,把晋国霸主地位的动摇归咎于驹支。范宣子的语言活灵活现,情态逼真。"来,姜戎氏"语气咄咄逼人,态度粗鲁生硬;"盖言语漏泄"表推测、怀疑;"职女之由"是武断定罪;"与,将执女"为恐吓之声。这些语言将范宣子居高临下、不可一世的神态刻画得极为传神。

面对范宣子的戎子驹支则据理力争,逐层辩驳。首先,戎子驹支说晋国所赏赐的土地是荒芜不毛之地,不足以称大恩大德。其次,说羌戎帮助晋国在崤地全歼秦军,可以说已经报恩了,之后更是鞍前马后,毫无二心。最后,暗示晋国之所以众叛亲离,乃是其自己一手造成的,与羌戎无关。戎子驹支的辩词语气委婉而正气凛然,使范宣子不得不服。

总体来看,戎子驹支的语言相比于范宣子的无端指责,言辞更得体,更从容不迫,恰到好处。驹支先感惠公之德,再表戎对晋之功,以事实为据,证明自己对晋"不侵不叛",忠心"不贰"。继而,以诸戎"饮食衣服不与华同,贽币不通,言语不达,何恶之能为"的事实驳斥范宣子的指责,环环相扣,逻辑严密。其中关于"捕鹿"的比喻,确切生动,极为传神。

值得注意的是,驹支引用《诗经·小雅·青蝇》"恺悌君子,无信谗言"一句诗,可谓内涵丰富,一箭双雕。一方面,驹支将范宣子称为"恺悌君子",言辞既谦恭得体又饱含深意,给足了范宣子面子;另一方面,将范宣子恶意相加的罪名解释为"听信谗言",示意其不要听信谗言。春秋时期,诸侯外交,讲究赋诗言志,从驹支赋《诗经·小雅·青蝇》一事,可见夷狄受华夏文明影响至深。

思考讨论

试结合先秦史实,分析《诗经》对当时少数民族文化的影响。

马首是瞻

夏,诸侯之大夫从晋侯伐秦,以报栎之役也[1]。晋侯待于竟[2],使六卿帅诸侯之师以进。及泾[3],不济[4]。叔向见叔孙穆子[5],穆子赋《匏有苦叶》[6],叔向退而具舟。鲁人、莒人先济。郑子蟜见卫北宫懿子曰[7]:"与人而不固,取恶莫甚焉,若社稷何?"懿子说[8]。二子见诸侯之师而劝之济[9]。济泾而次[10]。秦人毒泾上流,师人多死[11]。郑司马子蟜帅郑师以进,师皆从之[12],至于棫林[13],不获成焉[14]。荀偃令曰:"鸡鸣而驾,塞井夷灶[15],唯余马首是瞻。"栾黡曰:"晋国之命,未是有也。余马首欲东[16]。"乃归。下军从之。左史谓魏庄子曰[17]:"不待中行伯乎[18]?"庄子曰:"夫子命从帅[19],栾伯[20],吾帅也[21],吾将从之。从帅,所以待夫子也[22]。"伯游曰:"吾令实过,悔之何及,多遗秦禽[23]。"乃命大还[24]。晋人谓之"迁延之役[25]"。

(选自《左传·襄公十四年》)

注释

[1] 栎(lì)之役:见于《左传·襄公十一年》。栎,春秋时晋地,在今山西永济市西南。　[2] 竟:同"境"。　[3] 泾:泾水济渡处。当在泾阳县南。　[4] 不济:指诸侯之师不肯渡。[5] 叔孙穆子:叔孙豹,鲁国大夫。　[6]《匏(páo)有苦叶》:《诗经·国风·邶风》篇名。　[7] 子蟜(jiǎo):郑国司马。北宫懿子:即北宫括。　[8] 说:通"悦",高兴。　[9] 诸侯之师:指齐、宋、曹、邾、滕、薛、杞及小邾。　[10] 次:驻扎。[11] 多死:饮毒水而死。　[12] 从之:跟着他。　[13] 棫(yù)林:秦地名,在今泾阳县泾水西南。　[14] 获成:敌国屈服。　[15] 塞井夷灶:填井平灶。如此便于布阵。[16] 余马首欲东:秦兵在西,东则归矣。　[17] 左史:官名。魏庄子:即魏绛。　[18] 中行伯:即荀偃。　[19] 夫子:指荀偃。　[20] 栾伯:指栾黡。　[21] 帅:下军帅。[22] 待:对待。　[23] 多:只,适。　[24] 大还:全军撤退。　[25] 迁延:因循拖拉而无成就。

译文

　　(鲁襄公十四年)夏季,诸侯的大夫跟随着晋悼公进攻秦国,以报复栎地一役。晋悼公在国境内等待,让六卿率领诸侯的军队前进。到达泾水,诸侯的军队不肯渡河。叔向进见叔孙穆子,穆子赋《匏有苦叶》这首诗。叔向退出以后就准备船只,鲁国人、莒国人先渡河。郑国的子蟜进见卫国的北宫懿子说:"亲附别人而不坚定,没有比这个更使人讨厌了,把国家怎么办?"懿子很高兴。两个人去见诸侯的军队而劝他们渡河。军队渡过泾水驻扎下来。秦国人在泾水上游放置毒物,诸侯的军队死去很多。郑国司马子蟜率领郑国的军队前进,其他国家的军队也都跟上,到达棫林,不能让秦国屈服讲和。荀偃命令说:"鸡叫套车,填井平灶,你们就看着我的马头行动。"栾黡说:"晋国的命令,从来没有这样的。我的马头可要往东呢。"就回国了。下军跟随他回去。左史对魏庄子说:"不等中行伯了吗?"魏庄子说:"他老人家命令我们跟从主将,栾黡,是我的主将,我打算跟从他。跟从主将,也就是合理地对待他老人家。"荀偃说:"我的命令确实有错误,后悔哪里来得及,多留下人马只能被秦国俘虏。"于是就命令全军撤退。晋国人称这次战役为"迁延之役"。

文史链接

迁延之役的历史背景

　　迁延之役的起因是栎之役。晋悼公十一年,晋楚相争,郑国夹在晋、楚两国之间,左右为难。郑国上下都说,不管从哪个,都会被另外一个攻打;不过楚国比晋国弱,我国应该从晋国。子展说,先试试看,我们先与宋国交恶,而诸侯必定来讨伐我国。如果晋国能够比楚国来得快很多,那么我们就从晋。于是让边疆官吏犯宋。宋发兵伐郑,大获全胜。子展率郑师反击。而晋国会同诸侯伐郑。郑国顺势屈服,与晋国立下盟约,愿意归属晋国。楚国、秦国发兵救郑,郑又同楚盟约,并与楚国攻宋。晋国再次率诸侯伐郑。郑国顺势派人到楚国说,它要从晋,成为晋国附属。当时,秦庶长鲍、庶长武帅师伐晋以救郑。鲍先入晋地,晋国士鲂率兵抵抗,却轻视秦师而没有很好地防备。武从辅氏渡河与鲍会师,伐晋师。在晋地栎,秦师大败晋师。

晋悼公十四年,接任三军统帅职位的荀偃率晋师,会同诸侯,发兵伐秦,以报栎之役战败之耻。晋师先行抵达战场,而诸侯军队到了泾河却不肯渡河。鲁、莒两国率先找来船只,渡过泾河。郑国、卫国见此,就劝诸侯同渡。诸侯渡过泾河,扎营备战。结果秦国在泾河上游下毒,诸侯盟军饮水中毒。郑国率先行动,而诸侯军队跟从,抵达秦地棫林。而晋师统帅荀偃号令"鸡鸣而驾,塞井夷灶,唯余马首是瞻",可是他治军未久而未能服众,下军帅栾黡不听号令,率兵返晋,而下军佐魏绛也响应。下军一走,附属下军的新三军也一同离开,于是晋师战意尽失,荀偃没办法,只好退兵。晋人把这叫作迁延之役。迁延,即退却之意。

思考讨论

试分析迁延之役的前因后果。

师旷侍于晋侯

师旷侍于晋侯[1]。晋侯曰:"卫人出其君,不亦甚乎[2]?"对曰:"或者其君实甚。良君将赏善而刑淫,养民如子,盖之如天,容之如地;民奉其君,爱之如父母,仰之如日月,敬之如神明,畏之如雷霆,其可出乎[3]?夫君,神之主而民之望也。若困民之主[4],匮神乏祀[5],百姓绝望,社稷无主,将安用之?弗去何为?天生民而立之君,使司牧之,勿使失性。有君而为之贰[6],使师保之,勿使过度。是故天子有公,诸侯有卿,卿置侧室,大夫有贰宗,士有朋友[7],庶人、工、商、皂、隶、牧、圉皆有亲昵,以相辅佐也。善则赏之[8],过则匡之[9],患则救之,失则革之[10]。自王以下各有父兄子弟以补察其政[11]。史为书[12],瞽为诗[13],工诵箴谏[14],大夫规诲[15],士传言[16],庶人谤,商旅于市[17],百工献艺[18]。故《夏书》曰:'遒人以木铎徇于路[19],官师相规[20],工执艺事以谏。'正月孟春,于是乎有之,谏失常也[21]。天之爱民甚矣,岂其使一人肆于民上[22],以从其淫[23],而弃天地之性[24]？必不然矣。"

(选自《左传·襄公十四年》)

注释

[1] 师旷：晋乐大师子野。　　[2] 甚：过度。　　[3] 其：同"岂"。　　[4] 困民之主：即困民之财。　　[5] 匮神乏祀：指鬼神失主祀者。匮：乏。　　[6] 贰：卿佐。　　[7] 朋友：或其同宗，或其同出师门。　　[8] 善则赏之：指将顺其美。[9] 匡：正。　　[10] 革：更改。　　[11] 补察其政：补其衍过，察其得失。　　[12] 史为书：指太史君举则书。　　[13] 瞽(gǔ)：指乐师。　　[14] 诵：或歌或读。箴谏：皆规劝匡正之辞。　　[15] 规：正。诲：教导，开导。　　[16] 士传言：杜注："士卑不得径达，闻君过失，传告大夫。"　　[17] 商旅：同义词连用，指商人。　　[18] 百工：指各种工匠。　　[19] 遒(qiú)人：宣令之官。木铎(duó)：金口木舌的铃。金口金舌的铃叫金铎。金铎用于武事，木铎用于文教。徇：巡行而宣令。[20] 官师：一官之长，其位不甚高。　　[21] "正月"句：春秋以前天子诸侯有大臣及谏官，遇事可谏；至于在下位者以至百工等，唯正月遒人徇路，始得有进言的机会。　　[22] 肆：放恣。[23] 从：同"纵"，放纵。　　[24] 弃天地之性：即弃民。

译文

师旷随侍在晋悼公旁边，晋悼公说："卫国人赶走他们的国君,不也太过分了吗?"师旷回答说:"也许是他们国君实在太过分了。好的国君将会奖赏善良而惩罚邪恶,抚养百姓好像儿女,覆盖他们好像上天,容纳他们好像大地;百姓尊奉国君,热爱他好像父母,尊仰他好像日月,敬重他好像神灵,害怕他好像雷霆,哪里能够赶走呢?国君,是祭神的主持者同时是百姓的希望。如果让百姓的财货缺乏,神灵失去了祭祀者,百姓绝望,国家没有主人,哪里还用得着他?不赶走干什么?上天生了百姓而立他们的国君,让他统治他们,不让失去天性。有了国君而又为他设立辅佐,让他们去教育保护他,不让他做事过分。由于这样,天子有公,诸侯有卿,卿设置侧室,大夫有贰宗,士有朋友,庶人、工、商、皂、隶、牧、圉各有他们亲近的人,用来互相帮助。善良就奖赏,过失就纠正,患难就救援,错失就改革。从天子以下各有父兄子弟来观察补救他们的政令得失。太史加以记载,乐师写作诗歌,乐工诵读箴谏,大夫规劝开导,士传话,庶人指责,商人在市场上议论,各种工匠呈献技艺。所以《夏书》说:'宣令的官员摇着木铎在大路上巡行,官师小吏规劝,工匠呈献技艺以作为劝谏。'正月初春,在这个时候有人在路上摇动木铎,这是由于劝谏失去常规的缘故。上天爱护百姓无微不至,难道会让一个人在百姓头上任意妄为,以放纵他的邪恶而失去天地的本性?一定不会这样的。"

文史链接

《左传》的民本思想

《左传》作者十分重视民的地位和作用,把"得民"看作立国之本,看作战争胜败的决定因素,因而主张"养民""勤民",反对过分盘剥和役使百姓,与《尚书·五子之歌》所言"民惟邦本,本固邦宁"一样,体现了早期的民本思想。

选文讲述的故事是,卫国人驱逐了暴虐无道的卫献公,晋侯认为这太过分了,师旷却评论说"良君将赏善而刑淫,养民如子",认为像卫献公那样使老百姓绝望的君主,就应该赶走他。类似体现民本思想的记载,在《左传》中屡见不鲜:

《僖公二十八年》记载,楚国在城濮战役中战败,楚国的荣季说:"非神败令尹(指子玉),令尹其不勤民,实自败也。"

《襄公二十五年》记载,齐国崔杼杀了庄公,晏婴不肯为庄公殉死。他认为:"君死,安归?君民者,岂以陵民?社稷是主。臣君者,岂为其口实,社稷是养。故君为社稷死,则死之;为社稷亡,则亡之。若为己死而为己亡,非其私昵,谁敢任之?且人有君而弑之,吾焉得死之,而焉得亡之?将庸何归?"意思是:作为百姓的君主,不是用他的地位,来凌驾于百姓之上,而应当主持国政。作为君主的臣下,不是为了他的俸禄,而应当保护国家。所以君主为国家而死,那么也就是为他而死,为国家而逃亡,那么也就是为他而逃亡。如果君主为自己而死,为自己而逃亡,不是他个人宠爱的人,谁敢承担这个责任?而且别人有了君主反而杀死了他,我哪能为他而死?哪里能为他而逃亡?但是又能回到哪里去呢?——在这里,晏婴将国与君区别开来,认为国高于君,臣也不是君的私属之物,君和臣都是属于国家的。

《文公十三年》记载,邾文公打算迁都,将都城从訾娄迁到峄山之阳。依照惯例,国家在进行重大活动前都要占卜,以测吉凶。史官解释卜辞:"迁都对百姓有利,而对君主不利"。邾文公毅然说:"那就迁吧!"左右臣僚劝道:"若不迁都,君主寿命可以延长,为何还要迁呢?"邾文公说:"苟利于民,孤之利也。天生民而树之君,以利之也。民既利矣,孤必与焉。"意思是:"只要对百姓有利,就是对我有利。老天生有百姓,然后为他们设置君主,目的是为百姓服务。故百姓有了,我也就有了。"又说:"既然我的生命是用来为百姓服务的,那么寿命的长与短,又有什么关系呢。迁都对百姓有利,我也就获大利了。"——邾文公的话闪烁着民本主义思想的光辉。在邾文公心里,君与民的关系是:民为主,君为仆;民为重,君为轻。君主是依附于百姓的。君主设置的目的,是为百姓服务的。百姓是"皮",君主是"毛",失去了百姓,何君之有? 在迁都这件事上,邾文公把百姓利益放在个人利益之前,只要对百姓有利,竭尽全力去做,哪怕影响自己的生命也在所不惜。

上述民本意识出现在列国纷争、礼崩乐坏的春秋时期,着实难能可贵。三百年后,战国邹(邾国故地)人孟子的"民为贵,社稷次之,君为轻"(《孟子·尽心下》)的重民观念,与早期民本思想可谓一脉相承。选文中,师旷所说的"若困民之主,匮神乏祀,百姓绝望,社稷无主,将安用之",如洪钟大吕,振聋发聩,时刻警示着后世统治者。

思考讨论

你还知道哪些体现民本思想的历史故事。

子罕以不贪为宝

宋人或得玉,献诸子罕[1]。子罕弗受。献玉者曰:"以示玉人[2],玉人以为宝也,故敢献之。"子罕曰:"我以不贪为宝,尔以玉为宝[3]。若以与我,皆丧宝也,不若人有其宝[4]。"稽首而告曰:"小人怀璧,不可以越乡,纳此以请死也[5]。"子罕置诸其里[6],使玉人为之攻之[7],富而后使复其所[8]。

(选自《左传·襄公十五年》)

注释

[1] 或:有人。子罕:宋国的执政。　[2] 玉人:能琢玉的人。　[3] 尔:你。　[4] 人有其宝:各人有各人之宝。　[5] 请死:请免死。　[6] 里:子罕所居之里。　[7] 攻:雕琢。　[8] 复其所:送之回乡里。

译文

宋国有人得到美玉,献给子罕。子罕不接受。献玉的人说:"拿给玉工看过,玉工认为是宝物,所以才敢进献。"子罕说:"我把不贪婪作为宝物,你把美玉作为宝物,如果把玉给了我,我们两人都丧失了宝物,不如各人保有自己的宝物。"献玉的人叩头告诉子罕说:"小人带着玉璧,不能够越过乡里,把它送给您是用来免于一死的。"子罕把美玉放在自己的乡里,让玉工为他雕琢,卖出去,使献玉的人富有以后,然后送他回到乡里。

文史链接

君子比德如玉

　　子罕是宋国有名的贤相,选文记载的是他为官清廉的故事。玉在古代不仅是价值连城的宝贝,比如"和氏璧";更是祭祀时候贵重的礼器,比如外圆内方、象天法地的琮(cóng)。此外,玉还是君子品格的象征,诸如"玉洁冰清""宁为玉碎"等成语,都用玉来比喻人格的清高和坚贞。《礼记·聘义》中记载了孔子的一段话:"昔者君子比德于玉焉,温润而泽,仁也。"意思是说君子的德操可以和玉相比,温暖而有光泽。君子是人格审美之典范,孔子把世间最美的人格——君子人格比拟为美玉。正所谓"谦谦君子,温润如玉"。

　　《管子·水地》中记载了玉的九种品德:"夫玉之所贵者,九德出焉。夫玉温润以泽,仁也;邻以理者,知也;坚而不蹙(cù),义也;廉而不刿(guì),行也;鲜而不垢,洁也;折而不挠,勇也;瑕适皆见,精也;茂华光泽,并通而不相陵,容也;叩之,其音清抟(tuán)彻远,纯而不淆,辞也。"意为:玉之所以贵重,是因为他表现为九种品德:温润而有光泽,是他的仁;清澈而有纹理,是他的智;坚硬而不屈缩,是他的义;清正而不伤人,是他的品节;清明而不垢污,是他的纯洁;可折而不可屈,是他的勇;优点与缺点都可以表现在外面,是他的诚实;华美与光泽相互渗透而不相互侵犯,是他的宽容;敲击起来,声音清扬远闻,纯而不乱,是他的有条理。东汉许慎在《说文解字》中认为玉有仁、义、智、勇、洁五德,"挠而不折,锐廉而不忮(zhì)"展示了玉的高洁和宁可折断也不屈不挠的精神。这些话语既是对玉之可贵的说明,更是对君子人格美的彰显。

《礼记·玉藻第十三》云:"君子无故,玉不去身。"将玉与君子联系在一起,用玉来规范君子的行为和思想。道家认为"圣人被褐怀玉",意为:圣人穿着朴素,但怀揣美玉。以此劝导人们应该守住自己的天赋,不要迷失先天本性。高尚的品德就是道的显现,必能造福于世间。《孔子家语·问玉》云"玉在渊则川媚,玉在山则草泽",玉石所在之处皆能受其正气的感化,如同君子之德风,涵容万物,惠泽四方。

古人爱玉,并非仅重其外表之美丽,而是更重其蕴含之丰厚,将其视为高尚品德的象征。选文耐人寻味之处是宋人用来贿赂的玉和子罕的清廉,在品格上恰好形成了对应的比拟关系,二者互相映射,更加凸显了子罕的高风亮节。

以不贪为宝的名言警句

子罕以不贪为宝为后人树立了典范。历代出现了大量论述贪腐之害与清廉之贵的名言警句,兹举数例如下:

1. 宋代理学家、政治家真德秀指出:"人只一念贪私,便销刚为柔、塞智为昏、变恩为惨、染洁为污,坏了一生人品,故古人以不贪为宝,所以度越一世……凡名士大夫者,万分清廉,止是小善,一点贪污便是大恶不廉之吏。如蒙不洁,虽有他美,莫能自赎。"

2. 宋代学者陈襄在《州县提纲》中云:"明有三尺,一陷贪墨,终身不可洗濯。故可饥、可寒、可杀、可戮,独不可一毫妄取。"

3. 宋代名臣包拯在《包孝肃公家训》中云:"后世子孙仕宦有犯赃滥者,不得放归本家;亡殁之后,不得葬于茔之中。不从吾志,非吾子孙。"

4. 元代名臣张养浩在《为政忠告》中亦云:"名节之于人,不金币而富,不轩冕而贵。士无名节,犹女不贞,则何暴不从,何众不附,虽有他美,亦不足赎也。故前辈谓爵禄易得,名节难保。爵禄或失,有时而再来;名节一亏,终身不复矣!"

5. 清代袁守定在《图民录》中指出:"贪则狼藉之声,甚于粪秽;祸害之加,甚于戈戟;防虑之切,甚于盗贼。其既露也,平日之所亲信,所用以介事、媒钱之人,皆吾雠对矣,身败名裂。"

6. 清代学者徐栋编写《牧令书辑要》,记载了一段古人的为官体验:"当俸之外,绝少无碍之钱粮,昏夜暗室之中,焉有不知之财物。即或一时瞒过,而心中有欲,剖断必不公平,措置必多乖戾,言动必不光明,暗地必多怨咨,事后难逃指摘。究竟所得无多,而同宫掣肘,书役穿鼻,衿棍挟制,家人招摇,声名一玷,后悔无穷矣。故必扫除欲念,坚固操持,然后可以正己,可以正人,可以兴利,可以除弊也!"

7. 清代官员张伯行写了一篇《却赠檄文》,其中说道:"一丝一粒,我之名节;一厘一毫,民之脂膏。宽一分,民受赐不止一分;取一文,我为人不值一文。谁云交际之常?廉耻实伤。倘非不义之财,此物何来?"

这些论述振聋发聩,发人深省,为后人敲响了警钟。

思考讨论

除了选文之外,你还知道哪些"以不贪为宝"的历史人物及事迹。

祁奚请免叔向

秋,栾盈出奔楚[1]。宣子杀箕遗、黄渊、嘉父、司空靖、邴豫、董叔、邴师、申书、羊舌虎、叔罴[2],囚伯华、叔向、籍偃[3]。人谓叔向曰:"子离于罪[4],其为不知乎?"叔向曰:"与其死亡若何?诗曰,'优哉游哉[5],聊以卒岁',知也[6]。"

注释

[1] 栾盈:晋大夫,因与晋国的加一大夫范鞅不和,谋害范鞅。事败被驱逐,故出奔楚。　[2] 宣子:即范匄(gài)。羊舌虎:复姓羊舌,名虎,也称叔虎,春秋时期晋国大夫,羊舌职幼子。叔罴(pí):晋国大夫。箕遗、黄渊、嘉父、司空靖、邴(bǐng)豫、董叔、邴师、申书、羊舌虎、叔罴十人皆为栾盈的同党。　[3] 伯华:即羊舌赤。叔向:羊舌虎的哥哥,叫羊舌肸(xī)。[4] 离:通"罹",遭遇。　[5] 优游:闲暇而快乐自得的样子。"优哉游哉,聊以卒岁"为逸诗。　[6] 知:通"智"。

译文

（鲁襄公二十一年）秋季，栾盈逃亡到楚国。范宣子杀了箕遗、黄渊、嘉父、司空靖、邴豫、董叔、邴师、申书、羊舌虎、叔罴，同时囚禁了伯华、叔向、籍偃。有人对叔向说："您得到了罪过，恐怕是不聪明吧！"叔向说："比起死去和逃亡来怎么样？《诗》说，'自在啊逍遥啊，姑且这样来度过岁月'，这才是聪明啊。"

乐王鲋见叔向[1]，曰："吾为子请。"叔向弗应。出[2]，不拜。其人皆咎叔向。叔向曰："必祁大夫[3]。"室老闻之[4]，曰："乐王鲋言于君，无不行，求赦吾子，吾子不许。祁大夫所不能也，而曰必由之，何也？"叔向曰："乐王鲋，从君者也[5]，何能行？祁大夫外举不弃仇[6]，内举不失亲[7]，其独遗我乎[8]？诗曰：'有觉德行，四国顺之[9]。'夫子，觉者也[10]。"

注释

[1] 乐王鲋(fù)：即东桓子，晋大夫。　　[2] 出：乐王鲋出。　　[3] 祁大夫：即祁奚。食邑于祁，因以为氏。祁在今山西祁县东南。　　[4] 室老：羊舌氏家臣之长。古时卿大夫家中有家臣，室老是家臣之长。　　[5] 从君者也：于君无不顺从。

[6] 不弃仇：祁奚曾经向晋君推荐过他的仇人解狐。　　[7] 不失亲：祁奚曾经向晋君推荐过的他的儿子祁许。　　[8] 其：同"岂"。　　[9] 有觉德行，四国顺之：出自《诗经·大雅·抑》。有觉：形容德行正直。　　[10] 夫子：对第三人的敬称，意为那个人，这里指祁奚。觉者：有正直德行的人。

译文

乐王鲋去见叔向，说："我为您去请求免罪。"叔向不回答。乐王鲋退出，叔向不拜送。叔向的手下人都责备他。叔向说："一定要祁大夫才行。"家臣头子听到了，说："乐王鲋对国君说的话，没有不被采纳的，他想请求赦免您，您又不答应。这是祁大夫所做不到的，但您说一定要由他去办，这是为什么？"叔向说："乐王鲋，是一切都顺从国君的人，怎么能办得到？祁大夫举拔宗族外的人不丢弃仇人，举拔宗族内的人不失掉亲人，难道只会留下我吗？《诗》说：'有正直的德行，使四方的国家归顺。'他老人家是正直的人啊。"

晋侯问叔向之罪于乐王鲋。对曰："不弃其亲[1]，其有焉。"于是祁奚老矣，闻之，乘驲而见宣子[2]，曰："《诗》曰[3]：'惠我无疆，子孙保之。'《书》曰：'圣有谟勋[4]，明征定保。'夫谋而鲜过、惠训不倦者，叔向有焉，社稷之固也[5]，犹将十世宥之[6]，以劝能者。今壹不免其身，以弃社稷，不亦惑乎？鲧殛而禹兴[7]；伊尹放大甲而相之[8]，卒无怨色；管、蔡为戮[9]，周公右王。若之何其以虎也弃社稷？子为善，谁敢不勉？多杀何为？"宣子说[10]，与之乘[11]，以言诸公而免之[12]。不见叔向而归，叔向亦不告免焉而朝[13]。

（选自《左传·襄公二十一年》）

注释

[1] 其亲：指羊舌虎。　　[2] 驲(rì)：古代驿站的马车。[3] "《诗》曰"句：出自《诗经·周颂·烈文》。　　[4] 謩(mó)：同"谟(mó)"，谋略。　　[5] 勋：借为"训"，训诲。　　[6] 十世宥(yòu)之：即宥之十世。宥，宽容，饶恕，原谅。　　[7] 殛(jí)：杀死。　　[8] 伊尹：本为商汤之相。大甲：汤之孙，即位荒淫，伊尹逐之居于桐宫三年，等大甲改过之后而使之复位。[9] 管、蔡为戮：管叔、蔡叔都是周公的兄弟，管叔、蔡叔叛周助殷复国，被周公所杀，平定叛乱。管、蔡，指管叔、蔡叔。[10] 说：同"悦"，高兴。　　[11] 与之乘：祁奚乘传车，不可以朝，故士匄(范宣子)与之乘。保：依赖。　　[12] 免之：赦免叔向。　　[13] 告免：告诉(祁奚)自己被赦免。

译文

晋平公向乐王鲋询问叔向的罪过，乐王鲋回答说："叔向不丢弃他的亲人,他可能是参加策划叛乱的。"当时祁奚已经告老回家了,听说这情况,坐上马车而去拜见范宣子,说:"《诗》说:'赐给我们无边的恩惠,子子孙孙永远保持它。'《书》说:'智慧的人有谋略训诲,应当相信保护。'说到谋划而少有过错,教育别人而不知疲倦的,叔向是具备的,他是国家的柱石。即使他的十代子孙有过错还要赦免,用这样来勉励有能力的人。现在一旦自身不免于祸而死,这不也会使人困惑吗?鲧被诛戮而禹兴起;伊尹放逐,太甲又做了他的宰相,太甲始终没有怨色;管叔、蔡叔被诛戮,周公辅佐成王。为什么叔向要为了叔虎而被杀呢?您做了好事,谁敢不努力?多杀人做什么?"宣子高兴了,和祁奚共乘一辆车子,向晋平公劝说而赦免了叔向。祁奚不去见叔向就回去了,叔向也不向祁奚报告他已得赦,而直接就去朝见晋平公。

文史链接

祁奚施恩不图报

祁奚是春秋时期晋国的重臣,为人公正不阿,曾因举荐自己的儿子和自己的仇人而留下了"外举不避仇,内举不避亲"的美誉。选文则记载了祁奚"施恩不图报"的故事。

晋平公时期,晋国的栾盈被举报有谋反之意,因此被晋平公下令批捕,而羊舌职之子羊舌虎因与栾盈结党而被杀。负责执行拘捕任务的大臣范匄等,同时把羊舌虎的两个异母哥哥羊舌赤、羊舌肸也拘捕起来。祁奚深知羊舌职的两个儿子羊舌赤、羊舌肸皆为国家的贤臣,因此,他不顾年老体弱,路途颠簸,毅然乘车赶到都城,请求晋平公为了国家社稷,赦免羊舌赤、羊舌肸。羊舌赤、羊舌肸最终被无罪释放,官复原职。

祁奚为国家爱惜人才,救出叔向以后"不见而归",不求报答。这与乐王鲋的虚伪卑鄙、口是心非,未救叔向而先讨好的行径形成了鲜明的对比。祁奚因有知人之明、善于举荐贤才以及施恩不图报等美德而流芳后世。

羊舌氏家族

羊舌是一个古老的姓氏,虽不见于《百家姓》,但却是春秋时期晋国的一个显赫姓氏,羊舌氏族人在晋国历史上扮演过重要的角色,尤其是晋国晚期的著名政治家羊舌肸(字叔向),更是名噪一时的名臣。

羊舌氏源出晋国公室,是晋之公族,即诸侯的子孙。历史上的羊舌氏首见于公元前660年,晋献公使太子申生伐东山赤狄,以羊舌突为军尉,羊舌之姓由羊舌突始。羊舌氏家族,自羊舌突起到其孙羊舌肸改姓,实传仅有三世。羊舌突生羊舌职,羊舌职性聪敏肃结,素享贤名,曾偕同晋国旧臣迎接晋文公重耳返晋,后仕晋景公,为大夫。晋悼公即位(公元前572年),置百官,羊舌职佐祁奚为中军尉,卒于晋悼公三年(公元前570年)。羊舌职有四子,见之于《左传》等典籍,即羊舌赤、羊舌肸、羊舌鲋、羊舌虎,号"羊舌四族",为晋之强族。羊舌赤,字伯华,铜鞮大夫,食邑铜鞮;羊舌肸,字叔向,晋公族大夫,著名政治家,食邑杨国,后代改姓杨;羊舌鲋,字叔鱼,晋公族大夫,食邑平阳;羊舌虎,名虎,也称叔虎,晋公族大夫,亦食邑平阳。羊舌肸(叔向)因食封于杨而以杨为氏,其子名杨食我,后杨食我在晋国卿族势力的倾轧中获罪,导致羊舌氏、杨氏最终被灭族,从此,羊舌氏被淘汰出局,湮没于历史尘埃之中。

思考讨论

统计《左传》中关于祁奚的记载,并结合这些记载分析这一人物形象。

叔孙豹论三不朽

二十四年春,穆叔如晋。范宣子逆之,问焉,曰:"古人有言曰,'死而不朽',何谓也?"穆叔未对。宣子曰:"昔匄之祖,自虞以上为陶唐氏,在夏为御龙氏,在商为豕韦氏,在周为唐杜氏,晋主夏盟为范氏[1],其是之谓乎!"穆叔曰:"以豹所闻,此之谓世禄,非不朽也。鲁有先大夫曰臧文仲,既没,其言立[2]。其是之谓乎!豹闻之:'大上有立德,其次有立功,其次有立言[3]。'虽久不废,此之谓不朽。若夫保姓受氏,以守宗祊[4],世不绝祀,无国无之。禄之大者,不可谓不朽。"

(选自《左传·襄公二十四年》)

注释

[1] 晋主夏盟为范氏：晋虽诸侯，实为华夏盟主，故以与虞、夏、商、周并列。　　[2] 立：指不废绝。　　[3] 大上有立德，其次有立功，其次有立言：立德为最高，立功次之，立言又次之。　　[4] 宗祊(bēng)：宗庙。祊，古代在宗庙门内举行的祭祀。

译文

(鲁襄公)二十四年春季，穆叔到了晋国，范宣子迎接他，询问他，说："古人有话说，'死而不朽'，这是说的什么？"穆叔没有回答。范宣子说："从前匄的祖先，从虞舜以上是陶唐氏，在夏朝是御龙氏，在商朝是豕韦氏，在周朝是唐杜氏，晋国主持中原的盟会的时候是范氏，恐怕所说的不朽就是这个吧！"穆叔说："据豹所听到的，这叫作世禄，不是不朽。鲁国有一位先大夫叫臧文仲，死了以后，他的话世代不废，所谓不朽，说的就是这个吧！豹听说：'最高的是树立德行，其次是树立功业，再其次是树立言论。'能做到这样，虽然死了也久久不会废弃，这叫作三不朽。像这样保存姓、接受氏，用来守住宗庙，世世代代不断绝祭祀，没有一个国家没有这种情况。这只是官禄中的大的，不能说是不朽。"

文史链接

三不朽

《左传·襄公二十四年》谓，"豹闻之：'大上有立德，其次有立功,其次有立言。'虽久不废,此之谓三不朽。"唐人孔颖达在《春秋左传正义》中对德、功、言三者分别做了界定:"立德谓创制垂法,博施济众""立功谓拯厄除难,功济于时""立言谓言得其要,理足可传"。立德,指具有崇高品德,人格不朽;立功,指建立功业,事业不朽;立言,指著书立说,理论不朽。叔孙豹"三不朽"之说,体现了一种人生观和价值观。后世文人受其影响,每以"立言"为第一要务,以求不朽,诚如曹丕《典论·论文》所云:"盖文章,经国之大业,不朽之盛事。年寿有时而尽,荣乐止乎其身,二者必至之常期,未若文章之无穷。是以古之作者,寄身于翰墨,见意于篇籍,不假良史之辞,不托飞驰之势,而声自传于后。"所谓不朽,即是永恒。美国现代哲学家詹姆士在《人之不朽》一文中曾说:"不朽是人的伟大的精神需要之一。"詹姆士这里所说的"不朽",是指宗教性的不朽,而叔孙豹所谓"三不朽",则是仁人志士孜孜以求的一种凡世的永恒价值。

  选文记载了春秋时鲁国叔孙豹与晋国范宣子就何为"死而不朽"展开的讨论。范宣子认为,他的祖先从虞、夏、商、周以来世代为贵族,家世显赫,香火不绝,这就是"不朽"。叔孙豹则以为不然,他认为这只能叫作"世禄"而非"不朽"。在他看来,真正的不朽乃是立德、立功、立言。在言及"立言"的不朽时,叔孙豹特以鲁卿臧文仲为例,说:"鲁有先大夫曰臧文仲,既没,其言立,其是之谓乎!"《国语·晋语八》对此亦有记载:"鲁先大夫臧文仲,其身殁矣,其言立于后世,此之谓死而不朽。"臧文仲系春秋时鲁国大夫,屡建事功,且长于辞令,就为政立国之事多有高论,在诸侯国间广为流传。

  叔孙豹谈"三不朽",首先是对范宣子的讽谏、针砭和规劝,因为范宣子德行功业较其父祖范文子士燮和范武子士会均大为逊色,身为晋国正卿多有失政之处,还加重诸侯纳贡的礼品,更严重的是沾沾自喜于范氏的世代显赫,而了无"三立"之愿。这番话体现了叔孙豹的人生价值观和社会政治观。人生追求不在于封妻荫子,保守宗庙,而在于立德、立功、立言,而德、功、言的上下次序,又正是他心目中政治理想的反映。"三不朽"包含着政治上的大抱负和个人修养上的高境界,即使放在今天,仍有很强的借鉴意义。

　　叔孙豹用自己的行为努力地践行了"三不朽"说。叔孙豹高尚的情操、睿智的言论,是对立德、立功、立言"三不朽"的具体阐释。《春秋》和《左传》记载叔孙豹的外事活动、军事活动有二十余次,加上对其国内政务、家务和言论的记述,叔孙豹的名字和事迹在这两部史书中出现频率之高、所占简策之多,在两书所记全部历史人物中均居前列,足见叔孙豹在国人心中的地位之高、分量之重。首倡"三不朽"说的叔孙豹,其事功、言行也堪称不朽。

　　在后人对"三不朽"的解读中,"立德"系指道德操守而言,"立功"乃指事功业绩,而"立言"指的是把真知灼见形诸语言文字,著书立说,传于后世。当然,无论"立德""立功"或者"立言",其实都旨在追求某种"身后之名""不朽之名"。而对身后不朽之名的追求,正是古圣先贤超越个体生命而追求永生不朽、超越物质欲求而追求精神满足的独特形式。孔子说:"君子疾没世而名不称焉。"(《论语·卫灵公》)屈原在《离骚》中说:"老冉冉其将至兮,恐修名之不立。"司马迁在《报任安书》中云:"立名者,行之极也。"《古诗十九首·回车驾言迈》:"人生非金石,岂能长寿考?奄忽随物化,荣名以为宝。"死而不朽成为历代仁人志士共同追求的人生目标。

思考讨论

结合相关历史人物及其事迹,谈一谈你对叔孙豹"三不朽"的理解。

子产告范宣子轻币

范宣子为政,诸侯之币重[1],郑人病之[2]。二月,郑伯如晋[3],子产寓书于子西[4],以告宣子,曰:

注释

[1] 币:指诸侯向盟主晋国进献的一切贡品。晋国是霸主,诸侯往朝聘,例须纳币。　　[2] 病:这里作动词用,忧虑。 [3] 郑伯:郑简公。　　[4] 子产:姓公孙,名侨,字子产,号成子。出身于郑国贵族,郑简公十二年(公元前544年)为卿,二十三年(公元前543年)执政,相郑简公、郑定公20余年,卒于郑定公八年。春秋时期政治家、思想家。寓:寄,传书。子西:即公孙夏,公子骈(fēi)之子,郑大夫。当时随从郑简公去晋国。

译文

(晋国)范宣子执政,诸侯去朝见晋国时的贡品很重,郑国人

对此感到忧虑。二月,郑简公到晋国去,子产寄信给子西,让他告诉范宣子,说:

"子为晋国[1],四邻诸侯不闻令德,而闻重币,侨也惑之[2]。侨闻君子长国家者,非无贿之患[3],而无令名之难[4]。夫诸侯之贿聚于公室[5],则诸侯贰[6]。若吾子赖之[7],则晋国贰。诸侯贰,则晋国坏;晋国贰,则子之家坏。何没没也[8]!将焉用贿?

注释

[1]为:治理。 [2]侨:子产自称。 [3]贿:财货。[4]令名:好的名声。难:患。 [5]公室:指晋君。 [6]贰:分裂。 [7]赖:利。 [8]没没(mò mò):不明白,糊涂。

译文

"您治理晋国,四邻的诸侯没有听到您的美德,却听到您要很重的贡物,我对此感到迷惑。我听说君子执掌国家和家族政权的,不是担心没有财礼,而是害怕没有好名声。诸侯的财货,都聚集在国君家里,那么诸侯就会叛离。如果您贪图这些财物,那么晋国的内部就会不团结。诸侯叛离,晋国就会受到损害;晋国内部不团结,您的家族就会受到损害。为什么那样糊涂呢!贪图得来的财货又有什么用呢?

夫令名,德之舆也[1];德,国家之基也[2]。有基无坏,无亦是务乎[3]!有德则乐,乐则能久。诗云'乐只君子,邦家之基'。[4]有令德也夫!'上帝临女,无贰尔心'。[5]有令名也夫!恕思以明德[6],则令名载而行之,是以远至迩安[7]。毋宁使人谓子[8],'子实生我',而谓'子浚我以生'乎[9]?象有齿以焚其身[10],贿也。"

注释

[1] 舆(yú):车子。　　[2] 基:基础。　　[3] 无亦是务:"无亦务"是的倒装句。无,用法同"不"。务,专力。　　[4] 乐只君子,邦家之基:出自《诗经·小雅·南山有台》。只:语末助词,无义。　　[5] 上帝临女,无贰尔心:出自《诗经·大雅·大明》。"无贰尔心":即"尔心无贰",一心一意。　　[6] 恕:指己所不欲勿施于人。　　[7] 远至迩安:远方诸侯来朝,邻近诸侯安心。迩,近。　　[8] 毋宁:即无宁,宁。毋、无,皆语首助词,无义。[9] 浚(jùn):榨取,剥削。　　[10] 焚其身:丧身。

译文

"好名声,是装载德行的车子;德行,是国家和家族的基础。有了基础才不至于败坏,不也应该致力于这个吗?有了德行就会与人同乐,与人同乐才能在位长久。《诗经》说:'快乐啊君子,是国家和家族的基础。'这就是说有美德吧!'上天在你上面,不要三心二意。'这就是说有好名声吧!心存宽恕来发扬美德,那么好名声就可以四处传播,因此远方的人纷纷来到,近处的人得到安心。您是宁可让人说'您确实养活了我',还是说'您榨取我来养活自己'呢?大象有了象牙而使自己丧生,这是因为象牙也是值钱的财货呀。"

宣子说[1],乃轻币。

(选自《左传·襄公二十四年》)

注释

[1]说:通"悦",高兴。

译文

范宣子听了很高兴,就减轻了诸侯进贡的财礼。

文史链接

《子产告范宣子轻币》
——先秦书信散文的代表作

春秋时期,霸主国常以各种名义向各诸侯小国征收贡品,贡献一次,往往要上百辆车装载,上千人护送,给小国造成了沉重的负担。晋平公时期,晋国是各诸侯国的盟主,各国纳贡负担颇重。郑国子产就这种状况寄书说理,利用晋国欲保其盟主之位而渴望美好声誉的心理,阐明了"重币"与"轻币"的关系,使晋国不得不减轻了对各诸侯小国的盘剥。

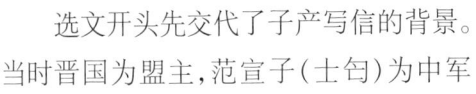

子　产

选文开头先交代了子产写信的背景。当时晋国为盟主,范宣子(士匄)为中军将,主持晋国政事。在范宣子执政时,加重征收诸侯对晋国贡献的财物,郑国也以此为患。公元前549年,郑简公到晋国朝会,郑大夫子西陪同前往,子产寄书给子西,让他转给范宣子,以示劝告。

书信的开头故作危激之论、惊人之语,以期引起范宣子的重视。指出范宣子执政时"不闻令德""而闻重币",可谓振聋发聩。继而,子产站在为晋国和范宣子个人谋划的立场上,指出国家和家族赖以存亡的道德基础,并为范宣子描绘了一幅道德基础崩溃后国亡家败的图景,立意高远,持论正大,文笔雄健,震人心魄,如江河奔流,势不可遏,不由范宣子不信服。

子产在书信中采用了多种修辞手法:一、巧妙设喻,以加强自己的论点。如"夫令名,德之舆也;德,国家之基也。"将声誉比喻成装载美德的车子,将美德比喻成国家大厦的基石,既形象生动,又深化了文章的内涵。其"象有齿以焚其身"的比喻,更是紧扣文章主题,阐明了君子为政不能贪贿,贪贿只能招来祸患的深刻道理;二、引用《诗经》诗句,具有很强的说服力和良好的艺术效果。《诗经·小雅·南山有台》中的"乐只君子,邦家之基",《诗经·大雅·大明》中的"上帝临女,无贰尔心"的使用,都恰到好处;三、采用对比的手法,使文章更加生动有力。信中以对比的手法阐明"重币"与"轻币"的不同后果,说明"令名"与"令德"的关系,以印证"重币"之害。写"重币"处,作危激语;写"德名"处,作赞叹语,层次井然,褒贬分明。其中"毋宁使人谓子,'子实生我',而谓'子浚我以生'乎?"对比鲜明,发人深省。

子产以其严密的推理和精警的语言使范宣子倾心受谏,减轻了各诸侯小国的纳贡负担。《子产告范宣子轻币》堪称先秦书信散文的代表作。

思考讨论

结合选文内容,谈谈你对儒家义利观的认识。

崔杼弑齐庄公

齐棠公之妻[1],东郭偃之姊也。东郭偃臣崔武子[2]。棠公死,偃御武子以吊焉[3]。见棠姜而美之,使偃取之[4]。偃曰:"男女辨姓[5],今君出自丁,臣出自桓,不可。"武子筮之[6],遇《困》☷之《大过》☷[7]。史皆曰"吉"[8]。示陈文子[9],文子曰:"夫从风[10],风陨妻[11],不可娶也。且其繇曰:

'困于石,据于蒺梨,入于其宫,不见其妻,凶[12]。'困于石,往不济也;据于蒺梨,所恃伤也[13];入于其宫,不见其妻,凶,无所归也。"崔子曰:"嫠也[14],何害?先夫当之矣。"遂取之。

注释

[1]齐棠公:齐国棠邑的地方官。　　[2]崔武子:即崔杼(zhù)。"东郭偃臣崔武子"是说东郭偃是崔杼的家臣。　　[3]偃御武子以吊焉:东郭偃驾车送崔杼前往吊唁。　　[4]棠姜:即齐棠公的妻子。美之:觉得她很美。使偃取之:使偃为己娶之。取,同"娶"。　　[5]男女辨姓:男女结婚要区别姓氏,同姓不能结婚。辨,别。　　[6]筮:占卜。　　[7]《困》《大过》都是《易经》的卦名。　　[8]史:主管占卜的官员。　　[9]陈文子:齐国大夫。他的话是对卦象的解释。　　[10]夫从风:《坎》为中男,故曰夫。变而为《巽》,《巽》为风,故曰从风。　　[11]风陨妻:《兑》仍在上,故曰风陨妻。　　[12]繇(zhòu):古同"籀(zhòu)",占卜的文辞。　　[13]所恃:所依靠的人。　　[14]嫠(lí):寡妇。

译文

　　齐国棠公的妻子,是东郭偃的姐姐,东郭偃是崔武子的家臣。棠公死,东郭偃为崔武子驾车去吊唁。崔武子看到棠姜觉得她很美,让东郭偃为他娶过来。东郭偃说:"男女婚配要辨别姓氏,现在您是丁公的后代,下臣是桓公的后代,这可不行。"崔武子占筮,得到《困》卦☷变成《大过》☱,太史都说"吉利"。拿给陈文子看,陈文子说:"丈夫跟从风,风坠落妻子,不能娶的。而且它的繇辞说:'为石头所困,据守在蒺藜丛,走进屋,不见妻,凶。'为石头所困,这意味着前去不能成功;据守在蒺藜丛,这意味着所依靠的东西会使人受伤;走进屋,不见妻,凶,这意味着无所归宿。"崔武子说:"她是寡妇,有什么妨碍?死去的丈夫已经承担过这凶兆了。"于是崔武子就娶了棠姜。

庄公通焉[1],骤如崔氏[2],以崔子之冠赐人。侍者曰:"不可。"公曰:"不为崔子,其无冠乎[3]?"崔子因是,又以其间伐晋也,曰:"晋必将报[4]。"欲弑公以说于晋[5],而不获间[6]。公鞭侍人贾举,而又近之,乃为崔子间公[7]。

注释

[1] 通:通奸。　　[2] 骤:屡次,经常。　　[3] 其:用法同"岂"。　　[4] 报:报仇。　　[5] 说:通"悦",取悦。[6] 间:机会。　　[7] 乃为崔子间公:于是贾举替崔杼寻找刺杀庄公的机会。

译文

齐庄公和棠姜私通,经常到崔家去,把崔武子的帽子赐给别人。侍者说:"不行。"齐庄公说:"不用崔子的帽子,难道就没有帽子了吗?"崔武子由此怀恨齐庄公,又因为齐庄公乘晋国的动乱而进攻晋国,说:"晋国必然要报复。"崔武子想要杀死齐庄公来讨好晋国,而又没有得到机会。齐庄公鞭打了侍人贾举,后来又亲近贾举,贾举就为崔武子找机会杀死齐庄公。

夏五月,莒为且于之役故[1],莒子朝于齐[2]。甲戌[3],飨诸北郭。崔子称疾,不视事[4]。乙亥[5],公问崔子[6],遂从姜氏[7]。姜入于室,与崔子自侧户出[8]。公拊楹而歌[9]。侍人贾举止众从者而入,闭门[10]。甲兴[11],公登台而请[12],弗许;请盟,弗许;请自刃于庙,弗许。皆曰:"君之臣杼疾病[13],不能听命[14]。近于公宫,陪臣干掫有淫者[15],不知二命[16]。"公逾墙,又射之,中股,反队[17],遂弑之。贾举、州绰、邴师、公孙敖、封具、铎父、襄伊、偻堙皆死[18]。祝佗父祭于高唐[19],至,复命,不说弁而死于崔氏[20]。申蒯,侍渔者[21],退,谓其宰曰:"尔以帑免[22],我将死。"其宰曰:"免,是反子之义也[23]。"与之皆死[24]。崔氏杀鬷蔑于平阴[25]。

注释

[1] 莒(jǔ)：国名。且于之役：去年发生在齐、莒之间的战役。　[2] 莒子：莒国的国君。　[3] 甲戌：十六日。[4] 不视事：不管事。　[5] 乙亥：十七日。　[6] 问：慰问。　[7] 从姜氏：幽会棠姜。　[8] 侧户：侧门。[9] 拊楹(fǔ yíng)：拍着柱子。拊，轻击。　[10] 闭门：闭庄公从者于门外。　[11] 甲兴：崔杼之甲兵起而攻庄公。[12] 请：请免于死地。　[13] 疾病：疾甚。　[14] 听命：亲自听您的命令。　[15] 干掫(zōu)：巡夜捕击不法者。掫，巡夜打更。　[16] 不知二命：指只知道执行崔子之命，不知其他。　[17] 队：同"坠"。反队，仍跌于墙内。　[18] 贾举、州绰、邴师、公孙敖、封具、铎父、襄伊、偻堙：皆为庄公的侍卫勇士。　[19] 祝佗(tuó)父：齐国大夫。高唐：地名，在今山东高唐东。说：同"脱"。　[20] 弁(biàn)：爵弁，祭服所戴。[21] 申蒯(kuǎi)，侍渔者：申蒯是个监收渔业税的官员。[22] 帑(nú)：申蒯的妻子。　[23] 反子之义：违背了您为国君殉难的道义。　[24] 皆：同"偕"，一起。　[25] 鬷蔑(zōng miè)：齐国大夫，庄公之母鬷声姬的同党。

译文

（鲁襄公二十五年）夏季，五月，莒国由于且于这次战役的缘故，莒子到齐国朝见。十六日，齐庄公在北城设享礼招待他，崔武子推说有病，不办公事。十七日，齐庄公去问候崔武子，乘机又与棠姜幽会。姜氏进入室内,和崔武子从侧门出去。齐庄公拍着柱子唱歌。侍人贾举禁止庄公的随从入内,自己走进去,关上大门。甲士们一拥而起,齐庄公登上高台请求把他放走,崔武子不答应;请求结盟,不答应;请求在太庙自杀,还不答应。都说:"君王的下臣崔杼病得厉害。不能听取您的命令。这里靠近君王的宫室,陪臣巡夜搜捕淫乱的人,此外不知道有其他命令。"齐庄公跳墙,有人用箭射他,射中大腿,掉在墙内,于是就杀死了他。贾举、州绰、邴师、公孙敖、封具、铎父、襄伊、偻堙都被杀死。祝佗父在高唐祭祀,到达国都,复命,还没有脱掉官帽,就在崔武子家里被杀死了。申蒯,是管理渔业的人,退出来,对他的家臣头子说:"你带着我的妻子儿女逃走,我准备一死。"他的家臣头子说:"如果我逃走,这是违背了您的道义了。"就和申蒯一起战死。崔氏在平阴杀死了鬷蔑。

晏子立于崔氏之门外[1],其人曰[2]:"死乎?"曰:"独吾君也乎哉,吾死也?"曰:"行乎[3]?"曰:"吾罪也乎哉,吾亡也?"曰:"归乎?"曰:"君死,安归[4]?君民者[5],岂以陵民[6]?社稷是主[7]。臣君者,岂为其口实[8],社稷是养[9]。故君为社稷死,则死之;为社稷亡,则亡之。若为己死,而为己亡,非其私昵[10],谁敢任之[11]?且人有君而弑之[12],吾焉得死之[13]?而焉得亡之?将庸何归?"门启而入,枕尸股而哭。兴[14],三踊而出[15]。人谓崔子:"必杀之[16]!"崔子曰:"民之望也[17],舍之[18],得民[19]。"卢蒲癸奔晋,王何奔莒[20]。

注释

[1] 晏子:即晏婴。　　[2] 其人:指晏婴的随从。　[3] 行:逃走。　　[4] 安归:归于何处。安,表处所的疑问代词。　　[5] 君民者:为民之君者。　　[6] 陵:凌驾。　[7] 社稷是主:主社稷者。　　[8] 口实:俸禄。　　[9] 社稷是养:保养社稷。　　[10] 私昵(nì):为个人而昵爱之人。[11] 谁敢:敢与不敢,由于合理与不合理。不合理而死或亡;畏时人及后人议论,故云谁敢。　　[12] 人有君:庄公之立,由于崔杼,故言"人有君"。人,指崔杼。　　[13] 焉得:何能。[14] 兴:站起来。哭时仆地,哭毕而起。　　[15] 三踊(yǒng)而出:跳了三次之后离开了。踊,往上跳。　　[16] 之:指晏子。[17] 民之望也:民心所向往之人。　　[18] 舍之:释而不杀。[19] 得民:得民心。　　[20] 卢蒲癸(guǐ)、王何:都是齐庄公的宠臣。

译文

晏子站在崔氏的门外边,他的手下人说:"死吗?"晏子说:"是我一个人的国君吗?我去死?"手下人说:"逃吗?"晏子说:"是我的罪过吗?我逃走?"手上人说:"回去吗?"晏子说:"国君死了,回到哪儿去？作为百姓的君主，难道是用他的地位来凌驾于百姓之上？应当主持国政。作为君主的臣下，难道是为了他的俸禄？应当保护国家。所以君主为国家而死，那么也就是为他而死；为国家而逃亡，那么也就是为他而逃亡。如果君主为自己而死，为自己而逃亡，不是他个人宠爱的人，谁敢承担这个责任？而且别人有了君主反而杀死了他，我哪能为他而死？哪里能为他而逃亡？但是又能回到哪里去呢？"开了大门，晏子进去，头枕在尸体的大腿上而号哭，起来，往上跳三次以后才出去。有人对崔武子说："一定要杀了他！"崔武子说："他是百姓仰望的人，放了他，可以得民心。"卢蒲癸逃亡到晋国，王何逃亡到莒国。

叔孙宣伯之在齐也[1]，叔孙还纳其女于灵公[2]，嬖[3]，生景公[4]。丁丑[5]，崔杼立而相之，庆封为左相，盟国人于大宫[6]，曰："所不与崔、庆者——[7]"晏子仰天叹曰："婴所不唯忠于君、利社稷者是与，有如上帝[8]！"乃歃[9]。辛巳[10]，公与大夫及莒子盟[11]。

注释

[1] 叔孙宣伯：流亡在齐国的鲁国大夫叔孙侨如，成公十六年奔齐。　[2] 叔孙还：齐国公子。　[3] 嬖(bì)：受宠爱。 [4] 景公：庄公的同父异母弟。　[5] 丁丑：十九日。 [6] 大宫：太公庙。　[7] 与：同意。这句话没说完，晏婴就插

嘴了。 [8]有如上帝:听凭上帝的处罚。 [9]歃(shà):古人盟会时,喝少许牲口的血,或含在口中,或涂在嘴旁,以示信守誓言的诚意。 [10]辛巳:二十三日。 [11]公:齐景公。

译文

叔孙宣伯在齐国的时候,叔孙还把叔孙宣伯的女儿嫁给齐灵公,受到宠爱,生了齐景公。十九日,崔武子拥立景公为国君而辅佐他,庆封做左相,和国内的人们在太公的宗庙结盟,说:"有不亲附崔氏、庆氏的——"晏子向天叹气说:"婴如果不亲附忠君利国的人,有上帝为证!"于是就歃血。二十三日,齐景公和大夫以及莒子结盟。

大史书曰[1]:"崔杼弑其君。"崔子杀之。其弟嗣书[2],而死者二人[3]。其弟又书,乃舍之[4]。南史氏闻大史尽死[5],执简以往[6]。闻既书矣[7],乃还[8]。

(选自《左传·襄公二十五年》)

注释

[1]大史:即太史,史官。书:指记载下来。 [2]嗣书:接着这样写。嗣,接续,继承。 [3]死者二人:指太史的两个

弟弟因为同样如实记录也被杀了。　　[4]舍之：指放了第三个弟弟。　　[5]南史氏：另一位史官。　　[6]执简以往：拿着木简前来，准备接着写。　　[7]闻：听说。既：已经。书：记录。　　[8]还：回去。

译文

太史记载说："崔杼杀了他的国君。"崔武子杀死了太史。他的弟弟接着这样写，因而死了两人。太史还有一个弟弟又这样写，崔武子就由他去了。南史氏听说太史都死了，拿了照样写好了的竹简前去，听到已经如实记载了，这才回去。

文史链接

秉笔直书与实录坚守

春秋时期，国君和大家族之间的权力争夺非常激烈。《史记·太史公自序》记载："春秋之中，弑君三十六，亡国五十二，诸侯奔走，不得保其社稷者，不可胜数。"选文所载崔杼弑齐庄公即是其中的典型案例。在这起弑君事件中，最出彩的不是杀人犯和受害者，而是以矮小机智闻名的晏婴。晏婴在崔家门口"逃还是不逃"的对白，在盟会上公然对抗崔杼的誓词，都大大彰显了他作为一代"贤相"的风采。

崔杼不但以下犯上，触犯纲常，而且杀掉了敢于记录真相的史官，可谓遗臭万年。前仆后继、以身殉职的三位无名史官也以实际行动把自己写进了史册。

选文中的太史、太史之弟、南史氏和《左传·宣公二年》所载之董狐都是古代良史的典范。刘勰《文心雕龙·史传》云："辞宗邱明，直归南、董。"意为：史家作史的文辞应以左丘明为宗匠，直笔而书应以南史氏、董狐为依归。秉笔直书，就是齐国太史、南史氏、董狐精神；书法不隐则是直笔的主要含义。齐国太史、南史氏、董狐秉笔直书的事迹激励了后代史官对实录精神的坚守。

秉笔直书要求史家著史必须尊重史实，忠于史职，不徇私情，客观公正。例如，司马迁写秦始皇，既揭其短，批判其残暴武断，又颂其功，肯定其历史功绩；叙述汉朝历史，既歌颂其繁荣强盛，也揭露其黑暗腐朽；评价汉初帝王，不因刘邦是开国之君而不书其丑，也不因文景之治而不言其乱，更不因武帝为今上，功业显赫而不揭其短；并且还将被时人称为盗匪的陈涉，当作诸侯列入世家，充分肯定其首事之功。班固在《汉书·司马迁传》中评司马迁曰："序事理，辨而不华，质而不俚，其文直，其事核，不虚美，不隐恶，故谓之实录。"表彰司马迁的文章公正，史实可靠，不空讲好话，不隐瞒坏事，高度评价了司马迁的科学态度和《史记》的记事翔实。又如，唐代史学家吴兢与刘知幾撰《则天实录》，如实记载了张宗昌为打击皇太子李显，以高官引诱凤阁舍人张说作伪证，诬陷御史大夫知政事魏元忠与司礼丞高戬勾结密谋的事件。后来张说做了宰相，看到《实录》很不高兴，明知此事是吴兢所为，故意说"刘五修《实录》，论魏齐公事，殊不相饶假，与说毒手"，而此时刘知幾已死，吴兢完全可以推卸责任，但他却从容回答道："是兢书之，非刘公修述，草本犹在，其人已亡，不可诬枉于幽魂！"同道皆惊。后来张说提出改写的要求，吴兢也以"若取人情，何为直笔"为由，而拒绝修改。时人称赞他说:"昔者董狐之良史,即今是焉。"

思考讨论

试分析秉笔直书精神对后世史传文学的影响。

上下其手

楚子、秦人侵吴[1],及雩娄[2],闻吴有备而还。遂侵郑。五月,至于城麇[3]。郑皇颉戍之[4],出,与楚师战,败。穿封戍囚皇颉[5],公子围与之争之[6],正于伯州犁。伯州犁曰:"请问于囚。"乃立囚。伯州犁曰:"所争,君子也,其何不知?"上其手[7],曰:"夫子为王子围,寡君之贵介弟也[8]。"下其手[9],曰:"此子为穿封戍,方城外之县尹也。谁获子?"囚曰:"颉遇王子,弱焉[10]。"戍怒,抽戈逐王子围,弗及。楚人以皇颉归。

(选自《左传·襄公二十六年》)

注释

[1] 楚子:楚康王,名昭,共王之子。　　[2] 雩(yú)娄:地

名,在今河南商城县东,安徽金寨县北。　　[3] 城麇(jūn):郑国地名,在今湖南省岳阳东南。　　[4] 皇颉(jié):郑国大夫。　　[5] 穿封戌:人名,楚国方城外的县尹。　　[6] 公子围:楚共王之子,康王之弟。　　[7] 上其手:高举他的手,指向公子围。　　[8] 贵介:地位尊贵。介,大。　　[9] 下其手:手向下,指向穿封戌。　　[10] 弱:战败,意即为王子所获。

译文

楚康王、秦国人联兵侵袭吴国,到达雩娄,听到吴国有了防备而退回,就乘机入侵郑国。五月,到达城麇。郑国的皇颉在城麇戍守,出城,与楚军作战,战败。穿封戌俘虏了皇颉,公子围和他争功,要伯州犁主持公正。伯州犁说:"请问一下俘虏。"于是就让俘虏站在前面。伯州犁说:"所争夺的对象便是您,您是君子,有什么不明白的?"举起手,说:"那一位是王子围,是寡君的尊贵的弟弟。"放下手,说:"这个人是穿封戌,是方城山外边的县尹。谁俘虏您了?"俘虏说:"颉碰上王子,抵抗不住。"穿封戌发怒,抽出戈追赶王子围,没有追上。楚国人带着皇颉回去。

文史链接

"上下其手"的暗示法

选文是成语"上下其手"的出处,详细地记载了公元前547年楚国太宰伯州犁采用的"上下其手"的暗示法。暗示法,是一种特殊的"语言"方式,是在有第三者存在的场合,两个人难以公开传递某种隐秘之意,于是就借助于特殊的眼色、手势和语气传达这一隐意。这种交流思想、传达心意的手段就是暗示法。

楚国攻打郑国,楚大夫穿封戌俘虏了郑将皇颉,楚康王的弟弟公子围欲抢来皇颉作为自己的战功,他与穿封戌争执起来,众人难以决断。楚康王让伯州犁断其是非,伯州犁说:"战俘是郑国有身份的人,他自己能知道是谁俘虏了他。"乃让皇颉立于庭中,让公子围和穿封戌立于皇颉对面。伯州犁抬手向上介绍说:"这位是公子围,寡君之贵介弟也。"然后又放手向下介绍说:"此人为穿封戌,乃方城外之县尹也。到底是谁擒获了你?"皇颉见状,遂回答说他是被公子围擒获的。不久皇颉即被释放归国。

伯州犁在向皇颉追问楚国的立功者时,故意把争功人双方的身份显示给皇颉,并采用了"上下其手"的不同手势,将他要讨好权贵的心意当着穿封戌的面暗示给皇颉。皇颉对伯州犁以暗示法传达来的隐意心领神会。作为楚国战俘,他急于求释,为讨好楚国当权者,他遂顺着伯州犁的暗示去回答,果然得到了宽赦。伯州犁可谓一个阴险的作弊者,他采用"上下其手"的暗示法,意在讨好公子围,事实上并没有奏效。后来公子围弑侄子篡位,成为楚灵王,对伯州犁不放心,把他也杀了。成语"上下其手"即比喻玩弄手法,串通作弊。

在暗示法的实施过程中,第三者的存在无疑是行为人和受意人思想交流的障碍。然而,每一成功的暗示法,在场的第三者其实都起到了对行为人隐情传达的掩护作用。比如,有穿封戌在场,他就难以提出皇颉是受了伯州犁的旨意而有意误指。行为人把一种隐秘之情暗示给受意人,他们不希望任何人知道相互间发生过思想交流。由于成功的暗示法总是瞒过在场的第三者而发生的,因而第三者的在场正好掩盖了他们之间发生过的思想交流,对他们的行为起了很好的掩护作用。

由于暗示法是把一种正常的思想用非正常的方式来表达,因而它的施予对象应该是某种程度的聪明之士。暗示法的形式手段可能有盼目履足法、手势诱导法、语言提示法等多种。无论采取哪种形式,总是要符合具体的暗示情境,起到既让对方准确理解、又不让第三者看破的效果。

思考讨论

除了选文之外,你还知道哪些"上下其手"的历史故事。

晋用楚材

初,楚伍参与蔡大师子朝友[1],其子伍举与声子相善也[2]。伍举娶于王子牟[3]。王子牟为申公而亡[4],楚人曰:"伍举实送之[5]。"伍举奔郑,将遂奔晋。声子将如晋,遇之于郑郊,班荆相与食[6],而言复故[7]。声子曰:"子行也,吾必复子。"

注释

[1] 伍参:伍奢的祖父,伍子胥的曾祖父。子朝:公子朝,蔡

文公的儿子,蔡景公的弟弟,为蔡国太师。　　[2]伍举:椒举,伍奢的父亲,伍子胥的祖父。声子:子朝的儿子。　　[3]王子牟:楚国公子,曾为申公,故又称申公子牟。　　[4]亡:获罪出奔。　　[5]送:护送。　　[6]班荆:扯草而铺于地,聊以代席,藉以为坐。班,铺垫。荆,草名。　　[7]复故:返回楚国的事。

译文

当初,楚国的伍参和蔡国的太师子朝友好,他的儿子伍举和声子也互相友好。伍举娶了王子牟的女儿。王子牟为了申公而逃亡,楚国人说:"伍举确实护送了他。"伍举逃亡到郑国,准备乘机再到晋国。声子打算去到晋国,在郑国郊外碰到了他,把草铺在地上一起吃东西,谈到回楚国去的事,声子说:"您走吧,我一定让您回去。"

及宋向戌将平晋、楚[1],声子通使于晋,还如楚。令尹子木与之语[2],问晋故焉[3],且曰:"晋大夫与楚孰贤?"对曰:"晋卿不如楚,其大夫则贤,皆卿材也。如杞梓、皮革[4],自楚往也。虽楚有材,晋实用之。"子木曰:"夫独无族、姻乎[5]?"对曰:"虽有,而用楚材实多。归生闻之:'善为国者,赏不僭而刑不滥[6]。'赏僭,则惧及淫人[7];刑滥,则惧及善人。若不幸而过,宁僭,无滥。与其失善,宁其利淫。无善人,则国从之。《诗》曰'人之云亡,邦国殄瘁[8]',无善人之谓也。故《夏书》曰'与其杀不辜,宁失不经[9]',惧失善也。《商颂》有之曰'不僭不滥,不敢怠皇。命于下国,封建厥福[10]',此汤所以获天福也。古之治民者,劝赏而畏刑[11],恤民不倦[12]。赏以春夏,刑以秋冬。是以将赏,为之加膳,加膳则饫赐[13],此以知其劝赏也。将刑,为之不举[14],不举则彻乐[15],此以知其畏刑也。夙兴夜寐[16],朝夕临政,此以知其恤民也。三者,礼之大节也。有礼,无败。今楚多淫刑,其大夫逃死于四方,而为之谋主[17],以害楚国,不可救疗[18],所谓不能也[19]。子仪之乱[20],析公奔晋[21],晋人置诸戎车之殿[22],以为谋主。绕角之役[23],晋将遁矣,析公曰:'楚师轻窕[24],易震荡也。若多鼓钧声[25],以夜军之[26],楚师必遁。'晋人从之,楚师宵溃。晋遂侵蔡,袭沈[27],获其君[28],败申、息之师于桑隧[29],获申丽而还[30]。郑于是不敢南面[31]。楚失华夏,则析公之为也。雍子之父兄谮雍子[32],君与大夫不善是也[33],雍子奔晋,晋人与之鄐[34],以为谋主。

彭城之役[35],晋、楚遇于靡角之谷[36]。晋将遁矣,雍子发命于军曰:'归老幼,反孤疾[37],二人役,归一人。简兵蒐乘[38],秣马蓐食[39],师陈焚次[40],明日将战。'行归者[41],而逸楚囚[42]。楚师宵溃,晋降彭城而归诸宋,以鱼石归[43]。楚失东夷[44],子辛死之[45],则雍子之为也。子反与子灵争夏姬[46],而雍害其事[47],子灵奔晋,晋人与之邢[48],以为谋主,扞御北狄,通吴于晋,教吴叛楚,教之乘车、射御、驱侵,使其子狐庸为吴行人焉[49]。吴于是伐巢、取驾、克棘、入州来[50],楚罢于奔命[51],至今为患,则子灵之为也。若敖之乱[52],伯贲之子贲皇奔晋[53],晋人与之苗[54],以为谋主。鄢陵之役,楚晨压晋军而陈。晋将遁矣,苗贲皇曰:'楚师之良在其中军王族而已,若塞井夷灶,成陈以当之,栾、范易行以诱之[55],中行、二郤必克二穆[56]。吾乃四萃于其王族[57],必大败之。'晋人从之,楚师大败,王夷、师熸[58],子反死之。郑叛、吴兴,楚失诸侯,则苗贲皇之为也。"子木曰:"是皆然矣。"声子曰:"今又有甚于此者。椒举娶于申公子牟[59],子牟得戾而亡[60],君大夫谓椒举[61]:'女实遣之。'惧而奔郑,引领南望,曰:'庶几赦余。'亦弗图也。今在晋矣。晋人将与之县,以比叔向[62]。彼若谋害楚国,岂不为患?"子木惧,言诸王,益其禄爵而复之。声子使椒鸣逆之[63]。

(选自《左传·襄公二十六年》)

注释

[1] 向戌:宋国大夫,又称左师。平:讲和。　　[2] 子木:屈建,楚国令尹。　　[3] 故:事。　　[4] 杞梓:楚国出产的两种优质木材。　　[5] 夫:彼,指晋。族:同宗。姻:亲戚。　　[6] 僭(jiàn):僭越,过分。滥:泛滥,无节制。　　[7] 淫:邪。[8] 人之云亡,邦国殄瘁:出自《诗经·大雅·瞻卬》。云:语中助词,无义。殄:尽。瘁:病。　　[9] 与其杀不辜,宁失不经:《夏书》已失传,这两句话见于《古文尚书·大禹谟》。不经:不守正法的人。　　[10] 不僭不滥,不敢怠皇。命于下国,封建厥福:这四句诗出自《诗经·商颂·殷武》。怠:懈怠。皇:闲暇,指偷闲。封:大。　　[11] 劝:乐,喜欢。　　[12] 恤民:忧民。[13] 饫(yù):饱。　　[14] 不举:不举行盛宴。　　[15] 彻:同"撤"。彻乐:撤去音乐。　　[16] 夙兴夜寐:早起晚睡。[17] 谋主:主要谋士。　　[18] 疗:治。　　[19] 不能:不相忍。　　[20] 子仪:楚国大臣斗克的字。　　[21] 析公:楚国大臣。　　[22] 戎车:指国君的战车。殿:后。　　[23] 绕角:蔡国地名,在今河南鲁山县东。　　[24] 轻窕:即轻佻,不厚重,

不坚韧。　　[25]钧声:相同的声音。　　[26]军之:全军合攻之。　　[27]沈:诸侯国名,在今安徽临泉县北。[28]君:指沈国国君沈子揖初。　　[29]桑隧:地名,在河南确山县东。　　[30]申丽:楚国大夫。　　[31]不敢南面:不敢向南亲附楚国。楚在郑南,故云南面。　　[32]雍子:楚国大臣。譖:中伤,诬陷。　　[33]不善是:不能调解。　　[34]郄(chù):晋国邑名,在今河南温县附近。　　[35]彭城:地名,在今江苏徐州。　　[36]靡角之谷:宋国地名,在彭城附近。[37]孤疾:孤儿与病人。　　[38]简兵蒐(sōu)乘(shèng):精选徒兵,检阅车兵。　　[39]秣(mò)马:喂饱战马。蓐(rù)食:让士兵吃饱。　　[40]陈:列阵。次:营帐。　　[41]归者:指应放还的老幼孤疾。　　[42]逸:使……逃逸。　　[43]鱼石:逃到楚国的宋国大臣。　　[44]东夷:亲楚国的东方小国。[45]子辛:楚国令尹公子工大,被楚共王杀掉。　　[46]子灵:即巫臣,曾为申尹,故又称申公巫臣,楚国宗族。夏姬:郑穆公的女儿,陈国大夫夏御叔的妻子。　　[47]雍害:阻碍,破坏。雍,同"壅"。　　[48]邢:晋国邑名,即今河南温县平皋故城。[49]行人:外交使节。　　[50]巢:楚国的属国,在今安徽巢县东北。驾:楚国邑名,在今安徽无为县境内。棘:楚国邑名,在今河南永城县南。州来:楚国邑名,在今安徽凤台县。[51]罢:同"疲"。　　[52]若敖:指楚国令尹子文的氏族。[53]伯贲(bēn):楚国令尹斗椒的字。　　[54]苗:晋国邑名,在今河南济源西。　　[55]栾、范:指栾书、士燮(xiè)统率的中军。栾书将中军,士燮佐中军。易行:指以己之家兵先进,以诱惑楚军。　　[56]中行:指晋国上军佐。二郄:指晋国上军统帅郄琦和新军佐郤至。郤琦将上军,郤至佐中军。二穆:指楚国左军统帅子重和右军统帅子辛,两人出自楚穆王,故曰二穆。
[57] 四萃:从四面集中攻击。　　[58] 夷:受伤。熸(jiān):火熄灭,这里比喻楚师士气不振。　　[59] 椒举:伍举。
[60] 戾(lì):罪。　　[61] 君大夫:楚君及其大夫。
[62] 叔向:晋国上大夫。比叔向:使他的爵禄可与叔向相比。
[63] 椒鸣:伍举的儿子,伍奢的弟弟。逆:迎。

译文

　　等到宋国的向戌准备调解晋国和楚国的关系,声子出使到晋国,回到楚国。令尹子木和他谈话,询问晋国的情况,而且说:"晋国的大夫和楚国的大夫谁更贤明?"声子回答说:"晋国的卿不如楚国,晋国的大夫是贤明的,都是当卿的人才。好像杞木、梓木、皮革,都是楚国运去的。虽然楚国有人才,晋国却实在使用了他们。"子木说:"他们没有同宗和亲戚吗?"声子回答说:"虽然有,但使用楚国的人才确实多。归生听说:'善于为国家做事的,赏赐不过分,而刑罚不滥用。'赏赐过分,就怕及于坏人;刑罚滥用,就怕牵连好人。如果不幸而有了不当,宁可过分,不要滥用。与其失掉好人,宁可利于坏人。没有好人,国家就跟着受害。《诗》说,'这个能人不在,国家就遭受灾害',这就是说没有好人。所以《夏书》说,'与其杀害无辜的人,宁可对罪人失于刑罚',这就是怕失掉好人。《商颂》有这样的话说:'不过分不滥用,不敢懈怠偷闲。向下国发布命令,大大地建立他的福禄。'这就是汤所以获得上天赐福的原因。古代治理百姓的人,乐于赏赐而怕用刑罚,为百姓担忧而不知疲倦。在春天、夏天行赏,在秋季、冬季行刑。因此,在将要行赏的时候就为他增加膳食,加膳以后可以把剩菜大批赐给下面,由于这样而知道他乐于赏赐。将要行刑的时候就为他减少膳食,减了膳食就撤去音乐,由于这样而知道他怕用刑罚。早起晚睡,早朝晚朝都亲临办理国事,由于这样而知道他为百姓操心。这三件事,是礼仪的大关键。讲求礼仪就不会失败。现在楚国滥用刑罚,楚国的大夫逃命到四方的国家,并且做别国的主要谋士,来危害楚国,以至于不可挽救了,这就是所说的对滥用刑罚不能容忍。子仪的叛乱,析公逃亡到晋国,晋国人把他安置在晋侯战车的后面,让他作为主要谋士。绕角那次战役,晋国人将要逃走了,析公说:'楚军不稳重,容易被震动。如果同时敲打许多鼓发出大声,在夜里全军进攻,楚军必然会逃走。'晋国人听从了,楚军夜里崩溃。晋国于是就侵入蔡国,袭击沈国,俘虏了沈国的国君,在桑隧打败申国和息国军队,俘虏了申丽而回国。郑国在那时候不敢向着南方的楚国。楚国失去了中原,这就是析公干出来的。雍子的父亲的哥哥诬陷雍子,国君和大夫不为他们去调解,雍子逃亡到晋国,晋国人将鄐地封给了他,让他作为主要谋士。彭城那次战役,晋国、楚国在靡角之谷相遇,晋国人将要逃走了,雍子对军队发布命令说:'年纪老的和年纪小的都回去,孤儿和有病的也都回去,兄弟两个服役的回去一个。精选徒兵,检阅车兵,喂饱马匹,让兵士吃饱,军队摆开阵势,焚烧帐篷,明天将要决战。'让该回去的走开,并且故意放走楚国俘虏,楚军夜里崩溃,晋国降服了彭城而归还给宋国,带了鱼石回国。楚国失去东夷,子辛为此战而阵亡,这都是雍子干出来的。子反和子灵争夺夏姬而阻挠子灵的婚事,子灵逃亡到晋国,晋国人将邢地封给了他,让他作为主要谋士,抵御北狄,让吴国和晋国通好,教吴国背叛楚国,教他们坐车、射箭、驾车奔驰作战,让他的儿子狐庸做了吴国的行人。吴国在那时候进攻巢地、占取驾地、攻下棘地、进入州来,楚国疲于奔命,到今天还是祸患,这就是子灵干出来的。若敖的叛乱,伯贲的儿子贲皇逃亡到晋国,晋国人封给他苗地,让他作为主要谋士。鄢陵那次战役,楚军早晨逼近晋军并摆开阵势,晋国人就要逃走了,苗贲皇说:'楚军的精锐在于他们中军的王族而已,如果填井平灶,摆开阵势以抵挡他们,栾、范用家兵引诱楚军,中行和郤锜、郤至一定能够战胜子重、子辛。我们就用四军集中对付他们的王族,一定能够把他们打得大败。'晋国人听从了,楚军大败,君王受伤,军队士气一蹶不振,子反为此而死。郑国背叛,吴国兴起,楚国失去诸侯,这就是苗贲皇干出来的。"子木说:"阁下所说的都是那样的。"声子说:"现在又有比这厉害的。椒举娶了申公子牟的女儿,子牟得罪而逃亡,国君和大夫对椒举说:'实在是你让他走的。'椒举害怕而逃亡到郑国,伸长了脖子望着南方,说:'也许可以赦免我。'但是我们也不抱希望。现在他在晋国了。晋国人将要把县封给他,以和叔向并列。他如果策划危害楚国,难道不是祸患吗?"子木听了这些很害怕,对楚康王说了,楚康王提高了椒举的官禄爵位而让他回到楚国官复原职。声子让椒鸣去迎接椒举。

文史链接

虽楚有材　晋实用之

　　选文讲述了"楚才晋用"的故事。后来"楚才晋用"就成了人才外流的代名词。

春秋时期,楚国有一个大夫叫伍举。一次他的岳父王子牟犯了法,偷偷逃跑了,有人说是伍举私下报的信。谣言一传开,伍举惊惶起来,就跑到郑国去避风。过了段时间,又想去晋国。正好此时楚国大夫声子出使晋国,路过郑国,遇上了伍举。声子知道了伍举的事后,对他说:"这样吧,你先去晋国住一段时间,我找个机会叫你早日回国。"声子回到楚国后,和宰相子木见了面。子木问他:"晋国大夫和楚国大夫相比,哪一国的强?"声子说:"晋国有才能的大夫不少,但是大部分是从楚国去的,因为楚国不会利用人才。过去楚国几次被晋国打败,就是因为有这些人替晋国出谋划策。"子木听了若有所思。声子接着又说,伍举出逃是因为别人的谣言,假如不请回来,楚国又将失去一位人才,子木接受了他的建议,不久伍举又回到了楚国并且官复原职。

春秋时期,"楚才晋用"的事例不胜枚举。王孙启、析公、雍子、子灵、贲皇等皆为难得的人才,终因楚王见弃而奔晋,为晋重用,先后在城濮之战、绕角之战、彭城之战、扞御北狄、鄢陵之战中大败楚师,使晋国霸业延续百年之久,成为春秋五霸中历时最长的"盟主国"。

选文专论"楚才晋用"的问题,令人深思。人才出逃的原因是多方面的,比如统治集团内部勾心斗角、尔虞我诈,国君赏罚不明、言行不一等等,都会造成人才的流失。对此,《荀子·致仕篇》明确指出:"人主之患,不在乎不言用贤,而在乎诚必用贤"。只有"礼之于贤""听之于贤""用之于贤"才会吸引贤才,否则便会导致人才外流的局面。楚王言行不一,"言用贤"而"诚却贤",而晋侯却反其道而行之,"楚才晋用"的现象便可想而知了。战国时期的晋国没有延续这一优良传统,相反,卿大夫们嫉贤妒能,争权夺利,分晋为三。许多"贤士"不得已弃晋奔秦,为秦重用。如先后相秦的张仪、公孙衍、范雎便都是"魏人","三晋多权变之士,夫言从衡强秦者大抵皆三晋之人也"(《史记·张仪列传》),于是,又出现了"晋才秦用"的局面。

思考讨论

试分析"楚才晋用"这一现象出现的原因。

季札观周乐

吴公子札来聘[1]……请观于周乐[2]。使工为之歌《周南》《召南》[3],曰:"美哉!始基之矣[4],犹未也,然勤而不怨矣[5]。"为之歌《邶》《鄘》《卫》[6],曰:"美哉渊乎[7]!忧而不困者也。吾闻卫康叔、武公之德如是[8],是其《卫风》乎!"为之歌《王》[9],曰:"美哉!思而不惧[10],其周之东乎[11]!"为之歌《郑》[12],曰:"美哉!其细已甚[13],民弗堪也[14]。是其先亡乎[15]!"为之歌《齐》,曰:"美哉,泱泱乎[16]!大风也哉!表东海者[17],其大公乎!国未可量也。"为之歌《豳》[18],

曰:"美哉,荡乎[19]！乐而不淫[20],其周公之东乎[21]！"为之歌《秦》[22],曰:"此之谓夏声[23]。夫能夏则大[24],大之至也,其周之旧乎[25]！"为之歌《魏》[26],曰:"美哉,沨沨乎[27]！大而婉[28],险而易行[29],以德辅此,则明主也。"为之歌《唐》[30],曰:"思深哉！其有陶唐氏之遗民乎[31]！不然,何其忧之远也？非令德之后[32],谁能若是?"为之歌《陈》[33],曰:"国无主,其能久乎！"自《郐》以下无讥焉[34]。

注释

[1] 吴公子札:即季札,吴王寿梦第四子。　　[2] 周乐:周王室的音乐舞蹈。鲁受周室虞、夏、商、周四代的乐舞,故季札请观之。古礼于所聘之国,本有请观之礼。　　[3] 工:乐工。歌:有徒歌与弦歌。这里指弦歌,即以各国乐曲伴奏歌唱。《周南》《召南》:《诗经》十五国风开头的两种。以下提到的都是国风中各国的诗歌。　　[4] 基之:为王业奠定基础。　　[5] 勤:劳,勤劳。怨:怨恨。季札论诗论舞,既论其音乐,亦论其歌词与舞象。"美哉",善其音乐。"始基之"以下,则论其歌词。　　[6] 邶(bèi):周代诸侯国,在今河南汤阴县东南。鄘(yōng):周代诸侯国,在今河南新乡市西南。卫:周代诸侯国,在今河南淇县。[7] 渊:深。　　[8] 康叔:周公的弟弟,初食采邑于康,后徙封

卫。卫国开国君主。武公:康叔的九世孙。　　[9]《王》:即《王风》,周平王东迁洛邑后的乐歌。　　[10]思而不惧:杜预注云:"宗周陨灭,故忧思。犹有先王之遗风,故不惧。"　　[11]其周之东乎:指此殆周东迁以后的乐诗。　　[12]郑:周代诸侯国,在今河南新郑一带。　　[13]细:琐碎。诗词所言多男女间琐碎之事,有关政治的内容极少。这里用音乐象征政令。已:太。　　[14]弗:不能。堪:忍受。　　[15]先亡:郑亡于公元前376年,即周安王二十六年。韩哀侯元年灭郑,韩徙都于郑,故战国韩亦称郑。　　[16]泱泱:宏大的样子。　　[17]表东海:为东海诸侯国之表率。大公:太公,指齐国开国国君吕尚,即姜太公。　　[18]豳(bīn):西周公刘时的旧都,在今陕西彬县东北。《豳风》今《诗经》在《秦风》后,《豳风》前尚有《魏》《唐》《秦》《桧》《曹》诸《风》,鲁歌诗次序不与今本《诗经》同。　　[19]荡:博大的样子。　　[20]乐而不淫:指有节制。　　[21]周公之东:指周公征东。　　[22]秦:在今陕西、甘肃一带。　　[23]夏:古指西方为夏。夏声:西方之声。　　[24]夫能夏则大:《方言》,"夏,大也。自关而西,凡物之壮大者而爱伟之,谓之夏。"[25]周之旧:指秦尽有周之旧地。　　[26]魏:诸侯国名,本姬姓国,在今山西芮城县北,闵公元年晋献公灭之。　　[27]沨沨(fán):轻飘浮动的样子。形容乐声宛转悠扬。　　[28]大:粗。婉:其言婉和。　　[29]险而易行:险、易为相对之词。当季札时,魏早为晋魏氏之采邑,此言其政令习俗,虽艰难而行之甚易。
[30]唐:在今山西太原。晋国开国国君叔虞初封于唐。
[31]陶唐氏:指帝尧。晋国是陶唐氏旧地。尧本封于陶,后徙于唐,则唐旧为尧都,故云有"陶唐氏之遗民"。　　[32]令德之后:

美德者的后代,指陶唐氏的后代。　　[33] 陈:陈国之地在今河南开封市以东,安徽亳县以北。国都宛丘,在今河南淮阳县。[34] 郐(kuài):亦作"桧",郐国相传为祝融之后,周初封此,在今河南郑州市南,被郑武公所灭。讥:批评。

译文

吴国的公子季札来鲁国聘问……公子札请求聆听观看周朝的音乐和舞蹈。于是让乐工为他歌唱《周南》《召南》,季札说:"美好啊!王业开始奠定基础了,还没有完成,然而百姓勤劳而不怨恨了。"为他歌唱《邶风》《鄘风》《卫风》之歌,他说:"美好又深沉啊!忧愁而不窘迫。我听说卫康叔、武公的德行就像这样,这大概就是《卫风》吧!"为他歌唱《王风》之歌,他说:"美好啊!思虑而不害怕,大概是周室东迁以后的音乐吧!"为他歌唱《郑风》之歌,他说:"美好啊!但是它琐碎得太过分了,百姓不堪忍受了。这大概是郑国要先灭亡的原因吧!"为他歌唱《齐风》之歌,他说:"美好啊,多么宏大的声音呵!这是大国的音乐啊!作为东海的表率的,大概是太公的国家吧!国家前途是不可限量的。"为他歌唱《豳风》之歌,他说:"美好啊,平正呵!欢乐而不过度,大概是周公东征的音乐吧!"为他歌唱《秦风》之歌,他说:"这就叫作西方的夏声。夏就是大,大到极点了,恐怕是周朝的旧乐吧!"为他歌唱《魏风》之歌,他说:"美好啊,抑扬顿挫呵!粗犷而又婉转,艰难而易于推行,再用德行加以辅助,就是贤明的君主了。"为他歌唱《唐风》之歌,他说:"思虑很深啊!大概有陶唐氏的遗民吧!否则,为什么那么忧深思远呢?不是美德者的后代,谁能像这样?"为他歌唱《陈风》之歌,他说:"国家没有主人,难道能够长久吗?"从《郐风》以下的诗歌,季札听了就没有评论了。

为之歌《小雅》[1],曰:"美哉! 思而不贰[2],怨而不言,其周德之衰乎? 犹有先王之遗民焉[3]。"为之歌《大雅》[4],曰:"广哉,熙熙乎[5]! 曲而有直体[6],其文王之德乎!"为之歌《颂》[7],曰:"至矣哉! 直而不倨[8],曲而不屈[9],迩而不偪[10],远而不携[11],迁而不淫[12],复而不厌[13],哀而不愁,乐而不荒[14],用而不匮,广而不宣[15],施而不费[16],取而不贪[17],处而不底[18],行而不流[19]。五声和[20],八风平[21]。节有度[22],守有序[23],盛德之所同也。"

注释

[1]《小雅》:指《诗经·小雅》中的诗歌。　　[2]思:哀思。[3]先王:指周代文、武、成、康等王。　　[4]《大雅》:指《诗经·大雅》中的诗歌。　　[5]熙熙:和美融洽的样子。[6]曲而有直体:言其乐曲有抑扬顿挫高下之妙,而本体则直。[7]《颂》:指《诗经》中的《周颂》《鲁颂》和《商颂》。　　[8]倨(jù):傲慢。　　[9]曲而不屈:虽能委曲,而不屈折。[10]偪(bī):同"逼",侵逼。　　[11]携:游离。　　[12]迁而

不淫：虽经迁徙而不邪不乱。淫，乱。　　[13] 复而不厌：虽反复往来，而不厌倦。　　[14] 荒：过度。　　[15] 广而不宣：心宽广而不自显。　　[16] 施：施惠。　　[17] 取而不贪：虽有所取，易于足欲。　　[18] 处：安守。底：停顿，停滞。　　[19] 行而不流：行动而不流荡。　　[20] 五声：指宫、商、角(jué)、徵(zhǐ)、羽。和：和谐。　　[21] 八风平：指乐曲协调。八风：指金、石、丝、竹、匏、土、革、木做成的八类乐器。　　[22] 节：节拍。度：尺度。　　[23] 守有序：乐器演奏有一定次序。

译文

乐师为他歌唱《小雅》之歌，他说："美好啊！忧愁而没有三心二意，怨恨而不形于语言，恐怕是周朝德行衰微的乐章吧！还是有先王的遗民啊。"为他歌唱《大雅》之歌，他说："宽广啊，和美啊！抑扬顿挫而本体刚健劲直，大概是文王的德行吧！"为他歌唱《颂》之歌，他说："到达顶点了！正直而不倨傲，曲折而不卑下，亲近而不违犯，疏远而不离心，活泼而不邪乱，反复而不厌倦，哀伤而不忧愁，欢乐而不过度，常用而不匮乏，宽广而不显露，施舍而不浪费，收取而不贪婪，静止而不停滞，行进而不流荡。五声和谐，八风协调。节奏有一定的规律，乐器都按次序，这都是盛德之人所共同具有的。"

见舞《象箾》《南籥》者[1]，曰："美哉！犹有憾。"见舞《大武》者[2],曰:"美哉!周之盛也,其若此乎!"见舞《韶濩》者[3],曰:"圣人之弘也,而犹有惭德[4],圣人之难也。"见舞《大夏》者[5],曰:"美哉!勤而不德[6],非禹,其谁能修之[7]?"见舞《韶箾》者[8],曰:"德至矣哉,大矣!如天之无不帱也[9],如地之无不载也。虽甚盛德,其蔑以加于此矣[10],观止矣[11]。若有他乐,吾不敢请已。"

(选自《左传·襄公二十九年》)

注释

[1]《象箾(shuò)》:舞名,武舞。箾,同"箫"。舞《象箾》,盖奏箫而为象舞。《南籥(yuè)》:舞名,文舞。籥,形似笛的乐器。舞《南籥》,盖奏南乐以配籥舞。　　[2]《大武》:周武王的乐舞。[3]《韶濩(hù)》:商汤的乐舞。　　[4]惭德:遗憾,缺憾。季札或以商汤伐桀为以下犯上,故云"犹有惭德"而表不满。[5]《大夏》:夏禹的乐舞。　　[6]不德:不自夸有功。[7]修之:指创此乐舞。　　[8]《韶箾》:亦作《箫韶》,相传为虞舜的乐舞。　　[9]帱(dào):覆盖。　　[10]蔑:无,没有。[11]观止:尽善尽美至最大限度,故曰观止。

译文

公子札看到跳《象箾》《南籥》舞,说:"美好啊,但还有所遗憾。"看到跳《大武》舞,说:"美好啊!周朝兴盛的时候,大概就像这种情况吧!"看到跳《韶濩》舞,说:"像圣人那样的宏大,尚且还有所惭愧,可见当圣人不容易啊!"看到跳《大夏》舞,说:"美好啊!勤劳而不自以为有德,如果不是禹,还有谁能做到呢?"看到跳《韶箾》舞,说:"功德到达顶点了,伟大啊!像上天的无不覆盖,像大地的无不承载。盛德到达顶点,就不能再比这更有所增加了,聆听观看就到这里了。如果还有别的音乐,我不敢再请求欣赏了。"

文史链接

《季札观周乐》的文论价值

《季札观周乐》是《左传》中一篇十分特别的片段,它包含了许多文学批评的因素。季札虽然是对周乐发表评论,其实也是在评论《诗》(即《诗经》),因为当时《诗》是入乐的。马瑞辰《毛诗传笺通释·卷一》云:"诗三百篇,未有不可入乐者。……左传:吴季札请观周乐,使工为之歌周南、召南,并及于十二国。若非入乐,则十四国之诗,不得统之以周乐也。"虽然,脱离了音乐的诗或许少了感发作用,而周乐中的舞已不能再现,但毕竟季札评论的周乐,其文字主体还能在《诗经》中看到。所以,我们可以从《季札观周乐》中总结出传统文学批评的一些特点。

一、文学与政教

中国的文学一开始就很重视同政教的关系。《诗经》最先并非作为纯文学作品出现,相反的,它有具体实际的使用场合。比如"春秋时政治、外交场合公卿大夫'赋诗言志'颇为盛行,赋诗者借用现成诗句断章取义,暗示自己的情志。公卿大夫交谈,也常引用某些诗句"(郭预衡主编《中国古代文学史》第一册)。并且,诗的采集,是有意识为政教服务的。"古者天子命史采诗谣,以观民风"(《孔丛子·巡狩篇》),"孟春之月,群居者将散,行人振木铎徇于路以采诗,献之太师,比其音律,以闻于天子。故曰:王者不窥牖户而知天下"(《汉书·食货志》)。文学既然重视其社会功用,文学批评自然也强调政治教化。这集中体现在《论语·阳货》中:"子曰:小子何莫学夫诗?诗可以兴,可以观,可以群,可以怨。迩之事父,远之事君;多识于鸟兽草木之名。""兴",孔安国注"兴,引譬连类",朱熹注"感发意志",指诗歌的具体艺术形象可以感发情感,引起联想、想象活动,在感情的涌动中获得审美享受。"观",郑玄注"观风俗之盛衰",朱熹注"考见得失",指通过诗歌可以了解社会政治与道德风尚,以及作者的思想倾向与感情状态。"群",孔安国注"群居相切磋",朱熹注"和而不流",指诗歌可以使社会人群交流思想感情,统一认识,促进社会的和谐与团结。"怨",孔安国注"怨刺上政",是强调诗歌可以表达对社会不合理现象的不满与批判。

从季札对周乐的评论看,他正是把音乐(文学)和政教结合起来了。他认为政治的治乱会对音乐(文学)发生影响,也就是说可以通过音乐(文学)去"考见得失""观风俗之盛衰"。因为政治的治乱会影响人,而人的思想感情又会反映到音乐(文学)中来。所以,季札能从《周南》《召南》中听出"勤而不怨",从《邶》《鄘》《卫》中听出"忧而不困"。音乐(文学)对政治也有反作用。可以"群居相切磋",互相启发;可以"怨刺上政",以促使政治改善。当然,不好的音乐(文学)也会加速政治的败坏,所以孔子要放郑声,季札也从《郑》中听出"其细也甚,民弗堪也",认为"是其先亡乎?"但并非真有所谓的亡国之音,而是靡靡之音助长了荒淫享乐的社会风气,从而使得政治败坏,以致亡国。片面地夸大音乐(文学)对政治的反作用,认为音乐(文学)可以亡国,就把对音乐(文学)的评论引入到神秘主义。

二、文学的中和之美

孔子论诗,强调"温柔敦厚"的诗教。他说:"《诗三百》,一言以蔽之,曰:思无邪"(《论语·为政》),又说:"《关雎》乐而不淫,哀而不伤"(《论语·八佾》)。季札论诗,与孔子非常接近,注重文学的中和之美。他称《周南》《召南》"勤而不怨",《邶》《鄘》《卫》"忧而不困",《豳》"乐而不淫",《魏》"大而婉,险而易行",《小雅》"思而不贰,怨而不言",《大雅》"曲而有直体"。更突出的表现是他对《颂》的评论:"直而不倨,曲而不屈,迩而不逼,远而不携,迁而不淫,复而不厌,哀而不愁,乐而不荒,用而不匮,广而不宣,施而不费,取而不贪,处而不底,行而不流"竟用了14个词来形容,发出的感叹是"至矣哉",因为"五声和,八音平,节有度,守有序",所以是"盛德之所同"。可见季札对中和美十分推崇。所谓中和美,正是儒家中庸思想在美学上的反映。孔子认识到任何事物不及或过度都不好,事物发展到极盛就会衰落,所以他就"允执厥中"。这对古典诗歌含蓄委婉风格的形成有直接的影响,因为要抑制感情,所以往往是一唱三叹,而不是发露无余。文学的意境也因此意味深长。但这也是中国没有产生像古希腊那样的悲剧的原因之一。

三、印象式的文学批评

中国传统的文学批评,缺乏系统的理论,严谨的逻辑,往往是一鳞片爪即兴感悟式的文字。大量的诗话、词话即属此种,而比较有系统的如《文心雕龙》《原诗》等反倒是异类。撇开这种批评方式的好坏不谈,只看它的根源,是肇端于先秦的。

《论语》里有这样的记载:

> 子贡曰:"贫而无谄,富而无骄,何如?"子曰:"可也;未若贫而乐,富而好礼者也。"子贡曰:"《诗》云:'如切如磋,如琢如磨',其斯之谓与?"子曰:"赐也,始可与言《诗》已矣,告诸往而知来者。"(《学而》)

> 子夏问曰:"'巧笑倩兮,美目盼兮,素以为绚兮。'何谓也?"子曰:"绘事后素。"曰:"礼后乎?"子曰:"起予者商也!始可与言《诗》已矣。"(《八佾》)

> 子谓《韶》,"尽美矣,又尽善也。"谓《武》,"尽美矣,未尽善也"。(《八佾》)

前两则对文学的批评十分灵活,甚至用到了联想。给读者以想象的空间。而第三则和季札的评论很相似。季札是这样评论的:

> "见舞《大武》者。曰:'美哉!周之盛也,其若此乎?'……见舞《韶箾》者。曰:'德至矣哉!大矣,如天之无不帱也,如地之无不载也。虽甚盛德,其蔑以加于此矣。观止矣!若有他乐,吾不敢请矣。'"

《大武》是周武王的舞蹈,季札在赞美中有讽刺,即孔子所谓:"尽美矣,未尽善也。"《韶箾》是舜的舞蹈,季札的赞美也无以复加,即孔子所谓:"尽美矣,又尽善也。"这里,季札的评论既是印象的批评,也是形象的批评。

此外,季札还有很多评论周乐的例子,如:"为之歌《齐》,曰:

'美哉,泱泱乎! 大风也哉! 表东海者,其大公乎! 国未可量也。'为之歌《豳》,曰:'美哉,荡乎! 乐而不淫,其周公之东乎!'为之歌《秦》,曰:'此之谓夏声。夫能夏则大,大之至也,其周之旧乎!'为之歌《魏》,曰:'美哉,沨沨乎! 大而婉,险而易行,以德辅此,则明主也。'""为之歌《小雅》,曰:'美哉! 思而不贰,怨而不言,其周德之衰乎? 犹有先王之遗民焉。'为之歌《大雅》,曰:'广哉,熙熙乎! 曲而有直体,其文王之德乎!'"……这些论述也都既是印象的批评,又是形象的批评。

思考讨论

试分析先秦时期音乐与政治的关系。

子产坏晋馆垣

公薨之月[1],子产相郑伯以如晋[2],晋侯以我丧故,未之见也。子产使尽坏其馆之垣而纳车马焉[3]。士文伯让之[4],曰:"敝邑以政刑之不修,寇盗充斥[5],无若诸侯之属辱在寡君者何[6],是以令吏人完客所馆,高其闬闳[7],厚其墙垣,以无忧客使。今吾子坏之,虽从者能戒[8],其若异客何? 以敝邑之为盟主,缮完、葺墙[9],以待宾客。若皆毁之,其何以共命[10]?寡君使匄请命[11]。"

注释

[1] 公:指鲁襄公。薨(hōng):诸侯死去叫薨。　　[2] 相:辅佐。郑伯:指郑简公。　　[3] 坏:拆毁。馆垣:宾馆的围墙。[4] 士文伯:晋国大夫士匄。让:责备。　　[5] 充斥:充满。常用于贬义。　　[6] 属:臣属,属官。辱:表敬副词。在:问候。辱在:犹言朝聘。　　[7] 闬闳(hàn hóng):指馆舍的大门。　　[8] 戒:戒备,警戒,防盗寇。　　[9] 完:同"院",指墙垣。茨:用草盖墙。　　[10] 共命:供给宾客所求。[11] 请命:请问理由。

译文

鲁襄公死去的那一个月,子产陪同郑简公到晋国去,晋平公由于我国有丧事,没有会见他。子产派人将晋国宾馆的围墙全部拆毁而安放自己的车马。士文伯责备他,说:"敝邑由于政事和刑罚不够完善,盗贼到处都是,无奈诸侯的属官来向寡君朝聘,因此派官吏修缮宾客所住的馆舍,加高大门,增厚围墙,以不让宾客使者担忧。现在您拆毁了它,虽然您的随从能够自己戒备,让别国的宾客又怎么办呢?由于敝邑是盟主,修缮围墙,为接待宾客。如果都拆毁了,那么将怎样供应宾客的需要呢?寡君派匄前来请问拆墙的意图。"

对曰:"以敝邑褊小[1],介于大国,诛求无时[2],是以不敢宁居,悉索敝赋,以来会时事[3]。逢执事之不闲[4],而未得见;又不获闻命,未知见时。不敢输币[5],亦不敢暴露[6]。其输之[7],则君之府实也,非荐陈之[8],不敢输也。其暴露之,则恐燥湿之不时而朽蠹[9],以重敝邑之罪。侨闻文公之为盟主也[10],宫室卑庳[11],无观台榭[12],以崇大诸侯之馆,馆如公寝[13];库厩缮修[14],司空以时平易道路[15],圬人以时塓馆宫室[16];诸侯宾至,甸设庭燎[17],仆人巡宫;车马有所,宾从有代,巾车脂辖[18],隶人、牧、圉各瞻其事[19];百官之属各展其物;公不留宾[20],而亦无废事;忧乐同之,事则巡之[21];教其不知,而恤其不足。宾至如归,无宁菑患[22];不畏寇盗,而亦不患燥湿。今铜鞮之宫数里[23],而诸侯舍于隶人,门不容车,而不可逾越;盗贼公行,而天厉不戒[24]。宾见无时,命不可知[25]。若又勿坏,是无所藏币以重罪也。敢请执事[26]:将何所命之?虽君之有鲁丧,亦敝邑之忧也。若获荐币[27],修垣而行,君之惠也,敢惮勤劳[28]!"文伯复命。赵文子曰[29]:"信[30]。我实不德,而以隶人之垣以赢诸侯[31],是吾罪也。"使士文伯谢不敏焉。

注释

[1] 褊(biǎn)小：狭小。　　[2] 诛求：责求，勒索贡物。无时：没有定时。　　[3] 会：朝会。时事：随时朝贡的事。[4] 不闲：无暇。　　[5] 输币：送上财物。输，送。币，礼物。这里指送礼品于晋府库。　　[6] 暴露：露天存放，日晒夜露。[7] 其：若，假设连词。　　[8] 荐陈：呈献并当庭陈列。荐，进。陈，设。古代聘享之物，进陈于庭。　　[9] 朽：物自腐朽。蠹(dù)：为虫所败坏。　　[10] 侨：子产名。文公：晋文公重耳。[11] 卑庳(bēi)：低小。　　[12] 观：门阙。台：四方而高曰台。榭：台上有屋曰榭。台榭皆高，可登以观望。此指观望之台榭。[13] 公寝：国君住的宫室。　　[14] 库厩(jiù)缮修：指宾馆内之库厩修理，可以藏币帛、纳车马。厩，同"廐"。　　[15] 司空：负责建筑的官员。平易：平整。　　[16] 圬(wū)人：泥水工匠。墁(mì)：涂墙，粉刷。　　[17] 甸：甸人，掌管柴火的官。庭燎：庭中照明的火炬。　　[18] 巾车：管理车辆的官。脂辖：使辖不生锈并使车轮转动滑利。脂，膏脂，此作动词，指上油。辖，车轴头的挡铁，用来管住车轮使不脱落。　　[19] 隶人：诸侯之隶人，兼管客馆之洒扫。瞻：看管。　　[20] 不留宾：不让来客无故滞留。　　[21] 巡：抚。有事则抚之。　　[22] 无宁：宁。菑(zāi)：同"灾"。　　[23] 铜鞮(dī)之宫：晋侯的别宫，在今山西沁县南。　　[24] 天厉：天灾。厉，同"疠"。不戒：无法防备。

[25] 命：晋君接见之命。　　[26] 请：请问。　　[27] 荐：进。
[28] 惮(dàn)：怕。　　[29] 赵文子：晋国大夫赵武。
[30] 信：确实，可信。　　[31] 垣：这里指房舍。嬴：接待。

译文

子产回答说："由于敝邑地方狭小，夹在大国之间，而大国需索贡品又没有一定的时候，因此不敢安居，尽量搜索敝邑的财富，以便随时来朝会。碰上执事没有空闲，而没有能够见到；又得不到命令，不知道什么时候才能接见。我们不敢献上财币，也不敢让它日晒夜露。如果奉献，那么它就是君王府库中的财物，不经过在庭院里陈列的仪式，就不敢奉献。如果让它日晒夜露，就又害怕时而干燥时而潮湿因而朽坏，以加重敝邑的罪过。侨听说晋文公做盟主的时候，宫室矮小，没有可供观望的台榭，而把接待诸侯的宾馆修得又高又大，好像现在君王的寝宫一样；对宾馆内的库房、马厩都加以修缮，司空及时整修道路，泥瓦工按时粉刷墙壁；诸侯的宾客来了，甸人点起火把，仆人巡逻宫馆；车马有一定的处所，宾客的随从有人替代，管理车子的管理员为车轴加油，打扫的人、牧羊人、养马的人各人做自己分内的事情；各部官吏各自陈列他的礼品；文公不让宾客耽搁，也没有因为这样而荒废宾主的公事；和宾客忧乐相同，有事就加以安抚；对宾客所不知道的加以教导，所缺乏的加以周济。宾客来到晋国就像回到自己家里一样，还有什么灾患？不怕抢劫偷盗，也不担心干燥潮湿。现在铜鞮山的宫室绵延几里，而诸侯住在像奴隶住的屋子里，门口进不去车子，而又不能翻墙而入；盗贼公然横行，而传染病又不能防止。宾客进见诸侯没有准时候,君王接见的命令也不知道什么时候才能发布。如果还不拆毁围墙,这就没有地方收藏财礼,反而要加重罪过了。谨敢问执事,对我们将有什么指示?虽然君王遭到鲁国的丧事,但这同样也是敝国的忧虑。如果能够奉上财礼,我们愿意把围墙修好了再走,这是君王的恩惠,岂敢害怕修墙的辛勤劳动!"文伯回到朝廷汇报。赵文子说:"说得对。我们实在德行有亏,用容纳奴隶的房屋去接待诸侯,这是我们的罪过啊。"就派士文伯去表示歉意。

晋侯见郑伯,有加礼[1],厚其宴、好而归之[2]。乃筑诸侯之馆。叔向曰:"辞之不可以已也如是夫!子产有辞,诸侯赖之[3],若之何其释辞也[4]?《诗》曰'辞之辑矣,民之协矣;辞之绎矣,民之莫矣[5]',其知之矣。"

(选自《左传·襄公三十一年》)

注释

[1] 加礼:礼节特别隆重。宴:宴会。　[2] 好:指宴会上送给宾客的礼物。　[3] 赖:利。指诸侯亦得其利。[4] 释辞:放弃辞令。释,舍弃。　[5] 辞之辑矣,民之协矣;辞之绎矣,民之莫矣:出自《诗经·大雅·板》。辑:和顺。协:融洽。绎(yì):同"怿",喜悦。莫:安定。

译文

晋平公接见郑简公,礼仪有加,举行极隆重的宴会,赠送的礼物更加丰厚,然后让他回去。于是就建造接待诸侯的宾馆。叔向说:"辞令的不能废弃就像这样吧!子产善于辞令,诸侯因他而得利,为什么要放弃辞令呢?《诗》说:'辞令和谐,百姓团结,辞令动听,百姓安定。'他已经懂得这个道理了。"

文史链接

不畏强权、勇于斗争的子产

春秋时期,郑国子产奉郑简公之命,出访晋国。晋平公却摆出大国架子,没有迎接他。子产就命令随行人员把晋国的宾馆围墙拆掉,把车马开进去。这就是子产坏晋馆垣的历史故事。

子产的行为出乎所有人的预料,他以实际行动维护了小国的尊严,挫败了晋国的傲气。不但拆了晋国的馆垣,而且以一番说辞,批得敌手理屈词穷,致使晋国态度为之陡然一转,晋国执政赵文子不得不承认"我实不德""是吾罪也""使士文伯谢不敏焉"。不仅晋国国君出来接见郑简公,而且还开始建造接待诸侯的宾馆。子产的言行彰显了他的勇气、骨气和智慧,令人肃然起敬。成语"宾至如归"即出自子产之语,意为:客人像回到自己的家一样,用来形容客人受到很好的招待。

无独有偶,《左传·襄公二十五年》载,郑国为报复陈国入侵而进行一次伐陈战役,入陈后仅使陈君认罪,未掠一人一物而归。

当时，晋为霸主，郑在伐陈之前向晋请示，未获准许，故在战后，子产便戎服献捷于晋。晋国摆出一副大国的面孔，先后责问陈国何罪之有，"何故侵小""何故戎服"，可谓盛气凌人，步步紧逼。子产从容不迫，侃侃而谈，理直气壮，逐一应答，致使"士庄伯不能诘，复于赵文子。文子曰：'其辞顺，犯顺不祥。'"使责难者为之折服。

子产不畏强权，敢于并善于与强权做斗争，他不卑不亢，有理有节，屡次赢得抗霸御侮的胜利，他的言行闪耀着理性和智慧的光芒。

思考讨论

子产坏晋馆垣的历史故事对我们有何启示？

子产不毁乡校

郑人游于乡校[1]，以论执政[2]。

注释

[1] 游：游逛。乡校：古时乡间的公共场所，既是学校，又是乡人聚会议事的地方。此指郑国的乡校。《孟子·滕文公上》云："设为庠、序、学、校以教之。"国学(犹今之大学)只有天子拥有，诸侯只有庠、序、校。　　[2] 执政：政事。

译文

郑国人在乡校里游玩聚会,议论国家政事的得失。

然明谓子产曰[1]:"毁乡校何如?"子产曰:"何为?夫人朝夕退而游焉[2],以议执政之善否[3]。其所善者,吾则行之;其所恶者[4],吾则改之,是吾师也。若之何毁之[5]?我闻忠善以损怨[6],不闻作威以防怨[7]。岂不遽止[8]?然犹防川[9]。大决所犯[10],伤人必多,吾不克救也[11]。不如小决使道[12],不如吾闻而药之也[13]。"然明曰:"蔑也今而后知吾子之信可事也[14]。小人实不才[15],若果行此,其郑国实赖之,岂唯二三臣[16]?"

注释

[1] 然明:郑国大夫鬷(zōng)蔑,然明是他的字。 [2] 退:工作完毕后回来。 [3] 善否:好坏。 [4] 恶:讨厌。 [5] 若之何:为什么。 [6] 忠善:尽力做善事。损:减少。 [7] 作威:摆出威风。 [8] 遽(jù):很快,迅速。 [9] 防:堵塞。川:河流。 [10] 大决:大决口。 [11] 克:能够。 [12] 道:同"导",疏导,引导使之流。

[13] 药之：以之为药，用它做治病的药。　　[14] 蔑：然明的名字。信：确实，的确。事：侍奉。　　[15] 小人：自己的谦称。不才：没有才能。　　[16] 二三：这些，这几位。

译文

然明对子产说："毁了乡校，怎么样？"子产说："为什么？人们早晚事情完了到那里游玩，来议论政事的好坏。他们认为好的，我就推行它；他们所讨厌的，我就改掉它，这是我的老师。为什么要毁掉它？我听说用忠于为善来减少怨恨，没有听说用摆出权威来防止怨恨。靠权威难道不能很快制止议论？但是，就像防止河水一样：洪水冲破大口子，伤人必然很多，我不能挽救。不如把水稍稍放掉一点加以疏通，不如让我听到这些话而作为药石。"然明说："蔑从今以后知道您确实是可以侍奉的。小人实在没有才能。如果终于这样做下去，这确实有利于郑国，岂独有利于二三位大臣？"

仲尼闻是语也[1]，曰："以是观之[2]，人谓子产不仁，吾不信也。"

（选自《左传·襄公三十一年》）

注释

[1] 仲尼：孔子的字。是语：这些话。　　[2] 是：这件事。

孔子当时只有十一岁,这话是后来加上的。

译文

孔子听到这些话,说:"从这里来看,别人说子产不仁,我不相信。"

文史链接

子产的开明政治思想

子产是春秋后期郑国的名相。子产在执政期间,既维护公室的利益,又限制贵族的特权,进行了一系列自上而下的改革,主要措施是:整顿田制,划定公卿士庶的土地疆界,将农户按什伍加以编制,对私田按地亩课税;作丘赋,依土地人口数量交纳军赋;铸刑书,修订并公布了成文法;实行学而后入政、择能而使之的用人制度;不毁乡校,愿闻庶人议政,有控制地开放言路。经过三个年头,改革颇具成效,人们诵之曰:"我有子弟,子产诲之;我有田畴,子产殖之。"这些"制度创新"的举措广泛涉及政治、经济、刑法、用人等多个领域,在一定程度上推动了当时社会的转型,加上诸侯"停战大会"之后相对和平的国际环境,使得积弱多年的郑国得以回光返照。

选文体现的是子产对社会舆论的开明态度。子产的重民思想与他的重人轻神思想一致,是当时的开明政治思想。郑国人常聚集在乡间的学校里,议论国政得失。因此就有人向子产建议,毁了这些学校,以免生事。子产却不以为然,他认为,对这些议论不必多虑,议论所赞赏的,就去办,议论所憎恶的,就改正,这恰似我的老师一样,为什么要毁掉呢？并以"防川"为喻,说"不如小决使道,不如吾闻而药之也。"(襄公三十一年)。子产主张保留"乡校"、听取"国人"意见。孔子对子产不毁乡校及论宽政猛政的言行大加赞赏,认为子产是"仁"人,乃"古之遗爱也"。正是由于他采用"宽猛相济"的治国方略,才将郑国治理得秩序井然。所谓"广开言路""兼听则明,偏信则暗""防民之口甚于防川""有则改之,无则加勉"这些格言,在子产这篇言论里都得到了生动的体现,直到今天,仍有其重要的启示意义。司马迁在《史记·循吏列传》中对子产给予高度评价:"为人仁爱人,侍君忠厚""为相一年,竖子不戏狎,斑白不提挈,僮子不犁畔。二年,市不豫贾。三年,门不夜关,道不拾遗。四年,田器不归。五年,士无尺籍,丧期不令而治……叔孙、郑产,自昔称贤。""子产之仁,绍世称贤。"并以"治郑二十六年而死,丁壮号哭,老人儿啼"等数语,倾注了太史公对子产的无限崇敬与热爱之情。

思考讨论

结合事实分析子产的"仁"体现在哪些方面？

子产论尹何为邑

子皮欲使尹何为邑[1]。子产曰[2]:"少[3],未知可否。"子皮曰:"愿,吾爱之,不吾叛也[4]。使夫往而学焉[5],夫亦愈知治矣[6]。"子产曰;"不可。人之爱人,求利之也[7]。今吾子爱人则以政。犹未能操刀而使割也,其伤实多。子之爱人,伤之而已,其谁敢求爱于子[8]?子于郑国,栋也[9]。栋折榱崩[10],侨将厌焉[11],敢不尽言[12]?子有美锦[13],不使人学制焉。大官、大邑,身之所庇也[14],而使学者制焉,其为美锦,不亦多乎[15]?侨闻学而后入政[16],未闻以政学者也[17]。若果行此,必有所害。譬如田猎[18],射御贯[19],则能获禽[20],若未尝登车射御[21],则败绩厌覆是惧[22],何暇思获?"

注释

[1]子皮:郑国大夫,名罕虎,公孙舍的儿子。尹何:子皮的家臣。为:治理。邑:封邑,采邑。　[2]子产:即公孙侨,郑国大夫。　[3]少:年轻。　[4]愿:谨慎、质朴、老实。不吾叛也:即"不叛吾也"。上古汉语用"不"等否定词的否定句,宾语如果是一个代词,一般放在动词的前面,如"吾"是动词"叛"的宾语,放在"叛"的前面。　[5]夫:人称代词,他。这里指尹何。下句的"夫"同。　[6]治:治理,管理。　[7]利之:使之有利。　[8]其:难道。用于句首,表示反问。　[9]栋:栋梁。　[10]榱(cuī):屋椽。　[11]侨:子产名。厌

(yā)：通"压"。下文"厌覆"的"厌"同。　　[12] 尽言：无保留地把话说出来。　　[13] 锦：有彩色花纹的绸缎。　　[14] 庇(bì)：庇护，庇荫。　　[15] 其为美锦不亦多乎：它比起美锦来价值不就更多吗？言外之意是官邑重于美锦。　　[16] 入政：参加管理政务。　　[17] 以：靠，凭借。　　[18] 田猎：打猎。　　[19] 射御：射箭驾车。贯：通"惯"，习惯，熟习。　　[20] 禽：此处可作名词讲，指鸟兽。　　[21] 尝：曾。　　[22] 败绩厌覆是惧：即"惧败绩厌覆"。这是为了强调宾语"败绩厌覆"，把宾语提前，在宾语后面用"是"字复指。败绩，指事情的失利。厌覆，指乘车的人被倾覆辗压。

译文

子皮想要让尹何来治理自己的封邑。子产说："尹何年纪轻，不知道能不能胜任。"子皮说："这个人谨慎善良，我喜欢他，他不会背叛我的。让他去学习一下，他也就更加知道该怎么办事情了。"子产说："不行。人家喜欢一个人，总是希望对这个人有利。现在您喜欢一个人却把政事交给他，这好像一个人不会用刀而让他去割东西，多半是要损伤他自己的。您喜欢他，不过是伤害他罢了，有谁还敢在您这里求得喜欢？您对于郑国来说是国家的栋梁。栋梁折断，椽子就会崩散，侨将会被压在底下，我哪敢不把话全部说出来？您有了漂亮的丝绸，是不会让别人用它来学习裁制的。大官和大的封邑，是庇护自身的，反而让学习的人去裁制，这比起漂亮的丝绸来价值不就多得多吗？侨听说学习以后才能做官，没有听说把做官作为学习的。如果真是这么办，一定有所伤害。

譬如打猎,熟悉射箭驾车,就能获得猎物,如果从没有登车射过箭驾过车,那么只担心翻车被压,哪里有闲心想到获得猎物呢?"

子皮曰:"善哉!虎不敏[1]。吾闻君子务知大者、远者[2],小人务知小者、近者。我,小人也。衣服附在吾身,我知而慎之;大官、大邑,所以庇身也,我远而慢之[3]。微子之言[4],吾不知也。他日我曰[5],子为郑国,我为吾家[6],以庇焉,其可也。今而后知不足。自今请[7],虽吾家,听子而行[8]。"子产曰:"人心之不同,如其面焉,吾岂敢谓子面如吾面乎?抑心所谓危[9],亦以告也。"子皮以为忠[10],故委政焉,子产是以能为郑国[11]。

(选自《左传·襄公三十一年》)

注释

[1] 虎:子皮名。敏:聪明。　[2] 务:致力。[3] 远:疏远,疏忽。慢:轻视。　[4] 微:无,非。　[5] 他日:从前。　[6] 为:治。家:卿大夫的采地食邑。[7] 请:请求。　[8] 听:听凭。行:做。　[9] 抑(yì):不过,然而。转折连词。　[10] 子皮以为忠:子皮认为子产忠诚。忠,忠诚。　[11] 是以:因此。

译文

子皮说:"好啊!虎真是不聪明。我听说君子致力于了解大的、远的,小人致力于了解小的、近的。我,是小人啊!衣服穿在我身上,我了解而且慎重对待它;大官和大的封邑是用来庇护自身的,我却疏远而且轻视它。要没有您的话,我是不了解的。从前我曾说过,您治理郑国,我治理我的家族以庇护我自己,这就可以了。从今以后才知道这样不行。从现在起我请求,虽然是我家族的事情,也听从您的意见去办理。"子产说:"每个人的想法不一样,好像他的面孔,我哪里敢说您的面孔像我的面孔呢?不过心里觉得这样做是危险的,就把它告诉您了。"子皮认为他忠诚,所以把政事全交付给他,子产因此能够治理郑国。

文史链接

子产的进谏艺术

选文记述了郑国的上卿子皮和继任子产的一段对话,表现了子产的远见卓识和知无不言的坦诚态度,而子皮则虚怀若谷、从善如流,二人互相信任、互相理解,堪称人际关系的楷模。选文围绕用人问题展开对话,人物形象鲜明突出,语言简练畅达,叙述线索清晰,善用比喻,层层深入,令人信服。

选文彰显了《左传》善于叙事,叙事线索分明、详略得当、结构严谨的特点。文章重点描写子皮与子产的对话,通过对话展现二人在用人问题上的不同态度和个性。在叙事过程中,作者对子皮和子产的言行描述生动逼真,简练而丰润,含蕴而畅达,曲折而尽情,极富表现力,使得子皮和子产两个历史人物性格跃然纸上。

子产对身为上级的子皮劝告,先是委婉地反对,对子皮的态度进行试探,不失礼仪;看到子皮仍坚持己见,并坦诚表明了内心想法,子产了解了子皮对尹何为邑的态度,摸清了子皮的心理,于是才斩钉截铁地进行反对,可谓有的放矢;然后,细致晓畅而动情地分析了子皮思想的错误性,其中"犹未能操刀而使割也,其伤实多"以及"譬如田猎,射御贯,则能获禽,若未尝登车射御,则败绩厌覆是惧,何暇思获?"的比喻,形象生动,颇具说服力。最终子产以自己的高瞻远瞩和诚恳态度感动了子皮,让子皮心悦诚服,并接受了他的劝告,认为子产是忠诚的,把政事全交付给子产。选文显示了子产的智慧和才能。

子皮在自己的想法遭到下属的反对之后,不是置之不理,而是坦诚表明自己的想法意图;在听了子产更为坚决的反对和详细分析之后,他不但对子产的见解大加赞赏,而且十分真诚地向子产表示了自己的由衷佩服之情,不但接受了子产的建议,而且进一步信任和重用子产。子皮身上体现了从善如流、礼贤下士、闻道而喜、知错就改、勇于让贤、识大体、顾大局等优秀品质,其器量之宏大、襟怀之坦荡,令人佩服。

思考讨论

试总结《左传》中出现的善于进谏和纳谏的历史人物及其事迹。

第十章　鲁昭公

郑子南与子晳争聘

郑徐吾犯之妹美[1]，公孙楚聘之矣[2]，公孙黑又使强委禽焉[3]。犯惧，告子产。子产曰："是国无政，非子之患也。唯所欲与[4]。"犯请于二子，请使女择焉[5]。皆许之[6]。子晳盛饰入[7]，布币而出[8]。子南戎服入[9]，左右射，超乘而出。女自房观之，曰："子晳信美矣[10]，抑子南，夫也[11]。夫夫妇妇[12]，所谓顺也[13]。"适子南氏。子晳怒，既而櫜甲以见子南[14]，欲杀之而取其妻。子南知之，执戈逐之，及冲[15]，击之以戈。子晳伤而归，告大夫曰："我好见之，不知其有异志也[16]，故伤。"

注释

[1] 徐吾犯：郑国大夫。徐吾为复姓。　　[2] 公孙楚：郑

国贵族。聘:订婚。　　[3]公孙黑:郑国贵族。强:强行。委禽:指送聘礼。古代婚礼第一事为纳采。纳采用雁,故亦言委禽。
[4]唯所欲与:想嫁给谁就嫁给谁吧。　　[5]择:选择。
[6]许:同意。　　[7]子皙:公孙黑的字。盛饰:装扮华丽。
[8]布币:币为贽币,初见时礼品,男用玉帛或禽鸟,陈于堂上。
[9]子南:公孙楚的字。　　[10]信:确实。美:英俊。
[11]夫也:有大丈夫的气概。　　[12]夫夫妇妇:指丈夫应有丈夫之行,妻室应有妻室之德。　　[13]顺:理。　　[14]櫜(gāo)甲:衷甲。　　[15]冲:大路口。　　[16]异志:别的想法。

译文

郑国徐吾犯的妹妹很漂亮,公孙楚已经和她订了婚,公孙黑又硬派人送去聘礼。徐吾犯害怕,告诉子产。子产说:"这是国家政事混乱,不是您的忧患。她愿意嫁给谁就嫁给谁。"徐吾犯请求这二位,让女子自己选择。他们都答应了。公孙黑打扮得非常华丽,进来,陈设财礼然后出去了。公孙楚穿着军服进来,左右开弓,一跃登车而去。女子在房间内观看他们,说:"子皙确实是很美,不过子南是个真正的男子汉。丈夫要像丈夫,妻子要像妻子,这就是所谓顺。"徐女嫁给了公孙楚家。公孙黑发怒,不久以后就把皮甲穿在外衣里而去见公孙楚,想要杀死他而占有他的妻子。公孙楚知道他的企图,拿了戈追赶他,到达十字路口,用戈敲击他。公孙黑受伤回去,告诉大夫说:"我很友好地去见他,不知道他有别的想法,所以受了伤。"

大夫皆谋之[1]。子产曰:"直钧[2],幼贱有罪[3],罪在楚也。"乃执子南[4]而数之[5],曰:"国之大节有五[6],女皆奸之[7]。畏君之威,听其政[8],尊其贵,事其长,养其亲,五者所以为国也。今君在国,女用兵焉,不畏威也;奸国之纪[9],不听政也;子晳,上大夫;女,嬖大夫[10],而弗下之,不尊贵也;幼而不忌[11],不事长也;兵其从兄[12],不养亲也。君曰:'余不女忍杀[13],宥女以远[14]。'勉,速行乎,无重而罪[15]!"

注释

[1] 谋之:商量处理这件事。　　[2] 直钧:各有理由。[3] 幼贱:年少而位贱。　　[4] 执:抓捕。　　[5] 数:指数其罪。　　[6] 大节:重要的规范。　　[7] 女:同"汝",你。奸:触犯。　　[8] 听:听从。　　[9] 纪:法纪。　　[10] 嬖(bì)大夫:下大夫。晋国、郑国、吴国皆谓下大夫为嬖大夫。　　[11] 忌:敬。[12] 从兄:同祖或同伯叔之子年长于己者皆曰从兄。[13] 不女忍杀:倒装句,即"不忍杀女"。　　[14] 宥(yòu)女以远:宥赦其死罪,逐于远方以代死。　　[15] 而:同"尔",你。

译文

大夫们都议论这件事。子产说:"各有理由,年幼地位低的有罪,罪在于公孙楚。"于是就抓住公孙楚而列举他的罪状,说:"国家的大节有五条,你都触犯了。惧怕国君的威严,听从他的政令,尊重贵人,侍奉长者,奉养亲属,这五条是用来治理国家的。现在国君在国都里,你动用武器,这是不惧怕威严;触犯国家的法纪,这是不听从政令;子皙是上大夫,你是下大夫,而又不肯在他下面,这是不尊重贵人;年纪小而不恭敬,这是不侍奉长者;用武器对付堂兄,这是不奉养亲属。国君说:'我不忍杀你,赦免你让你到远地去。'尽你的力量,快走吧,不要加重你的罪行!"

五月庚辰[1],郑放游楚于吴[2]。将行子南[3],子产咨于大叔[4]。大叔曰:"吉不能亢身,焉能亢宗[5]? 彼,国政也,非私难也[6]。子图郑国[7],利则行之[8],又何疑焉? 周公杀管叔而蔡蔡叔[9],夫岂不爱[10]? 王室故也。吉若获戾[11],子将行之[12],何有于诸游[13]?"

(选自《左传·昭公元年》)

注释

[1]庚辰:二日。　[2]放:放逐。游楚:即公孙楚。[3]行:动词使动用法,使……行。　[4]咨:询问。大叔:即游吉,是游氏的宗主。古代宗主,一族之人皆听之,大叔虽为游楚之兄子,楚亦得顺从之。故子产征求其意见。游吉为宗子,任卿大夫,有"保族宜家"之责。　[6]非私难:指

子南之伤子晳,属于国之政纪,非个人之难。　　[7]图郑国:为郑国谋。　　[8]利则行之:利于国,则执行之。　　[9]周公、管叔、蔡叔:皆为周文王儿子,武王同母弟。管叔为周公之兄,蔡叔为周公之弟。成王少,周公旦专政,管叔、蔡叔乃挟殷纣王之子武庚以作乱。周公旦伐诛武庚,杀管叔而放蔡叔。蔡蔡叔:即流放蔡叔。杜预注:"蔡,放也。"　　[10]爱:怜爱。　　[11]戾:罪。　　[12]行:行罚。　　[13]何有于诸游:指不必顾虑游氏族人。诸游,游氏族人。

译文

(鲁昭公元年)五月初二日,郑国放逐公孙楚到吴国。准备让公孙楚起程,子产征求太叔的意见。太叔说:"吉不能保护自身,哪里能保护一族?他的事情属于国家政治,不是私家的危难。您为郑国打算,有利国家就去办,又有什么疑惑呢?周公杀死管叔,放逐了蔡叔,难道不爱他们?这是为巩固王室啊。吉如果得罪,您也将要执行惩罚,何必顾虑游氏诸人?"

文史链接

中国古代的婚俗

春秋战国时期,婚礼比较简略。《论语》中孔子所说到的"礼",以论"礼意"的居多,其中丧礼、祭礼都有,而独无婚礼,可见婚礼在当时并不像今天这样居于十分重要的地位。《礼记·郊特牲》说:"婚礼不用乐,幽阴之意也。婚礼不贺,人之序也。"《礼记·曾子问》又说:"娶妇之家,三日不举乐。"显然,在那时即使举行婚礼,也是把它看作"幽阴之礼",既不奏乐,也不庆贺。

春秋战国时期,各诸侯国的风俗习惯尚不统一,婚礼更是流风纷呈。虽然"逆妃""来纳币""委禽"和"亲迎"等记载已经散见于《春秋》和《左传》等典籍之中,但各诸侯国的具体做法却大不相同。后世流行的"六礼",记载在《仪礼》的"昏礼"和《礼记》的"昏义",都是战国或更晚一些,人们对各地的风俗、做法的汇总,从此以后,"六礼"成为统一的婚姻程序,流传了两千多年,至今婚礼仍有"六礼"的遗风。

《礼记·昏义》载,"昏礼:纳采、问名、纳吉、纳征、请期、亲迎……所以敬慎重,正昏礼也。六礼备,谓之聘;六礼不备,谓之奔。"交代了婚礼的内容、目的和意义。春秋战国时期是中国的奴隶社会向封建社会过渡的时期,封建社会十分重视等级、宗法、人伦,随着封建制在社会生活中的萌芽、发展与壮大,等级、宗法、人伦等观念在婚姻问题上体现得越来越明显,以"六礼"为形式的婚礼就是其表现形式之一。《礼记·昏义》中所说的"所以敬慎重","六礼备,谓之聘;六礼不备,谓之奔",即是将妻、妾、嫡、庶严格区分开来,以巩固封建统治秩序。

"六礼"的具体内容是:纳采,男方托媒说亲;问名,问女方的生辰八字,与男方合,以定婚姻的吉凶;纳吉,如占卜为吉,就把占卜合婚的好消息告诉女方;纳征,男方将聘礼送到女家;请期,选择成婚日期;亲迎,新郎亲自到女家迎新娘回男家。

"六礼"是广义的婚礼。"亲迎"前面的五"礼"可看作婚礼的准备工作和过渡手续。古代"亲迎"之礼十分繁缛,主要分为成妻之礼与成妇之礼两个步骤,行过成妻之礼,男女二人才可同居成为夫妻;行过成妇之礼,新娘才能被承认加入了男方宗族。

成妻之礼,按"亲迎"的规定是,举行婚礼的当天,遵照主婚人的指令,新郎到新娘母家去迎娶新娘,新娘来男家要举行"花烛之典",其主要形式是行交杯共食之礼,即成为"结发夫妻",这就是所谓"合牢而食,合卺(jǐn)而饮"。举行婚礼的当天男女两家(主要是男家)要张灯结彩,准备宴席,招待亲友。

成妇之礼,从家族角度看,其重要性远远超过成妻之礼。《礼记·昏义》说:"成妇礼明,妇顺又申之以着代也。"首先,新娘要拜见公婆,然后叩拜男方祖先,拜见仪式分别在举行婚礼的次日或三日后进行。按宗法观念看来,即使夫妻已经同居,如果不正式地拜见公婆、叩拜祖先,就不能算作完备的婚礼,婚姻关系也就不能确立。如果公婆已亡故,则要在成婚三月后,行庙见礼,祝辞告神曰:"某氏来归"。《礼记·曾子问》指出,如果新娘未及见庙而亡,还不能算是男家的人,"不迁于祖,不祔(fù)于皇姑,婿不杖、不禀、不次,归葬于女氏之党"。

宗法制度下的婚姻关系,属于两个家庭之间的事,结婚双方没有自主权。在一定程度上,女子只是延续男家宗嗣的生育机器,在这种时代背景下,"不孝有三,无后为大","舅姑如不悦妇,可出之","生是夫家的人,死是夫家的鬼"等观念、戒条与做法也都应运而生了。

由于"六礼"相当繁琐,需要大量的人力、物力支持,平民白姓无力应付,宋朝对庶民的婚仪进行了简化,在《政和新礼》中,将

"问名"并入"纳采",把"请期"并入"纳征",将"六礼"合并为"四礼"。朱熹在《朱子家礼》中,又把"纳吉"删去,使原来的"六礼"变为"纳采""纳征""亲迎"三礼。

思考讨论

如何认识以男子为中心的宗法制度下的婚姻关系?

晋侯问医

晋侯求医于秦,秦伯使医和视之,曰:"疾不可为也,是谓近女,室疾如蛊[1]。非鬼非食,惑以丧志[2]。良臣将死,天命不佑。"公曰:"女不可近乎?"对曰:"节之。先王之乐,所以节百事也,故有五节[3],迟速本末以相及,中声以降[4]。五降之后,不容弹矣[5]。于是有烦手淫声[6],慆堙心耳[7],乃忘平和,君子弗听也[8]。物亦如之[9]。至于烦[10],乃舍也已[11],无以生疾。君子之近琴瑟[12],以仪节也[13],非以慆心也。天有六气[14],降生五味[15],发为五色[16],征为五声[17]。淫生六疾[18]。六气曰阴、阳、风、雨、晦、明也,分为四时[19],序为五节[20],过则为灾:阴淫寒疾,阳淫热疾,风淫末疾[21],雨淫腹疾,晦淫惑疾,明淫心疾。女,阳物而晦时[22],淫则生内热惑蛊之疾。今君不节、不时[23],能无及此乎?"

注释

[1]蛊(gǔ):惑。　　[2]"非鬼"句:言病非由于鬼神,非由于饮食,而是迷惑于女色,以丧失心志。　　[3]五节:五声之节。　　[4]"迟速"句:宫商角徵羽五声,调和而得中和之声,然后降于无声。　　[5]降:罢退。　　[6]淫:过度。[7]慆(tāo):淫,使心淫。堙(yīn):堵塞。使耳塞。[8]"乃忘"句:平和之声即中和之声,过此,君子不听。[9]物亦如此:杜预注云:"言百事皆如乐,不可失节。"[10]烦:过度。　　[11]舍:舍弃,罢止。　　[12]琴瑟:比喻女色。　　[13]仪节:以礼节制。　　[14]气:气象。[15]五味:辛、酸、咸、苦、甘。　　[16]五色:白、青、黑、赤、黄。发:表现。　　[17]征:验。　　[18]淫生六疾:五味五色五声,凡过度则生六疾。　　[19]四时:一年有春、夏、秋、冬四时,一日有朝、昼、夕、夜四时。　　[20]五节:五声之节。[21]末:四肢。　　[22]阳物:阳之物,女阴男阳,女待男而成室家,育子孙,故女为阳之事。物:事。晦时:晚上。　　[23]不节:指女色过度。不时:指近女无分晦明。

译文

晋平公在秦国求医,秦景公让医和为他看病。医和说:"病不能治了,这叫作亲近女人,得病好像蛊惑。不是由于鬼神,也不是由于饮食,而是被女色迷惑而丧失了意志。良臣将要死去,上天不能保佑。"晋平公问:"女人不能亲近吗?"医和回答说:"节制它。先王的音乐,是用来节制百事的,所以有五声的节奏,快慢、本末以互相调节,声音和谐然后降下来。五声下降而停止以后,就不允许再弹了。这时候再弹就有了繁复的手法和靡靡之音,使人心荡耳烦,就会忘记了平正和谐,因此君子是不听的。事情也像音乐一样,一到过度,就应该停止,不要因此得病。君子接近妻室,是用来表示礼仪节度的,不是用来烦心的。天有六种气候,派生为五种口味,表现为五种颜色,应验为五种声音。以上种种过了头就会发生六种疾病。六种气候就叫作阴、晴、风、雨、夜、昼,分为四段时间,顺序为五声的节奏,过了头就是灾祸:阴没有节制是寒病,阳没有节制是热病,风没有节制是四肢病,雨没有节制是腹病,夜里没有节制是迷乱病,白天没有节制是心病。女人,属于阳性而时间在夜里,对女人没有节制就会发生内热蛊惑的疾病。现在您没有节制不分昼夜,能不到这个地步吗?"

出,告赵孟。赵孟曰:"谁当良臣[1]?"对曰:"主是谓矣。主相晋国,于今八年,晋国无乱,诸侯无阙,可谓良矣。和闻之,国之大臣,荣其宠禄,任其大节[2],有灾祸兴[3],而无改焉,必受其咎。今君至于淫以生疾,将不能图恤社稷,祸孰大焉? 主不能御[4],吾是以云也。"赵孟曰:"何谓蛊?"对曰:"淫溺惑乱之所生也。于文[5],皿虫为蛊。谷之飞亦为蛊[6]。在《周易》,女惑男,风落山谓之《蛊》䷑[7]。皆同物也[8]。"赵孟曰:"良医也。"厚其礼归之[9]。

(选自《左传·昭公元年》)

注释

[1] 谁当良臣:和前言"良臣将死",故赵武问之。　　[2] 大节:阮元本作"宠节",杨伯峻据校勘记及金泽文库本订正为"大节"。　　[3] 灾祸:指晋侯好色。　　[4] 御:禁止。　　[5] 文:字。　　[6] 蛊:积谷生虫而能飞者为蛊。　　[7] "在《周易》"句:杜预注云:"《巽》下艮上虫。《巽》为长女,为风;《艮》为少男,为山。少男而说长女,非匹,故惑。山木得风而落。"　　[8] 皆同物也:其他事物也一样。　　[9] 厚其礼归之:赠以重礼而返之秦。

译文

医和出来,告诉赵孟。赵孟说:"谁相当于良臣?"医和说:"就是您了。您辅佐晋国,到现在八年,晋国没有动乱,诸侯没有缺失,可以说是良了。和听说,国家的大臣,光荣地受到国家的信任和爵禄,承担国家的大事。有灾祸发生而不能改变做法,必然受到灾殃。现在国君到了没有节制的程度因而得病,将要不能为国家图谋考虑,还有比这更大的灾祸吗？您不能禁止,我因此才这样说。"赵孟说:"什么叫作蛊？"医和回答说:"这是沉迷惑乱所引起的。在文字里,器皿中毒虫是蛊。稻谷中的飞虫也是蛊。在《周易》里,女人迷惑男人,大风吹落山木叫作《蛊》䷑。这都是同类事物。"赵孟说:"真是好医生啊。"赠给他很重的礼物而让他回去。

文史链接

阴阳五行说与医学的结合

春秋时期,阴阳说与五行说结合起来,促进了阴阳五行学说的发展。人们在天地对立观念指导下考察自然和社会,产生了一系列阴阳说与五行说相结合的重要理论。周卿士单说:"天六地五,数之常也。"(《国语·周语》)认为天有阴、阳、风、雨、晦、明六种气象,地有金、木、水、火、土五行,这些都是符合自然规律的现象。此外,鲁国的士师展禽,郑国的执政子产,晋国的史官史墨都有关于"六气""五行"或"三辰""五行"的言论。其中史墨还进而概括出"物生有两"的法则,认为一切事物都包括对立面,而对立面相互转化是自然界常见的现象,如"六气""五行"的对立,"三辰""五行"对立等,都是"物生有两"原则的具体表现。

阴阳五行说在与具体科学的结合中得到了进一步发展。选文即是阴阳五行说与医学结合的典范。秦国医和关于病理的议论,除了把阴阳二气扩大为六气外,又提出了"五味"(辛、酸、咸、苦、甘)"五色"(白、青、黑、赤、黄)"五声"(宫、商、角、徵、羽)"六疾"(寒、热、末、腹、惑、心),将这几个不同范畴组成一个错综复杂的结构,以说明病因,这一论述对中国传统医学理论的发展影响深远。

《周易》占筮

对于中国古人而言,《易经》是一部筮书。筮是人们要预知人事吉凶、向天神请示的一种巫术,在诸如战争、嫁娶、筑屋、迁居等许多大事上都要预卜凶吉。选文记载了医和引用《易经》的《蛊》卦来解释晋侯的蛊疾。所谓蛊疾,是一种精神错乱的病。医和先解释"蛊"字的含义,食器里生虫子叫作蛊,庄稼生虫子也叫作蛊。他又解释《蛊》卦的卦象,《蛊》卦是上艮下巽,艮为山,巽为风,《蛊》卦是风吹落山木之象;同时,艮为少男,巽为长女,所以《蛊》卦又是女惑男之象,所以说"在《周易》女惑男、风落山谓之蛊"。

类似的以《周易·易传》占筮的记载,在《左传》中曾多次出现。兹举数例,以供参考:

1. 陈侯之筮。《左传》庄公二十二年,陈厉公……生敬仲。其少也,周史有以《周易》见陈侯者,陈侯使筮之,遇《观》之《否》,曰:"是谓'观国之光,利用宾于王',此其代陈有国乎?不在此,其在异国,非此身,在其子孙。光元而自它有耀者也。《坤》,土也。《巽》,风也。《乾》,天也。风为天于土上,山也。有山之材而照之以天光,于是乎居土上,故曰:'观国之光'利用宾于王。庭实旅百奉之以玉帛天地之美具焉故曰:'利用宾于王。'犹有观焉,其在后乎?风行而著于土,故曰其在异国乎,若有异国,必姜姓也。姜,大岳之后也。山岳则配天,物莫能两大,陈衰,此其昌乎?"及陈之初亡也,陈桓子始大于齐,其后亡也,成子得政。

2. 毕万仕于晋。《左传》闵公元年,毕万筮仕于晋,遇《屯》之《比》,辛廖占之曰:"吉,《屯》固,《比》入,吉孰大焉!其必蕃昌。《震》为土,车从马,足居之,兄长之,母复之,众归之,六体不易,合而能固,安而能杀,公侯之卦也。公侯之子孙,必复其始。"

3. 《左传》僖公十五年,秦伯伐晋,卜徒父筮之:"吉,涉河,侯车败。"诘之,对曰:"乃大吉也。三败必获晋君。"其卦遇《蛊》,曰:"千乘三去,三去之余,获其雄狐。夫狐蛊,必其君也。《蛊》之贞,风也。其悔,山也。岁云秋矣,我落其实而取其材,所以克也。实落材亡,不败何时?"

4. 晋侯觐王。《左传》僖公二十五年,秦伯师于河上,将纳王,狐偃言于晋侯曰:"求诸侯莫如觐王,诸侯信之,且大义也。继文之业,而信宣于诸侯,今为可矣。"使卜偃卜之,曰:"吉,遇'黄帝战于阪泉'之兆。"……公曰:"筮之。"筮之遇《大有》之《睽》,曰:"吉,遇公用亨于天子之卦,战克而王飨,吉孰大焉。且是卦也,天为泽以当日,天子降心以逆公,不亦可乎?《大有》去《睽》而复,亦其所也。"晋侯辞秦师而下。

5. 郑公子曼满求测卿。《左传》宣公六年,郑公子曼满与王子伯廖语,欲为卿,伯廖告人曰:"无德而贪,其在《周易》《丰》之《离》,弗过之矣?"间一岁,郑人杀之。

6. 《左传》成公十六年,晋楚遇于鄢陵。公筮之,史曰:"吉。其卦遇《复》,曰:南国蹙,射其元王,中厥目。国蹙、王伤,不败何待?"公从之。

7. 龙见于绛郊。《左传》昭公二十九年，秋，龙见于绛郊。魏献子问于蔡墨……对曰："……《周易》有之，在《乾》之《姤》曰：'潜龙勿用'，其《同人》曰：'见龙在田'，其《大有》曰：'飞龙在天'，其《夬》曰：'亢龙有悔'，其《坤》曰：'见群龙无首，吉'。《坤》卦之《剥》曰：'龙战于野'。若不朝夕见，谁能物之……"

8. 穆姜之薨。《左传》襄公九年，穆姜薨于东宫，始往而筮之，遇《艮》之八，史曰："是谓《艮》之《随》。《随》，其出也，君必速出。"姜曰："亡。是于《周易》曰：《随》，元亨利贞，无咎。元，体之长也。亨，嘉之会也。利，义之和也。贞，事之干也。体仁足以长人，嘉德足以合礼，利物足以合义，贞固足以干事。然故不可诬也，是以虽《随》无咎。今我妇人而与于乱，固在下位而有不仁，不可谓元。不靖国家，不可谓亨。作而害身不可谓利。弃位而姣不可谓贞。有四德者，《随》而无咎。我皆无之，岂随也哉？我则取恶，能无咎乎？必死于此，弗得出矣。"

9. 崔武之取棠姜。《左传》襄公二十五年，棠公死，偃御武子以吊焉。见棠姜而美之……武子筮之，遇《困》之《大过》，史皆曰："吉"。示陈文子，文子曰："夫从风，风陨妻，不可娶也。且其《繇》曰：'困于石，据于蒺藜，入于其宫，不见其妻，凶。'困于石，往不济也。据于蒺藜，所恃伤也。入于其宫不见其妻凶，无所归也。"崔子曰："嫠也何害？先夫当之矣。"遂取之。

思考讨论

试分析阴阳五行说与中医文化的关系。

晏婴叔向论楚晋季世

齐侯使晏婴请继室于晋[1]……

注释

[1]侯：即齐景公，姓姜，名杵臼。晏婴：字仲，谥平，原名晏婴。春秋时齐国夷维（今山东高密）人，齐国大夫，政治家、思想家、外交家。继室：续娶。

译文

齐景公派晏婴请求晋国国君继续娶齐国的女子……

既成昏[1]，晏子受礼[2]，叔向从之宴，相与语。叔向曰："齐其何如？"晏子曰："此季世也[3]，吾弗知齐其为陈氏矣[4]。公弃其民，而归于陈氏。齐旧四量：豆、区、釜、钟[5]。四升为豆，各自其四[6]，以登于釜[7]。釜十则钟。陈氏三量皆登一焉[8]，钟乃大矣[9]。以家量贷，而以公量收之[10]。山木如市，弗加于山；鱼、盐、蜃、蛤[11]，弗加于海。民参其力[12]，二人于公，而衣食其一。

公聚朽蠹[13],而三老冻馁[14],国之诸市,履贱踊贵[15]。民人痛疾,而或燠休之[16],其爱之如父母,而归之如流水。欲无获民,将焉辟之?箕伯、直柄、虞遂、伯戏[17],其相胡公、大姬已在齐矣[18]!"

注释

[1]成昏:订婚。　[2]受礼:受宾享之礼。　[3]季世:末世,末代,衰微之世。　[4]弗知:古人成语,犹今之"不保"。　[5]豆、区(ōu)、釜、钟:齐国的四种容积单位与量器。[6]各自其四:各用自身的四倍。自,用。四豆为区,四区为釜。区,斗六升。釜,六斗四升。以升至釜,各用四倍。　[7]登成,升进。　[8]登一:加一,指由四进位增加为五进位。即以五升为豆,五豆为区,五区为釜。则区二斗,釜八斗,钟八斛(hú)。[9]钟乃大矣:指钟的增加不止一个旧量(一釜)。　[10]家量:私家用的大量器。公量:公家的小量器。　[11]蜃(shèn):大蛤。蛤(gé):蛤蜊(lì)。蜃蛤,指代海产品。[12]参:分成三份。力:指劳动所得。　[13]聚:聚敛的财物。朽蠹(dù):腐烂生虫。齐君所蓄聚以其太多,年久而腐朽,或生蛀虫。　[14]三老:泛指老人。馁:饥饿。　[15]履:用麻或革所制之鞋。踊(yǒng):脚被断者所用,一说为假足,一说为挟持之杖。履贱踊贵,言被刑者之多。　[16]或:有人。燠休(yù xiū):亦作"燠然""燠咻",优恤,抚慰,这里指安抚病痛

的声音。燠,厚。休,赐。　　[17] 箕伯、直柄、虞遂、伯戏:四人都是舜的后代,陈氏的祖先。胡公:以上四人的后代,陈国开国君主。大姬:周武王的女儿,胡公的妃子。　　[18] 已在齐矣:指陈氏祖先已在齐国受祭了。

译文

订婚以后,晏子接受享礼,叔向陪他饮宴,互相谈话。叔向说:"齐国怎么样?"晏子说:"到了末世了,我不能不说齐国可能属于陈氏了。国君不爱护他的百姓,让他们归附陈氏。齐国过去有四种量器,豆、区、釜、钟。四升为一豆,各自再翻四倍,以成为一釜。十釜就是一钟。陈氏的豆、区、釜三种量器都加大四分之一,钟的容量就大了。他用私家的大量器借出,而用公家的小量器收回。山上的木料运到市场,价格不高于山上;鱼盐蜃蛤,价格不高于海边。百姓力量如果分为三份,两份归于国君,只有一份维持衣食。国君的积蓄腐朽生虫,而老人们却挨冻受饥。国都的市场上,鞋子便宜而假足昂贵。百姓有痛苦疾病,陈氏就厚加赏赐。他爱护百姓如同父母,而百姓归附如同流水。想要不得到百姓的拥护,哪里能躲得开?箕伯、直柄、虞遂、伯戏,他们跟随着胡公、太姬,已经在齐国受祭了。"

叔向曰:"然。虽吾公室[1],今亦季世也。戎马不驾,卿无军行[2],公乘无人,卒列无长。庶民罢敝[3],而宫室滋侈[4]。道殣相望[5],而女富溢尤[6]。民闻公命,如逃寇仇。栾、郤、胥、原、狐、续、庆、伯降在皂隶[7],政在家门[8],民无所依。君日不悛[9],以乐慆忧[10]。公室之卑,其何日之有?《谗鼎之铭》曰[11]:'昧旦丕显[12],后世犹怠',况日不悛,其能久乎?"晏子曰:"子将若何?"叔向曰:"晋之公族尽矣[13]。肸闻之,公室将卑,其宗族枝叶先落[14],则公室从之。肸之宗十一族[15],唯羊舌氏在而已。肸又无子[16],公室无度,幸而得死[17],岂其获祀[18]?"

(选自《左传·昭公三年》)

注释

[1] 公室:诸侯及其政权。　[2] 军行(háng):军队。[3] 罢敝(pí bì):疲劳困敝。　[4] 滋:益。　[5] 殣(jìn):饿死的人。　[6] 女:嬖宠之家,君主宠爱的人。尤:多出。[7] 栾:栾枝。郤:郤缺。胥:胥臣。原:原轸,先轸。狐:狐偃。这五人都是卿。续:续简伯。庆:庆郑。伯:伯宗。这三人都是大夫。皂隶:官府中的差役。　[8] 政在家门:指韩、赵诸氏专政。　[9] 日:一天又一天。悛(quān):悔改,改过。[10] 慆(tāo):过度。　[11] 谗鼎:鼎的名称。铭:铭文。[12] 昧旦:黎明,欲明未明之时。丕:大。显:显赫。[13] 公族:与国君同姓的子弟。尽:完。　[14] 枝叶先落:像

枝叶一样首先坠落。　　[15] 宗：同一父亲的家族。族：氏，宗以下的各个分支。　　[16] 无子：没有好儿子。　　[17] 得死：即获死、获终，以老寿而善终。　　[18] 其：将。获祀：享祀。

译文

叔向说："是呀。即使是我们公室，现在也是末世了。战马不驾战车，卿不率领军队，公室的战车没有御者和戎右，步兵的行列没有官长。百姓困疲，而宫室更加奢侈。道路上饿死的人坟堆一个接着一个，可以互相看见，而宠臣的家里财富多得装不下。百姓听到国君的命令，好像躲避仇敌一样。栾、郤、胥、原、狐、续、庆、伯这八家已经沦为低贱吏役，政事在于私家，百姓无所依靠。国君毫不改悔，用欢乐来排遣忧患。公室的卑微，还能有几天？《谗鼎之铭》说：'黎明即起，声名可以显赫，子孙后代还会懈怠'，何况毫不改悔，他能够长久吗？"晏子说："您打算怎么办？"叔向说："晋国的公族完结了。肸听说，公室将要卑微，它的宗族像树叶一样先落，公室就跟着凋零了。肸的一宗十一族，只有羊舌氏还在。肸又没有好儿子，公室又没有法度，得到善终就是侥幸，难道还会受到祭祀？"

文史链接

田氏代齐

田氏代齐也叫田陈篡齐。齐国的田氏原是陈国公子完的后裔,公子完在齐桓公时,因避陈国内争,逃来齐国,姓田氏(陈与田,古同音通用),任齐"工正"。春秋中期,田氏势力逐渐强大,田桓子之子田乞(陈无宇的儿子,又称陈乞,即田僖子)在向贫苦民众放贷时,用大斗借出,小斗收入,使齐之民"归之如流水",增加了户口与实力,是谓"公弃其民,而归于田氏"。公元前490年,齐景公死,贵族国氏、高氏立景公的儿子公子荼为国君。田氏乘机发动武装政变,打败了国氏、高氏,另立景公的另一个儿子公子阳生为国君(齐悼公),田乞为相。

田乞死后,其子田常(田成子)继续为相。公元前481年,田常又发动武装政变,把几家强大的贵族如鲍氏、晏氏等全部消灭,并杀死了齐简公,另立简公之弟骜(ào)为国君(齐平公),进一步把持政权,又以"修公行赏"争取民心。至此,政权完全控制在田氏手中,国君实际成了傀儡。田常的曾孙田和,于公元前391年废掉齐康公,自立为国君,完成了田氏代齐的过程。公元前386年,田和被周安王册命为齐侯。公元前379年,齐康公死,姜姓齐国绝祀。田氏仍以"齐"作为国号,史称"田齐"。

思考讨论

试分析田氏代齐的原因。

唯天所相,不可与争

四年春王正月,许男如楚[1],楚子止之[2];遂止郑伯,复田江南,许男与焉。

注释

[1]许男:许国国君,此指许悼公。西周春秋爵称,可大致分为王、公、侯、伯、子、男六级,所见男爵仅有许国。 [2]止之:留之不使归。

译文

(鲁昭公)四年春季,周历正月,许悼公来到楚国,楚灵王留下了他,并因此而留下郑简公,再次到江南打猎,许男参加了。

使椒举如晋求诸侯[1],二君待之[2]。椒举致命曰:"寡君使举曰:'日君有惠[3],赐盟于宋,曰:'晋、楚之从交相见也。'以岁之不易[4],寡人愿结𢠢于二三君[5],使举请间[6]。君若苟无四方之虞[7],则愿假宠以请于诸侯[8]。"

注释

[1]椒举:即伍举。 [2]二君:指郑简公、许悼公。[3]日:昔日。 [4]不易:多难。 [5]𢠢(huān):通"欢",高兴,快乐。 [6]请间:请其于闲暇时听此言。间,闲

暇。　[7] 虞：戒备,忧虑。　[8] 假宠：外交辞令,指借其光耀。

译文

楚灵王派椒举去晋国求得诸侯的拥护,郑简公、许悼公在这里等待,椒举传达楚灵王的命令说："寡君派遣举前来的时候说：从前蒙贵君的恩惠,赐给敝邑在宋国结盟,说：'跟从晋国和楚国的国家互相朝见。'由于近年来多难,寡人愿意讨取几位国君的欢心,派举前来请您在空闲时听取寡人的请求。您如果对四方边境没有忧患,那么就希望借您的光以向诸侯请求。"

晋侯欲勿许。司马侯曰："不可。楚王方侈,天或者欲逞其心,以厚其毒,而降之罚,未可知也。其使能终[1],亦未可知也。晋、楚唯天所相[2],不可与争。君其许之,而修德以待其归[3]。若归于德,吾犹将事之,况诸侯乎？若适淫虐,楚将弃之,吾又谁与争[4]？"公曰："晋有三不殆[5],其何敌之有？国险而多马,齐、楚多难；有是三者,何乡而不济[6]？"对曰："恃险与马,而虞邻国之难[7],是三殆也。四岳[8]、三涂[9]、阳城[10]、大室[11]、荆山[12]、中南[13],九州之险也[14],是不一姓。冀之北土[15],马之所生,无兴国焉。恃险与马,不可以为固也,从古以然[16]。是以先王务修德音以亨神、人[17],不闻其务险与马也。邻国之难,不可虞也。或多难以固其国,启其疆土;或无难以丧其国,失其守宇[18],若何虞难?齐有仲孙之难[19],而获桓公,至今赖之[20]。晋有里、丕之难[21],而获文公,是以为盟主。卫、邢无难,敌亦丧之[22]。故人之难,不可虞也。恃此三者,而不修政德,亡于不暇[23],又何能济?君其许之!纣作淫虐,文王惠和,殷是以陨,周是以兴,夫岂争诸侯?"乃许楚使。使叔向对曰:"寡君有社稷之事,是以不获春秋时见。诸侯,君实有之,何辱命焉[24]?"椒举遂请昏[25],晋侯许之。

(选自《左传·昭公四年》)

注释

[1]能终:得善终。　　[2]晋、楚唯天所相:晋国和楚国的霸业只有靠上天的帮助。当时只有晋、楚两国争霸。　　[3]归:归宿。　　[4]吾又谁与争:指不争自为霸主。　　[5]殆:危。[6]乡:同"向"。　　[7]虞:娱乐。　　[8]四岳:指东岳泰山,西岳华山,北岳恒山,南岳衡山。　　[9]三涂:即今河南嵩县西南三涂山。　　[10]阳城:在今河南登封县东南。

[11] 大室：即今河南登封县北之嵩山。　　[12] 荆山：今湖北南漳县西之荆山。　　[13] 中南：即今陕西西安市南之终南山，又名中南、南山、秦山、秦岭。　　[14] 九州：古代分中国为九州。对于九州的具体分布说法不一，比较常见的九州划分为：冀、兖、青、徐、扬、荆、豫、梁、雍九州。《尚书·禹贡》作：冀、兖、青、徐、扬、荆、豫、梁、雍；《尔雅·释地》有幽、营州而无青、梁州；《周礼·夏官·职方》有幽、并州而无徐、梁州。　　[15] 冀：冀州。　　[16] 以：同"已"。　　[17] 亨：即"享"。　　[18] 守宇：疆土。　　[19] 仲孙之难：详见《左传·庄公八年》《左传·庄公九年》。仲孙，公孙无知。　　[20] 至今赖之：指齐犹承袭齐桓公之余荫。　　[21] 里、丕之难：详见《左传·僖公九年》。里，里克。丕，郑丕。　　[22] 丧：亡。这里指亡其国。　　[23] 亡于不暇：指不暇于亡国。　　[24] 何辱命焉：指不必来征求同意。　　[25] 请昏：求婚。昏，同"婚"。

译文

晋平公不想答应。司马侯说："不行。楚灵王做事正在胡作妄为的时候，上天也许是想让他满足愿望，以增加别人对他的痛恨，然后给他降下惩罚，这是说不定的。或者让他得以善终，这也是说不定的。晋国和楚国的霸业只有靠上天的帮助，而不是彼此可以争夺的。君王还是允许他，而修明德行以等待他的归宿。如果归结到德行，我们还要去侍奉他，何况诸侯呢？如果走到荒淫暴虐，楚国自己会抛弃他，又有谁来和我们争夺？"晋平公说："晋国有三条可以免于危险，还有谁能和我们相比？国家的地势险要而多产马匹,齐国、楚国祸难又多;有这三条,到哪儿不成功?"司马侯回答说:"仗着地势险要和马匹,而对邻国幸灾乐祸,这是三条危险。四岳、三涂、阳城、太室、荆山、中南,都是九州中的险要地方,它们并不属于一姓所有。冀州的北部,是出产马匹的地方,并没有新兴的国家。仗着地势险要和马匹,是不能巩固自己的,自古以来就是这样。因此国君致力于修明德行来沟通神和人,没有听说他致力于地形险要和马匹的。邻国的祸难,是不能以此为高兴的。或者是由于多有祸难而巩固了国家,开辟了疆土;或者是由于没有祸难而丧失了国家,失掉了疆土,怎么能幸灾乐祸呢?齐国发生了仲孙的祸难,因而桓公得为霸主,到今天齐国还靠着他的余荫。晋国发生了里克、丕郑的祸难因而文公回国,因此当了盟主。卫国、邢国没有祸难,敌人也就灭了它们。所以别人的祸难是不能因而高兴的。依仗这三条,而不去修明政事和德行,挽救危亡还来不及,又怎么能够成功呢?您还是允许他们吧。殷纣王淫乱暴虐,文王仁慈和蔼,殷朝因此灭亡,周朝因此兴起,难道只是在于争夺诸侯吗?"晋平公就允许了楚国使者的请求,派叔向回答说:"寡君因为有国家大事,所以不能在春秋两季按时进见。至于诸侯,君王本来就拥有他们,何必再惠赐命令呢?"椒举就为楚灵王求婚,晋平公答应了婚事。

文史链接

吉人天相

成语"吉人天相"是语典型成语。"吉人"出自《左传·宣公三年》:"石癸曰:'吾闻,姬姞耦,其子孙必蕃,姞,吉人也。'""天相"出自《左传·昭公四年》:"晋、楚唯天所相,不可与争。""吉人天相"一词乃截取其中两个较为主要的成分比合而成,意为:好人总会得到上天的帮助和保佑。多用作遭遇危险或困难时的安慰语,是一种宿命论者的观点。

多难兴邦

选文中"邻国之难,不可虞也。或多难以固其国,启其疆土;或无难以丧其国,失其守宇"这句话,是成语"多难兴邦"的出处。此后,引用者络绎不绝。如晋人刘琨《劝进表》云:"或多难以固邦国,或殷忧以启圣明。"唐人陆贽《论叙迁幸之由状》云:"多难兴邦者,涉庶事之艰而知救慎也。"晚清李鸿章遗折云:"窃念多难兴邦,殷忧启圣。伏读迭次谕旨,举行新政,力图自强。庆亲王等皆臣久经共事之人,此次复同患难,定能一心协力,翼赞讦谟,臣在九泉,庶无遗憾。"后用"多难兴邦"指多灾多难使人民勤奋,能把国家振兴起来。

关于多难兴邦,历史上有过许多实例。选文中举了两个:一个是齐国在"仲孙之难"后出现了齐桓公,一个是晋国在"里丕之难"后出现了晋文公。"仲孙之难"指齐国公孙无知与齐僖公为敌,谋反夺位,详见《左传·庄公八年》和《左传·庄公九年》。"里丕之难"是指晋国里克、郑丕为立晋文公重耳而谋反作乱,详见《左传·僖公九年》。正因为这两"难",齐国出现了齐桓公,晋国出现了晋文公,齐桓公和晋文公是春秋时期两位杰出的诸侯国君主,在他们的有效治理下,齐国、晋国先后国富民强,雄霸一时。

齐、晋"多难"为何"兴邦"？主要原因在于齐桓公、晋文公两位国君励精图治，发展生产，在政治、经济、军事等方面采取了一系列措施，顺民意、得民心，社会才得以发展，国力才由此强盛。

思考讨论

谈一谈多难兴邦对我们人生发展的启示意义。

不赏私劳，不罚私怨

五年春王正月，舍中军[1]，卑公室也[2]。毁中军于施氏[3]，成诸臧氏[4]。初，作中军，三分公室而各有其一[5]。季氏尽征之[6]，叔孙氏臣其子弟，孟氏取其半焉。及其舍之也，四分公室[7]，季氏择二，二子各一。皆尽征之，而贡于公。

注释

[1] 舍：废除。　　[2] 卑：降低地位。　　[3] 施氏：公子施父之族。　　[4] 臧氏：公子子臧之族。　　[5] 各有其一：三家各有一军。　　[6] 尽征之：或征卒乘，或征田赋。　　[7] 四分公室：分鲁公室之郊遂。

译文

(鲁昭公)五年春季,周历正月,废除中军,这是为了降低公室的地位。在施氏家里讨论废除中军,在臧氏那里达成协议。开始编订中军的时候,把公室的军队一分为三而各家掌握一军。季氏掌握的公室军队采用征兵或者征税的方式;叔孙氏让壮丁作为奴隶,老弱的作为自由民;孟氏则把一半作为奴隶,一半作为自由民。等到这次废除中军,把公室的军队一分为四,季氏择取了四分之二,叔孙氏、孟氏各有四分之一,全都改为征兵或者征税,而向昭公交纳贡赋。

以书使杜泄告于殡[1],曰:"子固欲毁中军,既毁之矣,故告。"杜泄曰:"夫子唯不欲毁也,故盟诸僖闳,诅诸五父之衢。"受其书而投之[2],帅士而哭之[3]。

注释

[1] 殡(bìn):此指叔孙的灵柩。　　[2] 投:掷于地。
[3] 帅:率领。

译文

季氏用策书让杜泄向叔孙的棺材报告说:"您本来要废除中

军,现在已经废除了,所以向您报告。"杜泄说:"他老人家正因为不想废掉中军,所以在僖公宗庙门口盟誓,在五父之衢诅咒。"接了策书扔在地上,率领他手下人哭泣起来。

叔仲子谓季孙曰:"带受命于子叔孙曰:'葬鲜者自西门[1]。'"季孙命杜泄[2]。杜泄曰:"卿丧自朝[3],鲁礼也。吾子为国政,未改礼而又迁之[4]。群臣惧死,不敢自也[5]。"既葬而行。

注释

[1] 鲜(xiān):不以寿终为鲜,即夭亡。　[2] 命:命使从西门。　[3] 卿丧自朝:周代礼仪,葬前必移柩于宗庙,从朝出正门。　[4] 未改礼而又迁之:改变礼仪必有一定手续程序,季氏无此程序,故云未改礼而以己意变之。迁,易。[5] 自:从。

译文

叔仲子对季孙说:"带从子叔孙那里接受命令,说:'安葬不得善终的人从西门出去。'"季孙命令杜泄执行。杜泄说:"卿的丧礼从朝门出去,这是鲁国的礼仪。您主持国政,没有正式修改礼仪而现在又自己加以改变。下臣们害怕被杀戮,不敢服从。"安葬完毕就出走了。

仲至自齐[1]，季孙欲立之。南遗曰："叔孙氏厚，则季氏薄。彼实家乱，子勿与知，不亦可乎？"南遗使国人助竖牛以攻诸大库之庭，司宫射之[2]，中目而死。竖牛取东鄙三十邑以与南遗。

注释

[1] 自齐：从齐国闻丧而来。　　[2] 司宫：季氏家臣。

译文

仲壬从齐国来到，季孙想要立他为叔孙的继承人。南遗说："叔孙氏势力强大，季氏势力就弱。他发生家乱，您不要参与，不也是可以的吗？"南遗让国内人们帮助竖牛在府库的庭院里攻打仲壬，司宫用箭射仲壬，射中眼睛而死。竖牛取得了东部边境的三十个城邑，并把它送给了南遗。

昭子即位，朝其家众，曰："竖牛祸叔孙氏，使乱大从[1]，杀适立庶，又披其邑[2]，将以赦罪[3]，罪莫大焉。必速杀之！"竖牛惧，奔齐。孟、仲之子杀诸塞关之外[4]。投其首于宁风之棘上[5]。仲尼曰："叔孙昭子之不劳[6]，不可能也。周任有言曰：'为政者不赏私劳[7]，不罚私怨。'《诗》云：'有觉德行,四国顺之[8]。'"

(选自《左传·昭公五年》)

注释

[1] 使乱大从:指其乱重要的顺道。从,顺。 [2] 披:析。 [3] 赦罪:释罪。 [4] 塞关:齐、鲁交界的上关。 [5] 宁风:齐国边境地名。 [6] 劳:酬劳。叔孙昭子之不劳指昭子为竖牛所立,不酬其立己之功,而反杀之。 [7] 私:个人。 [8] 有觉德行,四国顺之:出自《诗经·大雅·抑》。觉,直。

译文

昭子即位,召集他家族上下人等来朝见,说:"竖牛给叔孙氏造成祸乱,搅乱了重大的正常秩序,杀死嫡子,立了庶子,又分裂封邑,打算用它逃避罪责,罪过没有比这再大的了。一定要赶紧杀死他!"竖牛害怕,出奔齐国。孟丙、仲壬的儿子把他杀死在塞关之外,把脑袋扔在宁风的荆棘上。孔子说:"叔孙昭子不酬劳竖牛,这是一般人做不到的。周任有话说:'掌握政权的人不赏赐私劳,不惩罚私怨。'《诗》说:'具有正直的德行,四方的国家都来归顺。'"

文史链接

不赏私劳　不罚私怨

选文中"不赏私劳,不罚私怨"意为:当权执政者不能无故奖赏于己有功的人，也不能借故惩罚与自己有私仇的人。换言之，决定赏与罚不能以个人的好恶为标准。这句话意在提醒为官者不能假公济私，既不能借当官的方便报私恩，提拔、赏赐与自己有私交的人，更不能仗势报复，打击、迫害与自己有私仇的人。

关于赏私劳的教训，史不绝书。《国语·周语中》："叔父其茂昭明德，物将自至，余何敢以私劳变前之大章，以忝天下，其若先王与百姓何？何政令之为也？"俞樾《群经平议·国语一》："大章犹言大法也，谓以私劳变前人之大法也。"赏私劳是对国家法制的极大破坏，为政者不可不慎。北宋的亡国之君宋徽宗酷爱书画，常招北宋书法四大家之一的米芾进宫写字。由于过于迷恋米芾的字，常将殿内宝物赏赐给米芾。身为一国之君，仅因个人喜欢书法，就对书写者大加赏赐，即是赏私劳，其后果则是寒了众多忠心报国的文臣武将们的心。

关于罚私怨的例子，也不胜枚举。《史记·李斯列传》："初，赵高为郎中令，所杀及报私怨众多，恐大臣入朝奏事毁恶之，乃说二世曰：'天子所以贵者，但以闻声，群臣莫得见其面，故号曰"朕"。且陛下富于春秋，未必尽通诸事，今坐朝廷，谴举有不当者，则见短于大臣，非所以示神明于天下也。且陛下深拱禁中，与臣及侍中习法者待事，事来有以揆之。如此则大臣不敢奏疑事，天下称圣主矣。'二世用其计，乃不坐朝廷见大臣，居禁中。赵高常侍中用事，事皆决于高。""二世然高之言，乃更为法律。于是群臣诸公子有罪，辄下高，令鞫治之。杀大臣，公子十二人僇死咸阳市，十公主僇死于杜，财物入于县官，相连坐者不可胜数。"赵高是罚私怨的典型，最后落得"夷其三族"的下场。

后来，"不罚私怨"成为仁人志士恪守的行为准则。此类记载,在历代文学作品中屡见不鲜,如明代罗贯中《三国演义》第二十三回《祢正平裸衣骂贼 吉太医下毒遭刑》贾诩云:"曹公王霸之志,必释私怨,以明德于四海,其宜从三也。愿将军无疑焉!"清代鲁一同《盖宽饶论》:"然臣相实为国家惜此人,臣不敢以私怨杀天下良吏。"鲁迅《书信集·致杨霁云》:"我的杂感集中,《华盖集》及续编中文,虽大抵和个人斗争,但实为公仇,决非私怨。"

"不赏私劳,不罚私怨"这一古训,至今仍然具有重要的现实意义。

思考讨论

试分析"不赏私劳,不罚私怨"这句话的现实意义。

薳启强谏耻晋之辞

晋韩宣子如楚送女,叔向为介[1]。郑子皮、子大叔劳诸索氏[2]。大叔谓叔向曰:"楚王汰侈已甚[3],子其戒之!"叔向曰:"汰侈已甚,身之灾也,焉能及人?若奉吾币帛,慎吾威仪;守之以信[4],行之以礼;敬始而思终,终无不复。从而不失仪[5],敬而不失威;道之以训辞[6],奉之以旧法[7],考之以先王[8],度之以二国,虽汰侈,若我何?"

注释

[1] 介:副手。　　[2] 劳:慰劳。索氏:地名,在今河南荥阳县稍西。　　[3] 已甚:太甚。　　[4] 信:诚信。　　[5] 仪:仪度。　　[6] 道:通"导",引导。训辞:指前贤之言语。　　[7] 旧法:旧礼。　　[8] 考:稽考。考之以先王:以先王之事稽考之。

译文

晋国的韩宣子去到楚国护送晋女,叔向做副手。郑国的子皮、子太叔在索氏慰劳他们。太叔对叔向说:"楚王骄纵太过分,您还是警惕一点。"叔向说:"骄纵太过分,是自身的灾殃,哪能波及别人?只要奉献我们的财礼,谨慎地保持我们的威仪;守信用,行礼仪;开始恭敬而考虑结果,以后就可以照样办。顺从而不失分寸,恭敬而不失身份;以古圣先贤的言语作为引导,对传统的法度加以奉行,用先王的事情作为考核,把两国的利害得失加以衡量,楚王虽然骄纵,能把我怎么样?"

及楚。楚子朝其大夫,曰[1]:"晋,吾仇敌也。苟得志焉,无恤其他。今其来者,上卿、上大夫也。若吾以韩起为阍[2],以羊舌肸为司宫[3],足以辱晋,吾亦得志矣。可乎?"大夫莫对。薳启强曰[4]:"可。苟有其备,何故不可?耻匹夫不可以无备,况耻国乎?是以圣王务行礼,不求耻人。

朝聘有珪[5],享觐有璋[6],小有述职[7],大有巡功[8]。设机而不倚[9],爵盈而不饮;宴有好货,飧有陪鼎[10],入有郊劳[11],出有赠贿,礼之至也。国家之败,失之道也,则祸乱兴。

注释

[1]楚子:楚灵王。本名围,改名虔。 [2]韩起:晋国卿大夫。阍(hūn):守门人。 [3]羊舌肸(xī):晋国上大夫。司宫:掌管宫内事的官,多以阉人充任。 [4]薳(wěi)启强:楚国太宰。 [5]朝聘:指诸侯定期朝见天子、诸侯间相见。[6]享:享宴。觐(fǔ):谒见。 [7]述职:指诸侯向天子陈述治国情况。 [8]巡功:指天子到各诸侯国巡视其政绩。[9]机:同"几",小桌子。 [10]飧(sūn):熟食。陪鼎。指宴宾时正菜外增加的菜肴。 [11]郊劳:迎宾礼。指宾客至,迎接、慰劳于郊外。

译文

到了楚国,楚灵王让大夫们上朝,说:"晋国,是我们的仇敌。如果我们能够满足愿望,就不用顾虑其他。现在他们来的人,是上卿、上大夫。假使我们让韩起做守门人,让叔向做内宫司宫的官职,这足以羞辱晋国,我们也满足了愿望。行吗?"大夫没有一个人回答。薳启强说:"行。如果有防备,为什么不行? 羞辱一个普通人还不能不作防备,何况羞辱一个国家呢?因此圣王致力于推行礼仪,不想羞辱别人。朝觐聘问有珪,宴享进见有璋,小国有述职的规定,大国有巡狩的制度。设置了几而不依靠,爵中酒满而不饮用,宴会时有友好的礼品,吃饭时有增加的菜肴,入境有郊外的慰劳,离开有赠送的财货,这都是礼仪的最高形式。国家的败亡,由于不履行这种常道,祸乱就会发生。

城濮之役[1],晋无楚备,以败于邲。邲之役[2],楚无晋备,以败于鄢[3]。自鄢以来,晋不失备,而加之以礼,重之以睦,是以楚弗能报,而求亲焉。既获姻亲,又欲耻之,以召寇仇[4],备之若何?谁其重此?若有其人,耻之可也。若其未有,君亦图之。晋之事君,臣曰可矣:求诸侯而麇至[5],求昏而荐女[6],君亲送之,上卿及上大夫致之[7]。犹欲耻之,君其亦有备矣。不然,奈何?

注释

[1] 城濮:卫国地名。春秋时,晋、楚争霸会战于此。晋君以弱胜强,大败楚军。详见《晋楚城濮之战》。　[2] 邲(bì):郑国地名,今河南荥阳北。详见《晋楚邲之战》。　[3] 鄢(yān):郑国地名,今河南鄢陵县。详见《晋楚鄢陵之战》。　[4] 寇仇:仇敌。　[5] 麇(qún):成群。　[6] 荐:进献。　[7] 致:送到。

译文

城濮那次战役,晋国得胜而没有防备楚国,因此在邲地打了败仗。邲地那次战役,楚国得胜而没有防备晋国,因此在鄢地打了败仗。自从鄢地战役以来,晋国没有丧失防备,而且对楚国礼仪有加,以和睦为重,因此楚国不能报复,而只能请求亲善了。既然得到了婚姻的亲戚关系,又想要羞辱他们,以自寻敌人,又怎么防备它?谁来承担这个责任?如果有能承担责任的人,羞辱他们是可以的。如果没有,君王还是考虑一下。晋国的侍奉君王,下臣认为很可以了:要求得到诸侯大家就都来了;求婚就进奉女子,国君亲自送她,上卿和上大夫送到我国。如果还要羞辱他们,君王恐怕也要有所防备。不这样,怎么办?

韩起之下,赵成、中行吴、魏舒、范鞅、知盈;羊舌肸之下,祁午、张趯、籍谈、女齐、梁丙、张骼、辅跞、苗贲皇[1],皆诸侯之选也。韩襄为公族大夫,韩须受命而使矣;箕襄、邢带、叔禽、叔椒、子羽,皆大家也[2]。韩赋七邑,皆成县也[3]。羊舌四族,皆强家也。晋人若丧韩起、杨肸[4],五卿、八大夫辅韩须、杨石,因其十家九县,长毂九百,其馀四十县,遗守四千,奋其武怒,以报其大耻。伯华谋之,中行伯、魏舒帅之,其蔑不济矣[5]。

注释

[1] 张趯(tì)：晋国人。 [2] 大家：有封地的家族。 [3] 成：大。 [4] 杨肸(xī)：即羊舌肸。其采邑为杨，故以邑为氏。 [5] 蔑：没有。

译文

韩起的下面，有赵成、中行吴、魏舒、范鞅、知盈；叔向的下面，有祁午、张趯、籍谈、女齐、梁丙、张骼、辅跞、苗贲皇，都是诸侯所选拔的人才。韩襄做公族大夫，韩须接受命令而出使了；箕襄、邢带、叔禽、叔椒、子羽，都是大家族。韩氏征收赋税的七个城邑，都是大县。羊舌氏四族，都是强盛的家族。晋国人如果丧失韩起、叔向，五卿、八大夫辅助韩须、杨石，靠了他们的十家九县，战车九百辆，其余四十具，留守的战车有四千辆，发扬他们的勇武，发泄他们的愤怒，以报复他们的奇耻大辱。伯华为他们出谋划策，中行伯、魏舒率领他们，就没有不成功的了。

君将以亲易怨[1]，实无礼以速寇[2]，而未有其备[3]，使群臣往遗之禽，以逞君心[4]，何不可之有？"王曰："不谷之过也[5]，大夫无辱。"厚为韩子礼。王欲教叔向以其所不知，而不能，亦厚其礼。

（选自《左传·昭公五年》）

注释

[1] 亲：亲善。易：换成。怨：怨恨。　　[2] 速寇：招致敌人。　　[3] 备：防备。　　[4] 逞：满足。　　[5] 不谷：又作"不穀"。《说文·禾部》："谷，续也，百谷之总名。""不谷"的本意是不结果实。水稻不灌浆就不会有稻米产生，这个叫"不谷"。对人来说，就是没有子女，叫"不穀""不谷"。与孤、寡意思相并列，用来比喻人没有德行，所以绝后。古代王侯常以此自警、自谦。

译文

君王将要把亲善换成怨恨，确实违背礼仪以招致敌人，而又没有应有的防备，让下臣们送上门去，以满足君王的心意，有什么不可以呢？"楚灵王说："这是我的过错，大夫不用再说了。"对韩起厚加礼遇。楚灵王想要用叔向不知道的事物来为难他，然而做不到，于是也对他厚加礼遇。

文史链接

薳启强力谏楚庄王与春秋时期的君主专制

晋、楚皆为春秋时期的强国，为争夺霸权，两国之间先后进行了"城濮之战""邲之战""鄢陵之战"等，双方互有胜负，未能决出雄雌。楚灵王时，晋楚联姻，晋国官员送女到楚，楚王却想乘机侵犯晋国。楚国太宰薳启强规劝他：国家强大在于遵循礼仪；圣明君主不应无端向别国挑衅而自招仇敌;打仗前必须有足够准备才能无患。从而使楚王改变了主意,避免了两国间的又一场战争。

选文充分表现了薳启强的聪明才智,他明明反对楚王的主意,却正话反说,先说楚王的打算行得通,又用几个很有雄辩力的反问使楚王意识到自己的错误。另外,选文还大力宣扬了儒家"礼仪"的作用。

君主决断国事要不要听取臣下的意见,完全取决于君主个人意志,不受传统和法律的约束。有时,君主出于某种考虑也能够听取不同意见。例如,选文中记载,楚灵王要侮辱晋国来使,大夫薳启强力谏不可,楚灵王觉得听从谏言对自己更有利,遂改变初衷。但是更多的情况则是君主强逞意志,一意孤行。如宋平公筑台,"妨于农收,子罕请俟农收之毕,公弗许"(《左传·襄公十七年》)。宋楚泓之战,宋大司马固曾三次献策,宋襄公一概"弗从",致使宋军溃败(《左传·襄公二十二年》)。召陵之会,卫灵公命祝佗相随,祝佗辞以"社稷不动,祝不出境,官之制也",卫灵公不容分辩,说:"行也!"意即"非去不可!"(《左传·定公四年》)这类君主强逞意志的事例在《左传》中不胜枚举。

总之,君主权力越大,君主越容易对国事恣意定夺。群臣可以进献方策,但无权染指裁决。能否改变君主的主意而使其采纳谏言,主要取决于君主的个人修养,另外,还要看进谏者的聪明才智及进谏方法。

思考讨论

试分析薳启强力谏楚庄王成功的原因。

叔向使诒子产书

三月,郑人铸刑书[1]。叔向使诒子产书[2],曰:"始吾有虞于子[3],今则已矣[4]。

注释

[1]铸刑书:把刑法铸在鼎上。　[2]诒(yí):传给,送给。书:书信。　[3]虞:希望。　[4]已矣:完了。

译文

(鲁昭公六年)三月,郑国把刑法铸在鼎上。叔向派人送给子产一封信,说:"开始我对您寄予希望,现在完了。

昔先王议事以制[1],不为刑辟[2],惧民之有争心也。犹不可禁御,是故闲之以义[3],纠之以政[4],行之以礼,守之以信,奉之以仁;制为禄位,以劝其从[5];严断刑罚,以威其淫[6]。惧其未也,故诲之以忠,耸之以行[7],教之以务[8],使之以和[9],临之以敬[10],莅之以强[11],断之以刚[12];犹求圣哲之上、明察之官、忠信之长、慈惠之师[13],

民于是乎可任使也,而不生祸乱。民知有辟[14],则不忌于上[15]。并有争心[16],以征于书,而徼幸以成之,弗可为矣。

注释

[1] 议:读为"仪",度。制:断。　[2] 刑辟:刑律。辟,法。　[3] 闲:防备。　[4] 纠:约束。　[5] 劝:勉励。从:顺从。　[6] 威:威胁。淫:放纵。　[7] 耸:奖劝。[8] 务:事务,专业。　[9] 和:和悦。　[10] 敬:严肃认真。　[11] 莅:临。强:威严。　[12] 断:裁决、判断。[13] 上:执政之卿。官:主事之官。长:乡长,一乡之贤者。师:掌教者之师。　[14] 辟(bì):法律。　[15] 忌:敬。[16] 并:遍。

译文

从前先王衡量事情的轻重来断定罪行,不制定刑法,这是害怕百姓有争夺之心。还是不能防止犯罪,因此用道义来防范,用政令来约束,用礼仪来奉行,用信用来保持,用仁爱来奉养;制定禄位,以勉励服从的人;严厉地判罪,以威胁放纵的人。还恐怕不能收效,所以用忠诚来教诲他们,根据行为来奖励他们,用专业知识技艺教导他们,用和悦的态度使用他们,用严肃认真对待他们,用威严接触他们,用坚决的态度判断他们的罪行;还要访求聪明贤能的卿相、明白事理的官员、忠诚守信的乡长、慈祥和蔼的老师,百姓在这种情况下才可以使用,而不至于发生祸乱。百姓知道有法律,就对上面不恭敬。大家都有争夺之心,征引刑法作为根据,而且侥幸得到成功,就不能治理了。

夏有乱政[1],而作《禹刑》;商有乱政,而作《汤刑》;周有乱政,而作《九刑》:三辟之兴[2],皆叔世也[3]。今吾子相郑国,作封洫[4],立谤政[5],制参辟[6],铸刑书,将以靖民[7],不亦难乎?《诗》曰:"仪式刑文王之德,日靖四方[8]。"又曰:"仪刑文王,万邦作孚[9]。"如是,何辟之有?民知争端矣[10],将弃礼而征于书[11],锥刀之末,将尽争之。乱狱滋丰[12],贿赂并行[13]。终子之世,郑其败乎?肸闻之,"国将亡,必多制",其此之谓乎!

(选自《左传·昭公六年》)

注释

[1] 乱政:犯政令的百姓。　[2] 三辟:指《禹刑》《汤刑》《九刑》三种刑律。　[3] 叔世:晚时。　[4] 作封洫:改变田亩界限。封,田界。洫(xù),水沟。　[5] 立谤政:指作丘赋,郑人谤之。　[6] 参:同"三"。参辟,即三辟,刑书的内容。[7] 靖:安。　[8] "《诗》曰"句:出自《诗经·周颂·我将》。

仪、式、刑三字同义连用,意皆为法。　　[9]"仪刑"句:出自《诗经·大雅·文王》。孚:信服。　　[10] 争端:指刑书。　　[11] 征:征引。　　[12] 丰:繁多。　　[13] 并:遍。

译文

　　夏朝有违犯政令的人,就制定《禹刑》;商朝有触犯政令的人,就制定《汤刑》;周朝有触犯政令的人,就制定《九刑》;三种法律的产生,都在很晚的时候了。现在您辅佐郑国,划定田界水沟,设置毁谤政事的条例,制定三种法规,把刑法铸在鼎上,准备用这样的办法安定百姓,不也是很难的吗?《诗》说:"效法文王的德行,每天抚定四方。"又说:"效法文王,万邦信赖。"像这样,何必要有法律?百姓知道了争夺的依据,将会丢弃礼仪而征用刑书,刑书的一字一句,都要争个明白。触犯法律的案件更加繁多,贿赂到处使用。在您活着的时候,郑国恐怕要衰败吧?肸听说,"国家将要灭亡,必然多订法律",恐怕说的就是这个吧!

文史链接

子产"铸刑书"的进步与局限

　　选文讨论的是该不该"铸刑书"的问题。晋国大夫叔向与郑国执政子产的一次对话,被视作中国历史上首次"公布成文法"的基础史料。新中国成立以来,通行的观点认为,子产的"铸刑书",在很大程度上,限制了"奴隶主贵族任意刑杀的特权",因而代表了新兴地主阶级和广大劳动人民的利益需求;而作为"著名的保守派贵族",叔向之所以反对"铸刑书于鼎",则是为了"使人民经常处于'刑不可知,而威不可测'的极端恐怖中,以便奴隶主贵族能够继续独断专行"。这一说法值得商榷。

春秋时期,礼乐崩坏,社会出于急剧转型时期,传统礼制秩序受到极大的挑战。案件事实的复杂化,使得法官获取案件事实信息的成本急剧扩大,这也导致法官在审理过程中任意裁剪事实和滥用司法裁量权的可能,从而使司法日益丧失了稳定性和准确性,造成司法不公现象的大量出现。在这种时代背景之下,叔向"议事以制"并非为了维持法律对于民众的威慑,而是一种更具经济学效益的优化选择;同时,子产的"铸刑书"行为也不仅仅在于打破法律的神秘主义,而是更多地为了解决转型社会中的司法效率和司法公正的问题。

由于人类认识的局限,以及语言在传情达意中的模糊性,使得大部分立法只能以一种极不完备的形式加以颁布,"铸刑书"会出现"断狱不平,轻重失中"的问题,但对一个急剧变化的社会而言,成文法往往能够在较短的时间内完成法律的更新,从而在最大限度上保证人们对于法律理解的大致统一,另一方面,是对"周礼"规定的"刑不上大夫,礼不下庶人"的贵族特权的挑战,有利于缓和当时的社会矛盾。这也是其他各个诸侯国在子产"铸刑书"之后,也相继颁布成文法的原因(如昭公二十九年,晋国赵鞅、荀寅铸刑鼎)。从这个方面讲,子产"铸刑书"的行为比叔向所坚持的"议事以制,不为刑辟"更具合理性、更符合时代需求。叔向过分强调了祖宗流传的方法,忽略了社会大环境的变化,保守性过强。但在当时的历史语境下,有成文法的社会显然比没有法律或任由各种"自生性社会规范"相互冲突的社会更为进步。子产"铸刑书"确乎是为了"救世""利社稷",实现"文德"之治之举。

无论是子产的毅然,还是叔向的担忧,都有利于进一步反思对"法条主义"的迷信所可能带来的争心和弊端,以及反思"法治"与"人治"的关系问题,对今天的法制建设都具有深刻的启示意义。

思考讨论

结合相关史实,谈谈你对"法治"与"人治"关系的认识。

正考父三命而俯

九月,公至自楚。孟僖子病不能相礼[1],乃讲学之,苟能礼者从之[2]。及其将死也[3],召其大夫,曰:"礼,人之干也[4]。无礼,无以立[5]。吾闻将有达者曰孔丘,圣人之后也,而灭于宋。其祖弗父何以有宋而授厉公[6]。及正考父[7],佐戴、武、宣,三命兹益共[8],故其鼎铭云:'一命而偻[9],再命而伛[10],三命而俯[11],循墙而走[12],亦莫余敢侮。饘于是[13],鬻于是[14],以糊余口。'其共也如是。臧孙纥有言曰[15]:'圣人有明德者[16],若不当世[17],其后必有达人。'今其将在孔丘乎！我若获没，必属说与何忌于夫子[18]，使事之，而学礼焉，以定其位[19]。"故孟懿子与南宫敬叔师事仲尼[20]。仲尼曰："能补过者，君子也。《诗》曰：'君子是则是效[21]'，孟僖子可则效已矣。"

(选自《左传·昭公七年》)

注释

[1]病：不满意。　[2]苟：如果。能礼：精通礼仪。[3]将死：临死。　[4]干：根本。　[5]立：自立。[6]弗父何：宋湣公世子，厉公之兄。　[7]正考父：弗父何之曾孙。　[8]兹益：同义词连用。兹，同"滋"。共：同"恭"。[9]偻：低头。　[10]伛：弯身。　[11]俯：把腰深深弯下。　[12]循墙：避道中央。走：急趋，表示恭敬。[13]饘(zhān)：稠粥。　[14]鬻(zhōu)："粥"的本字稀粥。[15]臧孙纥：指武仲。　[16]圣人：指弗父何及正考父。[17]当世：为国君。　[18]夫子：指孔丘。　[19]定：安定。　[20]孟懿子：即何忌。敬叔：名阅。　[21]君子是则是效：出自《诗经·小雅·鹿鸣》。效，同"傚"。

译文

(鲁昭公七年)九月，昭公从楚国到达。孟僖子不满意自己对礼仪不熟悉，就学习礼仪，如果有精通礼仪的人就跟他学习。等到临死的时候,召集他手下的大夫,说:"礼仪,是做人的根本。没有礼仪,就不能自立。我听说有一个将要得志的人名叫孔丘,是聪明人的后代,而他的家族却在宋国灭亡了。他的祖先弗父何本来应当据有宋国而让给了宋厉公。到了正考父,辅佐戴公、武公、宣公,三命而做了上卿就更加恭敬,所以他的鼎铭说:'一命低头,二命躬身,三命把腰深深弯下。沿着墙快步而走,也没人敢把我欺压。稠粥在这只鼎里,稀粥也在这只鼎里,用来糊口。'他的恭敬就像这样。臧孙纥有话说:'聪明人里具有明德的人,如果不能做国君,他的后代必然有显贵的。'现在恐怕会在孔丘身上吧!我如得以善终,一定把说和何忌托给他老人家,让他们侍奉他而学习礼仪,以稳定他们的地位。"所以孟懿子和南宫敬叔把孔子作为老师来侍奉。孔子说:"能够弥补过错的,就是君子啊。《诗》说,'要取法仿效君子',孟僖子可以取法仿效了。"

文史链接

正考父的铭训

选文中"一命而偻,再命而伛,三命而俯。循墙而走,亦莫余敢侮。饘于是,鬻于是,以糊余口"是一段刻写在青铜器上的押韵铭文,文中偻、伛、俯、走、口,古音俱在侯部。唯有侮字在模部,韵亦相近。古代任命官员,要举行册命仪式,也就是铭文中"一命""二命""三命"的"命"。经过"三命",在诸侯国,其地位已经是"上卿"之尊了。这段铭文的含义是权位越高,生活的态度越发谦恭,作风越发俭朴。这段话最早见于《左传·昭公七年》,后来司马迁写《史记·孔子世家》时,也引用了这段文字:"孔子年十七,大夫孟釐子病且死,诫其嗣懿子曰:'孔丘,圣人之后,灭于宋。'其祖弗父何始有宋而嗣让厉公。及正考父佐戴、武、宣公,三命兹益恭,故鼎铭云:'一命而偻,再命而伛,三命而俯,循墙而走,亦莫敢余侮。饘于是,粥于是,以餬余口。'其恭如是。"因为铭文与孔子的祖先正考父有关,刻有铭文的鼎,即放在了正考父的庙里。

铭文"一命而偻,再命而伛,三命而俯,循墙而走"体现的是敬畏权力、慎用权力的意识。西周初年,贵族政治家即有此意识,认为周人获得政权,是"天命"的眷顾,而其所谓的"天命",是由"民意"决定的,"天视自我民视,天听自我民听","民为邦本,本固邦宁",认为只有顺从民意,敬天保民,才会得到"天"的首肯,否则,权力就会丧失。统治者只有敬畏权力、慎用权力,方可居高位而谦恭。

铭文"饘于是,鬻于是,以糊余口"体现的是俭朴精神。统治者只有遏制自己的欲望,奉行俭朴的生活道德,才能正当地使用权力,造福于民。孔子崇尚的"欲而不贪",即是对这一俭朴精神的弘扬。

无独有偶,司马迁在《史记·管晏列传》中记载了齐国名臣晏子的一则故事:晏子身为一国之相,出行坐在马车上,却屈着身体,尽量使自己不显得张扬,而为其驾车的仆人却洋洋得意、吆三喝四。驾车者的妻子看到这样的巨大反差,深以为耻。这则故事彰显了晏子谦恭做人的美德,至今仍具有重要的警示意义。

思考讨论

试分析正考父三命而俯所体现的民族精神及其启示意义。

末大必折,尾大不掉

楚子城陈、蔡、不羹[1]。使弃疾为蔡公。王问于申无宇曰:"弃疾在蔡何如?"对曰:"择子莫如父,择臣莫如君。郑庄公城栎而置子元焉[2],使昭公不立。齐桓公城谷而置管仲焉[3],至于今赖之。臣闻五大不在边[4],五细不在庭[5]。亲不在外,羁不在内[6]。今弃疾在外,郑丹在内[7],君其少戒[8]!"王曰:"国有大城,何如?"对曰:"郑京、栎实杀曼伯[9],宋萧、亳实杀子游,齐渠丘实杀无知[10],卫蒲、戚实出献公[11]。若由是观之,则害于国[12]。末大必折,尾大不掉[13],君所知也。"

(选自《左传·昭公十一年》)

注释

[1] 不羹(láng):古地名。据《清一统志》,在今河南襄城县东南二十里者为西不羹;在今舞阳县北者,为东不羹。　[2] 子元:郑厉公的字。栎(lì):春秋时郑地。即今河南禹县。　[3] 谷:地名,在今山东东阿县新治东南之东阿镇。　[4] 五大:指太子、母弟、贵宠公子、贵宠公孙、累世正卿。　[5] 五细:即《左传·隐公三年》记载的"贱妨贵,少陵长,远间亲,新间

旧,小加大"之贱、少、远、新、小。　　[6]羁:指他国来此寄居之臣。　　[7]郑丹:羁旅之臣,五细之内,而为右尹。　　[8]少戒:稍加戒备。　　[9]曼伯:即子仪。　　[10]渠丘:即蔡丘,在今山东淄博市西三十里。　　[11]蒲:宁殖邑。戚:孙林父邑。出献公:事在襄公十四年。　　[12]则害于国:指五大据大城实于国有害。　　[13]掉:摇。

译文

楚灵王在陈地、蔡地、不羹筑城。派弃疾做蔡公。楚灵王向申无宇询问说:"弃疾在蔡地怎么样?"申无宇回答说:"选择儿子没有像父亲那样合适的,选择臣子没有像国君那样合适的。郑庄公在栎地筑城而安置子元,让昭公不能立为国君。齐桓公在穀地筑城而安置管仲,到现在齐国还得到利益。臣听说五种大人物不在边境,五种小人物不在朝廷。亲近的人不在外边,寄居的人不在里边。现在弃疾在外边,郑丹在朝廷,君王恐怕要稍加戒备!"楚灵王说:"国都有高大的城墙,怎么样?"申无宇回答说:"在郑国的京地、栎地杀了曼伯,在宋国的萧地、亳地杀了子游,在齐国的渠丘杀了公孙无知,在卫国的蒲地、戚地驱逐了献公。如果从这些来看,就有害于国都。树枝大了一定折断,尾巴大了就不能摇摆,这是君王所知道的。"

文史链接

末大必折,尾大不掉

"末大必折"指树木枝端粗大,必折其干。比喻下属权重,危及上级。《韩非子·扬权篇》云:"枝大本小,将不胜春风;不胜春风,枝将害心。"《战国策·秦策三》云:"木实繁者披其枝,披其枝者伤其心。"《贾子·大都篇》云:"本细末大,驰必至心。"上述言论皆表达了"末大必折"之意,只是说法不同。

"尾大不掉"指尾巴太大,掉转不灵。旧时比喻部下的势力很大,无法指挥调度。现比喻机构庞大,指挥不灵。《国语·楚语上》云:"夫边境者,国之尾也。譬之如牛马,处暑之既至,蝱(méng)蚋之既多,而不能掉其尾,臣亦惧之。"

选文中为避免"末大而折""尾大不掉"局面的出现,申无宇指出了解决的办法:"臣闻五大不在边,五细不在庭。亲不在外,羁不在内。"其中尤以"五大不在边"为要。孔颖达疏引贾逵云:"五大谓太子、母弟、贵宠公子、公孙、累世正卿也。"因"五大在边"而对国家造成危害的事实很多,孔颖达疏引郑众云:"太子,晋申生居曲沃是也;母弟,郑共叔段居京是也;贵宠公子,若弃疾在蔡是也;贵宠公孙,若无知食渠丘是也;累世正卿,卫宁殖居蒲、孙氏居戚是也。"五种大人物不在边境,五种小人物不在朝廷。亲近的人不在外边,寄居的人不在里边。这是从历史兴亡中总结出的经验之谈,稍不留神,即会重蹈覆辙,为人君者,不可不慎。

思考讨论

试结合史实分析"末大必折,尾大不掉"的道理。

子革对灵王

楚子狩于州来[1],次于颍尾[2],使荡侯、潘子、司马督、嚣尹午、陵尹喜帅师围徐以惧吴[3]。楚子次于乾溪[4],以为之援。

注释

[1] 狩:冬猎。州来:今安徽凤台县。　[2] 颍尾:颍水入淮处,亦曰颍口,今安徽正阳关。　[3] 荡侯、潘子、司马督、嚣尹午、陵尹喜:皆为楚大夫。吴、徐为舅甥之国。　[4] 乾溪:在今安徽亳县东南七十五里。

译文

楚灵王在州来狩猎阅兵,驻扎在颍尾,派荡侯、潘子、司马督、嚣尹午、陵尹喜带兵包围徐国以威胁吴国。楚灵王驻在乾溪,作为他们的后援。

雨雪[1],王皮冠,秦复陶[2],翠被[3],豹舄[4],执鞭以出。仆析父从[5]。右尹子革夕[6],王见之,去冠、被、舍鞭[7],与之语,曰:"昔我先王熊绎与吕伋、王孙牟、燮父、禽父并事康王[8]，四国皆有分[9]，我独无有。今吾使人于周，求鼎以为分，王其与我乎[10]？"对曰："与君王哉！昔我先王熊绎辟在荆山[11]，筚路蓝缕以处草莽[12]，跋涉山林以事天子，唯是桃弧、棘矢以共御王事[13]。齐，王舅也[14]；晋及鲁、卫，王母弟也[15]。楚是以无分，而彼皆有。今周与四国服事君王，将唯命是从，岂其爱鼎？"

注释

[1] 雨(yù)雪：雨为动词，雨雪指下雪像下雨一样，形容雪很大。　　[2] 秦复陶：秦国赠的羽衣。　　[3] 翠被：用翠羽装饰的披肩。　　[4] 舄(xì)：鞋。　　[5] 仆析父：楚大夫。　　[6] 右尹：官名。夕：晚上谒见。　　[7] 舍：放下。去冠、被，舍鞭表示敬大臣。《左传·襄公十四年》载，卫献公不脱皮冠与孙、宁言，二子怒。　　[8] 熊绎：楚国始祖。吕伋(jí)：姜太公子丁公。王孙牟：卫康叔子康伯。燮父：唐叔子。禽父：伯禽，姬旦子。康王：即周康王，周成王子，周王第三代。　　[9] 四国：指齐、晋、鲁、卫。分：珍宝之器。《左传·定公四年》叙述了鲁、卫、晋三国之分，齐之分未闻。　　[10] 王：指周王。　　[11] 辟：同"僻"。荆山：楚人的发祥地，今湖北南漳县西。熊绎都于丹阳，即今湖北秭归县东，荆山在其北。鼎：夏、商、周三代视

为传国之宝。　　[12] 筚路：柴车。蓝缕：破烂的衣服。
[13] 桃弧棘矢：桃木做的弓，棘木(酸枣木)做的箭。共：同"供"。共御：即供御，进奉，贡献。　　[14] 齐，王舅也：周成王的母亲邑姜是姜太公的女儿，故吕伋为成王舅。　　[15] 晋及鲁、卫，王母弟也：鲁国姬旦、卫康叔皆武王母弟；唐叔为成王母弟。

译文

　　下雪了，楚灵王头戴皮帽子，身穿秦国的羽衣，披着翠羽披肩，脚穿豹皮鞋，手拿着鞭子走了出来。仆析父作为随从。右尹子革晚上去朝见，楚王接见他，脱去帽子、披肩，放下鞭子，和他说话，说："从前我们先王熊绎，和吕伋、王孙牟、燮父、禽父一起侍奉康王，齐、晋、鲁、卫四国都分赐了宝器，唯独我国没有。现在我派人到成周，请求把鼎作为赏赐，周天子会给我吗？"子革回答说："会给君王啊！从前我们先王熊绎僻处荆山，乘柴车、穿破衣以开辟丛生的杂草，跋山涉水以侍奉天子，只能用桃木弓、枣木箭作为进贡。齐国，是天子的舅父；晋国和鲁国、卫国，是天子的同胞兄弟。楚国因此没有得到赏赐，而他们都有，现在是周朝和四国顺服侍奉君王了。将会都听从您的命令，难道还爱惜鼎？"

　　王曰："昔我皇祖伯父昆吾[1]，旧许是宅[2]。今郑人贪赖其田[3]，而不我与。我若求之，其与我乎？"对曰："与君王哉！周不爱鼎[4]，郑敢爱田?"王曰:"昔诸侯远我而畏晋[5],今我大城陈、蔡、不羹[6],赋皆千乘[7],子与有劳焉,诸侯其畏我乎!"对曰:"畏君王哉!是四国者[8],专足畏也[9]。又加之以楚,敢不畏君王哉!"

注释

[1]昆吾:楚远祖之兄,曾住在许地。　[2]旧许:即许国,周初分封的诸侯国,在今河南许昌市,后迁于叶,又迁于夷,故其地为郑所得,谓之旧许。　[3]赖:利。　[4]爱:惜。[5]远:动词意动用法。远我,以我为僻远。　[6]陈、蔡:本为周武王所封的诸侯国,后来为楚所灭。不羹(láng):地名,有东不羹、西不羹二邑。　[7]赋:指兵车。　[8]四国:指陈、蔡,和东西不羹。　[9]专:独,单。专足畏也:指已足可畏。

译文

楚灵王说:"以前我们的皇祖伯父昆吾,居住在旧许,现在郑国人贪利这里的土田而不给我们。我们如果求取,他会给我们吗?"子革回答说:"会给君王啊!周朝不爱惜鼎,郑国还敢爱惜土田?"楚灵王说:"从前诸侯认为我国偏僻而害怕晋国,现在我们大大地修筑陈国、蔡国两个不羹城的城墙,每地都有战车一千辆,您是有功劳的,诸侯会害怕我们了吧!"子革回答说:"害怕君王啊!光是这四个城邑,也就足够使人害怕了,又加上楚国全国的力量,岂敢不怕君王呢?"

工尹路请曰:"君王命剥圭以为鏚柲[1],敢请命[2]。"王入视之。析父谓子革:"吾子,楚国之望也。今与王言如响[3],国其若之何[4]?"子革曰:"摩厉以须[5],王出,吾刃将斩矣[6]。"

注释

[1] 剥:破。圭:圭玉。鏚(qī):兵器名。斧类。柲(bì):柄。　　[2] 请命:请发布命令。　　[3] 响:回声。
[4] 国其若之何:指国将不堪。　　[5] 摩厉:即"磨砺"。
[6] 吾刃将斩矣:杜预注云,"以己喻锋刃,欲自磨砺以斩王之淫慝。"

译文

工尹路请求说:"君王命令破开圭玉以装饰斧柄,谨请发布命令。"楚灵王走进去察看。析父对子革说:"您,是楚国有名望的人。现在和君王说话,答对好像回声一样,国家将怎么办?"子革说:"我磨快了刀刃等着,君王出来,我的刀刃就将砍下去了。"

王出,复语。左史倚相趋过[1]。王曰:"是良史也,子善视之!是能读《三坟》《五典》《八索》

《九丘》[2]。"对曰:"臣尝问焉,昔穆王欲肆其心[3],周行天下[4],将皆必有车辙马迹焉。祭公谋父作《祈招》之诗以止王心[5],王是以获没于祗宫[6]。臣问其诗而不知也。若问远焉,其焉能知之?"王曰:"子能乎?"对曰:"能。其《诗》曰:'祈招之愔愔[7],式昭德音[8]。思我王度,式如玉,式如金。形民之力[9],而无醉饱之心。'"王揖而入,馈不食,寝不寐,数日,不能自克[10],以及于难。

注释

[1] 倚相:楚史官。趋过:过王而趋,表示恭敬。
[2]《三坟》《五典》《八索》《九丘》:皆古书名,其书早已亡佚。
[3] 穆王:周穆王。肆:放纵。　　[4] 周行天下:关于周穆王周行天下的传说故事,《穆天子传》有详细记载。　　[5] 祭公谋父:周公之孙,其父武公与昭王同没于汉。谋父,其名。
[6] 祗(zhī)宫:《穆天子传·注》引《竹书纪年》云:"穆王元年筑祗宫于南郑。"南郑在今陕西华县北。　　[7] 愔愔(yīn yīn):和悦安详的样子。　　[8] 式:助动词,应该。　　[9] 形:读为"刑",成。　　[10] 克:克制。

译文

楚灵王出来,又和子革说话。左史倚相快步走过,楚灵王说：" 这个人是好史官，您要好好看待他，这个人能够读《三坟》《五典》《八索》《九丘》。"子革回答说："下臣曾经问过他，从前周穆王想要放纵他自己的私心，周游天下，想要让天下到处都有他的车辙马迹。祭公谋父作了《祈招》这首诗来阻止穆王的私心，穆王因此得以善终于祇宫。下臣问他这首诗，他都不知道。如果问更远的事情，他哪里能知道呢？"楚灵王说："您能知道吗？"子革回答说："能。这首诗说：'祈招安祥和悦，表现有德者的声音。想起我们君王的风度，样子好像玉，好像金。保存百姓的力量，而自己没有醉饱之心。'"楚灵王向子革作揖，便走了进去，送上饭来不吃，睡觉睡不着，有好几天，不能克制自己，所以遇上了祸难。

仲尼曰："古也有志：'克己复礼[1]，仁也。'信善哉[2]！楚灵王若能如是，岂其辱于乾溪？"

（选自《左传·昭公十二年》）

注释

[1] 克己复礼：克制自己回到礼仪上。克，克制。礼，礼仪。
[2] 信：诚，真。

译文

孔子说："古时候有话说：'克制自己回到礼仪上，这就是仁。'

真是说得好啊! 楚灵王如果能够这样,难道还会在乾溪受到羞辱吗?"

文史链接

"子革对灵王"的历史背景及启示意义

楚灵王是楚庄王的孙子,楚共王的次子,楚康王的弟弟,也是春秋后期一位极具争议性的君主。楚康王死后,其幼子即位为君,当时担任执政官(令尹)的灵王趁国君生病,亲手勒死了国君,自立为王。楚国历史上一直有王子弑君自立的传统:成王杀兄自立,穆王杀父自立,灵王杀侄自立,虽然三者都获得了大臣的承认,但是在《春秋》上,仍然不免被讥讽为乱臣贼子。

楚共王以后,楚国霸业日益衰落,晋国占据优势,吴国也强大起来。灵王即位后,与吴国多次交战,先后灭了陈、蔡两个华夏诸侯国,又修筑了东西不羹两座大城以威慑中原,终于在会盟中压倒晋国,重新成为霸主。从这个角度看,灵王可谓中兴之主。但是他的霸业完全依靠武力和威压,而不像齐桓公、晋文公、楚庄王当年那样威德并用,中原诸侯大多心中不服,楚国国内也有大量不稳定因素。灵王不思采用怀柔手段稳固政权基础,反而再次出兵与吴国争夺徐国,"子革对灵王"的故事就发生在这时。

子革不是楚国本土的大臣,而是从郑国来楚国"政治避难"的公子,原名郑丹,子革是他的字。春秋时期列国人才流动频繁,"楚材晋用"的例子很多,中原人才逃往楚国的也不少。子革作为一个落魄的公子,能够做到执政官的助手(右尹),显示了楚国任用人才的不拘一格。

楚灵王率军驻扎在离徐国不远的乾溪,以狩猎为名,炫耀武力。灵王接下来与子革的对话,则显示了对子革这一"外国人"的充分信任。灵王首先回顾了自己的祖先对周王朝的"巨大"功勋,然后欲壑难填的楚灵王接连问了几个问题,对于这几个问题,不仅问他割让郑国土地的问题,还公然提出要威逼周天子、镇压华夏诸侯,丝毫不顾及子革作为郑国人的感情。对于这几个问题,子革都迎合楚灵王的心理需求,作了肯定的回答。灵王的欲望和子革的逢迎,引起了其他大臣的不满。待灵王从工匠那里出来,子革便采用温和委婉的讽谏方式,借灵王夸耀倚相博学的时机,借当年大臣祭公为克制穆王的欲望而作的《祈招》之诗,对其进行规劝。这首诗意在说明,君主应该按照人民能够承担的限度来使用民力,不要用民力来满足自己的欲望,这样的君主才算是具备金玉一样的德行,他的德行才会被天下的人民传诵。诗中"无醉饱之心",与楚灵王欲壑难填、贪求利益的心态形成了鲜明的对比。楚灵王虽明了子革之意思,并向子革作揖致谢,然而依然无法克制自己。次年,楚国内部爆发政变,楚灵王被废黜,其弟登基为王,众叛亲离的一代霸主楚灵王最后落得荒野自杀的下场。

《诗经·大雅·荡》云:"靡不有初,鲜克有终。"春秋时期的霸主,像楚灵王一样不得善终的为数不少:齐桓公九合诸侯、一匡天下,最后因为宠信佞臣,饿死在床上,死后齐国有五世之乱;秦穆公是秦国最贤明的君主,却因为利令智昏而多次败于晋国,子孙三百年不能出函谷关一步;晋厉公在鄢陵击败楚军,独霸中原,几年之后就被卿大夫杀死,只有一辆牛车陪葬;吴王夫差先后打败齐、晋、楚,却死在自己的手下败将越王勾践手里,吴国随之灭亡。

究其原因,在于其穷兵黩武、欲壑难填,最后也是咎由自取。避免这一结果的出现,只能用孔子所说的"克己复礼"。所谓克己,就是要克制自己的欲望;所谓复礼,就是行为要符合周礼的规定。唯其如此,才能保证国祚太平、长治久安。

思考讨论

结合史实分析"克己复礼"的重要性。

数典忘祖

十二月,晋荀跞如周,葬穆后,籍谈为介。既葬,除丧[1],以文伯宴[2],樽以鲁壶[3]。王曰:"伯氏,诸侯皆有以镇抚王室[4],晋独无有,何也?"文伯揖籍谈。对曰:"诸侯之封也,皆受明器于王室[5],以镇抚其社稷,故能荐彝器于王[6]。晋居深山,戎狄之与邻,而远于王室,王灵不及[7],拜戎不暇[8],其何以献器?"王曰:"叔氏[9],而忘诸乎[10]!叔父唐叔[11],成王之母弟也,其反无分乎[12]?密须之鼓与其大路[13],文所以大蒐也[14];阙巩之甲[15],武所以克商也,唐叔受之,以处参虚[16],匡有戎狄[17]。其后襄之二路[18],鏚钺、秬鬯[19]，彤弓、虎贲[20]，文公受之，以有南阳之田，抚征东夏[21]，非分而何？夫有勋而不废[22]，有绩而载[23]，奉之以土田，抚之以彝器，旌之以车服[24]，明之以文章[25]，子孙不忘，所谓福也。福祚之不登，叔父焉在？且昔而高祖孙伯黡司晋之典籍[26]，以为大政，故曰籍氏。及辛有之二子董之晋[27]，于是乎有董史。女，司典之后也[28]，何故忘之？"籍谈不能对。宾出[29]，王曰："籍父其无后乎！数典而忘其祖[30]。"

注释

[1]除丧：古人丧服，由重受轻，皆曰除丧。此除丧是除去疏衰四升，受以成布七升，及除麻，服葛。　　[2]以：与。文伯：荀跞。　　[3]鲁壶：指鲁国所献壶樽。樽即尊，古代盛酒器。壶亦为古代盛酒器，但二者形状不同。樽以鲁壶，即以鲁所贡于周室之壶为尊。　　[4]镇抚王室：指贡献之物。　　[5]明器：有二义，一为明德之分器，二为殉葬之器物。　　[6]荐：献。彝：宗庙常器，凡礼器至食用器皆曰彝。　　[7]灵：福。[8]拜：服。拜戎不暇：指服戎不暇。　　[9]叔氏：景王称荀跞为伯氏，称籍谈为叔氏，自以二人皆姬姓之后，而伯、叔之称，不论因其位之尊卑，抑年之大小。　　[10]而：同"尔"。诸：作"之"用。　　[11]叔父：周王于诸侯，同姓者，无论行辈，俱称伯

父或叔父。　　[12]其：同"岂"。　　[13]密须：即密,姞姓国,在今甘肃省灵台县西五十里。　　[14]蒐(sōu)：同"搜"。春天打猎。　　[15]阙巩：本为旧国,周武王灭之,是周族卿之采邑。　　[16]参虚：杜预注云："参虚,实沈之次,晋之分野。"[17]匡：疆,境内。　　[18]二路：周襄王所赐晋文公大路、戎路。　　[19]鏚：斧。钺：金钺。秬鬯(jù chàng)：用黑黍和香草酿成的香酒,古人用以降神。秬,黑黍,黑小米。鬯：香酒。赐鏚钺：指奉王命得专杀戮。赐秬鬯：指使之祭先祖。　　[20]彤弓、虎贲(bēn)：皆为周襄王所赐之物。　　[21]抚：安抚。征：征伐。东夏：晋服齐鲁郑宋诸国,皆在晋东,故云东夏。[22]不废：指加重赏。　　[23]载：指书功于策。　　[24]旌：表彰,表扬。车服：指襄之二路。　　[25]文章：指旌旗。[26]高祖：远祖。　　[27]辛有：平王时人。二子：次子。[28]司典：指孙伯黡(yǎn)。　　[29]宾：指荀跞、籍谈等人。[30]数(shǔ)典：即举典。典,典籍,典故。

译文

(鲁昭公十五年)十二月,晋国的荀跞到成周去,安葬穆后,籍谈作为副使。安葬完毕,除去丧服。周景王和荀跞饮宴,把鲁国进贡的壶作为酒杯。周景王说："伯父,诸侯都有礼器进贡王室,唯独晋国没有,为什么?"荀跞向籍谈作揖请他回答。籍谈回答说："诸侯受封的时候,都从王室接受了明德之器,来镇抚国家,所以能把彝器进献给天子。晋国处在深山,戎狄和我们相邻,而远离王室,天子的威福不能达到,顺服戎人还来不及,怎么能进献彝器?"周景王说:"叔父,你忘了吧!叔父唐叔,是成王的同胞兄弟,难道反而没有分得赏赐吗?密须的名鼓和它的大路之车,是文王所用来检阅军队的;阙巩的铠甲,是武王用来攻克商朝的。唐叔接受了,用来居住在晋国的地域上,境内有着戎人和狄人。这以后襄王所赐的大路、戎路之车,斧钺、黑黍酿造的香酒,红色的弓、勇士,文公接受了,保有南阳的土田,安抚和征伐东边各国,这不是分得的赏赐还是什么?有了功勋而不废弃,有了功劳而记载在策书上,用土田来奉养他,用彝器来安抚他,用车服来表彰他,用旌旗来显耀他,子子孙孙不要忘记,这就是所谓福。这种福佑不记住,叔父的心哪里去了呢?而且从前你的高祖孙伯黡掌管晋国典籍,以主持国家大事,所以称为籍氏。等到辛有的第二个儿子董到了晋国,在这时就有了董氏的史官。你是司典的后代,为什么忘了呢?"籍谈回答不出。客人退出去以后,周景王说:"籍谈的后代恐怕不能享有禄位了吧!举出了典故却忘记了祖宗。"

籍谈归,以告叔向。叔向曰:"王其不终乎!吾闻之:'所乐必卒焉[1]。'今王乐忧,若卒以忧,不可谓终[2]。王一岁而有三年之丧二焉[3],于是乎以丧宾宴,又求彝器,乐忧甚矣,且非礼也。彝器之来,嘉功之由[4],非由丧也。三年之丧,虽贵遂服[5],礼也。王虽弗遂,宴乐以早[6],亦非礼也。礼,王之大经也。一动而失二礼[7],无大经矣。言以考典[8],典以志经[9]。忘经而多言[10],

举典[11],将焉用之?"

(选自《左传·昭公十五年》)

注释

[1] 所乐必卒焉:指所乐何事,必以何事死。　　[2] 终:善终,寿终。　　[3] 三年之丧二焉:指太子寿卒与穆后死。王为太子服三年丧,今《仪礼·丧服》有明文;然夫于妻,则期(jī,一年)而已矣,无服三年之文。唯有《墨子·节葬下》《墨子·非儒下》《墨子·公孟篇》俱有夫为妻丧之三年之文,与《仪礼》异,与《左传》合。　　[4] 嘉功之由:"由之嘉功"的倒装。　　[5] 遂:终,竟。遂服:指如礼服丧三年。　　[6] 以:同"已",太,甚。[7] 失二礼:指以丧求器及宴乐太早。　　[8] 考:成。典:典则。　　[9] 经:礼。　　[10] 忘经:即失二礼。　　[11] 举典:指数举典籍。

译文

籍谈回国后,把这些情况告诉叔向。叔向说:"天子恐怕不得善终吧! 我听说:'喜欢什么,必然死在这上面。'现在天子把忧虑当成欢乐,如果因为忧虑致死,就不能说是善终。天子一年中有了两次三年之丧,在这个时候和吊丧的宾客饮宴,又要求彝器,把忧虑当成欢乐也太过分了,而且不合于礼。彝器的到来,由于嘉奖功勋,不是由于丧事。三年的丧礼,虽然贵为天子,服丧仍得满期,这是礼。现在天子即使不能服丧满期,饮宴奏乐也太早了,也是不合于礼的。礼,是天子奉行的重要规则。一次举动而失去了两种礼,这就没有重要规范了。言语用来考核典籍,典籍用来记载规范。忘记了纲常而言语很多,举出了典故,又有什么用?"

文史链接

数典忘祖

鲁昭公十五年(公元前527年),晋大夫籍谈出使周王室。宴席间,周景王问籍谈,晋为什么没有贡物。籍谈答道,晋从未受过王室的赏赐,怎么会有贡物。周景王就一一列举了王室赐晋器物的旧事。并责问籍谈,身为晋国司典的后代,怎么忘记了这些旧事呢?就是说籍谈列举旧典制而忘了祖先的职掌。成语"数典忘祖"即由此而来。

"数典忘祖"中"数"指数着说;"典"指历来的制度、事迹。"数典忘祖"意即谈论历来的制度、事迹时,把自己祖先的职守都忘了。后人用来比喻忘本,也比喻对于本国历史的无知,或忘掉自己本来的情况或事物的本源。

古代典籍中使用"数典忘祖"的句子甚多,兹举数例。清代陈廷焯《白雨斋词话》卷三:"况周秦两家,实为南宋导其先路,数典忘祖,其谓之何?"清代高燮《索黄滨虹治印先寄以诗》:"吁嗟假学何其多,数典忘祖圣所呵。"清代袁枚《小仓山房尺牍》:"枚祖籍慈溪,为兄部民,因生长杭州,数典忘祖。"由此可见,《左传》中的成语典故极大地丰富了汉语语言宝库,这些成语典故成为后人表情达意的重要语料来源。

思考讨论

除了选文之外,你还知道哪些"数典忘祖"的历史故事?

天子失官,官学在四夷

秋,郑子来朝,公与之宴。昭子问焉,曰:"少皞氏鸟名官[1],何故也?"郑子曰:"吾祖也[2],我知之。昔者黄帝氏以云纪[3],故为云师而云名[4];炎帝氏以火纪[5],故为火师而火名;共工氏以水纪[6],故为水师而水名;大皞氏以龙纪[7],故为龙师而龙名。我高祖少皞挚之立也[8],凤鸟适至,故纪于鸟,为鸟师而鸟名:凤鸟氏,历正也[9];玄鸟氏[10],司分者也[11];伯赵氏[12],司至者也[13];青鸟氏[14],司启者也[15];丹鸟氏[16],司闭者也[17]。祝鸠氏,司徒也;雎鸠氏[18],司马也;鸤鸠氏[19],司空也;爽鸠氏[20],司寇也;鹘鸠氏[21],司事也[22]。五鸠[23],鸠民者也。五雉为五工正[24],利器用、正度量,夷民者也[25]。九扈为九农正[26],扈民无淫者也[27]。自颛顼以来,不能纪远,乃纪于近,为民师而命以民事[28],则不能故也。"

注释

[1] 少皞氏:古代传说中的帝王。据《左传·定公四年》载,鲁封于少皞之墟,郯子又为少皞之后,故昭子问焉。　　[2] 祖:即下文之高祖。　　[3] 黄帝:姬姓之祖。以云纪:黄帝受命有云瑞,故以云纪事。　　[4] 云师而云名:指各官之长皆以云为名。师,长。《史记·五帝本纪·集解》引应劭曰:"黄帝受命有云瑞,故以云纪事也。春官为青云,夏官为缙云,秋官为白云,冬官为黑云,中官为黄云。"此亦传说。　　[5] 炎帝:神农氏,姜姓之祖。以火纪:炎帝受命有火瑞,故以火纪事。　　[6] 共工:传说中的帝王,以诸侯霸有九州,在神农之前,大皞之后。以水纪:受水瑞而以水纪事。孔颖达疏因服虔说"共工以水名官,春官为东水,夏官为南水,秋官为西水,冬官为北水,中官为中水。"服虔以东南西北中配春夏秋冬中,纯为受后人五行影响之说。[7] 大皞:伏羲氏,风姓之祖。以龙纪:伏羲有龙瑞,故以龙纪事。孔颖达疏因服虔说"大皞以龙名官,春官为青龙氏,夏官为赤龙氏,秋官为白龙氏,冬官为黑龙氏,中官为黄龙氏。"亦为受后人五行影响之说。　　[8] 高祖:远祖,始祖。　　[9] 凤鸟氏,历正也:凤鸟知天时,故以名历正之官。　　[10] 玄鸟:燕子。[11] 分:春分、秋分。燕子春分来,秋分去,故名。　　[12] 伯赵:即伯劳,一名博劳,一名䳏(jú)。　　[13] 至:夏至、冬至。

伯劳夏至鸣,冬至止,故名。　　[14]青鸟:不知今何名。[15]启:立春、立夏。青鸟立春鸣,立夏止,故名。　　[16]丹鸟:锦鸡,又名天鸡,存疑。　　[17]闭:立秋、立冬。丹鸟立秋来,立冬去,故名。　　[18]雎(jū)鸠:王雎,雕类,又名鹗(è)。[19]鸤(shī)鸠:鸟名。即布谷鸟。　　[20]爽鸠:鹰。[21]鹘鸠(gú jiū):鹘雕。　　[22]司事:农事。　　[23]五鸠:即祝鸠、雎鸠、鸤鸠、爽鸠、鹘鸠。　　[24]鸠民:聚民。治民尚聚,故以鸠为名。鸠,聚。　　[25]五雉:杜预注云:"五雉,雉有五种,西方曰鷷(zūn)雉,东方曰鶅(zī)雉,南方曰翟雉,北方曰鵗(xī)雉,伊、洛之南曰翚雉。"五工正:贾逵、樊光俱谓攻木之工、抟埴之工、攻金之工、攻皮之工、设五色之工。　　[26]夷:平。孔颖达疏云:"雉声近夷(古同韵部),雉训夷,夷为平,故以雉名工正之官,使其利便民之器用,正丈尺之度、斗斛之量,所以平均下民也。"　　[27]扈:止。　　[28]为民师而命以民事:因颛顼无远来之天瑞,不用鸟、龙、云、火、水等名为官名,故以就近之民事为官名。

译文

(鲁昭公十七年)秋季,郯子来鲁国朝见,昭公和他一起饮宴。昭子询问他,说:"少皞氏用鸟名作为官名,这是什么缘故?"郯子说:"他是我的祖先,我知道。从前黄帝氏用云记事,所以设置各部门长官都用云字命名;炎帝氏用火记事,所以设置各部门长官都用火字命名;共工氏用水记事,所以设置各部门长官都用水字命名;太皞氏用龙记事,所以设置各部门长官都用龙来命名。我的高祖少皞挚即位的时候,凤鸟正好来到,所以就从鸟开始记事,设置各部门长官都用鸟来命名:凤鸟氏,就是掌管天文历法的官;玄鸟氏,就是掌管春分、秋分的官;伯赵氏,是掌管夏至、冬至的官;青鸟氏,是掌管立春、立夏的官;丹鸟氏,是掌管立秋、立冬的官。祝鸠氏,就是司徒;雎鸠氏,就是司马;鸤鸠氏,就是司空;爽鸠氏,就是司寇;鹘鸠氏,就是司事。这五鸠,是鸠聚百姓的。五雉是五种管理手工业的官,是改善器物用具、统一尺度容量、让百姓得到平均的。九扈是九种管理农业的官,是制止百姓不让他们放纵的。自从颛顼以来,不能记述远古的事情,就从近古开始记述。做百姓的长官而用百姓的事情来命名,那已经是不能照过去办理了。"

仲尼闻之,见于郯子而学之[1]。既而告人曰:"吾闻之,'天子失官,官学在四夷',犹信。"

(选自《左传·昭公十七年》)

注释

[1] 见于郯(tán)子而学之:此时孔丘年二十七岁。

译文

孔子听到了这件事,进见郯子并向他学习古代官制。不久以后告诉别人说:"我听说,'在天子那里失去了古代官制,官制的学问还保存在远方的小国',这话还是可以相信的。"

文史链接

"天子失官,官学在四夷"的历史背景

选文载:"吾闻之,'天子失官,官学在四夷',犹信。"杨伯峻注引宋家铉翁《春秋详说》:"所谓夷,非夷狄其人也。言周、鲁俱衰,典章阙坏,而远方小国之君乃知前古官名之沿革,盖录之也。亦如《孟子》谓舜为东夷之人,文王为西夷之人,为言远也。或者遂以郯为夷国,失之矣。"意指天子丧失了自己的职守,官守的学术散落到诸侯国乃至民间。

上古时期,最高王室所设立的每一个官职,都代表特定的含义和职责,并且任官者世代相传。因此,当政治发生变故,而任此职者离开王室时,就意味着其所执掌的学术随之流落。正因如此,在一些诸侯国乃至民间,对这些官职之意义及其职责的认识反而得到了保存。所以,当孔子听说郯子尚能解释古代少暤氏为何用鸟名来命名官职时,才感叹地说:"我曾经听说过:'天子失官,官学在四夷',的确如此!"一般认为,"天子失官"所导致的学术下移分两个步骤,即由周王室下移于侯国,然后由侯国下移于民间。从春秋时代"士"阶层的崛起及其后众多学术流派的涌现来看,如果没有下移于民间的学术,它们的出现是不可能的。

孔子说"天子失官,官学在四夷"有其特殊的历史背景。西周实行政教合一体制,教育学术掌握在官府手里,所以有"王官学"的说法。春秋时期,王权衰微,学术下移,前后表现为两个阶段:

第一个阶段,是周王朝的文化官员开始外流,散入各诸侯国,甚至有的远走高飞,进入边远四夷之地。如老子,原任周守藏史,

见周朝衰落,丢下官职而去。再如,《左传·昭公二十六年》记载,王子朝和一批贵族子弟携带周王室的典籍投奔到了楚国。《论语·微子》记述了一批乐官四散而去,例如,大师挚去了齐国,亚饭干去了楚国,三饭缭去了蔡国,四饭缺去了秦国,鼓方叔逃到了黄河之滨,播鼗(táo)武逃到了汉水之岸,少师阳和击磬襄二人则逃到了海滨隐居。中央文化官员的外流,直接导致了周王朝学术文化中心地位的衰落,促进了地域性文化的繁荣发展,一些不用"周礼"而用"夷礼"的诸侯国也随之有了比较发达的学术文化,这就是孔子说的"天子失官,官学在四夷"。

第二个阶段,是从春秋末期开始,诸侯衰落,政在大夫,甚至出现了"陪臣执国命"的现象,一些诸侯国的文化官员直接流入民间。他们走出官府,不再有官禄可食,为了谋生,不得不利用手中的文化知识,向人提供各种各样的文化服务,比如,担任礼仪顾问、家庭教师,等等,一些有声望的则招徒讲学,这直接导致了民间私学的兴起。这一阶段也可以说是"诸侯失官,官学在民间"。

思考讨论

《左传》中还有哪些史实可以印证"天子失官,官学在四夷"这句话?

晏婴论和与同

齐侯至自田,晏子侍于遄台[1],子犹驰而造焉[2]。公曰："唯据与我和夫！"晏子对曰："据亦同也，焉得为和？"公曰："和与同异乎？"对曰："异。和如羹焉，水、火、醯、醢、盐、梅[3]，以烹鱼肉，燀之以薪[4]，宰夫和之[5]，齐之以味[6]，济其不及[7]，以泄其过[8]。君子食之，以平其心。君臣亦然。君所谓可而有否焉[9]，臣献其否以成其可[10]；君所谓否而有可焉，臣献其可以去其否[11]，是以政平而不干[12]，民无争心。故《诗》曰：'亦有和羹，既戒既平。鬷嘏无言，时靡有争[13]。'先王之济五味、和五声也[14]，以平其心[15]，成其政也。声亦如味，一气[16]，二体[17]，三类[18]，四物[19]，五声，六律[20]，七音[21]，八风[22]，九歌[23]，以相成也；清浊、小大，短长、疾徐，哀乐、刚柔，迟速、高下[24]，出入、周疏[25]，以相济也。君子听之，以平其心。心平，德和。故《诗》曰'德音不瑕[26]'。今据不然。君所谓可，据亦曰可；君所谓否，据亦曰否。若以水济水，谁能食之？若琴瑟之专一，谁能听之？同之不可也如是。"

（选自《左传·昭公二十年》）

注释

[1] 遄(chuán)台：地名，在今山东临淄区附近。　　[2] 子犹：梁丘据。　　[3] 醯(xī)：醋。醢(hǎi)：肉酱。梅：梅醢。梅味酸，古人调味亦用梅醢。　　[4] 燀(chǎn)：烧火煮。[5] 和之：调和其味。　　[6] 齐之：使酸咸适中。　　[7] 济：增益。不及：酸咸不足。　　[8] 过：指太酸太咸。泄：减。[9] 否：不可。　　[10] 献其否以成其可：指出并纠正之，使去其不可，而得纯可。　　[11] 献其可以去其否：指出并加益之，去其不可，转否为可。　　[12] 干：犯。有两解，一义政令本身不违礼制，一义民人不致违反政令。　　[13] 亦有和羹，既戒既平。鬷(zōng)嘏(gǔ)无言，时靡有争：出自《诗经·商颂·烈祖》。和羹：调和之羹。戒：戒宰夫。平：其味适中。鬷：声之转。嘏：今《诗经》作"假"。鬷假：即奏格。奏，献羹。格，神至。无言：无所指摘。　　[14] 五味：辛、酸、咸、苦、甘。五声：宫、商、角、徵、羽。以五味、五声喻政。　　[15] 平其心：平心则不致意气用事，而从事宜。　　[16] 一气：杜预注："须气以动。"[17] 二体：舞有文舞、武舞之分。古代奏乐多配以舞，文舞执羽籥(yuè)，武舞执干戚。　　[18] 三类：风、雅、颂。　　[19] 四物：四方之物。杜预注："杂用四方之物以成器。"孔颖达疏云："乐之所用八音之器，金、石、丝、竹、匏(páo)、土、革、木，其物非一处能备，故杂用四方之物以成器。"　　[20] 六律：杜预注："黄钟、大蔟(cù)、姑洗、蕤(ruí)宾、夷则、无射也。阳声为律，阴声为吕。"律吕分别声音的清浊、高下；乐器之音，以此为准则。　　[21] 七音：宫、商、角、徵、羽、变宫、变徵。　　[22] 八风：八方之风。

[23]九歌:夏后启之歌。九歌的内容是九功之德。六府三事谓之九功。水、火、金、木、土、谷,谓之六府。正德、利用、厚生,谓之三事。　　[24]高下:即今之高音低音。　　[25]周:密。
[26]德音不瑕:出自《诗经·豳风·狼跋》。不瑕:无瑕缺。

译文

齐景公从打猎的地方回来,晏子在遄台随侍,梁丘据驱车来到。齐景公说:"唯有据与我和谐啊!"晏子回答说:"据也只不过相同而已,哪里说得上和谐?"齐景公说:"和谐跟相同不一样吗?"晏子回答说:"不一样。和谐好像做羹汤,用水、火、醋、酱、盐、梅来烹调鱼和肉,用柴禾烧煮,厨工加以调和,使味道适中,味道太淡就增加调料,味道太浓就加水冲淡。君子食用羹汤,内心平静。君臣之间也是这样。国君所认为行而其中有不行的,臣下指出它的不行的部分而使行的部分更加完备;国君所认为不行而其中有行的,臣下指出它的行的部分而去掉它的不行,因此政事平和而不肯违背礼仪,百姓没有争夺之心。所以《诗》说:'有着调和的羹汤,已经告诫厨工把味道调得匀净。神灵来享而无所指责,上下也都没有争斗。'先王调匀五味、谐和五声,是用来平静他的内心,完成政事的。声音也像味道一样,是由一气、二体、三类、四物、五声、六律、七音、八风、九歌互相组成的;是由清浊、大小、短长、缓急、哀乐、刚柔、快慢、高低、出入、疏密互相调剂的。君子听了,内心平静。内心平静,德行就和谐。所以《诗》说'德音没有缺失'。现在据不是这样。国君认为行的,据也认为行;国君认为不行的,据也认为不行。如同用清水去调剂清水,谁去吃它呢?如同琴瑟老弹一个音调,谁去听它呢?不应该相同的道理就像这样。"

文史链接

和而不同

子曰:"君子和而不同,小人同而不和。"(《论语·子路》)何晏《论语集解》解释说:"君子心和,然其所见各异,故曰'不同';小人所嗜好者则同,然各争利,故曰'不和'。"意思是:君子团结但有不同思想,小人共同谋利但是不团结。刘宝楠《论语正义》解释说:"和因义起,同由利生。义者宜也,各适其宜,未有方体,故不同。然不同因乎义,而非执己之见,无伤于和。利者,人所同欲也。民务于是,则有争心,故同而不和。此君子、小人之异也。"杨伯峻《论语译注》将"君子和而不同,小人同而不和"译为:"君子用自己的正确意见来纠正别人的错误意见,使一切都做到恰到好处,却不肯盲从附和;小人只是盲从附和,却不肯表示自己的不同意见。"上述观点对"和而不同"的理解大致相同。

在先秦时代,"和"是一个非常重要的概念,它是指一种有差别、多样性的统一,因而有别于"同"。比如烹调,必须使酸、甜、苦、辣、咸调和在一起,达到一种五味俱全、味在咸酸之外的境界,才能算是上等佳肴;比如音乐,必须将宫、商、角、徵、羽配合在一起,达到一种五音共鸣、声在宫商之外的境界,才能算是上等美乐。反之,如果好咸者一味放盐,好酸者拼命倒醋,爱宫者排斥商、角,喜商者不用羽、徵,其后果便不堪设想了。因此,选文中早于孔子的晏婴就曾感叹地说:"若以水济水,谁能食之?若琴瑟专一,谁能听之?"

《国语·郑语》中也记载了史伯论述"和而不同"的一段话:

> 史伯曰:"……今王去和而取同。夫和实生物,同则不继。以他平他谓之和,故能丰长而物归之;若以同裨同,尽乃弃矣。故先王以土与金、木、水、火杂,以成百物。是以和五味以调口,刚四支以卫体,和六律以聪耳,正七体以役心,平八索以成人,建九纪以立纯德,合十数以训百体。出千品,具万方,计亿事,材兆物,收经入,行姟极。故王者居九畡之田,收经入以食兆民。周训而能用之,和乐如一。夫如是,和之至也。于是乎先王聘后于异姓,求财于有方,择臣取谏工而讲以多物,务和同也。声一无听,物一无文,味一无果,物一不讲。王将弃是类也,而与剸同。天夺之明,欲无弊,得乎?"

这段话意为:史伯回答说:"……排斥与自己意见不一致的正确主张,采纳与自己相同的错误说法。其实和谐才能生成万物,同一就不能发展。把不同的东西加以协调平衡叫作和谐,所以能丰富发展而使万物归于统一;如果把相同的东西相加,用尽了之后就完了。所以先王把土和金、木、水、火相配合,而生成万物。因此,调配五种滋味以适合人的口味,强健四肢来保卫身体,调和六种音律使它悦耳动听,端正七窍来为心服务,协调身体的八个部分使人完整,设置九脏以树立纯正的德行,合成十种等级来训导百官。于是产生了千种品位,具备了上万方法,计算成亿的事物,经营万亿的财物,取得万兆的收入,采取无数的行动。所以君王拥有九州辽阔的土地,取得收入来供养万民,用忠信来教化和使用他们,使他们协和安乐如一家人。这样的话,就是和谐的顶点了。于是,先王从异姓的家族中聘娶王后,向四方各地求取财货,选择敢于直谏的人来做官吏,处理众多的事情,努力做到和谐而不是同一。只是一种声音就没有听头,只是一种颜色就没有文采,只是一种味道就不成其为美味,只是一种事物就无法进行衡量比较。周幽王却要抛弃这种和谐的法则,而专门喜欢同一。上天夺取了他的聪明,要想不衰败,可能吗?"这段话是对"和而不同"形象化的解释,可与选文参照理解。

正是在晏婴、史伯等先贤深入探讨的基础上,孔子将"和"与"同"的差别引入到对人际关系的思考之中,提出了"君子和而不同,小人同而不和"的著名论断。

思考讨论

结合生活实际,谈一谈你对"和而不同"的理解。

子产论政宽猛

郑子产有疾,谓子大叔曰[1]:"我死,子必为政。唯有德者能以宽服民[2],其次莫如猛[3]。夫火烈,民望而畏之,故鲜死焉[4];水懦弱,民狎而玩之[5],则多死焉,故宽难。"疾数月而卒。

注释

[1]大叔:游吉,郑卿。公元前522年继子产执政。大,同"太"。　　[2]宽:宽大。服:使……服从。　　[3]猛:严厉。　　[4]鲜:很少。　　[5]狎(xiá):亲近而态度不庄重。玩:玩弄。

译文

郑国的子产有病,对子太叔说:"我死以后,您必然执政。只有有德行的人能够用宽大来使百姓服从,其次就莫如严厉。火势猛烈,百姓看着就害怕,所以很少有人死于火;水性懦弱,百姓轻慢并玩弄它,死在水中的人就很多,所以宽大不容易。"子产病了几个月就死去了。

大叔为政,不忍猛而宽。郑国多盗,取人于萑苻之泽[1]。大叔悔之,曰:"吾早从夫子[2],不及此[3]。"兴徒兵以攻萑苻之盗[4],尽杀之,盗少止[5]。

注释

[1]取:同"聚"。人:即盗。萑苻(huán fú):泽名。一说,凡丛生芦苇之水泽皆可谓之萑苻之泽。　　[2]从:听从。夫子:指子产。　　[3]不及此:不至于到这一步。　　[4]兴:发动。

[5] 少：同"稍"，稍微。

译文

子太叔执政，不忍心严厉而奉行宽大政策。郑国盗贼很多，聚集在芦苇塘里。太叔后悔，说："我早点听从他老人家，就不至于到这一步。"发动徒兵攻打藏在芦苇塘里的盗贼，全部杀死他们，盗贼稍稍收敛了一些。

仲尼曰："善哉！政宽则民慢[1]，慢则纠之以猛[2]。猛则民残[3]，残则施之以宽。宽以济猛，猛以济宽，政是以和。《诗》曰'民亦劳止，汔可小康；惠此中国，以绥四方[4]'，施之以宽也。'毋从诡随，以谨无良；式遏寇虐，惨不畏明[5]'，纠之以猛也。'柔远能迩，以定我王[6]'，平之以和也。又曰'不竞不絿，不刚不柔，布政优优，百禄是遒[7]'，和之至也。"

注释

[1] 慢：怠慢。　　[2] 纠：纠正。　　[3] 残：受伤害。
[4] 民亦劳止，汔可小康；惠此中国，以绥四方：出自《诗经·大雅·民劳》。止，语末助词。汔（qì），接近，差不多。中国，中原。

绥:安。　　[5]毋从诡随,以谨无良;式遏寇虐,惨不畏明:出自《诗经·大雅·民劳》。从,通"纵"。诡随,盲目追随别人。谨,指谨慎提防。式,助动词,应。遏,制止。寇虐,残害掠夺。惨,语气助词,无实义。明,明法。　　[6]柔远能迩,以定我王:出自《诗经·大雅·民劳》。柔远,怀柔远方的人。能,即安抚。迩,近。[7]不竞不絿,不刚不柔,布政优优,百禄是遒:出自《诗经·商颂·长发》。竞,急躁。絿(qiú),缓,拖沓。优优,宽裕之貌。遒(qiú),迫近,聚集。

译文

孔子说:"好啊! 政事宽大百姓就怠慢,怠慢就用严厉来纠正。严厉百姓就受到伤害,受到伤害就实施宽大。用宽大调节严厉,用严厉调节宽大,政事因此调和。《诗》说,'百姓已经很辛劳,差不多可以稍稍安康;赐恩给中原各国,用以安定四方',这是实施宽大。'不要放纵随声附和的人,以约束不良之人;应当制止侵夺残暴,他们从来不怕法度',这是用严厉来纠正。'安抚边远,柔服近邦,用来安定我王',这是用和平来安定国家。又说,'不急躁不拖延,不刚猛不柔弱,施政平和宽裕,各种福禄都聚集',这是施政平和的极致啊。"

及子产卒,仲尼闻之,出涕曰:"古之遗爱也[1]。"

(选自《左传·昭公二十年》)

注释

[1] 古之遗爱也：指子产的仁爱,有古人之遗风。爱,仁爱。

译文

等到子产死去,孔子听到这个消息,流着眼泪,说:"他的仁爱,是古人的遗风啊。"

文史链接

子产宽猛相济的政治观

子产执政二十一年,在内政、外交方面都功勋卓著。他表彰"忠俭",反对"汰侈",改革田地制度和兵赋制度,公布刑法条文,限制贵族特权,严肃朝廷法纪。此外,"宽猛相济"的治国主张也是他首先提出来的,对后世影响很大。"宽猛相济"是指政治措施要宽和严互相补充。子产所说的"猛",实际是为了预防犯罪,重点还是"宽",所以得到了孔子的赞扬。其实,事物本来就是错综复杂的,宽与猛都不是绝对的,而是互相渗透的,无论立法执法,都应斟酌情理,宽严结合。成都武侯祠有清人赵藩撰书对联一副,曰"能攻心则反侧自消,从古知兵非好战;不审势即宽严皆误,后来治蜀要深思",可看作对选文的补充。

选文通过子产授政、大叔用宽以及孔子的评价,阐明了为政应当"宽以济猛,猛以济宽"、宽猛相济的观点。这种观点既是郑子产执政二十多年内政外交生涯的经验总结,也是先秦儒家对历史政治统治经验的高度概括和提炼。后来,它便成为中国历代统治者治理国家的根本原则之一。

选文观点鲜明,层次清楚,结构完整,善于运用通俗浅显的比喻说明深刻的道理,善于通过人物的对话、言论刻画人物的性格特征,塑造了子产、大叔、孔子等栩栩如生的人物形象,是一篇颇具文学色彩的历史散文。

思考讨论

试分析子产"宽猛相济"的治国主张在历史上发挥的作用?

王子朝告诸侯之辞

昔武王克殷[1],成王靖四方[2],康王息民[3],并建母弟[4],以蕃屏周[5],亦曰:"吾无专享文、武之功[6],且为后人之迷败倾覆而溺入于难,则振救之。"至于夷王[7],王愆于厥身[8],诸侯莫不并走其望[9],以祈王身[10]。至于厉王,王心戾虐[11],万民弗忍[12],居王于彘[13]。诸侯释位[14],以间王政[15]。宣王有志[16],而后效官[17]。至于幽王,天不吊周[18],王昏不若[19],用愆厥位[20]。

携王奸命[21],诸侯替之[22],而建王嗣[23],用迁郏鄏[24]——则是兄弟之能用力于王室也。至于惠王,天不靖周,生颓祸心[25],施于叔带[26]。惠、襄辟难,越去王都[27]。则有晋、郑咸黜不端[28],以绥定王家。则是兄弟之能率先王之命也[29]。

注释

[1]克:战胜。　[2]靖四方:指平定武庚、管叔、蔡叔叛乱。靖,安定、平安。　[3]息民:与民休息。　[4]并:一起、一齐。建:分封。母弟:同母兄弟。　[5]蕃屏:屏障,此为做屏障。　[6]专享:独享,独自承受。　[7]夷王:厉王之父。　[8]愆(qiān):患恶疾。厥:其。愆于厥身,即其身患恶疾。　[9]并:遍。其望:指其境内的名山大川。[10]以祈王身:为王祈祷。　[11]戾虐:乖张暴虐。[12]弗忍:不能忍受。　[13]居王:使王住。彘(zhì):今山西霍县。　[14]释位:释去国内的职位。　[15]间:参与。[16]志:知识。　[17]效官:把王位奉还给宣王。效,授。官,王位。　[18]吊:古椒字,善。　[19]若:顺。愆(qiān):失。　[20]用:因此。愆:失。　[21]奸命:触犯天命。　[22]替:废弃。　[23]建:立。王嗣:指周平王。[24]迁:迁都。郏鄏(jiá rǔ):即雒邑,今河南洛阳市。[25]颓:指王子颓,惠王叔父,因争位作乱,使惠王出奔。[26]施:延及。叔带:襄王弟,争位作乱,使襄王出奔。

[27] 越去：离开。　　[28] 咸黜：皆黜，灭绝。黜(chù)，去。不端：不端直的人，不正派的人。　　[29] 率：遵奉。

译文

从前武王战胜殷朝，成王安定四方，康王与民休息，一起分封同母兄弟，以此作为周朝的屏障，还说："我不能独自承受文王、武王的功业，而且还是为了后代，后代一旦荒淫败坏而陷入危难，就可以拯救他。"到了夷王，恶疾缠身，诸侯无不遍祭境内的名山大川，为夷王的健康而祈祷。到了厉王，他的内心乖张暴虐，老百姓不能忍受，就让他住到彘地去。诸侯各自离开他们的职位，来参与王朝的政事。宣王有知识，诸侯把王位奉还给了他。到了幽王，上天不保佑周朝，天子昏乱不顺，因此失去王位。携王触犯天命，诸侯废弃了他，立了继承人，因此迁都到郏鄏。这就是由于兄弟们为王室效力的缘故。到了惠王，上天不使周朝安定，使颓生出祸心，延及于叔带。惠王、襄王避难，离开了国都。这时候就有晋国、郑国都来消灭不正派的人，以安定王室。这就是由于兄弟们能够遵奉先王的命令。

在定王六年[1]，秦人降妖[2]，曰："周其有頾王[3]，亦克能修其职[4]，诸侯服享[5]，二世共职[6]。王室其有间王位[7]，诸侯不图[8]，而受其乱灾。"至于灵王[9]，生而有髭。王甚神圣，无恶于诸侯。灵王、景王克终其世[10]。

注释

[1]定王六年:鲁宣公八年。定王,襄王孙。　　[2]降妖:降生妖言。　　[3]髭(zī):口上须。髭王,长胡须的天子。　　[4]克:能。修其职:完成他的职分。　　[5]服:顺服。享:享有国家。　　[6]二世:两代。共职:恭职,谨守自己的职分。共,同"恭"。　　[7]间王位:乘隙干求王位,觊觎王位,先指王猛,今指敬王。　　[8]诸侯不图:自指晋、鲁、宋、卫诸国。　　[9]灵王:定王孙。　　[10]景王:灵王之子。克终其世:能善始善终。

译文

在定王六年(鲁宣公八年)的时候,秦国人中间降下妖孽,说"周朝会有一个长胡子的天子,也能够完成自己的职分,使诸侯顺服而享有国家,两代谨守自己的职分。王室中有人觊觎王位,诸侯不为王室图谋,受到了动乱灾祸。"到了灵王,生下来就有胡子,他十分神奇聪明,对诸侯没有做什么不好的事情。灵王、景王都能善始善终。

今王室乱,单旗、刘狄剥乱天下[1],壹行不若[2],谓"先王何常之有[3],唯余心所命,其谁敢讨之",帅群不吊之人[4],以行乱于王室。侵欲无厌[5],规求无度[6],贯渎鬼神[7],慢弃刑法[8],倍奸齐盟[9]，傲很威仪[10]，矫诬先王[11]。晋为不道，是摄是赞[12]，思肆其罔极[13]。兹不谷震荡播越[14]，窜在荆蛮，未有攸厎[15]。若我一二兄弟甥舅奖顺天法[16]，无助狡猾，以从先王之命，毋速天罚[17]，赦图不谷[18]，则所愿也。敢尽布其腹心及先王之经[19]，而诸侯实深图之。

注释

[1]剥乱：同义词连用，即扰乱。剥，乱。　　[2]单旗：穆公。刘狄：刘蚠。壹：专。若：顺。　　[3]何常之有：有什么常规。　　[4]群：众，众多。不吊之人：不淑之人，不善之人。[5]厌：满足。　　[6]规求：窥求，贪求。度：限度。[7]贯：习惯。渎：亵渎。　　[8]慢：轻慢。　　[9]倍：同"背"，违背。奸：触犯。　　[10]傲很：轻侮而不听从，轻慢无视。　　[11]矫诬：舞文弄法，诬害无辜。　　[12]是：此，这些人。摄、赞：皆佐助之义。是摄是赞，即摄是赞是。[13]肆：放纵。罔极：无准则，无限度。　　[14]不谷：王子朝自称。震荡播越：动荡流离。　　[15]攸：所。厎(dǐ)：至。攸厎，即归宿。　　[16]兄弟：指同姓诸侯。甥舅：指异姓诸侯。奖顺：将顺，顺势助成。天法：上天的法度。　　[17]速：招致。[18]赦：除其忧虑。图：谋其危难。　　[19]布：披露。先王之经：先王之命。

译文

现在王室动乱,单旗、刘狄搅乱天下,专门倒行逆施,说"先王登位根据什么常规,只要我心里想立谁,有谁敢来讨伐",带了一些不好的人,以此在王室中制造混乱。他们侵吞没有满足,贪求没有限度,惯于亵渎鬼神,轻慢抛弃刑法,违背触犯盟约,蔑视礼仪,诬蔑先王。晋国无道,对他们加以赞助,想要放纵他们永无止境的欲望。现在我动荡流离,逃窜到荆蛮,还没有归宿。如果我们一两位兄弟甥舅顺从上天的法度,不要帮助狡猾之徒,以服从先王的命令,不要招致上天的惩罚,除去我的忧虑并为我谋划,就是我的愿望了。谨敢完全披露腹心和先王的命令,希望诸侯认真地考虑一下。

昔先王之命曰:"王后无适[1],则择立长[2]。年钧以德[3],德钧以卜。"王不立爱,公卿无私,古之制也。穆后及大子寿早夭即世[4],单、刘赞私立少,以间先王[5]。亦唯伯仲叔季图之[6]!

(选自《左传·昭公二十六年》)

注释

[1] 适(dí):通"嫡",嫡子。　　[2] 长:年长的,此指长子。王子朝不言母弟,仅言立长,以敬王为王猛母弟,己则年长。
[3] 钧:同"均",相同、相当。　　[4] 早夭即世:早年去世。
[5] 间(jiàn):违犯。　　[6] 亦:语首助词,无义。伯仲叔季:

泛指众诸侯。

译文

从前先王的命令说:"王后没有嫡子,就选立年长的。年纪相当根据德行,德行相当根据占卜。"天子不立偏爱,公卿没有私心,这是古代的制度。穆后和太子寿早年去世,单氏、刘氏偏私立了年幼的,来违犯先王的命令。请所有长于我或小于我的诸侯考虑一下。

文史链接

《王子朝告诸侯之辞》产生的历史背景

鲁昭公二十六年冬季(十月十六日),周敬王在滑地起兵。十一月十一日,晋军攻下巩地,召伯盈赶走了王子朝。王子朝和召氏的族人、毛伯得、尹氏固、南宫嚚保护着周朝的典籍逃亡楚国,阴忌逃亡莒地叛变。召伯盈在尸地迎接周敬王,与刘子、单子结盟。于是就驻扎在圉泽,住在堤上。二十三日,周敬王进入成周。二十四日,在襄王的庙里盟誓。晋军派成公般在成周戍守,就回去了。十二月初四,周敬王进入庄宫。王子朝派人报告诸侯说了《王子朝告诸侯之辞》这么一段话。

《王子朝告诸侯之辞》与周室图书档案典籍失踪之谜

《王子朝告诸侯之辞》被曾国藩选入了《经史百家杂钞》诏令

部分,这篇文章还涉及一个历史谜案,即王子朝奔楚无价文化之宝周室图书档案典籍失踪之谜。公元前 520 年,周景王死后,周王室在继位问题上发生内战,王子朝(庶长子)占据王城洛阳数年,王子丐(嫡次子,被立为周敬王)避居泽邑;公元前 516 年,秋冬之际,晋顷公出兵支持王子丐复位,此举得到中原各诸侯国的响应,王子朝遂携周室典籍投奔楚国,此事被记入《左传·昭公二十六年》和《史记》等文献中。

在王子朝一行中,既有王室成员、世袭贵族,也有供职于周王室图书档案馆的官吏和学者。其所携带的周室典籍包括前朝的文献、文物,以及周代列王的诰命文件等,具有重要的历史价值。《吕氏春秋·先识》记载:"夏太史终古见桀迷惑,载其图法奔商;商内史向挚见纣迷惑,载其图法奔周。"这句话传递了两个信息:一、周王室图书馆收藏有夏朝、商朝的图册文物;二、携典籍投奔"有道之国"是一种古老的文化传统,也是图书文献管理官员的神圣职责。在王子朝占据王城洛阳数年之间,周王室图书馆的官员和学者仍然恪守职责,当王子朝携周室典籍奔楚之时,这些官吏或学者亦在同行之列。

王子朝奔楚恰逢楚平王之死,楚国在继位问题上也动荡不安。王子朝一行并没有到达楚国都城,而是滞留在南阳西鄂一带(今河南省南阳市石桥镇)。现存史书中,既没有记载楚国何时何地收到过这些周室典籍,也没有明确记载这批珍贵文献的下落,而且历代出土文物中也不见它们的踪影。据此可以推测,王子朝很可能并没有把周室典籍送交给楚国君臣,而是将它们妥善地保留在自己手中。历史事实究竟如何,有待于新的考古发现来揭开周室图书档案典籍失踪的神秘面纱。

> **思考讨论**

试分析《王子朝告诸侯之辞》的艺术特征。

鱄设诸刺吴王僚

吴子欲因楚丧而伐之[1]，使公子掩余、公子烛庸帅师围潜[2]，使延州来季子聘于上国[3]，遂聘于晋，以观诸侯……

> **注释**

[1]吴子：吴王僚。因：乘机。楚丧：指楚平王之死。[2]掩余、烛庸：都是吴王僚的同母兄弟。潜：楚国地名，在今安徽霍山东北。　　[3]延州来季子：即季札，吴王僚的叔父。延州来：季子本封延陵，后复封州来，故曰延州来。上国：指中原各国。这是吴国对中原诸国的称呼。

> **译文**

吴王想要借楚国有丧事的机会攻打它，派公子掩余、公子烛庸领兵包围潜地，派延州来季子到中原各国聘问。季子到晋国聘问，以观察诸侯的态度……

吴公子光曰:"此时也,弗可失也[1]。"告鱄设诸曰[2]:"上国有言曰:'不索,何获[3]?'我,王嗣也[4],吾欲求之[5]。事若克,季子虽至,不吾废也[6]。"鱄设诸曰:"王可弒也。母老、子弱[7],是无若我何[8]?"光曰:"我,尔身也[9]。"

注释

[1] 公子光:即后来的吴王阖(hé)庐,也作阖闾,吴王僚的侄子。　　[2] 鱄(zhuān)设诸:即专诸,吴国力士。"设"盖语词,无义,犹如《孟子·公孙丑上》孟施舍之"施",《左传·僖公二十四年》介之推之"之"。　　[3] 上国:指中原各国。索:求。"不索,何获"是说,自己不去追求,则无从获王位。　　[4] 王嗣(sì):王位的继承人。吴王夷眛死,僚作为他的庶兄而继位为吴王,公子光是前任吴王夷眛的嫡子,所以他认为自己才是王嗣。　　[5] 求之:指获得王位。　　[6] 废:废黜。　　[7] 弱:弱小。　　[8] 是无若我何:倒装,犹言"我无若是何"。即"我对(母老子弱)这个问题怎么办?"言外之意是把母子托给公子光照顾。　　[9] 身:自身,自己。此句言外之意是,你的家人就是我的家人。

译文

吴国的公子光说:"这是机会,不能失去了。"告诉鱄设诸说:"中原的国家有话说:'不去寻求,哪里能够得到王位?'我是王位的继承人,我就要寻求这个。事情如果成功,季子即使来到,也不能废掉我。"鱄设诸说:"君王是可以杀掉的。但是我母亲老了,儿子还小,我拿他们没有办法。"公子光说:"我,就是你自己啊。"

夏四月,光伏甲于堀室而享王[1]。王使甲坐于道,及其门[2]。门、阶、户、席,皆王亲也[3],夹之以铍[4]。羞者献体改服于门外[5]。执羞者坐行而入[6],执铍者夹承之,及体[7],以相授也。光伪足疾,入于堀室。鱄设诸置剑于鱼中以进,抽剑刺王,铍交于胸[8],遂弑王[9]。阖庐以其子为卿[10]。

注释

[1]伏甲:埋伏甲兵。堀(kū)室:即窟室,地下室。堀,"窟"的古字。享王:宴请吴王僚。　　[2]其门:指公子光的家门口。[3]王亲:王僚的亲兵。　　[4]铍(pī):兵器名。形如刀而两边有刃。　　[5]羞:进献(食品)。献体:脱衣露体。这是防止夹带暗器进来行刺。　　[6]羞:食品。执羞者即上文之"羞者",皆指送食物的人。坐行:膝行。古人双膝着地而坐,所以称双膝着地而行为坐行。入:入王僚坐处以进食。　　[7]及体:指剑尖挨着身体。　　[8]铍交于胸:(专诸抽出剑刺向吴王僚时),抵住专诸身体的两支铍同时也从两边交叉刺进了他的胸膛。

[9] 遂：于是。弑王：杀掉了吴王僚。　　[10] 阖(hé)庐：即公子光。公子光即位为吴王后称阖庐，也作阖闾。

译文

（鲁昭公二十七年）夏季，四月，公子光在地下室埋伏甲士而设享礼招待吴王。吴王让甲士坐在道路两旁，一直到大门口。大门、台阶、里门、座席上，都是吴王的亲兵，手持长剑护卫在吴王两旁，端菜的人在门外先脱光衣服再换穿别的衣服。端菜的人膝行而入，持剑的人用剑夹着他，剑尖几乎碰到身上，然后才递给上菜的人。公子光假装有脚病，躲进地下室。鱄设诸把剑放在鱼肚子里然后进入，抽出剑猛刺吴王，两旁亲兵的短剑也交叉刺进了鱄设诸的胸膛，结果还是杀死了吴王。阖庐让鱄设诸的儿子做了卿。

季子至，曰："苟先君无废祀，民人无废主，社稷有奉，国家无倾[1]，乃吾君也，吾谁敢怨[2]？哀死事生[3]，以待天命。非我生乱，立者从之[4]，先人之道也。"复命哭墓，复位而待[5]。吴公子掩余奔徐[6]，公子烛庸奔钟吾[7]。楚师闻吴乱而还[8]。

（选自《左传·昭公二十七年》）

注释

[1] 倾：颠覆。　　[2] 吾谁敢怨：我能怨恨谁呢？

[3]哀死：指王僚。事生：指阖闾。　[4]立者从之：指余服从立者为君。之：指立者，即公子光。　[5]复位而待：复本位，待光命。　[6]徐：小国名。　[7]钟吾：小国名。钟吾在今江苏宿迁东北。　[8]吴乱：吴国内乱。还：撤兵。

译文

季子到达，说："如果先君没有废弃祭祀，百姓没有废弃主子，土地和五谷之神得到奉献，国家和家族没有颠覆，他就是我的国君，我敢怨恨谁？哀痛死去的，侍奉活着的，以等待天命。不是我发起了动乱，谁立为国君，我就服从谁，这是先代的常法。"到坟墓前哭泣复命，回到自己原来的官位上等待命令。吴国的公子掩余逃奔徐国，公子烛庸逃亡钟吾。楚军听说吴国发生动乱就收兵返回了。

文史链接

鱄设诸刺吴王僚的前因后果

公元前561年，吴王寿梦去世。寿梦有四个儿子：即长子诸樊、次子余祭、三子夷昧（余眜、夷末）、四子季札。四子之中，季札最贤德，而寿梦想要立他继位，季札谦让不应承，于是就立长子诸樊，代理行政掌权。吴王诸樊死后，遗命将王位传给次弟余祭，想依次相传，定要将国家交给季札才罢休，以满足父亲吴王寿梦的遗愿，并褒奖季札的节义。吴王夷昧死后，其子僚继为吴王。

公元前 522 年,楚国流亡之臣伍子胥逃到吴国,诸樊之子公子光以宾客之礼接待他。公子光认为自己的父亲兄弟四人,应当传位到季子。季子既不接受国家,而自己的父亲最先继位,就应该由自己继位。他对夷昧之子僚即位大为不满,于是处心积虑,暗中招贤纳士、网罗人才,准备袭击吴王僚,夺回王位。伍子胥于是把壮士鱄设诸推荐给了公子光。

公元前 514 年,伍子胥为公子光谋划,以尝鱼鲜为名请王僚赴宴,席间由鱄设诸举案献鱼,暗藏利剑于鱼腹,接近王僚之身,鱄设诸突然从鱼腹中抽剑刺之,王僚顿时身亡,鱄设诸也被王僚卫士的双剑刺穿胸膛。这便是历史上著名的"鱄设诸刺王僚"和"鱼腹藏剑"的故事。

公子光即位称王的过程,让刺客鱄设诸名垂史册。鱄设诸的刺杀行动,是在吴王僚的卫士用矛头抵住自己胸口的情况下进行的,短剑刺进吴王身体的同时,两侧的矛头也穿透了他的胸膛。这种惊心动魄的刺杀方式,其难度之大绝无仅有,可谓惊天地、泣鬼神。

对于这个充满戏剧性的刺杀场景,《左传》用毫无渲染、干净利落、出人意料的笔墨将其勾勒出来,将大篇幅用来交代刺杀的前因后果。专诸的刺杀行为成功了,其对吴国的历史进程也产生了深远影响。吴王僚死后,公子光即位,是为阖闾。阖闾是一位有作为的君王,他任用伍子胥、孙武等贤能之士,振军经武,修建城郭,设置守备,积聚粮食,充实兵库,使吴国进一步强大,最终"西破强楚,北威齐晋,南服越人"(《史记·伍子胥列传》),显名诸侯,跻身于霸国之列。

后世的刺杀行为载于史册者不少,然多以失败告终,涌现出了无数悲剧英雄。倘若荆轲刺秦王成功了,鸿门宴上项庄刺刘邦成功了,历史也必将随之而改写。

思考讨论

谈谈鱄设诸刺吴王僚对历史发展的影响。

贾大夫丑而妻美

贾辛将适其县,见于魏子。魏子曰:"辛来!昔叔向适郑,鬷蔑恶[1],欲观叔向,从使之收器者[2],而往,立于堂下,一言而善。叔向将饮酒,闻之,曰:'必鬷明也[3]!'下,执其手以上,曰:'昔贾大夫恶[4],娶妻而美,三年不言不笑,御以如皋[5],射雉,获之,其妻始笑而言。贾大夫曰:'才之不可以已。我不能射,女遂不言不笑夫!'今子少不扬[6],子若无言,吾几失子矣。言不可以已也如是!遂如故知。今女有力于王室,吾是以举女。行乎!敬之哉!毋堕乃力[7]!"

注释

[1]鬷(zōng)蔑:郑国大夫。恶:丑。　[2]从:跟从,跟

随。　[3]鬷明:即鬷蔑,又称然明。　[4]贾大夫:贾国的大夫。恶:丑。　[5]御以如皋:为妻御之皋泽。　[6]不扬:相貌不出众。　[7]堕:损毁。力:功劳。

译文

贾辛将要到他的县里去,进见魏献子。魏献子说:"辛,过来!从前叔向到郑国去,鬷蔑很丑,想要观察叔向,就跟着收拾器皿的人前去,站在堂下,说了一句话,说得很好。叔向正要喝酒,听到了鬷蔑的话,说:'一定是鬷蔑!'走下堂来,拉着他的手上堂,说:'从前贾大夫长得丑,娶了个妻子却很美,三年不说不笑。贾大夫为她驾着车子去到沼泽地,射野鸡,射中,她才笑着说话。贾大夫说:'本事是不能没有的。我要是不能射箭,你就不说不笑了啊!'现在您的外貌不太好看,您如果再不说话,我几乎错过和您见面的机会了。话不能不说,就像这一样。两个人就像老朋友一样。现在你为王室出了力,我因此举拔你。动身吧!保持着恭敬,不要损毁了你的功劳。"

仲尼闻魏子之举也,以为义,曰:"近不失亲[1],远不失举[2],可谓义矣。"又闻其命贾辛也,以为忠,"《诗》曰:'永言配命,自求多福'[3],忠也。魏子之举也义,其命也忠,其长有后于晋国乎!"

(选自《左传·昭公二十八年》)

注释

[1] 近不失亲：指举魏戊之事。 [2] 远不失举：举其所当举，或以功，或以贤。 [3] "《诗》曰"句：出自《诗经·大雅·文王》。言：语助词，无义。配：合。命：天命。

译文

孔子听到魏献子举拔的事，认为合于道义，说："举拔近的而不失去亲族，举拔远的而不失去应当举拔的人，可以说是合于道义了。"又听说他命令贾辛的话，认为体现了忠诚，说："《诗》说，'永远合于天命，自己求取各种福禄'，这是忠诚。魏子的举拔合于道义，他的命令又体现了忠城，恐怕他的后代会在晋国长享禄位吧！"

文史链接

魏献子的忠义与从善如流

孔子听说了魏献子的事迹，认为"魏子之举也义，其命也忠"。孔子认为魏献子义，原因有两点：一、"近不失亲"，谓举魏戊。二、"远不失举"，即以贤举。这两点"可谓义矣"。孔子"又闻其命贾辛也，以为忠"，先赏王室之功，故为忠。

行为符合忠义二字的人，在孔子看来必有好的结局。孔子引用《诗经·大雅·文王》中的"永言配命，自求多福"来概括。"永言配命，自求多福"意为：长久地顺应天命，才能求得多种福分。

这八个字把忠义看成天命所要求的内容,鲜明地体现了儒家思想,同时也是中国文化道德修养的中心思想。《孟子·离娄上》也有类似的论述:"爱人不亲,反其仁;治人不治,反其智;礼人不答,反其敬。行有不得者皆反求诸己,其身正而天下归之。《诗经》云:'永言配命,自求多福。'"意思是:"我爱别人,可是别人不亲近我,那就要反问自己的仁德够不够;我管理别人,但是没管好,那就要反问自己的智慧和知识够不够;我有礼貌地对待别人,可是得不到相应的回答,那就要反问自己的恭敬够不够。凡是行为得不到预期的效果,都应该反过来检查自己,自身行为端正了,天下的人自然就会归服。《诗经》说:'长久地与天命相配合,自己寻求更多的幸福。'"无论是孔子对"忠义"的嘉许还是孟子对"反求诸己"的强调,都为"自求多福"指明了方向,那就是从自身做起。"自求多福"体现了以人为中心的思想,认为福气是自求的,而不是上天赐予的。"自求多福"的方法就是使自己的行为顺应天命、符合天理,践行忠义之道。在这方面,魏献子就是很好的榜样。

在史料记载的魏献子事迹中,还有一则小故事值得玩味。《左传·昭公二十八年》记载:

> 冬,梗阳人有狱,魏戊不能断,以狱上。其大宗赂以女乐,魏子将受之。魏戊谓阎没、女宽曰:"主以不贿闻于诸侯,若受梗阳人,贿莫甚焉。吾子必谏。"皆许诺。退朝,待于庭。馈入,召之。比置,三叹。既食,使坐。魏子曰:"吾闻诸伯叔,谚曰:'唯食忘忧。'吾子置食之间三叹,何也?"同辞而对曰:"或赐二小人酒,不夕食。馈之始至,恐其不足,是以叹。中置,自咎曰:'岂将军食之

而有不足？'是以再叹。及馈之毕，愿以小人之腹为君子之心，属厌而已。"献子辞梗阳人。

《国语·晋语》也记载了这则故事：

> 梗阳人有狱，将不胜，请纳赂于魏献子，献子将许之。阎没谓叔宽曰："与子谏乎！吾主以不贿闻于诸侯，今以梗阳人之贿殃之，不可。"二人朝而不退，献子将食，问谁于庭，曰："阎没、叔褒在。"召之，使佐食。比已食，三叹。既饱，献子问焉，曰："人有言曰：'唯食可以忘忧。'吾子一食之间而三叹，何也？"同辞对曰："吾小人也，贪。馈之始至，惧其不足，故叹。中食而自咎也，曰，岂主之食而有不足，是以再叹。主之既食，愿以小人之腹，为君子之心，属餍而已，是以三叹。"献子曰："善。"乃辞梗阳人。

《国语》的记载比《左传》更为明白晓畅，魏献子在阎没、女宽二人对一食三叹的解释中悟到了自己的错失并立即改正，由此可见，魏献子还是一个善于纳谏的人。

思考讨论

你是怎样认识魏献子的忠与义的？请说明原因。

君臣无常位

赵简子问于史墨曰："季氏出其君，而民服

焉，诸侯与之；君死于外而莫之或罪，何也[1]？"对曰："物生有两、有三、有五、有陪贰[2]。故天有三辰[3]，地有五行，体有左右[4]，各有妃耦[5]，王有公，诸侯有卿，皆有贰也。天生季氏，以贰鲁侯，为日久矣。民之服焉，不亦宜乎！鲁君世从其失[6]，季氏世修其勤，民忘君矣。虽死于外，其谁矜之[7]？社稷无常奉[8]，君臣无常位，自古以然[9]。故《诗》曰：'高岸为谷，深谷为陵[10]。'三后之姓于今为庶[11]，主所知也[12]。在《易》卦，雷乘《乾》曰《大壮》䷡[13]，天之道也[14]。昔成季友，桓之季也[15]，文姜之爱子也。始震而卜[16]，卜人谒之[17]，曰：'生有嘉闻[18]，其名曰友，为公室辅。'及生，如卜人之言，有文在其手曰'友'，遂以名之[19]。既而有大功于鲁[20]，受费以为上卿。至于文子、武子[21]，世增其业，不废旧绩。鲁文公薨，而东门遂杀适立庶[22]，鲁君于是乎失国[23]，政在季氏，于此君也四公矣[24]。民不知君，何以得国？是以为君慎器与名，不可以假人[25]。"

（选自《左传·昭公三十二年》）

注释

[1] 何也:"何"字本无,从金泽文库本增。　　[2] 陪贰:副手,助手。　　[3] 三辰:日、月、星。　　[4] 左右:指有两。　　[5] 妃耦(ǒu):配偶。　　[6] 从其失:从,读"纵"。失,读"佚",与"勤"相对。指鲁君代代纵其安逸。详见王引之《经义述闻》。　　[7] 矜:怜惜。　　[8] 社稷无常奉:指奉祀社稷者不一定某姓某氏之人。　　[9] 以:同已。　　[10] "故《诗》曰"句:出自《诗经·小雅·十月之交》。言地尚有变易。　　[11] 三后:古代天子、诸侯皆称后。这里指虞、夏、商三代的君主。姓:子,这里指子孙。庶:庶民。　　[12] 主所知也:主原作"王",此处从校勘记及金泽文库本订。　　[13] 雷乘《乾》:杜预注:"《乾》下《震》上,大壮。《震》在《乾》上,故曰'雷承《乾》。'"　　[14] 天之道也:杜预注:"《乾》为天子,《震》为诸侯,而在《乾》上。君臣易位,犹大臣强壮,若天上有雷。"　　[15] 桓之季也:季友为桓公季子。　　[16] 震:妊娠。卜:占卜。　　[17] 谒:告诉(桓公)。详见《左传·闵公二年》。　　[18] 嘉闻:嘉名闻于世。　　[19] 名:用作动词,命名。　　[20] 既而:时间副词,不久。有大功于鲁:指立僖公之事。　　[21] 文子:行父。武子:宿。　　[22] 适(dí):通"嫡",与"庶"相对。　　[23] 失国:失国政。　　[24] 四公:阎若璩《潜邱札记》云:"僖十六年季友卒而臧文仲执政,文十年臧孙辰卒而东门襄仲执政,宣八年仲遂卒而季文子执政。故成之世,文子曰相二君;襄之世,文子曰相三君。文子始见文六年,是文子初立犹未相也。"　　[25] "唯器与名,不可以假人":古人语。《左传·成公二年》亦引仲尼语云:"唯器与名,不可

以假人。"假,借给。

译文

赵简子问史墨说:"季氏赶走他的国君,而百姓顺服他,诸侯亲附他;国君死在外面而没有人去惩罚他,这是为什么?"史墨回答说:"事物的存在有的成双、有的成三、有的成五、有的有辅助。所以天有三辰,地有五行,身体有左右,各有配偶,王有公,诸侯有卿,都是有辅助的。上天生了季氏,让他辅佐鲁侯,时间已经很久了。百姓顺服他,不也是很合适吗?鲁国的国君世世代代放纵安逸,季氏世世代代勤勤恳恳,百姓已经忘记他们的国君了。即使死在国外,有谁去怜惜他?社稷没有固定不变的祭祀者,君臣没有固定不变地位,自古以来就是这样。所以《诗》说:'高高的堤岸变成深谷,深深的河谷变成山陵。'三王的子孙在今天成了平民,这是主人所知道的。在《易》的卦象上,代表雷的《震》卦在《乾》卦之上,叫作《大壮》䷡,这是上天的常道。以前的成季友,是桓公的小儿子,文姜所宠爱的儿子。刚刚怀孕就占卜,卜人报告说:'生下来就有好名声,他的名字叫友,成为公室的辅佐。'等到生出来,和卜人所说的一样,在手掌上有个'友'字,就以此命名。后来在鲁国立下大功,受封在费地而做了上卿。一直到文子、武子,世世代代增加家业,不废弃过去的功业。鲁文公去世,东门遂杀死嫡子,立了庶子,鲁国国君在这时就失掉了国政,政权落到了季氏手中,到这一位国君已经是第四代了。百姓不知道有国君,凭什么得到国政?因此做国君的要谨慎地对待器物和名位,不能拿来随便借给别人。"

文史链接

春秋时期的君民关系与君臣关系

春秋时期,出现了一些关于君民关系、君臣关系的言论,与传统思想迥然有别,体现了进步的历史观。如《国语·鲁语上》记载:"晋人杀厉公,边人以告,成公在朝。公曰:'臣杀其君,谁之过也?'大夫莫对,里革曰:'君之过也。夫君人者,其威大矣。失威而至于杀,其过多矣。且夫君也者,将牧民而正其邪者也,若君纵私回而弃民事,民旁有慝,无由省之,益邪多矣。若以邪临民,陷而不振。用善不肯专,则不能使,至于殄灭而莫之恤也,将安用之?桀奔南巢,纣踣于京,厉流于彘,幽灭于戏,皆是术也。夫君也者,民之川泽也。行而从之,美恶皆君之由,民何能为焉。'"里革认为身为国君,失去威信而被杀害,应该由他自己负责,如果君王放纵私欲而抛弃民事,遭到夏桀、殷纣王、周厉王、周幽王那样的下场也是应该的。《左传》中也记载了这样的言论,《左传·襄公十四年》记载,师旷按照君主的作为将其分为"良君"和"困民之主",认为"若困民之主,匮神乏祀,百姓绝望,社稷无主,将安用之?弗去何为",也明确地表明了"君臣无常位"的立场。

选文更加明确地提出了"社稷无常奉,君臣无常位,自古以然"的思想。鲁昭公被季氏放逐,死于乾侯,鲁国百姓和各国诸侯中没有人反对季氏,赵简子和史墨就此展开了议论,史墨的回答和里革、师旷的言论一样,认为君主的地位与履行自己的职责是一致的,如果君主不履行自己的职责,失去了臣民的信任,也就失去了做君主的资格。这种观点是对商周"君权神授"传统观念的突破,对后世有深远的影响。"民为贵,社稷次之,君为轻"(《孟子·尽心下》),"君者,舟也;庶人者,水也。水则载舟,水则覆舟,君以此思危,则危将焉而不至矣"(《荀子·哀公》),"君,舟也;人,水也;水能载舟亦能覆舟"(唐太宗《论政体》),这些言论都是对"君臣无常位"重民思想的继承和发展。

思考讨论

结合史实,谈谈你对"君臣无常位"这句话的认识。

第十一章　鲁定公

申包胥如秦乞师

初,伍员与申包胥友[1]。其亡也,谓申包胥曰:"我必复楚国[2]。"申包胥曰:"勉之!子能复之,我必能兴之。"及昭王在随[3],申包胥如秦乞师[4],曰:"吴为封豕、长蛇[5],以荐食上国[6],虐始于楚[7]。寡君失守社稷,越在草莽[8],使下臣告急,曰[9]:'夷德无厌[10],若邻于君[11],疆埸之患也[12]。逮吴之未定[13],君其取分焉。若楚之遂亡,君之土也。若以君灵抚之,世以事君。'"秦伯使辞焉,曰:"寡人闻命矣。子姑就馆,将图而告。"对曰:"寡君越在草莽,未获所伏[14],下臣何敢即安[15]?"立,依于庭墙而哭,日夜不绝声,勺饮不入口七日[16]。秦哀公为之赋《无衣》[17]。九顿首而坐[18]。秦师乃出。

（选自《左传·定公四年》）

注释

[1]申包胥：楚国大夫，包胥是字，申是他的食邑。[2]复：通"覆"，颠覆，倾覆。　[3]昭王：楚昭王，名壬，一名轸，楚平王的儿子，是替太子建聘娶的秦女所生。楚郢都被吴国攻陷后，昭王流亡到随国。随：诸侯国名。　[4]如：去到，往。　[5]封：大。豕(shǐ)：猪，这里指野猪。封豕、长蛇：比喻吴之为害。　[6]荐：屡次，多次。食：侵食。上国：指中原各国。　[7]虐：侵害，残害。　[8]越：流亡。[9]使：排遣。告急：报告危急情况。　[10]夷：指吴国。德：这里指贪心。厌：满足。　[11]若邻于君：指要是吴国吞并了楚国，吴国就和秦国接邻。邻，接邻，邻接，邻近。[12]疆埸(yì)：边界，边疆。　[13]逮：及，趁，正当。[14]所伏：藏身之地，安身之地。　[15]即安：到安适的地方去，指"就馆"。　[16]勺饮不入口七日：此句言过其实，从生理上讲，七日不饮水，将不能生存。　[17]《无衣》：《诗经·秦风》中的篇名，诗中有"王于兴师，修我戈矛，与子同仇""王于兴师，修我矛戟，与子偕作""王于兴师，修我甲兵，与子偕行"等诗句。秦哀公赋此诗，意思是答应出兵。　[18]九顿首：古无九顿首之礼，申包胥求救心切，秦哀公肯出师，故特别感谢以至九顿首。

译文

起初,伍员和申包胥是朋友。伍员逃亡的时候,对申包胥说:"我一定要颠覆楚国。"申包胥说:"尽力干吧!您能颠覆楚国,我一定能复兴楚国。"等到楚昭王在随国避难,申包胥就到秦国去请求出兵,说:"吴国就是大猪、长蛇,一再吞食中原国家,为害从楚国开始。寡君失守国家,远在杂草丛林之中,使下臣报告急难,说:'夷人的本性是贪得无厌,如果吴国成为君王的邻国,这是边境的祸患。乘着吴国没有安定下来,君王可以平分楚国。如果楚国就此灭亡,那就是君王的土地了。如果仰仗君王的威福派兵镇抚楚国,楚国将世世代代侍奉君王。'"秦哀公派人辞谢申包胥,说:"我知道您的意见了。您姑且到宾馆休息,我们要商量一下再答复您。"申包胥回答说:"寡君逃亡到杂草丛林之中,还没有得到安身之处,下臣哪敢到安适的地方去?"申包胥靠着院墙站着号陶大哭,日夜哭声不断,七天不喝一口水。秦哀公为他赋了《无衣》这首诗。申包胥叩头九次,然后坐下。秦军于是出动。

文史链接

爱国贤臣申包胥

鲁定公四年(公元前506年),吴王阖闾大举进攻楚国,五战五胜,占领楚国都城郢城,楚昭王被迫流亡到随国。正在此时,楚臣申包胥一个"哭秦庭"的壮举,赢得了秦国的支援,力挽狂澜,被后人广为传颂。

申包胥假托昭王之命到秦国求救,向秦哀公申述吴灭楚之害和秦救楚之利,条分缕析,头头是道,但是,秦哀公却派人婉言谢绝了他,故意拖延时间。申包胥察觉秦王无出兵相救之意,于是身靠院墙号啕大哭,连续七天七夜哭声不断,滴水不进。最终,他的爱国赤诚感动了秦哀公,秦国为他赋了《秦风·无衣》这首诗,然后出兵击败了吴国,使楚国免于亡国之患。

申包胥的游说方式,在众多说客之中可谓独树一帜。他在言辞游说不起作用的时候,选择用哭庭的行为来达到自己的目的。诚然,选文所载"立,依于庭墙而哭,日夜不绝声,勺饮不入口七日"的行为,不免有些夸张的成分,但是,申包胥的爱国精神却通过"哭庭"之举淋漓尽致地表现了出来。古人云"精诚所至,金石为开"(王充《论衡·感虚篇》),申包胥以至诚之心成功地达到了游说的目的,终于救国家于危难之中。

值得注意的是,申包胥的游说之词是假托楚昭王的名义编造出来的,"哭庭"之举又体现了他的"随机应变"。作为臣子,为国分忧,本是义不容辞的责任,但在未受国君之托的情况下,自告奋勇,矢志不渝,尽心尽力地为国着想,赤胆忠心跃然纸上,彰显了崇高的"爱国"精神,着实难能可贵。楚怀王时期的三闾大夫屈原,继承了申包胥的"爱国"精神,创作了大量不朽的爱国诗篇,成为历史上爱国诗人的典范。

思考讨论

《左传》中还有哪些历史人物和申包胥一样体现了强烈的爱国精神?

齐鲁夹谷之会

十年春[1],及齐平[2]。

注释

[1] 十年:鲁定公十年,即公元前500年。　　[2] 及:和,跟。平:和好,讲和。

译文

(鲁定公)十年春季,鲁国和齐国讲和。

夏,公会齐侯于祝其[1],实夹谷。孔丘相[2],犁弥言于齐侯曰[3]:"孔丘知礼而无勇,若使莱人以兵劫鲁侯[4],必得志焉。"齐侯从之。孔丘以公退,曰:"士,兵之[5]!两君和好,而裔夷之俘以兵乱之[6],非齐君所以命诸侯也。裔不谋夏,夷不乱华,俘不干盟,兵不偪好[7]——于神为不祥,于德为愆义[8],于人为失礼,君必不然。"齐侯闻之,遽辟之[9]。

注释

[1] 公：指鲁定公。齐侯：指齐景公。祝其：即夹谷，地名，在今山东莱芜夹谷峪。　　[2] 相：担任傧相，负责主持会议仪节。[3] 犁弥：齐国大夫。　　[4] 莱：诸侯国名，姜姓，在今山东龙口。鲁襄公六年(公元前567年)为齐国所灭。　　[5] 士兵之：命令士兵们拿起武器冲上去(抗击莱人)。　　[6] 裔夷：华夏地域以外的民族。裔，指夏以外的地方。夷，指华以外的民族。俘：俘虏，莱为齐国所灭，故用俘称呼他们。　　[7] 偪(bī)：同"逼"。偪好：逼迫友好。　　[8] 愆(qiān)：伤害。　　[9] 遽(jù)：迅速，紧急。辟之：使之避开。辟，同"避"。之，指莱人。

译文

(鲁定公十年)夏季，鲁定公在祝其会见齐景公，祝其也就是夹谷。孔丘相礼。犁弥对齐景公说："孔丘懂得礼而缺乏勇，如果派莱地人用武力劫持鲁侯，一定可以如愿以偿。"齐景公听从了。孔丘领着定公退出，说："战士们，拿起武器攻上去！两国的国君会见友好，而边远的东夷俘虏用武力来捣乱，这不是齐君所以对待诸侯的态度。边远不能图谋中原，东夷不能搅乱华人，俘虏不能侵犯盟会，武力不能逼迫友好——这些对于神明来说是大不吉祥的，对于德行来说是丧失道义的，对于人们来说是丢弃礼制的，君王必定不会这样做。"齐景公听了以后，很快就让莱地人避开。

将盟，齐人加于载书曰[1]："齐师出竟[2]，而不以甲车三百乘从我者,有加此盟!"孔丘使兹无还揖对曰[3]:"而不反我汶阳之田,吾以共命者[4],亦如之!"

注释

[1]载书:盟约。　　[2]出竟:指出境作战。竟,同"境"。
[3]兹无还:鲁大夫。　　[4]共命:供给齐国之命,指"以甲车三百乘从"。共,同"供"。

译文

将要盟誓,齐国人在盟书上加上一句话,说:"如果齐军出境,而鲁国不派三百辆甲车跟随我们的话,有盟誓为证!"孔丘让兹无还作揖回答说:"你们不归还我们汶阳的土田,让我们用来供应齐国的需要,也有盟誓为证!"

齐侯将享公。孔丘谓梁丘据曰[1]:"齐、鲁之故[2],吾之何不闻焉?事既成矣,而又享之,是勤执事也。且牺、象不出门[3],嘉乐不野合[4]。飨而既具[5],是弃礼也;若其不具,用秕稗也[6]。用秕稗,君辱;弃礼,名恶。子盍图之!夫享,所以昭德也[7]。不昭,不如其已也。"乃不果享[8]。

注释

[1] 梁丘据：齐景公的宠臣。　　[2] 故：从前的典章制度。[3] 牺、象：即牺尊、象尊,两种像兽形的贵重酒器。不出门：指只在朝会和庙堂使用。　　[4] 嘉乐：指钟、磬等乐器。[5] 具：齐备。　　[6] 秕(bǐ)：不饱满的谷物。稗(bài)：像禾的杂草。　　[7] 昭：光大。　　[8] 果：实现。

译文

齐景公准备设享礼招待定公。孔丘对梁丘据说："齐国、鲁国旧有的典礼,您为什么没有听说过呢？事情已经完成了,而又设享礼,这是徒然麻烦执事。而且牺尊、象尊不出国门,钟磬不在野外合奏。设享礼而全部具备这些东西,这是不合礼仪的；如果不具备,那就像秕子稗子一样轻微而不郑重。像秕子稗子一样的礼节,这是君王的耻辱；不合礼仪,就名声不好。您何不考虑一下呢！享礼,是用来宣扬德行的。不能宣扬,不如不用。"于是终于没有设享礼。

齐人来归郓、讙、龟阴之田[1]。

(选自《左传·定公十年》)

注释

[1] 郓(yùn)、讙(huān)、龟阴：都是鲁国的邑名,皆在汶水北

岸,即"汶阳之田"。

译文

齐国人前来归还郓地、讙地、龟阴的土田。

文史链接

知礼而有勇的孔子

选文中犁弥认为孔子"知礼而无勇",是不符合历史事实的。这一认识或与《论语·述而》所记"子不语怪力乱神"有关,孔子对于"力"或"勇力"持否定态度。他在谈到力时,往往将它视为与仁义、道德对立的东西。《论语·宪问》记载孔子说"勇者不必有仁","骥不称其力,称其德也",这些言论或许会造成孔子"知礼而无勇"的误解。其实,孔子不仅建立了包括孝、悌、忠、恕、礼、知、勇、恭、宽、信、敏、惠等内容在内的仁学思想体系,而且率先垂范,勇于践行,为后人树立了典范。

孔子"知礼",人所共知。礼,是用以区别尊卑贵贱的社会制度与之相应的礼节仪式。孔子最为推崇的是周礼,他说:"周监于二代,郁郁乎文哉,吾从周。"(《论语·八佾》)因为周礼是借鉴于夏礼和殷礼,并在夏礼和殷礼的基础上发展演变而建立起来的,更加丰富完备。周礼包括礼义、礼仪、礼俗三个层面。礼义是抽象的礼的道德准则;礼仪,又叫礼节,是具体的礼乐制度,大到政治、军事,小到穿衣、吃饭、摆设几乎无所不包;礼俗就是周人的社会风俗和道德习惯,比礼仪更细致、更繁琐。礼的目的是为了区别人与人之间的贵贱和长幼。

《论语》记载了大量孔子关于"礼"的经典言论,诸如:"礼之用,和为贵。先王之道斯为美,小大由之"(《论语·学而》);"道之以政,齐之以刑,民免而无耻;道之以德,齐之以礼,有耻且格"(《论语·为政》);"人而不仁,如礼何?人而不仁,如乐何""礼,与其奢也,宁俭;丧,与其易也,宁戚""君使臣以礼,臣事君以忠"(《论语·八佾》);"君子博学于文,约之以礼,亦可以弗畔矣夫"(《论语·雍也》);"恭而无礼则劳,慎而无礼则葸(xǐ),勇而无礼则乱,直而无礼则绞""兴于诗,立于礼,成于乐"(《论语·泰伯》);"先进于礼乐,野人也;后进于礼乐,君子也"(《论语·先进》);"克己复礼为仁。一日克己复礼,天下归仁焉""非礼勿视,非礼勿听,非礼勿言,非礼勿动"(《论语·颜渊》);"名不正,则言不顺;言不顺,则事不成;事不成,则礼乐不兴;礼乐不兴,则刑罚不中;刑罚不中,则民无所措手足"(《论语·子路》);"君子义以为质,礼以行之,孙以出之,信以成之"(《论语·卫灵公》);"不学礼,无以立"(《论语·季氏》);"不知命,无以为君子也。不知礼,无以立也"(《论语·尧曰》),等等。

孔子对礼的践行,体现在日常生活的方方面面。这在《论语·乡党》中有详细的记载:"孔子于乡党,恂恂如也,似不能言者。其在宗庙朝廷,便便言,唯谨尔""朝,与下大夫言,侃侃如也;与上大夫言,訚(yín)訚如也。君在,踧(cù)踖(jí)如也。与与如也""君召使摈,色勃如也,足躩(jué)如也。揖所与立,左右手。衣前后,襜(chān)如也。趋进,翼如也。宾退,必复命曰:'宾不顾矣。'""入公门,鞠躬如也,如不容。立不中门,行不履阈(yù)。过位,色勃如也,足躩如也,其言似不足者。摄齐升堂,鞠躬如也,屏气似不息者。出,降一等,逞颜色,怡怡如也。没阶,趋进,翼如也。复其位,踧踖如也""执圭,鞠躬如也,如不胜。上如揖,下如授。勃如战色,足缩缩,如有循。享礼,有容色。私觌(dí),愉愉如也""席不正,不坐""乡人饮酒,杖者出,斯出矣""乡人傩,朝服而立于阼阶""问人于他邦,再拜而送之""君赐食,必正席先尝之;君赐腥,必熟而荐之;君赐生,必畜之。侍食于君,君祭,先饭""见齐衰者,虽狎,必变。见冕者与瞽者,虽亵,必以貌。凶服者式之。式负版者。有盛馔,必变色而作。迅雷风烈,必变""升车,必正立执绥。车中,不内顾,不疾言,不亲指"等,这些细节都体现了孔子对礼的践行。

选文体现了孔子的"有勇"。鲁定公十年(公元前500年),齐、鲁两国举行会盟,齐国妄自尊大、恃强凌弱,先用武力劫持鲁君,后又把无理要求强加于盟誓,最后企图举行享礼另生枝节。孔子大义凛然,处处同齐国军臣针锋相对,维护了鲁国的尊严。孔子的这些举动,让我们肃然起敬。孔子的"勇"源于其胸中的浩然正气,源于其对"礼"的坚守以及对道义的坚定信念。因此,他才能在危难之际,挺身而出,掩护鲁侯,喝退众夷兵,将生死置之度外,以实际行动为其"岁寒,然后知松柏之后凋也"(《论语·子罕》)这句话作了最好的注解。

司马迁在《史记·孔子世家·赞》中说:"诗有之:'高山仰止,景行行止。'虽不能至,然心向往之。余读孔氏书,想见其为人。适鲁,观仲尼庙堂、车服、礼器,诸生以时习礼其家,余祗回留之不能去云。天下君王至于贤人众矣,当时则荣,没则已焉。孔子布衣,传十余世,学者宗之。自天子王侯,中国言六艺者折中于夫子,可谓至圣矣!"这一评论是十分中肯的。

只有"知礼"才能真正做到"有勇",孔子是"知礼而有勇"的典范。

思考讨论

结合相关文献,谈谈你对孔子其人的认识。

第十二章 鲁哀公

吴许越成

吴王夫差败越于夫椒[1],报槜李也[2]。遂入越。越子以甲楯五千保于会稽[3],使大夫种因吴大宰嚭以行成[4]。

注释

[1] 夫差:吴国国君,吴王阖闾的儿子,在位23年。越:也称于越,姒姓古国,都会稽(今浙江绍兴),相传先祖是禹的苗裔,夏代少康的庶子,号无馀。周敬王时有越侯夫谭,传子允常,拓土称王。允常子即勾践。至战国时国力渐衰,约公元前306年为楚所灭。夫(fú)椒:古山名,在今江苏南部太湖中,即洞庭西山(一说马迹山)。   [2] 槜(zuì)李:吴、越边界地名。位于今浙江嘉兴平湖市西南。定公十四年(公元前496年),越曾大败吴军于此地。报槜李:即报槜李之役。   [3] 越子:越王勾践,勾又作句

(gōu),在位33年。甲楯(dùn):甲,古代军士的护身衣,春秋时期一般用多层皮革制成。楯,同"盾",盾牌,古代作战时的防御武器。会(kuài)稽:山名。在今浙江绍兴市南。　[4]种:即文种,文氏,名种,字少禽(一作子禽,或简称禽)。相传本楚鄀人,曾为宛令。入越为大夫,夫椒之战后献计勾践贿赂吴太宰嚭,得免亡国。大(tài)宰:官名。大,同"太"。嚭(pǐ):即伯嚭,伯氏,名嚭,字子馀。祖上本晋人,曾祖父伯宗因直谏遭三郤谮(zèn)杀,祖父伯州犁(lí)奔楚为太宰。伯嚭因楚枉杀大夫郤宛受牵连,被逼奔吴为太宰,善于逢迎,深得吴王夫差宠信。

译文

吴王夫差在夫椒打败越军,报复在檇李被越国打败的仇恨。接着,吴军就乘势攻打越国。越王带着披甲持盾的士兵五千人踞守在会稽山,派大夫文种通过吴国太宰嚭而向吴国求和。

吴子将许之。伍员曰[1]:"不可。臣闻之:'树德莫如滋,去疾莫如尽[2]。'昔有过浇杀斟灌以伐斟鄩[3],灭夏后相[4],后缗方娠[5],逃出自窦[6],归于有仍[7],生少康焉[8]。为仍牧正[9],惎浇能戒之[10]。浇使椒求之[11],逃奔有虞[12],为之庖正[13],以除其害[14]。虞思于是妻之以二姚[15],而邑诸纶[16],有田一成[17],有众一旅[18]。能布其德,而兆其谋[19],以收夏众,抚其官职;使女艾谍浇[20],使季杼诱豷[21]。遂灭过、戈[22],复禹之绩,祀夏配天,不失旧物[23]。今吴不如过,而越大于少康,或将丰之[24],不亦难乎! 句践能亲而务施[25],施不失人[26],亲不弃劳[27]。与我同壤[28],而世为仇雠。于是乎克而弗取,将又存之,违天而长寇雠[29],后虽悔之,不可食已[30]。姬之衰也[31],日可俟也[32]。介在蛮夷,而长寇雠[33],以是求伯[34],必不行矣。"

注释

[1] 伍员:即伍子胥,原为楚国公族,芈(mǐ)姓,伍氏,名员,字子胥。其曾祖伍参、祖伍举、父伍奢皆为楚国重臣。楚平王信费无极谗言,伍奢及其长子伍尚遭谮杀。伍员辗转逃亡至吴,为公子光推荐鱄设诸刺杀吴王僚。公子光即位,为吴王阖闾。遂以伍员为行人(官名,掌接待诸侯及诸侯之上卿之礼)。吴国大夫,军事家。 [2] 滋:增益滋长。尽:断根。"树德"二句为春秋战国时常用之语。《战国策·秦策三》秦客卿造与穰侯语引《书》作"树德莫如滋,除害莫如尽"。伪古文《尚书·泰誓下》作"树德务滋,除恶务本"。 [3] 有过:古过国,夏朝国名,今山东掖县北。"有"是名词前缀。浇(ào):人名,过国的国君,寒浞(zhuó)的儿子。斟灌:夏时国名,今山东寿光县东北。斟鄩(xún):夏朝

国名,今山东潍县西南。　　[4]夏后相:夏朝第五代王,少康的父亲,传说是禹的曾孙,失国后依附于斟灌和斟鄩。　　[5]后缗(mín):夏后相的妻子。娠(shēn):怀孕。　　[6]窦(dòu):孔穴。　　[7]有仍:古诸侯国名,今山东济宁县。后缗是有仍国的女儿,所以逃归娘家。　　[8]少康:夏后相的遗腹子。[9]牧正:主管畜牧的官。　　[10]惎(jì):憎恨。戒:警戒。[11]椒:浇的大臣。　　[12]有虞:姚姓国,今河南省虞城县,国君虞思,传说是虞舜之后。　　[13]庖正:掌管膳食的官。[14]除:免除。其:指少康。除其害,能逃避对自己的杀害。[15]二姚:有虞国国君虞思的两个女儿,虞是姚姓国,所以称为二姚。　　[16]邑诸纶(lún):封他在纶邑。纶,地名,今河南虞城县东南。　　[17]成:十平方里为一成。　　[18]旅:五百人为一旅。　　[19]兆:开始。　　[20]女艾:少康的臣子。谍(dié):暗地察看。　　[21]季杼(zhù):少康的儿子。豷(yì):浇的弟弟,戈国的国君。　　[22]戈:豷的封国。　　[23]旧物:指夏代原来的典章制度。　　[24]丰:壮大。　　[25]亲:付出爱心。务:勉力从事。施:施恩。　　[26]不失人:得人,得人心,得人才。[27]劳:有功劳的人、付出辛劳的人。　　[28]同壤:处于同一地域。指两国为邻。　　[29]违天:违反天意。长:助长。寇雠(chóu):仇敌。　　[30]食:消。已:语气词。不可食已,指悔恨在心而不能消除。已:句末助词,表示确定语气,相当于"矣"。[31]姬:吴与周王朝同姓,姬姓国之一,这里指吴国。　　[32]日可俟也:犹言指日可待。俟(sì):等待。　　[33]介在:处于……之间。蛮:南蛮,贬指楚国。夷:东夷,贬指越国。　　[34]伯(bà):同"霸"。求伯,争为霸主。

第十二章　鲁哀公 | 323

译文

吴王打算答应越国的请求。伍员说:"不行。下臣听说:'建树德行最好不断增加,除去邪恶最好彻底干净。'从前有过国的国君浇杀了斟灌而攻打斟鄩,灭亡了夏后相,后缗正怀着孕,从城墙的小洞里逃出去,回到娘家有仍国,生了少康。少康后来在有仍国做了管理畜牧的官,对浇满怀仇恨而能警惕戒备。浇派椒寻找少康,少康逃奔到有虞国,做了那里掌管庖厨的长官,以逃避浇的杀害。虞思因此把两个女儿嫁给了他,封他在纶邑,拥有方圆十里见方的土田,有五百人的兵力,能广施恩德,并开始实施复国计划。他收集夏朝的余部,安抚他的官员;派遣女艾到浇那里去做间谍,派季杼去引诱浇的弟弟豷。这样就灭亡了过国、戈国,复兴了禹的事业。少康奉祀夏朝的祖先同时祭祀天帝,维护了原有的天下。现在吴国不如过国,而越国大于少康,上天也许将会使越国壮大,如果允许讲和,不也很难了吗?勾践能够亲近别人而注意施行恩惠,对应该施舍的人就加以施舍,对有功劳的人从不抛弃而加以亲近。越国和我国土地相连,而又世世代代是仇敌。在这种情况下,如果我们战胜越国而不灭亡它,又打算让它存在下去,这是违背天意而使仇敌壮大,以后即使懊悔,也来不及消除祸患了。姬姓的衰微,为时不远了。我国介于蛮夷之间,而使仇敌壮大,用这样的办法来求取霸业,必然是行不通的。"

弗听[1]。退而告人曰[2]:"越十年生聚,而十年教训[3],二十年之外[4],吴其为沼乎[5]!"三月,越及吴平[6]。

（选自《左传·哀公元年》）

注释

[1] 弗听：不听。省略主语吴子(夫差)。　　[2] 退而告人：省略主语伍员。　　[3] 生聚：生，繁殖人口；聚，积聚财力物力。教训：教导训诲。　　[4] 之外：之后。　　[5] 其：将。沼：污池沼泽。为沼比喻吴亡国灭祀、宫室废毁。　　[6] 及：跟，和。平：讲和。

译文

(吴王夫差)不听。伍员退下去告诉别人说："越国用十年时间繁衍积聚，用十年时间教育训练，二十年以后，吴国的宫殿恐怕要成为池沼了。"三月，越国和吴国讲和。

文史链接

夫椒之战的前因后果

吴越两国是相互接壤的诸侯国，吴国先发展壮大，渐有侵越之举。《左传·襄公二十九年》记载，吴王余祭伐越，用俘获的越人做阍(守门人)，反被阍所杀之事。《左传·昭公三十二年》记载:"吴伐越,始用师于越也",此为吴国正式向越国发动大规模的军事行动。鲁定公十四年(公元前496年),越王允常去世,其子勾践即位为越王。吴王阖闾趁机伐越,勾践组织了敢死队,于樵李大败吴军。越将灵姑浮用戈击伤阖闾的大脚趾,致使阖闾死于距樵李七里的山脉中断处。阖闾死后,其子夫差即位。《左传·定公十四年》记载,夫差令人站在庭中,每当进出之时,便冲着自己喊:"夫差,你忘记越王杀害你父亲了吗?"夫差回答:"不敢忘!"以此提醒自己向越国复仇。

吴王夫差为报父仇,加紧训练军队,时刻准备攻打越国。这件事传到越王勾践耳中,勾践不听大夫范蠡的劝阻,决定先发制人,于鲁定公十六年(公元前494年)出兵攻吴。吴王夫差为报先王阖闾被越军击杀之仇,悉发精兵迎击,在夫椒山大败越军,并乘胜追击,一直攻入越国国都,占领了会稽城(今浙江绍兴),包围了会稽山,迫使越国屈服于吴国,从而奠定了吴国的霸业。

夫椒之战后,越王勾践采纳大夫范蠡、文种建议,派文种以美女、财宝贿赂吴太宰伯嚭,请其劝吴王夫差准许越国附属于吴,伍员劝说吴王夫差不要答应。此时,夫差急于北上与齐争霸,没有采纳伍员之言,遂与越国讲和,并率军回国。夫椒之战,吴王夫差虽然获胜,但其许越议和,没有乘胜一举消灭越国,为以后越国壮大并继而灭吴埋下了隐患。正因如此,也才有了后来越王勾践"卧薪尝胆"的故事。

伍子胥的预言

夫椒之战后,伍子胥劝阻吴王夫差许越议和,以古例今,言辞恳切。无奈吴王骄傲自大,忘乎所以,没有听从。伍子胥在忠言未被采纳之后,便对吴、越两国的前景做了大胆的预言:"越十年生聚,而十年教训,二十年之外,吴其为沼乎!"后来的历史发展确如其言,并且在年份上也丝毫不差,伍子胥的预见能力令人叹为观止。其实,对于吴、越两国关系的预言,在伍子胥作预言之前十六年就已经出现了。《左传·昭公三十二年》记载,晋国的史墨通过占岁星而作出预言:"不及四十年,越其有吴乎!"这一预言在三十八年后也成为现实。

此外,《左传》中还记载了大量占梦、占卜、占星之类的预言,皆极为灵验。前人多指出《左传》预言多中,推测其为后人所加。这些预言的真假姑且不论,伍子胥"树德莫如滋,去疾莫如尽""十年生聚、十年教训"的话,确为历史经验的总结。夏朝第六代君主少康的"少康中兴",就是一面镜子。过国国君浇虽然杀了夏后,却保留了复仇的种子,为其日后的复兴留下了隐患。少康从小到大,由弱到强,最终灭掉仇敌,光复了祖先的功业。回顾历史,伍子胥的话极具前瞻性,对后人也深有启发。

思考讨论

结合史实,谈谈你对《左传》预言的理解。

国之兴也,视民如伤

吴之入楚也[1],使召陈怀公。怀公朝国人而问焉,曰:"欲与楚者右,欲与吴者左。陈人从田,无田从党[2]。"逢滑当公而进[3],曰:"臣闻,国之兴也以福,其亡也以祸。今吴未有福,楚未有祸,楚未可弃,吴未可从。而晋,盟主也;若以晋辞吴,若何?"公曰:"国胜君亡[4],非祸而何?"对曰:"国之有是多矣,何必不复?小国犹复,况大国乎?臣闻,国之兴也,视民如伤[5],是其福也;其亡也,以民为土芥,是其祸也。楚虽无德,亦不艾杀其民[6]。吴日敝于兵,暴骨如莽[7],而未见德焉。天其或者正训楚也,祸之适吴,其何日之有[8]?"陈侯从之。及夫差克越,乃修先君之怨[9]。秋八月,吴侵陈,修旧怨也。

(选自《左传·哀公元年》)

注释

[1] 吴之入楚:事在定公四年。　　[2]"欲与楚者"句:杜预注曰:"都邑之人无田者随党而立。不知所与,故直从所居。田在西者居右,田在东者居左。"陈侯南面,其右为楚,其左为吴。田在西者临楚,在东者临吴。　　[3] 当公:不左不右。　　[4] 国胜君亡:楚国为吴所胜,楚君逃亡。　　[5] 视民如伤:把百姓当作有伤病的人一样照顾。旧时形容在位者关怀人民。

[6] 艾：同"刈（yì）"，割除。　[7] 如莽：如草莽，言其多。
[8] 何日之有：言不久将至。　[9] 先君之怨：召陈者为阖闾，陈不应召，故云先君之怨。

译文

吴国进入楚国的时候，派人召见陈怀公。怀公召集国内的人们征求意见，说："想要亲附楚国的站到右边，想要亲附吴国的站到左边。陈国人有土田的，根据土田的所在而分立左右，没有土田的和亲族站在一起。"逢滑正对着怀公走上前去，说："下臣听说，国家的兴起由于福德，它的灭亡由于祸殃。现在吴国还没有福德，楚国还没有祸殃，楚国还不能抛弃，吴国还不能跟从。晋国是盟主，如果用晋国作为借口而辞谢吴国，怎么样？"怀公说："国家被别国战胜，国君逃亡，这不是祸殃是什么？"逢滑回答说："国家有这种情况的太多了，为什么一定不能恢复？小国尚且能恢复，何况大国呢？下臣听说，国家的兴起，看待百姓如同受伤者而不加惊动，这就是它的福德；国家的灭亡，把百姓作为粪土草芥，这就是它的祸殃。楚国虽然没有德行，也没有斩杀它的百姓。吴国每天在战争中凋敝，暴露尸骨多得像杂草一样，而又没有见到什么德行。上天恐怕正是在给楚国一次教训吧！吴国遭致祸殃，不会太久了。"陈怀公听从了。等到夫差攻下越国，就重新清算先君时代结下的怨恨。秋季，八月，吴国侵袭陈国，这就是为了重新清算过去的怨恨。

文史链接

视民如伤与休养生息

视民如伤是指把百姓当作有伤病的人一样照顾,只可抚慰,不可惊动。旧时多用来形容在位者关怀人民。视民如伤的人本精神对后世统治者颇有启发,留下了许多佳话。

汉元年(公元前206年)十月,刘邦的军队在各路诸侯中最先到达霸上。秦王子婴驾着白车白马,用丝绳系着脖子,封好皇帝的御玺和符节,在轵(zhǐ)道旁投降。将领们有的说应该杀掉秦王。刘邦说:"当初怀王派我攻关中,就是认为我能宽厚容人;再说人家已经投降了,又杀掉人家,这么做不吉利。"于是把秦王交给主管官吏,就向西进入咸阳。刘邦想留在秦宫中休息,樊哙、张良劝阻,这才下令把秦宫中的贵重宝器财物和库府都封好,然后退回来驻扎在霸上。刘邦招来各县的父老和有才德有名望的人,对他们说:"父老们苦于秦朝的苛虐法令已经很久了,批评朝政得失的要灭族,相聚谈话的要处以死刑,我和诸侯们约定,谁首先入关中就在这里称王,所以我应当称关中王。现在我和父老们约定,法律只有三条:杀人者处死刑,伤人者和抢劫者依法治罪。其余凡是秦朝的法律全部废除。所有官吏和百姓都像往常一样,安居乐业。总之,我到这里来,就是要为父老们除害,不会对你们有任何侵害,请不要害怕!再说,我之所以把军队撤回霸上,是想等着各路诸侯到来,共同制定一个规约。"随即派人和秦朝的官吏一起到各县镇乡村去巡视,向民众讲明情况。秦地的百姓都非常喜悦,争着送来牛羊酒食,慰劳士兵。刘邦推让不肯接受,说:"仓库里的粮食不少,并不缺乏,不想让大家破费。"人们更加高兴,唯恐刘邦不在关中做秦王。此外,汉初帝王普遍采用休养生息的政策,轻徭薄赋,终于在汉文帝、汉景帝时期形成了"文景之治"的盛世局面。

视民如伤的人本精神,为后世所继承和弘扬。纵观历史,许多仁人志士无论官职大小,皆心系百姓疾苦,为官一任造福一方。无数文人骚客也留下了众多脍炙人口的诗句:屈原"长太息以掩涕兮,哀民生之多艰"(《离骚》),杜甫"安得广厦千万间,大庇天下寒士俱欢颜,风雨不动安如山"(《茅屋为秋风所破歌》),范仲淹"居庙堂之高,则忧其民""先天下之忧而忧,后天下之乐而乐"(《岳阳楼记》),郑板桥"衙斋卧听萧萧竹,疑似民间疾苦声。些小吾曹州县吏,一枝一叶总关情"(《潍县署中画竹呈年伯包大中丞括》),等等,这些诗句都是"视民如伤"人本精神的艺术再现。

思考讨论

结合历史事实,谈谈你对"视民如伤"的认识。

白公胜之乱

楚大子建之遇谗也,自城父奔宋[1],又辟华氏之乱于郑[2]。郑人甚善也。又适晋,与晋人谋袭郑,乃求复焉。郑人复之如初。晋人使谍于子木[3],请行而期焉[4]。子木暴虐于其私邑,邑人诉之。郑人省之[5],得晋谍焉,遂杀子木。

注释

[1]"楚大子建"二句:鲁昭公十九年(公元前523年),楚平王为太子建聘娶秦女,费无极见秦女貌美,劝平王自娶。平王让太子建出居城父。费无极又诬陷太子建谋反,平王派人杀建,建自城父奔宋。　[2]华氏之乱:指鲁昭公二十年(公元前524年)宋国华定、华亥等杀宋群公子,劫持宋元公一事。　[3]谍(dié):侦探,间谍。子木:太子建的字。　[4]期:约定。指约定袭击郑国的日期。　[5]省(xǐng):察看。

译文

楚国太子建遭到诬陷的时候,从城父逃亡到宋国,又去郑国躲避宋国华氏之乱。郑国人待他很好。又到晋国,和晋国人策划袭击郑国,为此就要求再回到郑国去。郑国人待他像以前一样。晋国人派间谍和太子建联系,事情完了准备回晋国,同时约定入袭郑国的日期。太子建在他的封邑里大肆暴虐,封邑的人告发他。郑国人来查问,发现了晋国间谍,于是就杀死了太子建。

其子曰胜,在吴,子西欲召之,叶公曰[1]:"吾闻胜也诈而乱,无乃害乎?"子西曰:"吾闻胜也信而勇,不为不利。舍诸边竟,使卫藩焉[2]。"叶公曰:"周仁之谓信[3],率义之谓勇[4]。吾闻胜也好复言[5],而求死士,殆有私乎[6]!复言,非信也[7];期死,非勇也[8]。——子必悔之。"弗从。召之,使处吴竟[9],为白公。

注释

[1] 叶公:即沈诸梁,字子高,楚国大夫。　　[2] 卫:保卫。藩:篱笆,引申指边境。　　[3] 周:符合。　　[4] 率:遵循。　　[5] 复言:言出必行,实践诺言。指胜说过的话就一定去实行,而不管是否合理。　　[6] 殆:恐怕,大概。私:私心。　　[7] "复言"二句:言出必行不一定就是信。指履行违反仁爱的话,就不能称作信。　　[8] "期死"二句:不怕死不一定就是勇敢。指行动要符合道义才算勇敢。期死,必死,意思是不怕死。　　[9] 吴竟:楚国与吴国交界的边境。竟,同"境",边境。

译文

太子建的儿子名叫胜,在吴国,子西想召他来。叶公说:"我听说胜这个人狡诈而好作乱,未免有祸害吧!"子西说:"我听说胜这个人诚实而勇敢,不做没有利的事情。把他安置在边境,让他保卫边疆。"叶公说:"符合仁爱叫作诚信,遵循道义叫作勇敢。我听说胜这个人务求实践诺言,而又遍求不怕死的人,大概是有私心吧？不管什么话都要实践，这不是诚信；不管什么事情都不怕死，这不是勇敢。——您一定会后悔的。"子西不听，把胜召回来，让他住在和吴国接壤的地方，封号为白公。

请伐郑，子西曰："楚未节也[1]。不然，吾不忘也。"他日，又请，许之，未起师。晋人伐郑，楚救之，与之盟。胜怒，曰："郑人在此，仇不远矣[2]。"

注释

[1] 节：法则。未节：没有走上正轨。　[2]"郑人"二句：郑人与胜有杀父之仇，郑人即指仇人。子西救郑并且与郑国结盟，所以白公把子西看作像郑国一样的仇人。

译文

胜请求进攻郑国，子西说："楚国一切政事还没纳入正常轨道。不是这样，我是不会忘记的。"过了些时候，胜又请求，子西同意了。还没有出兵，晋国攻打郑国，楚国却救援郑国，并和郑国结盟。白公胜发怒，说："郑国人在这里，仇人不在远处了。"

胜自厉剑[1]，子期之子平见之，曰："王孙何自厉也[2]？"曰："胜以直闻，不告女，庸为直乎[3]？将以杀尔父。"平以告子西[4]。子西曰："胜如卵，余翼而长之。楚国,第我死[5],令尹、司马,非胜而谁?"胜闻之,曰:"令尹之狂也!得死[6],乃非我。"子西不悛[7]。

注释

[1]厉:同"砺",磨。 [2]王孙:胜是楚平王之孙,故称王孙。 [3]庸:反诘副词,岂,难道。 [4]"平以告"句:子西为令尹,故平未告己父而告子西。 [5]第:假设连词,如果。 [6]得死:得到好死,得到善终。 [7]悛(quān):发觉,觉悟。

译文

白公胜亲自磨剑,子期的儿子平见到,说:"您为什么亲自磨剑呢?"他说:"胜是以爽直著称的,不告诉您,哪里能算得上直爽呢?我要杀死你父亲。"平把这些话报告子西。子西说:"胜就像鸟蛋,我覆翼而使他长大。在楚国,只要我死了,令尹、司马,不归于胜还归于谁?"胜听了子西的话,说:"令尹真狂妄啊!他要得到好死,我就不是我。"子西还是没有觉察。

胜谓石乞曰[1]:"王与二卿士[2],皆五百人当之[3],则可矣。"乞曰:"不可得也。"曰:"市南有熊宜僚者,若得之,可以当五百人矣。"乃从白公而见之[4]。与之言，说。告之故[5]，辞。承之以剑，不动。胜曰："不为利谄[6]、不为威惕[7]、不泄人言以求媚者，去之。"

注释

[1] 石乞：白公的党徒。　[2] 二卿士：指令尹子西何司马子期。　[3] 皆：总共。　[4] 从白公：让白公跟着。[5] 故：事情。指杀王和二卿之事。　[6] 谄：动心。[7] 惕：惧怕。

译文

胜对石乞说："君王和两位卿士，一共用五百个人对付，就行了。"石乞说："这五百个人是找不到的。"又说："市场的南边有个叫熊宜僚的，如果找到他，可以抵五百个人。"石乞就跟着白公胜去见宜僚，和他谈话，很高兴。石乞就把要办的事告诉宜僚，宜僚拒绝。把剑架在宜僚脖子上，他也一动不动。白公胜说："这是不为利诱、不怕威胁、不泄漏别人的话去讨好的人，离开这里吧。"

吴人伐慎[1]，白公败之。请以战备献[2]，许之，遂作乱。秋七月，杀子西、子期于朝，而劫惠王[3]。子西以袂掩面而死[4]。子期曰："昔者吾以力事君,不可以弗终。"抉豫章以杀人而后死[5]。石乞曰:"焚库、弑王。不然,不济。"白公曰:"不可。弑王,不祥;焚库,无聚[6],将何以守矣?"乞曰:"有楚国而治其民,以敬事神,可以得祥,且有聚矣,何患?"弗从。

注释

[1] 慎:楚邑,在今安徽颍上西北。　[2] 战备:指缴获吴国的武器物质。　[3] 惠王:楚昭王之子,名章。　[4] 袂(mèi):衣袖。掩面:表示自惭。子西用衣袖遮脸而死,表示愧对国人,因为白公之乱他负主要责任。　[5] 抉(jué):拔起。豫章:树名,樟树。　[6] 聚:指物资。

译文

吴国人进攻慎地,白公胜打败了他们。白公胜请求把缴获吴国的武器物质奉献出来,楚惠王同意了,白公胜就乘机发动叛乱。秋季,七月,在朝廷上杀了子西、子期,并且劫持楚惠王。子西用袖子遮着脸而死去。子期说:"过去我用勇力侍奉君王,不能有始无终。"拔起一株樟树打死了敌人然后死去。石乞说:"焚烧府库,杀死君王。不这样,事情不能成功。"白公胜说:"不行。杀死君王,不吉祥;烧掉府库,没有积蓄,打算用什么来保有楚国?"石乞说:"有了楚国而治理百姓,用恭敬来侍奉神灵,就能得到吉祥,而且还有积蓄,怕什么?"白公胜不肯听从。

叶公在蔡[1],方城之外皆曰:"可以入矣[2]。"子高曰:"吾闻之,以险徼幸者[3],其求无餍[4],偏重必离[5]。"闻其杀齐管修也[6],而后入。

注释

[1] 蔡:国名,国都在今河南省新蔡县。此时蔡都已迁州来,蔡地已被楚国占有。　　[2] 入:指进入郢都平乱。　　[3] 以险徼(yāo)幸:靠冒险求得偶然的成功。徼,求取。　　[4] 餍(yàn):同"厌",满足。　　[5] 偏重:指偏重于贪求。离:指百姓离心。　　[6] 管修:齐国的贤大夫,管仲的七世孙。

译文

叶公住在蔡地,方城山外边的人都说:"可以进兵国都了。"叶公说:"我听说,用冒险而侥幸成功的,他的欲望不会满足,办事不公平,百姓必然离心。"听到白公胜杀了齐国的管修,然后才进入郢都。

白公欲以子闾为王[1],子闾不可,遂劫以兵。子闾曰:"王孙若安靖楚国,匡正王室,而后庇焉[2],启之愿也,敢不听从? 若将专利以倾王室,不顾楚国,有死不能。"遂杀之,而以王如高府[3]。石乞尹门[4]。圉公阳穴宫[5],负王以如昭夫人之宫[6]。

注释

[1] 子闾:名启,楚平王的儿子。　　[2] 庇:庇护。这里指庇护百姓。　　[3] 高府:楚国的别府,即正宫以外的宫室。[4] 尹门:守门,看门。尹,管理,这里指看管。　　[5] 圉(yǔ)公阳:楚国的大夫。穴:穿,穿洞。　　[6] 昭夫人:楚昭王的夫人,惠王的母亲。

译文

白公胜想要让子闾做楚王,子闾不答应,就用武力劫持他。子闾说:"您如果安定楚国,整顿王室,然后对启加以庇护,这是启的愿望,岂敢不听从?如果打算专谋私利来颠覆王室,置国家于不顾,那么启宁死不从。"白公胜就杀了子闾,带着惠王到高府。石乞守门,圉公阳在宫墙上打开一个洞,背上惠王到了昭夫人的宫中。

叶公亦至,及北门,或遇之[1],曰:"君胡不胄[2]?国人望君如望慈父母焉,盗贼之矢若伤君,是绝民望也,若之何不胄?"乃胄而进。又遇一人曰:"君胡胄[2]?国人望君如望岁焉[3],日日以几[4],若见君面[5],是得艾也[6]。民知不死,其亦夫有奋心,犹将旌君以徇于国[7];而又掩面以绝民望,不亦甚乎!"乃免胄而进。遇箴尹固帅其属[8],将于白公[9]。子高曰:"微二子者[10],楚不国矣。弃德从贼[11],其可保乎?"乃从叶公。使与国人以攻白公,白公奔山而缢,其徒微之[12]。生拘石乞而问白公之死焉[13]。对曰:"余知其死所,而长者使余勿言[14]。"曰:"不言,将烹。"乞曰:"此事克则为卿,不克则烹,固其所也,何害?"乃烹石乞。王孙燕奔颉黄氏[15]。

注释

[1] 或:无定代词,有人,某人。　　[2] 胡:为什么。胄(zhòu):头盔,这里用作动词,意为带上头盔。　　[3] 望:盼望。岁:一年的收成。　　[4] 以几:盼望你来。几,同"冀",企盼。　　[5] 若见君面:古代的头盔是把两边面颊也遮掩起来的,所以希望他不戴头盔,让国都的人都能看到他的面容。　　[6] 艾:安定,安心。　　[7] 旌:表扬,宣扬。徇(xún):遍告,通告,使众所周知。　　[8] 箴尹固:楚国的大臣。　　[9] 与:助。　　[10] 微:连词,意为要不是。二子:指子西和子期,他们在抗击吴军的战争中都立了大功。　　[11] 德:有德的人,指子

西、子期。贼：指白公。　　[12] 微：藏匿。微之：指藏好白公的尸体。　　[13] 死：指尸体。　　[14] 长者：指白公胜。[15] 王孙燕：白公胜的弟弟。頯(kuí)黄氏：吴国地名，在今安徽宣城境内。

译文

叶公也在这时候来到，到达北门，有人遇到他，说："您为什么不戴上头盔？国内的人们盼望您好像盼望慈爱的父母，盗贼的箭如果射伤您，这就断绝了百姓的盼望，为什么不戴上头盔？"叶公就戴上头盔前进。又遇到一个人说："您为什么戴上头盔？国内的人们盼望您好像盼望丰收一样，天天盼望，如果见到您的面，就能安心了。百姓知道不至于再有生命危险，人人有奋战之心，还打算把您的名字写在旗帜上在都城里巡行，但是您又把脸遮起来以断绝百姓的盼望，不也太过分了吗？"叶公就脱下头盔前进。遇到箴尹固率领他的部下，准备去帮助白公胜。叶公说："如果没有子西他们两位，楚国就不成为国家了。抛弃德行跟从盗贼，难道能够安全吗？"箴尹固就跟随叶公。叶公派他和国内的人们攻打白公胜，白公胜逃到山上自己吊死了，他的部下把尸体藏起来。叶公活捉石乞而追问白公胜的尸体。石乞回答说："我知道他尸体所藏的地方，但是白公让我别说。"叶公说："不说就煮了你。"石乞说："这件事成功就是卿，不成功就被煮，这本来是应有的结果，有什么妨碍？"于是就煮了石乞。王孙燕逃亡到頯(kuí)黄氏。

沈诸梁兼二事[1]，国宁，乃使宁为令尹[2]，使宽为司马[3],而老于叶[4]。

(选自《左传·哀公十六年》)

注释

[1] 兼：兼任。二事：令尹和司马二职。　[2] 宁：子西之子,字子国。　[3] 宽：子期之子。　[4] 叶：叶公的采邑,在今河南叶县。

译文

叶公身兼令尹、司马二职,国家安定以后,就让宁做令尹,宽做司马,自己在叶地退休养老。

文史链接

"民"与"国人"

西周、春秋时期的"民"一般指"国人",是分封诸国中居民的核心。童书业指出,国人即国都中人,也受大贵族统治,大概以士为主,包括士、工、商及近郊之农民,"必包括农民在内,且以农民为多数,士特其主力而已。"(童书业《春秋左传研究》)这里的士指没有出仕的人,如参与城杞的绛县老人(《左传·襄公三十年》),出仕以前在田间"耨"而"其妻馌(yè)之"的冀缺(《左传·僖公三十三年》），"耦而耕"的长沮、桀溺（《论语·微子》）等。杨宽根据《周礼》"六乡""六遂"的规定，说"国中及四郊"的"六乡"之民为"国人"，郊以外的"六遂"之民即"氓""萌""野人"，这两种人"同样有平均分配'份地'的制度"。"'六乡'居民对国家最主要的负担是军赋、兵役和力役"，"六乡居民编成'六军'，成为国家机器的主要部分，不仅用于战争，还用于田猎和力役，用于追捕'寇贼'。"国人有参政权，朝廷有大事则询问国人，又有被选拔入仕的权利，是贵族政权的有力支持者。"六遂"之民，不仅要在公田上从事无偿劳动，其份地还要出贡赋，提供祭祀的牺牲和在野的一切物产，不能被编入正式的军队，只是随从服劳役，也没有参政权和入仕的权利（杨宽《西周史·〈周礼〉中的乡遂制度》）。由此可见，"国人"也是担负兵役、力役、军赋的劳动者，不过是有参政权的一等公民而已，"野人"则是二等公民或农奴。"'国人'是当时军队的主力，例如齐国在齐桓公时，其三军即由'国'中十五个'士乡'的壮丁编制而成。因为'国人'是当时军队的主力，是贵族政治的军事上的支柱，在历史事变中常起重要作用。春秋时各国国君和卿大夫的立与废，'国人'往往起着决定性作用；在各国卿大夫的内讧中，谁胜谁负也往往由'国人'的向背而决定。我国古代的'国人'，虽然没有像希腊、罗马那样比较经常的'民众大会'，有权投票决定国家大事，但是遇到国家有危难，国君要改立等大事，常有召集'国人'来征询意见而作出决定的，即《周礼·小司寇》所谓'询国危''询国迁''询立君'。所谓'大蒐礼'，实质上就带有'国人'大会的性质。贵族所以要把建置和变更军制选定将帅和执政、制定法律等大事在这里公布，无非表示对'国人'的重视，并有要求大家公认的目的。"（杨宽《西周史·"大蒐礼"新探》）"西周、春秋时期，国人均有举足轻重的地位。国之盛衰、胜败,国君及执政之安否,贵族之能否保有其宗族及兴盛,几乎都决定于国人。国人能够纳君、出君、逐君、弑君,具有一怔、'咎公'的自由。每遇大事,国君皆需询问之以定可否"(龚鹏程《中国传统文化十五讲·道术:内圣外王》)。

战国时,"国人"的含义发生了根本变化。在《左传》中"国人"出现了83次,《国语》出现了16次,《墨子》1次,《孟子》8次,《荀子》3次,《管子》4次,而《论语》《孙子》《商君书》均为0次,大多数"国人"的含义已经发生变化,国人与野人的界限逐渐消失。

思考讨论

如何评价选文中的白公胜、叶公(沈诸梁)这两个历史人物?

附录 1

春秋时期周王世系表

（公元前 770 年—前 441 年）

序号	周王	姓名	在位时间	在位起讫年
1	周平王	姬宜臼	51 年	公元前 770—前 720 年
2	周桓王	姬林	23 年	公元前 719—前 697 年
3	周庄王	姬佗	15 年	公元前 696—前 682 年
4	周釐王	姬胡齐	5 年	公元前 681—前 677 年
5	周惠王	姬阆	25 年	公元前 676—前 652 年
6	周襄王	姬郑	33 年	公元前 651—前 619 年
7	周顷王	姬壬臣	6 年	公元前 618—前 613 年
8	周匡王	姬班	6 年	公元前 612—前 607 年
9	周定王	姬瑜	21 年	公元前 606—前 586 年
10	周简王	姬夷	14 年	公元前 585—前 572 年
11	周灵王	姬泄心	27 年	公元前 571—前 545 年
12	周景王	姬贵	25 年	公元前 544—前 520 年

续表

序号	周王	姓名	在位时间	在位起讫年
13	周悼王	姬猛	1年	公元前520—前519年
14	周敬王	姬匄	44年	公元前519—前477年
15	周元王	姬仁	7年	公元前475—前469年
16	周贞定王	姬介	28年	公元前468—前441年

附录 2

春秋时期鲁侯世系表

（公元前 796 年—前 468 年）

序号	鲁 侯	姓 名	在位时间	在 位 起 讫 年
1	鲁孝公	姬 称	28 年	公元前 796—前 769 年
2	鲁惠公	姬弗涅	46 年	公元前 768—前 723 年
3	鲁隐公	姬息姑	11 年	公元前 722—前 712 年
4	鲁桓公	姬 允	18 年	公元前 711—前 694 年
5	鲁庄公	姬 同	32 年	公元前 693—前 662 年
6	鲁闵公	姬 启	2 年	公元前 661—前 660 年
7	鲁僖公	姬 申	33 年	公元前 659—前 627 年
8	鲁文公	姬 兴	18 年	公元前 626—前 609 年
9	鲁宣公	姬 俀	18 年	公元前 608—前 591 年
10	鲁成公	姬黑肱	18 年	公元前 590—前 573 年
11	鲁襄公	姬 午	31 年	公元前 572—前 542 年
12	鲁昭公	姬 稠	32 年	公元前 541—前 510 年
13	鲁定公	姬 宋	15 年	公元前 509—前 495 年
14	鲁哀公	姬 将	27 年	公元前 494—前 468 年

附 录 3

《左传》所见典故性成语简表

序号	成 语	出 处	类 型
1	爱鹤失众	《左传·闵公二年》	事典型成语(历史故事)
2	安忍无亲	《左传·隐公四年》	语典型成语(《左传》首创)
3	拔本塞源	《左传·昭公九年》	语典型成语(《左传》首创)
4	跋山涉水	《左传·襄公二十八年》	语典型成语(间接援引其他典籍)
5	班荆道故	《左传·襄公二十六年》	事典型成语(历史故事)
6	包藏祸心	《左传·昭公元年》	语典型成语(《左传》首创)
7	北门之管	《左传·僖公三十二年》	语典型成语(《左传》首创)
8	背城借一	《左传·成公二年》	语典型成语(《左传》首创)
9	彼竭我盈	《左传·庄公十年》	语典型成语(《左传》首创)
10	币重言甘	《左传·僖公十年》	语典型成语(减字而成)
11	筚门闺窦	《左传·襄公十年》	语典型成语(《左传》首创)
12	筚路蓝缕	《左传·宣公十二年》	语典型成语(《左传》首创)
13	鞭长莫及	《左传·宣公十五年》	语典型成语(古人语)

续表

序号	成 语	出 处	类 型
14	表里山河	《左传·僖公二十八年》	语典型成语(《左传》首创)
15	宾至如归	《左传·襄公三十一年》	语典型成语(《左传》首创)
16	病入膏肓	《左传·成公十年》	事典型成语(历史故事)
17	博硕肥腯	《左传·桓公六年》	语典型成语(古人语)
18	伯仲叔季	《左传·昭公二十六年》	语典型成语(《左传》首创)
19	卜昼卜夜	《左传·庄公二十二年》	语典型成语(改意而成)
20	不安于位	《左传·成公六年》	语典型成语(更易成分而成)
21	不辨菽麦	《左传·成公十八年》	语典型成语(减字而成)
22	不逞之徒	《左传·襄公十年》	语典型成语(更易成分而成)
23	不得其死	《左传·襄公二十三年》	语典型成语(直接引自其他经书·未注明出处)
24	不遑启处	《左传·襄公八年》	语典型成语(直接引自其他经书·未注明出处)
25	不可逾越	《左传·襄公三十一年》	语典型成语(更易成分而成)
26	不宁唯是	《左传·昭公元年》	语典型成语(《左传》首创)
27	不腆之仪	《左传·僖公三十三年》	语典型成语(增字而成)
28	不修边幅	《左传·襄公二十八年》	语典型成语(后人解释、概括《左传》语句)
29	不以一眚掩大德	《左传·僖公三十三年》	语典型成语(《左传》首创)
30	不自量力	《左传·隐公十一年》	语典型成语(增字而成)
31	残民以逞	《左传·宣公二年》	语典型成语(《左传》首创)

续表

序号	成 语	出 处	类 型
32	藏垢纳污	《左传·宣公十五年》	语典型成语(后世概括、提炼《左传》语句而成)
33	操刀必割	《左传·襄公三十一年》	事典型成语(历史故事)
34	操刀伤锦	《左传·襄公三十一年》	事典型成语(历史故事)
35	曹社之谋	《左传·哀公七年》	事典型成语(历史故事)
36	臣一主二	《左传·昭公十三年》	语典型成语(谚语)
37	城下之盟	《左传·桓公十二年》	事典型成语(历史事件)
38	惩恶劝善	《左传·成公十四年》	语典型成语(减字而成)
39	吃一堑,长一智	《左传·昭公二十九年》	语典型成语(增字而成)
40	螭魅罔两	《左传·宣公三年》	语典型成语(《左传》首创)
41	丑类恶物	《左传·文公十八年》	语典型成语(《左传》首创)
42	出口入耳	《左传·昭公二十年》	语典型成语(后世概括、提炼《左传》语句而成)
43	除恶务尽	《左传·哀公元年》	语典型成语(间接援引其他典籍)
44	除旧布新	《左传·昭公十七年》	语典型成语(《左传》首创)
45	楚材晋用	《左传·襄公二十六年》	事典型成语(历史事件)
46	从长计议	《左传·僖公四年》	语典型成语(增字而成)
47	从善如流	《左传·成公八年》	语典型成语(《左传》首创)
48	聪明正直	《左传·庄公三十二年》	语典型成语(《左传》首创)
49	大莫与京	《左传·庄公二十二年》	语典型成语(增字而成)

续表

序号	成 语	出 处	类 型
50	大义灭亲	《左传·隐公四年》	事典型成语(历史事件)
51	道殣相望	《左传·昭公三年》	语典型成语(《左传》首创)
52	悼心失图	《左传·昭公七年》	语典型成语(《左传》首创)
53	盗憎主人	《左传·成公十五年》	语典型成语(谚语)
54	敌不可纵	《左传·僖公三十三年》	语典型成语(《左传》首创)
55	敌忾同仇	《左传·文公四年》	语典型成语(增字而成)
56	地平天成	《左传·文公十八年》	语典型成语(直接引自其他经书·未注明出处)
57	地主之谊	《左传·哀公十二年》	语典型成语(增字而成)
58	颠毛种种	《左传·昭公三年》	语典型成语(增字而成)
59	东道主人	《左传·僖公三十年》	语典型成语(增字而成)
60	冬日可爱，夏日可畏	《左传·文公七年》	语典型成语(后人解释、概括《左传》语句)
61	董狐之笔	《左传·宣公二年》	事典型成语(历史事件)
62	栋折榱崩	《左传·襄公三十一年》	语典型成语(《左传》首创)
63	多方误敌	《左传·昭公三十年》	语典型成语(增字而成)
64	断发文身	《左传·哀公七年》	语典型成语(《左传》首创)
65	断章取义	《左传·襄公二十八年》	语典型成语(增字而成)
66	多难兴邦	《左传·昭公四年》	语典型成语(增字而成)
67	多行不义必自毙	《左传·隐公元年》	语典型成语(《左传》首创)
68	度德量力	《左传·隐公十一年》	语典型成语(后世概括、提炼《左传》语句而成)

续表

序号	成　语	出　　处	类　　型
69	尔虞我诈	《左传·宣公十五年》	语典型成语(改意而成)
70	二惠竞爽	《左传·昭公三年》	事典型成语(历史故事)
71	二竖为虐	《左传·成公十年》	事典型成语(历史故事)
72	发短心长	《左传·昭公三年》	语典型成语(后世概括、提炼《左传》语句而成)
73	反首拔舍	《左传·僖公十五年》	语典型成语(《左传》首创)
74	非我族类，其心必异	《左传·成公四年》	语典型成语(直接引自其他经书·注明出处)
75	非异人任	《左传·襄公二年》	语典型成语(《左传》首创)
76	风马牛不相及	《左传·僖公四年》	语典型成语(《左传》首创)
77	封豕长蛇	《左传·定公四年》	语典型成语(《左传》首创)
78	蜂虿有毒	《左传·僖公二十二年》	语典型成语(《左传》首创)
79	蜂目豺声	《左传·文公元年》	语典型成语(减字而成)
80	凤凰于飞	《左传·庄公二十二年》	语典型成语(直接引自其他经书·未注明出处)
81	奉如神明	《左传·襄公十四年》	语典型成语(更易成分而成)
82	辅车相依，唇亡齿寒	《左传·僖公五年》	语典型成语(谚语)
83	腹心之疾	《左传·哀公六年》	语典型成语(《左传》首创)
84	改步改玉	《左传·定公五年》	事典型成语(历史事件)
85	甘棠遗爱	《左传·襄公十四年》	语典型成语(增字而成)
86	刚愎不仁	《左传·宣公十二年》	语典型成语(《左传》首创)

续表

序号	成 语	出 处	类 型
87	刚愎自用	《左传·宣公十二年》	语典型成语(《左传》与其他典籍组合而成)
88	高下在心	《左传·宣公十五年》	语典型成语(谚语)
89	割臂之盟	《左传·庄公三十二年》	事典型成语(历史故事)
90	各自为政	《左传·宣公二年》	事典型成语(历史故事)
91	庚癸之呼	《左传·哀公十三年》	事典型成语(历史故事)
92	古之遗直	《左传·昭公十四年》	语典型成语(《左传》首创)
93	股肱之力	《左传·僖公九年》	语典型成语(《左传》首创)
94	光可鉴人	《左传·昭公二十八年》	语典型成语(增字而成)
95	裹粮坐甲	《左传·文公十二年》	语典型成语(《左传》首创)
96	含垢藏疾	《左传·宣公十五年》	语典型成语(后世概括、提炼《左传》语句而成)
97	好整以暇	《左传·成公十六年》	语典型成语(后世概括、提炼《左传》语句而成)
98	河清难俟	《左传·襄公八年》	语典型成语(后世概括、提炼《左传》语句而成)
99	河鱼腹疾	《左传·宣公十二年》	语典型成语(《左传》首创)
100	和睦相处	《左传·成公六年》	语典型成语(增字而成)
101	后悔无及	《左传·哀公六年》	语典型成语(减字而成)
102	狐裘羔袖	《左传·襄公十四年》	语典型成语(减字而成)
103	怙恶不悛	《左传·隐公六年》	语典型成语(更易成分而成)
104	华而不实	《左传·文公五年》	语典型成语(《左传》首创)
105	怀璧其罪	《左传·桓公十年》	语典型成语(谚语)

续表

序号	成语	出处	类型
106	皇天后土	《左传·僖公十五年》	语典型成语(直接引自其他经书,未注明出处)
107	回禄之灾	《左传·昭公十八年》	事典型成语(神话传说)
108	毁家纾难	《左传·庄公三十年》	语典型成语(后世概括、提炼《左传》语句而成)
109	魂飞魄散	《左传·昭公二十五年》	语典型成语(后世概括、提炼《左传》语句而成)
110	祸福无门	《左传·襄公二十三年》	语典型成语(古人语)
111	积不相能	《左传·襄公二十一年》	事典型成语(历史故事)
112	及瓜而代	《左传·庄公八年》	事典型成语(历史故事)
113	吉人天相	《左传·宣公三年》《左传·昭公四年》	语典型成语(选取《左传》相关词语比合而成)
114	掎角之势	《左传·襄公十四年》	语典型成语(混合定型)
115	济河焚舟	《左传·文公三年》	语典型成语(《左传》首创)
116	假途灭虢	《左传·僖公五年》	事典型成语(历史事件)
117	艰难险阻	《左传·僖公二十八年》	语典型成语(《左传》首创)
118	兼弱攻昧	《左传·宣公十二年》	语典型成语(直接引自其他经书,未注明出处)
119	剑及屦及	《左传·宣公十四年》	语典型成语(后世概括、提炼《左传》语句而成)
120	降心相从	《左传·僖公二十八年》	语典型成语(减字而成)
121	骄奢淫逸	《左传·隐公三年》	语典型成语(《左传》首创)
122	结草衔环(之结草)	《左传·宣公十五年》	事典型成语(神话传说)

续表

序号	成 语	出 处	类 型
123	金鼓齐鸣	《左传·僖公二十二年》	语典型成语(后世概括、提炼《左传》语句而成)
124	进思尽忠,退思补过	《左传·宣公十二年》	语典型成语(《左传》首创)
125	敬若神明	《左传·襄公十四年》	语典型成语(后世概括、提炼《左传》语句而成)
126	敬谢不敏	《左传·襄公三十一年》	语典型成语(增字而成)
127	久病成医	《左传·定公十三年》	语典型成语(后世概括、提炼《左传》语句而成)
128	居安思危	《左传·襄公十一年》	语典型成语(直接引自其他经书·注明出处)
129	居不重席	《左传·哀公元年》	语典型成语(《左传》首创)
130	居利思义	《左传·昭公二十八年》	语典型成语(《左传》首创)
131	举棋不定	《左传·襄公二十五年》	语典型成语(《左传》首创)
132	距跃三百	《左传·僖公二十八年》	事典型成语(历史事件)
133	口血未干	《左传·襄公九年》	语典型成语(《左传》首创)
134	宽猛相济	《左传·昭公二十年》	语典型成语(后世概括、提炼《左传》语句而成)
135	匡救弥缝	《左传·僖公二十六年》	语典型成语(后世概括、提炼《左传》语句而成)
136	困兽犹斗	《左传·宣公十二年》	语典型成语(《左传》首创)
137	兰因絮果	《左传·宣公三年》	事典型成语(历史故事)
138	狼子野心	《左传·宣公四年》	语典型成语(谚语)
139	嫠不恤纬	《左传·昭公二十四年》	事典型成语(寓言故事)

续表

序号	成语	出处	类型
140	厉兵秣马	《左传·僖公三十三年》	语典型成语(《左传》首创)
141	良禽择木	《左传·哀公十一年》	语典型成语(后世概括、提炼《左传》语句而成)
142	聊以卒岁	《左传·襄公二十一年》	语典型成语(直接引自其他经书·注明出处)
143	量力而行	《左传·昭公十五年》	语典型成语(《左传》首创)
144	鹿死不择荫	《左传·文公十七年》	语典型成语(古人语)
145	勠力同心	《左传·成公十三年》	语典型成语(直接引自其他经书·未注明出处)
146	鲁及剑及	《左传·宣公十四年》	事典型成语(历史事件)
147	鸾凤和鸣	《左传·庄公二十二年》	语典型成语(后世概括、提炼《左传》语句而成)
148	履贱踊贵	《左传·昭公三年》	语典型成语(《左传》首创)
149	掠人之美	《左传·昭公十四年》	语典型成语(增字而成)
150	马首是瞻	《左传·襄公十四年》	事典型成语(历史事件)
151	蔓草难除	《左传·隐公元年》	语典型成语(后世概括、提炼《左传》语句而成)
152	冒天下之大不韪	《左传·隐公十一年》	语典型成语(后世概括、提炼《左传》语句而成)
153	弥缝其阙	《左传·僖公二十六年》	语典型成语(《左传》首创)
154	面缚舆榇	《左传·僖公六年》	语典型成语(后世概括、提炼《左传》语句而成)
155	灭此朝食	《左传·成公二年》	语典型成语(减字而成)
156	名列前茅	《左传·宣公十二年》	语典型成语(增字而成)

续表

序号	成 语	出 处	类 型
157	明耻教战	《左传·僖公二十二年》	语典型成语(《左传》首创)
158	民保于信	《左传·定公十四年》	语典型成语(谚语)
159	民不堪命	《左传·桓公二年》	语典型成语(《左传》首创)
160	民和年丰	《左传·桓公六年》	语典型成语(《左传》首创)
161	摩厉以须	《左传·昭公十二年》	语典型成语(《左传》首创)
162	莫予毒也	《左传·僖公二十八年》	语典型成语(《左传》首创)
163	木本水源	《左传·昭公九年》	语典型成语(后世概括、提炼《左传》语句而成)
164	墓木已拱	《左传·僖公三十二年》	语典型成语(增字而成)
165	南风不竞	《左传·襄公十八年》	语典型成语(《左传》首创)
166	南冠楚囚	《左传·成公九年》	事典型成语(历史故事)
167	匿瑕含垢	《左传·宣公十五年》	语典型成语(后世概括、提炼《左传》语句而成)
168	耦俱无猜	《左传·僖公九年》	语典型成语(《左传》首创)
169	皮之不存,毛将安傅	《左传·僖公十四年》	事典型成语(历史事件)
170	罢于奔命	《左传·成公七年》	语典型成语(《左传》首创)
171	凄风苦雨	《左传·昭公四年》	语典型成语(改意而成)
172	蹊田夺牛	《左传·宣公十一年》	事典型成语(寓言故事)
173	齐大非偶	《左传·桓公六年》	事典型成语(历史事件)
174	其貌不扬	《左传·昭公二十八年》	语典型成语(后人解释、概括《左传》语句)

续表

序号	成 语	出 处	类 型
175	挈瓶之智，守不假器	《左传·昭公七年》	语典型成语(古人语)
176	器二不匮	《左传·哀公六年》	语典型成语(《左传》首创)
177	秦晋之好	《左传·僖公二十三年》	事典型成语(历史故事)
178	秦庭之哭	《左传·定公四年》	事典型成语(历史事件)
179	寝苫枕草	《左传·襄公十七年》	语典型成语(《左传》首创)
180	庆父不死，鲁难未已	《左传·闵公元年》	事典型成语(历史事件)
181	取精用宏	《左传·昭公七年》	语典型成语(调序而成)
182	人非圣贤，孰能无过	《左传·宣公二年》	语典型成语(后世概括、提炼《左传》语句而成)
183	人莫予毒	《左传·僖公二十八年》	语典型成语(增字而成)
184	人心如面	《左传·襄公二十一年》	语典型成语(后世概括、提炼《左传》语句而成)
185	仁言利博	《左传·昭公三年》	语典型成语(减字而成)
186	融融泄泄	《左传·隐公元年》	语典型成语(后世概括、提炼《左传》语句而成)
187	肉食者鄙	《左传·庄公十年》	语典型成语(调序而成)
188	如火燎原	《左传·隐公六年》	语典型成语(直接引自其他经书·注明出处)
189	若敖鬼馁	《左传·宣公四年》	事典型成语(历史事件)
190	弱不好弄	《左传·僖公九年》	语典型成语(《左传》首创)
191	三坟五典	《左传·昭公十二年》	语典型成语(后人解释、概括《左传》语句)

续表

序号	成　语	出　　处	类　　型
192	三命而俯	《左传·昭公七年》	语典型成语(《左传》首创)
193	三占从二	《左传·成公六年》	语典型成语(直接引自其他经书·注明出处)
194	三折之肱	《左传·定公十三年》	语典型成语(后世概括、提炼《左传》语句而成)
195	杀敌致果	《左传·宣公二年》	语典型成语(后世概括、提炼《左传》语句而成)
196	歃血为盟	《左传·隐公七年》	事典型成语(历史事件)
197	善自为谋	《左传·桓公六年》	语典型成语(《左传》首创)
198	上下其手	《左传·襄公二十六年》	事典型成语(历史事件)
199	少安毋躁	《左传·襄公七年》	语典型成语(增字而成)
200	舍旧谋新	《左传·僖公二十八年》	语典型成语(后世概括、提炼《左传》语句而成)
201	甚嚣尘上	《左传·成公十六年》	语典型成语(减字而成)
202	生聚教训	《左传·哀公元年》	语典型成语(后世概括、提炼《左传》语句而成)
203	生死存亡	《左传·定公十五年》	语典型成语(调序而成)
204	生死肉骨	《左传·襄公二十二年》	语典型成语(减字而成)
205	诗以言志	《左传·襄公二十七年》	语典型成语(间接援引其他典籍)
206	实逼处此	《左传·隐公十一年》	语典型成语(《左传》首创)
207	实繁有徒	《左传·昭公二十八年》	语典型成语(直接引自其他经书·注明出处)
208	食不二味	《左传·哀公元年》	语典型成语(《左传》首创)

续表

序号	成　语	出　　处	类　　型
209	食毛践土	《左传·昭公七年》	语典型成语(增字而成)
210	食肉寝皮	《左传·襄公二十一年》	语典型成语(后世概括、提炼《左传》语句而成)
211	食言而肥	《左传·哀公二十五年》	事典型成语(历史故事)
212	食指大动	《左传·宣公四年》	事典型成语(历史故事)
213	史不绝书	《左传·襄公十九年》	语典型成语(《左传》首创)
214	始愿不及此	《左传·成公十八年》	语典型成语(《左传》首创)
215	视民如伤	《左传·哀公元年》	语典型成语(《左传》首创)
216	室怒市色	《左传·昭公十九年》	语典型成语(谚语)
217	室如悬磬	《左传·僖公二十六年》	语典型成语(《左传》首创)
218	誓泉之讥	《左传·隐公元年》	事典型成语(历史事件)
219	噬脐无及	《左传·庄公六年》	语典型成语(后人解释、概括《左传》语句)
220	书法不隐	《左传·宣公二年》	语典型成语(古人语)
221	数典忘祖	《左传·昭公十五年》	事典型成语(历史事件)
222	思深忧远	《左传·襄公二十九年》	语典型成语(后世概括、提炼《左传》语句而成)
223	死而不朽	《左传·襄公二十四年》	语典型成语(古人语)
224	四方之志	《左传·僖公二十三年》	语典型成语(《左传》首创)
225	俟河之清	《左传·襄公八年》	语典型成语(直接引自其他经书·注明出处)
226	送往事居	《左传·僖公九年》	语典型成语(《左传》首创)

续表

序号	成语	出处	类型
227	夙兴夜寐	《左传·襄公二十六年》	语典型成语(直接引自其他经书·未注明出处)
228	顺时而动	《左传·隐公十一年》	语典型成语(更易成分而成)
229	贪得无厌	《左传·昭公二十八年》	语典型成语(更易成分而成)
230	贪墨成风	《左传·昭公十四年》	语典型成语(增字而成)
231	贪天之功	《左传·僖公二十四年》	语典型成语(《左传》首创)
232	叹为观止	《左传·襄公二十九年》	事典型成语(历史故事)
233	天假之年	《左传·僖公二十八年》	语典型成语(《左传》首创)
234	天经地义	《左传·昭公二十五年》	语典型成语(减字而成)
235	天平地成	《左传·僖公二十四年》	语典型成语(直接引自其他经书·注明出处)
236	天生尤物	《左传·昭公二十八年》	语典型成语(增字而成)
237	铤而走险	《左传·文公十七年》	语典型成语(《左传》首创)
238	同仇敌忾	《左传·文公四年》	语典型成语(《左传》与其他典籍组合而成)
239	同恶相济	《左传·昭公十三年》	语典型成语(更易成分而成)
240	痛心疾首	《左传·成公十三年》	语典型成语(《左传》首创)
241	投袂而起	《左传·宣公十四年》	语典型成语(《左传》首创)
242	投诸四裔	《左传·文公十八年》	语典型成语(《左传》首创)
243	退避三舍	《左传·僖公二十三年》	事典型成语(历史事件)
244	外举不弃仇,内举不失亲	《左传·襄公三年》	事典型成语(历史事件)

续表

序号	成语	出处	类型
245	外强中干	《左传·僖公十五年》	语典型成语(《左传》首创)
246	玩火自焚	《左传·隐公四年》	语典型成语(后世概括、提炼《左传》语句而成)
247	玩岁愒日	《左传·昭公元年》	语典型成语(减字而成)
248	唯利是视	《左传·成公十三年》	语典型成语(《左传》首创)
249	唯邻是卜	《左传·昭公三年》	语典型成语(谚语)
250	唯命是听	《左传·宣公十二年》	语典型成语(《左传》首创)
251	唯食忘忧	《左传·昭公二十八年》	语典型成语(谚语)
252	唯唯否否	《左传·昭公二十年》	语典型成语(混合定型)
253	尾大不掉	《左传·昭公十一年》	语典型成语(《左传》首创)
254	畏首畏尾	《左传·文公十七年》	语典型成语(古人语)
255	问鼎之心	《左传·宣公三年》	事典型成语(历史事件)
256	问诸水滨	《左传·僖公四年》	事典型成语(历史事件)
257	无以复加	《左传·文公十七年》	语典型成语(增字而成)
258	无源之水，无本之木	《左传·昭公九年》	语典型成语(改意而成)
259	无怨无德	《左传·成公三年》	语典型成语(《左传》首创)
260	五世其昌	《左传·庄公二十二年》	语典型成语(《左传》首创)
261	恶不去善	《左传·哀公五年》	语典型成语(《左传》首创)
262	西邻责言	《左传·僖公十五年》	语典型成语(《左传》首创)
263	悉索敝赋	《左传·襄公八年》	语典型成语(《左传》首创)
264	先声夺人	《左传·昭公二十一年》	语典型成语(增字而成)

续表

序号	成语	出处	类型
265	献可替否	《左传·昭公二十年》	语典型成语(后世概括、提炼《左传》语句而成)
266	相待如宾	《左传·僖公三十三年》	语典型成语(《左传》首创)
267	相忍为国	《左传·昭公元年》	语典型成语(《左传》首创)
268	象齿焚身	《左传·襄公二十四年》	语典型成语(后世概括、提炼《左传》语句而成)
269	宵衣旰食	《左传·昭公二十年》	语典型成语(《左传》与其他典籍组合而成)
270	心腹之患	《左传·哀公十二年》	语典型成语(更易成分而成)
271	信而有征	《左传·昭公八年》	语典型成语(《左传》首创)
272	行将就木	《左传·僖公二十三年》	事典型成语(历史事件)
273	幸灾乐祸	《左传·僖公十四年》《左传·庄公二十年》	语典型成语(选取《左传》相关词语比合而成)
274	兄弟阋墙	《左传·僖公二十四年》	语典型成语(直接引自其他经书·未注明出处)
275	雄鸡断尾	《左传·昭公二十二年》	事典型成语(寓言故事)
276	言不由衷	《左传·隐公三年》	语典型成语(更易成分而成)
277	言归于好	《左传·僖公九年》	语典型成语(《左传》首创)
278	言犹在耳	《左传·文公七年》	语典型成语(《左传》首创)
279	言之无文,行而不远	《左传·襄公二十五年》	语典型成语(直接引自其他经书·注明出处)
280	宴安鸩毒	《左传·闵公元年》	语典型成语(《左传》首创)
281	燕巢幕上	《左传·襄公二十九年》	语典型成语(后世概括、提炼《左传》语句而成)

续表

序号	成语	出处	类型
282	泱泱大风	《左传·襄公二十九年》	语典型成语(后世概括、提炼《左传》语句而成)
283	妖由人兴	《左传·庄公十四年》	语典型成语(《左传》首创)
284	药石之言	《左传·襄公二十三年》	语典型成语(增字而成)
285	一成一旅	《左传·哀公元年》	语典型成语(后世概括、提炼《左传》语句而成)
286	一鼓作气	《左传·庄公十年》	语典型成语(《左传》首创)
287	一国三公	《左传·僖公五年》	语典型成语(《左传》首创)
288	一见如旧	《左传·襄公二十九年》	事典型成语(历史故事)
289	一薰一莸	《左传·僖公四年》	语典型成语(《左传》首创)
290	以水济水	《左传·昭公二十年》	语典型成语(《左传》首创)
291	以小人之心,度君子之腹	《左传·昭公二十八年》	语典型成语(混合定型)
292	懿公好鹤	《左传·闵公二年》	事典型成语(历史故事)
293	有备无患	《左传·襄公十一年》	语典型成语(直接引自其他经书,未注明出处)
294	有恃无恐	《左传·僖公二十六年》	语典型成语(更易成分而成)
295	有死无二	《左传·僖公十五年》	语典型成语(《左传》首创)
296	又弱一个	《左传·昭公三年》	语典型成语(《左传》首创)
297	予取予求	《左传·僖公七年》	语典型成语(《左传》首创)
298	余勇可贾	《左传·成公二年》	语典型成语(调序而成)
299	欲盖弥彰	《左传·昭公三十一年》	语典型成语(更易成分而成)

续表

序号	成语	出处	类型
300	欲加之罪，何患无辞	《左传·僖公十年》	事典型成语(历史故事)
301	再衰三竭	《左传·庄公十年》	语典型成语(减字而成)
302	啧有烦言	《左传·定公四年》	语典型成语(《左传》首创)
303	斩草除根	《左传·隐公六年》	语典型成语(后世概括、提炼《左传》语句而成)
304	战战兢兢，如临深渊，如履薄冰	《左传·僖公二十二年》	语典型成语(直接引自其他经书·注明出处)
305	朝不保夕	《左传·昭公元年》	语典型成语(《左传》首创)
306	朝不及夕	《左传·襄公十六年》	语典型成语(《左传》首创)
307	朝不谋夕	《左传·昭公元年》	语典型成语(《左传》首创)
308	辙乱旗靡	《左传·庄公十年》	语典型成语(后世概括、提炼《左传》语句而成)
309	整军经武	《左传·宣公十二年》	语典型成语(减字而成)
310	政出多门	《左传·成公十六年》	语典型成语(增字而成)
311	政以贿成	《左传·襄公十年》	语典型成语(《左传》首创)
312	知不如葵	《左传·成公十七年》	事典型成语(寓言故事)
313	知难而退	《左传·宣公十二年》	语典型成语(《左传》首创)
314	直言贾祸	《左传·成公十五年》《左传·定公六年》	语典型成语(选取《左传》相关词语比合而成)
315	止戈为武	《左传·宣公十二年》	语典型成语(《左传》首创)
316	趾高气扬	《左传·桓公十三年》	语典型成语(增字而成)

续表

序号	成　语	出　　处	类　　型
317	治丝益棼	《左传·隐公四年》	语典型成语(增字而成)
318	众怒难犯	《左传·襄公十年》	语典型成语(《左传》首创)
319	众叛亲离	《左传·隐公四年》	语典型成语(《左传》首创)
320	诛求无已	《左传·襄公三十一年》	语典型成语(更易成分而成)
321	筑室反耕	《左传·宣公十五年》	语典型成语(《左传》首创)
322	锥刀之末	《左传·昭公六年》	语典型成语(《左传》首创)
323	子女玉帛	《左传·僖公二十三年》	语典型成语(《左传》首创)
324	自郐以下	《左传·襄公二十九年》	事典型成语(历史故事)

注：本表统计《左传》所见典故性成语共计 324 个，所列成语按汉语拼音字母顺序排列，按照成语来源将其分为语典型成语和事典型成语两大类，每一大类后面标注成语的具体类型或形成方式。

附录 4

《左传选读》重要历史人物小传
（按汉语拼音字母顺序排列）

白公胜（？—公元前 479 年），春秋时人。楚国大夫。名胜。楚平王孙，亦称王孙胜。其父太子建遭费无忌谗言出奔，在郑国被杀。他随伍子胥奔吴楚惠王二年（公元前 487 年）令尹子西因他"信而勇"，从吴召回，任为巢（今安徽寿县南）大夫，号白公（"公"是楚国县邑之长的尊称），以加强对吴防御。十年，吴伐慎（今安徽颍上北），他败之，请以战胜所用兵甲进献，借机攻杀令尹子西、司马子期于朝，劫持惠王，控制楚都。后被叶公子高所率方城以外之师击败，奔入山中自缢而死。

曹共公（？—公元前 618 年），春秋时曹国国君。名襄公元前 652—前 618 年在位。晋公子重耳（即晋文公）流亡至曹，他不听僖负羁劝阻，对重耳无礼，因结怨。曹共公二十一年（公元前 632 年），晋军伐曹，国破被虏。同年冬，遇释归国。

曹刿，即曹沫，《左传》作曹刿，《史记》作曹沫。一作曹翙（huì）。春秋时鲁国人。鲁庄公十年（公元前 684 年）齐攻鲁，将战于长勺（今山东莱芜东北），他求见庄公，请随从指挥作战。待齐人一鼓作气,再而衰,三而竭,然后叫庄公鸣鼓反攻;待齐师战败,视其辙乱,望其旗靡,然后追逐,结果大胜。庄公十三年与齐桓公会盟于柯(今山东阳谷东),相传他曾持剑想从,劫持齐君订立盟约,收回失地。

陈桓公(公元前754—前707年),周朝诸侯妫姓陈国第十二任国君。名鲍。陈文公长子。公元前744年—前707年在位,在位38年。共继任者公子佗。

陈厉公(?—公元前700年),春秋时陈国国君。名佗,一作跃。陈桓公弟一作桓公子。公元前706—前700年在位。其母为蔡女,为蔡人所立。后为蔡人所杀。其子公子完(即田敬仲)奔齐后代逐渐强大,终于夺取齐国政权。

陈完,春秋时齐国大臣。陈厉公之子,谥敬仲。陈宣公二十一年(公元前672年)杀其太子御寇。他奔齐,被齐桓公任为卿,固辞,官为工正。其后代逐渐强大,传到陈恒(即田常)终于取得齐的政权,传到田和,终于代齐为国君。

成嘉(?—公元前613年),春秋时楚国令尹,若敖氏后裔。芈姓,成氏,名嘉,字子孔。子玉之子,子文之侄,成大心之弟。楚穆王十一年(公元前615年),继兄长成大心为令尹。担任令尹之初,舒、宗、巢等群舒(偃姓,散居今安徽巢湖西南)叛乱反楚,他率楚军前往镇压,俘虏了舒国(今安徽庐江西)君及宗国(今庐江西北)君,并乘机围巢国(今安徽六安东北)。公元前614年,楚穆王崩逝,其子熊旅立,是为楚庄王,庄王年幼而立,根基不稳,畏惧若敖氏之锐,虚沉溺于酒色,成嘉治理朝政,独掌朝纲。元年(公元前613年)与太师潘崇伐群舒,使公子燮、子仪留郢辅庄王。二子作乱,使贼杀成嘉,不克而还。大约于此年,成嘉卒。

楚共王(公元前600—前560年),春秋时楚国君。庄王子,名审。公元前590—前560年在位。楚共王十六年(公元前575年),晋伐郑,他率援军与晋兵战于鄢陵(今河南鄢陵西北),为晋将吕锜射中一目。旋因将军子反酒醉误战罢兵,责其自杀。后伐宋,取彭城(今江苏苏州),又与晋、郑、吴等国屡次交兵。

楚灵王(?—公元前529年),春秋时楚国国君。名围后改虔。共王次子。公元前540—前529年在位。为令尹时,杀侄郏敖自立。楚灵王三年(公元前538年),会诸侯攻吴,破朱方(今江苏镇江东),杀齐庆封。后诱杀蔡灵侯,灭蔡。又率军围徐以胁吴。时雨雪不断,国人苦役。子革谏罢兵,他不纳。公子弃疾等立子比为王,他闻讯西归,众散被杀(一说自杀)。

楚平王(?—公元前516年),春秋时楚国国君。名弃疾,一名居。公元前528—前516年在位。楚灵王时,率军灭陈定蔡。后诈杀灵王及子比自立。惧国人及诸侯反,乃复陈、蔡,结好邻国,施惠百姓。楚平王六年(公元前523年),为太子建娶秦女,悦而自娶。又听大夫费无忌谗言,废建,诛太子傅伍奢。死后十年,奢子子胥率吴军攻入楚都城郢(今湖北江陵西北),他被掘墓鞭尸。

楚武王(?—公元前690年),楚国丹阳(今湖北宜昌)人,芈姓,熊氏,名通,楚若敖之孙,楚霄敖次子,楚厉王(楚蚡冒)之弟,春秋时期楚国国君,公元前740—公元前689年在位,春秋三小霸之一。公元前741年,楚厉王去世,楚武王杀其兄楚厉王之子,自立为君。楚武王继位后,奉行铁腕政策,敢作敢为,楚国由此强盛。公元前690年,楚武王去世,其子熊赀继位,是为楚文王。

楚昭王(?—公元前489年),春秋末年楚国国君。名珍、轸。

公元前515—前489年在位。初立，使令尹子常诛谗臣费无忌以平众怒。楚昭王十年（公元前506年），因郢都（今湖北江陵西北）被伍子胥所率吴军攻破，出奔。以申包胥求得秦援师，遂归。后复为吴败，迁都于鄀（ruò，今湖北宜城东南）。吴王夫差攻陈时，他往援，死于军中。

楚庄王（？—公元前591年），春秋时楚国国君。芈姓，名旅（一作吕、侣）。公元前613—前591年在位。重用孙叔敖和沈尹蒸（一作巫、箴、茎），整顿内政，兴修水利，推行县制，增加北进的兵力。楚庄王三年（公元前611年）攻灭庸国（今湖北竹山西南），使疆土大为扩展。八年伐陆浑之戎，直逼洛水，陈兵周郊，并问询象征天子权威的九鼎大小轻重。继而在方城东北设置沈县（今河南平舆北），作为北进重要据点。一度攻灭陈国，改建为县。又攻破郑国，迫使郑襄公迎降。邲（今河南荥阳北）之战，大败晋军。又攻破宋的属国萧（今安徽萧县），起兵围宋都九月之久，迫使宋结城下之盟。从而陆续使鲁、宋、郑、陈等国归附，成为霸主。

崔杼（？—公元前546年），春秋时人。齐国大夫。曾有宠于齐惠公。齐灵公欲废太子光，他趁灵公染疾，拥光即位（即齐庄公）。后庄公与他妻私通，怒而杀之，另立杵臼为君（即齐景公），任右相。齐太师与两弟三书"崔杼弑其君"，他连株太史等三人，终以不能绝书而罢。及崔氏诸子内乱，庆封尽灭其族，他亦自杀。齐人徙葬庄公时，戮其尸于市。

斗伯比，芈姓，亦名熊伯比，若敖熊仪之子；斗邑人（今湖北郧西）。著名春秋时期楚国令尹，斗氏鼻祖。

范文子（？—公元前574年），春秋时人。晋国大臣。士氏，名燮。谥文，称范文子。士会之子。士会告老，立他为卿。晋景公十一年(公元前 589 年),以上军之佐随郤克伐齐,战于鞌有功。厉公二年(公元前 579 年)第一次弭兵之会,与楚公子罢结盟于宋西门之外。六年鄢陵之战,栾武子将上军,欲战,他将下军,不欲战。认为战胜之后厉公将更自夸,加重赋敛,夺取诸大夫田邑以赏所宠妇人。栾武子不听,出战大胜,厉公果如所料。次年使其祝宗祈死,谓"难将作矣",旋卒。

范武子,春秋时人。晋国正卿。士蒍之孙,字季,食邑在随(今山西介休东南),后更受范邑(今山东梁山西北)。亦称随会、范会、士会、士季、随季。谥武亦称随武子、范武子。晋襄公卒,赵盾议立长君,使他与先蔑到秦迎立公子雍。旋变计立灵公,为盾所拒,因奔秦。晋灵公七年(公元前 614 年),晋人惧秦用其策,设计接回。晋景公三年(公元前 597 年)邲之战,晋军大败,唯他所率上军以先有准备而不败。后四年率师灭赤狄甲氏留吁、铎辰,升为中军元帅,兼任太傅,聘于周,归而修订晋法。景公八年(公元前 592 年)告老退休。

范宣子,春秋时人。晋国大臣。士氏,名匄(一作丐)。范文子之子。晋悼公十年(公元前 563 年)任中军之佐,与荀偃攻,灭偪阳(今山东枣庄南)。十四年大蒐于緜(mián)上(今山西翼城西),原中军将荀罃已死,本当递升为中军将,辞不就,使荀偃将中军。由于他的推让,其下都推让。晋平公三年(公元前 555 年)伐齐,与荀偃以中军克京兹(今山东平阴东南)。次年代荀偃将中军。六年逐栾盈。后二年晋国尽灭栾盈的族党,范氏势力加强。曾根据晋襄公七年(公元前 621 年)"夷之蒐(夷地举行大蒐礼)"宣布的法令,制定的刑书。他死后,在晋顷公十三年(公元前 513 年),被赵鞅、荀寅继续采用,铸成刑鼎公布。

夫差(？—公元前473年)，春秋末年吴国国君。阖闾之子。公元前495—前473年在位。夫差二年(公元前494年)败越于夫椒(今太湖中洞庭西山)，乘胜攻入越都，迫使越屈服求和。九年伐鲁。次年开凿邗沟，图谋北进。十一年伐齐，派徐承率舟师由海入齐，未能取胜。次年在艾陵(今山东莱芜东北)大败齐师。十四年会诸侯于黄池(今河南封丘西南)，与晋争得盟主。越乘虚攻入吴都。后越又多次攻吴。二十三年(公元前473年)终被越所灭，他自刭而死。

宫之奇，一作宫奇，春秋时虞国人。晋献公十九年(公元前658年)，以屈产之乘(名马)、垂棘之璧向虞假道灭虢，虞君允许，他劝谏不听。晋攻取虢的下阳(今山西平陆南)以归。后三年晋又假道虞灭虢，他以"辅车相依，唇亡齿寒"劝谏，虞君又不听。因而率族奔西山。三月后，晋灭虢，旋回师又灭虞。

管仲(？—公元前645年)，即管敬仲。春秋时齐国颍上(颍水之滨)人。名夷吾，字仲。少与鲍叔牙友善。齐襄公无道，群弟恐祸及，公子纠奔鲁，由他和召忽为傅；公子小白奔莒由鲍叔牙为傅。襄公被杀，鲁发兵送纠，并使他袭击小白归路。小白被射中带钩而未伤，争先回国即位，即齐桓公。后以鲍叔牙推荐，桓公不念前仇，任他为卿，以谷(今山东东阿)为采邑，尊称"仲父"。在齐进行改革，整顿"国"(国都)和"野"(鄙野)对立的制度，分"国"为十五士乡和六工商乡，分"野"为五属并以士乡的乡里编制和军队编制相结合，"作内政而寄军令"，编制为三军。确立选拔人才制度，士经三次审选，可选为"上卿之赞(辅助)"。对于"野"，主张"相地而衰征"(按天地等级征税)，平均分配耕地，适当征发力役而"无夺民时""牺牲不略"(不掠夺家禽)。并定出用军器赎罪的刑法(见《国语·齐语》)。因而国力逐渐富强,使齐桓公成为春秋第一个霸主。

韩厥,春秋时晋国人。谥献,称韩献子。韩万玄孙,韩简孙。由赵盾推荐,晋灵公以为司马,掌军法。晋景公十一年(公元前589年)参与鞌之战大破齐军,俘得齐顷公的车右逢丑父。次年晋作六军,赏鞌之战功,任新中军之将。十五年,景公从其言,迁都新田(称新绛,今山西侯马)。后又从其请,立赵武为赵氏后裔。晋厉公六年(公元前575年),鄢陵之战,他为下军之将。悼公元年(公元前573年),升中军之将。次年伐郑,败其徒兵于洧上。

韩宣子,春秋时人。晋国正卿。韩厥次子。以兄无忌推让,立为卿。晋平公时为上军之佐。平公三年(公元前555年)晋伐齐,与赵武以上军围卢(今山东长清西南),不克。十七年代赵武为政。次年聘于鲁,观书于太史氏,谓周礼尽在于鲁。他曾忧贫,叔向贺之,认为可以免于难。见《国语·晋语八》。

华元,春秋时人。宋国大夫。华生御事之子。官为右师宋文公四年(公元前607年),郑奉楚命伐宋,他与乐吕抵御失败,被俘。宋以兵车百乘文马百驷赎他,赎物才送一半,他即逃归。十六年,杀未假道而经宋境的楚国使者,于是楚围宋都。次年,夜入楚师,与楚讲和。宋共公十年(公元前579年)因与楚令尹子重、晋栾武子友善,使晋楚在宋西门之外结第一次"弭兵"之约。宋共公卒,卿大夫间发生内讧,他攻杀司马荡泽,左师鱼石等五人奔楚。

季梁,又称季氏梁、季仕梁,政治家、军事家、思想家。春秋初期随国大夫,我国南方第一位文化名人,开儒家学说先河的重要学者。李白誉其为"神农之后,随之大贤"。季梁对随楚关系格局影响重大,辅佐随侯期间,提出"夫民,神之主也"的唯物主义思想、"修政而亲兄弟之国"的政治主张以及"避实击虚"的军事策略,使随国成为"汉东大国",周天子虽"三次征伐"被他称为"荆蛮"的楚国皆"结盟而还"。可惜当时的随侯对季梁的诸多治国方略始纳后弃,致使四面树敌,公元前690年在与强楚青林山一役中丧国辱邦。作为亡国之臣的季梁因此郁郁而终。

季文子(? —公元前568年),春秋时鲁国人。季孙氏,名行父。历仕文公、宣公、成公、襄公。宣公时始执政。公孙归父欲除去三桓被他驱逐。鲁成公元年(公元前590年)为防齐入侵,作丘甲(按"丘"为单位征收军赋),当出于他的主意。次年齐侵鲁、卫,晋出师来救,他率师会战于鞌(今山东济南西北),得胜。六年,夸耀鞌之战功,建筑武宫。十六年因叔孙宣伯谮于晋,一度被晋拘留。传他连相三君,家无私积,以节俭著称。

季武子(? —公元前535年),春秋时鲁国人。名宿,季文子之子。鲁襄公十一年(公元前562年)作三军,由季孙氏、叔孙氏、孟孙氏各有一军,三分公室。十八年晋救鲁伐齐,大胜,围齐都临淄(今山东淄博市东北临淄)。次年他到晋道谢,并以所获齐国兵器铸造林钟以记战功。二十九年夺取公室所有卞邑(今山东泗水东),借口守卞者将叛而讨伐。鲁昭公五年(公元前537年)改三军为二军,四分公室,季孙氏得二分。

季札,又称公子札。春秋时人。吴国王族。吴王寿梦幼子,其兄为诸樊、馀祭、夷昧。初封延陵(今江苏常州),称延陵季子。后加封州来(今安徽凤台),称延州来季子。寿梦欲立之,他辞让,诸樊欲让之,又辞谢。诸樊死,馀祭立,馀祭死,夷昧立,夷昧死,将授国,逃避不就,夷昧之子僚即位。后公子光派人刺杀僚而代立,即阖闾。他表示服从而哭于僚墓。馀祭四年(公元前544年)聘于鲁,请观周乐,加以分析,借此说明周朝及诸侯盛衰大势。后游历齐、郑、卫、晋、徐等国,会见晏婴、子产、叔向等人,对时势有所评论。

蹇叔,春秋时人。与百里奚友善,居于宋。由百里奚得推荐,秦穆公使人厚币迎之于宋,以为上大夫。秦穆公三十二年(公元前628年),谋潜师袭郑,他以劳师袭远,"且行千里,其谁不知?"谏穆公不听。孟明视等三帅出师,他哭泣说:"吾见师之出而不见其入也"。其子随师出征,哭而送之。后果如所料,被晋师在回师途中于崤(今河南三门峡市东南)截击大败,三帅被俘。

介之推,一作介子推、介推。春秋时人。曾从晋文公流亡,文公归国即位,遍赏随从之臣而不及他。他与其母隐居绵上(今山西介休东南)山中而死。文公使人召之不得,因以绵上作为其名义上得封田。后人因号称介山。传说文公烧山逼其出山。他因不愿,抱木而被焚死。旧俗以清明前一天(或两天)为寒食节,断火冷食三天,相传起于纪念介之推被焚死之说。

晋悼公(公元前586—前558年),春秋时晋国国君。名周,襄公曾孙,惠伯子。公元前573—前558年在位。晋厉公被大夫栾叔、中行偃杀死,他被迎立即位。整顿内政,任用贤能,图谋重振霸业。楚、郑联合伐宋,将宋叛臣鱼石安置于宋的彭城。悼公元年(公元前572年)晋联合诸侯救宋,围彭城(今江苏徐州),执鱼石而回。后晋多次与楚争夺郑国,使郑归服。同时又对北方戎族采取联合政策,晋的势力在北方大有扩展。悼公十四年(公元前559年)使六卿会合诸侯伐秦,深入秦地,渡过泾水,至棫林(今陕西泾阳西南),因将帅不和而退兵。在位时,晋卿族强大,内部矛盾重重,霸业已成强弩之末。

晋惠公(？—公元前637年),春秋时晋国国君。献公子,名夷吾。公元前650—前637年在位。因受献公夫人骊姬迫害,出奔梁(今陕西韩城南)。献公去世,大夫里克杀奚齐。他贿赂秦穆公,许以晋之河西、河南五城,使秦发兵护送他入晋即位。后失约不予秦地。晋惠公五年(公元前646年)秦饥求助于晋,他拒之。次年,秦穆公伐晋战于韩原(今山西河津东),晋军大败,他被俘。晋因此"作爰田""作州兵",进行田制和兵制的改革。不久得释归晋,以太子圉入质于秦。

晋景公(？—公元前581年),春秋时晋国国君。名据,一名獳。晋成公子。公元前599—前581年在位。晋景公三年(公元前597年),令荀林父率军与楚战于邲(今河南荥阳北),大败。次年,杀中军佐先谷。后在鞍(今山东济南西北)与齐大战,伤齐顷公。旋扩充三军作六军,以韩厥等为卿分统之。后迁都新田(今山西侯马),称新绛。

晋厉公(？—公元前573年),春秋时晋国国君。名寿曼,一作州蒲。晋景公子。公元前580—前573年在位。晋厉公六年(公元前575年),率军伐郑,与楚援军战于鄢陵(今河南鄢陵西北),败楚师,威震诸侯。后骄侈,多嬖姬,杀大夫郤锜、郤犨、郤至,以胥童等为卿,终为栾叔、荀偃囚杀。

晋灵公(？—公元前607年),春秋时晋国国君。名夷皋。公元前620—前607年在位。与秦屡交兵,互有胜负。曾会诸侯于扈(今河南原阳西)。他重赋敛,好以弹丸击人取乐。因不听执政赵盾之谏并遣人欲杀赵盾,为赵盾族人赵穿袭杀。

晋平公(？—公元前532年),春秋时晋国国君。名彪。晋悼公子。公元前557—前532年在位。晋平公三年(公元前555年),率诸侯军援鲁攻齐,围其都。四年,与诸侯会盟于督扬(今山东济南西),相约"大毋侵小"。为政厚赋敛,不恤民,喜淫乐。因建虒祁之宫,用尽民力,致政归私门,六卿渐强。

晋文公(公元前697—前628年),春秋时晋国国君。献公子,名重耳。公元前636—前628年在位。因献公宠幸骊姬,立骊姬子奚齐为太子,他被驱逐,出奔在外十九年,经历狄、卫齐、曹、宋、郑、楚、秦等国。惠公去世,怀公继立,不得人心。秦穆公乘机发兵护送他回国,得即君位。在位时重用随从流亡的狐偃、赵衰等人为卿,整顿内政,增强国力,图谋称霸。曾起"勤王"之师平定王子叔带(周襄王之弟)勾结狄的叛乱,把出居郑地的周襄王接迎复位。又建立三军,在城濮(今山东鄄城西南)大败楚(包括申息二县之师、陈、蔡三国联军)。旋在践土(今河南荥阳东北)建立王宫,大会诸侯,请周天子莅会,他被周天子策命为侯伯(诸侯之长)。

晋献公(?—公元前651年),春秋时晋国国君。武公子,名佹诸(一作诡诸)。公元前676—前651年在位。因桓叔、庄伯之族强大,威胁公室所从大夫士蔿之计,先除去富子(富为氏族之称),又杀游氏二子,继而又尽杀群公子。晋献公十六年(公元前661年)作二军,灭耿(今山西河津东南)、霍(今山西霍县西南)、魏(今山西芮城北)等国,后又采纳荀息假道伐虢(今河南三门峡和山西平陆一带)之计,回师灭强敌虞。从此晋渐强大,西有河西,与秦接壤,北与翟接境,东到河内。因宠幸和听信骊姬,迫使太子申生自杀,驱逐公子重耳和夷吾,死后引起内乱。

晋襄公(?—公元前621年),春秋时晋国国君。晋文公子,名欢,亦作骦。公元前627—前621年在位。即位后,因秦军袭郑灭滑而出兵,败秦军于崤山(今河南三门峡市东),擒孟明视等三帅,旋释之。后与秦屡战,互有胜负。

骊姬(？—公元前651年),一作丽姬。春秋时人。晋献公所宠幸的夫人。原为骊戎之女,晋献公伐骊戎时所得。生奚齐。她欲立奚齐为太子,设计迫使太子申生自杀,并谮二公子,重耳、夷吾被迫出奔。献公去世,奚齐继位,为大臣里克所杀,她也被杀。

里克(？—公元前650年),春秋时晋国人。大夫。晋献公十七年(公元前660年),谏献公使太子申生伐东山皋落氏(赤狄)。后率师假道于虞(今河南三门峡市北)伐虢(今河南三门峡市东),取下阳(三门峡市北)。献公卒,他杀荀息依遗命而立的奚齐及卓子,遣使迎重耳,不成,乃迎立夷吾(即晋惠公)。惠公得立后,恐他为重耳内应,赐死。

鲁哀公(？—公元前467年),春秋末战国初鲁国国君。名蒋。鲁定公子。公元前494—前468年在位,在位27年。与吴王夫差会于鄫(zēng,今山东苍山西北),吴令用百牢(牺牲,周礼最多十二)被迫遵行。鲁哀公十二年(公元前483年),用田赋(即按田征赋)。次年,与吴、晋等会盟于黄池(今河南封丘南)。不久,田常杀齐简公,孔丘请出兵讨田氏,被他拒绝。晚年,三桓更强,他欲借助越国去之,反为三桓所逼出奔,旋返国,死于有山氏家。

鲁成公(？—公元前573年),春秋时鲁国国君。名黑肱。鲁宣公子。公元前590—前573年在位,在位18年。初立,作丘甲(即以丘为单位课军赋)。鲁成公二年(公元前589年),因齐侵鲁北鄙,乞师于晋,与晋师大破齐军于鞍(今山东济南西北),得齐归地。冬,楚师攻鲁,他从孟孙计,以执斲(zhuó,匠人)、执鍼(zhēn,

女工)、织纴(织工)各百人赂之,楚人遂许和。

鲁定公(？—公元前495年),春秋末年鲁国国君。名宋。鲁昭公弟。公元前509—前495年在位,在位15年。曾以孔丘为中都宰、大司寇。鲁定公十年(公元前500年),会齐景公于夹谷(今山东莱芜南),齐人欲劫持他,被孔丘所止。后因堕三都事,发兵攻孟孙氏,不克而罢。时齐畏鲁渐强,遗以女乐,他与季桓子往观终日,怠于政事,孔丘去鲁赴卫。

鲁桓公(约公元前731年—前694年),姬姓,名允(《世本》作名轨),鲁惠公嫡长子,鲁隐公之弟,春秋时期鲁国第十五任国君,谥桓。公元前711—前694年在位,在位18年。公元前711年,鲁隐公被杀,鲁桓公即位,后来娶齐襄公的妹妹文姜为夫人,公元前694年,发现齐襄公与文姜通奸,被齐国公子彭生杀死于齐国,嫡长子鲁庄公即位。

鲁闵公,姬姓,名启,又作鲁湣公,春秋时期鲁国第十八任君主。鲁庄公的儿子,母亲为叔姜。公元前661—前660年在位,在位2年。前662年,庄公卒,季友按照庄公的命令,立子斑为君,两个月后,庆父使圉人荦杀鲁君子斑于党氏。庆父遂立庄公之子启,是为闵公。公元前660年,庆父使卜齮袭杀闵公于武闱。

鲁文公(？—公元前609年),姬姓,名兴,为春秋诸侯国鲁国君主之一,是鲁国第十九任君主。他为鲁僖公儿子,承袭鲁僖公担任该国君主。公元前626—前609年在位,在位18年。在位期间执政为孟穆伯、东门襄仲、叔孙庄叔、季文子、臧文仲。自文公开始,鲁国公室逐步走向衰退,季孙氏为首的三桓逐渐凌驾于公室之上。外有秦晋争霸,鲁弱而以晋为尊。内有襄仲、三桓争雄。内忧外患,公室渐衰。

鲁僖公，姬姓，名申，鲁庄公之子，春秋时期鲁国第十八任君主，公元前659年—前627年在位，在位33年。

鲁襄公(公元前575—前542年)，春秋时鲁国国君。名平。鲁成公子。公元前572—前542年在位，在位31年。鲁襄公十一年(公元前562年)，季武子建立三军，三桓各有其一，公室被瓜分，他成为虚君。

鲁宣公(？—公元前591年)，春秋时鲁国国君。名倭，一名接。公元前608—前591年在位，在位18年。本鲁文公少庶子。文公卒，襄仲杀公子恶及视，他得立。鲁宣公十五年(公元前594年)，初税亩(即公私田一律由国家征税)。自是公室更卑，三桓强盛。他欲借晋人力去三桓，未成而卒。

鲁隐公(？—公元前712年)，春秋时鲁国国君。名息姑，一作息。鲁惠公长庶子。公元前722—前712年在位，在位11年。惠公卒，摄政行君事，立幼弟允为太子，率国人奉之。及允年长，他欲还政后居菟裘(今山东泰安东南)以终老。公子翚(羽父)向允进谗言，趁他外出祭祀时，杀于大夫蔿氏之舍。

鲁昭公(？—公元前510年)，春秋时鲁国国君。名裯(chóu)，一名稠、䄂(shào)，鲁襄公庶子。公元前541年—前510年在位，在位32年。鲁昭公五年(公元前537年)，罢中军，被三桓四分公室。八年，于红(今山东泰安东北)阅军，有革车千乘。二十五年，联郈(hòu)氏，袭季平子，为叔孙氏、孟孙氏援师战败而奔齐。后齐攻鲁，他随齐军返居郓(今山东郓城东)，齐军旋不进。他以不堪齐侯卑视赴晋求助，晋使居乾侯(今河北成安东南)，召季平子来，欲使同归鲁，他不从，终卒于乾侯。

鲁庄公(公元前706—前662年)，春秋时鲁国国君。名同。

公元前693—前662年在位,在位32年。鲁庄公九年(公元前685年),欲送齐公子纠返国即位,被齐桓公军战败,乃杀纠,送管仲归齐。次年,齐桓公伐鲁,他取信于民,听曹刿之谋,败齐师于长勺(今山东莱芜东北)。后与齐通好会盟。及病,问后事于叔牙及季友,未决而卒,酿成庆父之乱。

栾书,春秋时人。晋国大夫。谥武,称栾武子,栾盾子。邲之战,为下军之佐。景公十一年(公元前589年)任下军之将,从郤克伐齐,有功而还。后二年代郤克为政,任中军元帅。晋厉公六年(公元前575年)郑叛晋从楚,他率师伐郑,并大败楚师于鄢陵(今河南鄢陵西北)。后厉公欲尽去群大夫而立其私人,袭杀三郤(郤氏三卿)。他和荀偃执厉公,使人杀死,迎立悼公。遗物有"栾书缶"。

栾黡(?—公元前556年),中国春秋时期晋国政治人物、将军。栾氏,名黡,号栾桓子。栾书之子。娶范宣子之女,生栾盈。公元前575年,鄢陵之战之时,他向鲁国乞师,公元前573年,晋悼公继位,栾黡为公族大夫。公元前572年,栾黡率晋军联合鲁、卫、曹、莒、滕、薛、邾等国,帮助宋国华元攻打在彭城的鱼石。公元前564年,参与晋、齐、鲁、宋、卫、曹、莒、滕、薛、邾、杞、小邾十二国诸侯伐郑国。公元前560年,为下军将。公元前559年,他参与晋、齐、鲁、宋、郑、卫、曹、莒、滕、薛、邾、杞、小邾十三国诸侯伐秦,因其弟栾针之死与范宣子、士鞅父子交恶。公元前557年,随荀偃在湛阪之战大胜楚军。

吕相,即魏相。春秋时人。晋国大夫。魏锜子。锜食邑于吕,故称吕相。亦称吕锜。晋景公十八年(公元前582年)秦与白狄伐晋。晋厉公元年(公元前580年)晋、秦讲和,约定在令狐(今山西临猗西南)结盟。厉公先到,秦桓公不肯渡河,遂夹河(黄河)而盟。秦随即背盟,与白狄合谋伐晋。三年晋邀合齐、鲁、宋、卫、郑、曹、邾、滕等国诸侯朝见周简王,请周王派刘康公、成肃公一起伐秦。四月戊午(五日),晋侯使他"绝秦",列举秦穆公以后秦伐晋的罪状,成为春秋时代声讨敌国的最长文件。

孟僖子(?—公元前518年),姬姓,孟氏,名貜,谥僖。春秋后期鲁国司空,三桓之一,孟孝伯之子。随同鲁昭公出访楚国,途径郑国,到达楚国皆不能以礼处理外交事务,孟僖子深以为耻,遂发奋学习周礼。公元前518年,孟僖子将死,嘱咐二子(孟懿子与南宫敬叔)师侍孔子。

孟献子(?—公元前554年),姬姓,鲁国孟孙氏第五代宗主,名蔑,世称仲孙蔑,谥号献,是孟文伯的儿子。根据《左传》记载,他并非长子,另有兄长。鲁国孟氏家族振兴的重要贡献者,春秋中期鲁国外交家,政治家。

南宫万(?—公元前682年),亦作南宫长万,春秋时宋国将领。公元前684年,南宫长万在乘丘之战中,兵败遭俘,后得以释放回国。公元前683年,南宫长万跟随宋闵公打猎时,与宋闵公争夺猎物,宋闵公大怒,辱骂南宫长万是俘虏,南宫长万因此心怀怨恨。公元前682年,南宫长万杀害宋闵公和大夫仇牧、太宰华督,拥立公子游为君,宋国诸公子纷纷逃亡。同年,萧叔大心与宋国公族杀死公子游,立公子御说为君,是为宋桓公,南宫长万逃到陈国。宋国人以重金贿赂陈国人,请求归还南宫长万,陈国人设计将南宫长万灌醉后送回宋国,宋国人将南宫长万剁成肉酱。

齐桓公(?—公元前643年),春秋时期齐国国君。姜姓,名小白。襄公弟。初出奔于莒(今山东莒县)。齐内乱,襄公被杀。

他由莒回国即位。公元前685—前643年在位。任用管仲执政，进行改革，使国力富强，创立霸业。先制服鲁、宋、郑等国，并灭亡谭(今山东章丘西)、遂(今山东肥城南)。曾伐山戎以救燕，抵御狄以救邢国、卫，迁邢于夷仪(今山东聊城西南)，封卫于楚丘(今河南濮阳西南)。并联合八国之师侵蔡伐楚，迫使楚结盟于召陵(今河南郾城东北)。又多次会盟，制止周惠王废黜太子郑，以安定王室。周惠王死后奉太子郑即位，是为周襄王。后人因称其霸业为"尊王攘夷"。齐桓公三十五年(公元前651年)齐合诸侯盟于葵丘(今山东曹县西)，后周有戎难，齐又两次征发诸侯人力戍周。

齐景公(？—公元前490年)，春秋时齐国国君。名杵臼。齐庄公异母弟。公元前547—前490年在位。大夫崔杼杀庄公后，立以为君。庆封为左相，崔杼为右相。崔杼有家乱，庆封乘机灭之，于是庆封专权。不久庆封被陈、鲍、栾、高四族所逐。在位时好治宫室厚赋重刑。庶民的生产物要被剥夺三分之二，许多人被处刖足之刑。大夫晏婴常从旁讽谏。

齐顷公(？—公元前582年)，春秋时齐国国君。名无野。公元前598—公元前582年在位。齐顷公七年(公元前592年)，因母耻笑晋使郤克足跛而与晋结怨。十年，齐攻鲁、卫，晋往援战于鞌(今山东济南西北)。齐师败，他赖大夫逢丑安救始得脱，乃使大夫国佐求和。归国后，开放苑囿，减轻赋敛，百姓悦附。

齐孝公(？—公元前633年)，春秋时齐国国君。名昭。公元前642—前633年在位。齐桓公四十三年(公元前643年)，被立为太子。桓公旋卒，易牙、竖刁立公子无亏，他奔宋。次年，宋襄公率诸侯攻齐，齐人杀无亏。宋军又在甗(今山东济南西南)击败另欲篡位的齐四公子军,他始得即位。

齐庄公(？—公元前548年),春秋时齐国国君。名光,齐灵公之子。公元前553—前548年在位。为崔杼所立。齐庄公二年(公元前552年),设勇爵,厚待勇士。三年,晋大夫栾盈自楚奔齐,他不听晏婴劝而纳之,遣盈袭晋,失败。六年,因私通崔杼妻为崔氏射杀。

祁奚,一作祈傒。春秋时人。字黄羊。晋国大夫。食邑在祁(今山西祁县东南)。晋悼公初立,使为中军尉。居位三年请告老,初举其仇解狐以代,将立而解狐卒,继又举其子午以代。时人称为"外举不避仇,内举不避亲"。晋平公即位,任公族大夫。平公六年(公元前552年)范宣子逐栾盈,尽杀其党。叔向因其弟羊舌虎的牵连,亦被囚禁,由他进说范宣子而获释放。

秦哀公(？—公元前501年),一作柏公。春秋时秦国国君。公元前536—前501年在位。秦哀公三十一年(公元前506年),吴破楚,申包胥至秦求救,痛哭七昼夜。乃使将率车五百乘往援。次年至楚,两败吴师,楚王得复归。

秦景公(？—公元前537年),嬴姓,赵氏,名石,秦桓公之子,春秋时期秦国国君,公元前576年—前537年在位。秦景公向士鞅询问晋国的大夫谁会先灭亡,士鞅回答说是栾氏。秦景公派庶长鲍、庶长武率兵救援郑国。为报栎之战战败之仇,公元前559年,晋悼公派荀偃率领鲁国叔孙豹、齐国崔杼、宋国华阅、仲江、卫国北宫括、郑国公孙虿、曹国、莒国、邾国、滕国、薛国、杞国、郳国攻打秦国,诸侯联军到达泾河后却不肯渡河,叔向会见叔孙豹后,鲁国、莒国先率军渡河。

秦康公(？—公元前609年),春秋时秦国国君。名罃。秦穆公子。公元前620—前609年在位。晋襄公弟雍在秦,晋国拟立其为君,遣使至秦迎雍。他派兵护送。晋旋变计,改立襄公子夷皋,并发兵大败秦军。从此,秦、晋两国连年作战。

秦穆公(？—公元前621年),春秋时秦国国君。名任好。德公少子,宣公、成公之弟。继成公而立。公元前659—前621年在位。先后任用百里奚、蹇叔由余为谋臣,使国力强盛。曾长期操纵晋国局势的变迁。晋献公死后,晋发生内乱,他用兵护送晋公子夷吾回国即位,即晋惠公。因晋惠公背约,不割让河西、河南地,他发兵进攻得胜,俘晋惠公。不久释放惠公回国,并迫使晋以太子圉为质。后太子圉逃归。晋惠公死,太子圉即位,即晋怀公。他又用兵助晋公子重耳即位,即晋文公。曾攻灭附近梁(今陕西韩城南)、芮(今陕西大荔东南)二国。又伐茅津戎(今山西平陆附近),驱逐陆浑戎,并向西戎进攻,"益国十二",遂霸西戎。

庆父(？—公元前660年),即仲庆父、共仲,亦称孟氏春秋鲁国人。鲁桓公子,庄公庶兄(一说母弟。庄公即位,他专政。庄公二年(公元前692年)率师伐於余丘(小国名,今山东临沂附近,一说邾国之邑)。庄公去世,子般即位,他使圉人荦杀子般于党氏立闵公。闵公二年(公元前660年),又使卜齮杀闵公,他遂不为国人所容,被迫奔莒鲁用贿赂求莒送归,他到密(今山东费县北),派人请求赦罪,不许,自缢死。孟孙氏(一作仲孙氏)即其后裔。当他杀死子般,闵公继立之时,齐桓公遣仲孙湫到鲁察访,回来说:"不去庆父,鲁难未已。"后人常用此语形容制造内乱的人。

庆郑,春秋时晋国大夫。晋惠公五年(公元前646年),秦国饥荒,求粟于晋,庆郑劝惠公还情泛舟之役,惠公不听。次年爆发秦晋韩原之战,庆郑不为惠公所用,出言讽谏惠公,终遭杀害。

申包胥,春秋时人。楚国大夫。又称王孙包胥,楚君蚡冒的后代。申氏,名包胥,一作勃苏。与伍子胥友善。

申生(?—公元前656年),春秋时晋国人。献公太子。有贤名。献公宠骊姬子奚齐,有废立意。士蒍建议他远走避祸,不从。晋献公十七年(公元前660年),受命伐东山皋落氏(赤翟)。后骊姬诬他下毒欲害献公,乃于曲沃(今山西闻喜西北)自杀。

申叔时,春秋时楚人。申叔氏,名时。申公之后,世居于申(今河南南阳北)。庄王、共王的大臣。庄王破陈后,劝谏不必贪其富而改设为县。士亹为太子之傅,向他请教时曾详为讲述教学内容。共王十五年(公元前576年)告老,归申邑,曾预言令尹子反将在鄢陵败死。

沈诸梁,芈姓,沈尹氏,名诸梁,字子高。春秋末期楚国军事家、政治家。大夫沈尹戌之子,封地在叶邑(今河南叶县南旧城),自称叶公,在叶地治水开田,颇具治绩。公元前479年,楚国发生了白公胜叛乱,叶公率叶地之军前来讨伐,入都城北门,率军勤王,打败白公胜,救出君主,重振国风,被楚惠王封为令尹与司马,掌握全国文武大权,担任楚国宰相。因楚国封君皆称公,故称叶公。叶公是全世界叶姓华人的始祖,也是中国历史上有文字记载以来的叶地第一任行政长官。

师旷,春秋时晋国乐师。字子野。传说生而无目。善于以声音辨吉凶。齐伐晋,他告知晋平公,从鸟声知齐军进退。楚伐郑,他说:"不害。吾骤歌北风,又歌南风,南风不竞,多死声。楚必无功。"关于他的传说很多,见《左传》。世传《禽经》一卷,托为所著。

石碏,春秋时卫国人。卫庄公有嬖妾所生子州吁,有宠而好武,庄公弗禁。他进谏,庄公弗听。其子石厚与州吁游,劝诫亦弗听。卫桓公十六年(公元前719年)州吁杀桓公而自立为君,未能和其民。石厚向其父请教安定君位之法,他假意建议石厚从州吁往陈,通过陈桓公以朝觐周天子。旋请陈拘留两人,由卫使右宰醜杀州吁于濮(今安徽亳县东南),又使其家宰獳羊肩杀石厚于陈。当时称他能"大义灭亲"。

史墨,春秋时晋太史。蔡氏,名墨。指出事物"各有妃(配)耦""皆有贰也",揭露鲁国统治集团的内部矛盾,认为"社稷无常奉,君臣无常位,自古而然"。事见《左传·昭公三十二年》。

史嚚,春秋时虢国史官。传有神降于虢,虢公命他与祝应、宗区祭祀,神赐虢公土田。他说:"虢其亡乎!吾闻之,国将兴,听于民;将亡,听于神。神,聪明正直而一者也,依人而行。虢多凉德,其何土之能得!"

叔孙豹(?—公元前537年),姬姓,叔孙氏,名豹,谥号曰"穆",故史称叔孙穆子(亦称叔孙穆叔),春秋时鲁国大夫。据《左传》记载,鲁大夫叔孙豹回答范宣子问什么是死而不朽时说:"太上有立德,其次有立功,其次有立言,虽久不废,此之谓不朽。"

叔孙宣伯,姬姓,叔孙氏,名侨如,谥宣,又被称为叔孙宣子、叔孙侨如,是叔孙庄叔的儿子,叔孙虺和叔孙穆叔哥哥。鲁成公时,叔孙宣伯为卿。

叔孙昭子(?—公元前517年),姬姓,叔孙氏,名婼,一名舍,谥号曰"昭",史称叔孙昭子。叔孙豹之子,春秋时代鲁国政治家、外交家,三桓之一——叔孙氏宗主,继承乃父叔孙豹的优异才干,又公忠谋国的纯臣。公元前537年,叔孙豹病危,庶子竖牛为乱,立叔孙婼为嗣,是为叔孙昭子。

叔向,一作叔响。春秋时人。晋国大夫。羊舌职之次子,名肸,字叔向。食邑在杨(今山西洪洞东南),又名杨肸。晋悼公即位,使傅太子彪(即晋平公)。晋平公六年(公元前552年)范宣子逐栾盈,杀其党羊舌虎(叔向弟)等,他遭牵连而被囚。后由祁奚进说得释。任太傅。晋平公二十二年(公元前536年)郑铸刑书,他写信给子产表示反对,认为"民知有辟,则不忌其上,并有争心"。

宋闵公(?—公元前682年),春秋时宋国国君。名捷,宋庄公子。公元前691—前682年在位。曾伐鲁国,战于乘丘(在今山东兖州西北),宋卿南宫万被俘。后南宫万被释回宋,不久,他当众辱万,为其所杀。

宋襄公(?—公元前637年),春秋时宋国国君。名兹父。公元前650—前637年在位。齐桓公死后,齐内乱,他乘机图霸。宋襄公九年(公元前642年)联合卫、曹、邾等国伐齐,战胜四公子之徒,拥立齐孝公而还。次年,宋拘执滕君,又与曹、邾二国会盟,使邾君拘执鄫君,杀以祭次睢之社。十二年(公元前639年)春,与齐、楚盟于鹿上(今安徽阜南南),争作盟主。同年秋,宋、楚又会诸侯于盂(今河南睢县西北),他一度为楚所拘执。次年,宋合卫、许、滕以伐郑,楚伐宋以救郑,战于泓水[在今河南柘(zhè)城西北],楚兵强大,大司马主张乘楚兵渡河中袭击,他讲究仁义,要待楚师渡河列阵后再战。结果大败,他亦伤股。不久伤重而死。

孙林父,姬姓,孙氏,名林父,谥号为"文",故史料中多称之孙文子,春秋中期卫国卿大夫,孙良夫之子,姬姓戚氏始祖。

郯子,己姓,子爵,少昊后裔,春秋时期郯国(今山东省临沂市郯城县)国君。中国二十四孝"鹿乳奉亲"故事主人公。孔子周游列国时到郯国,曾以郯子为师。当时二十六岁的孔子,其博学早已闻名鲁国,郯子见这样一个知名学者却能够如此虚心求教,十分感动,便倾其所有,全部奉告。离开郯子依然兴奋的孔子,还忍不住向人惋惜着感叹着:像郯子这样有学问的人,已经散落于四方了。郯子治国讲道德、施仁义、恩威有加,百姓心悦诚服,使郯地文化发达,民风淳厚,一些典章制度都继续保持下来,对后世的影响十分深远。

王孙满,春秋时周大夫。楚庄王八年(公元前606年),楚攻陆浑之戎,至洛,陈兵于周郊。他奉周定王命前往劳军。楚王问周鼎的大小轻重,意欲代周,他答以:"周德虽衰,天命未改,鼎之轻重,未可问也",终使楚军退去。

王子朝(?—公元前505年),周代人。景王之子,名朝。景王太子寿早死。景王二十五年(公元前520年)去世,贵族单氏、刘氏拥立王子猛,是为悼王。他依靠"百工"官中丧失职秩者与灵、景之族起兵争位,悼王被迫出居于皇(今河南巩县西南)。晋派兵护送悼王回王城,不久即死。继由悼王同母弟王子匄即位,是为敬王,居于大夫子旅氏。次年他入于尹,被尹氏拥立为王,旋入于王城。敬王出居刘。同时两王并立。再次年,他入于邬(今河南偃师南)。周敬王四年(公元前516年)出居滑(今偃师东南缑氏镇),晋出兵帮助敬王复位,他率随从大夫以周之典籍奔楚,并遣师告于诸侯。后敬王乘吴破楚之机遣人将他杀死。

卫成公(?—公元前600年),春秋时卫国国君。名郑。文公子。公元前634—前600年在位。卫成公三年(公元前632年),因拒绝晋假道伐曹,为晋人所攻、出奔。大夫元咺乃立其弟叔武为君。不久,奉晋命归国,毁约杀叔武,复被晋执送周王处置。旋获释返国。三十一年因狄人来攻,迁于帝丘(今河南濮阳西南)。

卫桓公(？—公元前719年),姬姓,卫氏,名完,卫前庄公之子,卫前废公、卫宣公之兄。卫国第十三任国君,公元前734年—公元前719年在位。公子完的母亲名叫戴妫,是陈国女子。戴妫死后,卫庄公命正妻庄姜抚养公子完,并将其立为太子。公元前735年,卫庄公去世,太子完继位,是为卫桓公。公元前733年,卫桓公因弟州吁骄横奢侈,便罢免其职务,州吁于是逃离卫国。公元前719年,州吁聚集卫国流民弑杀卫桓公。自立为君,史称卫前废公。卫桓公成为春秋时期第一位遭到弑杀的国君,从此弑君成为惯例。

卫惠公(？—公元前669年),春秋时卫国国君。宣公少子,名朔。因母受宣公宠爱,得代兄伋为太子。公元前699年即位。后遣盗杀伋。诸宗族公子不服作乱,他亡奔齐。后齐襄公率诸侯伐卫,始得复位。周惠王二年(公元前675年),周室内乱,他出兵助子颓攻周惠王。前后在位21年。

卫灵公(？—公元前493年),春秋时卫国国君。名元。公元前534—前493年在位。卫灵公十三年(公元前522年),齐豹、北宫喜等作乱,他逃出都城。不久,齐氏为北宫氏所灭,得返。三十三年,因与晋会盟遭轻侮,遂反晋。晚年,太子蒯聩与夫人南子相恶,出奔。他欲立少子郢,不果而卒。在位时,孔子曾屡至卫,终不能用。

卫文公(？—公元前635年),春秋时卫国国君。昭伯顽子,戴公申弟名辟疆,后改名燬。初因内乱出奔齐。卫懿公九年(公元前660年)卫被狄攻破,懿公被杀。卫人拥立昭伯顽之子申为君,是为戴公。戴公不久卒。齐桓公救卫伐狄,为卫筑楚丘(今河南濮阳西南),立他为君,是为文公。在位25年,节约训农,通商惠工，劝学任能，力求恢复。初年仅有革车三十乘，晚年增至三百乘。卫文公十八年(公元前642年)邢联合狄伐卫，次年卫伐邢，二十五年卫灭邢。

卫懿公(？—公元前660年)，春秋时卫国国君。名赤。公元前668—前660年在位。淫乐奢侈，好鹤，鹤有乘大夫车者。卫懿公九年(公元前660年)，狄伐卫，他欲发兵抵抗，国人皆云：鹤有禄位，可使鹤战。遂为狄人所杀。

卫庄公，春秋时卫国国君。名扬。卫武公子。继武公即位，公元前757—前735年在位。卫庄公曾娶齐庄公的女儿庄姜为妻，美而无子，卫国人作了《硕人》诗来赞美庄姜。卫庄公还娶了陈国的姊妹花曰厉妫、戴妫，厉妫生了孝伯后就死了，戴妫生了姬完，就是以后的卫桓公，庄姜对桓公视若己出。卫庄公死后，桓公继位，州吁与石碏的儿子石厚杀了桓公，州吁自立为君，因失掉民心众叛亲离，问计于石碏，石碏设计将二人除掉。

魏绛，春秋时人。晋国大夫。谥庄，称魏庄子。魏犨少子。晋悼公新立，使为中军司马。晋侯之弟杨干扰乱阵次，他杀其仆(御者)。晋侯以其用刑得当，使为新军之佐。旋升为下军之将。力主推行和戎政策，称和戎有五利，使晋领地进一步扩展，国势富强。

魏颗，姬姓，令狐氏，名颗，因令狐氏出于魏氏，故多称魏颗，史称令狐文子。春秋时代晋国魏武子的儿子，为人明礼敦厚，任晋国将军之职。有一次秦桓公派遣了一位勇猛善战，威震当时的名将杜回，带兵攻伐晋国，大军在晋国辅氏(今陕西省辅邑县)的地方扎营，准备会战，晋国面临重大威胁，就派魏颗将军出师对抗，两军大战之下，结果出乎意料，魏颗在辅氏地方打败了秦师，虏获了秦国猛将杜回,为晋国立了战功。

魏锜,又名厨武子,被封于吕,又称吕锜、吕武子。春秋时晋国大夫,魏武子魏犨之次子,魏悼子之弟、魏颗之兄。晋景公三年(公元前597年),荀林父任中军元帅率师与楚进行邲之战,魏锜为求当公族大夫未成而生气,想晋军失败。先行请战被拒,再请求为使向楚求和,却向楚军挑拨与晋交战。楚将潘党追杀他到荥泽,魏锜看见六头麋鹿,便射杀一头献给潘党得已脱身。最后晋军在此战中大败。晋厉公六年(公元前575年),晋楚鄢陵之战中,魏锜梦中预测到自己会射伤楚共王。开战之时,果然射中楚王眼睛。共王便召唤养由基赐二箭,命令他射魏锜。养由基一箭射中魏锜颈项,使其伏在弓袋上死去。养由基交回一箭复命。

魏献子(?—公元前509年),汉族,姬姓,魏氏,名舒,亦名茶。东周春秋后期晋国卿,著名的军事改革家、军事家、政治家。晋名将魏昭子绛之孙,晋军步战的创始者。在军事史上最重要的贡献就是由车战向步战的转移。魏舒方阵的出现是春秋军事史上的大事,是我国车战向步战转变的划时代的标志。

吴王僚(?—公元前515年),春秋时吴国国君。吴王夷未(一作馀昧)子(一说庶兄)。名僚,一名州于。公元前526—前515年在位。楚平王去世,吴乘丧伐楚。公子光乘吴伐楚失利,借宴享机会,派勇士专诸(一作鱄设诸)藏剑于鱼以进,他被刺杀。公子光自立为王。

伍举,一作椒举。春秋时楚国人。伍参子。楚大夫。因避祸奔郑、晋。赖蔡声子于令尹子木处荐贤,始得返楚复仕。楚灵王三年(公元前538年),出使晋,请诸侯与楚会盟。盟已,诫灵王慎终勿骄,他亦因功著称于楚。

伍员(？—公元前484年),春秋时人。吴国大夫。名员,字子胥。楚大夫伍奢次子,伍尚弟楚平王七年(公元前522年),费无忌诬告太子建与伍奢将叛,奢被执。他经宋、郑等国入吴,耕于野。后助阖闾刺死吴王僚,夺取王位。阖闾任为行人,共谋楚。曾建议采用疲劳楚师的战略,组成三师,轮流出击。阖闾采其策,不断分兵袭楚。阖闾九年(公元前506年)发大军袭楚,五战五胜,攻入楚都。吴王夫差时,吴大胜越,越屈服求和,他劝谏夫差"去疾莫如尽",不听。夫差伐齐,谋北上争霸,又劝谏夫差先除心腹之疾又不听。后吴王赐剑命他自杀。

郤克,春秋时人。晋国正卿。郤缺之子。谥献,称郤献子。晋景公三年(公元前597年)邲之战,他任上军之佐,晋军大败,独上军因事先有备不败。八年,出使齐,因腿疾,遭萧同叔子(齐顷公之母)嬉笑。大怒,回国后,请伐齐,晋侯不许,请以其私属伐齐,又不许。士会(即范武子)告老,代士会任中军之将,执晋国政。十一年,卫、鲁遣使到晋,通过他请出师伐齐,战于鞌(在今山东济南西北),大胜。齐使国佐求和,他必欲以萧同叔子为质等,后因国佐力争,鲁、卫两国劝谏,始讲和。

先轸(？—公元前627年),春秋时人。晋国执政。以采邑在原(今河南济源西北),亦称原轸。初为下军之佐,勇而有谋。郤縠去世,他升为中军元帅,助晋文公"取威定霸"城濮之战,大胜楚师。晋襄公元年(公元前627年),秦出兵袭郑,灭滑(今河南偃师西南)而回,晋用其计,征发姜戎,袭击秦师于崤(今河南三门峡东南),俘孟明视西乞术、白乙丙三帅。襄公以其母文嬴的请求,释放三帅回秦,他坚决反对。不久与狄战,自以得罪晋君,去胄冲入狄阵而死。

弦高,春秋时人。郑国商人。郑穆公元年(公元前 627 年),往周经商,路过滑国(今河南偃师东南),遇前来偷袭的秦军。他假托君命,以四张熟牛皮及十二头牛犒师,并派人回国告急。秦将孟明视以为郑已有备,灭滑而回。见《左传·僖公三十三年》。传郑穆公以存国之功赏弦高,他辞退,遂率其属徙东夷。见《淮南子·人间》。

许穆夫人(约公元前 690 年—?),姬姓,卫公子顽(卫昭伯)和宣姜的女儿。出生于春秋时期卫国都城朝歌(今河南省淇县)。长大后嫁给许国许穆公,故称许穆夫人。她不仅是中国文学史上见于记载的第一位爱国女诗人,也是世界文学史最早的爱国女诗人,其诗作在世界文学史上都享有极高的声誉。嫁许穆公后,时刻怀念故乡,常登高以抒忧情,或采蝱以疗郁结,并借诗咏志,作《竹竿》《泉水》等诗传世。公元前 660 年,北狄侵卫,许穆夫人闻知卫国被亡的消息,毅然决定亲自快马加鞭赶赴漕邑,并写下了千古名篇《载驰》,表明了自己坚强的意志和归国的决心。许穆夫人回到卫国后,救济难民,并与卫国君臣商议复国之策。他们招来百姓四千余人,一边安家谋生,一边整军习武,进行训练。同时,许穆夫人还建议向齐国求援。齐国国君桓公感其爱国之情,遣公子无亏率兵救援卫国,帮助卫国打退了狄兵,收复了失地。从此,卫国出现了转机。两年后,卫国在楚丘重建都城,恢复了它在诸侯国中的地位,又延续了四百多年之久。

荀林父,春秋时人。晋国正卿。字伯,谥桓,称中行桓子。荀息孙。晋文公作"三行(步兵)"以御狄,被任为中行之将,因以中行为氏。晋景公三年(公元前 597 年)邲之战,任中军元帅,因诸侯不睦,主战主和不一,为楚所大败。他请死,景公欲许之,因士渥浊进谏,使复其位。后三年率师攻灭赤狄潞氏(今山西潞城东北)。景公赏给"狄臣千室"。

荀息(? —公元前 651 年),春秋时晋国人,名叔。大夫。晋献公十九年(公元前 658 年),献假道于虞(今河南三门峡市北)伐虢(今河南三门峡市东)之计率军取下阳(今河南三门峡市北)而归。献公卒,受遗命立太子奚齐为君。大夫里克杀奚齐,他再立奚齐弟卓子,仍为里克所杀,乃以身从死。

荀偃(? —公元前 554 年)一作中行偃。春秋时晋国人,字伯游。晋大夫。曾与栾书杀晋厉公,立悼公。后为中军将,因与下军将栾黡不和,攻秦无功而还。又攻楚,败楚于湛阪(今河南襄城西南)。晋平公三年(前 555 年),齐伐鲁,他率军往援,克齐京兹(今山东肥城西)。

晏婴(? —公元前 500 年),春秋维夷(今山东高密)人。字平仲。晏弱之子。齐国大夫。齐灵公二十六年(公元前 556 年)父死,继任齐卿,历仕灵公、庄公、景公三世。景公三年(公元前 545 年)既逐庆封,与他邶殿(今山东昌邑西)之鄙六十邑,因富而不受。与北郭佐邑六十,受之。次年听从吴季札之言,归还政与邑,以避内乱。九年为景公请继室于晋,与叔向议论齐国形势,认为"公弃其民而归于陈氏",预言齐国政权将为陈氏(即田氏)取代。二十六年景公患疥疮并发疟疾,他借机指出当时关卡勒索、征敛无度,"民人苦病,夫妇皆诅"的情况。世传《晏子春秋》出于后人依托。

阴饴甥(? —公元前 636 年),字子金,中国春秋时期晋国的大夫,《史记》作吕省,《左传》作吕甥,因为封地在阴、吕和瑕,所以又作吕饴甥、瑕吕饴甥、阴饴甥、瑕甥。公元前 650 年,与郤芮一起拥立晋惠公。公元前 645 年,秦晋韩之战之后,晋惠公被秦国俘虏,他到秦国去,劝秦穆公支持晋惠公。言辞就是所谓的《阴饴甥对秦伯》。晋惠公被放回。公元前 636 年,公子重耳回国即位为晋文公,吕省、郤芮先是背叛晋怀公,迎立文公重耳,后又害怕文公报复惠公党羽,想火烧文公寝宫以谋害之,被勃鞮告密,吕甥、郤芮渡黄河逃到秦国去,秦穆公将他们诱杀。

颍考叔(?—公元前 712 年),春秋初年郑国人。初为颍谷(今河南登封西)的封人(掌管封疆的官吏)。郑庄公因其弟共叔段叛乱,得到其母武姜支持,将武姜安置在城颍(今河南临颍西北),并立誓:"不及黄泉无相见也。"不久懊悔。他建议采用"阙(掘)地及泉,隧而相见"的办法,恢复母子关系。庄公三十二年(公元前 712 年)将伐许,授兵于大宫(宗庙),他与公孙阏争车有隙。作战中,持旗先登城,被阏从城下射死。

臧哀伯,姬姓,臧孙氏,名达,谥哀,臧孙达是臧僖伯之子,中国春秋时期鲁国人。子伯氏瓶,孙臧文仲臧孙辰。鲁桓公二年(公元前 710 年)夏四月,从宋国取来郜国的大鼎。四月初九,安放在太庙,不合于礼。臧哀伯劝谏阻止,鲁桓公不听。

臧文仲(?—公元前 617 年),春秋时人。鲁国大臣。臧孙氏,名辰,字文仲。历仕鲁庄公、闵公、僖公、文公四君。孔子说他有三不仁和三不知:一不仁是"下展禽",即知柳下惠贤而使屈居下位;二不仁是"废六关",即废除关卡而便利商人(《孔子家语》"废"作"置",以为设置关卡而征税);三不仁是"妾织蒲",即使妾织蒲席贩卖而与民争利;一不知是"作虚器",即作室而蓄大祭之龟;二不知是"纵逆犯",即纵容夏父弗忌变更享祀之位,升僖公于闵公之上;三不知是"祀爰居",爰居是海鸟名。见《左传·文公二年》。事实上他亦有明智之处。如僖公二十一年(公元前639年)夏大旱,为了求雨,将焚巫(女巫主祈雨者)、尪(瘠病而面向上者),他以为天旱与巫、尪无关,劝谏僖公取消此种迷信活动。

臧僖伯(?—公元前718年)鲁孝公的儿子,臧哀伯的父亲,臧文仲的曾祖父。名彄,字子臧,谥僖。臧僖伯是鲁隐公时的重臣,以知书达礼而著称。臧氏家族以臧为氏大概开始臧僖伯的孙子。

展禽(公元前720年—前621年),本名展获,字子禽(一字季),谥号惠,因其封地在柳下,后人尊称其为"柳下惠"或"和圣柳下惠"。出生地周朝诸侯国鲁国柳下邑,今属山东省曲阜市吴村镇柳庄村。中国古代思想家、政治家、教育家。柳下惠是遵守中国传统道德的典范,他"坐怀不乱"的故事广为传颂。孔子评价他是"被遗落的贤人",孟子尊称其为"和圣"。柳下惠是百家姓"展"姓和"柳"姓的得姓始祖。

展喜,春秋鲁大夫。字乙。是"和圣"柳下惠的弟弟。中国春秋时期,齐国齐孝公想要称霸天下,他乘鲁国发生饥馑的时候,于鲁僖公二十六年(公元前634年)率师侵犯鲁国北部边疆。强敌压境,鲁僖公派展喜以犒师为名,让他设法却退齐师。见《左传·僖公二十六年》。

召穆公,即召伯虎。西周人。召公奭后裔。名虎,封地在召(今陕西岐山西南)。"国人"驱逐周厉王,围攻王宫,他将太子靖隐藏在家,以己子替死。厉王死后,拥立靖即位,即宣王。曾率军征伐淮夷有功,王赏给土田及器物。见《诗·大雅·江汉》和召伯虎簋铭文。宣王加封申伯土田,他奉命为申伯经营。见《诗·大雅·崧高》。

赵盾，春秋时人。晋国执政。谥宣，称赵宣子。赵衰之子，为衰与叔隗所生。后衰又以赵姬（文公女）为妻生同、括、婴。赵姬以他有才，请以为嫡子。晋襄公七年（公元前 621 年）举行大蒐礼（阅兵式）于夷，使狐射姑任中军之将，他为佐。继太傅阳处父改行大蒐礼于董，以他为中军之将，遂改国政。晋襄公卒，灵公年少，他使先蔑、士会到秦迎公子雍即位，旋因穆嬴（襄公夫人）力争，仍立灵公而抵御秦师。灵公荒淫暴虐，曾多次劝谏。灵公因派人欲加谋杀。他避祸出走。未出境其族弟赵穿攻杀灵公于桃园。他归而迎立公子黑臀，是为晋成公。

赵简子，即赵鞅。春秋末人。晋国正卿。又名志父，亦称赵孟。谥简，称赵简子。晋顷公十三年（公元前 513 年）与荀寅率师在汝滨筑城，"遂赋晋国一鼓铁，以铸刑鼎，著范宣子所为刑书焉"（《左传·昭公二十九年》）。晋定公十二年（公元前 500 年）率军围卫，卫贡五百家，他安置于邯郸（今属河北）。十五年欲将五百家迁至晋阳（今山西太原西南），引起赵氏内部斗争，遭致范氏、中行氏的讨伐，他击败范氏、中行氏，并挫败郑、齐等国对范氏的支持。晋定公十九年（公元前 493 年）齐运粮予范氏，郑出兵护送。他率师抵御。誓师说："克敌者，上大夫受县，下大夫受郡，士田十万（亩），庶人、工、商遂（"遂"指进入仕途），人臣隶圉免（"免"指取得自由）"。结果大胜。从此赵氏专晋权，奠定后来建立赵国的基础。

赵衰（？—公元前 622 年），春秋时人。晋国之卿。字子余。谥成，称赵成子。又称成季、孟子余。随从公子重耳流亡在外十九年。助重耳回国即位，即晋文公。因寺人勃鞮推荐，任原（今河南济源北）大夫。亦称原季。文公作三军，谋求元帅，他荐郤縠。

文公命他为卿,辞位不就,让于栾枝、先轸等人。文公作五军,他任新上军之将。晋襄公三年(公元前625年)任中军之佐,与中军元帅先且居击败秦师于彭衙(今陕西澄城西北)。

郑简公(公元前570—前530年),春秋时郑国国君。名嘉。郑僖公子。公元前565—前530年在位。为郑子驷所立,因年幼,子驷、子孔相继执政。时晋、楚屡伐郑,为图国存用子驷之策皆与之盟。郑简公十二年(公元前554年),诛专国政的子孔,任用子产为卿。

郑穆公(公元前649—前606年),春秋时郑国国君。名兰。郑文公子。公元前628—前606年在位。初立,司城缯贺招秦军袭郑。他得商人弦高急报后,严阵以待,秦兵退去。郑穆公三年(公元前625年),发兵助晋败秦军。后因惧大国来攻,分别向楚、晋求好。晋灵公复会诸侯时,恨郑首鼠两端,拒他于门外。赖大夫子家陈述郑居大国之间,不得不委曲求全,方得晋谅解。

郑文公(?—公元前628年),姬姓,郑氏,名踕,郑厉公之子,春秋时期郑国第八位第十任国君,前672年—前628年在位,在位45年。公元前673年五月,郑厉公去世,儿子姬踕即位,是为郑文公。郑文公在位期间,曾数次摇摆依附于晋、楚两个大国之间。公元前628年,郑文公去世,其子郑穆公即位。

郑武公(?—公元前744年),姬姓,郑氏,名掘突,周厉王姬胡之孙,郑桓公姬友之子,周宣王姬静之侄。春秋时期郑国第二任国君,公元前771年—前744年在位。周幽王被杀后,与秦、晋、卫三国联军击退犬戎,受封卿士。不久护送周平王迁都雒邑,受赏大片土地。后以离间计灭亡郐国,趁周天子巡视虢国防务时灭亡虢国,嫁女并杀死主张进攻胡国的大臣关其思,袭灭麻痹的胡国,使郑国逐渐强盛,为郑庄公小霸奠定基础。

郑庄公(公元前757—前701年),春秋时郑国国君。名寤生。桓公之孙,武公之子。公元前743—前701年在位。曾平定其弟太叔段叛乱。继武公为周平王左卿士,掌握朝政。宋公"不供王职",他借用王命讨伐。后因周桓王夺去其官职,不朝于王。桓王伐郑,他率部抗拒,大败王师,桓王亦中箭受伤。

知罃(?—公元前560年),一作荀罃。春秋时晋国人,字子羽。晋大夫。邲之战,为楚俘虏,背晋景公赎回。韩厥告老后,他为中军将,曾多次伐郑,筑城于虎牢,逼郑臣服。又将军队一分为三,以其中一支常年防备楚军。

钟仪,春秋时楚国人,封郧公。楚国公族,芈姓,钟氏,名仪。是有史书记载的最早的古琴演奏家,世代皆为宫廷琴师。公元前584年,楚、郑交战,楚军被击败,郧公钟仪等人被郑国俘虏,献给了晋国。

州吁(?—公元前719年),春秋时卫国人。庄公(扬)之子。好兵。庄公不听大夫石碏劝,使为将。及桓公立,因骄横被黜,出奔。卫桓公十六年(公元前719年),聚众杀桓公自立,又请宋、陈、蔡军攻郑,卫人皆恨。旋赴陈,石碏设计杀之。

周悼王,姓姬,名猛。周景王长子,景王死后继位。公元前520—前519年在位,在位1年。死后的谥号为悼王。

周定王(?—公元前586年),姬姓,名瑜,周顷王之子,周匡王之弟,东周第九位君王,公元前606—前586年在位,在位21年。定王即位之时,大诸侯国对周王朝及周天子已无尊敬可言,中央权力继续削弱。周定王十三年(公元前594年)楚围宋时,造成"易子而食"的惨剧,使社会生产遭到破坏并阻碍了人口的发展。诸侯争霸是以百姓的生命和生活为代价的。周定王死后,其子周简王姬夷即位。

周桓王,姓姬,名林。为姬泄父之子,周平王孙。公元前719—前697年在位,在位23年。平王病死时,太子姬狐正居于郑国为人质。郑伯和周公黑肩迎姬狐回朝继位。姬狐因一路上哀伤过度,回朝后就病死了。姬林便被郑伯和周伯黑肩扶立为天子。死后的庙号为桓王。

周惠王(? —公元前653年或前652年),姓姬,名阆。周厘王姬胡齐之子,东周第五任君主,谥号惠王。姬阆在周惠王元年(公元前676年)继位后,占用卫国的园圃饲养野兽,卫国的人民不满,周惠王二年(公元前675年)有五大夫作乱,立王子颓为周天子,惠王奔温(今河南温县南),郑厉公在栎地(今禹州市)收容惠王,并在周惠王四年(公元前673年)与虢国攻入周朝,协助平定"子颓之乱",惠王复辟,郑国因功获赐予虎牢(今河南荥阳)以东的地方,虢国也获赐土地。公元前676—前652年在位,在位25年。

周简王(? —公元前572年),姬夷,周定王之子,东周第十任君王。公元前585—前572年在位,在位14年。他在位时,周天子的权威已经荡然无存。公元前572年九月,病死,谥"简王"。他死后,其子姬泄心即位,是为周灵王。

周景王(? —公元前520年),姓姬,名贵,东周君主。周灵王之子。公元前544—前520年在位,在位25年。周景王在位时,财政困难,连器皿都要向各国乞讨。周天子的地位已经一落千丈。周景王太子寿早死,后又立王子猛为太子,却宠爱庶长子王子朝。公元前520年四月,周景王病重,嘱咐宾孟要扶立王子朝。

王子朝未及立为嗣君,其父却突然病死,谥号为景王。

周敬王(？—公元前476年),东周国王。姬姓,名匄。悼王同母弟。公元前519—前477年在位,在位44年。因晋人助得立,王子朝不服,占王城自立,他居泽邑四年。后晋率诸侯送他入王城,王子朝奔楚。周敬王十五年(公元前505年),乘楚为吴破之际,使杀王子朝。次年,子朝党徒作乱,敬王出居姑莸,晋定公送其返王城。

周匡王(？—公元前607年),姬姓,名班。东周第八任君王。公元前612—前607年在位,在位6年。周匡王是周顷王之子。公元前607年十月,周匡王病死,其弟姬瑜继位,是为周定王。

周釐王(？—公元前677年),姬姓,名胡齐,周庄王姬佗长子,东周第四任君主,公元前681—前677年在位,在位5年。公元前682年,周庄王去世,姬胡齐即位,是为周釐王(亦作周僖王)。公元前681年,承认齐桓公的霸主地位。公元前678年,正式册封晋武公为晋国国君。公元前677年,周釐王去世,谥号釐王(一作僖王),其子姬阆即位,是为周惠王。

周灵王(？—公元前545年),姓姬,名泄心,是周简王之子,东周第十一任君王,公元前571—公元前545年在位,在位27年。在位期间执政为王叔陈生、伯舆、单靖公。

周平王(？—公元前720年),东周开国国王。姬姓,名胡。公元前770—前720年在位,在位51年。任用荣夷公为卿士,推行"专利"政策(垄断山泽的物产),不纳芮良夫的劝谏。曾伐戎,不克。

周顷王(？—公元前614年),姬姓,名壬臣,周襄王之子,东周第七任君王。公元前618年继位,当时王畿已缩小,王室财政一贫如洗,无法安葬襄王,顷王只得派毛伯卫向鲁国讨钱。后来鲁文公派使者送钱到都城,才安葬了周襄王。公元前 618—前 613 年在位,在位 6 年,由儿子周匡王继位。在位期间执政为周公阅、王叔桓公、王孙苏。

周襄王(？—公元前 619 年),东周国王。名郑。周惠王子。公元前 651—前 619 年在位,在位 33 年。襄王三年(公元前 649 年),其弟叔带招戎狄攻王城。他欲杀叔带,叔带逃亡齐国,后仍归周。他以翟女为后,继又废之,翟人遂举兵入周,他逃奔到郑国。叔带立为周王,并娶所废翟后。后晋文公率兵诛杀叔带,他得以复位。

周元王(？—公元前 469 年),东周天子。姬姓,名仁,周敬王姬匄之子。公元前 475—前 469 年在位,在位 7 年。周元王在位时,是春秋战国的分界线。他在位期间,越王勾践攻灭吴国后,统帅大军乘胜北渡淮河,在徐(今山东省滕州南)约齐、晋、鲁、宋等国会盟。会盟后,派人给姬仁送去贡品,姬仁也回赠勾践以祭祖用的肉,册命他为伯,承认他处于诸侯的领袖地位,勾践成为一时的霸主。公元前 469 年冬,姬仁病死,葬处不明。姬仁死后的谥号为元王。

周贞定王(？—公元前 441 年),姬姓,名介,东周君主,周元王子。公元前 468—前 441 年在位,在位 28 年。谥号贞定王。姬介在位期间的公元前 453 年,晋国的三家大夫赵襄子、韩康子、魏桓子在陆续并吞了其他贵族后,共同攻灭了最后一家贵族智伯,形成实际上的三个国家(赵国、韩国、魏国),晋国国君晋幽公反而要分别向他们朝贡。公元前 441 年春,姬介病死。姬介死后的谥号为贞定王。

周庄王(？—公元前682年)，姬姓，名佗，周桓王姬林之子，东周第三任君主,公元前696—前682年在位,在位15年。公元前697年,周桓王去世,姬佗继位,是为周庄王。公元前693年,周庄王平定王子克之乱。公元前682年,周庄王去世,谥号庄王。周庄王死后,其子姬胡齐继位,是为周釐王。

鱄设诸(？—公元前515年),一作专诸。春秋时吴国堂邑(今江苏六合西北)人。伍子胥由楚奔吴,知其能。公子光(即阖闾)欲杀吴王僚而自立,他被子胥推荐。吴王僚十二年(公元前515年)吴因楚丧(楚平王死)而伐楚,光设宴请僚,伏兵于窟室。宴饮中,他藏剑在鱼腹中进献,刺杀僚,自己亦被杀。后阖闾以其子为卿。

子产(？—公元前522年),春秋时政治家。郑国执政。公孙氏,名侨,字子产,一字子美。子国之子。郑简公三年(公元前563年)尉氏与司氏、堵氏等族作乱,杀子驷、子国、子耳。他率私属出击,平定内乱。十二年当国子孔被杀,子展当国,子西为政,他为卿。十八年,与子展率师伐陈。次年因功受赏三邑。二十三年,执政伯有被杀,子皮授政于他。执政时,使"田有封洫(整顿井田的封疆和灌溉系统)、庐井有伍(把田地及居民按"伍"编制),大人(指卿大夫)之忠俭者,从而与之,泰侈者因而毙之。"择能而使,又不毁百姓议论政治得失的乡校,以为"其所善者吾则行之,其所恶者吾则改之,是吾师也。"二十八年"作丘赋"(按"丘"为单位征收军赋)。三十年"铸刑书"(把刑法铸在鼎上公布),叔向写信表示反对,他复信以为"吾以救世也"。

子皮(？—公元前529年),姬姓,罕氏,名虎,字子皮。郑国七穆之一,罕氏宗主,郑穆公曾孙。郑公子喜之孙,公孙舍之之子。春秋后期郑国当国、卿大夫。公元前544年,公孙舍之病逝,其子罕虎参政,袭上卿之爵,乃当国。时郑国大旱,罕虎慷慨开仓救济国人,得到了士大夫及国民的拥戴。公孙黑、公孙段与伯有不和,罕虎左右为难,故两不相帮。不久,伯有与驷氏发生火并,伯有身死,公孙侨执政。公元前543年,罕虎奇公孙侨(字子产)之才,积极拥护子产改革。丰卷、公孙黑欲作乱,罕虎驱逐丰卷至晋,杀公孙黑,压制丰、驷。罕氏(罕虎)、国氏(公孙侨)、游氏(游吉)三家合力,郑国由此再度进入黄金时代。公元前529年,罕虎卒,其子罕婴齐继任。

子鱼,春秋时宋国公子。名目夷。宋桓公子,襄公庶兄。宋襄公即位,任他为相。曾劝谏襄公勿图霸,不听。襄公十三年(公元前638年)伐郑,与救郑的楚军战于泓水(今河南柘城西北)。楚军强大,他劝襄公俟其半渡即进攻,襄公不听当楚军已渡尚未列阵时,他复劝进攻,襄公又以须待楚军阵成后方可,结果宋军大败,襄公受伤。他说:"兵以胜为功,如公所言,不如投降,何必作战!"

子玉(？—公元前632年),一作成得臣。春秋时楚国人。治军严,性刚愎。以伐陈有功,被子文荐为令尹。楚成王三十九年(公元前633年)率军围宋。次年,晋出兵攻楚盟国曹、卫以援宋。楚成王命撤围返,他拒命请战,被晋军大败于城濮(今山东鄄城西南)。旋受责自杀。

跋：古典的回归与文化自觉

子曰：温故知新。人类历史的发展，每至偏执一端，往而不返的关头，总有一股新兴的返本运动继起，要求回顾过往的源头，从中汲取新生的创造力量。中国，如今正处在这样一个历史大转型的关头。在这样的关头，如果没有一种共同的、并能包容各种文化的价值观作为基础是很难想象的。而且，只有在一个共同的价值观上我们才能共同面对挑战，也才会有道德力量去应对世界的变化。

中国近十几年来自民间发起，逐渐发酵并至官方响应并积极作为的传统文化复兴运动，正是这样一种探究。在回归古典、寻找本源的启示中重新建构我们的伦理共识与文化认同。倡导多读古典，就是为了懂得聆听来自中华民族文化根源的声音，只有我们更加懂得向历史追问，才能够清醒地直面当世的困惑。在往圣先贤几千年来留给我们的文化资源、精神矿藏中，扩展我们的心量，从中获得历史的智慧与前行的方向。

我们深刻体悟到：要推动这项艰巨工程，在全日制中小学校常态教学中嵌入古典教育是关键。经过多年的研究、论证，邀请全国十几所高校各个研究领域的专门学人参与，最终编选了二十七册"新编国学基本教材"。从《三字经》《千家诗》等孩童启蒙读物开始,到《诗经》《论语》《左传》《孟子》《大学 中庸》《礼记》等的精研,由浅入深、循序渐进,以期一学期有一册在手,或自修、或教师讲授皆宜。当然,学古典是为了复苏我们的历史文化记忆,接续历史文化传统,其关键是在"传",而不在"统"。因此,这套"新编国学基本教材"涵盖面较广,既有儒家的经典,也有老子、庄子、墨子、荀子、韩非子等诸子思想,还有唐诗、宋词等古代文学璀璨的明珠,史学巨著《史记》《左传》等也列入选读范围。

诚然,传统文化的传承与复兴,不是一味地"复古",中国文化本来就是故去了的中国人生生创造之精神与物质的资产,在未来的行进中,中国文化也必然不是静态的、不变的,她是动态的、发展的、与时俱进的。我们希望广大使用这套国学教材的教师,能有这样的认知,在引导中小学生继承本民族既有的历史文化传统的同时,涵育他们全球化、现代化的视野与公民意识。中国文化拥有广阔的定义与视界,才能被全面欣赏与体认。

费孝通先生在晚年提出一个重要概念:文化自觉。他说:文化自觉是一个艰巨的过程,只有在充分认识自己的文化,理解并接触到其他多种文化的基础上,才有条件在这个正在形成的多元文化的世界里确立自己的位置,然后经过自主的适应,与其他文化一起,取长补短,共同建立一个有共同认可的基本秩序和一套多种文化都能和平共处、各抒所长、联手发展的共处原则。费老在他八十岁生日时还说过一句话:"各美其美,美人之美,美美与共,天下大同"。我想,这应该是当代有思想的中国人在全球化的时代背景下,继承传统历史文化中应该具有的胸襟与格局。

这套丛书由武汉大学国学院院长郭齐勇教授指导并担任总顾问。武汉大学国学院院长助理孙劲松先生、向珂博士在筹组编者队伍时提供了真诚无私的帮助。此后又蒙秋霞圃书院奠基人、历史学家沈渭滨,语言学家李佐丰,古典文献学者骆玉明、汪涌豪、傅杰、徐洪兴、徐志啸等教授在谋篇布局上的悉心指点,形成了本套"新编国学基本教材"的框架。确定框架之后,我们邀请了武汉大学、复旦大学、华东师范大学、南开大学、中国传媒大学、中山大学、内蒙古师范大学、陕西师范大学、南通大学等高校人文学科中青年学人和江浙沪地区几位优秀的中小学语文教师参与编写。

"新编国学基本教材"书名,由章汝奭先生书写;汝奭先生唯一的弟子白谦慎教授学贯中西,长年旅居海外,其书法亦承文人字传统,欣然续题新编部分教材书名;丛书封面所使用的漫画由丰子恺先生后人特别友情提供;内文中部分汉画像插画由北京大学朱青生教授提供;画家李永源先生近耄耋之年,为这套丛书手绘了数十幅插画,浙江电子音像出版社也为本丛书提供了大量精美的插画;海上国画名家邵琦教授颇有古士人之风,欣然赠画梅兰竹菊四君子,使本书又多了几分审美的趣味……这是一部寄予无量深情的作品,所有的抬爱,都源于师长们对于中华文化的敬意与温情,在此深揖致谢。

本套丛书2013年1月由浙江古籍出版社首次出版。2015年由华东师范大学出版社再版。此次经过修订、重编,第三版由上海财经大学出版社出版。一套纯粹由民间力量发起的国学普及读物得以三次出版,在一定程度上说明出版社与读者朋友对这套书的肯定。在此,向浙江古籍出版社、华东师范大学出版社、上海财经大学出版社和读者朋友们表示感谢!

由于主持者与编者的学识有限,尽管悉心编校,但不足之处难免,敬请方家、读者指正。以便来年修订时,相应校正。

差错和建议可致电:021－66366439,13816808263。通信地址:上海市嘉定区南大街嘉定孔庙秋霞圃书院,邮政编码:201899,电子邮件:qiuxiapu@163.com。

李耐儒
戊戌孟夏于嘉定孔庙

不信試看千萬樹東風著便成春
青藤句意 懷貝書屋邵琦

也知造物有知己故遣
佳人在空谷
東坡先生句
槃甘書屋鄦
靖貫於滬上

野色入高秋寒影断
湘水日午晚風涼清為
誰起擕筆道人向藥實書屋即橋寫真大意

一卷新聞消臥雨 幾枝霜
菊共秋寒
南山共生句
瀍䔩書屋鄒橋